中国人民大学科学研究基金项目

（中央高校基本科研业务经费专项资金资助）

"中国价值的革命——中国价值思想史研究"

（项目批准号 11XNL001）研究成果

中国价值的革命

The Revolution of China's Values

高德步◎著

人 民 出 版 社

目　录

序 论

每个民族在其历史发展中都必然形成一个价值传统，正是这一价值传统主导着不同历史阶段的意识形态，指引着不同时代的社会发展。这一价值传统发端于民族的起源处，随着民族的延续和发展而不断演进，但其核心内涵和基本特征却始终保持。从中国价值传统形成和演变来看，虽经数千年历史和数十次改朝换代，尽管有起有落，兴衰更替，但"吾道一以贯之"（《论语·里仁》），从而形成一个"价值轴心"。这就是中华道统之传承和意识形态之主流，也就是沿着中华民族的"血脉"而形成的"文脉"。然而，中国的价值传统在近代之前即已走向衰落，从而不能为中国的社会变革和社会发展提供思想资源。所以，近代以来中国价值传统经历了向现代转变的过程：一方面，马克思主义现代价值经中国化而逐渐成为主导价值，指引中国的现代化方向和进程；另一方面，西方资本主义现代价值也一度影响了中国的现代化进程，并使中国价值传统加速减损和消解。中国要享有现代化的成果并消除现代化带来的消极影响，全面建设小康社会，就要用现代发展观点，重估中国的价值传统，并在马克思主义指导下加以重建，使之成为中国特色社会主义价值体系的重要组成部分。

一

西方价值源于"逻各斯"，而中国价值源于"道"。老子说："道之为物，惟恍惟惚。惚兮恍兮，其中有象。恍兮惚兮，其中有物。窈兮冥兮，其中有精,其精甚真,其中有信。"(《老子》二十一章)这里高度概括了道的本质含义,即物、象、精、真、信,从而指出了从"形而下"到"形而上"的价值形成路径。

道是宇宙万物之源,也是价值之源。道是一种存在,但首先是一种"形而上"的存在,是"不可道"的。但是"不可道"之道必须有"可道"之道来体现,这就是道体。这种有象有形,可名可道的道体,就是天地与人。道体就是天地人的总称,天在上,地在下,人在其中。天可以"形而上"为神和天帝,地可以"形而下"为器和物,而人是万物之灵,只有有了人,天地才有价值,没有人一切都无从谈起,一切价值都不存在。但人的价值依附于天地,没有天地,人的价值就没有基础,就无所依托。所以老子说:"道大,天大,地大,人亦大,域中有四大,而人居其一焉。"(《老子》二十五章)

惟人万物之灵,由于有人在天地之间,天地就有了灵,也就是有了心,即所谓人"为天地立心"。所以,天地之心源于人心,天地之心必须通过人心来反映。这就有了人心与道心的区别。道心就是天地之心,是恒久不变的价值本身,是不变价值;而人心就是人对万事万物的价值判断,是可变价值。在人与自然为一体时,人心就是道心,但随着人的异化,人心就可能脱离道心,从而与道心相异。所以《尚书》说"人心惟危,道心惟微"。对此,程颐说:"人心私欲,故危殆。道心天理,故精微,灭私欲则天理明矣。"(《河南程氏遗书》卷二十四)

道体是天地人的总称。但天地人是以人为本的,道体也必然是以人为本的。而在具体的社会实践中,以人为本就是以民为本,人民构成道体的现实主体,而作为反映价值的人心也就具体化为民心。老子说:"圣人常无心,以百姓心为心。"(《老子》四十九章)孟子说:"得天下有道,得其民,斯得天下矣;得其民有道:得其心,斯得民矣。"(《孟子·离娄上》)孟子还说:"人皆有不忍人之心,先王有不忍人之心,斯有不忍人之政矣,以不忍人之心,行不忍人之政,治天下可运之掌上。"(《孟子·公孙丑上》)这种"不忍人之心"就是"仁心","不忍人之政"便是"仁政"。这就是说,民心代表天意,施仁政就是合民心,合民心就是合天地之道。

道不可变，但天地与人的关系是可变的，所以，作为价值实体的道体也是可变的。既然道体可变，就有道体之流行。道体流行"如水之流而不息，便见得道体之自然"（《朱子语类》卷第三十六，《论语》十八）。所以，道体流行也就是宇宙间的道德秩序的生成和发展，也就是社会价值观念的演变，总之就是社会关系和价值思想的历史。朱熹说："理不可见，因其爱与宜，恭敬与是非，而知有仁义礼智之理在其中，乃所谓'心之德'，乃是仁能包四者，便是流行处，所谓'保合太和'是也。"（《朱子语类》卷第二十，《论语》二）可见，道体流行就是价值思想的流变，经过一定历史时期的传承，最后汇结为中国传统社会的意识形态，并构成历史上"一以贯之"的价值传统即道统。

社会发展依道而行。但社会发展并不单纯地是一个客观的过程，还受到人们主观意识的影响。社会大多数人的主观意识决定人们的共同行动，而共同行动则构成社会发展和运动。但人们的主观意识是由人们的价值思想决定的，所以在社会历史发展过程中，可以看到人们的价值思想与人们的社会活动之间相互影响的互动关系：社会变革与发展遵循的是道，治道围绕不变的天道，时而偏离时而回归，从而形成一个历史轴心。另一方面，我们还可以看到，价值思想的演变也遵循着一个道，社会价值围绕这个道变化，时而偏离时而回归，最终形成一条"一以贯之"的价值轴心。这就是道统。

任何社会都必须有一个价值系统的支持。这个价值系统包含着一个核心价值，这个核心价值决定整个价值系统的运行并主宰着社会的发展。在中国历史上，这个价值系统源于"前轴心时代"上古先民先圣的社会实践和生命体验，并经历三代而基本形成，这就是体现为周礼的国家意识形态体系。孔子在《论语·尧曰》中引述尚书的历史记载："尧曰'咨！尔舜！天之历数在尔躬，允执其中。四海困穷，天禄永终。'舜亦以命禹。"这里是说，尧、舜、禹的传承是"天之历数"，而所传承的价值就是"允执其中"，只有坚持这个价值，才能保证社会安定，人民幸福，永享天禄。这应该是中国价值传统的源头，也就是中国道统的起点。孟子倡导王道和仁政，提出圣人传道的路径："由尧、舜至于汤，五百有余岁，若禹、皋陶，则见而知之。若汤，则闻而知之。由汤至于文王，五百有余岁。若伊尹、莱朱，则见而知之。若文王，则闻而知之。由文王至于孔子，五百有余岁。若太公望、散宜生，则见而知之。若孔子，则闻而知之。由孔子而来至于今，百有余岁。去圣人之世若此其未远也。近圣人之居若此其甚也。然而无有乎尔，则亦无有乎尔！"（《孟子·尽心下》）这里，孟子沿着孔子所述的统绪，再次提出了圣人之道的传授次第。唐代思想家韩愈明确提出"道统"观念，他说：儒者之道，即是"博爱之谓仁，行而宜之之谓义，由是而之焉之谓道，足乎己无待于外之谓德。仁与义为定名，道与德为虚位"（《原道》）。可见，在"轴心时代"即春秋战国时期，经孔孟等进一步系统化，这个价值系统进一步演变为以仁为核心的价值体系，并最终形成了代代相传、不绝于缕的价值传统即中华道统。从中国历史上看，尽管道统有时会中断，有时会变形，但终究要回到固有的主体轨道上，即回归主流，也就是回归道统。历朝历代的社会治理理念和方式都必须符合这个道统，也就是符合这个主流价值，否则就必然走向衰落甚至败亡，即荀子所说："道存则国存，道亡则国亡"。（《荀子·君道》）

而在价值传统即道统传承过程中，士人具有十分重要的作用。历史上的优秀士人无不以天下为己任，代表着社会最普遍的诉求。他们综合这些诉求，从中求出最大的公约数，并将这个公约数系统化为社会的普遍价值。他们通过对人民日常社会生活的实际体验，以及对人民自强不息的奋斗历史的理解，运用自己的学术思想提炼并阐释出中国价值及其传统，不断地创造着文化精神和其他知识体系。他们还通过经世致用的个人价值实现方式，将这些价值思想转化成为国家意识形态，成为民族和国家的主张。在他们看来，道义是最高的价值形态，所以在实现自己的价值理想过程中坚持以道为精神价值，坚持"从道不从君"。他们抱定"朝闻道夕死可矣"的目标，坚持信仰，追求真理，坚持道德标准，追求价值理想，将天下为己任，通过自己的修身进德和价值实践，形成了独具特色的存在方式和思维方式，从而形成了中国历史上特有的士人精神。这种士人精神，本质地反映了中华民族传统价值观念中最基本、最核心的内容，是民族传统价值观念体系的重要组成部分。可以说，士人精神构成中国价值传统的核心部分，中国士人就是中国价值传统的人格化载体。

二

一个民族经过一定历史时期的发展和沉淀，必然形成一定的文化传统。文化的核心就是价值，因而也可以说，价值传统构成文化的基本传承。但是，随着社会发展变化，社会价值也会发生变化，原有的价值传统不适应新的社会需要，因而会发生价值失衡、倾斜、颠覆，直至彻底瓦解和崩溃。在这一历史过程中，新的价值会在这种社会变迁和价值倾覆过程中萌生、发展直到成熟，并成为新的社会主流价值并归入价值传统。所以，价值传统是"苟日新，日日新，又一新"的。而在这一历史过程中，其中某些历史时期的重大变革构成价值革命，并导致民族价值获得整体上的提高或飞跃，也将社会发展推向一个更新的历史阶段。

中国传统社会经历了三次重大的变革，即殷周变革、春秋战国变革和唐宋变革。通过这三次社会变革，中国进入三个社会发展阶段，即封建社会、世族社会和齐民社会。① 与历史上的社会变革相对应的社会价值思想也经历了三次革命，即周文革命、儒家革命和理学革命。

第一次价值革命发源于中华民族的源头，完成于商末周初，其标志性事件是文武周公的制礼作乐，可以称之为"周文革命"。"汤武革命，顺乎天而应乎人"（《易·革·象辞》）。在这里，"人"出现在"天"后面，说明在"天命"后面起作用的是"人事"，从而确立了人的价值，实现了从"神本"到"人本"的转变。与此同时，周初以人为核心，建立"亲亲尊尊"的宗法礼制，奠定了中国社会的伦理价值基础。另外，殷商好武，周人尚文。周初政治家提出敬天保民，以德治国，倡导人文，推行教化，即所谓"关乎人文以化成天下"，不仅实现了从"神治"到"人治"的转变，同时也实现了从"武治"到"文治"和"德治"的转变。总之，周

---

① 参见高德步：《中国经济史的结构与变迁》，《政治经济学评论》2014 年第 1 期。

文革命奠定了中国数千年的人文价值传统。

第二次价值革命发生在春秋末期到战国初期，完成于西汉中期，即儒家革命。春秋战国时期，周文疲敝，礼崩乐坏，天下大乱，道术为天下裂，人们不能不重估一切价值，对周文所建立的礼乐制度作出重估。在这种情况下，思想界出现百花齐放，百家争鸣的格局。在诸子百家中，孔子继承了周文革命奠定的人文传统，建立了以"仁"为中心的儒家价值体系，实现了从"人本"到"仁本"的提升。但在"大争之世"，中国社会并没有采纳儒家思想，而是利用法家理论实现了国家统一，通过黄老思想完成了经济恢复和社会发展。直到汉武帝实行"罢黜百家，独尊儒术"的文化政策，儒家思想最终成为中国的统一价值和官方意识形态。所以说，尽管孔子未实现"克己复礼"的目标，却成功地"为汉制法"。总之，儒家革命创造了一套以"仁"为核心、以三纲五常为制度化载体的完整的伦理价值传统。

第三次价值革命从唐中期开始直到两宋完成，持续了两百多年，即理学革命。魏晋以后，中国进入长达数百年的混乱时期，北部游牧民族进入中原，南北分裂甚至天下大乱。而在思想界，一方面儒学分化，自我阉割，经学衰落，传统价值失去进一步创新的能力；另一方面，佛道两教盛行，中国价值传统受到冲击，致使道统衰微，命悬一线，中国再一次陷入道术为天下裂的局面，中国士人不得不承担起"为往圣继绝学"的历史使命，建立了以"理"为核心的价值体系。这个理以"天理"为最高价值，以性理、情理、事理以及物理为普通的世俗价值，即包括"形而上"的理，也包括"形而下"的理，使儒家的伦理价值传统进一步理性化，实现了从"仁性"到"理性"的转变。

从中国历史上三次价值革命和价值传统的形成和兴衰来看，所谓价值革命就是原有价值传统从破坏到重建的过程。价值传统的破坏，首先源于内部问题，即原有价值不能解决现实社会矛盾，不能引导社会的良性运行和发展，而在受到外来思想挑战的情况下，往往走向衰落甚至中断。然而，价值传统的这种破坏和中断，往往为价值传统的创新转化创造了条件。所以，价值传统破坏和中断，也就是价值传统重建的开始。价值革命一般会经过四个阶段或四种方式，即价值重估、价值损益、价值回归、综合创新。价值重估就是对传统价值进行重新估价，一般采取批判和否定的形式，将这一切传统消解之后，再对新旧价值进行有损有益的变革。在这个阶段，一般是"为学日益，为道日损"，即新的价值不断发展，而传统价值不断减损消解。而当传统价值完全消解之后，面对社会发展中出现的新矛盾、新问题，人们会对传统进行重新估价，所以就有一个价值回归的过程。由于的价值传统的破坏，原有主体价值的消解，社会上会出现各种思想的竞争和碰撞，而最终会通过一种综合创新来完成这种思想的整合，并形成新的价值体系并构成新的价值传统。从中国历史上三次价值革命的过程来看，周文革命是综合了三代以来的各种思想成果而成，儒家革命是综合了春秋战国的诸子百家思想而成，理学革命是经过儒释道的综合创新而成。

任何时代的价值革命都不可能凭空产生，一方面要有社会时代需要，另一方面要有一定的思想资源。所谓社会需要就是源于历史发展过程中人民大众的利益诉求，这种人民大众的利益诉求转变成社会思潮，并经过思想家的思维创造成为某种价值思想和学说。这就是"礼失而求诸野"。但是，在社会历史过程中，原有的价值体系具有一定的稳定性，而在社会变革需要面前往往作为保守的思想力量出现，所以，原有的价值体系的打破可能需要借助于外来思想。这就是"礼失而求诸夷"。经历一系列思想变革，社会变迁可能出现"矫枉过正"和"过犹不及"现象，这必然导致人们对于过去的回顾，从而导致回归传统的思潮出现。这就是"礼失而求诸史"，亦即求诸于本民族的传统文化，其结果是价值传统的回归。但是，这种回归并不是简单的回归，而是以复古为解放，以复古为创新，最后形成新的价值传统。这个新的价值传统一方面是道统的延续，另一方面是道统的更新。

总的来看，在数千年历史过程中，中华民族和历代先贤们通过三次价值革命，分别建立了人文价值传统、伦理价值传统和独特的理性价值传统。从另一方面看，这三个历史阶段的价值传统，通过历史的选择和积淀，最后形成了中国的传统价值。所谓传统价值是经历史上的价值革命而形成的恒久不变的价值，是价值传统延续提升和积累而形成的价值体系。中国的传统价值体系可以概括为以下几个方面：

第一，"以人为本"的核心价值。

中国古代哲人很早就指出："惟人万物之灵"（《泰誓》），"天地之性人为贵"（《孝经·圣治章》）。但中国人并不是把人看作与自然对立的主体，而是将人看作世界的一个部分，追求一种"天人合一"之境界。在这种状态下，人们重人伦，重情分，泛爱众，追求一个"天下归仁"的仁爱世界。在这里，仁性源于人性，但不等同于人性，仁性是经教化而得到升华的人性，既源于普世的爱，更是最高的善。所以，"以人为本"也就是"以仁为本"。这种"仁性"系统，经"形而上"的理性化过程进一步上升为以"天理"为最高价值，以性理、情理、事理为世俗价值的"理性"系统，并融入理想的天人之境。

第二，"中庸和谐"的价值观和方法论。

中国价值传统是长期形成的，每次价值革命都通过损益而得到进一步提高和升华。《中庸》说："致中和，天地位焉，万物育焉"。可见中和是古人所追求的最理想状态。"中也者，天下之大本也。和也者，天下之达道也"。在这里"和"是价值，是目的，而"中"即是方法也是价值。一方面，"和"必须通过中庸之道达成，而中庸也只有在"和"的状态下实现。另一方面，所谓"致中和"，就是将目的、方法和过程统一起来看，"中"也就具有了价值意义，即"中庸之为德也"（《论语·雍也》）。但要通过"中"庸之道实现"和"，就必须承认"不同"为前提，即"和而不同"，只有"不同"，才有"和"，正所谓"和实生物，同则不继"（《国语·郑语》）。所以，中国传统承认价值的多元性，使人们各得其所，各得其乐，合作而不争，从而实现和谐发展。

第三，"自强不息"的生命价值和历史观。

人的存在，既包括人的自然存在，也包括人的社会存在，还包括人的历史存在。所以，在"以人为本"的价值体系中，除体现人与自然和人与社会的两维关系外，还有人与历史的第三维关系。人与历史的关系，本质上就是人的生命延续和人在历史过程中的位置。生生之谓易。"易"就是历史，就是一个民族在生命延续的同时，自强不息，革故鼎新，不断创造，不断进化，不断发展的过程。中华民族根据自身的生命体验和历史过程，形成了以"人事为本"的人本史观，"观乎天文以察时变，观乎人文以化成天下"，"彰往察来"，以"理"以"仁"，中庸中道，处理人与自然和人与社会的关系，处理当下与过去和未来的关系，在实现"三维和谐"的状态下不断延续和发展。

价值指引人民，价值指引中国。一方面，中华民族经数千年来反复磨砺，形成了自身独特的价值传统，另一方面，这一价值传统指引中华民族不断进化和发展，形成独特的民族性格，它已融入中华民族的血液中，形成独特的文化基因。

三

中国价值传统具有极强的内在生命力，致使其久盛不衰或者衰后复兴，以致绵延不绝。但是到了 19 世纪中叶，中国封建社会经历长期延续终于进入寿终正寝的时代。1840 年鸦片战争后西方势力加速侵入，大大加速了中国传统社会的解体过程，中国又一次出现"千年未有之变局"。另一方面，西方科学技术和现代思想，使中国价值传统受到严重冲击，又一次出现"道术将为天下裂"的局面。这次社会变革是工业革命导致社会生产方式和社会生活方式发生根本变化的背景下发生的，是一次更为根本的变革，对中国传统社会和价值传统构成根本性的冲击。在这种冲击下，"一切固定的僵化的关系以及与之相适应的素被尊崇的观念和见解都被消除了"，"一切等级的和固定的东西都烟消云散了，一切神圣的东西都被亵渎了。"① 总之，一切传统的东西都大大贬值甚至一文不值了。

面对古今之大变局和道术为天下裂的历史局面，中国士人开始思考社会变革，力图补天之裂，一部分人坚持原有的价值传统以抵制外来思想，而另一部分人则对传统价值进行全面的批判式重估。到五四时期，先进知

---

① 《马克思恩格斯选集》第一卷，人民出版社 2012 年版，第 403 页。

识分子打出民主和科学两面大旗，发动了中国的现代性启蒙。但是，中国的现代性启蒙，由于其特定的历史背景，具有一系列重要特点。首先，中国接受外来的现代性思想，为的是民族自强的需要，这就使启蒙带有浓重的民族主义色彩。所以在现代化过程中，作为道统传承的中国价值传统，与外来思想进行艰难地抗争，一直没有退出历史舞台。其次，在资本主义思想还没有全面展开的时候，俄国发生了十月革命，马克思主义传入中国。这就导致中国在接受西方现代思想时面临着两个选择，并从资本主义现代性启蒙转向马克思主义现代性启蒙。这样，到五四以后中国思想界出现"三川并流"局面：一条是随"西风东渐"进入中国的西方资本主义现代化思想；一条是十月革命后迅速传入中国的马克思主义现代化思想；还有一条就是作为历史延续的中国传统思想。中国近代以来的历史就是这三条思想潮流的矛盾冲突和竞争整合的历史，也是三种民族复兴道路选择的历史。从近代以来的历史来看，在这三条思想源流中，马克思主义逐渐成为主导思想，决定着中国现代化的根本方向；西方资产阶级思想不断与马克思主义思想竞争，尽管在一定时期发挥了重要作用但最终不能成为主流；而中国传统思想虽逐渐消解，但其影响却一直没有消除，并时隐时现地构成现代化过程中的"中国元素"。

在中国，资本主义现代化方向体现为三民主义。三民主义既有革命的一面也有保守的一面，不能与旧的封建传统和帝国主义彻底决裂，所以在革命取得一定成果之后就转向保守主义，出现儒家化倾向。共产党继承了三民主义革命性的一面，并在马克思主义指导下转向新民主主义。马克思主义认为，生产力决定生产关系，经济基础决定上层建筑，其中生产力是最革命的因素。马克思的生产力论，对于生产力极端落后和积贫积弱的旧中国来说，具有极大的吸引力。毛泽东认为："中国一切政党的政策及其实践在中国人民中所表现的作用的好坏、大小，归根到底，看它对于中国人民的生产力的发展是否有帮助及其帮助之大小，看它是束缚生产力的，还是解放生产力的。"[①] 在半殖民地半封建社会的旧中国，帝国主义、封建主义和官僚资本主义的统治，是造成中国社会长期落后的根本原因。而

---

① 《毛泽东选集》第三卷，人民出版社1991年版，第1079页。

"生产力本身的要求，则是用革命方法解除这种旧有生产关系的束缚，推翻这种旧有生产关系，建立新的生产关系，建立新民主主义的生产关系，因而使全国一切积极的生产力获得向上发展的可能，替未来的更进步的更能自由地发展生产力的社会主义社会准备条件"①。中国人民在中国共产党领导下取得新民主主义胜利，实现了民族独立和解放。

社会主义革命的目的也是解放生产力。② 新中国建立以后，中国人民以最快的速度完成了经济恢复，并从新民主主义经济向社会主义过渡，进行了对农业、手工业和资本主义工商业的社会主义改造，实行计划经济体制。毛泽东指出："我们的根本任务已经由解放生产力变为在新的生产关系下面保护和发展生产力。"③ 毛泽东认为，中国落后的原因，主要是没有新式工业。因此"要中国的民族独立有巩固的保障，就必需工业化"④。1957 年毛泽东在《关于正确处理人民内部矛盾的问题》中提出了建设工业现代化、农业现代化和科学文化现代化的思想。到 1959 年毛泽东进一步提出国防现代化，从而形成完整的"四个现代化"思想。这样，中国共产党就把保护和发展生产力的社会要求，进一步转变为工业化和现代化的战略目标。

1979 年中国共产党十一届三中全会确定了改革开放的大方向，经过思想解放运动，中国社会的理性被真正地唤醒，革命时代的激情转变为发展经济的动力。于是，中国开始了转向现代社会主义市场经济的伟大变革。邓小平指出："社会主义和市场经济之间不存在根本矛盾。问题是用什么方法才能更有力地发展社会生产力。我们过去一直搞计划经济，但多年的实践证明，在某种意义上说，只搞计划经济会束缚生产力的发展。把计划经济和市场经济结合起来，就更能解放生产力，加速经济发展。"⑤ "改革促进了生产力的发展，引起了经济生活、社会生活、工作方式和精神状态的一系列深刻变化。改革是社会主义制度的自我完善，在一定的范围内也

① 《毛泽东文集》第 5 卷，人民出版社 1996 年版，第 61 页。
② 《毛泽东文集》第 7 卷，人民出版社 1999 年版，第 1 页。
③ 《毛泽东著作选读》下册，人民出版社 1986 年版，第 771—772 页。
④ 《毛泽东文集》第 3 卷，人民出版社 1996 年版，第 146 页。
⑤ 《邓小平文选》第三卷，人民出版社 1993 年版，第 148—149 页。

发生了某种程度的革命性变革。"① 所以，"改革也是解放生产力"②。

到 20 世纪末，中国基本完成社会主义市场经济体制建设，社会主义市场经济的价值体系也日渐形成。从中国共产党长期奋斗目标来看，革命的目的主要包括两个方面，一是发展生产力，二是共同富裕。但是，在革命和发展的过程中，这两方面的目标也发生转变，即生产力发展逐渐成为一切目标的根本，而共同富裕目标逐渐被淡化。特别是在社会主义市场经济体制建设和经济发展过程中，现代意识逐渐凸显，大力发展生产力、"发展是硬道理"、"科技是第一生产力"、"时间就是金钱，效率就是生命"成为社会的普遍口号，相反，公平价值或共同富裕目标被大部分人忘到脑后了。事实上，社会主义市场体制改革从第一天起，就注定要导致这种转向：个人利益一旦被解放，必然突出成为社会价值的本位，并且以加速的方式膨胀；生产资料个体所有制出现同样必然以加速的方式成长，按劳动分配只能局限于经济组织对于劳动者在第一次分配中的标准，按要素分配只要出现就必然加速收入差距的扩大并且难以遏止。事实上，收入分配差距扩大问题不可能由市场经济自己解决，那种单纯通过市场经济解放生产力和发展生产力，最终把蛋糕做大，实现共同富裕的说法，只能是天方夜谭。这是中国市场经济体制下的现代化无法回避的挑战。

四

在中国现代化过程中，马克思主义现代性价值成为主导价值，从而决定了中国现代化的方向和道路；但与此同时，西方市场经济作为现代性价值对中国的现代化也产生了重要影响。特别是改革开放后，一方面，中国主动学习西方先进技术和市场经济制度，另一方面，在西方新自由主义思

---

① 《邓小平文选》第三卷，人民出版社 1993 年版，第 142 页。
② 《邓小平文选》第三卷，人民出版社 1993 年版，第 370 页。

潮的冲击下，西方现代价值的影响也日益扩大。与此同时，中国价值传统的最后影响力却在迅速地消失。到了 20 世纪末，现代化高歌猛进，传统价值则"损之又损以至于无"了。这种传统价值之损，导致现代化过程中价值规范和价值引导大大缺失，直接造成了一系列社会矛盾和危机。在这种背景下，我们不能不回过头来看看我们这些年来所走过的路，重估我们一个半世纪以来所获得的现代价值。一个半世纪以来，中国所获得的现代价值，既包括马克思主义现代价值，也包括西方资本主义现代价值。在中国的现代化大部分过程中，尽管也受到西方资本主义现代价值的影响，但马克思主义现代价值最终占据了主导地位。马克思主义经近百年的中国化过程，已经成为中国价值的核心部分。与此同时，中国传统价值经历一个半世纪的消解，在"损之又损以至于无"的同时，也发生了脱胎换骨的变化，并具备了革故鼎新的条件。所以，中国当代的价值革命一定是以马克思主义为核心，改造和继承中国传统价值，扬弃和兼容西方现代思想，进行一次新的批判综合，实现价值传统的重建，完成新的价值革命。

对于当下的中国来说，最为迫切的是要实现社会价值的转向。对于一个高度物化、高度理性、高度功利的现代社会来说，扭转这种趋势和倾向也许是当务之急。

首先，必须恢复以人为本的社会价值。中国价值传统的重建，最核心的内容就是人本价值的重建。近代以来西方文化主流，是以工具理性为主导的理性主义，是以物为本的。在工具理性的主导下，科学技术的进步带动了工业化的进程，经济人的自利行为推动了市场化进程，总之使物质文明提高到一个新的层面和水平。但另一方面，理性主义不仅使人都变成了理性人，更变成了经济人，不仅成为片面的人，更成为"单向度的人"。所以，中国社会面临着一个十分急迫的任务，即重建人性，也就是将在现代化过程中被肢解的人重新整合起来，重启马克思"人的自由全面发展"的口号，实现"人作为人"的价值理想。而要实现人的自由全面发展，首先要把人的感性从理性的压制下解放出来，恢复人的理性与感性两方面的平衡，在此基础上进一步实现"仁性"的重建。但解放感性和重建仁性并不排斥理性。人的全面发展不可能离开理性，甚至也不能离开工具理性。

但是这种现代理性必须得到矫正，用"仁"来规范工具理性。解放感性、重建仁性和再造理性，就是要建立一个三维人性。这种人不仅是自然意义上的人，还是有道德理想的人，而且是有审美价值的人，即真善美的统一；这种人，不仅不再是单向度的人，也不仅是平面的人，而是立体的、完整的、全面的人。

其次，要实现社会目标价值的转向。源于新教伦理的西方现代价值，摆脱了人们对彼岸世界的理想而追求现世的价值，人生的目的就是获得成功，而成功的标准就是得到更多的世俗利益。实现社会目标价值的转向，就是要重建社会的道德理想。对于个体来说，就是要从从追求物质财富到追求生活品位，从崇尚金钱到崇尚德行；对于社会来说，就是要从全民逐利转向社会正义，从"效率第一"原则转向公平与效率的统一，以实现社会和谐。孔子说："富与贵，是人之所欲也，不以其道得之，不处也；贫与贱，是人之所恶也，不以其道得之，不去也。"（《论语·里仁》）这就是说，追求个人利益要遵循社会道德标准，不取不义之财。"知及之，仁不能守之，虽得之，必失之。"（《论语·卫灵公》）对于社会来说，必须建立一种制度和规范，以确定这种"知与仁"和"得与失"之间的平衡机制，特别是要将竞争机制引向合作机制，建立"合作为体，竞争为用"的工具价值观，避免无序竞争导致的市场乱象和社会乱象，实现市场秩序和社会和谐。

再次，要实现社会多元价值转向。近代以来，在西方利己理性和市场竞争体制下，社会价值日益单一化，物质利益不仅成为人们追求的核心目标，甚至成了唯一的目标。但事实上，人们的社会需求既是不同方面的也是不同层面的，人们生活的目标也是多元的，因而社会价值目标也是多元的。约翰·格雷说："有许多种善的生活，其中的一些无法进行价值上的比较。在各种善的生活之间没有谁更好也没有谁更坏，它们并不具备同样的价值，而是不可通约的；它们各有其价值。"[1] 阿玛蒂亚·森也指出，"主流价值也会随时间变化，每个社会都经历过这种价值的变迁"，实际上

---

① ［英］约翰·格雷：《自由主义的两张面孔》，顾爱彬、李瑞华译，江苏人民出版社2005年版，第45—46页。

人们"有理由拥有更广泛的目标以及更具社会倾向的价值"。① 历史经验也可以证明，当人们积累了足够的财富，价值观念会发生转变，从追求物质生活中的"效率"，转变为追求精神世界的极大丰富和文化生活的深入发展。也就是说，当人们的物质生活得到比较充分的满足后，就会以放弃"效率"为代价追求各种各样的生活目标，特别是从物质财富的积累转向精神生活的富足。这种多元价值转向，使人们各自追求各自的目标，平行而不交叉，合作而不竞争，有利于社会的和谐发展。

社会价值的转向是中国价值传统重建的前提。而重建中国价值传统，就是在马克思主义指导下，实现中国价值传统的创造性转化，超越传统，超越现代，建立以人为本的价值体系，实施以民为本的社会政策。远在两千五百多年前，古代圣贤就提出"正德、利用、厚生、惟和"（《尚书·大禹谟》）："正德者，父慈子孝、兄友弟恭、夫义妇听，所以正民之德也。利用者，工作什器、商通货财之类，所以利民之用也。厚生者，衣帛食肉，不饥不寒之类，所以厚民之生也"（［南宋］蔡沈：《书经集传》）；"此三事惟当谐和之"（孔颖达：《尚书正义》）。可见，"三事"既包括工具理性，也体现价值理性，即强调道德教化，也追求流通财货，即体现个人价值，也关注大众民生。在"三事"中，正德是第一位的。正德就是为道德正名，就是确立道德的权威地位。所以，道德必须被认同，必须被遵守，必须被信仰。对那些法律无法约束的行为必须使之接受"道德法庭"的审判。道德法庭的审判，就是"以事实为依据，以良心为准绳"，对那些败德行为进行公开谴责，让这些败德行为之人在社会上无立足之地。利用就是合理利用资源，发展科学技术，发挥市场的合作机制，转向天地人相生相养的有机生命再生产，重建天地人和谐关系。而利用的目的归结为厚生，即为了广大群众的根本利益。正德、利用、厚生三件大事的协调运行，才是平治天下的根本大计。所以《尚书》还提出"三事"惟和。在这里，道德价值处于主导和优先的地位，"利用"即工具理性则处于从属的地位，而"厚生"体现目标价值或价值理性，探索自然、认识事物的终极

———————

① ［印］阿马蒂亚·森：《理性与自由》，李风华译，中国人民大学出版社 2006 年版，第18 页。

目的是为了实现至善的道德理想。马克思主义将未来社会的关注确定为人的自由全面的发展。然而，自由全面发展作为终极的价值，还必须有可行的现实关注。所以结合中国传统文化将人的自由全面发展进一步落实为和谐发展，既具有终极理想意义更结合了现实考量。人的全面发展需要和谐，没有和谐发展不可能实现全面发展，人的和谐发展是人的全面发展的根本途径。

五

经过一百多年的发展和现代化，人们在享受着高度物质文明的同时，仍然会时常感到莫名的缺憾，幸福感并没有随着收入提高和物质生活的改善而同步提高。更严重的是，随着物质水平的不断提高，人们越来越脱离自然的和本然的状态，身心环境不是改善而是日益恶化。现代化使人大大地异化了，人们脱离了感性世界，进入完全的理性世界，人们十分理性地生活，完全被利益所主导，时刻被效率的皮鞭驱赶着；为了获得更多的物质利益，勤劳的人们忘我地劳作，放弃了闲暇与享受，更谈不上艺术和修养；而在一个资源稀缺的世界上，为了获得更多的物质利益，人们疯狂地竞争，无视亲情、更无同情，甚至爱情也可以放弃。身心环境的恶化进一步导致人们的身心异化。随着现代化的进展，人们的身心异化越来越成为一种常态。因此，21 世纪的人们呼唤身心环境的改善，呼唤人的本性的复归。

人的本性的复归，要求人们回到生活世界。如今，科学理性和经济理性统治了人们的生活，带来了一系列紧张、矛盾和冲突，再一次要求我们回归生活世界。这个生活世界是真实的人的世界，是自然的和本然的世界，所以是一个以生活为中心的世界。在这个世界里，不仅有理性，还有感性，还有仁性，所以是一个"有情世界"。回到生活世界，就是要重建符合自己传统的理性，从过于理性的生活回归感性生活，在此基础上，建立以人为本、以民为本的价值体系，并建立"情、理、法"融合的社会规范。总之，要通过价值引导，创造一个良好的身心环境，以建立一个和谐发展的"小康社会"。

第一，天人合一的理性世界。

中国以人为本的价值传统，是建立在"天人合一"的基本理念基础上的。人类本来是自然的一部分。但是在发展过程中，随着理性的提高，随着科技水平的提高，人类却逐渐脱离自然状态，甚至成为自然的异化物。学习西方先进科学技术和市场经济制度，使我们实现了物质资料的增长和经济社会发展。但现代化的负面效应也及时地出现并影响着我们的生产和生活。经济增长过程中生态环境的破坏，市场竞争导致人际关系的紧张，过快的工作生活节奏使我们感受不到幸福。在这种情况下，越来越多的人产生了"复归于朴"的想法，希望重建一个"天人合一"的理性世界。这个世界首先是自主自然的，人类可以主宰自己的生产过程，选择自己的生活方式。这个社会生产模式的特点是消费主导，即消费需要主导生产技术和生产规模，利润不再是核心的目标，人们不为了利润而盲目地扩大生产；生产过程与消费过程是统一的，经济、社会与环境处于循环往复的自然和谐状态，所以人们越来越主张循环经济和零经济增长；市场原则是"合作为体，竞争为用"，人们从竞争对手转变为合作伙伴，从而为建立和谐的人际关系奠定了基础。在这里，人们对物质资料的欲求是有限的，因而对自然的索取也是有限的，崇俭禁奢，没有炫耀性消费，生活回归于朴，既可以改善人们的身心环境，也可以减少环境压力。这也是我们建设生态文明的重要基础。

第二，率性自由的感性生活。

马克思指出："每个人的自由发展是一切人的自由发展的条件。"① 人所追求的并不单纯是物质生活和物质享受，还需要有精神生活和精神享受，还包括个性和自由。所以，发展的目的不仅仅是物质生活的全面提高，不仅仅是人的生命质量和生活质量的全面提高，还要求生活方式的多种多样，包括快乐劳动，率性自由，身心一如。然而，现代化和经济发展

---

① 《马克思恩格斯选集》第一卷，人民出版社 2012 年版，第 422 页。

的现实，与现代化和发展的初衷并不一致，如此现代的生活并不快乐幸福。在现代化过程中，尽管人们的幸福感与物质资料增长呈正相关关系，但两方面不可能实现同比例提高。在一定条件下，物质资料增长对人们幸福感的边际贡献率可能从提高转为下降。这就是所谓的"幸福拐点"。而要改变这个"幸福拐点"，就必须创建一种"率性自由"的生活模式。创建这种生活模式的关键是劳动性质的改变。马克思指出："劳动是劳动者的直接的生活来源，但同时也是他的个人存在的积极实现。"① 在这里，"我的劳动是自由的生命表现，因此是生活的乐趣。""我在劳动中肯定了自己的个人生命，从而也就肯定了我的个性的特点。"② 在这种情况下，劳动就是生活，劳动就是创作，因而劳动既创造价值也创造快乐，还创造美。③ 这就是率性自由的生活：率性而自由，自由而率性。

第三，以人为本的核心价值体系。

就社会模式来讲，"以人为本"就是讲求"人缘关系"。在现实生活中，"人缘关系"仍是基本的人际关系或社会关系，仍是社会结构的基础。而维系这种"人缘关系"的文化核心就是"仁爱"。所以，"以人为本"就是"以仁为本"。对于国家来说，"以人为本"，就是以最广大人民群众为本，即"以民为本"。但人本和民本与西方的个人自由和民主不同，人本是价值基础，民本是价值实体，而民主只具有工具价值的意义。而就民主来说，我们追求的是一种目的和程序相统一的民主，即有实质价值的民主，或以民为本的民主，而不是简单的数字民主。进一步讲，无论"人本"还是"仁本"，无论"人本"还是"民本"，其价值基础都是民生，即广大人民群众的根本利益。然而，只有人民群众的基本物质生活条件的改善是不够的，在此基础上还要求实现公平和平等。所以，平等是民生的重要方面，也是民本的重要价值。当然，在现代制度体系下，要实现民生目标，实现公平和平等，必须通过民主的政治形式。只有民主才能确立符合最广大人民群众根本利益的政策，才能实现公平和平等，才能建立"天

---

① 《马克思恩格斯全集》第42卷，人民出版社1979年版，第28页。
② 《马克思恩格斯全集》第42卷，人民出版社1979年版，第37—38页。
③ 马克思：《1844年经济学哲学手稿》，人民出版社2000年版，第54页。

下归仁”的社会。更重要的是，民主也是价值多元社会不同主体的价值诉求和价值实现的方式。

第四，"情、理、法"融合的"礼治秩序"。

中国传统社会实行"礼治"，这种"礼治秩序"的特点是"天理、国法、人情"的有机结合。天理源于自然之道，即"天道"，是统辖一切的价值原则，是最高的善。国法是对社会行为的强制性规范。但国法既基于天理也源于人情，即建立在天理人心基础之上，所谓"上稽天理，下揆人情"（[明] 刘维谦：《进明律表》）。人情也源于理，源于人心，源于人的自然本性，大者天理和伦理，小则情理和事理，但最基本的是道德良心。人情就是民情，民情就是民意。所以在具体的法律实践中，需要"恭行天理，执法原情"①。但社会必须将"人情"或人的"自然性情"导之于理性约束的轨道，使人的行为遵循于一般的社会规范，即"发乎情，止乎礼义"（《毛诗序》），不能有悖"天理"和"国法"。总之，就是要注重人情事理，关注民情，尊重民意，发扬民主，使广大人民群众的意愿得到充分表达和最大化的实现。对于现代社会来说，要实现社会和谐发展，实现小康社会目标，有必要重建情理法融合的社会规范，发挥传统"礼治"的积极作用，重建"现代礼仪之邦"。

20 世纪初李大钊提出，中国农业文明"衰颓于静止之中"，而西方工业文明"疲命于物质之下"，世界文明的未来必有赖于"东西文明真正之调和"的"第三种新文明之崛起"。② 如今，距离李大钊的时代已经过了近百年。经过这百年奋斗，中国吸纳了西方文明，同时也保留了自身的文化元素，形成了不同于西方的文明社会。从现在来看，这种新文明体的初级形式就是有中国特色的社会主义。"天行健，君子以自强不息"。中华文明历来强调奋斗进取、革故鼎新。随着有中国特色社会主义的发展，随着中国人民在发展过程中认知水平的不断提高，一定会走出一条中国式道路，创造出一种全新的文明。

---

① 张晋藩：《中国法律的传统与近代转型》，法律出版社 1997 年版，第 35 页。
② 《李大钊文集》上卷，人民出版社 1984 年版，第 560 页。

第一章　中国价值

第一节　中国价值之原

一、价值起源

1. 道：物与精；真与信

对于道的阐述，中国古代起源很早。最初的道是道路之道，与行有关，如《易·履》："道，坦坦。"《说文解字》释："所行道也。"《尔雅》："达，谓之道。"然而，当人们将道与天体自然结合起来时，道就开始具有了"形而上"的意义，所以《易经》说"形而上者谓之道"。老子的《道德经》为我们留下了最为经典的道论。老子说："道之为物，惟恍惟惚。惚兮恍兮，其中有象。恍兮惚兮，其中有物。窈兮冥兮，其中有精，其精甚真，其中有信。"（《老子》二十一章）从老子的道论来看，"道"是一种存在，"独立不改，周行而不殆。"（《老子》二十五章）尽管"不知其名"，但其中有"象"。象就是"表象"，人们可以透过"惚兮恍兮"的表象看其本质。象有"大象"和"小"象之分，其中"大象"无形（《老子》四十一章），是现象的总体，而小"象"则有形有态即具体的"物态"，所以"其中有物"。这里的物就是"形而下"之物了。除了"物"之外，其中还有"精"。"精"就是"精气"或"精神"。"精"与"物"不同，物是物质的，精则是精神的。"其精甚真，其中有信"。信与真有关，真既是"形而下"的真实，又是"形而上"的真理，因为真才值得人们去信。信对于对象物来说就是信任，对于自身来说就是诚信，将其推至最高处则升为信仰。在中国上古时代，信仰并未分为世俗信仰和宗教信仰，而是一种混沌的"信"。从"物"到"精"，从"精"到"信"，这就进入到了价值层面。可见，老子的道，是一种存在，包括物质的和精神的，因而也是价值的。

从"物"的方面看。老子说："有物混成，先天地生。寂兮寥兮！独立不改，周行而不殆。可以为天下母。"（《老子》二十五章）道"象帝之先"，"似万物之宗"（《老子》四章），为"玄牝之门""天地根"（《老子》六章）。既然道是"先天地生"那就成了宇宙万物之本源，老子认为，这个宇宙万物之本源就是"无"。但这个"无"并不是"真空"，而是"无限"，一方面是说所有的万物即"有"都是从这个"无"衍生出来的，另一方面是说这个"无"包括了无限的"有"。所以老子说："天下万物生于有，有生于无。"（《老子》四十章）道既然是"无"，那就必然是无限的，一方面是空间意义上的，即无限大，"天下皆谓我道大，似不肖。夫惟大，故似不肖。若肖，久矣其细也夫！"（《老子》六十七章）另一方面是时间意义上的，即无限久，唯其"寂兮寥兮"，故能"独立不改，周行而不殆"（《老子》二十五章），所以道"大盈若冲，其用不穷"（《老子》四十五章）。

从"精"的方面看。老子把"道"与"天"相接。这里的天既是自然之天也是人格之天。老子说："天将救之，以慈卫之"（《老子》六十七章）；"天之所恶，孰知其故？"（《老子》七十三章）。这样，"天"就具有了人格意志的特征。"天"既如是，"道"亦如是，从而就有了"天道"。老子认为，天是有知的，也是有德的，更是有情的，"天道无亲，常与善人"（《老子》七十九章），"天之道，利而不害"（《老子》八十一章）。但天道之存在和变化以及好恶，是不以人的意志为转移的。"天之道，不争而善胜，不言而善应，不召而自来，繟然而善谋"（《老子》七十三章），"同于道者，道亦乐得之"（《老子》二十三章）。道自身却"功成而不名有，衣养万物而不为主"，道"可名为大，以其终不自为大，故能成其大"（《老子》三十四章）；道"生而不有，为而不恃，功成而弗居"（《老子》二章）。因为天道不仅是自然之道，还是人格之道。所以天道不仅有意志而且知善恶、通神灵。"神得一则灵","神无以灵，将恐歇"
（《老子》三十九章），"以道莅天下，其鬼不神"（《老子》六十章）。这里
是说，如果能够以"道"来治理天下，那么鬼就不起作用了。

在老子看来，道这个东西不可见、不可触，因而也不可名，似乎无所
作为。但它又无处不在，并且在无形之中支配着天地万物和人类社会，即
"道恒无为，而无不为"（《老子》三十七章），"侯王若能守之，万物将自
化"（《老子》三十七章）。所以人类社会必须尊道而行。另一方面，尊道
也是一种有德的行为，即"孔德之容，唯道是从"（《老子》二十一章）。
进一步讲，求道更是一种价值追求，是君子所为："上士闻道，勤而行之；
中士闻道，若存若亡；下士闻道，大笑之。不笑不足以为道！"（《老子》
四十一章）人们追求道必须坚持"信"即坚持对道的信仰，以道为真亦即
真理，"使我介然有知，行于大道，唯施是畏。大道甚夷，而民好径"
（《老子》五十三章）。尽管理想与信仰幽隐而高远，但我们必须保持坚定
的信仰并付诸实践，这就是价值理想。但人类追求道并不能要求圆满，正
因为不圆满，才激起人们对道的不懈追求，从而不断走向新的境界。也就
是老子所说的："保此道者不欲盈。夫惟不盈，故能敝而新成。"（《老子》
十五章）所以，道是君子的价值追求，而尊道、求道更是君子品格。

2. 道体：天道、地道、人道

道是宇宙万物之源，也是价值之源。道是一种存在，而首先是一种客
观存在即作为客体的存在，而作为价值则体现为客体与主体的关系，即客
体对主体的价值。所以，道首先要有道体，也就是价值基础，然后才有
价值。

第一，道体是道的体现，是道所依存的实体，也就是价值之实体。

道是一种"形而上"的存在，是"不可道"的，道是价值之原。但是
"不可道"之道必须有"可道"之道来体现，这就是道体。道体是可道的，
因而也是有形的。这种有形的、"可道"之道体，就是天地与人。孔子在
《易传·说卦》中说："立天之道曰阴与阳，立地之道曰柔与刚，立人之道
曰仁与义"。这里指明了天地之道和人之道。但是天地与人并不相分而是
天人合一，所以天地之道也就是人之道，人之道也就是天地之道。所以程
颐说："道未始有天人之别，但在天则为天道，在地则为地道，在人则为

人道。"（《程氏遗书》卷二十二上）他还说，"道一也""天地人只一道也"（《程氏遗书》卷十八）。人在天地之间，人是万物之灵，有人才有灵，有灵才有价值。如果仅仅是天地万物而没有人的存在，天地也就失去意义，因而也就无所谓价值。就是说，有人才有价值，一切价值都是对人而言的，没有人一切事物的价值都无从谈起，一切事物也就都没有价值。所以，人才是价值之源。但是人并不是抽象的人，而是整体的人，也就是社会的人，并且是在一定社会关系之下，在一定的政体下的人民。所以，天地与人亦即天地与人民共同构成道体。

第二，价值是人与天地的关系，这种关系的核心就是仁，所以道体就是仁体亦即"仁之体"。

人是万物之灵，有人才有价值。但是人自身并不能构成价值，价值还源于人与事物的关系。这就是说，人在天地之间，天地也就有了价值，而天地与人共同构成价值主体亦即道体。道体是天地人，但并不是天地人的实体，而是人与天地的关系，只有这种关系才构成价值。天地本无价值，但人为天地立心，就是赋予天地以价值；为生民立命，有了人的生命，天地就有了价值。然而，天地与人存在一个意识的沟通，也就是天道与人道的沟通，这需要人对于天地自然的认识。然而，"天道远，人道迩，非所及也，何以知之？"（《左传·昭公十八年》）这就需要将天地之道转为人之道。孔子说："君子务本，本立而道生。孝悌也者，其为仁之本矣。"（《论语·学而》）孟子说："仁也者，人也。合而言之，道也。"（《孟子·尽心下》）到了宋代，理学家进一步将天地万物与人合为一体并赋之予"仁"的价值含义。这就是程颢所说的"仁者以天地万物为一体"，即认为仁是天地之生机，天地之心，亦即宇宙之道体。在这里，道体就是仁体，仁是生生之意，既是无声无臭之天，也是"纯亦不已"的万物一体，即天地一体之仁。

第三，道体流行也就是价值实体的变化，构成价值流变的基础，这种价值流变经过一定时期的历史传承就成为文化和道统。

"天不变道亦不变"，但天地与人的关系是可变的，所以说道体是变化的。既然道体变化就有道体之流行。道体流行"如水之流而不息，便见得道体之自然"（《朱子语类》卷第三十六，《论语》十八）。在宋儒看来，道体就是仁体，而道体流行也就是宇宙间的道德秩序的生成和演变。"理不可见，因其爱与宜，恭敬与是非，而知有仁义礼智之理在其中，乃所谓'心之德'，乃是仁能包四者，便是流行处，所谓'保合太和'是也。仁是个生理，若是不仁，便死了。"（《朱子语类》卷第二十，《论语二》）人们虽然不能直接感知未发的仁性自身，但通过已发的爱与适宜、恭敬、是非的生气流行完全可以推知，是所谓"心之德"也。仁作为"爱之理"，"则正谓仁是未发之爱，爱是已发之仁尔。只以此意推之，不须外边添入道理。若於此处认得'仁'字，即不妨与天地万物同体。若不会得，便将天地万物同体为仁，却转无交涉矣"（《朱子语类》卷第二十，《论语二》）。《易》中"保合太和"的意义，就在仁德生气流淌的"全体"中得到最为真切的发明。所以，道体流行决定价值思想的流变，亦即以"仁"为中心的价值思想的流变，这种价值思想的流变，经过一定历史时期的传承，最后汇结为中国传统社会的意识形态，并构成历史上的价值传统或道统。

第四，道是人类必法之道，人类从异化到回归，就是从必然王国到自由王国的回归。

在人类历史之初，人与自然合而为一，最接近于道的状态，即"含德之厚者，比喻赤子"（《老子》五十五章）。此时的人类，正如老子所说："道大，天大，地大，人亦大"。（《老子》二十五章）董仲舒《春秋繁露·王道》指出："古之造文者，三画而连其中，谓之王。三画者，天地与人也；而连其中者，通其道也。取天地与人之中以为贯，而参通之，非王者庸能当是？"就是说，既然天地与人共同构成道体，那么人与天地就处于平等地位并承着核心角色。但随着人类的发展和进步，即随着人的社会化和人的欲望的展开，人出现了异化，人的本来状态逐渐消解，人与道开始分离，似乎具有了对抗天地的能力。这实际上正是人与自然矛盾的开始。随着科学技术的发展，人似乎具有了控制自然，征服天地的能力。这就进一步加速了人的异化，而人与自然的矛盾日益激化，人与道渐行渐远。但事实上，"人法地、地法天、天法道、道法自然"，这是一个颠扑不破的真理，也就是人类必法之道。就是说，自然进化的人类永远也脱离不了天地之道。人只有尊道循道，敬畏自然，不断地异化也不断地回归，回归于朴，回归于婴儿状态，才能与自然融为一体，与道合二为一，成为法地、法天、法道、法自然的人，从而实现人的完满和自由，也就是从必然王国回归到自由王国。

3. 道心：人心、仁心、民心

道体是天地人的总称，天在上，地在下，人在其中。天可以"形而上"为神和天帝，地可以"形而下"为器和物，而人则是万物之灵，是价值形成的核心。所以《礼记·礼运》说："人者，天也之心也。"没有人一切都无从谈起，一切价值都不存在。但人的价值依附于天地，没有天地，人的价值就没有基础，就无所依托。道是"形而上"之道，道体是可见可触可名的实体。道体由天地与人构成，由于有人在天地之间，天地就有了灵，也就是有了心。但是天地之心源于人心，天地之心必须通过人心来表达。这就有了人心与道心的分别。

"人心惟危，道心惟微。"在人与自然为一体之时，人心就是道心。但随着人的异化，随着人的行为轨迹逐渐脱离自然轨迹，人心也就逐渐脱离了道心。程颐认为，心是道之所在，微是道之体，所谓道心，就是"心与道浑然一也"。道心即良心，"放其良心则危矣"。他将人心与道心严格地区分开来："人心，私欲也，危而不安；道心，天理也，微而难得。唯其如是，所以贵于精一也。"（《河南程氏粹言》卷二，《心性篇》）总之，"人心私欲，故危殆。道心天理故精微，灭私欲则天理明矣。"（《河南程氏遗书》卷二十四）这就是《尚书》所说的"人心惟危，道心惟微"。

人心要向着道心。但"道心"和"人心"并不是两个"心"，朱熹认为，心"只是一个心，知觉从耳目之欲上去，便是人心；知觉从义理上去，便是道心。人心则危而易陷，道心则微而难着"（《朱子语类》卷七十八）。朱熹还说："人心，便是饥而思食，寒而思衣底心。饥而思食后，思量当食与不当食；寒而思衣后，思量当着与不当着，这便是道心。"（《朱子语类》卷七八）道心称为"义理之心"，是"天命之性"；人心则是"形气之私"，生于"血气形体"，属于"私有底物"。（《朱子语类》卷六十二）朱熹认为，"人心不全是不好"，人心能无过无不及，能得其正而不偏者即为道心。道心只有在与物相接的人心中才能显现出来。虽"上智"之人亦不能无人心，虽"下愚"之人亦不能无道心。但道心微妙难见，人心易流于人欲，故人人当精察于二者之间，以"守其本心之正"，"使道心常为一生之主，而人心每听命焉"（《朱子语类》卷六十二）。这就需要"革尽人欲，复尽天理"（《朱子语类》卷十三）。

王夫之进一步讲明了人心与道心的辩证关系。他说："情便是人心，性便是道心。道心微而不易见，人之不以人心为吾俱生之本者鲜矣。"（王夫之：《读四书大全说》卷十）他还说："喜、怒、哀、乐之与性，合一离者是也。故恻隐、羞恶、辞让、是非，但可以心言而不可谓之情，以其未发时之所存者，只是一个物事也。性，道心也；情，人心也。恻隐、羞恶、辞让、是非，道心也；喜、怒、哀、乐，人心也。"（王夫之：《读四书大全说》卷八）"唯性生情，情以显性，故人心原以资道心之用。道心之中有人心，非人心之中有道心也。则喜、怒、哀、乐固人心，而其未发者，则虽有四情之根，而实为道心也。"（王夫之：《读四书大全说》卷二）

总之，人心是世俗之心，是可变之心，因而代表可变价值；而道心不变，是恒久不变的价值，所谓道心永恒。人心必须符合道心，必须向着道心。但是道心不可见，必须通过民心来体现。老子说："圣人常无心，以百姓心为心。善者，吾善之；不善者，吾亦善之；德善。信者，吾信之；不信者，吾亦信之；德信。圣人在天下，歙歙焉，为天下浑其心，百姓皆注其耳目，圣人皆孩之。"（《老子》四十九章）他主张"不见可欲，使民心不乱"（《老子》三章）。孟子将人心分为"恻隐之心""善恶之心""恭敬之心""是非之心"，将其称为"四端"。（《孟子·告子上》）他认为此"四端""非由外铄我也，我固之有也"。但是，随着社会的发展变化，人心与道心分离了，而要使人心合于道心，就必须发扬人的"四端"，并将人心上升为"仁心"，具体说就是仁、义、理、智"四德"。这就是使源于个人本性的"人心"成为具有社会价值的"仁心"。孟子说："得天下有道，得其民，斯得天下矣；得其民有道，得其心，斯得民矣"（《孟子·离娄上》）；"得乎丘民而为天子"（《孟子·尽心下》）。孟子还进一步强调说："天视自我民视，天听自我民听。"（《孟子·万章上》）所以他主张以民心而察天意。他认为，"桀纣之失天下也，失其民也；失其民者，失其心也"（《孟子·离娄上》）。孟子说："人皆有不忍人之心，先王有不忍人之心，斯有不忍人之政矣，以不忍人之心，行不忍人之政，治天下可运之掌上。"（《孟子·公孙丑上》）这种以"不忍人之心"而行的"不忍人之政"便是"仁政"。这就是说，民心代表天意，施仁政就是合民心，合民心就是合天地之道。总之，人心合于民心才能符合道心，这种一致性就是"仁心"。

4. 伦常：生活日用与价值起源

庄子说，道"无所不在"（《庄子·知北游》），道在日月天地中，道在蝼蚁中，道在稊稗中，道在瓦甓屎溺中。这就是说，道无处不在，人世间无处没有道，因而价值更源于生活日用。事实上，任何民族的价值都起源于生活日用，事实上也就是就是源于人类社会本身，源于人们的经验和历史。在西方，这种价值起源体现为对自然的尊重。所以，西方文化的特点是科学与理性。而在中国这种起源体现为对历史的尊重。所以中国文化特点是人文与伦理性。但是不论在中国还是在西方，作为价值来源的自然世界和社会历史本身不能使价值获得超越，所以必须经历一个"形而上"的过程。

在西方，所谓"形而上"过程也就是理性化的超越过程。在早期历史上，希腊和罗马的理性超越上升为诸神的意旨，以后结合希伯来的信仰传统，进一步创造了上帝。这样，他们就把神或上帝当作了最高的价值。中国文化也经历了同样的"形而上"过程，并将这个最高的价值归结为道。但中国的"道"与西方的上帝不同，道并没有与具体的生活日用脱离，也就是说，没有实现人神两分。这个道既是天道也是人道。而在天道和人道两者之间，中国文化反而更重人道，所谓"天道远，人道迩"。如果用"道"来代表理想的超越世界，把人伦日用来代表现实的人间世界，那么"道"即在"人伦日用"之中，人伦日用也是不能须臾离"道"的。[①] 所以作为价值之道始终与生活日用之道结合在一起。这里，人伦日用只是"事实"，"道"则是"价值"。所以《中庸》说："君子之道费而隐，夫妇之愚，可以与知焉，及其至也，虽圣人亦有所不知焉。夫妇之不肖，可以能行焉，及其至也，虽圣人亦有所不能焉。天地之大也，人犹有所憾。故君子语大，天下莫能载焉，语小，天下莫能破焉。诗云：'鸢飞戾天；鱼跃于渊。'言其上下察也。君子之道，造端乎夫妇；及其至也，察乎天

---

① 余英时：《从价值系统看中国文化的现代意义》，载《中国思想传统的现代诠释》，江苏人民出版社 2003 年版。

地。"(《中庸·知物》)

佛教的传入深刻影响了中国文化，使中国的价值思想在"形而上"的道路上大大提升，结果是宋明理学的出现。宋明理学中有理世界与气世界之别，但理气仍是不即不离的。所以，中国价值始终未能实现形而上的超越，道始终与人伦日用结合而不分。事实上，这也是中国价值的重要特点。正是由于这个特点，中国始终没有出现与西方等同意义上的宗教。相反，儒学经历历史上的综合与流变，成为中国价值的主要传统。

中国哲学将价值源头追溯为"道"，而"道之大原出于天"（《汉书·董仲舒传》）。"道"足以照明"人伦日用"并赋予后者以意义或价值。从源于日常生活的"人伦日用"上升为价值，是"形而上"的外在超越过程。但是，在中国这种形而上的外在超越是有限的，即便是宋明理学也没有实现如西方那种宗教式的超越。但是中国文化却从另一个方面实现了这种超越，即内在超越。孔子说"为仁由己"，就是说这种"形而上"过程就是人心的内在过程。孟子说得更明白："尽其心者，知其性也，知其性，则知天矣"。可见，中国价值还起源于人心，从道心到人心，再从人心到民心。这就是中国价值的心学起源。

二、价值形式

1. 道理：天道伦理

道是指在自然和社会之上，有一个隐在的、根本的原理，即一种"形而上"的存在。这也就是理学家所说的"所当然之则"和"所以然之故"，即所谓"道理"。《吕氏春秋·察传篇》注："理，道理也。"高诱《淮南子·原道训》注："理，道也。"道是万物之源，也是万理之源。王弼《易经》注："物无妄然，必有其理。"一方面，道"无所不在"，正如庄子所说，道在日月天地中，道在蝼蚁中，道在稊稗中，道在瓦甓屎溺中（《庄子·知北游》）；另一方面，世间万物无处不有理，既有自然天地之天理，也有社会生活之伦理。但是，人世间的理千头万绪，总归源于道，所以称道理。这就是说，道理是价值的一体两面，道是价值的本原，而理是价值的表现形式即价值形式。

老子说：道可道非常道。这是说，真正的道是不可言说的。但是由于有了理，道就成为可以认识、可以表述，即可以言说的了。《说文解字》曰："理，治玉也。"又谓："知分理之可相别异也。"可见理是依附于道的，也是用来解释道的。所以《易传·系辞》说："易简而天下之理得。"《易传·说卦》说："穷理尽性以至于命。"《韩非子·解老篇》说："道者，万物之所然也，万理之所稽也。"朱熹说："理也者，形而上之道也"（《答黄道夫》，《朱熹集》卷五十八）；"合天地万物而言，只是一个理。有此理，便有此天地，若无此理，便亦无此天地。"

《易经》说："天行健，君子以自强不息"，"地势坤，君子以厚德载物"。宋儒周敦颐说："天以阳生万物，以阴成万物。生，仁也；成，义也。故圣人在上，以仁育万物，以义正万民"，"天道行而万物顺，圣德修而万民化"（《通书·顺化》）。这就赋予了天地以伦理价值。程颐说："天、地、人只一道也。在天为命，在人为性，论其所主为心，其实只是一个道"。（《二程遗书》卷十八）"自理言之谓之天，自禀受言之谓之性，自有诸人言之谓之心"。（《二程遗书》卷二十二上）朱熹讲："天人本只一理……天即人，人即天"（《朱子语类》卷十七）；"性便是心之所有之理，心便是理之所会之地"（《朱子语类》卷五）。朱熹进一步说："天理，只是仁义礼智之总名，仁义礼智便是天理之件数"。（《文集》卷四十，《答何叔京》之二十一）王阳明说："天理在人心，亘古亘今，无有终始。天理即是良知，千思万虑，只是要致良知。"（《传习录》（下））可见，天地与人是相通的，天道与人道，天理与伦理也是相通的。

《周易》说："夫大人者，与天地合其德，与日月合其明，与四时合其序，与鬼神合其吉凶，先天而天弗违，后天而奉天时。"（《乾·文言》）老子说："人法地，地法天，天法道，道法自然。"这就是说，人的行为必须循道而为。但是道不可言说，如何循道而为还必须通过理，也就是依理而行。庄子说：道是行之而然的，因而是可以认识和言说的。所以郭象注《庄子》说："物无不理，但当顺之。"这就有了循道而为的方法，循道而为转变成了依理而行。《管子·君臣篇》说"顺理而不失之谓道"，这就是道理。孔子还进一步把理与礼乐制度结合起来，说："礼也者，理也。乐也者，节也。君子无理不动，无节不作。不能诗，于礼缪；不能乐，于礼素；薄于德，于礼虚。"（《礼记》第二十八，《仲尼燕居》）荀子也明确地提出："礼也者，理之不可易者也。"（《荀子·乐论》）朱熹说："礼即理也"。（《朱子文集》卷六十，《答曾择之》）这样就进一步将道和道理转换为社会规范。可见，道理就是必须遵循的客观规律和社会规范，因而也就是价值标准。

2. 道德：尊道贵德

老子在提出"道论"的同时提出"德论"，所以老子之经称为《道德经》。道作为一种价值理想，是人们所要追求的目标。人们求"道"而得"道"就是"道德"。"德"即"得"也，"得（德）道"即"道得（德）"。老子说："是以万物莫不尊道而贵德，道之尊，德之贵，夫莫之命而常自然。故，道生之，德畜之，长之育之，亭之毒之，养之覆之，生而不有，为而不恃，长而不宰，是谓玄德。"（《老子》五十一章）老子在《道德经》中提出"上德""玄德""孔德""积德"等，并认为大德服从于道，即"孔德之容，惟道是从"。《庄子·天地篇》说："通于天地者，德也；行于万物者，道也"，"形非道不生，生非德不明。存形穷生，立德明道，非至德者邪？"后来的思想家也将道与德结合起来论说，如"德者，道之功也"（《韩非子·解老》），"德者，道之用也"（陆德明：《老子音义》），"德者，道之见也"（苏辙：《老子解》）。总之，"道"是"德"的依据，"德"是"道"的具体体现，合乎天道为善，背离天道为恶，所以道德成为重要的价值形式。

德源于道，既是天地属性也是人的属性，与道理相比较，理侧重于天理，德侧重于人伦，所以，道德更是君子品行。一般来讲，"道"属于宇宙本体论范畴，但是道还必须落实到人生问题，这就是"德"。《周易·系辞》说："天行健，君子以自强不息；地势坤，君子以厚德载物。"《易·乾卦》曰："君子进德修业。"唐孔颖达注："德，谓德行；业，谓功业。"由此可知，"德"的本意就是指人的品行和操守，如功德、品德、德行等。这样，"德"就转变成为社会价值范畴。一方面，"道之尊，德之贵，夫莫之命而常自然"（《老子》五十一章），是说人自然而尊道本身就是一种重要的道德标准；另一方面，人只有"修之于身，其德乃真"（《老子》五十四章），即只有经过个人修养，才能使"道德"真正实现，从而进入君子之列。

德还是社会价值标准。德源于道，道是德的本源。这是由道的本质所决定的。道生万物，这就是道的"生生之德"。"道生一，一生二，二生三，三生万物。"（《老子》四十二章）但道却是"大方无隅，大器晚成，大音希声，大象无形，道隐无名"（《老子》四十一章）。这就是说，道的"生生之德"最为大德，但道却不据为己功，"功成而弗居"，不将万物据为己有，所谓"生而不有，为而不恃，长而不宰，是谓玄德"。反过来说，那些不忘己功的行为却是"不德"。这就是所谓的"上德不德，是以有德。下德不失其德，是以无德"（《老子》三十八章）。所以，"道之尊也，德之贵也，夫莫之爵而恒自然也"。可见"玄德"即是元德，亦即道的本身。宋代朱熹对"道德"做了进一步的注解：道者"人之所共由者也……"；德者，"得于心而不失也"。（朱熹：《四书章句集注·论语集注》卷一）"道者，古今共由之理，如父之慈，子之孝，君仁，臣忠，是一个公共底道理。德，便是得此道于身，则为君必仁，为臣必忠之类，皆是自有得于己，方解恁地。"（朱熹：《朱子语类》卷十三）

尊道贵德应该是一个社会的价值导向。《尚书》说："钦崇天道，永保天命"（《尚书·商书·仲虺之诰》）；"以荡陵德，实悖天道"（《尚书·周书·毕命》）；"皇天无亲，惟德是辅"（《尚书·周书·蔡仲之命》）。《管子·君臣下》说："君之在国都也，若心之在身体也。道德定于上，则百姓化于下矣。"孔子说："道之以德，齐之以礼，有耻且格。"（《论语·为政》）朱熹注曰："德之为言得也，行道而有得于心也。"（朱熹：《论语集注·为政》）许慎《说文》："德，外得于人，内得于己也。"郑玄："德行，内外之称，在心为德，施之为行。"（郑玄注《周礼·地官·师氏》）老子和孔子还将水作为道德模范。老子说："上善若水，水善利万物而不争，处众人之所恶，故几于道。居善地，心善渊，与善仁，言善信，事善能，动善时。夫唯不争，故无尤。"（《老子》八章）孔子说："夫水，大偏与诸生而无为也，似德。其流也埤下，裾拘必循其理，似义。其洸洸乎不淈尽，似道。若有决行之，其应佚若声响，其赴百仞之谷不惧，似勇。主量必平，似法。盈不求概，似正。淖约微达，似察。以出以入，以就鲜絜，似善化。其万折也必东，似志。"（《荀子·宥坐》）

3. 道义：义以为上

《易传·系辞上》："成性存存，道义之门。"《管子·法禁》曰："德行必有所是，道义必有所明。"汉荀悦《汉纪·高祖纪一》："夫立典有五志焉：一曰达道义，二曰彰法式，三曰通古今，四曰著功勋，五曰表贤能。"这些记载都表明道义在中国传统文化中的地位和作用。

道既为天道亦为人道，天道侧重于自然存在的原理，人道则体现社会的价值规范。然而，在中国传统文化中，天人合一的理念决定天道与人道不可分离：人道以天道为依据，天道通过人道来体现。所以老子说："天之道，其犹张弓与？高者抑之，下者举之；有余者损之，不足者补之。天之道损有余而补不足，人道则不然，损不足，奉有余。孰能有余以奉天下？其唯有道者。"（《老子》七十七章）在这里，老子指出了道义与非道义的标准，即符合天道的行为就是义而不和天道的就是不义。《左传·昭公元年》："临患不忘国，忠也。思难不越官，信也；图国忘死，贞也；谋主三者，义也。"忠、信、贞三者合而称为义。孔子说："君子义以为质，礼以行之，孙以出之，信以成之；君子哉！"（《论语·卫灵公》）"君子之于天下也，无适也，无莫也，义与之比。"（《论语·里仁》）

处理义与利的关系是检验道义的重要标准。孔子主张"以义为上"。孔子认为，"君子喻于义，小人喻于利"，在利益面前必须坚持道义原则。他说："富与贵是人之所欲也，不以其道得之不处也；贫与贱是人之所恶也，不以其道得之，不去也"，"不义而富且贵，于我如浮云"；"邦有道，谷；邦无道，谷，耻也"，"邦有道，贫且贱焉，耻也；邦无道，富且贵焉，耻也"。（《论语·泰伯》）对于孔子来说，利益不足道，"君子谋道不谋食"（《论语·卫灵公》），"君子忧道不忧贫"（《论语·卫灵公》）。孟子说："士穷不失义，达不离道"，"穷则独善其身，达则兼善天下"；"非其有而取之，不义也"。（《孟子·尽心上》）董仲舒也说："天之生人也，使人生义与利。利以养其体、义以养其心。心不得义不能乐，体不得利不能安"（《春秋繁露·身之养重于义》）；"正其谊不谋其利，明其道不计其功"（《汉书》卷五十六，《董仲舒传》）。这是告诉人们见到有利可得时，一定要考虑是否符合道义。

在孔子看来，一个人首先必须有所追求，心有所往，力有所使，"志于道，据于德，依于仁，游于艺"（《论语·述而》）。"士志于道，而耻恶衣恶食者，未足与议也。"（《论语·里仁》）孔子曰："笃信好学，守死善道"（《论语·泰伯》），"隐居以求其志，行义以达其道"（《论语·季氏》）。说的都是这个道理。孟子说："其为气也，至大至刚，以直养而无害，则塞於天地之间。其为气也，配义与道。无是，馁也"（《孟子·公孙丑上》）；"夫志，气之帅也；气，体之充也。夫志至焉，气次焉；故曰：'持其志，无暴其气。'"（《孟子·公孙丑上》）孟子还说："仁义而已矣。杀一无罪，非仁也。非其有而取之，非义也。居恶在？仁是也。路恶在？义是也。居仁由义，大人之事备矣。"（《孟子·尽心上》）

总之，道义是最为重要的社会价值，是一种超越个体利益的价值标准，所以能够成为共同的价值追求，并具有强大的感召力。孟子说："得道者多助，失道者寡助。寡助之至，亲戚畔之。多助之至，天下顺之。以天下之所顺，攻亲戚之所畔，故君子有不战，战必胜矣。"（《孟子·公孙丑下》）

4. 信仰：天道信仰与价值信仰

"志于道"就是对道的追求。这种追求源于对道的信仰。不仅在利益面前首先考虑道义原则，甚至在生与死面前也选择道义。这就是信仰的力量。孔子说："志士仁人，无求生以害仁，有杀身以成仁"（《论语·卫灵公》），"临大节而不可夺"（《论语·子罕》）。孟子认为，人的生命诚然宝贵，但是世界上还有比生命更宝贵的东西，那就是大义。他说："生亦我所欲也，义亦我所欲也；二者不可得兼，舍生而取义者也。生亦我所欲，所欲有甚于生者，故不为苟得也。死亦我所恶，所恶有甚于死者，故患有所不辞也"（《孟子·告子上》）；"天下有道，以道殉身；天下无道，以身殉道"（《孟子·尽心上》）。在他看来，实现大义的重要性远高于个人私利甚至人的生命。在义和利不可兼得的情况下，为了实践和维护大义，应当以身殉道，舍生而取义。

信仰也源于"道"。在这个"不可道"的"道"中，既有"物"也有"精"。"物"就是物质，"精"就是精神，而精神的最高处就是信仰。但是中国传统的信仰与宗教没有直接关系，因而是一种价值信仰。这种信仰源于人们对道的认知和对道的崇拜。这种通过认知而产生的崇拜就是"信"。没有认知就没有信，没有信就没有"志于道"的追求，就没有杀身以成仁的气概。所以，这一切都源于对道的"信"。老子说：道中有精，

"其精甚真，其中有信"。道之所以值得"信"是由于道之"真"。这里的"真"，一方面基于对象的真实性，以及人们的认知与对象的一致性，从而构成对"真理"的追求即求真。这种"真"和"求真"的过程就是"诚"与"思诚"的过程。孟子说："诚者，天之道也；思诚者，人之道也。"（《孟子·离娄上》）就是说，人们之所以信仰天道就在于天道之诚，而人对于天道的追求和信仰就是"思诚"。在这里，道就是真理，知道就是认知，道义是经过认知而形成的信念，信必须建立在知的基础上。所以孔子说要"知人""知言""知理""知命""知天"。"志于道"就是对真理的追求，也如孔子所说："君子学以致其道"（《论语子张》），"笃信好学，守死善道"（《论语泰伯》），"朝闻道，夕死可矣"（《论语子张》）。这就是建立在知"道"基础上的信仰。

对天道的信仰可以转变为对某种社会价值的追求。孔子说："信近于义，言可复也"（《论语·学而》），"自古皆有死，民无信不立"（《论语·颜渊》）。《左传·昭公二十三年》："先神命之，国民信之。"《左传·昭公七年》："不信，民不从也。"《左传·僖公二十七年》："民未知信，未宣其用"。但是，被确定为信仰的社会价值必须真，必须诚，必须符合人们的真性，否则，这种价值就会丧失人们的信仰。"信者，诚也，专一不移也。"（班固：《白虎通义·性情·论五性六情》）程颐说："诚则信矣，信则诚矣"（《河南程氏遗书》卷二十五），"信者，无伪而已"（《河南程氏遗书·卷一》）。朱熹说："诚者，真实无妄之谓"（《四书章句集注·中庸章句》），"宁死而不失信于民，而民亦不失信于我也"（《论语集注》卷六，《先进》第十一）。

三、价值与价值观

1. 以物观之

在价值视域中，一切价值和价值标准都是以人为本的。马克思说："人是人的最高本质"，"人的根本就是人本身"。[①] 马克思提出，人的社会

---

① 《马克思恩格斯选集》第一卷，人民出版社 1995 年版，第 9 页。

活动要遵循"两个尺度"，即"对象的尺度"和"人的内在尺度"①。所谓"对象的尺度"就是从对象物的功用出发来判断物的价值。马克思指出："'价值'这个普遍概念是从人们对待满足他们需要的外界物的关系中产生的"。② 这个"外界物"可能是有形的物体，也可能是一种制度，但总的来说是人与这些"外界物"的关系。这就是"以物观之"，亦即"客观"。

"以物观之，自贵而相贱"，就是说，每个物品都看重自己的价值而看轻其他物品的价值。"以物观之"还包括其他几个相应的层面，即"以俗观之，贵贱不在己。以差观之，因其所大而大之，则万物莫不大；因其所小而小之，则万物莫不小；知天地之为稊米也，知毫末之为丘山也，则差数睹矣。以功观之，因其所有而有之，则万物莫不有；因其所无而无之，则万物莫不无。知东西之相反而不可以相无，则功分定矣。以趣观之，因其所然而然之，则万物莫不然；因其所非而非之，则万物莫不非；知尧桀之自然而相非，则趣操睹矣"（《庄子·秋水》）。这些都是从事物对人的价值角度的观察。由于事物本身功能不同，因而具有不同的价值，结果必然是"自贵而相贱"。

"无物无用，因物尽用"。庄子说："物有际者，所谓物际者也。"（《庄子·知北游》）就是说，万物各不相同，各自具有各自的功用，因而不能用同一价值标准来衡量："长者不为有余，短者不为不足。是故凫胫虽短，续之则忧；鹤胫虽长，断之则悲。故性长非所断，性短非所续，无所去其忧也。"（《庄子·骈拇》）各种事物也同样如此："小知不及大知，小年不及大年，奚以知其然也？朝菌不知晦朔，蟪蛄不知春秋，此小年也。楚之南有冥灵者，以五百岁为春，五百岁为秋；上古有大椿者，以八千岁为春，八千岁为秋，此大年也。而彭祖乃今以久特闻，众人匹之，不亦悲乎！"（《庄子·逍遥游》）就是说，事物的这些差异都是客观存在的，而各种差异都有各自存在的理由，各有各的功用，不能相提并论。老子说："三十幅共一毂，当其无，有车之用。埏埴以为器，当其无，有器之用。凿户牖，以为室，当其无，有室之用也。故有之以为利，无之以为

---

① 《马克思恩格斯选集》第一卷，人民出版社 1995 年版，第 58 页。
② 《马克思恩格斯全集》第 19 卷，人民出版社 1979 年版，第 406 页。

用。"也如《淮南子》所说:"无论小大修短,各得其宜;规矩方圆,各有所施;殊形异材,莫不可得而用也。"(《淮南子·主术训》)所以,即便是看起来无用的物品或事物,实际上也具有功用的,即"无用之用"。总之,"无物无用""因物尽用""人无弃人,物无弃财"。

以物观物,物各付物。宋代邵雍提出"以物观物"之说:"以物观物,性也,以我观物,情也,性公而明,情偏而暗。""夫所以谓之观物者,非以目观之也,非观之以目而观之以心也,非观之以心而观之以理也。""圣人之所以能一万物之情者,谓其圣人之能反观也。所以谓之反观者,不以我观物也;不以我观物者,以物观物之谓也。"(《皇极经世·观物内篇》)这就是说,要跳出"以我观物"的误区,对各种事物进行反观。程颐也说:人不止于事,只是揽他事,不能使物各付物。物各付物,则是役物。为物所役,则是役于物。"有物必有则",须是止于事。(《遗书》卷十五)他认为,事外无心,心外无事,世人只被物所役,便觉苦事多,若物各付物,便役物也。(《遗书》卷十九)这里,"以物观物"主要是说不以我观物,而"物各付物"主要是说不以物累我。所以邵雍主张"以一心观万心,一身观万身,一物观万物,一世观万世"(《皇极经世·观物内篇》)。

2. 以人观之

"以物观之"是价值的"对象尺度",而马克思提出人的"人的内在尺度"则是通过"以人观之"而形成。而"以人观之"的方法和"人的内在尺度"的确立,是科学地理解和界定价值本质的基石。"人的内在尺度"也就是"主体尺度",指的是以人的存在和本性作为衡量对象和行为的依据和标准。这就是说,价值是以人为根本的,而人的根本不应到人以外去找,只能立足于人本身。① 这就是"主观"。

"以物观之"和"以人观之"指的都是以人观物,但角度有所不同。"以物观之"是从物对于人的价值而言的,聚焦点在于对象物;而"以人观之"是从人与物两方面的价值关系来看的,聚焦点在于人自身。从"以物观之"到"以人观之"是一种历史过渡,是从对物的依赖关系转向人的全面发展的进步。正如马克思指出的,"物的依赖性"实际上"是一个必

---

① 李德顺:《价值论》,中国人民大学出版社 2007 年版,第 77—79 页。

然的过渡点，因此，它已经自在地、但还只是以歪曲的头脑倒置的形式，包含着一切狭隘的生产前提的解体，而且它还创造和建立无条件的生产前提，从而为个人生产力的全面的、普遍的发展创造和建立充分的物质条件"。①

首先，从物回归到人。物的价值本来是为了维护和实现人的生命价值的。但是在"物的依赖性"时代，由于人们对物质基础的严重依赖，导致人们把物的价值无限放大，而人自身的价值反而被淹没了。人们的贪欲促使人们疯狂地追求物质利益，甚至将个人生命都可以不顾。庄子说："自三代以下者，天下莫不以物易其性矣。小人则以身殉利，士则以身殉名，大夫则以身殉家，圣人则以身殉天下。故此数子者，事业不同，名声异号，其于伤性以身为殉。"（《庄子·骈拇》）不仅如此，"自虞氏招仁义以挠天下也，天下莫不奔命于仁义"（《庄子·让王》）。庄子对这种"人为物役""以仁义易其性"的现象大加批判，明确主张"物物而不物于物"，回归"贵人"的时代。《吕氏春秋》也提出"本生"和"重己"，认为"物也者，所以养性也，非以性养也"，指出"今世之人，惑者多以性养物，则不知轻重也。不知轻重，则重者为轻，轻者为重矣"。（《吕氏春秋·本生》）

其次，从外物回归自性。根据老子的观点，一切的异化都源于人对外物的追求，他说"五色令人目盲；五音令人耳聋；五味令人口爽；驰骋畋猎，令人心发狂；难得之货，令人行妨。是以圣人为腹不为目，故去彼取此"（《老子》十二章），主张从对外物的追求回归于人的自性。为此，老子提出"恒德不离，复归于婴儿"（《老子》二十八章）的主张，即回到"若婴儿未咳"（《老子》十九章）的那样一种抟精至柔、敦厚纯朴的境界。这就必须"见素抱朴"，"少私而寡欲"，而当人"化而欲作"之时即要"镇之以朴"。（《庄子·天地》）

最后，从人自身开始"观"。《老子》说："以身观身，以家观家，以乡观乡，以国观国，以天下观天下。"（《老子》五十四章）一方面，所有这些视点最终归结为人自身；另一方面，所有的视角都从对象本身出发。

---

① 《马克思恩格斯全集》第30卷，人民出版社1995年版，第512页。

这就避免了人与物的异化，人与制度的异化，以及人自身的异化。为此，庄子提出"不尚贤，不使能，上如标枝，民如野鹿，端正而不知以为义，相爱而不知以为仁，实而不知以为忠，当而不知以为信，蠢动而相使不以为赐"（《庄子·山木》），人们"耕而食，织而衣，无有相害之心"（《庄子·盗跖》），从而达到理想的"至德之世"。

3. 以道观之

"以物观之"和"以人观之"分别是从"对象的尺度"和"人的内在尺度"来观察事物，各有各的角度因而有不同的价值系统。但是这两种价值观都有局限，而要超越这些局限就必须从"道"的高度去观察事物，即"以道观之"。所谓"以道观之"就是立于"方外"看世界，即从道的角度观察世间的万物万事，将世间万物万事视为一体，无所谓分别，无所谓特殊。这种价值观也可以称之为"道观"。

"道，物之极"也。之所以要"以道观之"，是因为道是超越物和人的形上之道，是超越物我万物"齐一"之道。庄子说："自其同者视之，万物皆一也"。（《庄子·德充符》）首先，"举莛与楹、厉与西施、恢诡谲怪，道通为一"（《庄子·齐物论》）。就是说，尽管物有小大、美丑、正邪之别，但以道观之，则可通而为一，即"天地虽大，其化均也；万物虽多，其治一也"（《庄子·天地》）。其次，"人之生，气之聚也；聚则为生，散则为死。若死生为徒，吾又何患！故万物一也。是其所美者为神奇，其所恶者为臭腐，臭腐复化为神奇，神奇复化为臭腐。故曰通天下一气耳"（《庄子·知北游》）。这是说万物变化最终要归一，就如人之生死，其实质不过是气之聚散，至于臭腐神奇之变亦不过气之化而已，所谓"万物一也"，即归一于气，最终是归一于道。再次，从道的角度来看，世间万事万物"其分也，成也；其成也，毁也。凡物无成与毁，复通为一"（《庄子·齐物论》）。"彼为盈虚非盈虚，彼为衰杀非衰杀，彼为本末非本末，彼为积散非积散"（《庄子·知北游》）。尽管事物之间存在各种差异与变化，并不影响道的整体。此物之分，则有彼物之成；彼物之成，必有此物之毁。此消则彼长，彼盈则此虚。尽管万物消长、盈虚、成毁、衰旺，最终道还是道。最后，"万物一府，死生同状"（《庄子·天地》）。万物出于道，归于道，道为万物同一之府；气聚为生，气散为死，气为万物共同之状。总之是"道无终始，物有死生"（《庄子·秋水》）。所以，生是有限的，而道是永恒的，我们只能是以有涯之生面对永恒之道，只能看到相对的事物，而"以道观之"就是要将自身归之于道，从道的观点来观察万事万物。

"以道观之，物无贵贱"。庄子在《庄子·秋水》中有一段名言："以道观之，物无贵贱；以物观之，自贵而相贱；以俗观之，贵贱不在己。以差观之，因其所大而大之，则万物莫不大；因其所小而小之，则万物莫不小；知天地之为稊米也，知毫末之为丘山也，则差数睹矣。以功观之，因其所有而有之，则万物莫不有；因其所无而无之，则万物莫不无；知东西之相反而不可以相无，则功分定矣，以趣观之，因其所然而然之，则万物莫不然；因其所非而非之，则万物莫不非；知尧桀之自然而相非，则趣操睹矣。"这就是说，从道的层次来看物，则物物之间没有价值贵贱、大小、高下的分别，万物都各有其独特的价值。这里，"以道观之"属于"形而上"层次，而以物、以俗、以差、以功、以趣等五种方法则属于"形而下"层次。庄子进一步认为："以道观言而天下之君正；以道观分而君臣之义明；以道观能而天下之官治；以道泛观而万物之应备。故通于天地者，德也；行于万物者，道也；上治人者，事也；能有所艺者，技也。技兼于事，事兼于义，义兼于德，德兼于道，道兼于天。故曰：古之畜天下者，无欲而天下足，无为而万物化，渊静而百姓定"。（《庄子·天地》）这就为人们指出了一条"回归于道"的路径：技—事—义—德—道—天，这样从"形而下"一步步到达终极本然的"形而上"之境。

庄子说："是故古之明大道者，先明天，而道德次之；道德已明，而仁义次之；仁义已明，而分守次之；分守已明，而形名次之；形名已明，而因任次之；因任已明，而原省次之；原省已明，而是非次之；是非已明，而赏罚次之；赏罚已明，而愚知处宜，贵贱履位，仁贤不肖袭情。必分其能，必由其名。以此事上，以此畜下，以此治物，以此修身，知谋不用，必归其天，此之谓太平，治之至也。"（《庄子·天道》）在庄子看来，形、名、功、德、仁、义这些价值都是"形而下"的，即"形德仁义，神之末也"。而要使社会得到根本的治理，就必须建立"道"的世界观和方法论，以"道"的方式来处理个人、家庭、乡、诸侯国，直至天下事务，就如老子所说："善建者不拔，善抱者不脱，子孙以祭祀不辍。修之于身，其德乃真；修之于家，其德有余；修之于乡，其德乃长。修之于邦，其德乃丰。修之于天下，其德乃普。故以身观身，以家观家，以邦观邦，以天下观天下。吾何以知天下之然哉？"（《老子》五十四章）《管子·九守》也说："以天下之目视，则无不见也。以天下之耳听，则无不闻也。以天下之心虑，则无不知也。"

4. 以史观之

人类存在于时空之中。人类的空间存在构成人与自然和人与社会的关系，而人的时间存在构成人与历史的关系。就是说，人的存在既是自然的存在也是社会的存在，还是历史的存在。所以，在"以人为本"的价值体系中，除体现人与自然和人与社会的两维关系外，还有人与历史的第三维关系。人与历史的关系，本质上就是人的生命延续和人在历史过程中的位置。"生生之谓易"，"易"就是历史，历史就是一个民族在生命延续的同时，自强不息，厚德载物，不断创造，不断进化，不断发展的过程。

《尸子》曰："上下四方曰宇，往古来今曰宙。"[①]。这可能是中国最早提出的宇宙时空概念。《管子·宙合》则用"宙合"表示时空，宙是时间，合是空间。庄子说："有实而无乎处者，宇也；有长而无本剽者，宙也。"（《庄子·庚桑楚》）《易经》说："天地之道，恒久而不已也"（《易传·彖·恒》），"天地革而四时成"（《革·彖传》）。《墨经》把时间的延续称为"久"，即"久，弥异时也"（《墨经·经上》）；"久：古今旦暮"（《墨经·经说上》）。《论语》记载："子在川上。曰：逝者如斯夫！不舍昼夜。"（《论语·子罕》）《淮南子》说："时之反侧，间不容息，先之则太过，后之则不逮。夫日回而月周，时不与人游。"（《淮南子·原道训》）这都说的是时间的客观性和时间于空间中的流逝和延续。

《易传》说："《易》与天地准，故能弥纶天地之道。仰以观于天文，俯以察于地理，是故知幽明之故。原始反终，故知死生之说。"（《易传·系辞上》）这是说，人存在和生活在时空的过程当中，一方面感知时间的流逝和生命的过程，一方面推原事物的初始、反求事物的终结，认识事物

---

① 参见关煜平：《中国传统文化中的时间观念》，《郑州大学学报（哲社版）》2002 年第 3 期。

生死变化的法则。这就是"以史观之",或称之为"史观"。《易传·说卦》说:"数往者顺,知来者逆"。对此孔颖达解释说:"人欲数知既往之事者,《易》则顺后而知之;人欲数知将来之事者,《易》则逆前而数之。"(孔颖达:《十三经注疏》)这就是《易经》所说的"彰往而察来"(《易经·系辞下》)。王夫之认为,作为"述往事,思来者"的活动,历史只有在时间的往来辨证中,在过去与未来的视域交融中才能获得理解,即"所贵乎史者,述往以为来者师也"(《读通鉴论》卷六)。这就是历史的意义所在。

然而时间和历史并不是纯粹的时空概念,更是一个重要的人文概念。这是因为不同民族的时间感是不同的,从而决定了不同民族的不同的历史观。马克思指出:"人的感性就是形体化的时间,就是感性世界的存在着的自身反映"。① 就是说,时间发生在人的感性知觉的过程中,而人就是时间的主体尺度。这种观点同样适用于一个民族,即一个民族的时间意识,来源于这个民族的创世理念和对发展过程的感知和认识。由于不同民族的起源和发展过程不同,他们对时间的感知和认识也不同,从而决定了他们不同的历史观。

时间的流逝不仅仅具有线性的特点,不仅仅是从过去、现在到未来的简单行程,而是过去、现在与未来彼此相通的具有境域性特征的过程。这是因为,时间意味着存在的持续敞开,而对人则意味着"关系的承担",也就是说,处于当下的每个人都承担着他对自身和整个世界的使命。但是,在一定的历史时点上,人们往往感觉到空间的自我,而忘记时间和历史。所以,人的空间存在感是一种实在的感觉,即人与自然和人与人的关系存在,而对于人与历史的关系和存在,则在时间的流逝中被忽略甚至被忘记了。这种忽视往往导致人们的"现世主义态度",即"前不见古人,后不见来者",这事实上是现代主义世界观的根源。

《易传》曰:"日新之谓盛德,生生之谓易。"(《易传·系辞上》)就是说,日日增新、不断更善才是最为盛美的德性;阴与阳之间从不间断的互相转化和彼此变易,才是宇宙万物的根本法则。在这里,生命存在与时

---

① 《马克思恩格斯全集》第1卷,人民出版社1995年版,第38页。

间融为一体，历史成为生命的延续。于是，时间进入人们生活着的存在世界，时间才真正成为了历史，人也就在历史中具有了使命，人具有了历史使命也就具有了价值和意义。

宇宙创化"终则有始"，而复"其见天地之心"。(《易·复卦》这里的"复"并非重复扮演，而是拨乱以反正，革故而鼎新，纯然新局势。对每一个个人来说，应"朝乾夕惕""日新其德"，对于人的文化来说，则应"通其变，使民不倦，神而化之，使民宜之"，如有困穷，则变而通之。[①]《易经》以"未济"作为六十四卦的终局。朱熹说："未济，事未成之时也。"(朱熹:《周易本义》) 这就是说，社会发展和历史变革未有穷期，人还对自然、对社会、对历史还承担着使命。

第二节 中国价值的系统传承

一、道统、治统、学统

1. 道统之谱系

道统的本质是道体之流行，亦即道体流行而形成的历史上绵延不绝的主流价值观。道统是传统的轴心，在中国历史和思想史上具有极为重要的意义。不论是治统还是学统，都要围绕这个主流价值，尽管道统有时会中断，有时会变形，但终究要回到固有的主体轨道上，即回归主流，也就是回归道统。

孔子在《论语·尧曰》中引述尚书的历史记载："尧曰'咨！尔舜！天只历数在尔躬，允执其中。四海困穷，天禄永终。'舜亦以命禹。"这里是说，尧、舜、禹的传承是"天只历数"，而所传承的价值就是"允执其中"，只有坚持这个价值，才能保证社会安定，人民幸福，永享天禄。这

---

① 程石泉：《易辞新诠》，上海古籍出版社 2000 年版，第 213—214 页。

应该是中国价值传统的源头，也就是中国道统的起点。孟子倡导王道和仁政，提出圣人传道的路径："由尧、舜至于汤，五百有余岁，若禹、皋陶，则见而知之。若汤，则闻而知之。由汤至于文王，五百有余岁。若伊尹、莱朱，则见而知之。若文王，则闻而知之。由文王至于孔子，五百有余岁。若太公望、散宜生，则见而知之。若孔子，则闻而知之。由孔子而来至于今，百有余岁。去圣人之世若此其未远也。近圣人之居若此其甚也。然而无有乎尔，则亦无有乎尔！"（《孟子·尽心下》）这里，孟子沿着孔子所述的统绪，再次提出了圣人的传授次第。汉代董仲舒也说："禹继舜，舜继尧，三圣相受而守一道。"（《汉书·董仲舒传》）可见，关于中国道统的认识早在孔孟时就已形成并被汉代所继承和延续。

但确实的道统之说始于唐代韩愈。韩愈痛感佛老兴盛，儒学衰微，力图复兴儒家学说，重建儒家道统。韩愈明确提出，儒家有一个始终一贯并有别于佛老的"道"。这个"道"就是作为儒家价值思想核心的"仁义道德"。韩愈说：儒者之道，即是"博爱之谓仁，行而宜之之谓义，由是而之焉之谓道，足乎己无待于外之谓德。仁与义为定名，道与德为虚位"（《韩昌黎全集》卷十一，《原道》）。他进一步指出：历史上"尧以是传之舜，舜以是传之禹，禹以是传之汤，汤以是传之文武周公，文武周公传之孔子，孔子传之孟轲。轲之死，不得其传焉"（《韩昌黎全集》卷十一，《原道》）。这个价值思想的传承统绪亦即由各代圣贤构成的谱系就是"道统"。然而，从孟子以后儒家之千年道统已经衰微至极，并非一个道统说就能够得救的，真正的儒学复兴还需要创新和发展。

儒学的根本创新发生于宋代的理学革命，其中"二程"具有奠基作用。程颐曾把其兄程颢尊为道统的正宗传人。他在《明道先生墓表》中说："周公没，圣人之道不行；孟轲死，圣人之学不传。道不行，百世无善治；学不传，千载无真儒。无善治，士犹得以明夫善治之道，以淑诸人，以传诸后；无真儒，天下贸贸焉莫知所之，人欲肆而天理灭矣。先生生千四百年后，得不传之学于遗经，志将以斯道觉斯民。天不慭遗，哲人早世。乡人士大夫相与议曰：道之不明也久矣。先生出，倡圣学以示人，辨异端，辟邪说，开历古之沉迷，圣人之道得先生而后明，为功大矣。于是帝师采众议而为之称以表其墓。学者之于道，知所向，然后见斯人之为

功；知所至，然后见斯名之称情。山可夷，谷可湮，明道之名亘万世而长存。"（《伊川文集》卷七，《明道先生墓表》）

朱熹也认为是二程兄弟接续了孟子之后的儒家道统。他在《中庸章句序》中说："异端之说，日新月盛，以至于老、佛之徒出，则弥近理而大乱真矣。……故程夫子兄弟者出，得有所考，以续夫千载不传之绪。"（《朱文公文集》卷七十六）朱熹还从《尚书·大禹谟》中选出十六字作为儒家道统之"道"："盖自上古圣神，继天立极，而道统之传有自来矣。其见于经，则'允执厥中'者，尧之所以授舜也；'人心惟危，道心惟微，惟精惟一，允执厥中'者，舜之所以授禹也。尧之一言，至矣尽矣。"（《朱文公文集》卷七十六）鉴于朱熹对儒家学说的贡献，朱熹的门人进一步将朱熹也列入道统之序。黄干在《徽州朱文公祠堂记》中说："尧、舜、禹、汤、文、武、周公生，而道始行；孔子孟子生，而道始明；孔孟之道，周、程、张子继之；周、程、张子之道，文公朱先生又继之。此道统之传，历万世而可考也。"（《黄勉斋先生文集》卷五）

2. 道统与治统

道统主要是文化传承，是核心价值的传承统绪。治统也称政统，指"政治形态"或政体发展之统绪。[①] 治统的核心在于传统的政治合法性。治统围绕道统，以道统为核心。王夫之认为，"道"是与"儒者之统"联系在一起的，所以称"道统"；而"治"是与"帝王之统"联系在一起的，所以称"治统"。一个政权是否具有合法性，不仅要看宗法关系，还要看是否符合道统。王夫之说："天下所极重而不可窃者二：天子之位也，是谓治统；圣人之教也，是谓道统。治统之乱，小人窃之，盗贼窃之，夷狄窃之，不可以永世而全身；其幸而数传者，则必有日月失轨、五星逆行、冬雷夏雪、山崩地坼、雹飞水溢、草木为妖、禽虫为之异，天地不能保其清宁，人民不能全其寿命，以应之不爽。道统之窃，沐猴而冠，教猱而升木，尸名以徼利，为夷狄盗贼之羽翼，以文致之为圣贤，而恣为妖妄，方且施施然谓守先王之道以化成天下；而受罚于天，不旋踵而亡。"（《读通

---

① 牟宗三：《略论道统、学统、政统》，载牟宗三：《生命的学问》，广西师范大学出版社2005年版。

鉴论》卷十三）

在中国历史上，道统与治统呈现出亦分亦合，相辅相成，互为作用的关系。一般认为，春秋以前，道统与治统是合一的。黄帝、尧、舜、禹、汤、文、武、周公都是圣王一体的，是道统与治统合一的人格体现。在这种情况下，"官师治教合，而天下聪明范于一，故即器存道，而人心无越思"（章学诚：《文史通义·原道中》）。春秋以后，圣与王一分为二，道学在师儒，治权在帝王，道统与治统也自然分离。

春秋战国时期，诸子百家只有儒家从名实两方面都承继了尧舜禹、商汤以及周文周武的政治和文化思想。所以，儒家基本上代表了中国的道统。但是在两千多年的历史上，道统与治统的离合，君主与士人之间，君主与人民之间，始终充满着矛盾和紧张。道统与治统的分离，一方面表明圣王分工发展导致的政治制度演变，天地圣王，官师治教，各自掌握各自的资源，共同治理天下；另一方面也决定道统与治统之间，亦即圣王之间开始了长期的紧张和纠缠，形成了困扰中国政治的一个基本矛盾：儒家主张民为道体，以民为本，民贵君轻；而现实的政治理念却是君权神授，君上民下，君为臣纲。所以，从孔子开始历代儒者总是希望"天下以道而治"并为"王者师"。如孔子作为圣贤，以道事君，前提是共遵天道，敬天保民，以民为本，维护道体。但无论如何孔子仍是臣子，并不掌握权柄，也不能决定君主是否依道而行，如果不能尽臣之道，也只能"无道则隐"。所以孔子说："所谓大臣者，以道事君，不可则止。"（《论语·先进》）这既反映了儒者对君权的无奈，也反映了道统与治统的矛盾。孟子较孔子激进一些。他认为，在"道统"与"治统"之间，道高于势、德尊于位。他说："君子之事君也，务引其君以当道，志于仁而已"；"君子之事君也，君有过则谏，反复之而不听，则去"。（《孟子·告子下》）荀子更明确提出"道高于君"，"道存则国存，道亡则国亡"（《荀子·君道》），主张"从道不从君"（《荀子·子道》）。

到了西汉中期，一方面，汉武帝罢黜百家，独尊儒术，进一步将儒家为主的思想作为正统思想；另一方面，儒家群体秉承先圣遗训，推崇古代圣王，重视王道政治，追求德政合一。而在道统与治统分离的情况下，儒家的理想是用自己的道统来规范和指导帝王的治统，以实现德政合一。为了建立道统的权威和信仰，董仲舒提出"天人感应"说。董仲舒认为，君权乃由天授，天生民以立君，"为人君者，其法取象于天"（《春秋繁露·天地之行》）。他告诫君主："国家将有失道之败，而天乃先出灾害以遣告之。"（《汉书·董仲舒传》）"灾常先至而异乃随之。灾者，天之谴也；异者，天之威也。谴之而不知，乃畏之以威。"（《春秋繁露·必仁且智》）他甚至提出"有道伐无道"的思想，认为"夏无道而殷伐之，殷无道而周伐之，周无道而秦伐之，秦无道而汉伐之。有道伐无道，此天理也。所从来久矣，宁能至汤、武而然耶?"（《春秋繁露·尧舜不擅移汤武不专杀》可见，董仲舒是将"道"与"天"相接，假天道赋予儒家道统以至上的权威，试图用天道制约君道，用道统规范治统。

入宋以后，政治重心与文化重心进一步分离，更加剧了"道统"与"政统"之间的分立与抗衡。宋代的士人们提出以普遍适用的"道"或"理"作为自然与社会的基本法则，对君主行为和现实社会进行批评和纠正，其想法仍是以道统统摄政统。① 他们自觉"以天下为己任"，以政治主体自居，虽然都寄望于"得君行道"，但却并不承认自己只是皇帝的"工具"，而要求与皇帝"同治天下"。他们认为，尽管最高的权力仍是掌握在皇帝手上，但"治天下"之"权"并不能为皇帝独占，而必须与"士"们共享。他们理想中的"君"是"无为"的虚名，实际政权则应由得"道"的士人来具体运用。②

总的来看，在中国历史上，尽管道统与治统总体上是分离的，但历朝历代人们的普遍共识仍是道统高于治统，道统涵摄治统。当然，历史上还是大量出现过本末倒置，治统反在道统之上的情况。但这种现象的出现，往往导致国家政治的昏暗，社会秩序的混乱，人民生活的困窘。例如魏晋以来玄学盛行，治统脱离道统制约，治统不符合道统之精神，君主统治的合法性自然丧失，其结果就是华夷异位，王朝更替，天下大乱。王夫之说："魏、晋以降，玄学兴而天下无道，五胡入而天下无君，上无教，下

---

① 韩星：《道统的失落与官本位之兴盛——基于中国传统政治文化的思考》，《人民论坛》2013 年第 4 期上。

② 余英时：《中国文化史通释》，生活·读书·新知三联书店 2012 年版，第 18 页。

无学，是二统者皆将斩于天下。"（《读通鉴论》卷十五）事实上，道统与治统必须是相辅相成的，一方面，道统代表社会的价值标准，治统必须受到道统的规范；另一方面，道统的价值实现与完成也离不开治统。但是，道统绝不是完全依存于治统，道统作为道的传承具有自身的存在价值和生命力。这就如王夫之所阐述的："儒者之统与帝王之统并行于天下，而互为兴替。其合也，天下以道而治，道以天子而明。及其衰，而帝王之统绝，儒者犹保其道以孤行而无所待，以人存道而道不可亡。"（《读通鉴论》卷十五）

3. 道统与学统

道统作为文化之统绪，必然以学术形式出现和传播。这就是文以载道。而这种学术思想的传承体系就是学统。文以载道是中国传统士人所承担的社会责任和历史责任。早在战国时代，随着新士人阶层的兴起，这种士人意识就开始觉醒。荀子在《解蔽》《儒效》《正名》等篇中明确提出"文以明道"。三国时曹丕在《典论·论文》中正式提出"文以载道"之说。在经历了佛老兴起，儒道衰微的历史时期后，传统士人的卫道兴道意识被重新唤起。古文运动的先驱者柳冕说："夫君子之儒，必有其道，有其道必有其文。道不及文则德胜，文不及道则气衰。"（《答荆南裴尚书论文书》）刘勰在《文心雕龙·原道》中说："道沿圣以垂文，圣因文而明道。"这都表明了传统士人"文以明道""文以载道"的担道意识。这是中国学统传承的基础。

中国传统士人的担道意识，在中唐以后特别是北宋时期进一步强烈起来。唐代韩愈提出"文以贯道"，意在提倡"古道"，恢复自魏晋以后中断了的儒家"道统"。他说："愈之所志于古者，不惟其辞之好，好其道焉耳。"（《韩昌黎集》卷十六，《答李秀才书》）柳宗元说："圣人之言，期以明道，学者务求诸道而遗其辞。……道假辞而明，辞假书而传。"（《柳河东集》卷三十四，《报崔黯秀才论为文书》）宋代欧阳修提出从日常百事着眼，"履之以身，施之于事，而又见于文章"（《欧阳文忠公文集》卷六十六，《与张秀才第二书》）。宋周敦颐说："文所以载道也，轮辕饰而人弗庸，涂饰也。况虚车乎？文辞，艺也；道德，实也。美则爱，爱则传焉。贤者得以学而至之，是为教。故曰：'言之不文，行之不远。'然不贤者。

虽父兄临之，师保勉之，不学也；强之，不从也。不知务道德而第以文辞为能者，艺焉而已。"（《周子通书·文辞》）

"文以载道"指的是学术的意义和使命。事实上，传统士人各个学派所持的学说，无不以阐释道体道心为己任，无不将自己的学术思想传承作为目标，各个学派无不建立自己的学统。所以，有不同的学派就有不同的学统。就学术思想而言，横向看就是学派，纵向看就是学统。中国历史上有不同学派，如儒家、道家、法家、阴阳家等，他们各有自己的学统。这些学派的思想在不同时代有兴有衰，但又绵延不绝；有分有合，但又基本认同主流。这就导致各个学派学统的交叉与合流。尽管如此，还是存在着主流和支流之分。从中国历史看，儒家始终占据主流，儒家学统基本代表了中国的道统。儒家学者"祖述尧舜，宪章文武"，以四书五经为学术经典，并通过经传阐释和师承关系建立学术传统。尽管在儒家历史上，不同阶段仍有不同学派，但他们都认同儒家正宗，不同学派根据不同时代的需要发展了儒家思想。其他学派在一定历史时期也建立了自己的学统，并以各种形式使学统得以延续。

学派可有百家，每一学派都可有自己的学统，但道统只能有一个。这个道统是以儒家之学为核心，综合百家而形成的统一思想。学术思想可有"诸子百家"，学统自然也可有"百家"。但道统不可有"百家"，只能有一家。战国时期百家争鸣是不同学派之争，但是到了一定时期，如秦汉时国家统一，思想也需要统一，尽管仍可有不同学派之不同学统，但必须形成道统，道统必须是统一的。道统之统一就是统一于道体。儒家的核心价值是以人为本，因而道体就是人民。道的阐释必须符合人民的愿望，符合民意。民意就是道心。儒家讲"人心惟危，道心惟微"。道统之乱，不仅学统杂乱，更可导致治统脱离道统，社会偏离常道，甚至可能导致正统之废而出现闰统，其最恶劣的结果就是篡逆。顾炎武认为，学者的使命在于"明学术，正人心，拨乱世以兴太平"（《亭林文集》卷二，《初刻日知录自序》）。李颙也在《匡时要务》中指出："夫天下之大根本，莫过于人心；天下之大肯綮，莫过于提醒天下之人心。然欲醒人心，惟在明学术。"（《二曲集》卷十二，《匡时要务》）

反过来看，学统之正有助于维护治统之正和道统不乱。从唐宋时期开始，中国士人道统意识重新觉醒，对于儒家以外的非正统学术进行批判以拨乱反正。与此同时，他们的学统观念也日益增强，自觉地归于儒家学统，并自觉地维护儒家学统。明代陶望龄在为周汝登《圣学宗传》所作的序中指出："天位尊于统，正学定于宗。统不一则大宝混于余分，宗不明则圣真奸于曲学。"（周汝登：《圣学宗传》，陶望龄序）明末孙奇逢在编著《理学宗传》时指出："学之有宗，犹国之有统，家之有系也。系之宗有大有小，国之统有正有闰，学之宗有天有心。今欲稽国之运数，当必分正统焉。"（孙奇逢：《理学宗传》，自序）清代王新命在《学统·序》中指出："然人心之不正，由于道统之不明；道统之不明，由于学术之不端。"所以必须"辨圣学、分正统"。为此，以儒学道统为主线撰述学术史的著作纷纷而出，自觉地将延续道统作为著述己任，而且将学统与道统统一起来，以学统体现道统。如清初熊赐履著《学统》，"断自洙泗，暨於有明，为之究其渊源，分其支派，审是非之介，别同异之端，位置论列，宁严勿滥"，其目的就是要"继正脉而扶大道，阐千圣之真谛，正万古之人心，直与日星河岳同垂不朽"。（熊赐履：《学统》，自序）

总的来看，不同历史时代思想发展呈现出不同格局，有时统一，有时分化。学术自由时期，学派辈出，百花齐放，社会思想异彩纷呈。这种异彩时代的思想，是思想创新阶段，也就是"诸子时代"。但是经历自由讨论后，人们的思想仍会趋向于统一。这是因为，在社会价值中，会有一种价值成为具有最大公约数的价值，在各种思想中，只能有一种思想被社会普遍认同，也只能用一种思想统一社会。这就是在学术综合时期，学派统一成为主要趋势，结果是"百家"归一。在历史上各种学派与儒家学派分分合合，大势上还是以合为主。所以，中国学术思想的主体是儒家，儒家学统基本上代表中国学统，各个朝代基本上都以儒家为国家意识形态，儒学也因而就是国学。

4. 正统与闰统

从中国历史来看，不论是道统、治统还是学统，都十分重视正统性。正统思想源于《春秋》，主张以宗周为正，尊先王法五帝，为天下一统。[①]

---

① 参见饶宗颐：《中国史上之正统论》，中华书局2015年版，第3页。

《春秋公羊传》说："元年者何？君之始年也。春者何？岁之始也。王者孰谓？谓文王也。曷为先言王而后言正月？王正月也。何言乎王正月？大一统也。"对此徐彦《公羊传疏》曰："王者受命，制正月以统天下，令万物无不一一皆奉之以为始，故言大一统也。"这就是"君子居大正""王者大一统"，亦即"正统"。正统的反面是闰统。统一天下，一系相承的政权称正统，反之则称为"闰统"，或斥为"僭窃""偏安"。[①]

　　正统思想在中国历代王朝中都具有重要地位，所以《汉书》曰："《春秋》法五始之要，在乎审己正统而已。"（《汉书·王褒传》）对于历代统治者来说，是否具有合法性的一个重要标准就是是否占据正统，所谓"必有所承以为统，而后可以为天子"（王夫之：《读通鉴论》卷末，叙论一）。历代王朝为了证明自己是正统，往往标榜本朝皇帝先祖是五帝感生，以获得统治的合法性。如班固在《典引》中试图证明"汉为尧后"。他认为尧是古帝中"冠德卓绝者"，尧将帝位禅让于股肱之臣，历虞、夏、商、周，"天娠归功元首，将授汉刘"。因此，汉刘王朝是"盖以膺当天之正统，受克让之归运；蓄炎上之烈精，蕴孔佐之弘陈云尔"。沿着这条理路正统则成为一个宗法概念。班固说："宣帝即位，由武帝正统兴，故立三年，尊孝武庙为世宗，行所巡狩郡国皆立庙"。（《汉书》卷二十五下，《郊祀志》下）这里是说，汉宣帝是汉武帝的曾孙，虽然不是汉武帝亲生，但按宗法保持继承关系，所以称"正统"。可见，正统意识对于统治者来说何等重要。

　　但是在儒家的正统思想中，周礼和春秋大义才是衡量正统的标准，所以，正统的价值思想基础就是道统。孔子训"政"为"正"，他说："政者，正也。子帅以正，孰敢不正？"（《论语·颜渊》）就是说，执政者必须有正确的方向、理念和方略，使国家社会保持"正道"，实现天下有道。孔子还认为执政者必须保持自正，"苟正其身矣，于从政乎何有？不能正其身，如正人何？"（《论语·子路》）"其身正，不令而行；其身不正，虽令不从"（《论语·子路》）。孟子也说："君仁，莫不仁；君义，莫不义；君正，莫不正。以正君而国定矣。"（《孟子·离娄上》）就是说，执政者

---

① 清末学者李有棠著有《历代帝王正闰统总纂》。

必须保持自己身正，正己正人，以致君民俱正。所以说，统治者不仅要证明自己的"正宗"，而且要自身端正，执政为民。

政权合法性不仅在于宗法，还在于政绩，更在于符合民意。北宋欧阳修认为，所谓"正统"，就是"王者所以一民而临天下"，但"自古王者之兴，必有盛德以受天命，或其功泽被于生民，或累世积渐而成王业"。（《欧阳文忠公文集》，《正统论》）毕仲游作《正统议》，提出"历数存于天，治乱在于人"。他认为，历数固然重要，但能否"当天之正统"还要看治绩，即"观其兴废善恶长短之效"（《西台集》卷四），如果"不能以仁义守历数"也不能算正统。所以司马光写《资治通鉴》并不用春秋笔法，而"据其功业之实而言之"。这也是一大进步。明末王夫之反对以"五德终始"证明王朝合法性，认为能够导致天下大治的依据就是"道"，这个"道"就是"大公之道"。他说："天下之生，一治一乱，帝王之兴，以治相继，奚必手相授受哉！道相承也。"（《读通鉴论》卷十九《唐玄宗》）他不仅以道的价值与信仰来重新建构儒者的道统谱系，同时又以"道"的实现与完成来重新确立帝王的治统谱系，甚至提出"儒者之统与帝王之统并行于天下"的理想模式。

中国历史上的正统观受到夷夏观念的影响。有人认为，汉族政权为正统，而少数民族政权为闰统。但这并不符合中国历史的事实。中国历史上少数民族的贡献也是非常大的。在西方文化传入之前，中国传统文化的更新在很大程度上是依靠少数民族文化的融入来解决的。更重要的是，这些少数民族政权一旦进入中原，就接受了中华文化，改变了自己的荒蛮之气，融入了中华民族大家庭。所以，只要融入中华文化并对中华文化有所贡献的，就可以归入正统。如元代在修前代之史时，曾经有过关于何为正统的争论，直至元朝末年，才由脱脱拍板，最终确立了辽宋金"三国各与正统，各系其年号"的修史方案，承认了辽宋金"各与正统"的地位。元末明初学者杨维桢著《正统辩》指出，"万年正闰之统，实出于人心是非之公"，正统"出于天命人心之公""天理人心之公"。根据这样的理念，他把所谓"天命""天理"作为区分正统与闰统的标准。但他又通过"历代道统之源委"的叙述，提出"道统不在辽金，而在宋；在宋而后及于我朝，君子可以观治统之所在矣"（陶宗仪：《南村辍耕录》卷三）。

所以他得出的结论是："道统者，治统之所在也"，从而以"道统"作为区分正闰的标准。总的来看，中国历史上并不以种族定正闰，而以文化论中国。

对正统的追求称为拨乱反正、尊王攘夷。这是政治上的正统，即治统之正统。学术思想也有正统之说，即学统之正统。从历史上看，统有合有分，合与分都是"统"发展演变的形式，但总的趋势还是九九归一，即归于一统。归于一统实际上是归于道，即道统。因为道统之道是"常道"，其他的道为"非常道"。"非常道"总是要回归于"常道"，回归于"常道"才是正道，即正统。所以常道也就是正统。可见，道统之道就是常道，道统之统也就是正统。

二、经典文本与价值传承

1. 五经与四书

文本是道统的重要载体，即所谓文以载道。不论是道统、治统还是学统，必然由一条主线贯穿，这条主线就是经，而构成这条经线的主流学说就是经学。中国古代的经应该是源于最早的官方文献，后来遗留下来的大概有六种，即所谓"六经"。西周晚期，天子失官，经典失散，道术之为天下裂。在这种历史背景下，各家思想对于经典的认识不同，对经典的重视也不同。以孔子为代表的儒家以"正统"自居，所以极力维护周礼的地位，高度重视经典，直接继承了这些文献，并在此基础上发展了儒家思想体系。随着社会发展演变，人们对经典重新认识，回归经典，回归传统，也就是回归正统，回归道统。而这种回归的结果就是汉武帝时期"罢黜百家，独尊儒术"的文化复兴建设。以后，儒家思想进一步制度化，儒学转变为经学，六经也就成为儒家的经典文本。

从中国文化思想史来看，六经是中国传统文化的定型文本。尽管在六经之前就已经存在各种其他文本，但并没有保存下来，所以六经作为传统文化的基础文本是肯定的。章学诚认为，"六艺皆周公之政典，故立为经"（《文史通义·经解下》），"周公成文、武之德，适当帝全王备，殷因夏监，至于无可复加之际，故得藉为制作典章"（《文史通义·原道上》）。他认为，"《易》掌太卜，《书》藏外史，《礼》在宗伯，《乐》隶司乐，

《诗》颂太师，《春秋》存于国史"（《校雠通议》）。尽管有的学者认为章氏的说法有一定臆测成分，但基本上还是靠谱的。

春秋晚期，孔子耗毕生精力，收集鲁、周、宋、杞等故国文献，编撰六经，使之成为儒家经典。《庄子·天运》记载孔子说自己"治《诗》《书》《礼》《乐》《易》《春秋》"。从此有"六经"之说。刘歆在《七略》中将六经之序定为《易》《书》《诗》《礼》《乐》《春秋》，说："六艺之文，《乐》以和神，仁之表也；《诗》以正言，义之用也；《礼》以明体，明者著见，故无训也；《书》以广听，知之术也；《春秋》以断事，信之符也。五者，盖五常之道，相须而备，而《易》为之原……与天地为终始也。至于五学，世有变改，犹五行之更用事焉。"（《汉书·艺文志·六艺略》）汉武帝"罢黜百家，表章六经"，将儒家思想作为官方意识形态，《易》《书》《诗》《礼》《春秋》便由儒家的教材升格为"经"，立于学官。此时乐经已经失传，故设五经博士，六经变为"五经"。此后，儒家经典的变化体现为文本序列的延长，到唐代已增加为"九经"，包括《易》《诗》《书》《周礼》《仪礼》《礼记》和《春秋》三传。唐文宗开成年间于国子学刻石，所镌内容除"九经"外，又增加了《论语》《尔雅》《孝经》，共为"十二经"。

五经到十二经是儒学史上的经学阶段。五经到十二经的变化，既表明经典系列的延长，也表明经典出现的混乱。经典混乱事实上反应的是思想的混乱。特别是魏晋南北朝以后直到唐代期间，佛教和道教的兴起对儒家主流思想提出挑战。而应对佛老挑战主要是两个问题，一个是道统问题，一个是心性问题。朱熹认为，只有孔、曾、思、孟传续道统，而四位圣人的著作即《论语》《大学》《中庸》《孟子》正确反映道统传承，同时这四部书也构成儒家心法的传授系统。因此，朱熹以《礼记》中的《大学》《中庸》与《论语》《孟子》并列构成《四书》。这样，孟子也上升为经并加入经典序列。至此确立了儒家的十三部文献的经典地位。

从"五经"到"四书五经"的变化，并不仅仅是儒家文本系列的变化。儒家在各历史阶段都根据新的社会现实而更新其价值系统，使之能继续发挥对社会的引导或规范作用。章学诚说："夫道备于六经，义蕴之匿于前者，章句训诂足以发明之；事变之出于后者，六经不能言，固贵约六经之旨而随时撰述以究大道也。"(《文史通义·原道下》)自汉武帝确定儒学独尊始,儒家经学系统占据国家意识形态舞台长达一千多年。尽管经典序列不断延长,但并没有发生重大的飞跃,因而不能适应历史的变化以及佛老的挑战。到宋代,一批学者经过百余年努力,终于发展了独具价值的思想体系,从而实现了经学到理学的根本转变和飞跃。元仁宗延祐元年(公元1314年)政府确定以朱熹《四书章句集注》作为科举考试的标准"四书",事实上取代了"五经"的地位。至此,儒家的经学系统转为理学系统,理学成为中国具统治地位的价值思想或意识形态。

2. 经传与注疏

"引经据典"是中国文化重要的学术传统之一。经就是经典,特别指的是儒家经典。早期儒家以《诗》《书》《乐》《易》《礼》《春秋》等六种文本为"经"。传是替经书作注的著作。如孔子为周易做传是为《易传》,共7种10篇;为《春秋》做传的主要有三家,即《春秋公羊传》《春秋左氏传》和《春秋谷梁传》。由于"传"大多为古代大师所作,其权威性仅次于经,渐渐也就成了经典的组成部分所以称经传。《四库全书总目提要·经部总叙》云:"经禀圣裁,垂型万世,删定之旨,如日中天,无所容其赞述,所论次者,诂经之说而已……盖经者非他,即天下之公理而已。"

第一,经与传。

按照儒家的说法,"知礼乐之情者能作,识礼乐之文者能述。作者之谓圣,述者之谓明。明圣者,述作之谓也。"(《礼记·乐记》)这就是说,只有圣人才有资格和能力创造和创作。孔子说:"盖有不知而作之者,我无是也。"(《论语·述而》)所以孔子"祖述尧舜,宪章文武",却"述而不作"。孔子的弟子也以"述"的方式阐释孔子的思想。如《论语·阳货》记载:"子曰:'予欲无言!'子贡曰:'子如不言,则小子何述焉?'子曰:'天何言哉?四时行焉,百物生焉;天何言哉?'"可见,从广义上讲儒家的言论都是经典的诠释物,而从狭义上讲则是指诠释经典的"传述"。清代焦循在《孟子正义》上引注疏并解释说:"刘熙《释名·释典艺》云:'传,传也。以传示后人也。'传述为文,故云传文。《毛诗》疏引作《书传》有之。"(《孟子正义》(上))最为经典的传包括《易传》

《春秋三传》《诗传》等。

　　第二，经传与注疏。

　　除"传"外，对于经典的诠释还有"记""解""说"等。《礼记》之"记"，是对孔子及其弟子讨论礼的言论记载，其中一些言论是诠释经典文本的。此外，《礼记·经解》之"解"，《说卦》之"说"，都是对经典的诠释。自汉以来，传、解、说等名目通谓之注。唐太宗诏孔颖达与诸儒，择定五经义疏，敷畅传疏，又称义疏、正义、疏义等通谓之疏。注是对经书字句的注解，疏是对注的注解。注疏的内容关乎经籍中文字正假、语词意义、音读正讹、语法修辞，以及名物、典制、史实等。南宋以前，经疏皆各单行，南宋绍熙时，开始将十三经之汉注唐疏合刊称为"注疏"。疏即正义，是对"注"的解释，疏解时不能突破原书的范围即所谓"疏不破注"。在一个特定的学术思想发展阶段，这种对经典的诠释是一种主要方法。这种方法对于经典的意义是一种"增量"创新方法。所以，传统上有一个"注不破经""疏不破注"的说法。"注不破经"和"疏不破注"有保存师说，继承古训的一面，但更有曲循旧说，是古非今的缺陷。

　　第三，"我注六经"与"六经注我"。

　　汉武帝以后，儒家学说成为国家意识形态，成为"国学"，六经也被作为不可怀疑的权威经典。所以，经学家只能通过注疏来阐释经典，即"我注六经"。而在阐释经典时，必须遵守"注不破经""疏不破注"原则。这种方法严重地禁锢了人们的思想。到了宋代，社会历史的变化使人们开始"疑经""惑经"，出现新的解经方法，甚至提出"六经注我"，即借用"六经"来阐述自己的思想观点。朱熹的理学思想是通过诠释《四书》来完成的，他在《论语集注》《孟子集注》中发挥了自己的思想。王阳明以《孟子》释《大学》，对"格物""致知"做出了新的诠释，阐发出自己的心学思想。戴震作《孟子字义疏证》，实际是"孟皮荀骨"。[①]"六经注我"可以被视为中国古代的主体性阐释学，是思想创新的另一种重要方式。不过"六经注我"发展到极端形式，则产生了随意解经的情

────────────────

　　① 梁涛：《"新四书"与"新道统"——当代儒学思想体系的重建》，《中华读书报》2014年4月第11期。

况，有的大大脱离了经典本意，甚至走向了反面。清代皮锡瑞说："宋人不信注疏，驯至疑经；疑经不已，遂改经、删经、移易经文以就己说，此不可为训者也。"①

3. 集成与大全

在中国思想学术史上，数次出现关于经典的"集成"。这种"集成"往往是钦定的经典大全，既是思想发展到一定程度的结果，也是大一统政治的产物。从中国思想学术发展的规律来看，思想文化创新时期的价值思想总是呈现多元发展趋势。这种多元发展，是由于社会发展变化，传统的学术思想既不能对这种变化进行适当的阐释，也不能对现实社会的矛盾提出有效的解决方案，更不能主导整个社会的思想发展方向，因而不可避免地走向衰落。这样社会上就出现了各种各样的新思想。这些思想可能代表不同的社会集团，有的是保守的社会势力，有的是进步的社会势力。一般来说，代表社会进步势力的思想，在产生初期总是被作为"异端"看待的。但是，这种新思想不断阐发和传播，影响会越来越大，最终可能超过原有的主流思想。这样，社会思想就会出现分裂，主流思想或者将新的思想纳入主流，或者自己退出主流地位。这样，社会思想体系就会出现一个重建过程。随着社会变革的完成，社会思想体系也逐渐完善，而新的社会思想体系需要一个新的文本体系。一般来说集成与大全反映了当时的社会要求。所以，集成与大全也就成为一个历史阶段学术思想发展的总结。

自东汉末年以后，中国进入分裂时代，包括魏晋南北朝，一直延续了数百年，直到隋唐才实现了全国统一。思想学术也是如此，包括玄学兴起、佛老流行，儒学内部也分为南北两派，儒家经典散佚严重，文理乖错，十分混乱。唐朝实现统一后，由朝廷出面撰修、颁布统一经义的经书。唐太宗下令召集当时一些著名的儒士，由国子祭酒孔颖达主持撰修《五经正义》。贞观十六年（642 年）《五经正义》撰成，太宗下诏曰："卿皆博综古今，义理该洽，考前儒之异说，符圣人之幽旨，实为不朽。"（《旧唐书·孔颖达传》）此后《五经正义》又进一步增损和校定，并于唐高宗永徽四年（653 年）颁行全国，在各级学校和民间使用，并作为科举

---

① 皮锡瑞：《经学历史》，中华书局 2008 年版，第 264 页。

考试的标准。

宋代理学由二程奠基并集大成于朱熹。尽管南宋时理学经广泛流播并对朝政影响很大，但一直未获得朝廷钦定，仍作为"私学"流传。直到南宋理宗时，才发布敕令将理学确定为"国学"。到元代经一些大儒们的鼓吹和提倡，政府进一步将理学"悬为功令"，成为国家意识形态。明朝立国后，成祖朱棣于永乐十二年（公元1414年）十一月，命翰林院学士胡广、侍讲杨荣、金幼孜等纂修《五经大全》《四书大全》及《性理大全》。次年三部大全全部编成，随后颁行天下，作为科举考试的标准。同时，该书还被颁诸学官，要求永为遵守，成为庠序课读的范本和进德修业的标准。据高攀龙《崇正学辟异说疏》载，其后"二百余年以来，庠序之所教，制科之所取，一禀于是"。

到了清代，中国出现了传统文化最后的集成，这就是《四库全书》。清代是中国传统社会最为兴盛的朝代，清朝皇帝更好大喜功，所以举全国之力整理经学国故。根据皮锡瑞《经学历史》叙述：康熙五十四年，御纂《周易折中》二十二卷；乾隆二十年，御纂《周易述义》十卷；康熙六十年，钦定《书经传说汇纂》二十四卷，钦定《诗经传说汇纂》二十卷，序二卷；乾隆二十年，御纂《诗义折中》二十卷；乾隆十三年，钦定《周官义疏》四十八卷，钦定《仪礼义疏》四十八卷；钦定《礼记义疏》八十二卷；康熙三十八年，钦定《春秋传说汇纂》三十八卷；乾隆二十三年，御纂《春秋直解》十六卷；乾隆四十七年，钦定《四库全书总目》，以经部列首，分为十类。① 如此规模的修订经典在历史上极为罕见，其贡献也是不能否定的。但另一方面，经学却由此走向彻底衰落。事实上，清代经学本来就没有创新，不论是皇帝还是学者都缺乏创新意识。他们躺在盛世大梦之中，看不到世界的变化，以为自己创造了"历史的终结"，当然不可能思考创新。这是因为中国传统社会到了清代气数已绝，从三千年历史看，清中盛世不过是回光返照而已。所以，反映在思想上也必然是只有浩大的"全书"总纂而没有丝毫新气。

可见，这种"集成"与"大全"往往是钦定的全本，主要反映了一个

---

① 皮锡瑞：《经学历史》，中华书局2008年版，第295页。

时代的思想总结，也反映了这个时代统治者的基本思想。既然是全面整理和最后定型的，既然是钦定的，那就必然是基本稳定而不能轻易变更的。从历史上看，每一个"集成"与"大全"出现后，思想发展都会进入一个稳定期或沉寂期。当然，既然是这一时期思想发展的阶段性总结，那就必然有其一定合理性，一个时期不变也是合理的。但无论如何，"集成"与"大全"的出现，总是意味着一个思想创新时代的结束。所以，在一个相当长的时期里，这种集成与大全就是思想创新和发展的障碍。这就是顾炎武所说的："自八股行而古学弃，《大全》出而经说亡。"（《日知录》卷十八）

4. 官学与私学

中国历史上历朝历代都高度重视道统即意识形态建设。这种重视体现为两个方面：一是将一定时期的思想成就"悬为功令"，奉为经典，即作为官方教科书，并通过宣传教育的方式使之深入人心；二是对于经典的重视，往往钦定经典文本作为"大全"或"集成"颁行天下。

中国三代的文化教育制度是"学在官府"，即政府掌握教育机构从而也就垄断了思想之源。但是到了春秋后期，由于周王朝的衰落，对诸侯控制力的削弱，不仅不能供养"官学"，甚至连王朝的文化典籍也无力保护，造成文献的大量散失。这样就出现"礼失"的状况。所谓"礼失"，一方面是说官方的文化典籍散落于民间；另一方面也说明周礼被人们抛弃了，社会上出现大量"非礼"行为。礼失而求诸野。在这种历史背景下，以孔子为代表的一些"志于道"的儒家士人，主动承担起继承、保护和传播周礼的历史使命。他们从整理典籍和创办私学入手，开始了伟大的文化复兴工程。他们在文化复兴工作的同时，也根据社会的发展和变化，提出自己的价值思想。这些思想对于前代思想既有继承也有创新，成为承前启后的儒家学说。儒家学说开始为"私学"，并没有哪个诸侯国将其确定为"国学"。与此同时，春秋战国时期出现的"诸子百家"，也全部是"私学"。

一般来说，最早的思想创新总是来自民间，也就是来自"私学"。如孔子开创的儒学思想，最早只能是孔子在自己的私学里传播，通过自己"有教无类"地向生徒们传授。最早将儒学提升为官方思想的是战国时期的魏国。但在"大争之世"依靠儒家的道德说教是不可能成功的，所以战国时期各诸侯国先后转向法家、兵家、纵横家等。这就是荀子所说的"诸侯异政，百家异说"（《荀子解蔽》）。自从商鞅变法以后，法家思想成为秦国的"国学"。秦国利用法家思想实行社会变革，鼓励耕战，使国力大增，并进而统一天下，法家学说也成为统一中国的"国学"。春秋时代的道家学说也是私学。汉初直到文景时期，国家崇尚黄老之学并作为主要的治国之术，所以道家学说一度成为"国学"。汉武帝"罢黜百家，独尊儒术"，确定儒家为国家统一意识形态。至此，诸子百家的竞争格局基本结束，儒家思想成为以后各朝代的主流意识形态，儒家的主要经典也由官方确定为"经学"并一以贯之。不过除了官方的大学外，汉代的私学仍很盛，这就是私人讲经之风，由此产生"家学"。因此儒家经学也分为不同学派，如春秋学分为公羊春秋、左氏春秋和谷梁春秋等。这些学派最初都是私学或家学，后来通过各派的努力特别是时代变迁而分别跻身为"国学"经典序列。宋代的理学思想开始也是民间的。理学创建之时，官方学说是王安石的新学。新学被罢黜后，理学才成为官方学术，但已经迟至南宋晚期了。理学真正被"悬为功令"是在元代，而四书五经到明代才成官方的统一教科书。

总的看来，在中国历史上，作为国家意识形态的只有儒家、法家和道家，其他各派基本上都没有上升为国家意识形态，而最后只有儒家成为"一以贯之"反映道统的"国学"。儒家被钦定为国学，而儒家经典以外的文献，由于没有进入经学体系，只能称为"子学"。西汉史官司马谈著《论六家要旨》，首次提出先秦到汉初时期中国学术思想的六个主要派别：阴阳、儒家、墨家、名家、法家和道家。刘歆在"六家"之外，又加上农家、纵横家、杂家、小说家，共计十家。他说："其可观者，九家而已"，所以又称为："九流十家"。

中国历史上以儒家经典为政典，但并不排斥子学其他各派。在中国历史上，儒家之外的法家、道家等诸子百家思想，总是根据不同的时代要求改变其社会地位。就是说，根据历史的变化和不同时代的要求，各家思想可能重新被提出并加以利用。更重要的是，儒家学说在历史上曾经历了数次大的综合，即融合其他学派的思想，使之纳入儒家思想体系之中。所以，作为国家意识形态的儒家经学，并不是原始的儒学，而是综合百家之后的儒学。这就是说，儒学总是开放的，总是不断地综合创新，与时俱进。这正是儒学能够在两千多年历史上长盛不衰并保持国学地位的根本原因。

三、经与史：价值与传统

1. 六经皆史

上古时代并没有所谓的"经"，有的只是"史"。所以章学诚说："史之原起，实先于经。周官外史掌三皇五帝之书，苍颉尝为黄帝之史，则经名未立，而先有史矣。"（《章氏遗书》卷十三，《论修史籍考要略》）但上古的"史"并非历史之史，而是指史官之职。王国维说："史为掌书之官，自古为要职。"（《观堂集林》卷六，《释史》）当时的制度是官师合一，因而史官之职即一代典宪，即"六经皆先王之政典"。隋代史学家王通说："昔圣人述史三焉。其述书也，帝王之制备矣，故索然而皆获，其述诗也，兴衰之由显，故究焉而皆得，其述春秋也，邪正之迹明，故考焉而皆当。此三者，同出于史，而不可杂也，故圣人分焉。"（王通：《中说》卷一，《王道》）明代王世贞在《艺苑卮言》中提出："天地间无非史而已。三皇之世，若泯若没；五帝之世，若存若亡。噫！史其可以已耶？六经，史之言理者也。"（《弇州山人四部稿》卷一四四，《艺苑卮言》卷一（中））他还将"六经"区分为"史之正文"和"史之变文"，"史之用"和"史之实"，以及"史之华"。明确提出"六经皆史"的是清代学者章学诚。他认为六经乃夏、商、周典章政教的历史记录。他说："贵时王之制度"，"必求当代典章，以切于人伦日用，必求官司掌故，而通于经术精微，则学为实事，而文非空言，所谓有体必有用也。"（（《文史通义》）卷三内篇三，《史释》）可见，此时的史并不完全是今天意义上的史，而是官方对圣王事迹和言论的记载，即"先王政典"。这就是说六经皆源于史。

从今传六经来看，仍可以看到明显的历史痕迹。如诗的最初功能是唱"史"。唐尧时有《击壤》歌，虞舜时有《卿云》歌，夏有谚，商有颂。《诗经》中"商颂"记载了商族的起源，如"天命玄鸟，降而生商"，而"周颂""鲁颂""大雅""小雅"等，则记载了周族的早期历史，如：姜嫄履帝武敏而生后稷，公刘率周人由邰迁豳，古公亶父由豳迁岐，于周原兴邦，以及文王、武王向东发展，伐崇伐密，建都丰镐等。《尚书》包括虞书、夏书、商书、周书等，都是"记先王之事"（司马迁：《太史公自序》)，包括唐尧、虞舜、夏禹、商契、周公以来的史事。《礼》《乐》两书则保存了许多战国以前宗教礼仪、典章制度、乐舞旋律方面的宝贵资料。《易》实为五帝以来原始宗教文化的集中记录。孔子"作《春秋》，上至隐公，下讫哀公。十四年，十二公。据鲁，亲周，故殷，运之三代"。所以孟子说："《春秋》，天子之事也。"（《孟子·滕文公下》)① 对此，近代学者章太炎说得更加清楚："《尚书》《春秋》固然是史，《诗经》也记王朝列国的政治，《礼》《乐》都是周朝的法制，这不是史，又是什么东西？惟有《易经》似乎与史不大相关，殊不知道，《周礼》有个太卜的官，是掌《周易》的，《易经》原是卜筮的书。古来太史和卜筮测天的官，都算一类，所以《易经》也是史。古人的史，范围甚大，和近来的史部有点不同，并不能把现在的史部，硬去分派古人。这样看来，六经都是古史。所以汉朝刘歆作《七略》，一切记事的史，都归入《春秋》家。可见经外并没有史，经就是古人的史，史就是后世的经。"②

2. 以史为经

我们说"六经皆史"是回归了经的本来面目，即经原来就是史。然而，"史"是如何转变为"经"的呢？章太炎通过"反证"指出："人言六经皆史，未知古史皆经也。"这就是说，古代史官所记述的那些历史也就是"经"。如果说在章学诚那里"六经皆先王政典"，而在章太炎这里，则将"六经皆史"之"史"，由官书而视为史即"历史"之史。章太炎说："魅鬼，象纬，五行，占卦之术，以宗教蔽六艺，怪妄！孰与断之人道，夷六艺于古史，徒料简事类，不日吐言为律，则上世社会汗隆之迹，犹大略可知。以此综贯，则可以明进化，以此裂分，则可以审因革。"③ 在这里，章太炎不仅仅视六经为"史"即官书和政典，更重要的是他以"历史"的眼光和态度来看待六经，因此，六经一变而成为"上世

---

① 参见江林昌：《六经的内容流传与古代文明研究》，《孔子研究》2006 年第 3 期。
② 章太炎：《经的大意》，《教育今语杂志》1910 年第 2 册。
③ 章太炎：《訄书·清儒》，《章太炎全集》第 3 卷，朱维铮编校，上海人民出版社 1984 年版，第 159 页。

社会"的实录。① 既然"史"具有"明进化""审因革"的社会功能，那么"史"也就与"经"同属了。

"六经"作为"史"，作为古代先王之政典，即记载了先王治国之政绩，也记载了上古历史的事件，所以"六经皆史"。但是，后人将古代圣王的政典作为执政之指导文献，将古代历史作为当代政治之镜鉴，将古代圣王事迹作为做人做事的样板，于是这些史迹就转变为"经"，而源于"史"的"六经"就成为后世之经典。《国语·楚语上》记载，这些记载先王史迹的文献，早已被指定为王室公子的必修教材："教之《春秋》，而为之耸善而抑恶焉，以戒劝其心；教之《世》，而为之昭明德而废幽昏焉，以休惧其动；教之《诗》，而为之导广显德，以耀明其志；教之处，使知上下之则；教之《乐》，以疏其秽而镇其浮；教之《令》，使访物官；教之《语》，使明其德，而知先王之务用明德于民也；教之《故志》，使知废兴而戒惧焉；教之《训典》，使知族类，行比义焉。"《左传》僖公二十七年记载："《诗》《书》，义之府也；《礼》《乐》，德之则也；德、义，利之本也。"可见，这时的史已经转变为经。

春秋时期，由于天子失官，经典散佚，孔子祖述尧舜，宪章文武，将此天降之大任承担起来，一面游说列国，倡导克己复礼，试图兴灭继绝，一面增删整理古典文献，六经遂成。在自己创办的私学里，孔子将六经作为经典教材授之于学生。"孔子曰：六艺于治一也。《礼》以节人，《乐》以发和，《书》以道事，《诗》以达意，《易》以神化，《春秋》以义。"（《史记·滑稽列传》）此后，儒家一分为八，但一直遵循孔子之道，将六经作为延续学统的基本文本。这样，古代先王之政典和史迹就成为儒家经典。

汉武帝实行"罢黜百家，独尊儒术"的文化政策，将儒家经典提升为国家意识形态的标准文本，政治、经济、社会等各个方面都以这些经典来指导。如在政治上提出三纲五常；在法律上实行"德主刑辅""春秋决狱"；在社会上提倡以孝治天下，并实行举孝廉的选官制度等等。这样，

---

① 参见陈壁生：《经学的瓦解：从以经为纲到以史为本》，华东师范大学出版社2014年版，第23页。

古代政典和史迹就进一步成为汉代国家宪典。与此同时，汉代起国家设立五经博士制度，并设立太学，将五经"悬为功令"。一方面，这些先王政典变成了"学术"，另一方面，这些先王政典远离经世致用，成为读书致仕的工具。至此，"六经"与"史"渐行渐远最终独立成为"经"。

　　总之，"经"作为文本原本就是史，为古代政典。但是这些文本经过经典化后，即人们将其奉为经典以后，特别是经过历代学者阐释以后，史就转变为经，而史的本质却被人们所忘记所忽视了。当史转变为经以后，人们更利用经来阐释历史，也就是说，将经作为价值标准来给历史以道德评判。这样，经就进一步脱离了史。本来就源于史的六经，到后来人们却忘记了其本源，最后还需要重新找到其根源，"六经皆史"之说倒成了振聋发聩的立论。不过，章学诚说"六经皆史"并不是要后人简单地认识到经的本源，而是要告诉人们经是先王执政的实绩和经验的总结，并不是先验的，并且还是要回归于实践的。从今天的观点来看，史向经的转变，实际上是"形而上"的一个阶段。

3. 经史之分：以经统史，以经解史

　　经源于史，最初的史并不是独立的学科而是官职的名称。史官所记载的官方记录也就是国家政典，因而直接也是经。所以经即史，史即经。因而此时无所谓以经解史还是以史解经。东汉班固在《汉书·艺文志》中，把《国语》《世本》《战国策》《太史公书》等史书都附于《春秋》经之下。可见当时还是经史不分并且将史归为经的。王充《论衡·谢短篇》说："夫儒生之业，五经也。南面为师，旦夕讲授章句，滑习义理，究备于五经，可也。五经之后，秦汉之事，不能知者，短也。夫知古不知今，谓之陆沉，然则儒生，所谓陆沉者也。五经之前，至于天地始开，帝王初立者，主名为谁，儒生又不知也。夫知今不知古，谓之盲瞽。五经比于上古，犹为今也。徒能说经，不晓上古，然则儒生，所谓盲瞽者也。"在这里，他把历史分为"五经之前"与"五经之后"，就是说"五经"只是这之间的一段历史记载而已。这实际上已是视经为史了。这是一个重要的观念转变，但至此独立的史学尚未出现。

　　经史关系的转变出现于魏晋之际。此时史书摆脱了作为儒家经典的附庸地位，开始独自成一大部类。魏秘书郎郑默整顿皇家图书馆撰有《中

经》，时隔十余年西晋秘书监荀勖又著《中经新簿》。这是两部重要的目录学著作，总括群书为四部：一曰甲部，纪六艺及小学；二曰乙部，有古诸子家、近世子家等；三曰丙部，有史记、旧事、皇览簿、杂事；四曰丁部，有诗赋、图讚、汲冢书。至此，"史"作为"丙部"独立出来，开始经史分离。东晋李充又改定次序，将其置于乙部。《隋书·经籍志》不用乙部之说更直接谓之史部。[①] 这就有了独立的史学。

史学虽然从经学中独立出来，但仍不能脱离原有的经学。至于经史关系，由于经学是"经典之学"，是官方意识形态的代表，所以必然是以经解史。就是说，经学传递的是一种价值观，这种价值观主导着历史观。所以，中国的历史观受到经学的影响，具体说，就是"以经统史，以经解史"。

史虽先于经，但汉武帝独尊儒术以后，经学居于主导地位，史学隶属于经学。如今文学派认为，《春秋》是政治哲学，体现最高原则，史著不过是外衣而已。所以一切历史研究和书写都必须以经学思想指导，即"以经统史"。实际上以经统史源于孔子的春秋笔法。孔子修春秋正是以正统思想为标准评价历史人物和事件。后来的春秋三传也以同样的笔法来阐释春秋。所以孟子说孔子作春秋而乱臣贼子惧。到了汉代，儒家经学成为国家意识形态，因而也就成为治史的指导思想。如东汉末年的史学家荀悦提出五个著史标准，"一曰达道义，二曰彰法式，三曰通古今，四曰著功勋，五曰表贤能"（《后汉书·荀悦传》），其中以"达道义"为第一标准，也就是依据经学所确定的价值标准来评价历史人物和历史事件，宣扬儒家伦理道德，阐释兴衰更替，提供历史镜鉴。清代学者龚自珍肯定经出于史，但认为"五经者，周史之大宗也"。就是说，五经在史之中占据宗子的地位，是史的"大宗"，具有主导地位。所以龚自珍说："不研乎经，不知经术之为本源也；不讨乎史，不知史事之为鉴也。"（龚自珍：《对策》）

"以经解史"就是以经学礼法名教观念来评价历史，用经学历史观解读历史变迁和历史规律。宋代理学家强调读经穷理，将经学置于一切学术之上，因而也确定了经学对于史学的统辖地位。二程认为，即使是"六

---

① 参见瞿林东:《中国史学史》第三卷，上海人民出版社 2006 年版，第325—326 页。

经"中的《春秋》，因为是依鲁史改编的史著，也是形而下之"用"，而非形而上之"体"。他们说："盖《春秋》圣人之用也。《诗》《书》《易》如律，《春秋》如断案；《诗》《书》《易》如药方，《春秋》如治法。"（《程氏外书》卷九，《春秋录拾遗》）所以他们主张"先读《论语》、《孟子》，更读一经，然后看《春秋》，先识得个义理，方可看《春秋》"。（《近思录》卷三，《致知》）朱熹认为，"'六经'是三代以上之书，曾经圣人之手，全是天理"（《朱子语类》卷十一）。所以，理学家们认为必须"以经为本"，即从"六经"中汲取天理"而后读史"，才能"陶铸历代之偏驳，会归一理之纯粹"（李方子：《资治通鉴纲目后序》，《宋史·李方子传》），求得"天理之正，人心之安"，从而完成格物致知，诚意正心，修身齐家治国平天下的进程。这就是"以经解史"。

4. 经史之合：经即史，史即经

六经皆史，但经学产生以后，经学获得国家意识形态地位，一切研究都需要符合"经"的精神。就经史关系来讲，以经统史，以经解史，成为主流的史学方法。这种方法使用到一个极端，就不可避免地导致史学脱离历史实际，甚至出现以经为准"修正"史实的现象。这种学术倾向反过来更加剧了经学义理的空疏倾向，即随意解经甚至改经的做法。所以，经学日益走向空洞，走向脱离社会实际，学者脱离社会实践，从而偏离儒家经世致用的本旨。这实际上是主体价值衰落的表现，也是中国历史上反复出现的"文粹主义"的表现。

章学诚明确提出"六经皆史"，此论一出给人以耳目一新的感觉。但事实上，经本来就源于史，这本就是历史事实，不过由于后人强调经的重要性而颠倒了两者的关系。事实上，在章学诚之前，王阳明就说过：以事言谓之史，以道言谓之经。事即道，道即史，《春秋》亦经，"五经"亦史。《易》是包牺氏之史，《书》是尧舜以下史，《礼》《乐》是三代史，其事同，其道同，安有所谓异？"五经"亦只是史。史以明善恶，示训戒。善可为训者，特存其迹以示法；恶可为戒者，存其戒而削其事以杜其奸。（《传习录》（上））这里，强调"六经皆史"就是将历史提高到第一性的地位，也就是说，一切经学理论都源于古往今来的历史实践。反过来，一切经学理论都要回到历史实际中去检验。经脱离史，经就成为无本之木，无水之源，就丧失进一步发展的能力。

北宋苏洵提出"经以道法胜，史以事词胜"，经史"体不相沿，而用实相资焉"（《史论》（上））的观点。南宋叶适说"经，理也；史，事也"，而且同样认为"专于经则理虚，专于史则事碍而不通"（《水心文集》卷十二）。元代郝经和刘因等也提出"治经而不治史，则知理而不知迹；治史而不治经，则知迹而不知理"（《陵川集》卷十九，《经史》）。明代李贽说："经史一物也。史而不经，则为秽史矣，何以垂鉴乎？经而不史，则为说白话矣，何以彰事实乎？"（《焚书》卷五，《经史相为表里》）章学诚指出："夫子之述六经，皆取先王典章，未尝离事而著理。"（《文史通义·经解中》）所谓不离事而著理，就是以史为基础、为依据，通过述史来表达道理，也就是逻辑与历史的一致性。反过来说，六经皆史，但经并不是直接就是史，而是经过后人的不断提炼和升华的历史。正如章太炎所说：""经外并没有史，经就是古人的史，史就是后世的经。"[①]

"六经皆史"之说的提出，是使经回归于史，事实上是要经回归于现实社会、现实政治和现实经验。作为先王政典，六经具有指导人们社会实践的意义。这就是说，"六经皆史"实际上强调的是理论与实际的结合。从经学史上看，经学衰落的一个重要表现就是经史分离。经史分离使经脱离实际走上"形上"之路，也就是理论与实际相脱离。由于这种分离，经学成了纯粹的理论，这就成了空疏的经学。事实上，每到王朝后期都会出现学术空疏的问题，即内容被形式所取代。所以，每到社会矛盾尖锐，经学面临挑战之时，关于经史的争论就异常激烈起来。

最后，"六经皆史"就是强调与时俱进，强调经史的时代意义和时代价值。历史并不是永远停留于过去的时空之中，而是体现一种线性的进化和发展理念。所以说，经学既是历史的也是现世的，正所谓"一切历史都是当代史"，一切历史之经典也都是当代之政典。所以，经必须与史相结合，必须不断地与现实社会相对照，接受现实的检验，促使经学回归实证，摆脱空疏。在这种价值导向之下，经学理论必须与时俱进，并且不断

---

① 章太炎：《论六经皆史》，载傅杰编校：《章太炎学术史论集》，中国社会科学出版社1997年版，第26页。

开新，才能够经世致用。

四、士人精神与价值传统

1. 中国士人的产生

中国的道统与学统都离不开知识分子即士人，他们是道统和学统的承载者。"士"是中国古代社会中具有一定身份地位的特定社会阶层。士基本上源于史。上古时期负责祭祀、占卜、掌管天文历法、记录国家政事和管理国家档案的史官，是历史上最早的"知识分子"。商代和西周时，"士"可以泛指包括诸侯在内的各级贵族，但主要的还是专指最低一级的贵族。《孟子·万章下》记周室班爵之制：君一位，卿一位，大夫一位，上士一位，中士一位，下士一位，凡六等。《礼记·王制》曰：诸侯之上大夫卿，下大夫，上士，中士，下士，凡五等。在封建制中，诸侯以长子为继承，而诸子为卿大夫，卿大夫同样以长子为继承而封诸子为士。即所谓"天子有田以处其子孙，诸侯有国以处其子孙，大夫有采以处其子孙，是谓制度"（《礼记·礼运》）。至春秋时代，随着井田制的破坏和宗法制的解体，士的状况也相应发生很大变化，并形成一个新的士人阶层。战国以后，他们大部分可以凭着专有知识和一技之长，谋得衣食生活。上焉者做大夫的家宰、家臣，下焉者就只有做食客、游说、游侠、卜卦算命或者从事商业活动。但总的来看，他们是社会中值得关注的一个新的阶层。

首先，井田的废坏瓦解了贵族的经济基础，大批贵族被抛进平民阶层。《左传·昭公三年》叔向曾论及晋国公室贵族衰亡的情况："虽吾公室，今亦季世也。……栾、郤、胥、原、狐、续、庆、伯，降在皂隶。"太史墨对赵简子说："三后之姓，于今为庶。"（《左传·昭公三十二年》）这些旧贵族过去都曾受过教育，地位下降后成为新士人。其次，春秋末年，王室衰弱，"学在官府"制度也随之瓦解，乡校普及，私学兴起，孔子提出"有教无类"主张。这样，就使更多的人得到受教育的机会。另一方面，社会动荡，灭国踵继，原来在王朝或诸侯之国做史官的人，遂散之四方。这就是《左传·昭公十七年》所说："天子失官，学在四夷。"在这种情况下，新士人也就应运而生了。另外，士大抵皆为有职之人，他们长期担任邑宰、家宰，掌握地方的财、政、军大权，形成了很强的实力。他们往往通晓历史，博学善断，骁勇善战，能补政事。特别是春秋末战国初，"天下诸侯方欲力争，竞招英雄，以自辅翼。此乃得士则昌，失士则亡之秋也"（孔鲋：《孔丛子·居卫》），于是养士之风盛行起来。当时被称为"四公子"孟尝君、平原君、信陵君和春申君，都各自蓄有数千名门客，从而扩大了士的队伍。

在这个历史变革过程中，儒家士人一方面担当道统，传承学统，另一方面调正治统，规范治统，具体途径是以道抗政，以德抗位，修己正人，治平天下。新士人不同于旧士人，他们具有独立的人格，并不完全依附于某个贵族或某个诸侯。他们在政治上再不是"一朝委质，终身为臣"；在经济上也不再依贵族的恩典和施舍度日，而是依靠自己的知识和技能。因此，他们有极大的选择权，"合则留，不合则去"。他们有很强的政治使命感，时刻期望能够将自己的知识技能用之于社会，学而优则仕成为他们的人生原则。但另一方面，他们有独立的道德理想，所谓"君子忧道不忧贫"。对古代文献的占有、整理和保管，更使他们对现实的社会政治往往持一种理想化的批判态度。他们按照自己的意思去著书立说或发表言论，成了这一时期不同阶级和阶层的思想代表，因而有各学派和百家争鸣局面的出现。

2. 士人群体的社会特征

在中国历史上，士人是一个比较特殊的阶层或群体，对于中国历史上的政治、经济、军事、文化以及意识形态都具有重要影响。一方面，他们是两千多年来各个朝代国家和地方官员的主要组成部分；另一方面，他们是民族历史文化重要的创造者和传承者。具体说，中国的士人集团具有以下几方面的特征：

第一，"以才智用者谓之士"（《后汉书·仲长统传》）。

《汉书·食货志上》云："士农工商，四民有业，学以居位曰士。"就是说，士是以学识为本而居于士的地位的。士人不是贵族，但也不是平民，而是介于贵族和平民之间的一个特殊等级。他们没有稳定的财产，没有世袭权利，所以从来依靠的都是自己的知识和技能，即"以才智用者"。

第二，经世致用，不仕无义。

孔子说："不仕无义"。（《论语·微子篇》）孟子说："士之仕也，犹农夫之耕也"，"士之失位也，犹诸侯之失国家也"。(《孟子·滕文公下》)士人与工农商不同，他们是利用自己的学识来为国家和社会服务的。这就是说，他们必须进仕才能发挥作用。所以《论语·子张》中记载子夏的说法："仕而优则学，学而优则仕"。皇侃《论语义疏》："力有优余，则更可研学先王训典也。学业优足，则必仕进也。"但是，士人进仕也是有条件的。孔子要求学生"不仕大夫，不食污君之禄"(《史记·仲尼弟子列传》)，"用之则行，舍之则藏"(《论语·述而》)，并告诫学生"邦有道，谷；邦无道，谷，耻也"(《论语·宪问》)。孟子也主张士人必须对君主有所选择，以利于实现远大志向，"可以仕则仕，可以止则止，可以久则久，可以速则速"(《孟子·公孙丑上》)。

第三，无恒产而有恒心，以天下为己任。

士人是依靠自己的学识来为社会服务的，所以他们的生活主要不依赖自己的财产。正如孟子所说，士人是"无恒产"的。他们通过自己的知识技能能够实现个人的经济自立。但是他们的经济状况取决于他们知识的运用和社会的承认，所以他们的经济水平不够稳定，士人之间差别也很大。但无论如何，大部分士人都能达到中产水平。正是由于这个特点，使他们既可能接地气，也可能接皇气，能够了解上下层的感受和诉求，是沟通统治者和被统治者关系的团体。他们的道德理想，就是将社会大众的诉求上传至统治者，并将君主的统治和国家治理向社会实施，以实现国家善治。

第四，有统御平民之权利，亦有捍卫社稷之义务。

中国封建贵族存在的历史并不长，其社会根基并不深固，但自从春秋以后中国却始终存有士人。士作为一个社会阶层其自身并不稳定，特别是唐宋以后，中国实行科举制度，不论是什么人，地主、佃农、庸工、商人，都可以读书和参加科举，一旦科举成功就可以改变身份成为士人。而士人也并不一定成为"仕人"，"仕人"也不可能世代为官。他们中的大多数来源于齐民地主，他们通过科举进仕，成为官僚阶级。所以，士、官僚、地主这几个角色既可以相互转换，也可以合而为一。所以说，他们是介于统治者与平民之间的一种社会力量，有统御平民之权利，亦有捍卫社稷之义务。因此，他们能够成为社会创新的动力源。

3. 士人群体与士人政治

春秋以后，中国的士人逐渐成为一个独立社会群体。他们不再依赖诸侯贵族，而是依靠自己的能力生存。因而他们不再是封建阶梯上的最低等级，而是一个自由的社会阶层。这是士人历史上最重要的羽化过程，亦即从封建体制内脱出成为独立的群体。与此同时，士人作为一个知识群体，掌握着官方的历史、政典，亦即各方面的知识和技能，试图为社会作出自己应有的贡献。当时的诸子百家都试图将自己的主张通过各种方式付诸实施，并以各种方式参与社会实践，特别是以谋士或客卿方式参与政治。这就使他们成为社会政治舞台上的重要角色。

中国自汉代开始建立士人政府。[①] 汉武帝听从董仲舒的建议设立五经博士，从而使博士一职与神怪方技或旁门杂流分离，成为专门研治历史与政治的学者。后来的博士制度还增设弟子员，这些学子在学成之后会被委派到地方服务，如果有政绩还会通过察举选到中央政府并经考试后任职，正式成为国家官僚机构的成员。汉武帝以后，公卿朝士名儒辈出，至昭宣以下，历任宰相几乎全是儒生出身，东汉光武时朝廷重臣也多为儒生，并且多由地方选举而来。这样就形成中国历史上的士人治理传统。尽管君王代表治统，但仍由士人代表道统，尽管君王可变，甚至王朝可以更替，但道统始终不变，治统终须符合道统。

从汉武帝开始的读经入仕制度导致士族的形成。到东汉时期这些士族逐渐演变成世族，并世代垄断了国家官僚系统。隋唐以后实行科举制度，打破士族世袭现象，为出身平民的士人参政提供了较多的机会。特别是从宋代开始，基本不论出身不论贫富，所有读书人都有机会参加科举考试并入仕。这样不但拓展了政府选拔人才的基础，而且使处于社会中下阶层的寒门之士也有机会向社会上层流动，从而对维持社会发展的健康活力发挥了重要作用。宋明两代以及明清时期的名臣能相和各级官员，大多数是进士出身。这些出身平民从而具有广泛社会代表性的士人进入政府，实际上也是民众参与社会治理的重要途径。

在士人政府中，士人与帝王在很大程度上是共享治权。秦汉以后的中

---

① 钱穆：《国史新论》，生活·读书·新知三联书店 2012 年版，第 85 页。

国政治制度基本保持王室与政府的区分。一般而言，皇帝是国家的惟一领袖，而实际政权则不在皇室而在政府，代表政府的则是宰相。皇帝是国家元首，象征一个国家的统一；宰相是政府领袖，负政治上的一切实际责任。[1] 帝王的权力要受到以宰相为领袖的官僚体制的制约。士人通过自己对道的阐释来提高自己的地位，提高自己与皇权博弈的能力。

中国历朝历代大多都设置太学，太学既是培养人才的学府，也是培养官僚的政府机构。由于太学生来自全国各地，既有地区代表性也有阶层代表性，往往成为各方民意的集中地。所以太学也是士人政府的精神核心。黄宗羲认为，"太学"的基本功能是养士，也就是培养社会精英并为政府储备管理人才，但更重要的是提出社会价值和国家治理思想，即"公非是于学校"，而使"天子不敢自为非是"。在他看来，"太学"应该是国家政治的最高清议机构与权力机构，有权力对最高统治者的施政行为进行评议与裁决，"古之圣王必使治天下之具皆出于学校"，"大师旅则会将士，大狱讼则期吏民，大祭祀则享始祖"。（《明夷待访录·学校篇》）

4. 士人精神与价值传统

在中国历史上，"士人"具有非常重要的地位。一方面，他们通过对人民日常社会生活的实际体验，以及对人民自强不息的奋斗历史的理解，运用自己的学术思想提炼并阐释出中国价值及其传统，不断地创造着文化精神和其他知识体系。另一方面，在儒家文化传统的整塑下，他们以古代圣贤为榜样，通过自己的修身进德和价值实践，形成了独具特色的存在方式和思维方式，从而形成了中国历史上特有的士人精神。中国士人情怀以及士人文化所体现、所秉承的价值观念，本质地反映了中华民族传统价值观念中最基本、最核心的内容，是民族传统价值观念体系的重要组成部分。可以说，士人精神构成中国价值传统的核心部分，中国士人就是中国价值传统的人格化载体。

中国的士人精神主要包括以下几个方面：

第一，天下情怀。

士人必须以天下为己任，代表社会最普遍的述求。他们必须了解从底

---

[1] 钱穆：《中国历代政治得失》，生活·读书·新知三联书店 2012 年版，第 3 页。

层到上层的心理和要求，并且必须综合这些诉求，从中求出最大的公约数。而这个公约数就是社会的普遍价值。然而，这个代表社会最大公约数的价值诉求，必须经过士人的理论提炼上升为价值思想。不仅如此，士人还必须将这些价值思想成为国家意识形态，成为民族和国家的主张。所以，士人不仅要在思想文化方面作出贡献，还必须经世致用，使自己的"主义"推向社会。他们大多希望能有机会从事政治，成为官僚机器上的一个组成部分，从而成为社会普遍价值的实践者。而那些没有进入国家官僚机构的士人，也同样能够为社会作出贡献，他们或在官方的教育机构任教，或自己招徒授业，努力使自己的主张付诸实施。这正如范仲淹所说的："居庙堂之高则忧其民，处江湖之远则忧其君"，"先天下之忧而忧，后天下之乐而乐"。他们要通过"立心""立命"，继承"中绝"已久了的圣人之学，"为万世开太平"。

第二，承担道义。

荀子认为，儒者之所以受人尊敬是因为他们承担着社会道义。在他们看来，道义是最高的价值形态，所以在处理与君主的关系时必然以道为精神价值。荀子说："道存则国存，道亡则国亡"。（《荀子·君道》）所以他们坚持"从道不从君"。孔子说："志士仁人，无求生以害仁，有杀身以成仁"。（《论语·卫灵公》）孔子的弟子曾子说："士不可以不弘毅，任重而道远"（《论语·泰伯》），"行已有耻，使于四方，不辱君命，可谓士矣"（《论语子路篇》）。荀子说："义之所在，不倾于权，不顾其利，举国而与之不为改视，重死、持义而不桡，是士君子之勇也。"（《荀子·荣辱》）在中国历史上出现过无数的承担道义并为此献身的志士仁人，成为士人的榜样。

第三，个人修养。

太史公在《报任安书》中将士人品德归纳为智、仁、义、耻、德五个方面：一是善于加强自我修养，智慧聚于一身的人；二是乐于助人，以仁爱为出发点的人；三是君子爱财，取之有道、正当取予、以义为据的人；四是懂得耻辱，勇于奉献的人；五是品行端正的人。这就是所谓的"士人五品"。这是中国士人情怀具体的道德人格内涵和显著的思想文化特征。在他们看来，"人不可以无耻，无耻之耻，无耻矣"（《孟子·尽心上》），

"士皆知有耻，则国家永无耻矣"（龚自珍：《明良论二》）。"苟正其身矣，于从政乎何有？不能正其身，如正人何？"（《论语·子路》）所以他们常常日三省其身："为人谋而不忠乎？与朋友交而不信乎？传不习乎？"（《论语·学而》）。他们人生抱负的伸张与政治理想的展现，无不是以内涵着极其饱满的道德情怀的道德人格作根基的，也无不是通过这一过程来检示自身的道德修为的。

第四，圣王之道。

士人精神是一种最具普遍意义的价值凝聚，体现着传统文化的价值主旨，其集中的体现就是"内圣外王"，即在个人行为上追求道德至上，在社会行为上追求价值理想。儒家认为，人之道德存在，不能仅存于自己的内心深处，寻求内心的和平与幸福，而应坚实地作用于社会之中，切实地承担社会责任。内圣与外王是统一的，内圣是实现外王的前提，而达成内圣的唯一途径就是坚持不懈的道德修养；外王则是内圣的外化和证明，是用一种理想的政治局面来印证内圣的价值兑现。内圣外王之道，就是使人由"内在"而走向"外在"，既专注于道德修养，更关注社会、政治与民众，即沿着由圣人设定的"修、齐、治、平"的人生道路走下去。

中国历史在很大程度上也是士人的奋斗史。在中国传统社会里，士人始终处于国家政治的核心部位，并积极介入社会治理。一方面，他们秉持价值理想，为民请命，与王权斗争；另一方面也通过修身、齐家、治国、平天下的路径，实现个人价值和理想。所以，士人在国家的地位及其所发挥作用的状况，决定了中国社会的兴衰。同样，士人精神的兴衰也就决定了社会价值的兴衰。士人精神在不同的历史时期或在不同的历史环境、历史事件中弘扬了中国文化传统，从而形成了自己独特的社会价值和认知体系。这就是强烈的社会责任感与民族使命感、自强不息的人生哲学、治国平天下的理想境界，以及忧国忧民、忍辱负重、不计得失、为民请命的品格，还有就是崇高的价值理想和道德追求。正因为如此，历史上士人集团的浮沉和士人精神的兴衰，在很大程度上决定了中国社会历史的兴衰。在中国历史上，只要士人的地位受到贬低，王权就必然膨胀，专制主义必然肆行；士人普遍怀有崇高的社会理想和抱负，所谓"士不可以不弘毅"，只要士人精神陷落，社会价值必然衰落，社会道德必然崩溃。所以，在中国传统社会，士人是社会价值的化身，士人精神是民族精神的化身，士人精神决定了中国道统的传承。

第三节　中国价值的传统与革命

一、历史发展与历史轴心

1. 循环史观：反复其道天行也

古人认为，时间是周而复始、有始无终的。墨子说，"始，当时也""始：时，或有久，或无久。始当无久"（《经说》（上））。庄子说，"有始也者，有未始有始也者，有未始有夫未始有始也者"（《庄子·齐物论》）。《易经》认为，"物不可以终尽"，"物不可以终止"，即"物不可穷也"（《易传·序卦》）。《易经》还以八卦配四时：艮为冬之末春之初，在冬末之时，万物成其终；在春初之时，万物成其始，即"万物之所成终，而所成始也"（《易传·说卦》）。这些都是说明物质世界的运动是周而复始的，是有始无终的，因而时间也是无限的。这种时间无限和周而复始的理念，体现在时间和历史的计量上。古代中国，在官方采用历史事件纪年方法的同时，采用天干地支的纪年方法。作为天干的甲、乙、丙、丁、戊、己、庚、辛、壬、癸，与作为地支的子、丑、寅、卯、辰、巳、午、未、申、酉、戌、亥，两相排列，指称一载，六十年形成一次轮回，天干与地支共同组合出更有终始循环意味的"干支纪年法"。在这种纪年方法中，历史是无底的，不会陷落在某个"末日"之中，反映出中国传统的时间意识中流转不止、周行不殆的深刻蕴义。这种观念与西方的"末日"观念形成强烈反差。

中国古人的时间是循环的，这就决定中国人的历史观也是循环的。《易传·系辞下》说："日往则月来，月往则日来；日月相推而明生焉。寒往则暑来，暑往则寒来，寒暑相推而岁成焉。往者，屈也。来者，信也。

屈信相感而利生焉。"这里是说，日与月，相互往来、相互推转而产生出天地的大光明。寒与暑相互往来、相互推转而产生出岁时的终始。依据这种自然观念，中国古人发展了"关乎人文"的循环史观。这就是"五德始终论"和"三统循环说"。

五德始终论源于对自然规律的理解，也就是将自然运行规律引申为社会运行规律。"五德"是指五行木、火、土、金、水所代表的五种德性，"始终"指"五德"的周而复始的循环运转。如果说邹衍以此作为历史变迁和王朝更替的根据可谓"玄说"，但五德始终所揭示的社会治理方式变化的规律却有重要价值。既然土、木、金、火、水五种德性的性能不同，各有特点，相生相克，那么就有必要对前代存在的社会矛盾和治理中的过错进行调整或修正，以适应社会发展的需要。邹衍说"五德从所不胜，虞土、夏木、殷金、周火"（《文选》李善注引），到秦时应是"水德代周而行"。此后，五德始终说成为历代王朝阐释其政权合法性的基本理论框架。事实上，"五德"分别代表了不同的价值，五德始终论既是一种历史循环理论，也是一种价值循环理论。

黑白赤三统循环的历史观是西汉董仲舒提出的。董仲舒认为，每个相继的朝代都要改正朔，易服色，对文化制度进行变革，既成一统也应天命。他认为，夏代以寅月为正月，其时"天统，气始通化物，物见萌达，其色黑"，于是夏朝尚黑为黑统。商朝以丑月为正月，其时"天统，气始蜕化物，物始芽，其色白"，因而商朝尚白为白统。周朝以子月为正月，其时"天统，气始施化物，物始动，其色赤"，于是周朝一切尚赤为赤统。董仲舒认为，三统循环是天意的显示，每个朝代的新统治者受天命为王，都必须按照在三统中循环的位置，相应地确定和改变正朔、服色等等。但董仲舒特别强调，"王者有改制之名，无易道之实"，就是说，正朔、服色随朝代的改变可作必要的改变，但作为社会运行的根本之"道"的"三纲五常"等，是永远不变的"常道"。尽管我们说三统循环是没有科学依据的，并被统治者利用以支持其统治合法性，但黑白赤三统仍可以视为每一朝代的价值符号。所以，三统循环说也是一种历史循环和价值循环理论。

循环史观对于中国历史产生了重要影响。一方面，任何事物都存在周期现象，月满则亏，物极必反，一个民族发展到某一历史阶段的顶点时必然发生逆转，所以也就是衰落的开始。另一方面，否极泰来也是中国人民对历史发展规律的认识，所以对自己民族的伟大复兴更是确认无疑的。这种周期性的历史观，还导致中国思想家们"回头看"的思维习惯，并导致"以复古为创新"的思想变革方式。这种思想习惯事实上是一种历史主义，从本质上看也是一种经验主义。这对于一个相对独立的文明体来说并不构成重大缺陷，相反，倒是民族文化自信的一种表现。但是，近代以后国门打开，一个全新世界展现在国人面前的时候，陌生感、排斥感、以至于后来的恐惧感都会十分强烈。尽管如此，仍不能改变中华民族对文明复兴的信心。

2. 辩证求中：历史轴心之形成

汉武帝曾问董仲舒："三王之教，所祖不同，而皆有失，或谓久而不易者道也，意岂异哉？"董仲舒回答说："臣闻夫乐而不乱、复而不厌者，谓之道。道者，万世亡弊，弊者，道之失也。先王之道必有偏而不起之处，故政有眊而不行，举其偏者以补其弊而已矣。三王之道，所祖不同，非其相反，将以救溢扶衰，所遭之变然也。故孔子曰：'亡为而治者，其舜乎！'改正朔，易服色，以顺天命而已，其馀尽循尧道，何更为哉？故王者有改制之名，亡变道之实。然夏上忠，殷上敬，周上文者，所继之救，当用此也。孔子曰：'殷因于夏礼，所损益可知也；周因于殷礼，所损益可知也；其或继周者，虽百世可知也。'此言百王之用。以此三者矣。夏因于虞，而独不言所损益者，其道如一，而所上同也。道之大原出于天，天不变，道亦不变，是以禹继舜，舜继尧，三圣相受而守一道，亡救弊之政也，故不言其所损益也。繇是观之，继治世者，其道同；继乱世者，其道变。今汉继大乱之后，若宜少损周之文、致用夏之忠者。"（《汉书·董仲舒传》）

在这里，董仲舒阐述了自己的循环史观并提出历史演变与道的关系。他认为，"天不变道亦不变"。而社会演变和社会"治道"必须遵循"天道"。只要统治者能守道不移，就永远不会有什么变化，但如果偏离"天道"就必须有所调整，即改变"治道"以符合"天道"。他说，禹继承舜，舜继承尧，因为都能守道，不需要纠偏救弊，所以前后的"治道"也就无须改变或"损益"；而夏商两朝的后继者未能守道，也就偏离了"天道"，引出社会治理的弊病，所以殷继夏和周继殷就必须有所改变或"损益"。在董仲舒看来，作为历史规律的"天道"是不变的，而作为社会治理方式的"治道"则可能变化。这种变化可能偏离"天道"，而这种偏离必然导致社会的矛盾和动乱。在这种情况下就必须进行调整或"损益"，即对时弊进行改革，即"继治世者，其道同；继乱世者，其道变"。这种变就是纠正前代的错误做法，使"治道"回归于"天道"。

根据"天道"进行制度调整或损益，使偏离"天道"的社会"治道"重归于"天道"，这是一个反复的过程。在历史过程中，这种反复调整可能发生多次，而每次调整都是对过去错误的纠正，而这种纠正有可能"矫枉过正"，所以还必须进一步调整。随着历史发展，这种调整的幅度会逐渐缩小，最后在一定的历史阶段上逐渐回归，即回归于"天道"。从总的趋势上看，这种回归于"天道"的过程也就是回归于"中"的过程，即回归于"中道"的过程。事实上，社会历史的调整本身就是辩证求"中"的过程，而这个"中"就是社会历史轴心。《大禹谟·孔安国传》说："民皆命于大中之道"。当社会回归于中道之时，社会就渐趋稳定，进入一个良性循环的历史阶段。但是，随着社会的变化以及社会矛盾的重新积累，社会仍会发生偏离于"中"或偏离于"道"的情况。如果不能及时回调则可能导致更大的偏离，直至不能自我调整，必须进行大的变革甚至革命才能解决。这样，社会历史将进入一个新的变革周期。这种周期性的社会变革和调整，即从偏离"中道"到回归"中道"的反复过程，会形成一条历史轴心线。而从这个历史轴心线上，可以观察到社会历史的治乱循环。而在这个历史轴线里面，则隐藏着一个价值轴心，围绕这个轴心变化的社会价值观也会形成一条轴心线，这个价值轴心线就是道统。

二、价值革命与价值轴心

1. 价值革命的发生

价值革命就是价值传统从破坏到重建的过程。一个民族经过一定历史时期的发展和沉淀，必然形成一定的文化传统。文化的核心就是价值，因而也可以说，价值传统构成文化的基本传承。但是，随着社会发展变化，社会价值也会发生变化，原有的价值传统不适应新的社会需要，因而会发生价值失衡、倾斜，直至瓦解和崩溃。在这一历史过程中，新的价值会在这种社会变迁和价值倾覆过程中萌生、发展直到成熟，并成为新的社会主流价值并归入价值传统。然而，经过一定历史发展和变迁，不仅新的社会矛盾会不断产生，而且某些历史的旧有的矛盾也会不断再现，在这种情况下，人们会发现传统的价值，亦即传统价值对解决现行社会矛盾的作用。这样就会出现传统的重建亦即价值传统的重建。这是价值演变历史的基本规律。

价值革命的发生开始于社会与价值之间的失衡。当社会剧烈变动结束逐渐转向稳定之后，社会价值思想的剧烈变动也基本停止了，从而进入一个稳定阶段。社会就在这个稳定状态下平稳发展。社会和思想基本稳定表明社会利益结构基本稳定，并且在一个相当长的时期不会发生大的变动。一方面，一定的价值思想形成以后会进一步系统化。这种系统化的过程也就是学术化的过程。价值思想一经学术化，就进入一个相对稳定的阶段。稳定的价值思想和学术体系，与相对稳定的社会需要是一致的。但另一方面，价值思想转变为学术思想，学术思想转变为纯粹的学术的过程，也就是价值祛除过程。代表价值思想的学术发展到一定程度，必然出现的结果就是价值祛除：在学术发展阶段，学术将价值思想系统化、深入化，并形成一个庞杂的体系。这样，价值思想转变为学术思想。而随着学术的进一步发展，学术思想转变为纯粹的学术，即只有学术而无思想。至此，价值祛除过程就完成了。

在社会稳定和价值思想稳定状况下的学术发展，直到价值祛除的完成，事实上标志着一个思想创新周期的终结。学术体现价值思想，但其任务不是创新。而在相对稳定的社会阶段，学术发展也进入一种"温水煮青蛙"状态，即渐渐地丧失创新力，成为简单循环的自我论证。尽管社会价值思想转变为学术从而陷于停滞了，但社会却仍在变化，并且这种变化每时每刻都在发生，特别是在人们毫无察觉的情况下发生。而当人们发现了这种变化的时候，社会就已经进入矛盾结集和事故频发时期，而原有的价值思想体系往往就不再适应，即不能合理地阐释和提供解决问题的方案。这就出现价值失衡。价值失衡表现为两个方面：一方面是已经学术化的价值思想对变化了的社会现实丧失了阐释能力和解决能力，从而丧失了人们对其的信仰；另一方面是价值思想本身发生异化，即体现正能量的价值思想很可能在一定情况下转向反面，从而成为社会发展的观念性障碍。这就埋下了价值革命的种子。

任何一个社会都必须有一个价值体系的支持。这是因为价值关乎"道"。价值是"道"的活的灵魂。"道可道非常道"，而不可道之道才是常道。但是这种不可道之道，却是以价值来体现的。价值的瓦解和崩溃也就是道之将亡。"道存则国存，道亡则国亡"（《荀子·君道》），当价值从倾斜到瓦解直到崩溃时，现有政体也就面临解体，改朝换代甚至天崩地裂的社会巨变也就在酝酿之中了。

2. 价值革命的方式

社会变化导致原有社会价值的失衡、倾斜直至瓦解和崩溃，价值革命也就发生了。但是价值革命并不是一朝一夕的事，而是一个漫长的历史过程，并且可以观察到一个有规律性的价值变革周期。而在这个历史过程或变革周期中，价值革命或价值变革往往经历了不同的阶段和不同的变革方式。

第一，价值重估。

价值重估是所有价值革命的起点。价值重估就是对原有价值体系进行彻底的否定和消解。一般来讲，原有价值体系往往形成一个稳定的结构，包括价值内核、文本体系，以及一个竭力维护这个价值体系的群体。事实上，现有的价值体系是现存的社会利益结构的反应。为了维护现有的社会利益结构，价值思想体系的代表者们也要自我维护。而价值革命就是要彻底重估这个价值体系，彻底否定这个价值体系。如春秋晚期礼崩乐坏，天下大乱，道术之为天下裂，人们否定周礼，批判封建制度，为儒家革命创造了条件；汉末魏晋时期，出现反名教，任自然的玄学思潮，到宋代出现的疑经、辩经、惑经甚至改经等，都是否定原有价值体系从而为理学革命扫清了障碍。中国文化重历史，重经典，崇尚三代，这就形成习惯性的"回头看"思维方式。同样，要对现有的制度文化提出批判，也必须经历"回头看"阶段，这就是"疑古"。在中国价值思想史上，疑古是价值革命的第一步。通过这种疑古的方式，对现有价值体系进行彻底的批判，从价值基础、价值内核等各个方面进行消解，直到彻底消除人们的信仰。通过疑古、解构等方式，彻底否定旧有的价值体系，结果往往起到"清零"之效。这也就是说，不破不立，不对原有的价值体系进行彻底的批判和清除，新的价值思想就不可能发展起来。

第二，价值损益。

《易经》："损益，盛衰之始也。"《老子》："物或损之而益，或益之而损。"（《老子》四十二章）在社会和价值相对稳定甚至固化阶段，由于社会总是在变化着，所以要求价值思想也相应地变化。这就必然出现价值思想的损益过程。所谓价值之损就是原有价值的减损，所谓价值之益就是新的价值增益，一损一益，构成价值革命的方式。孔子说："殷因于夏礼，所损益，可知也；周因于殷礼，所损益，可知也。"孔子在他的时代，研究了夏代社会价值的损益，经历了周代价值的损益，并在此基础上创造了以仁为核心的儒家价值学说基础。从中国价值思想史看，各朝各代都出现不同程度的价值损益，并由此发生新旧价值的转型。帛书《要》篇引孔子曰："益之始也吉，其终也凶。损之始凶，其终也吉。"这是关于价值损益的辩证看法，即在一定历史阶段，价值之益看起来是好事，但结果可能导致整个原有价值体系的瓦解；同样，价值之损并不是坏事，没有旧价值之损，就没有新价值之益，所以，价值之损也是新价值产生和发展的条件。一般来讲，价值损益过程是价值革命的中间阶段。这是因为，经历了价值重估的阶段，原有价值已经遭到彻底的消解从而丧失了社会作用，而新的价值正是在这样的背景下增长，并逐渐成为主流的社会价值。价值损益即此道消而彼道长正是这个阶段的特点。

第三，回归传统。

经历了价值重估和价值损益过程，旧的社会价值作为阻碍社会发展的价值体系瓦解了，但是新的社会价值仍在增长过程中，并没有形成完整的价值体系。所以，社会出现主体价值的"空窗期"。在这一阶段，新的价值尚不成熟，尽管带来了社会发展的动力，但是在社会规范方面往往效力不足。在价值重估阶段往往需要"矫枉过正"，而在价值损益阶段却往往"过犹不及"。这就导致社会出现新的发展时期的混乱，也就是一种常见的社会"成长痛"。在这种情况下，人们往往"回头看"，希望能够从过去的经验和价值中寻找到解决方案。既然新的价值带来了一系列负面的效应，而在新的社会价值中还找不到有效的解决方案，那么回顾历史从前人的经验中寻找答案就是十分正常的需要了。这样，就出现了回归传统的思潮。这就是以复古为解放，以复古为创新，实际上是从历史中寻找今天的答案。事实上，在"矫枉过正"和"过犹不及"的背景下，回归传统往往是有效的解决方法。但"复古"并不是目的，创新才是目的。历史上的每次"复古"带来的结果都是以古为新，都是新一轮的思想创新，而绝不是简单的"复古"，更不是真的要回到"三代"。

第四，综合创新。

综合创新是价值革命的结束阶段。经历价值重估和价值损益，又经过"回头看"的复古过程，人们对新价值和旧价值都有一个客观的评价和判断，到最后就需要进行综合了。中国最久远和最重要的一个思想方法就是"执两用中"。到这个阶段，对于一个社会来讲，既经历了"矫枉过正"也经历了"过犹不及"，即进行了正反两方面的社会实践，而新旧价值思想已进行了长期的较量，也经历了此消彼长的过程，此时则需要回归"中道"，实现"中和"。在价值思想的变化过程中，"中"实际上也就是"综"，"中和"也就是"综合"。在原有价值体系崩溃以后，价值思想的创新可能有多个源头，从而形成多个思想流派，往往出现一个百家争鸣的局面。这些思想流派存在着竞争，在竞争的同时也相互影响，相互学习，相互促进，所以在这个过程中也就存在着融合趋势。任何思想家及其流派都希望被社会承认并作为社会的主导思想。但是，随着社会从剧烈变动趋于稳定，社会思想也逐渐汇集趋向于统一。这是因为社会发展趋势已经转变为定局，社会价值思想也自然趋于一致。这样，多个思想流派逐渐汇集，从而出现综合创新。这就是将自价值重估以来的价值思想，包括外来的、新创的、传统的等几个方面的思想来一个综合。一般来讲，这种综合创新往往发生在思想创新的最后阶段，即将这一历史阶段出现的各种思想做一个总结，并形成核心和体系。所以，综合创新也就是总结式创新。但是，"综合"绝不是"终结"，还有创新精神存在，"综合"不过是创新的一种形式，创新才是社会进步的本质和精神内核。在综合创新完成后，社会价值体系将在一个相当长的时期里保持相对稳定，社会也将在这种价值思想支持下保持不断创新和稳定发展。所以，"综合"是创新的特定历史阶段的特定方式，而创新是健康社会的恒久状态，即社会常态。

3. 价值轴心与价值传统的形成

社会发展依道而行。道是客观存在的规律，社会发展必须遵循这个规律。但另一方面，社会发展并不单纯地是一个客观的过程，还受到人们的主观意识影响。社会大多数人的主观意识决定人们的共同行动，而共同行动则构成社会发展和运动。但人们的主观意识是由人们的价值思想决定的。所以，我们在社会历史发展过程中，可以看到人们的价值思想与人们的社会活动之间相互影响的互动关系：社会变革与发展遵循的是道，治道围绕不变的天道，时而偏离时而回归，从而形成一个历史轴心线。另一方面，我们还可以看到，价值思想的演变也遵循着一个道，这个道与天道一致，但是以价值核心形式显示，社会价值围绕着个道变化，时而偏离时而回归，这个从偏离到回归再从回归到偏离的过程或轨迹，最终形成一个循道运行的轨迹，即形成一条价值轴心线。这就是道统。

任何社会都必须有一个价值系统的支持。这个价值系统包含着一个核心价值，这个核心价值决定整个价值系统的运行和发展，并主宰着社会的运行。在中国历史上，这个价值系统源于"前轴心时代"的上古先民先圣的社会实践和生命体验，并经历三代而最终形成，这就是体现为周礼的国家意识形态体系。而在"轴心时代"即春秋战国时期，经孔孟等进一步系统化，这个价值系统进一步演变为以仁为核心的价值体系，并最终形成了代代相传、不绝于缕的价值传统即中华道统。

中国历史上的价值轴心就是儒家的仁义道德即仁道。韩愈说："夫所谓先王之教者，何也？博爱之谓仁，行而宜之之谓义。由是而之焉之谓道。足乎己无待于外之谓德。其文：《诗》《书》《易》《春秋》；其法：礼、乐、刑、政；其民：士、农、工、贾；其位：君臣、父子、师友、宾主、昆弟、夫妇；其服：麻、丝；其居：宫、室；其食：粟米、果蔬、鱼肉。其为道易明，而其为教易行也。是故以之为己，则顺而祥；以之为人，则爱而公；以之为心，则和而平；以之为天下国家，无所处而不当。是故生则得其情，死则尽其常。效焉而天神假，庙焉而人鬼飨。"（《原道》）所谓"先王之教"，就是一种传承已久、世代接续的信仰体系，这种信仰体系的核心价值就是"仁道"。

《礼记·中庸》说："道也者，不可须臾离者也。"社会发展必须依道而行，即必须始终符合道的要求和规范，与道保持一致。与道保持一致就是"得道"，否则就是"失道"。只要依道而行社会就会顺利发展。具体说，依道而行就是依礼而行。孔子对春秋时期"礼崩乐坏"的现实，提出得道与失道的标准，即"天下有道，则礼乐征伐自天子出；天下无道，则礼乐征伐自诸侯出"（《季氏》）。荀子说："先王之道，礼乐正其盛者也"（《荀子·乐论》）；"古者先王审礼以方皇周浃于天下，动无不当也"（《荀子·君道》）；"先王之道，仁之隆也"（《荀子·儒效》）。西汉儒家公孙弘说："仁者爱也，义者宜也，礼者所履也，智者术之原也。致利除害，兼爱无私，谓之仁；明是非，立可否，谓之义；进退有度，尊卑有分，谓之礼；擅杀生之柄，通壅塞之途，权轻重之数，论得失之道，使远近情伪，必见於上，谓之术：凡此四者，治之本，道之用也，皆当设施，不可废也。得其要，则天下安乐，法设而不用；不得其术，则主蔽於上，官乱於下。此事之情，属统垂业之本也。"（《汉书·公孙弘传》）事实上，各朝各代都有各自的"礼"，尽管各朝的礼有所不同，但都必须符合道，否则必然走向衰败。所以荀子说："道存则国存，道亡则国亡"。（《荀子·君道》）

三、价值革命的思想资源

任何时代的价值革命都不可能凭空产生，一方面要有社会时代需要，另一方面要有一定的思想资源。所谓社会需要就是源于历史发展过程中人民大众的利益诉求，这种人民大众的利益诉求转变成社会思潮，并经过思想家的思维创造成为某种价值思想和学说。这就是"礼失而求诸野"。但是，在社会历史过程中，原有的价值体系具有一定的稳定性，而在社会变革需要面前往往以保守的思想力量出现，所以，原有的价值体系的打破可能需要借助于外来思想。这就是"礼失而求诸夷"。经历一系列思想变革，社会变迁可能出现"矫枉过正"和"过犹不及"现象，这必然导致社会对于过去的回顾，从而导致回归传统思潮的出现。这就是"礼失而求诸史"。这就是价值革命的三种文化思想资源，也是思想变革的方式。

1. 礼失而求诸野

天地人民共同构成道体，因而人民是真正的社会主体也是历史主体。所以，一切价值思想都源于人民和人民的社会实践。因而道统在民。但是，人民大众的生活日用和利益诉求并不直接就是价值思想，而必须经过一个整理、归纳和提炼的过程。这就如章学诚所说的，"圣人学于众人"，"圣人求道，道无可见，即众人之不知其然而然，圣人所藉以见道者也"。（《文史通义·原道上》）就是说，"形而下"的器物需要归纳成为制度文化，"形而上"的道需要转变为"可名"的"道理"。

经过夏商西周三代人的努力，中国上古时代人民的政治经济和文化生活归结为封建制度和礼乐制度，并于西周时代趋于完善。但是，到了春秋时期，由于社会生活发生了变化，对社会价值思想产生影响，进而导致原有价值的失衡乃至倾覆，原有的制度文化也丧失作用。这就是所谓的"礼崩乐坏"。礼本来是周朝官方制度，有关礼的典籍都藏于国家重要的地方，而重要的礼仪还要按规定经常演示。但是在周王室东迁过程中，大量典籍散失，到了春秋晚期，礼崩乐坏，演礼的仪式已经很少举行了，礼作为典籍和仪式就流失到各诸侯国去了。这就是所谓的"礼失"。另一方面，礼制作为社会规范的作用越来越有限，人们的行为也不再依礼而行即不再"循礼"。这也是一种"礼失"甚至是更严重的"礼失"。然而，社会变革需要变革的思想理论，而在当时的情况下，周朝政府是不可能提供这种社会变革和变革思想的，那么新的价值思想和制度文化只能来自于民间。也就是说，这些新的思想只能来自于"野"。总之，在"天子失官，学在四夷"的历史背景下，社会变革所需要的思想资源就只能是"求诸野"了。

"礼失而求诸野"首先是求诸于社会实践。就社会变革规律来看，首先发生变化的是经济社会变化，其根本原因就是生产力的进步。尽管在一定历史阶段生产力也是相对稳定的，但是进步总是在发生，日积月累的变化最后终究会与现有生产关系发生矛盾。人们在生产实践过程中发现生产关系的不适应，因而提出变革生产关系的要求。其次，"礼失而求诸野"就是求诸于社会大众。不论在何种时代，大众的利益和诉求都是思想的基础。任何思想或主张如果不符合民众的意愿也是不可能流行的。在中国历史上最显著的变化发生在春秋战国时期。此时，社会变迁引起社会思想的变化，但周王朝自身已经丧失了思想创新能力，新思想大都来自民间。包括以老子为代表的道家、以孔子为代表的儒家、以墨子为代表的墨家以及主张变法的法家等等。这就出现百花齐放，百家争鸣的局面。最后，"礼失而求诸野"就是求诸于新兴的社会力量。社会变革的动力源自新的生产力，因而代表新的生产力的社会阶级也就成为代表社会进步的力量。尽管社会各个阶层都可能提出自己的变革要求，但只有代表先进生产力阶级的诉求才能最终成为主流社会思潮。所以，礼失而求诸野也就是求诸于新兴阶级的价值思想。以后，随着他们掌握国家政权，这些价值思想也就成为国家意识形态。

道统所含的价值思想最终总是以国家意识形态出现的。这是因为只有成为国家意识形态，才能体现大多数人民的意志。但是，这种价值思想并不可能一开始就能过成为国家意识形态，而是要经历一个艰难的过程。在社会变革时期，各种社会力量之间进行竞争，同样，代表这些社会力量的思想也在进行着竞争。各种社会力量和各种价值思想所代表和反应的社会历史趋势是一致的，而最后只有代表先进生产力的社会力量才能胜出，同样也只有代表先进生产力的价值思想才能最后胜出。当这种价值思想在民间的时候，它仅仅是百家中的一家，只有在其所代表的阶级最终成为统治阶级的时候，这种价值思想才能成为主流价值思想并上升为国家意识形态。

任何一种社会价值思想，要成为主流思潮并成为国家意识形态，不仅要符合先进生产力阶级的意志，还要符合社会历史发展的趋势。而"圣人"即思想家的思想也只有在反映这种历史趋势的情况下才能成为社会的主流思想并最终成为国家意识形态。《中庸》说"君子之道费而隐"，王阳明说"与愚夫愚妇同的是谓同德"，都是"圣人学于众人"的观念。钱穆在论《春秋时代人之道德精神》中说：在有孔子儒家以前，忠孝两德，早在中国社会实践人生中，有其深厚之根柢。孔子亦仅感激于此等历史先例，不胜其深挚之同情，而遂以悬为孔门施教之大纲。若谓孔子在当时，乃无端凭空提倡此一种理论，而始蔚成为中国社会此后之风尚，而始目之曰道德，此则远于事理，昧于史实。试问孔子亦何从具此大力，一凭空言，而获后世人人之乐从乎？① 可见，圣人的思想也是源于人民大众的。

2. 礼失而求诸夷

外来文化即源于"夷"的文化思想也是中国价值革命的思想资源。中华民族本来就是民族融合的结果，如孟子曰："舜生于诸冯，迁于负夏，卒于鸣条，东夷之人也；文王生于岐周，卒于毕郢，西夷之人也。"（《孟子·离娄下》）可见中国文化对待"夷狄"是采取平等和包容的态度的。历史上中国并不以血缘论民族而以文化分夷夏，认为"诸侯用夷礼，则夷之；进于中国，则中国之"（韩愈：《韩昌黎文集·原道》）。也就是说接受华夏文化就是华夏，接受夷狄文化就是夷狄。这种态度充分显示了中华民族的文化自信。在中国历史上，中原文化受周边民族和文化的影响从来没有中断，中原文化正是在周边文化影响下并与之融合而形成和发展的。春秋晚期，在中原文化"礼崩乐坏"之际，夷狄文化的影响自然逐渐扩大并与中原文化发生融合。这种大规模的文化融合直到汉代才基本稳定下来。但长期形成的文化包容传统，决定中国并不排斥外来文化，而是继续相信既可"以夏变夷"也可"以夷变夏"。所以在中国历史上，从少数民族文化中汲取新的文化养分的例子比比皆是。另一方面也必须看到，历史上每次少数民族大规模进入中原，都是由于中原文化本身出现颓势，所以需要新的文化成分来激活。事实上，每次少数民族与中原汉族冲突的结果，都导致民族和文化的双重融合。

"礼失而求诸夷"也是中国文化史上反复发生的现象。当中华民族和中华文化基本形成和稳定以后，曾发生过两次大规模的外来文化影响，并导致中国文化出现新的跃进。一次是魏晋南北朝时期的佛教西来，另一次是明末以后出现的西风东渐。

春秋战国是中华文化的轴心时代，产生了一批文化巨人，他们通过"百家争鸣"的讨论和竞争，最后综合成为以儒家思想为核心的主体文化。儒家思想由孔子创于春秋晚期，经曾子、子思、孟子、荀子等人的发展逐渐形成流派，经过一系列综合创新，到汉代终于成为国家意识形态。但是，儒家思想源于中国民族的生活日用和政治生态，"形而上"不够，心

---

① 钱穆：《中国学术思想史论丛》（一），台北东大图书有限公司 1976 年版，第 196 页。

性能力不足。到了汉末和魏晋，儒家思想不能适应社会变化，阐释力和解决问题的能力遭到挑战。在这种情况下佛教传入中国，带来了"形而上"思维方式，并为人民提供了可供信仰的对象。所以，佛教对中国传统文化产生了极大的冲击。魏晋时期的玄学是对佛教冲击的一种反应。这是儒学主动接受和适应新思想的一种方式。不过，玄学多少有些离经叛道，从而对儒学产生解构作用，这就给后来佛教大举进入打开了一个门缝。但是佛教进入中国正如春秋战国时期夷狄"进于中国，则中国之"一样，逐渐与中国的传统儒学发生融合并中国化。特别是华严宗和禅宗的出现，使佛教完全成为"中国的佛教"。另一方面，中国儒学也主动吸纳佛教思想出现"形而上"的飞跃，并加速了理学的突破。可见，中国文化正是通过"礼失而求诸夷"实现了自身的突破和飞跃。

宋明理学通过综合儒释道成为中国主体文化以后，中国文化又出现了基本稳定状况。尽管仍有理学自身的异化即阳明心学的出现，但仍属于自我的调整完善，并没有出现根本性的变化。到了清代，理学转变为实学，实学发展为朴学，最终出现价值祛除倾向，使得中国文化进入最后的衰退期。在这种历史背景下出现了"西风东渐"。从历史上看，西风东渐从明末就开始了。此时，中国传统文化已经丧失了内在的创新能力开始走向衰落，而西方在中世纪结束后出现了一系列文化变革，如文艺复兴、宗教改革和思想启蒙等，并最终导致科学革命和工业革命。西方文化具有中国文化所最为缺乏的两项，即科学理性和市场理性。到明清时期，四书五经和八股取士进一步限制了中国文化的活力，特别限制了科学和理性的萌芽发展。当西方文化进入中国之时，曾遭到中国传统文化的顽强抵抗。然而，一种落后的本土文化无论如何也敌不过外来的先进文化，在西方坚船利炮的冲击下，中国传统文化和体制很快土崩瓦解。在这种情况下，一些有识之士提出"师夷以制夷"，开始学习和引进西方先进技术和文化，到了五四时期更明确提出引进"德先生"和"赛先生"，从而开启了新的更重大的变革时代。这就是中国文化史上第二次"礼失而求诸夷"。

事实上，任何一种文化的自我创新能力都不可能是无限的，不断吸收外来文化营养是文化创新的重要方式。然而，接受外来文化并吸收外来文化，必然对自己的文化基因产生影响，即文化变异现象。这就是中国历史上反复出现的"以夏变夷"和"以夷变夏"现象。究竟是"以夏变夷"还是"以夷变夏",要取决于两个方面的因素:一是自身文化基因的稳定性,二是对外来文化的兼容性。中华文化基因的稳定性是经历数千年历史考验的。这就是说,经过漫长的"以夏变夷"和"以夷变夏"过程,中华民族和中华文化形成了极为稳定的基因,即使面对大规模的外来文化冲击仍不能改变。佛教西来和西风东渐两次外来文化冲击,不仅没有使中华文化发生根本性的变异,相反,两次外来文化与中华文化的融合,使得中华文化生命力更加强大。另一方面,由于中华民族对自己的文化具有高度的自信,所以能够始终保持开放性,即便是有一个短时期的排外倾向,但只要认识到了外来文化的优点就敞开胸怀吸纳进来。正是由于这种文化基因的稳定和对自己文化的自信,决定在"礼失而求诸夷"的过程中,中华民族能够始终保持自己文化的主体性。

3. 礼失而求诸史

中国传统文化是思想创新的根本资源所在。中华民族重历史因而重传统。既然重历史和传统,在思想创新上就必然从历史传统入手。这就是"礼失而求诸史",即从古代的传统文化获得价值思想创新的资源。

在中华民族的文化传统中,祖先崇拜要重于宗教信仰。而祖先崇拜的具体化就是对三代和上古帝王的崇拜,事实上这也是对于理想社会的追求。三代特别是尧舜时代,历史上并没有多少资料可以佐证。将三代作为理想社会,既可以根据当代人的价值来构建,也同样难以用实证来质疑。所以,历代思想家都以三代作为理想社会的样本。这就是"礼失而求诸史"的根源。不过,人们对所求之"史"也是有选择性的。这是因为不同的思想家对他们各自的理想"古代"有不一样的认识。周文时代思想家往往追溯上古的唐尧,而春秋时代的孔子则"郁郁乎文哉吾从周",墨子则主张"背周道而用夏政"(《淮南子·要略》),老子更希望回到"结绳而用"的时代。但"祖述尧舜,宪章文武"的孔子,基本代表了中华民族的文化倾向,所以儒家成为中国价值思想的主流,孔子考订的儒家经典也成为后世"求诸史"的思想资源。

中国的文化精神源于自身的悠久历史。然而,这一文化历史的源头是跟史官、占卜官等密切相关的。先秦时代是先有"史"然后才有"经",

六经作为古代政典，既是经也是史，即所谓"六经皆史"。汉明帝授命班固编《汉书》，通过历史体现国家统一的价值思想和意识形态，由此确立由国家任命史官著史之成例。《汉书》撰成后，"当世甚重其书，学者莫不讽诵焉"（《后汉书·班固传》），"自章（帝）、和（帝）以后，图籍盛于东观。凡撰汉纪者，相继在乎其中"（《史通》卷十一）。以后，每次改朝换代都要由后世编写前代历史，对前朝的兴衰原因进行研究并为本朝借鉴，统治者的价值思想也通过著史来体现，正如《诗经》所云："商鉴不远，在夏后之世。"北宋时司马光主持撰著《资治通鉴》，宋神宗亲自为其作序："《诗》《书》《春秋》，皆所以明乎得失之迹，存王道之正，垂鉴于后世者也"，故赐名《资治通鉴》，并盛赞该书"所载明君、良臣，切摩（切磋）治道，议论之精语，德刑之善制，天人相与之际，休咎庶证之原，威福盛衰之本，规模利害之效，良将之方略，循吏之条教，断之以邪正，要之於治忽，辞令渊厚之体，箴谏深切之义，良谓备焉。"历史和经典在中国文化中所具有的重要意义由此可见。

祖先崇拜和对历史的高度尊重，决定经典的神圣地位。所以，任何思想创新必定从经典开始。从经典开始的思想创新包括三种方式：

第一，对经典系列的调整。

从历史上看，经典本身并不是固定的，随着社会变化和社会治理的需要，可以对经典系列进行增添或删减。例如西汉的经学变革体现为《公羊春秋》与《谷梁春秋》之争，到东汉时则主要是今文经学和古文经学之争，结果是谷梁和古文经跻身经典系列。更为显著的变化是经典系列从五经到十三经，再从十三经到四书五经的变化。这种经典系列的变化反映出人们对"求诸史"的不同态度。

第二，对经典的重新阐释。

自从汉代设五经博士，五经被确定为国家经典以后，注家辈出，不仅五经博士可以注释，民间学者也可以进行注释。而随着社会变化和社会治理需要，各注家对经典的注释也不断更新，思想创新也自然由此而出。从历史上看，对经典的注释可有两类，一类是"我注六经"，一类是"六经注我"，前者是对经典或注或疏，但"注不离经""疏不破注"，仅仅做学术上的功夫；后者则是利用经典来阐述自己的观点，即在"我注六经"基础上，打通经文与经文之间的思想壁垒与价值壁垒，对原有的经文加以引申、发挥，提出建设性的学术观点，建立新的思想体系。

第三，对经典的彻底否定。

不论是"我注六经"还是"六经注我"，都离不开经典。这样，在一定条件下经典就构成思想创新的束缚。所以到一定阶段也须对经典进行否定和批判，即以否定经典的方式进行思想创新。事实上，否定经典的意义也正是来自人们对经典的信仰。就是说，正是由于人们对经典的高度信仰，否定经典才能对人们的思想观念产生更大的冲击力。对于中国文化来说，历史的积淀也是历史的包袱，在一定历史阶段上必须进行彻底清理才能继续发展。所以，否定经典和消解传统也是思想创新必经的过程。

对祖先的崇拜，对历史的尊重，对经典的信仰，导致了中国人民"回头看"的习惯。尽管可以经历社会革命和价值颠覆，但仍需"回头看"，这就是传统的力量。对经典系列的调整，对经典的重新阐释，对经典的否定和批判，都是一种"回头看"的方式。这种"回头看"的思想方式并不是一种彻底的倒退，而是一种解放和创新。梁启超在《清代学术概论》中对清代三百年学术思潮概括为"以复古为解放"："第一步，复宋之古，对于王学而得解放。第二步，复汉唐之古，对于程朱而得解放。第三步，复西汉之古，对于许郑而得解放。第四步，复先秦之古，对于一切传注而得解放。"[①] 而当我们进一步回到三代之前，那么就进入到一个可以自由思想的时代，亦即那个"大道之行，天下为公"的时代。所以，"礼失而求诸史"实质上是"与古为新"，以复古为创新，"求诸史"实际上是"求诸新"。

四、中国传统价值的基本内涵

在数千年历史过程中，中华民族和历代先贤们通过三次价值革命，分别建立了人文价值传统、伦理价值传统和独特的理性价值传统。从另一方面看，这三个历史阶段的价值传统，通过历史的选择和积淀，最后形成了中国的传统价值。所谓传统价值是经历史上的价值革命而形成的恒久不变

---

① 梁启超：《清代学术概论》，中华书局 1954 年版，第 6 页。

的价值，是价值传统延续提升和积累而形成的价值体系。中国的传统价值体系可以概括为以下几个方面：

1. 天人合一，以人为本

古人从人的生命存在出发去理解自然界。乾卦之《象传》说："大哉乾元，万物资始，乃统天。"坤卦之《象传》说："至哉坤元，万物资生，乃顺承天。"所以《说卦传》阐释说："乾，天也，故称乎父；坤，地也，故称乎母。"《序卦传》也说："有天地然后有万物，有万物然后有男女，有男女然后有夫妇，有夫妇然后有父子。"这就是说天地是万物之父母，而人类发源于天地万物。所以，"天地之大德曰生"（《系辞上》）。

《周易·文言》说："夫大人者与天地合其德，与日月合其明，与四时合其序，与鬼神合其吉凶，先天而天弗违，后天而奉天时。"这就是天人合一。然而，人类作为"万物之灵"一旦产生，立于天地之间，就与天地万物共同构成一种特殊的关系。《系辞下》说："易之为书也，广大悉备，有天道焉，有人道焉，有地道焉。"《说卦传》说："昔者圣人之作易也，将以顺性命之理，是以立天之道曰阴与阳，立地之道曰柔与刚，立人之道曰仁与义，兼三材而两之，故易六画而成卦。"就是说，人类一旦产生就必然具有了相对独立于天地自然的意义，也就是说除天地之道外还有人之道。事实上这里是提出了人与自然异化的命题：尽管人类源于自然，但随着人类社会发展必然在一定程度上脱离自然而独立，就是说人类总要站立起来行走。所以，人类必然有自己的"人之道"。一方面，人类社会的进步，体现在各种典章制度、道德规范的设计，从而在一定程度上束缚了人的自然本性。这就是《尚书·洪范》中所说的："惟天阴骘下民。……天乃赐禹洪范九畴，彝伦攸叙。"另一方面，人类掌握了更多的更有效的工具和技术，可以从自然中更多地索取，以更大限度地满足各种欲求，但却与自然发生冲突。

事实上，人类永远不可能离开天地，永远不可能脱离自然。尽管人类具有主观能动性，但永远是天地自然的组成部分。庄子说："天地者，万物之父母也。"（《庄子·达生》），他认为，人与天地都是由气构成，人是自然的一部分，天人本是合一的，主张通过"坐忘""心斋"的忘我体验来达到"天地与我并生，而万物与我为一"的天人合一之境。邵雍在《观物内篇》中说：天与人相为表里。天有阴阳，人有邪正。邪正之由，系乎上之所好也。上好德则民用正，上好佞则民用邪。邪正之由有自来矣。夫分阴分阳，分柔分刚者，天地万物之谓也；备天地万物者，人之谓也。天地人物则异矣，其于道则一也。

天人合一，最终还是要以人为本。天地自然本身并无价值，但是当天地自然孕育了人类，滋养了人类，天地自然也才有了价值。所以是人赋予天地万物以意义。天地创造人类，人一旦产生就成为万物之灵者。所以《尚书·泰誓》说："惟人万物之灵"。荀子说："水火有气而无生，草木有生而无知，禽兽有知而无义。人有气有生有知亦且有义，故最为天下贵也。"（《荀子·王制》）邵雍说："唯人兼乎万物，而为万物之灵。如禽兽之声，以其类而各能其一，无所不能者人也。推之他事亦莫不然。……人之生，真可谓之贵矣。"（（《皇极经世·观物外篇》））"人之所以灵于万物者，谓目能收万物之色，耳能收万物之声，鼻能收万物之气，口能收万物之味。""夫人也者，暑寒昼夜无不变，雨风露雷无不化，性情形体无不感，走飞草木无不应。"（《皇极经世·观物内篇》）所以，只有以人为本才能实现天人合一。

王阳明在《大学问》中开篇说："大人者，以天地万物为一体者也。其视天下犹一家，中国犹一人焉……天人之能与天地万物为一体也，非意之也，其心之仁本若是。"王阳明"仁者与天地万物一体"思想，既是人性的自然表露，也是人类最高的伦理情感，是人对天地万物的一种责任意识。在这种状态下，人们重人伦，重情分，泛爱众，追求一个"天下归仁"的仁爱世界。在这里，仁性源于人性，但不等同于人性，仁性是经教化而得到升华的人性，既源于普世的爱，更是最高的善。所以，"以人为本"也就是"以仁为本"。这种"仁性"系统，经"形而上"的理性化过程上升为以"天理"为最高价值，以性理、情理、事理为世俗价值的"理性"系统，并进一步融入天人之境。

2. 自强不息，厚德载物

天地万物，人在其间。

"天人"问题实质上是人与自然的关系问题，其核心则是人之"生命"

问题，也就是人的生命创造和人的价值问题。① 所以说，中国哲学从根本上说就是生命哲学。然而，一切"生命"都源于"自然"。人的存在首先是生命的存在，也就是自然的存在。"天地氤氲，万物化醇；男女构精，万物化生"（《系辞下》），这是一个自然的过程。但"万物化生"之后，即生命一旦产生就有人与自然的关系问题。在远古先贤的表述中，这种关系就是天人关系或人地关系。于是就有了"天行健，君子以自强不息。地势坤，君子以厚德载物"的说法。

自强不息，厚德载物。

这是从天地万物和人的生命本质作为逻辑出发点来阐释的道理，简单地说就是"生生之德"：生命起源，生命延续，生命价值。人类源于天地自然，天地运行，滋养万物，也孕育人类。这就是天地之德。然而，"四时行焉，百物生焉，天何言哉？"（《论语·阳货》）。天与人的生命及其意义是密切相关的，人应当像天那样对待生命，对待一切事物。这样，"天"就不仅具有自然意义，而且具有生命和伦理意义。天不仅是宇宙万物的生命本体，而且是人伦道德性命的价值之源和终极依托。这就赋予天地以道德生命。但是反过来人类也要承纳天地之道德。这种天地之道或天地之德，就是自强不息，厚德载物。作为人类，必须承担起对他人和社会之责任，承担起对天地万物之责任。天地对人而言，是"乾道变化，各正性命"，即自然界使人各有其性命；人对天地而言，便是"继之者善，成之者性"，即实现自然界赋予人的目的，完成人之所以为人之性。② 天道讲进取，地道讲责任。而人类在实行天地之道时，也必须遵循天地之道而行之，承天地之责，循天地之道。"天行健，君子以自强不息"，就是要人们积极进取，不断创新；而"地势坤，君子以厚德载物"，则是要人们对天地万物承担起责任，也就是"仁民爱物""民胞物与"。

而自强不息的本质是不断创新。生存是人类的最基本的本能。但人类的生存并不是被动地存在而是创造性的存在。在人类历史的长河中，有不

---

① 蒙培元：《我的中国哲学研究之路》，载刘笑敢主编：《中国哲学与文化》第 2 辑，广西师范大学出版社 2007 年版。

② 蒙培元：《天·地·人——谈《易传》的生态哲学》，《周易研究》2000 年 1 期。

少民族消失了，但中华民族却有一个不间断的历史。这正是在不断"变易"过程中民族生命的延续。所以说，自强不息是中华民族的特质。《易传》说："一阴一阳之谓道，继之者善也，成之者性也。仁者见之谓之仁，知者见之谓之知，百姓日用而不知，故君子之道鲜矣。显诸仁，藏诸用，鼓万物而不与圣人同忧，盛德大业至矣哉！富有之谓大业，日新之谓盛德。"（《易传·系辞上》）这就是说，一阴一阳对立统一是基本规律，称为道。此道发育万物，可称为仁，这是此道的表现，此道可谓具有盛德大业，而盛德大业的涵义就是富有日新。《易传》以"日新"为盛德，以"富有"为大业，即认为富有日新才是最高的价值。张载提出对于《易传》所谓"富有""日新"的解释，他说："富有者大无外也，日新者久无穷也。"（《正蒙·大易》）① 所以，生命延续、创造发展、富有日新，为人类进步开拓进取，正是中华民族的历史责任。

人的存在，既包括人的自然存在，也包括人的社会存在，还包括人的历史存在。人的历史存在根源于人的生命存在。这是因为人的生命的存在就是时间的存在。"生"的意义既包括生命的形成也包括生命的延续。所以，生是有时间维度的，生命的延续就是历史。而一个民族的生命时间就构成这个民族的历史。生生之谓"易"。"易"就是历史，就是一个民族在生命延续的同时，自强不息、革故鼎新、不断创造、不断进化、不断发展的过程。所以，在"以人为本"的价值体系中，除体现人与自然和人与社会的两维关系外，还有人与历史的第三维关系。人与历史的关系，本质上就是人的生命延续和人在历史过程中的位置。自强不息，厚德载物，是一个民族不断延续和不断发展所必备的内在素质及其外部延展。一方面，只有自强不息才能使民族具有不断进取的动力；另一方面，只有厚德载物才能保持民族的内部团结和外部和谐。这种和谐包括人与自然的和谐、人与人的和谐，以及人与历史的和谐。中华民族根据自身的生命体验和历史过程，形成了以"人事为本"的人本史观，"观乎天文以察时变，观乎人文以化成天下"，"彰往察来"，以"理"、以"仁"、中庸、中道，处理人与自然和人与社会的关系，处理当下与过去和未来的关系，在实现"三维和

---

① 张岱年：《中国古典哲学的价值观》，《学术月刊》1985 年第 7 期。

谐"的状态下不断延续和发展。

3. 乐天知命，率性自由

孔子说："道之将行也与，命也；道之将废也与，命也。"（《论语·宪问》）孔子的学生子夏说："死生有命，富贵在天。"（《论语·颜渊》）孟子说："莫之为而为者，天也；莫之致而至者，命也"（《孟子·万章上》）；"求之有道，得之有命"（《孟子·尽心上》）。这里的命，一方面是"自我之命"，另一方面是"在天之命"。"自我之命"可知，而"在天之命"不可知。朱熹说："天命，即天道之流行而赋于物者。"（《论语集注》卷二）但人的本能却是希望通过"自我之命"来通达"在天之命"。这就是"知命"的渴望。这种知命的渴望影响到人们的快乐和幸福，即所谓"乐天知命"。东汉王充说："故夫临事知愚，操行清浊，性与才也；仕宦贵贱，治产贫富，命与时也。命则不可勉，时则不可力，知者归之于天，故坦荡恬忽。"（《论衡·命禄篇》可见，命决定了人的死生寿夭与贫富贵贱，而乐天知命可以使人坦荡安然。这是因为知命可以达到知足，知足才能常乐。

命不仅是外在的，不由人的主观意志所决定，命还决定人们的性。而不同的性也就决定了人们对客观事物的不同感受和不同态度，也就是人们不同的生活态度和生活能力。《礼记·中庸》对性与命、道与教做了极为经典的阐述："天命之谓性，率性之谓道，修道之谓教。"第一，天命之谓性。《易》曰："一阴一阳之谓道，继之者善也，成之者性也。"（《易·系辞上》）对此孔颖达疏："性者，天生之质，若刚柔迟速之别；命者，人所禀受，若贵贱天寿之属也。"郭店楚简《性自命出》："凡人虽有性，心亡奠志，待物而后作，待悦而后行，待习而后奠。喜怒哀悲之气，性也。及其见于外，则物取之也。性自命出，命自天降。"这就是说，性源自命，而命由天定。第二，率性之谓道。荀子说："生之所以然者谓之性。"（《荀子·正名篇》）"凡性者，天之就也，不可学，不可事。礼义者，圣人之所生也，人之所学而能，所事而成者也。不可学，不可事，而在人者，谓之性。"（《荀子·性恶篇》）董仲舒说："如其生之自然之资谓之性，性者质也。"（《春秋繁露·深察名号》）这就是说，按照人的本性来生活就是自然之道，即"人物格循其性之自然，则其日用事物之间，莫不各有当行之路，是则所谓道也"（《中庸》）。第三，修道之谓教。孟子说："口之于味也，目之于色也，耳之于声也，鼻之于臭也，四肢之于安佚也，性也，有命焉，君子不谓性也。仁之于父子也，义之于君臣也，礼之于宾主也，智之于贤者也，圣人之于天道也，命也，有性焉，君子不谓命也。"（《孟子·尽心下》）先天之性源于自然，而后天之性则需要通过修道即教育来实现。"圣人比其类而论会之，观其先后，而逆顺之，体其义而节度之，理其情而出入之，然后复以教。教，所以生德于中者也。"（郭店楚简《性自命出》）

性命关系衍生出来的是性情关系。郭店楚简《性自命出》："性自命出"，"命自天降"。"道始于情，情生于性。始者近情，终者近义。知情者能出之，知义者能内（入）之"。这里给出了一个"天—命—性—情—道（义）"的逻辑进路。王充在《论衡·本性篇》说："情性者，人治之本，礼乐所由生也。故原情性之极，礼为之防，乐为之节。性有卑谦辞让，故制礼以适其宜；情有好恶喜怒哀乐，故作乐以通其敬。礼所以制，乐所为作者，情与性也。"邵雍在《观物外篇》中将"性"与"情"作了对比："以物观物，性也；以我观物，情也。性公而明，情偏而暗。任我则情，情则蔽，蔽则昏矣；因物则性，性则神，神则明矣。知之为知之，不知为不知，圣人之性也，苟不知而强知，非情而何？失性而情，则众人矣。有形则有体，有性则有情。""唯仁者真可谓之人矣"，"性有仁义礼智之善"。[①]

孔子赞同他的学生曾点说过一段话："暮春者，春服既成，冠者五六人，童子六七人。浴乎沂，风乎舞雩，咏而归。"（《论语·先进》）乐天知命的感性生活，实际上是一种自由状态。这种自由源自对于天命的体认。孔子说人过七十"从心所欲不逾矩"。孔子哲学的最高原理是"天命"，他以为要"知天命""顺天命"，而后才能"从心所欲不逾矩"。这种自由还源自对自然之道的遵循，即由"率性"而"自由"。《庄子·应帝王》说："立乎不测，而游于无有者也"，"游心于淡，合气于漠，顺物自然而无容私焉"。《大宗师》说："芒然彷徨乎尘垢之外，逍遥乎无为之

业"。这些"逍遥游"都与身无关，而是纯粹的心游神游。李贽《答耿中丞书》："夫以率性之真，推而扩之，与天下为公，乃谓之道。"中国人民热爱自由和追求自由的本性，源自远古先民的生活状态和生活理想。到近代，孙中山把中国上古的《日出而作》歌称作"先民的自由歌"。毛泽东在其 1913 年 10 月听杨昌济所授修身课的笔记《讲堂录》中也提到了《日出而作》歌，并发表了同样的看法。他写道："中国固自由也，人民与国家之关系，不过讼狱、纳赋二者而已，外此无有也。故曰：日出而作，日入而息，凿井而饮，耕田而食，帝力于我何有哉!"① 可见中国人民酷爱自由本于天性。

4. 中庸中道，和而不同

关于"中"的记述可见于清华简《保训》。《保训》是周文王留给其子的遗书，核心是要人们守"中"。文王指出，当年舜因为求"中"而得"中"，使帝尧"嘉之"，结果"用授厥绪"，传承了帝位。商人祖先太甲微因为"假中于河"，结果使"有易服厥罪"，于是太甲微"追中于河"，并"传贻子孙"，成汤因此最终"用受大命"。② 在这里，中可能是旌旗，也可能是权杖，总的来看是一种圣物或神器。凡圣物或神器都要具有象征意义。沿着这样的逻辑进路，"中"逐渐符号化，从而演变为一种象征物，象征着一种状态、概念以致理念。

在中国文化中，"中"是含义极为丰富的概念。中首先是一种原则。这种原则就是公平公正。中作为器物所象征的是正义，中作为概念就是正，即不偏不倚。中作为器物置于中央，象征公平正义。既然公平正式是民众所推崇的理念，那么中就具有象征意义的权威性。其次，中代表权力。最早的中可能是权杖。所以是统治合法性的象征。最早的君权神授观念是通过这个神器来表达的。谁掌握了这个神器，谁就掌握了权力。再次，中还代表区域之中。这是后来"中原"地区的象征意义。不论是哪个民族，要获得统治中国的合法性，就必须占据中原，占据中原也就代表了

---

① 《毛泽东早期文稿》，湖南人民出版社 1990 年版，第 590 页。

② 曹峰：《〈保训〉的"中"即"公平公正"之理念说——兼论"三降之德"》，《文史哲》2011 年 6 期。

中央权力。

从更深层次探究，中代表一种状态即"中和"。《中庸》说："中也者，天下之大本也。和也者，天下之达道也。"对此，朱熹解释说："大本者，天命之性，天下之理皆由此出，道之体也。达道者，循性之谓，天下古今之所共由，道之用也。"这里，朱熹一方面是将中与和提高到本体论的高度上来认识，另一方面是将中与和阐释为体用关系。《中庸》说："致中和，天地位焉，万物育焉。"可见"中"与"和"都是古人所追求的最理想状态，并且两者存在着相互依赖和相互促进的关系。一方面，"和"必须通过中庸之道达成，而中庸也只有在"和"的状态下实现；另一方面，所谓"致中和"，就是将目的、方法和过程统一起来看，"中"也具有价值意义，即"中庸之为德也"（《论语·雍也》）。

中国文化传统尚和。《周易》说："乾道变化，各正性命，保合太和，乃'利贞'。首出庶物，万国咸宁。"（《易·乾卦·彖传》）《尚书·舜典》说："直而温，宽而栗，刚而无虐，简而无傲，诗言志，歌咏言，声依咏，律和声；八音克谐，无相夺伦：神人以和。"《左传·昭公二十年》亦有言："和如羹焉，水火醯醢盐梅以烹鱼肉，燀之以薪。宰夫和之，齐之以味，济其不及，以泄其过。君子食之，以平其心。"《礼记·乐记》曰："和，故百物皆化。"《老子》四十二章："道生一，一生二，二生三，三生万物。万物负阴而抱阳，冲气以为和。"可见，和的概念也源远流长，内涵丰富。

第一，自然和谐。

和谐是一种状态。既然"和"是宇宙万物存在的基础和存在形式，人们应该以"和"为一切行事的目标，也就是"和谐"。张载说："有象斯有对，对必反其为，有反斯有仇，仇必和而解。"（《正蒙·太和篇》）就是说，宇宙间万事万物，不过是对待、流行、反正、和解而已。对待与流行的结果，不是吃掉、消灭，而是反正、和解、共生。"和"的状态就是万物各在其位，各有其分，各得其所的状态。程子说："位者，所处之分也。万事各有其所，得其所则止而安"；"万物庶事莫不各有其所，得其所则安，失其所则悖"。（《二程集·周易程氏传第四卷》）

　　第二，和而不同。

　　西周末年，史伯说："夫和实生物，同则不继。以他平他谓之和，故能丰长而物归之，若以同裨同，尽乃弃矣。"（《国语·郑语》）《左转》以烹调和音乐为例，将"和"作为君臣关系和政治秩序的完美状态："和如羹焉。水火、醯醢、盐梅以烹鱼肉，燀之以薪，宰夫和之，齐之以味，济其不及，以泄其过，君子食之，以平其心。""若以水济水，谁能食之？若琴瑟之专一，谁能听之？同之不可也如是"。"君臣亦然，君所谓可，而有否焉，臣献其否，以成其可；君所谓否，而有可焉，臣献其可，以去其否。是以政平而不干，民无争心"。（《左传·昭公二十年》）要在"不同"的情况下实现"和"，一方面要合作，就是"和实生物"；另一方面要坚持"己所不欲，勿施于人。所以"君子和而不同，小人同而不和"（《论语·子路》）。这就是说，中国传统承认价值的多元性，使人们各得其所，各得其乐，合作而不争，从而实现和谐发展。

　　第三，上下和合。

　　《易·乾》："保合大和，乃利贞。"《韩诗外传》卷三："天施地化，阴阳和合。"《国语·郑语》："商契能和合五教，以保于百姓者也。"韦昭注："五教，父义、母慈、兄友、弟恭、子孝。"这里是说，商契能把五教加以和合，使百姓安身立命。《管子》指出："畜之以道，则民和；养之以德，则民合。和合故能习。"（《管子集校》第八）《史记·循吏列传》说："施教导民，上下和合。"这就是说，畜养道德，人民就和合，和合便能和谐，和谐所以团聚，和谐团聚，就不会受到伤害。所以程子说："圣人所以能使天下顺治，非能为物作则也，唯止于各于其所而已。"（《二程集·河南程氏粹言》第一卷）他把平治天下归结为使万物各得其所，只此而已，别无其他。《中庸》指出："君子和而不流，强哉矫！中立而不倚，强哉矫！国有道，不变塞焉，强哉矫！国无道，至死不变，强哉矫！"（朱熹：《四书章句集注》）就是说，真正的君子是与人和平相处而又不随波逐流、不同流合污之人。所以，"礼之用，和为贵"（《论语·学而》）。

　　经过漫长的历史实践，"致中和"不仅符号化成为一种象征，并且演化为一种价值，即中庸之道。中庸之道还是做人做事的一般准则和要领，是"君子"标准。孔子说："不得中行而与之，必也狂狷乎！狂者进取，狷者有所不为也。"(《论语·子路》)孔子的意思是说，人们往往不能循中而行，积极进取者往往流于"狂"，而稳健持重者往往流于"狷"。因而，孔子主张取"狂"和"狷"两端之"和"，从而遵循"中行"原则。孔子认为："质胜文则野，文胜质则史。文质彬彬，然后君子。"(《论语·雍也》)总的来看，就是不偏颇，不走极端，两方面兼顾。如孔子所说："君子惠而不费，劳而不怨，欲而不贪，泰而不骄，威而不猛。"(《论语·尧曰》)可见，中庸观念讲的是不偏不倚，无过不及，恰当适度，强调对欲望、情感和行为等有所节制，找到最佳的平衡点。

5. 克己复礼，天下归仁

中华民族是早慧的民族，很早就从对神的崇拜中觉悟，发现了民族内心的智慧，从而发现了人的理性。然而，作为这种早慧的民族，却保有人类发源时的惺惺相惜的情感理性。这种初级的、原始的情感理性，产生了人类最真实的、朴实无华的道德理想。古人讲天人合一，以人为本，就是以天地万物为本源，以人的自然生命为本源，生生不息，自强不息，不断创造，不断升华，使人的生命超越自然，超越自我，不愧为"万物之灵"。所以，人的存在也就超越了自然存在而成为感情的存在。这就是"人性"升华为"仁性"的逻辑过程。

仁从人，从二。仁是二人合而为一，喻二人亲如一体。从人从二还表示两者相容的仁厚之象，即厚以待人，故能亲，二人能相容相合，视人如己。《易传·系辞上》："二人同心，其利断金。同心之言，其臭如兰"。"二"象上为天下为地，盖仁者天地生物之心，仁者亲，人者仁。"至大至善之道德曰仁"(《中庸》)。《国语·周语下》："仁，文之爱也。""思身能信，爱人能仁，利制能义。"《国语·晋语一》："爱亲之谓仁"。孔子进一步把"仁"的核心含义定为"爱人"，说"夫仁者，己欲立而立人，己欲达而达人"，"能行五者于天下，为仁矣"，五者为恭、宽、信、敏、惠。《中庸》："成己，仁也；成物，知也。"所为"成己"就是通过修身使自己成为"仁者"；所谓"成物"，就是通过知识改造物质世界，使之为人所用。《左传·襄公七年》："恤民为德，正直为正，正曲为直，参和为仁。"这就形成了以"仁"为核心，包括孝、弟（悌）、忠、恕、礼、知、勇、恭、宽、信、敏、惠等内容的伦理价值体系。

　　孔子将仁作为做人的原则和政治实践的目标。孔子说："为仁由己，而由人乎哉?"（《论语·颜渊》）又说："我欲仁，斯仁至矣。"（《论语·述而》）孔子说："仁者不忧"（《论语·子罕》），"仁者乐"（《论语·雍也》）。孔子将仁作为人类社会的最高理想，所以并不是个人处世的匹夫之仁或小恩小惠妇人之仁，而是治理有方为民造福的大仁大义。孔子生在礼崩乐坏的时代，即将进入大争之世，人与人之间竞争激烈，为了私利人们毫不留情。在这种历史背景下，孔子提出"克己复礼为仁"。所谓"克己"就是克服个人的私欲，利欲、权欲，孔子认为克己复礼，仁在其中，"一日克己复礼天下归仁焉"（《论语·颜渊》）。

　　孔子说："立人之道曰仁与义。"（《易传·系辞》）在孔子论仁的基础上，孟子将仁的含义做了内外两个方面的扩展：一方面的扩展是将仁的根源追究到人的内心世界，另一方面，孟子将仁的作用扩展至人的外在行为。孟子说："仁，人心也"，"义，人之正路也"。"人皆有所不忍，达之于其所忍，仁也。人皆有所不为，达之于其所为，义也"。（《孟子·尽心下》）孟子说："君子之于物也，爱之而弗仁；于民也，仁之而弗亲，亲亲而仁民，仁民而爱物。"（《孟子·尽心上》）孟子更进一步将仁落实到具体的政治实践中，说"以德行仁者王"，主张"以不忍人之心，行不忍人之政，治天下可运之掌上"。（《孟子·公孙丑上》）他主张实行王道，他对梁惠王说："地方百里而可以王。王如施仁政于民，省刑罚，薄税敛，深耕易耨。壮者以暇日修其孝悌忠信，入以事其父兄，出以事其长上，可使制梃以挞秦楚之坚甲利兵矣。"（《孟子·梁惠王上》）他说："圣人治天下，使有菽粟如水火。菽粟如水火，而民焉有不仁者乎?"（《孟子·尽心上》）为了实行仁道，"志士仁人，无求生以害仁，有杀身以成仁"（《论语·卫灵公》）。孟子说："生亦我所欲也，义亦我所欲也，二者不可得兼，舍生而取义者也。生亦我所欲，所欲有甚于生者，故不为苟得也。死亦我所恶，所恶有甚于死者，故患有所不辟也。"（《孟子·告子上》）孟子"舍生取义"的名言对于中华民族的民族精神的形成具有极其深刻的意义。生活必须体现道义，这样的生才是可贵的。在必要的时候，应该舍生取义。①

---

① 张岱年：《中国古典哲学的价值观》，《学术月刊》1985 年第 7 期。

宋明理学实现了仁的"形而上"飞跃。他们首先把仁与天地自然接起来。张载说"乾称父，坤称母"、"民吾同胞；物吾与也"（张载：《西铭》），提出以天地为父母，要"体天地而仁民爱物"（王夫之：《张子正蒙注》）。这里体现了人与人的关系和人与自然的关系。就是说，这种仁，既是对同类的仁爱，也是对天地万物的仁爱。仁源于天地自然并回馈于天地自然，更要回馈于人类同胞。这种仁统统源于天地自然，而人类都源于同一天地父母，即"民吾同胞"。所以必须仁民爱物。宋儒还进一步将"仁"与"理"接起来。程颐曾说："医家以不认痛痒谓之不仁，人以不知觉不认义理为不仁。"（《二程集》，《河南程氏遗书》卷第二上）"故仁，所以能恕，所以能爱。恕则仁之施，爱则仁之用。"（《二程集》，《河南程氏遗书》卷第十五）可见，这里的"仁"已经提升到了"义理"的高度。

五、中国价值传统的多元性与统一性

1. 价值传统的多元统一

中华民族并非一个源头而是多个源头，但在心理上从一开始就有一个共同的"中心"，在地理上始终存在一个共同的"中原"，在政治上必须承认一个共同的"中央"，所谓"普天之下，莫非王土，率土之滨，莫非王臣"。各个民族都可以到这个"中原"这个舞台来展示，并占据"王者"的位置，但只能承认一个共同的文化。中华民族形成的这种历史特点，决定中华文化不仅是源远流长，而且是多源汇流，百川灌河，最后形成一条大河文化。中华文化的这种历史特点，决定中华文化的包容性和兼容性，也决定中华文化的多元统一性。所谓多元性，就是统一的价值中包含有各个民族所带来或贡献的因素，所谓统一性，就是各个民族的文化都要归于中华文化的主流之中。这种多元统一性，是中华文化的最根本特点和根本优势所在。如果没有统一的价值形态，不仅国家会分裂，文化也会分化，就没有持续的文化和文明；相反，如果没有多元的价值因素，就不可能有丰富多彩的文化生活，文化就会退化，民族就会衰落。所以，这种价值的多元统一性也是中华文化持续发展的根本原因。

文化的多元价值源于不同民族产生发展过程中的文化基因。从中华民族的历史上看，中华文化的价值有多元时期也有统一时期。最初的价值思想是多元的。这源于中国文化发轫时期的"万方"格局。但是随着民族朝向统一发展，统一的文化思想也随之产生了。特别是到了周代，通过制礼作乐形成了统一的价值思想和文化。不过这种统一格局不可能长久持续，因为在统一思想下仍有不同思想出现，特别是在政治统一发生变化的情况下，必然有创新思想出现因而也必然有多元格局出现。这就是春秋战国的百家争鸣。以后的历史上，这种"百家争鸣"现象也不断地出现，将中国的价值思想和文化不断地推向前进。这是因为，多元时代是思想创新时代，统一时代是思想成熟和创新终结的时代，也是经过综合后的统一时代。反过来说，统一价值思想的解体，也就是思想束缚的解除，这就给思想创新留下了空间，所以就构成了思想创新的环境条件。多元时代也是思想竞争时代。不同的价值思想在一起冲突、碰撞，最终是不断更新和优胜劣汰。但是竞争的结果不可能还是多元或百家并存。在竞争过程中，有的思想胜出了，有的思想被淘汰了，最后形成一个具有最大公约数的价值思想，并成为统一的价值思想。但是被淘汰的思想并不是永远退出历史舞台，而是融入了这个统一的思想体系，作为未来的创新思想的基因而存在着。

合久必分，分久必合，这是历史的一般规律，也是思想史的一般规律。中国历史上"合"的时间多于"分"的时间，中国的思想史也是如此。价值思想的统一是竞争的结果。这是因为社会思想最终会形成一个可以统辖各种思想的总体纲领。价值统一伴随着国家统一。中国历史证明，合有合的道理，分有分的意义，但总的来看是合优于分。这已经成了民族共识。而为了实现统一和保持统一，在思想上也需要统一。统一的价值思想一方面是实现统一的工具，另一方面也是维护统一的工具。中国历史上价值思想统一的时代包括西周、秦汉、唐宋、明清等强盛的王朝，而思想纷争的时代往往伴随着分裂格局或偏安的小朝廷。但是思想统一并不是绝对的，即使在大一统格局下也仍有不同思想存在。这些不同思想一方面存在于社会的不同层面，另一方面存在于历史发展的不同阶段。事实上，这些不同思想的存在也是思想创新的基因。在不同的历史阶段，由于社会面对着不同的问题，主体思想往往不能及时调整和应对，而这些非主体思想的价值可能更加适用因而得到应用。但是，非主体思想的应用总是某个特定时期针对某些特定问题而提出解决方案。实际上是一种历史过程中的"微调",最终还是要回到价值思想的主流。

中国作为一个幅员辽阔的多民族国家,要实现统一,没有统一的价值思想是不可能实现的。同样,中国作为一个幅员辽阔的多民族国家,不存在多元的价值思想也是不可能的。中国大一统时代是主流,思想文化统一也是主流。但中国的文化统一并不影响多元价值的存在。事实上,多元与统一并不矛盾。从纵向的历时性角度来考察,每个时代都有每个时代的特点,由此决定每个时代的不同社会需要。根据不同时代的社会需要,价值思想可能需要统一,也可能需要多元。所以,从价值思想发展的历史来看,有多元时代也有统一时代。从横向的共时性角度考察,在价值多元时代,各种思想竞争总是朝向统一方向发展,即存在着一个统一趋势;而在一个统一时代,也并不排斥其他思想的共存,不过是在不同层面上共存。因为统一时代有一个思想总纲,一个总体思想,而其他思想只能是在其他层面上存在,共同构成社会的文化生活。在这个统一时代,事实上应有的思想格局是统一的归统一,多元的归多元,即所谓"道并行而不相悖"。因为社会的不同群体,应该有自己的独特的文化生活方式。这就是社会价值的多元统一。

2. 价值传统与民族兴衰

价值传统决定一个民族的存亡和兴衰。从外在方面说,价值传统是一个民族的标识,这是一个民族区别于其他民族的主要方面。民族差异最早源于血缘和地理环境,从而产生的是一个血缘集团和地域集团。随着文明的发展,民族的标识主要转向文化,不同民族主要以文化区分。而文化的内核就是价值传统。所以,从内在方面说,价值传统是一个民族的灵魂,具体说就是一个民族的心理特征。一个没有价值传统的民族是不可能得以存续和发展的。同理,一个民族如果丧失价值传统实际上也就失去作为一个民族存在的理由。因为与其他民族没有差别,或者说已经被其他民族所同化。所以,价值传统的保持和发扬对于一个民族来说至关重要。

价值传统也是民族复兴的条件。每个个体的人都是有生命和寿命的,作为一个民族也是有生命周期的。一个具有悠久历史的民族,可能经历过不止一次的兴衰,从中可以观察到价值传统与民族兴衰的关系。对于一个民族来说，价值传统的保持决定一个民族的存续。对于一个民族来说，存续比发展更重要，只要存续下来，即便经历多少磨难也有复兴的机会。价值传统保持下来，等于民族存续下来。反之，如果价值传统丧失了，民族被同化了，就再无复兴可能。在中国历史上，出现过无数次改朝换代，也出现过数次非汉族的统治。但中国价值传统却一直保存下来，民族也因而得以存续。这种价值传统主要是通过以儒家为主的思想体系以及浸透在人们的生活日用之中得以保存并逐渐形成文化基因使之能够世代传递。这是中华民族得以世代延续的根本原因。

一个民族的衰落，首先是文化的衰落，关键是价值传统的衰落。价值是引领社会的。但是，如果长期形成的价值传统不能跟上时代的脚步，不再适应时代的需要，既不能解释发生变化的社会现实，也不能解决社会所面对的新的矛盾，那么价值传统就必然成为社会发展和进步的障碍。于是，人们不再对这种价值传统保持信仰，民族精神淡化，社会缺乏凝聚力。所以，价值传统的衰落必然导致这个社会和整个民族走向衰落。同样，一个民族的复兴，必然经历一场价值观念的巨变。这是因为价值传统与经济发展之间存在着一个或正或反的相关关系。就是说价值传统并不总是适合于经济发展的。中国古代崇尚仁义道德，反对功利主义，不以利为先，经济发展缺少人性的内在动力，始终维持在简单再生产水平，生产规模的扩大基本取决于人口的增长和外部因素的影响。然而，随着人口增加对原有的资源基础形成越来越大的压力，在生产技术为一定的情况下，经济停滞导致社会矛盾的扩大。而原有的价值系统对这些矛盾不能合理地阐释和解决，因而导致人们对原有价值信仰的崩溃。随着原有价值传统的崩溃，阻碍经济发展的各种观念约束被打破，经济出现快速发展，并进一步促进社会其他方面的发展。而在经济社会发展的基础上，通过价值重估、价值重构和价值创造，从而出现新的适应社会经济发展的价值体系。至此也就完成了一个社会发展的历史周期。

经济兴起前必然经历价值观念的巨变，价值衰落后面必然跟随着经济社会衰落。这是一个周期性规律。经济社会衰落首先是这个社会的价值失衡以致衰落。历史上出现盛世，这个盛世的重要标志就是经济的高度繁荣，相应的指标为国家强大，社会稳定，人民安乐。但是，正是在这种盛世之下，社会价值发生转变，优良的价值传统不能坚持，文化转为文粹等等。所以，理解当代中国的崛起过程，首先是经济方面的，但是，经济的兴起仅仅是一个基础而已，真正的民族复兴还在于价值创新和文化复兴。这是因为，经济发展并不能构成不同民族兴起的标识，而只有文化才是民族差别的内容。现代化不是文化，是社会发展和进步的一种形式或途径。在人类社会发展的不同阶段，有不同的发展和进步形式，而现代化不过是特定阶段的进步形式。任何民族都需要现代化，并且通过现代化实现发展和进步。但是现代化具有显著的同化功能。由于现代化源于西方，所以带有西方文化的特点。随着现代化的进行，西方文化也同时得到了传播和强化。所以，现代化的同时很难避免西方化的结果。有的民族在现代化过程中，不能保持自己的文化，丧失了自己的价值传统，所以现代化完成之日也就是民族消亡之时。从现代化的几百年历史经验来看，西方文化已经吞噬了大批文明和民族，儒家文化、伊斯兰教文化和印度文化，由于自身的特点突出，难以融入西方文化，所以在现代化的同时能够继续存续并且获得发展。

第二章 中国价值传统的形成

　　长期以来，人们对中国传统社会的印象是长期停滞。这种停滞既包括生产力方面的停滞，也包括社会关系方面的停滞以及价值思想方面的停滞。但这是不符合历史事实的。中国历史上从未真正停滞过，仅仅是相对于近代以来的现代化中国发展较慢而已。从中国传统社会历史看，先后经历了三次重大社会变革，而每次社会变革都发生相应的社会转型和生产力的发展。与社会变革历史相应的是价值思想的变革，这就是周文革命、儒家革命和理学革命，通过这三次价值革命中国独特的价值传统得以形成。

第一节 周文革命

一、殷周社会变革

1. 盘庚迁殷：定居农业的形成

　　真正的文明必须建立在定居农业基础之上。这是因为，只有在定居农业基础上，人类才可能在一定程度上摆脱对自然的依赖，从而出现人性的自觉。这种人性自觉，既可能是"我欲故我在"的自觉，也可能是"我思故我在"的自觉。正是这种"欲"与"思"构成人的"思想"，引领人类逐渐走出蒙昧进入文明。这是人类历史上的第一次启蒙。

　　古代典籍和考古资料表明，夏商和早周先人都经历了漫长的游牧或游农生活。史称夏后氏十迁，殷人"不常厥邑"，周人在宗周以前也曾多次迁徙。这种情况首先在商代中期得到改变。盘庚自奄（今山东曲阜）迁都至殷（今河南安阳小屯），从此安定下来，直至商朝灭亡，共二百七十余年未再迁都。先周人由西向东迁徙，公亶父来到岐山之胥。"周原膴膴，菫荼如饴"，于是他们"筑室于兹"。但他们并没有停下来，还要继续东迁，经过公刘、太王、王季，直至文王和武王时才基本定居下来。周初实行封建制度，确立宗法制度和井田制度，至此天下"无旷土，无游民，食节事时，民咸安其居"（《礼记·王制》）。定居农业反过来促进了农作技术的发展，因而才有了休耕、灌溉、除虫、除草等等，从而将农业推向一个新的阶段，并且为社会文明的发展奠定了基础。

定居农业是封建制度建立的前提。在游农时代，土地没有归属，更没有土地产权。而定居农业确立后，土地必然出现归属问题。这种归属问题首先产生于不同部族之间，也就是说土地是属于哪个部族所有。在阶级出现以后，这种归属问题则产生于不同阶级之间，即属于哪个阶级所有。商周先民在定居以后，开始对土地进行封疆划界，从而产生了沟洫纵横的"井田"及其相应的田制。这是最早的土地制度。夏商时期一直到周初，土地都是国家所有或是公有。不过这个公有并不是全民所有，而是公族公有，也就是封建贵族所代表的国家所有。由于土地所有制的产生才有"授民授疆土"的必要。这就产生了封建制度。

定居农业导致城邑的产生。游牧时代和游农时代尽管也必须筑城以防卫，但不可能有永久性的建筑出现。而在定居农业时代，为了保护族人的定居生活，人们开始建造永久性建筑，从而城市才能真正发展和巩固。商代卜辞中有"邑"字出现，又有"大邑商"之明文，可见商代城市已经有所发展。[①] 此外，卜辞不仅有"邑"字还有"鄙"字，这表明城市和农村的对立已经形成。在定居农业条件下，不同的部族占有不同的区域，从而扩大了资源禀赋的差异，交换的意义和价值也因此提高了，这就促进了交换和商品经济的发展，商人长途贸易也出现了。由于定居和城邑的发展，进一步出现了固定的交易市场，商品经济也进一步发展起来。这不仅使文明成果得以保存和发展，也使文化的价值通过交易活动而实现和提升。

---

① 参见侯外庐等：《中国思想通史》第一卷，人民出版社 2011 年版，第 52 页。

2. 汤武革命：顺乎天而应乎人

夏商两代经过一系列制度文明的创制和实践经验的积累，形成比较稳定的"国家制度"以及一定水平的"文化模式"。但是到夏商两代的晚期，由于统治者倒行逆施，导致人民的反抗，因而出现统治危机。正是这种危机促使统治者改变治理方式实现社会转型，这就是"汤武革命"。

第一，社会向德治转变。

夏商两代的创始人，即大禹和商汤，都是被称为"圣人"的道德楷模。史载禹"敏给克勤；其德不违，其仁可亲，其言可信；声为律，身为度，称以出，亹亹穆穆，为纲为纪"，为治水"居外十三年，过家门不敢入"。（《史记·夏本纪》）商汤"以宽治民，而除去邪"，"夙兴夜寐，以致职明。轻赋薄敛，以宽民氓。布德施惠，以振穷困。吊死问疾，以养孤孀。百姓亲附，政令流行"。（《淮南子·脩务训》）可见，夏禹和商汤通过"德"奠定了各自数百年的基业。但是夏商到了晚期，由于统治者失德而导致政统危机。《史记·夏本纪》载：夏代后期，"帝孔甲立，好方鬼神，事淫乱。夏后氏德衰，诸侯畔之"。到了夏桀时代，"桀不务德，而武伤百姓，百姓弗堪"（《史记·夏本纪》）。据《韩诗外传》记载："桀为酒池，可以运舟，糟丘足以望十里"。商代后期，特别是祖甲以后，各王大多昏庸腐化，到殷纣王时更是"纵淫泆于非彝"（《尚书·酒诰》），"用乱败厥德于下"（《尚书·微子》）。可见，夏商两代都是在统治失德，百姓叛离的情况下灭亡的。而周文王"徽柔懿恭，怀保小民，惠鲜鳏寡。自朝至于日中昃，不遑暇食，用咸和万民"（《尚书·无逸》），大有尧舜遗风，从而得到广大人民的拥护，最终灭商得天下。周朝建立后，统治者认真总结殷商灭国的教训，实行以德治天下。

第二，封建主义的确立。

夏商时期，方国林立，夏与商作为征服者占据中心地带，即"夏邑"或"大邑商"，通过"封建"方式对周边方国实行统治。但由于地区广大，王畿以外的方国部落具有很大的独立性，事实上是实行广泛的地方自治。至于这些方国是服是叛，既取决于国家实力也取决于邦国政策。在夏商两代的鼎盛时期，国力强大，实行"协和万邦"的政策，从而四方咸服。但是一旦国力衰微，政策错误，统治失控，必然导致邦国解体。周朝建立初期，由于没有足够的力量来建立一个大一统的国家，不得不采取分封制度。统治者力图通过宗法血缘关系巩固和扩大统治势力，即让自己的亲姻兄弟、异姓贵族勋戚以及臣服的异族首领，带着武装家臣到指定地点去进行殖民和统治，即"封建亲戚，以蕃屏周"。诸侯被分封出去之后，首先要划分土地疆界，然后就要选适中的地方建立城邑，从而形成各个诸侯国。这样，中国建立了典型的封建制国家。对此，王国维有如下论述：自殷以前，天子诸侯君臣之分未定也。故当夏后之世，而殷之王亥、王恒，累叶称王；汤未放桀之时，亦已称王；当商之末，而周之文、武亦称王。盖诸侯之于天子，犹后世诸侯之于盟主，未有君臣之分也。周初亦然，于《牧誓》《大诰》，皆称诸侯曰"友邦君"，是君臣之分亦未全定也。逮克殷践奄，灭国数十，而新建之国皆其功臣、昆弟、甥舅，本周之臣子；而鲁、卫、晋、齐四国，又以王室至亲为东方大藩。夏、殷以来古国，方之蔑矣！由是天子之尊，非复诸侯之长而为诸侯之君。其在丧服，则诸侯为天子斩衰三年，与子为父、臣为君同。盖天子诸侯君臣之分始定于此。此周初大一统之规模，实与其大居正之制度相待而成者也。（《殷周制度论》，《观堂集林》卷十）

第三，宗法传统的奠定。

早在夏代，自夏禹传子，"天下为家"，宗法制度既已萌芽。商族对祖宗的祭祀、崇拜是一种久远的传统，商朝建立后这种制度逐步演变为宗法制度。盘庚迁殷后，结束了"九世之乱"，保证了王位由一个家族世袭，使宗法制得到完善，避免了因争夺王位而引起的斗争，保证了社会的稳定和发展。这也是"百姓思盘庚"（《史记·殷本纪》）的重要原因。到商朝晚期，王位继承和宗法关系已经结合在一起，而在这种家国一体的制度下，国家的组成、政治结构与国家活动，都以家族血缘与政治的结合为基本形式。但是，商朝的宗法制度存在严重的缺陷，这就是没有确立嫡长子继承制，成为政治不稳定的根源。武王克商后，命周公"营邑制"，"合闾立教，以威为长；合族同亲，以敬为长。饮食相约，兴弹相庸，耦耕具耘"。（《逸周书·大聚》）周王朝规定：只有嫡长子才是继承王位或爵位的唯一合法者，而庶子无权继承。这就使弟统于兄，小宗统于大宗。周王为天子，为天下之大宗，同时也是天下共主。文献和彝铭记载中屡有关于

"宗周"的记载，如《诗经·公刘》说："食之饮之，君之宗之。"天子世世相传，每世天子都是嫡长子继承父位而为下一代天子，奉戴始祖，是为"大宗"。天子的其他儿子被封为诸侯。诸侯对天子而言是小宗，但在他的封国内却是大宗。诸侯的其他儿子被分封为卿大夫。卿大夫对诸侯而言是小宗，但在他的采邑内却是大宗。从卿大夫到士也是如此。士的嫡长子仍为士，其余诸子为庶人。因此贵族的嫡长子总是不同等级的大宗。大宗不仅享有对宗族成员的统治权，而且享有政治上的特权。通过宗法分封形成了自天子至士的宗法等级关系，凭借宗法上的亲亲尊尊、尊祖敬宗、孝悌思想巩固整个贵族阶级的统治地位。

二、周文革命：人文礼乐的形成

1. 巫史传统的演变

中国文化具有悠远的巫史传统。[①] 这种巫史传统向我们传达了远古时代人们对天神和祖先的崇拜：巫代表自然观和天命崇拜，史代表人文观和祖先崇拜。据记载，"唐虞三代，《诗》《书》所及，世有史官，以司典籍"（《后汉书·班彪传》），传说中的仓颉、沮涌、伯夷和终古分别是黄帝、虞舜和夏时的史官。但真正有文字记载的历史是从商代先公示壬、示癸时期开始的，当时的史官之职就是记录先公先王世系、记录国王的行事、言论和其他国家大事，同时还负责历法、占卜和祭祀等。可见此时"人事"和"神事"不分，亦即巫史合一。由于有史官的设置，商王室积累了一大批文字记录。一般认为，甲骨文大约产生于盘庚迁殷至纣灭亡的250多年间，记载了殷王室的崇祀对象、田猎、对外战争、军队建制、阶级关系，以及当时的农耕、畜牧、气象、建筑、历法等。这也足以说明，定居农业对于文明的沉淀、积累和保存具有决定性意义。总的来看，夏商两代社会文明已经发展到较高水平，特别是商代晚期，文明积累到了一定程度，开始以文化的形式出现并以文本的形式保存。

这种巫史不分的传统到西周初期开始发生改变。殷商的始祖既是氏族

---

① 李泽厚：《说巫史传统》，参见《历史本体论·己卯五说》，生活·读书·新知三联书店2003年版。

神也是至上神，也就是说"祖"就是"帝"，反过来"帝"也就是"祖"。由此可见，殷商时仍处在一元神时代。但在周人看来，氏族神乃是至上神之子。尽管至上神仍处于至上的地位，但已不再是唯一的神，除他之外还有氏族神。① 这样，"帝"与"祖"出现分离，一元神观念转变为二元神观念。② "帝"与"祖"分离的意义，事实上就是"天"与"人"的分离，其中人的价值获得相对独立并得到凸显。这种观念改变还体现在祭祀官与史官的分离亦即史官职能的相对独立上。周代文化官职的设置，包括祝、宗、卜、史等，其中祝的职能是代表祭者向神致辞，宗的任务是管理宗庙祭礼，卜的任务是掌管观兆的宗教事件，史的任务是掌管文书、观察天象，记录官方事迹。巫史传统的改变，意味着人神关系的变化，即人神的分离。事实上这也是人性启蒙的开始。

巫史分离和史官独立的意义是极其深远的。一是史官的地位大大提高。史官的作用不仅仅是记述历史，更重要的是阐释历史，对于某一历史事件的发生要给予合理的解释，而这种合理性既要符合天命也要符合民意。所以，历史从神的历史转为人的历史。二是对历史的普遍尊重。对历史的尊重事实上源于对祖先的崇拜，反过来对历史的尊重也强化了祖先崇拜。从历史上看，在人神不分的时代，对天帝的崇拜与对祖先的崇拜是一致的。而在人神分离以后，祖先崇拜成为一种独立的崇拜行为，这样，人的历史就获得了普遍的尊重。三是中华民族历史观的形成。对历史的尊重导致了人们对时间的认识。《易传·系辞上》曰："日新之谓盛德，生生之谓易。"在这里，时间与生命通合在一起，历史就是生命的延续。于是，时间进入人们的生活世界，时间真正成为了历史，人也就在历史中具有了使命，从而也就具有了价值和意义。

2. 天命信仰的瓦解

殷人信天命。《礼记·表记》说："殷人尊神，率民以事神，先鬼而后礼，先罚而后赏"。在殷人看来，每种自然物或自然现象都有它们的神灵，既然这些自然物或自然现象都与人有关联，那么它们就必然与神相通。所

---

① 白寿彝：《中国史学史》第一卷，上海人民出版社 2006 年版，第 31 页。
② 侯外庐：《中国思想通史》第一卷，人民出版社 2011 年版，第 22 页。

以，殷人高度重视各种祭祀和占卜，即所谓"国之大事，在祀与戎"，每逢大事小事都必须"先卜而后行"。《尚书·洪范篇》记载："汝则有大疑，谋及乃心，谋及卿士，谋及庶人，谋及卜筮。汝则从，龟从，筮从，卿士从，庶民从，是之谓大同。身其康疆，子孙其逢吉。汝则从，龟从，筮从，卿士逆，庶民逆，吉。卿士从，龟从，筮从，汝则逆，庶民逆，吉。庶民从，龟从，筮从，汝则逆，卿士逆，吉。汝则从，龟从，筮逆，卿士逆，庶民逆，作内吉，作外凶。龟筮共逆于人，用静吉，用作凶。"总之，事事占卜，占卜必从。可见，殷代统治的合法性是建立在宗教神学基础之上的。

周革殷命，不仅要证明他们推翻前朝统治的合理性，还要建立本朝统治的合法性。这就必须破除商代所建立的天命神学。纣王的失败，彻底破除了殷商统治源于天命的迷信，也打破了传统的对于天帝的信仰。商纣王在濒临灭亡前曾经大呼："呜呼，我生不有命在天！"（《尚书·西伯戡黎》）这种绝望呐喊标志着殷人对天命信仰的崩溃。而在纣王鹿台自焚后，周武王"散鹿台之财，发巨桥之粟，以振贫弱萌隶"（《史记·周本纪》）。这也是殷周变革中，治统之基础从"天命"向"人心"转变的重要标志。

商周之际的观念变革包括两个方面。一方面，天命靡常，天不可信。周初统治者同样也要利用天命神学来为自己的统治提供合法性。《尚书·多士篇》记载周成王告诫殷商遗民说："尔殷遗多士，弗吊旻天，大降丧于殷。我有周佑命，将天明威，致王罚，敕殷命终于帝。……惟尔知，惟殷先人，有册有典，殷革夏命。"这就是说，周人取代殷人，就像殷人取代夏人一样，是符合天意的，因而也就是正义的。所以，周室反复强调"天命不僭""丕显文王，受天有大命""有命自天，命此文王"（《诗经·大雅·大明》）。但由于殷鉴不远，周统治者认为"天命靡常"（《诗·大雅·文王》），所以"天不可信"（《尚书·君》），转而更相信人心向背。另一方面，民之所欲，天必从之。推翻前朝统治必须打破对天的崇拜，但周朝统治的合法性仍不能脱离天命，而折中的办法就是将天命与民意结合起来，将合法性建立在天命与民意的双重基础上。在周革殷命的过程中，周初统治者认为，天命并非完全由所谓的"神祇"或"天"自己来决定，"天命"的后面是人心，是由民意决定并由民意体现出来的，即"天聪明自我民聪明"，"天视自我民视，天听自我民听"（《尚书·泰誓中》），"民之所欲，天必从之"（《尚书·泰誓上》）。而《易经》则更明确地指出："汤武革命，顺乎天而应乎人"（《易·革·象辞》）。在这里，"人"出现在"天"后面，说明在"天命"后面起作用的是"人事"，从而确立了人的意义。《尚书·泰誓上》说"惟天地万物父母，惟人万物之灵"；《礼记·礼运》说"人者，天地之心也"。这种新的天人观建立起人与天之间的联系，开始了从"神本"到"人本"的转变。这样一来，民心和天意就实现了沟通并达成一致。在此基础上，周初以人为核心，建立"亲亲尊尊"的宗法礼制，奠定了中国社会的伦理价值基础。

总的来看，殷周变革是从天命观转向人事观，在人们的观念中，决定历史发展的不仅是天命更是人事。所以，这也是一个价值重估的时代，即人们对于天命的崇拜崩溃了，开始转而关注人事，关注人心向背。这种转变具有根本性的意义：既然政权的合法性不仅仅来源于天命，更来源于人事，而天命是由人事决定的，那么就产生天与人的关系问题。当然，这里的人不仅是广大民众更是封建贵族。所以人事还取决于作为"人"的统治者是否代表民意。代表民意的则是有德，而违背民意的就是无德。要想取得民众的信任，统治者必须修德，就要敬天保民，所以《尚书》云："欲至于万年，惟王子子孙孙永保民。"（《尚书·梓材》）这可以看作是周初统治者对于人民所作的政治承诺。

3. 皇天无亲，惟德是辅

经历殷周变革，周人从殷人对于天命的迷信中得到解放，使人性得以彰显。但是，一方面，周人所谓"人"的范围仍是有限的，主要是指封建贵族；另一方面，他们认为天意取决于民意，所谓的"民"则是广大的庶人。作为统治者的封建贵族，既要听从天意也要听从民意，而可以沟通天命与民意之间的媒介或者说天命与民意的结合就是"德"。

史称周文王"克明德慎罚，不敢侮鳏寡，庸庸，祇祇，威威，显民，用肇造我区夏"（《尚书·康诰》），"作物配天，制无用，行三明，亲亲尚贤，民明教，通于四海，海之外肃慎、北发、渠搜、氐、羌来服"（《大戴礼记·少闲》）。周公对殷遗民说："上帝引逸。有夏不适逸，则惟帝降格，向于时夏。弗克庸帝，大淫泆有辞。惟时天罔念闻，厥惟废元命，降致罚，乃命尔先祖成汤革夏，俊民甸四方。自成汤至于帝乙，罔不明德恤祀，亦惟天丕建，保乂有殷。殷王亦罔敢失帝，罔不配天其泽。在今后嗣王，诞罔显于天，矧曰其有听念于先王勤家。诞淫厥泆，罔顾于天显民祇。惟时上帝不保，降若兹大丧。”（《尚书·多士》）就是说，殷人“不明德恤祀”，“不配天其泽”，而“天显民祇”，才“降若兹大丧”，导致灭亡。

周公认为，作为“小邦周”能够受天命而灭殷继统，不能不总结和吸取前朝灭亡的教训，指出：“我不可不监于有夏，亦不可不监于有殷。我不敢知曰，有夏服天命，惟有历年；我不敢知曰，不其延。惟不敬厥德，乃早坠厥命。我不敢知曰，有殷受天命，惟有历年；我不敢知曰，不其延。惟不敬厥德，乃早坠厥命。今王嗣受厥命，我亦惟兹二国命，嗣若功。王乃初服。呜呼！若生子，罔不在厥初生，自贻哲命。今天其命哲，命吉凶，命历年。知今我初服，宅新邑，肆惟王其疾敬德。王其德之用，祈天永命。”（《尚书·召诰》）总之，他认为，夏殷两朝，由天命而王，但由于后来“惟不敬厥德，乃早坠厥命”（《尚书·召诰》），而周朝“嗣受厥命”，但要想“祈天永命”就必须“王其德之用”。

既然有“德”才能获得民心，并由此得到天佑，所以周初统治者十分强调“德”的意义。在《周书》的19篇中，几乎篇篇都有“德”字出现，周公的各种诰词中，直接讲到“德”字的地方多至56处，可见对德的高度重视。[1] 他们认为，要想做到“祈天永命”，就必须“施实德于民”“保惠于庶民”“敬德保民”。总之，真正需要敬畏的不是天命，而是民意，正是民意决定了天命，而天命决定了王朝的更替。这说明，周初统治者已经开始认识到人民的言行、情感和意愿对于统治的重要性。《左传·文公十八年》说：“先君周公制《周礼》曰：‘则以观德，德以处事，事以度功，功以食民。’”对此，王国维指出：“周自文王以后，世载其德，自西土邦君，御事小子，皆克用文王教，至于庶民，亦聪听祖考之彝训。是殷、周之兴亡，乃有德与无德之兴亡；故克殷之后，尤兢兢以德治为务。”（《殷周制度论》，《观堂集林》卷十）

---

① 许启贤：《周公是中国第一位伦理思想家》，《道德与文明》2003 年第 2 期。

可见，"德"成了西周初期国家的意识形态，成为社会的核心价值。这样，周代贵族就将自己确定为一个道德团体，有德者可以将天意与民意统一，所以能够"得天下"。所以《诗经·大雅·烝民篇》说："天生烝民，有物有则；民之秉彝，好是懿德"。这样一来，周人的统治就更具合法性：一方面，他们没有否定"天命"，也用"天有十日"来论证"人有十等"的神意性；另一方面，他们又强调"民意"的重要，通过"德"将天命与民意统一起来，"无德者"失天下"有德者"得天下，"德"就成了他们配享天命的依据。①

周人还将德作为礼制的核心，建立了"亲亲"与"尊尊"的道德准则。王国维说："故知周之制度、典礼，实皆为道德而设。而制度、典礼之专及大夫、士以上者，亦未始不为民而设也。周之制度、典礼，乃道德之器械，而尊尊、亲亲、贤贤、男女有别四者之结体也。此之谓民彝。其有不由此者，谓之非彝。"(《殷周制度论》，《观堂集林》卷十) 这就奠定了中国数千年宗法伦理的道德基础。

4. 制礼作乐，人文化成

周初政治家提出敬天保民，以德治国，倡导人文，推行教化，即所谓"关乎人文以化成天下"。史称"文王以文治"(《礼记·祭法》)，"文王质文，故天胙之以天下"(《国语·周语下》)，通过文明教化，使人们摆脱野蛮，摆脱蒙昧，进入文明社会，即所谓"人文化成"。而在"文化"过程中，周公制礼作乐是具有决定性意义的制度文化创设，是"周文革命"的制度化过程。据《礼记·明堂位》记载："周公践天子之位以治天下，六年，朝诸侯于明堂，制礼作乐，颁度量而天下服。"据《礼记·王制》记载："司徒修六礼以节民性，明七教以兴民德，齐八政以防淫，一道德以同俗，养耆老以致孝，恤孤独以逮不足，上贤以崇德，简不肖以绌恶。乐正崇四术，立四教，顺先王《诗》《书》《礼》《乐》以造士。春秋教以《礼》《乐》，冬夏教以《诗》《书》。王大子、王子、群后之大子，卿大夫、元士之适子，国之俊选，皆造焉。"所有这些礼乐制度的设计，目的

---

① 参见王四达：《从"神本"到"君本"——试析中国古代"人文"的渊源流变及其本质》，《哲学研究》1999 年第 9 期。

都在于谋求政成民化，达到上下和谐的理想之治。

古代礼乐源自于上古先民的尊祖意识和祭神习俗，以后历经夏、商、周三代的历史演化，被逐步扩大并系统化和制度化，汇集成为一整套的典章、制度、规矩和仪式。礼最初起源于原始初民日常的衣食住行以及长期形成的风俗习惯，即"夫礼之初，始诸饮食"（《礼记·礼运》）。礼还与人们的自然崇拜和祖先崇拜有密切关系，并满足原始初民自身求神赐福、祭祀仪式等精神需求，即许慎《说文》所释："礼，履也，所以事神致福也。"经过漫长的历史演化，到夏商时期礼制已发展得相当完备。《礼记·表记》称："夏道尊命"，"殷人尊神，率民以事神"。周灭殷后，周公在"因于殷礼，所损益"并"监于二代"的基础上创制了周礼。

《周礼》规定了周代各种政治制度和社会制度，包括分封制、嫡长子制、宗法制、等级官制等许多礼制，以君君、臣臣、父父、子子为核心，确定了"君臣上下，父子兄弟，非礼不定"（《礼记·曲礼上》）的社会等级秩序。另一方面，礼还规定了广大人民日常生活中的行为规范，所谓"在礼，家施不及国，民不迁，农不移，工贾不变，士不滥，官不滔，大夫不收公利"（《左传·昭公二十六年》）。因此，礼的作用就是"经国家，定社稷，序民人，利后嗣"（《左传·隐公十一年》）。《左传》说，礼是"天之经，地之义，人之行也"。就是说，"礼"在国家政治和人民生活中具有重要作用，并成为约束和规范人们日常思想、行为、言行的准则。总之，礼从形式上体现了西周时代的社会普遍价值。

乐与礼并称，是礼乐制度的另一重要部分。《易经·豫卦》说："先王以作乐崇德，殷荐上帝，以配祖考。"《吕氏春秋》记载：昔古朱襄氏之治天下也，多风而阳气蓄积，万物散解，果实不成，故士达作为五弦瑟，以来阴气，以定群生。黄帝令伶伦作为律，确立"黄钟之宫，律吕之本"。黄帝还命伶伦与荣将铸十二钟，"以和五音，以施英韶"。后帝尧立，乃命质为乐，以致舞百兽。商初，汤王"命伊尹作为大护，歌晨露，修九招、六列，以见其善"。（《吕氏春秋·仲夏纪·古乐篇》）以后，随着社会文明发展，乐作为制度确定下来，并与礼相称。《礼记·乐记》称："乐者敦和，率神而从天；礼者辨宜，居鬼而从地。故圣人作乐以应天，作礼以配地。""凡音者，生于人心者也。乐者，通伦理者也。是故知声而不知音者，禽兽是也。知音而不知乐者，众庶是也。唯君子为能知乐。"（《礼记·乐记第十九》）这就赋予音乐以伦理价值和文化意义。

礼与乐相辅相成，"礼以道其志，乐以和其声"（《礼记·乐记》）。礼是"别异"，乐是"和同"。乐不仅丰富礼的形式和内涵，并且增强礼的感染力。在不同场合，不同身份的人，不但礼仪有别，所用的音乐也不同，如祀天神，"乃奏黄钟，歌大吕，舞《云门》"；祭地示，"乃奏太簇，歌应钟，舞《咸池》"（《周礼·春宫》）；两君相见，例用大雅《文王》；诸侯设宴招待他国使臣则用小雅《鹿鸣》《四杜》《皇皇者华》。（《左传·襄公四年》）又如天子祭祖用《雍颂》，士大夫则不可；"天子八佾，诸公六，诸侯四"（《公羊传·隐公五年》）等。可见，乐也体现礼的等级和规制。

从中国礼乐文化形成的背景来看，"乐"的精神代表天地自然的和谐，"礼"的精神代表天地自然的秩序。天地"和谐"万物得以化生，上下"有序"社会才能稳定。从中国"礼乐文化"形成的历史来看，是先有"乐"而后有"礼"，最早是"乐"重于"礼"，而后才发展为"礼乐"并重，甚至"礼"重于"乐"。《周礼》中有很多关于男巫、女巫、司巫、卜师、占人的地位和作用的记载，表明"礼乐"制度中的人神关系及天人思想。随着社会的发展进步，礼乐制度中不论是自然和声还是巫术礼仪，都越来越多地反映出人的自我意识和人本意识的逐渐觉醒。

"制礼作乐"是中国历史上一次重要的文化与制度创设。首先，"制礼作乐"本质上是国家意识形态建设，因而，一方面要确立周朝统治的合理性与合法性相统一的阐释方式，另一方面也要建立起周朝贵族对于社会统治的价值体系。其次，制礼作乐是要建立起程式化的、繁复的贵族文化系统，其内核为贵族等级秩序，其形式为各种仪式、文化符号与话语系统，其功能则是沟通人与神、人与人之关系，使既有政治等级秩序获得一个看上去庄严、肃穆、神圣的外在形式，从而对这种秩序起到巩固、强化的作用。[①] 最后，"礼乐制度"本身也是国家制度的组成部分。礼乐制度与刑、政相配合，达到"经国家、定社稷、序民人、利后嗣"的目的。礼、乐、

---

① 参见李春青：《从王官之学到诸子之学——论中国古代文艺思想发展史上第一次转折》，《人文杂志》2011 年第 5 期。

刑、政四者，共同构成了周朝统治者的治国之道。据《史记·周本纪》记载："成王自奄归，在宗周，作《多方》。既绌殷命，袭淮夷，归在丰，作《周官》。兴正礼乐，度制于是改，而民和睦，颂声兴。"成王去世之后，康王即位，康王"遍告诸侯，宣告以文武之业以申之，作《康诰》。故成康之际，天下安宁，刑错四十余年不用。"

三、王官之学的确立

1. 史官与六经

先秦时期人们认为，对于夏商文化，"周人修而兼用之"（《礼记·王制》）。对此孔子早有论述，他说："殷因于夏礼，所损益，可知也；周因于殷礼，所损益，可知也；其或继周者，虽百世可知也。"（《论语·为政》）就是说，西周的制度文化是在继承夏商文明的基础上建立的，并为以后的"百世"发展奠定了基础。可见，周代的文化建设，是通过整理前代典籍并从中提炼新概念和新思想的方式完成的。古代统治者无不重视历史和历史记述，从而积累并形成各种文化典籍。这与古代先民的敬祖传统有关。这种传统的延续则体现为对文化典籍的高度重视，以及思想创新无不从对典籍的重新阐释开始。这就是所谓的"祖述尧舜，宪章文武"。

中国的巫史传统到殷周之际发生由"巫"到"史"的转变，史官的地位和作用大大提高。据《吕氏春秋·先识篇》记载：夏桀荒淫无道，太史令终古出其图法进行劝谏，无效，即弃而奔商。殷代甲骨卜辞中记载的"贞人"为占卜官，也部分充当着史官的角色。甲骨文中有"作册""史""尹"等字，金文有"作册内史""作册尹"等记录，他们主要负责记录王室的各项活动，也都承担部分史官的角色。据《礼记·玉藻》记载：史官有左右之分，殷周之时以左为尊，所以天子的行动由左史记录，而言论由右史记录。[①] 史官不仅记录天子的言论与行动，还有许多其他重要职能，包括掌管文书、文化教育与宗教仪式等。据《周礼·春官》记载，周王室设有五史，包括大（太）史、小史、内史、外史、御史等。其中大（太）

---

① 两汉时代，有所变化，因为以右为尊，所以《汉书·艺文志》认为，左史记录言论，而右史记录行动。

史职位很高，可以参加新王登基时的策命典礼，还可以参加国家大事的讨论，甚至可以命令百官规诫王的缺点。如《左传》襄公四年载："魏绛曰：昔周辛甲之为大史也，命百官箴王缺。"太史以下的其他史官，如小史"佐大史，掌其小事"，内史掌策命诸侯及孤卿大夫，掌书王命，外史"掌四方之志，掌三皇五帝之书"，御史掌管图书等。

由于当时"学在官府"，没有私人著述，史官作为掌握历史记述和各种文化典籍的官员，就成了垄断思想和学术的"王官"。"王官"将保存在官府的资料分门别类整理汇编而成的典籍就成为"六经"的来源。其中《诗》为宫廷和民间搜集的诗歌；《书》为国家政令、国君言论记录等档案材料；《易》是与卜筮有关的材料；《礼》是典章制度与各种礼仪；《乐》是能歌唱的乐谱；《春秋》则是历史资料。"六经"典籍一般是藏于秘图即国家图书馆，也可能藏于太史之家。根据推断，除《春秋》存疑外，其余"五经"皆编修于洛阳。龚自珍《六经正名》说："仲尼未生，已有六经；仲尼之生，不作一经。"章学诚《校雠通议》说："六艺，非孔氏之书，乃周官之旧典也。《易》尊太卜，《书》藏外史，《礼》在宗伯，《乐》隶司乐，《诗》颂太师，《春秋》存于国史。"可见，史为中国文化知识的源头，也是中华文明的发源形式。

2. 学在官府与王官之学

《周礼》明确记载："古者学在官府"。学在官府是指官方掌握着思想、学术和知识，被称为王官之学。西周时期，国家有文字记录的法制规章、典籍文献以及祭祀典礼所用的礼器全都掌握在官府，由专门负责文化事务的世袭官吏保管。狭义的王官之学指的是《诗》《书》《礼》《乐》"四术"。唐代孔颖达《礼记正义》解释"四术"说："术者，是道路之名。《诗》《书》《礼》《乐》，是先王之道路谓之术。"广义的王官之学还包括《周礼》《逸周书》《竹书纪年》等文献，以及其他一些重要典籍。学在官府还指官府完全控制学校和教育。掌管王官之学的官吏同时又是负责教育贵族子弟的教师。负责教育贵族的学校称为"国学"，由大司乐主持。大司乐是国家最高礼乐官，负责祭祀和国家典礼，兼管国学教育事务。据《周礼·春官》和《周礼·地官》记载，大司乐属下的一些官员，如师氏、保氏、大胥、小胥、乐师等都是国学的教师。"国学"既是施教的场所，又是国家举行重大礼仪活动的地方，如祭祀、乡射、献俘等活动都在"国学"进行。

由于学在官府，人们要学习各方面的知识，都要向官府的有关官吏学习，即以吏为师，如《周礼·地官》所记载的"受法于司徒"。章学诚指出："以吏为师，三代之旧法也。秦人之悖于古者，禁《诗》《书》而仅以法律为师耳。三代盛时，天下之学，无不以吏为师。《周官》三百六十，天人之学备矣。其守官举职，而不坠天工者，皆天下之师资也。东周以还，君师政教不合于一，于是人之学术，不尽出于官司之典守。秦人以吏为师，始复古制。而人乃狃于所习，转以秦人为非耳。秦之悖于古者多矣，犹有合于古者，以吏为师也。"（《文史通义·内篇三·史释》）

学在官府和建立王官之学，目的在于确立国家意识形态并以此教育贵族和指导国家治理，因而《诗》《书》《礼》《乐》成为国学教育的主要内容。《礼记·王制第五》记载："乐正崇四术，立四教，顺先王《诗》《书》《礼》《乐》以造士。春秋教以《礼》《乐》，冬夏教以《诗》《书》。"《国语·楚语上》记载，楚庄王就教育太子箴之事请教申叔时（申公），申叔时说："教之《春秋》，而为之耸善而抑恶焉，以戒劝其心；教之《世》，而为之昭明德而废幽昏焉，以休惧其动；教之《诗》，而为之导广显德，以耀明其志；教之《礼》，使知上下之则；教之《乐》，以疏其秽而镇其浮；教之《令》，使访物官；教之《语》，使明其德，而知先王之务用明德于民也；教之《故志》，使知废兴而戒惧焉；教之《训典》，使知族类，行比义焉"。这里提到了九种古籍：《春秋》《世》《诗》《礼》《乐》《令》《语》《故志》《训典》，包括了后来"六经"的主要部分。

政府通过王官之学的教育和训练，培养治理国家的有用之才，而通经致用，遵守礼乐成了选择人才的标准。公元前633年，晋国作三军要选择元帅，赵衰推荐郤縠，说："臣亟闻其言矣，说礼乐而敦《诗》《书》。《诗》《书》，义之府也。礼乐，德之则也。德义，利之本也"（《左传·僖公二十七年》）。另一方面，通过王官之学的教育和训练，提高封建贵族的个人修养和道德情操，使他们饱读诗书，通晓礼乐，文质彬彬，成为引导社会风尚的楷模。

3. 周文革命与道统形成

中国上古文明上自神农、黄帝、尧、舜，下至夏商周三代，禹、汤、文武、周公，已有二千年以上历史，中华文化正是在这段历史中发育成型。这种成熟的标志，就是中国人民基本价值思想的形成。就是说，正是沿着这条上古圣王的历史谱系，对上古先民的社会实践和原创文化进行综合与集成，文武周公通过制礼作乐完成周文革命，中华道统也由此形成。

第一，礼乐制度是上古文明的"综合"。

孔子说："殷因于夏礼，所损益，可知也；周因于殷礼，所损益，可知也。"（《论语·为政》）可见，礼乐制度并不是周代才有的，而是经过上古先民和圣贤不断创造，不断积累，最后经文武周公综合而完成的。"礼"是夏商周三代创造的文化积成，也是中华道统形成的标志。《汉书·礼乐志》记载："周监于二代，礼文尤具，事为之制，曲为之防。故称礼经三百，威仪三千。于是，教化浃洽，民用和睦；灾害不生，祸乱不作；囹圄空虚，四十余年。孔子美之曰：'郁郁乎文哉！吾从周'。"可见，经历千年发展和进化，中华文明已经蔚为大观，至此华夏文明达到一个巅峰。王国维论说："殷、周间之大变革，自其表言之，不过一姓一家之兴亡与都邑之移转，自其里言之，则旧制度废而新制度兴，旧文化废而新文化兴。又自其表言之，则古圣人之所以取天下及所以守之者，若无以异于后世之帝王；而自其里言之，则其制度文物与其立制之本意，乃出于万世治安之大计，其心术与规摹，迥非后世帝王所能梦见也。"（《殷周制度论》，《观堂集林》卷十）

第二，礼乐制度是一场文化制度革命。

周初政治家倡导人文，推行教化，即所谓"关乎人文以化成天下"。这种文明教化的集中体现就是礼乐制度。《汉书·礼乐志》："乐以治内而为同，礼以修外而为异。同则和亲，异则畏敬。和亲则无怨，畏敬则不争。揖让而天下治者，礼、乐之谓也。二者并行，合为一体。畏敬之意难见，则著之于享献、辞受，登降、跪拜；和亲之说难形，则发之于诗歌、咏言，钟石、管弦。"同时，礼乐还塑造了周代贵族的君子风格：自重高贵，优雅得体，文质彬彬。正如孔子所言："兴于诗，立于礼，成于乐。"（《论语·泰伯篇》）周礼反映了周人的尚"文"风气，并进而深刻地影响着周人的生活方式，大大提高了周人的文明程度。周文革命是对原始蒙昧的革命，是一场思想文化变革，中国数千年文化即由此奠基。

第三，礼乐制度成为华夏民族的文化标识。

随着礼乐制度的建立，礼乐文明也就成为中华民族的文化标识。"礼"是社会的典章制度、道德规范和行为准则，是社会政治制度的体现，是人与人交往的基本方式，也是君王和各级贵族的行为标准。"乐"是人们表达情感和意志的方式，也是人与神，人与自然和人与人之间的沟通方式。《尚书·舜典》说："诗言志，歌永言，声依永，律和声。八音克谐，无相夺伦：神人以和。"《礼记·乐记》说："德者，性之端也；乐者，德之华也；金、石、丝、竹，乐之器也；诗，言其志也；歌，咏其声也；舞，动其容也。"礼和乐相辅相成，"乐至则无怨，礼至则不争""礼、乐皆得，谓之有德。德者，得也"（《礼记·乐记》）。因此，礼乐制度就成为中国制度文明的基础。同时也就成为夷夏之别的标准。《春秋左传正义·定公十年》："中国有礼仪之大，故称夏；有服章之美，谓之华"。后来韩愈说："孔子之作《春秋》也，诸侯用夷礼则夷之，夷而进于中国则中国之。"（《韩昌黎文集·原道》）程颐也说："礼一失则为夷狄，再失则为禽兽。圣人恐人之入夷狄也，故《春秋》之法极谨严，所以谨严者，华夷之辨尤切切也。"（《大学衍义补》卷七十五）正是礼乐制度将华夏与夷狄区别开来，而华夏正是依靠这种"文德"的力量吸引四裔，协和万邦。

第四，礼乐成为中华民族生活方式的基本特征。

《礼记·乐记》曰："人生而静，天之性也；感于物而动，性之欲也。物至，知知，然后好恶形焉。好恶无节于内，知诱于外，不能反躬，天理灭矣。夫物之感人无穷，而人之好恶无节，则是物至而人化物也。人化物也者，灭天理而穷人欲者也。于是，有悖逆诈伪之心，有淫佚作乱之事。是故，强者胁弱，众者暴寡；知者诈愚，勇者苦怯；疾病不养，老、幼、孤、独不得其所：此大乱之道也。是故，先王之制礼乐，人为之节：衰麻、哭泣，所以节丧纪也；钟鼓、干戚，所以和安乐也；婚姻、冠笄，所以别男女也；射、乡食飨，所以正交接也。礼节民心，乐和民声，政以行之，刑以防之。礼、乐、刑、政，四达而不悖，则王道备矣。"

可见，礼乐制度的建立同时也就确立了中国数千年的文化道统。这个道统，一方面成为中华民族的一以贯之价值传统，另一方面成为中华民族的文化符号或标志，并持续地为各代提供凝聚民族的核心价值。

第二节　儒家革命

一、春秋战国变革

1. 周文疲敝

殷周社会变革是中国历史上的第一次伟大变革，相应的制度文化变革就是制礼作乐，最终的成果就是礼乐制度的建立。周礼的建立不仅奠定了西周数百年社会和平与稳定的制度基础，也为中国以后三千年的文化制度建设创造了前提。但另一方面，周礼是在监于夏商两代近千年社会文明成果和社会治理经验基础上形成的，它的完美性和普适性都达到了前所未有的水平。也正是因为如此，周礼以及以周礼为核心的文化制度能在相当长的历史时期里保持了稳定不变，从而建立起人们对周礼的制度自信和文化自信。但是，也正是因为如此，这种制度的与时俱进能力也就在这种自信状态下逐渐丧失，随着制度效率的递减和社会矛盾的积累，制度文化本身的生命力也必然减弱从而走向衰落。

西周时期"学在官府"，学术是由官方垄断的。这种垄断有两方面意义，一方面是官方利用政府的力量维持思想文化的发展，另一方面是通过学术垄断维护贵族利益。在这样的制度下，掌握学术思想的学者即当时的史、祝、祭等都是世袭职业，自然形成了一个学术垄断群体。他们为官方的目的而"治史"，传达官方的意旨，并构建官方的意识形态。这样就不可能有思想自由，真正的学术也难以发展。文化思想和意识形态的垄断，尽管在一定时期适应了天下一统的需要，但这种官方意识形态，不能从广大的社会群众和广泛的社会意识吸取新的营养。所到了春秋时期，以周礼为代表的学术和思想都出现停滞，对社会变化的阐释能力下降，更不能为社会矛盾提供新的解决方案，其结果就是"周文疲敝"。在这种历史背景下，文化思想的创新和发展只能是"礼失而求诸野"了。事实上，"礼失而求诸野"的关键并不在于"野"而在于"失"，就是说并不是没有新的思想资源，而是原有的思想垄断者不能自觉地接受这些新的思想，所以只有等"礼失"以后，亦即礼作为一个文化思想体系崩溃以后，新思想才能出现并逐渐发展。另外，周文作为一种高级的文化形式，在一定时期可以高踞其他文化之上。但是，如果不能客观地认识自己和他人，不能全面地虚心地向其他民族学习，不能不断地发展和进步，最后的衰颓也是必然的。可见，周礼以及以周礼为代表的礼乐制度，到春秋时期就丧失了自我发展的能力，同时也渐渐失去了对社会的规范和教化能力。所以，"周文疲敝"就是必然的了。

周代尚"文"之风是华夏文明长期积累的结果，所以孔子说"周监于二代，郁郁乎，文哉"。周礼之文德以德为本，以文为表，即以德治为本质，而以文治为表彰。但是，随着社会"文风"流行，表则愈彰，本则愈空，就是说"德"衰而"文"依旧。另一方面，周代贵族对"文"趋之若鹜，竞相以"文"标榜，文成了贵族的标志，但另一方面也加速了贵族生活的浮华和腐化。正如《礼记·表记》所说："其民之敝利而巧，文而不惭贼而蔽。"这就导致孔子所说的"质胜文则史"的结果。这就是中国历史上的第一次文粹主义。对此北宋朱熹曾阐释道："质之胜文，犹之甘可以受和，白可以受采也。文胜而至于灭质，则其本亡矣。虽有文，将安施乎？"（《论语集注·雍也》）。所以春秋时期不少人主张以"质"抑"文"，返朴归本。如卫大夫棘子成说："君子质而已矣，何以文为？"晋相胥臣提出"胡为文，益其质"（《国语·晋语四》）的主张，更有孔子提倡"君子义以为质，礼以行之，孙（逊）以出之，信以成之"（《论语·卫灵公》）。到了春秋晚期特别是进入战国，各国进入了竞力时代，实力包括经济的和军事的实力，成了诸侯国竞争的主要手段，而文德已经不受人们重视，尽管儒者们不断地呼吁，但仍不能阻挡其影响力的不断衰减。所以，商鞅说秦王，所提出的帝道和王道都没有得到回应，而只有霸道才能被接受并加以实施。韩非认为，"文德"迂远曲折，"非所以持国也"，"儒以文乱法"，必须坚决摒弃。（《韩非子·五蠹》）在这种历史背景下，各诸侯国纷纷加快变革步伐，强调法治和"耕战"，以求"富国强兵"；讲求法术势，以求纵横天下。所以，传统的"文德"受到摒弃，尽管孔孟之徒奔走列国为周文疾呼，但很少得到回应，惶惶如丧家之犬，而法家和纵横家如商鞅、苏秦、李斯等则成为各国之上宾，并挂印封金以实施自己的主张。战国时期的政治舞台上，可以明显地看到从尚"文德"到崇武力，从讲"仁义"到重功效的历史转变。

2. 封建解体

西周封建作为一种制度设计，体现了周初政治家的天才智慧。但随着社会的发展变化，其自身弱点也逐渐暴露。在西周的封建制下，诸侯各自治理其土地和人民，但由于各诸侯国的治理方式不同，治理能力有差别，导致各诸侯国发展不平衡。部分诸侯国家以至卿大夫通过变法图强得以发展和壮大，其实力不仅超过其他诸侯国甚至超过周王室。这一方面导致诸侯国的争霸战争，另一方面也引起一系列破坏封建秩序的僭越行为。如大夫执政，诸侯称王，"问鼎之轻重者有之，射王中肩者有之，伐凡伯、诛苌弘者有之，天下乖戾，无君君之心"（《封建论》）。另一方面，周王封建亲戚，以蕃屏周，其理想架构依赖于周王的实力和对诸侯的控制力。但随着各诸侯国家实力的发展壮大，周王室渐渐丧失了这种控制力，甚至将自己降至与诸侯同等的地位上去了。到周夷王的时候，由于害礼伤尊，天子只得"下堂而迎觐者"；而到周宣王时，虽力图复兴周室，终究还是"不能定鲁侯之嗣"。这样日渐衰败下去，直到周平王把国都向东迁移到洛邑，"而自列为诸侯"。至此，周王"徒建空名于公侯之上耳"。（《封建论》）

西周封建制度的经济基础是井田制。西周时期，基本的农业耕作方式是二人合作的"耦耕法"和大规模集中劳动的"共耕法"，而在收获的时候，"公田"上的收获归"公"即领主，"私田"上的收获归农民自己。在这种体制下，农民"公作则迟，有所匿其力也；份地则速，无所匿其力也"（《吕氏春秋·审分览》），"民不肯尽力于公田"（《公羊传·宣五年》何休注），这就导致井田制度的衰落。公元前594年，鲁国实行"初税亩"，对公田以外原不征税的农民私田和可供农民垦辟的国有土地也交农民耕垦，而后计亩征税。这事实上是对井田制度的破坏，所以《左传·宣公十五年》说："初税亩，非礼也。"公元前350年，秦商鞅实行力度更大的改革，"为田开阡陌封疆而赋税平"，并实行"名田制"，即按爵秩等级以名占田，实际上是承认私人占有土地的合法性。

导致西周封建制度解体的因素还包括商品经济的发展。西周政府继续实行"工商食官"政策，即用官府名义掌管全部工商业者的工商业活动，对商品交易活动严格限制，必须限定在政府规定的范围和指定的市场进行；对手工业者实行严格管理，"百工"们专业定居，世袭不准迁业。从春秋中晚期直至战国，商品经济迅速发展起来。这一时期，商人资本迅速发展起来，商人们"观凶饥，审国变，察其四时而监其乡之货，以知其市之贾。负任担荷，服牛辂马，以周四方，料多少，计贵贱，以其所有，易其所无，买贱鬻贵"（《管子·小匡》），获利颇丰，各地都出现了"家累千金"的大商人。更有大商人结交诸侯权贵，从事政治交易，干预国家政权的事例。商品经济发展以及大商人的出现，打破了富贵一体秩序，而部分大商人通过各种方式参政，进一步打破了亲贵合一秩序。这就大大动摇了周礼所规定的封建等级秩序。

在封建领主经济的衰落过程中，封建贵族阶级本身却出现分化和没落。随着政治经济变革，以及在长期的兼并战争与政治斗争中，封建贵族们有的失官失职，失邑失田，财源断绝，沦为"疏食"者，最终被削掉贵族身份，成为平民。在旧封建贵族衰落的同时，一批新贵族成长起来，其经济政治实力不断壮大。不少贵族往往培植自己的经济政治势力，往往富可敌国。如鲁国季孙、叔孙、孟孙三家，唯以季氏为最强，甚至"富于周公"（指周公的后人）。各国在变法过程中，都把废除世卿世爵制作为重要的改革内容，这就断绝了他们通过宗法继承而获得政治经济权利的道路。如商鞅变法时提出"宗室非有军功论，不得为属籍"（《史记·秦始皇本纪》），主张以耕战作为功赏的唯一依据。这样就产生了许多获得爵位的军功地主，打破了"贵者恒为贵，富者恒为富"（《史记·秦始皇本纪》）的局面。更重要的是，随着土地制度的变革一批土地私有者阶级成长起来，他们通过各种方式获得了更多土地，使自己的经济实力进一步壮大。特别是战国期间，各国为扩张实力而鼓励耕战，如秦商鞅时规定"能得甲首一者，赏爵一级，益田一顷，益宅九亩"（《商君书·境内篇》），由此产生了不少军功地主。这就产生了一个日益壮大的新兴地主阶级。

3. 礼崩乐坏

西周封建制度是中国历史上第一个在理性主义指导下创建的制度。这个制度是在夏商两代制度文化基础上通过有损有益而建立的。这表明，此时中华先祖的理性达到相当程度的觉醒，从而能够在一定程度上摆脱自然和神话，也就是开始摆脱神性的束缚，能够"我欲"或"我思"，从而进一步摆脱蒙昧进入文明。这一制度的创建开启了中国历史的理性主义时代。但是人的理性总是有限的，理性制度的"合理性"也不可能是永恒的。礼乐是西周政治经济和文化制度的总和，礼乐制度的建立奠定了西周数百年的制度基础。但是，由于经济社会的发展和变化，礼乐制度也逐渐出现颓势即"周文疲敝"。这种状况到了春秋晚期，则进一步出现礼崩乐坏的局面。

首先，等级制度破坏。

首先是"非礼"的僭越行为越来越多，各种僭越行为意味着对周天子权威的挑战。《左传·桓公十五年》记载："十五年春，天王使家父来求车，非礼也。诸侯不贡车服，天子不私求财"。鲁国季氏为正卿，依礼只能用四佾，他却用八佾，属于破坏周礼等级的僭越行为。孔子对此极为不满，说："八佾舞于庭，是可忍也，孰不可忍也。"（《论语·八佾》）而对于一般老百姓来说，礼坏乐崩带来了严重的社会乱象。例如，儒家主张厚葬，墨家主张薄葬，"是墨子之俭，将非孔子之侈也；是孔子之孝，将非墨子之戾也"（《韩非子·显学》），这些完全相反的主张使"民无所错手足"（《论语·子路》）。

其次，国家制度破坏。

孔子曰："天下有道，则礼乐征伐自天子出；天下无道，则礼乐征伐自诸侯出。自诸侯出，盖十世希不失矣；自大夫出，五世希不失矣；陪臣执国命，三世希不失矣。"（《论语：季氏》）礼崩乐坏不仅仅体现在礼仪形式上的僭越行为，更进一步发展就是犯上作乱的行为。随着礼制日渐废弛，诸侯公卿大夫的"非礼"行为日益增多并且胆子越来越大，最后连周王也被废黜，封建国家也就最终解体了。春秋时代240年中，弑君36次，其中还有子弑父的，如楚国太子商臣杀成王自立为君。而贵族士大夫窃国专权者，有鲁国的季、孟、仲氏，齐国的田氏及晋之六卿。此外，大夫的家臣也起来反对其主人，原先"自大夫出"的政权，又下移至"陪臣执国命"。到春秋末期则出现田氏代齐，三家分晋，天下则进入战国了。

再次，文化制度破坏。

礼乐制度也是文化制度，标志着封建时代的文化标准和文明水平。但是礼乐文化基本上是贵族文化，所以到了春秋时代，随着封建贵族的衰落，文化水准也逐渐降低。到了战国时代，新兴地主阶级强调"实力"，讲求富国强兵，特别是秦楚等诸侯国将蛮夷之风带入中原，进一步加速了文明礼仪的败坏。而作为贵族风雅标志的"乐"早已很少有人舞弄甚至完全失传。到孔子时已是"礼失而求诸野"，而到战国更是"天下大乱，贤圣不明，道德不一"，"道术将为天下裂"（《庄子·天下》）了。

最后，社会思想混乱。

西周时期的思想文化既是统一的也是多元的。这里的"统一"体现为周公创制为社会普遍遵守的礼乐制度，而"多元"是指这种流行的礼乐制度在不同地区又与当地风俗文化相结合。春秋以后，周天子的统治能力逐渐减弱以后，统一的礼乐制度在各地也先后废弛，体现在思想领域则是诸子百家"多得一察焉以自好"，却"皆以其有为不可加矣"，各个"自我观之，仁义之端，是非之涂，樊然肴乱"（《庄子·齐物论》）。不仅如此，诸子百家"各引一端，崇其所善，以此驰说，取合诸侯"（《汉书·艺文志》）。这更加剧了政治思想的混乱。但另一方面，这种思想混乱状况，表明原来的思想学术垄断已被打破，新的思想也随之而出了。诸子百家在自由争论中提出了很多新的思想，"其言虽殊，辟犹水火，相灭亦相生也"（《汉书·艺文志》）。可见，春秋战国时代既是思想混乱时代也是思想创新时代。

对于春秋战国时期礼崩乐坏和天下大乱的时代状况，晚明学者顾炎武有一个描述："自《左传》之终以至此（指周显王三十年），凡一百三十三年，史文阙佚，考古者为之茫昧。如春秋时，犹尊礼重信，而七国则绝不言礼与信矣。春秋时，犹宗周王，而七国则绝不言王矣。春秋时，犹严祭祀，重聘享，而七国则无其事矣。春秋时，犹论宗姓氏族，而七国则无一言及之矣。春秋时，犹宴会赋诗，而七国则不闻矣。春秋时，犹有赴告策书，而七国则无有矣。邦无定交，士无定主，此皆变于一百三十三年之间。史之阙文，而后人可以意推者也。不待始皇之并天下，而文武之道尽矣。驯至西汉，此风未改。"（《日知录》卷十三，《周末风俗》）

4. 价值颠覆

在春秋战国持续数百年的社会变革中，社会一直动荡不安，社会结构逐渐松动，宗法等级制度渐入严重危机，"周之子孙日失其序"（《左传·隐公十一年》），各个家族的社会地位也急剧升降，炙手可热的贵族、封君，往往一下子落入社会底层，出现了"社稷无常奉，君臣无常位"的戏剧性变化。《左传·昭公三十二年》记载，鲁国季氏出其君，赵简子问于史墨。史墨评论说："物生有两，有三，有五，有陪贰。故天有三辰，地有五行，体有左右，各有妃耦，王有公，诸侯有卿，皆有贰也。天生季氏，以贰鲁侯，为日久矣。民之服焉，不亦宜乎！鲁君世从其失，季氏世修其勤，民忘君矣。虽死于外，其谁矜之？社稷无常奉，君臣无常位，自古以然。故《诗》曰：'高岸为谷，深谷为陵'。三后之姓，于今为庶，主所知也。在易卦，雷乘乾曰大壮，天之道也。"这段记载说明当时的政治变化以及相应的观念变化。对于季氏代鲁君史墨认为是"不亦宜乎"。他认为历史上没有永恒不变的君臣关系，夏商周三代君主的子孙，而今已变成百姓了，就如同《诗经》所说"高岸为谷，深谷为陵"一样，是自然的、符合规律的，亦即符合"天之道"的。

在社稷易主、君臣易位的动荡时代，传统的价值标准和价值观念彻底瓦解了，出现严重的社会价值颠覆。公羊家说春秋有"七缺"："七缺者，惠公妃匹不正，隐、桓之祸生，是为夫之道缺也；文姜淫而害夫，为妇之道缺也；大夫无罪而致戮，为君之道缺也；臣而害上，为臣之道缺也；僖五年'晋侯杀其世子申生'，襄二十六年'宋公杀其世子痤'，残虐枉杀其子，是为父之道缺也；文元年'楚世子商臣弑其君髡'，襄三十年'蔡世子般弑其君固'，是为子之道缺也；桓八年'正月，己卯，蒸'，桓十四年八月'乙亥，尝'，僖三十一年'夏，四月，四卜郊不从，乃免牲，犹三望'，郊祀不修，周公之礼缺，是为七缺也矣。"（《公羊传·隐公第一》）与"七缺"相对应，当时人曾把这种道德的沦丧概括为"六逆"："贱妨贵，少陵长，远间亲，新间旧，小加大，淫破义，所谓六逆也。"（《左传·隐公四年》）六逆行为完全颠覆了传统的"君义，臣行，父慈，子孝，兄爱，弟敬"的"六顺"观念，传统的宗法伦理关系也彻底瓦解了。

到了战国时期，社会观念进一步变化，传统价值严重倾斜直至彻底颠覆。由慎到提出"人莫不自为也"（《慎子·因循》）开始，"民之于利也，若水之于下也"（《商君书·君臣》），社风日下一发而不可收拾。韩非认为，"夫安利者就之，危害者去之，此人之情也"，"好利恶害，夫人之所有也"，"喜利畏罪，人莫不然"。所以，凡人"皆挟自为心"，致使人人"异利"，互以"计算之心"相待，人与人之间完全是赤裸裸的利害关系："医善吮人之伤，含人之血，非骨肉之亲也，利所加也。故舆人成舆，则欲人之富贵，匠人成棺，则欲人之夭死也，非舆人仁而匠人贼也，人不贵则舆不售，人不死则棺不卖，情非憎人也，利在人之死也。"（《韩非子·备内》）在韩非看来，主雇、君臣、甚至父母子女之间都是利益关系。如主雇关系："夫卖庸而播耕者，主人费家而美食，调布而求易钱者，非爱庸客也，曰：如是，耕者且深耨熟耘也。庸客致力而疾耘耕，尽巧而正畦陌者，非爱主人也，曰：如是，羹且美，钱布且易云也。"（《韩非子·外储说左上》）父母与子女关系："父母之于子也，产男则相贺，产女则杀之。此俱出父母之怀妊，然男子受贺，女之杀之者，虑其后便，计其长利也。"（《韩非子·六反》）君臣关系："主卖官爵，臣卖智力"（《韩非子·外储说右下》）；"君臣之利异"，"臣利立而主利灭"（《韩非子·内储说下》）；"君臣异心"，相交以"计"（《韩非子·饰邪》）；"臣尽死力以与君市，君重爵禄以与臣市，君臣之际，非父子之亲也，计数之所出也"；"君以计畜臣，臣以计事君，君臣之交，计也。害身而利国，臣不为也；害国而利臣，君不为也。臣之情，害身无利；君之情，害国无亲。君臣也者，以计合者也！"君民关系："君上之于民也，有难则用其死，安平则尽其力。亲以厚爱关子于安利而不听，君以无爱利求民之死力而令行。明主知之，故不养恩爱之心而增威严之势。"（《韩非子·六反》）韩非极力反对儒家和墨家所提倡的仁义道德，说："博习辩智如孔、墨，孔、墨不耕耨，则国何得焉？修孝寡欲如曾史，曾史不战攻，则国何利焉？"（《韩非子·八说》）。他主张"君不仁，臣不忠，则可以霸王矣"。就是这个韩非，秦王梦寝以求见，说："嗟乎，寡人得见此人与之游，死不恨矣！"社会价值观的混乱和颠覆由此可见。

二、道术将为天下裂

1. 天子失官，学在四夷，礼失而求诸野

周代"学在官府"，"王官"掌握着丰富的官方典籍，并承担着历史文化保存的使命。在周平王东迁的动乱过程中，周王室的文物典籍和礼器几乎全都丧失，而在东迁后，周王室力量衰微，无力维持庞大的政府机构，一些王室职能也不能按规定正常执行。如《史记·历书》记载："幽、厉之后，周室微、陪臣执政，史不计时，君不告朔"。特别严重的是一些"王官"散入各诸侯国，有的甚至流落民间。如《史记·历书》）记载："故畴人子弟分散，或在诸夏，或在夷狄"。《论语·微子》说："太师挚适齐，亚饭干适楚，三饭缭适蔡，四饭缺适秦，鼓方叔入于河，播鼗武入于汉，少师阳、击磬襄入于海。"甚至世代作为周王室史官的司马氏，也在惠、襄之间分散到了各诸侯国，"或在卫，或在赵，或在秦"（《太史公自序》）。这就是所谓的"天子失官，学在四夷"。

"王官"散落于民间，同时也将专属于周朝官府的文化传播到民间。公元前525年，即周景王二十年，鲁昭公十七年秋，郯子朝鲁，在宴会上回答叔孙昭子之问，谈起其祖先少皞氏的官制，知之甚详。"仲尼闻之，见于郯子而学之。既而告人曰：'吾闻之，天子失官，学在四夷'，犹信。"（《左传·昭公十七年》）《吕氏春秋》记载："鲁惠公使宰让请郊庙之礼于天子，桓王使史角往，惠公止之。其后在于鲁。"（《吕氏春秋》卷二，《当染》）此后史角留在鲁国传授"郊庙之礼"，一方面使"郊庙之礼"得以在鲁国保存下来，另一方面也使"郊庙之礼"流传于民间。不仅如此，史载"其后在于鲁，墨子学焉"，即创建了墨家学派。这就是所以孔子说的"礼失而求诸野"（《汉书·艺文志·诸子略序》）。所谓"礼失"就是周王室丧失了礼乐制度的垄断甚至导致其"流失"，由此人们想要学习礼乐反要求诸于诸侯国甚或民间了。

"礼失而求诸野"还体现为民间私学的兴起。既然"王官之学"已废，教育和学术垄断就不可能继续，私人办学因而兴起。西周时的"王官"教育只面向贵族，而此时则可面向民间，如孔子办学主张"有教无类"，事实上是主张平民都有受教育的机会。孔子的教学内容以"六艺"为主，以

礼为核心，以仁为价值，在各国有一定的影响力。所以孔子的学生"学而优则仕"，其中有不少人从政做官。其他有影响的学者也纷纷将自己的学生推荐给政府，如《韩非子·外储说左上》记载，中牟的地方官壬登在一天之内就推荐两位"士人"当上了中大夫，引致当地人们纷纷出卖房屋与园圃而就学，"随文学者邑之半"。可见当时私学之盛。

"礼失而求诸野"还体现为很多新的学术思想来自民间，甚至很多来自社会下层。这些学术思想反映了下层人民的真实需求。一方面，原来的官方学者们已经不能完全依靠官方俸禄而生存，不再高高在上，所以能够接触到下层人民，了解下层人民的呼声，这就使他们的思想有很大改变。另一方面，各家学者自创学派，收徒授教，社会知识的来源不再仅限于"王官之学"，社会的各个方面都可能成为新思想的源泉。春秋战国时的思想家大都没有官职，不食俸禄，深入民间，所以很接地气。

可见，随着政治中心的多元化，原来专属于周王室的"王官之学"也转向"多元"化，逐渐散布于各诸侯国，统一的官学终于转变成为各个诸侯国服务的"私学"。正如《庄子·天下篇》所说："天下大乱，贤圣不明，道德不一，天下多得一察焉以自好。比如耳目鼻口，皆有所明，不能相通。犹百家众技也，皆有所长，时有所用。虽然，不该不遍，一曲之士也。判天地之美，析万物之理，察古人之全，寡能备于天地之美，称神明之容。是故内圣外王之道，暗而不明，郁而不发，天下之人各为其所欲焉，以自为方。悲夫！百家往而不反，必不合矣！后世之学者，不幸不见天地之纯，古人之大体，道术将为天下裂。"

2. 价值重估，颠覆周礼，百家往而不反

春秋战国时期的社会变革，从本质上看是西周封建制度的瓦解和新的社会制度的产生，而在变革过程中，促进变革的力量和反对变革的力量之间，必定存在着激烈的斗争。与此同时，随着"周文疲敝"，原有的统一意识形态的解体，学术思想垄断的丧失，不能再阻止各种新思潮的出现。所以在春秋后期，面对社会变革，各种思想观点异彩纷呈，百花齐放，百家争鸣。这就使春秋战国时期成为中国历史上思想最为活跃的时期，即第一个"诸子时代"或者说是伟大的"轴心时代"。

从春秋晚期开始直到战国时期，中国思想界出现的思想流派主要有儒

家、墨家、道家和法家，还有阴阳家、名家、农家，以及后来的纵横家等。这些思想尽管从不同社会集团的利益和立场出发，但总的来看都涉及西周时代的礼乐制度，或维护周礼或批判周礼。这些学派中，只有儒家坚定地维护周礼，其他各派都从各个角度对周礼进行了批判。

各种思想争论之所以要集中于周礼，这是因为：第一，周礼是周土的周礼，礼不可僭越，如果不否定周礼，诸侯就不能取得相应的自主权利。尽管封建制度依靠礼乐文化来维系，但更重要的是要依靠周王对诸侯的控制力。春秋时期，随着周王室实力的日益减弱，已经无力维护周礼的权威，而诸侯要为自己"僭越"行为辩护，就必须对周礼进行批判。第二，周礼是封建贵族的周礼，礼不下庶人。但春秋战国时期，庶人通过各种途径已经取得独立的经济利益，如广大的自耕小农取得了实际的土地使用权，如不否定周礼，他们的土地权利就不能得到承认；另外，一些商人通过经商和经营实业致富，如果不否定周礼，他们的财产也不能得到保障，更不可能取得相应的社会地位。第三，周礼是经历夏商在西周初期建立的，周文疲敝说明周礼已经不能适应社会发展需要。总的来看，人们之所以要"非礼"，是因为礼束缚了社会生产力的发展，阻碍了社会变革，不否定周礼社会变革和发展就不能继续。而社会要发展就必须变革，特别是新崛起的社会阶级和集团的变革要求，需要通过否定周礼提出自己的利益诉求。可以说，社会各阶层和集团的要求，反映在思想界的"非礼"行为就是批判周礼的思潮。所以，春秋晚期的思想变革是从否定或评判周礼开始的。

墨家：背周道而用夏政。

先秦最早起来公开反对和批判周礼的是墨家。由于儒家极力维护周礼，所以墨家批判周礼的主张常常是通过与儒家辩论的方式提出的。这在《墨子》书中的《节用》《节葬》《非乐》等篇章中随处可见。首先，墨家主张非命。墨子认为天生命定的理论是"暴王作之，穷人述之，此皆疑众迟朴"（《墨子·非命》）。他指出："昔桀之所乱，汤治之；纣之所乱，武王治之。当此之时，世不渝而民不易，上变政而民改俗。存乎桀、纣而天下乱，存乎汤、武而天下治。天下之治也，汤、武之力也；天下之乱也，桀、纣之罪也。若以此观之，夫安危治乱，存乎上之为政也，则夫岂可谓有命哉?"(《墨子·非命下》)所以他认为,决定社会治乱和国家兴亡的是人事而非"天命"。其次,墨家主张节葬。为维护封建宗法等级制度周礼强调厚葬。墨子认为:"细计厚葬,为多埋赋之财者也,计久丧,为久禁从事者也。财以成者,扶而埋之,后得生者,而久禁之。"(《墨子·节用下》)他还认为,久丧之礼既损害人的身体健康,又破坏人类的生育繁衍,"是故百姓冬不仞寒,夏不仞暑,作疾病死者,不可胜计也。此其为败男女之交多矣"。所以,"以厚葬久丧者为政,国家必贫,人民必寡,刑政必乱"(《墨子·节葬下》)。再次,墨家主张非乐。《墨子·非乐上》说:"仁之事者,必务求兴天下之利,除天下之害,将以为法乎天下,利人乎即为,不利人乎即止。且夫仁者之为天下度也,非为其目之所美,耳之所乐,口之所甘,身体之所安,以此亏夺民衣食之财,仁者弗为也。"墨子之所以非乐者,"非以大钟、鸣鼓、琴瑟、竽笙之声以为不乐也,非以刻镂华文章之色以为不美也,非以刍豢煎炙之味以为不甘也;非以高台厚榭邃野之居以为不安也"(《墨子·非乐上》),而是因为这些东西"上考之不中圣王之事,下度之不中万民之利"(《墨子·非乐上》)。所以墨子认为"为乐非也"。最后,在政治上墨家主张"用夏政"。在墨家看来,夏代的统治者是最典型的古之圣王。《庄子·天下》说墨者向慕夏禹之道,"日夜不休,以自苦为极","以绳墨自矫,而备世之急"。司马谈在《论六家要旨》中说:"墨者,亦尚尧舜道,言其德行,曰:堂高三尺,土阶三等,茅茨不翦,采椽不刮;食土簋,啜土刑,粝粱之食,藜藿之羹;夏日葛衣,冬日鹿裘。其送死,桐棺三寸,举音不尽其哀,教丧礼,必以此为万民之率。使天下法若此,则尊卑无别也。"所以墨家主张"背周道而用夏政"(《淮南子·要训略》)。

道家:仁义之端,是非之途。

在道家看来,真正美好的社会,人们随意而行,自合道德。庄子说:"至德之世,不尚贤,不使能;上如标枝,民如野鹿。"端正而不知以为义,相爱而不知以为仁,实而不知以为忠,当而不知以为信,蠢动而相使,不以为赐。"(《庄子·天地》)待有人出来攘臂翘足地标榜道德的时候,恰恰表明世道已经衰败、道德已经沦丧了。所以庄子说:"大德分歧,而性命之道散漫了。天下好智巧,而百姓好纠葛,于是以斧钺来制裁,用礼法来击杀，用肉刑来残害，天下纷纷大乱，罪在扰乱人心。"（《庄子·在宥》）首先，道家认为礼义是历史的倒退。在他们看来，一切技术进步、制度演进、文明发展的结果，往往背离了事物的本质、本真、本源，即背离了"道"。所以老子说："大道废，有仁义；智慧出，有大伪；六亲不和，有孝慈；国家昏乱，有忠臣。"（《老子》十八章）所以老子说："失道而后德，失德而后仁，失仁而后义，失义而后礼。夫礼者，忠信之薄而乱之首"（《老子》第三十八章）。其次，他们认为礼义是"是非之途"。庄子说："自我观之，仁义之端，是非之途，樊然淆乱，吾恶能知其辩？"（《庄子·齐物论》）他进一步揭示了仁义道德的虚伪性："为之仁义以矫之，则并与仁义而窃之。何以知其然邪？彼窃钩者诛，窃国者为诸侯，诸侯之门而仁义存焉。"（《庄子·胠箧》）最后，主张非礼义而任自然。庄子说："骈于足者，连无用之肉也；枝于手者，树无用之指也；多方骈枝于五藏之情者，淫僻于仁义之行，而多方于聪明之用也。"（《庄子·骈拇》）"吾所谓臧者，非仁义之谓也，臧于其德而已矣；吾所谓臧者，非所谓仁义之谓也，任其性命之情而已矣；吾所谓聪者，非谓其闻彼也，自闻而已矣；吾所谓明者，非谓其见彼也，自见而已矣。……上不敢为仁义之操，而下不敢为淫僻之行也。"（《庄子·骈拇》）所以，道家主张非礼义而任自然，崇尚自然之道。

法家：不法先王，不是礼义。

如果说道家是站在儒家后面批判周礼，那么法家则是站在儒家的前面批判周礼。法家作为新兴社会集团的代表者，主张社会变革，反对因循守旧，认为要实现社会变革就必须打破周礼的限制，采取"非礼"的措施，所以提出"不法先王，不是礼义"。在这种思想变革过程中，管仲和子产是具有转折意义的人物。从表面上看，管仲"尊王攘夷"，但在"尊王"的同时却大大强化了齐国的霸主地位；他主张维护周礼，提出"万物待礼而后定"，但实际上却采取了一系列"非礼"措施：例如，他打破"亲亲"的宗法原则，主张任用贤能；批判"刑不可知"，主张以法令作为社会准则和赏罚标准。子产与管仲类似，一方面注重礼，认为礼是最高的自然法则，是人们的行为规范，另一方面却提出"天地之经，而民实则之"（《左传》昭公二十五年），打破了传统的"礼不下庶人"的原则，破除了礼法界限。明确对周礼进行批判的是邓析。他认为，"先王"及其"礼义"并非千古不变的圣物，"先王"的所作所为，"礼义"的宗法原则，都不是千古不变的教条，因而主张从现实出发进行变法。邓析认为在"彼窃财诛，窃国者为诸侯"的时代，所谓的礼不过是假仁假义而已。邓析主张"事断于法"，垂法而治，无论是贵族还是平民，都一律按照法律的规定行事。荀子评价邓析"不法先王，不是礼义"（《荀子·非十二子》）。可见，法家对于礼的批判较为彻底，他们并不仅仅从义理出发否定礼的价值，而是从实际出发提出社会变革方案。到战国后期，一方面，兼并战争日益剧烈，儒法之间的斗争也激化起来。法家从批判周礼转向批判儒家的思想和主张。韩非指出，儒家"为故人行私谓之不弃，以公财分施谓之仁人，轻禄重身谓之君子，枉法曲亲谓之有行"，而从法治观点看来，"不弃者，吏有奸也；仁人者，公财损也；君子者，民难使也；有行者，法制毁也"（《韩非子·八说》）。韩非批评儒家提倡的仁义，认为"夫有施与贫困，则无功者得赏；不忍诛罚者，则暴乱者不止"（《韩非子·奸劫弑臣》），将导致"民不外务当敌斩首，内不急力田疾作"，"下肆而轻犯禁法，偷幸而望于上"。（《韩非子·八说》）他认为，儒家学说"美仁义之名而不察其实"，会导致"大者国亡身死，小者地削主卑"。（《韩非子·奸劫弑臣》）所以韩非主张加强法治，"以法教心"，"以吏为师"。

3. 思想解放，私学兴起，转向诸子时代

西周时期的王官之学是官方意识形态的载体。春秋时期诸侯争霸，王纲解组，从而导致"周文疲敝"。最后礼作为社会行为规范被当作不屑一顾的东西，官方意识形态失去效力从而也失去其合法性。在这种社会转型过程中，士人阶层自身也发生重要变化，他们面对价值失范、物欲横流的社会现实，从各自角度对现实进行批判，并提出各自的价值理想，这就使原来的"王官之学"转向"诸子之学"。由此，中国思想史进入"诸子时代"。

既然天子失官，学在四夷，礼失而求诸野，那么就不可能仍然保持原有的思想统一局面，必然出现"道术将为天下裂"的百家争鸣局面。当时的"诸子百家"，按照其时间早晚为顺序，大致有老子、孔子、关尹、孙武、墨子、杨朱、子夏、吴起、商鞅、申不害、许行、宋钘、田骈、孙

膑、孟子、庄子、惠施、慎到、尹文、荀子、邹衍、韩非、公孙龙、张仪、苏秦、吕不韦、尉缭等等。但这仅仅是历史上有文献记载的一个部分，事实上，当时提出各种诉求的人还很多，他们共同构成了"诸子"。

"诸子出于王官"。《史记》记载："老子修道德，其学以自隐无名为务。居周久之，见周之衰，乃遂去。"（《史记·老子韩非列传》）班固在《汉书·艺文志》提出："儒家者流，盖出于司徒之官；道家者流，盖出于史官；阴阳家者流，盖出于羲和之官；法家者流，盖出于理官；名家者流，盖出于礼官；墨家者流，盖出于清庙之守；纵横家者流，盖出于行人之官；杂家者流，盖出于议官；农家者流，盖出于农稷之官；小说家者流，盖出于稗官。"与此相应的是，诸子百家的思想基本上也都源于作为国家政典的"六经"。章学诚《校雠通义》认为，《易》由太卜掌管，《书》藏于外史，《礼》保存在宗伯那里，《乐》隶属于司乐保管，《诗》收藏于太师之处，《春秋》储存于国史手中。《庄子·天下》指出："《诗》以道志，《书》以道事，《礼》以道行，《乐》以道和，《易》以道阴阳，《春秋》以道名分。"周朝衰落后，"其数散于天下而设于中国者，百家之学时或称而道之"，就是说，"六经"陈迹，散入各国，流布民间，诸子百家往往引用称道。

但诸子之学不同于王官之学，两者有着本质上的不同。王官之学作为官方意识形态，是垄断社会话语权的，是不允许多元价值共存的。但是当"礼崩乐坏"之后，周礼受到质疑和批判，思想垄断打破了，王官之学也自然失去权威，传统价值失衡、倾斜，直至颠覆。在这种历史背景下产生的诸子之学，必然是"各道其所道"的。

诸子之学作为民间的多元性价值思想，具有以下特征：第一是批判性。他们一方面从不同角度批判社会现状，另一方面则反思或批判周礼。他们对社会现状都是不满的，但批判的角度不同。儒家是从维护传统社会秩序角度评判周礼，认为社会现实是礼崩乐坏，是因为礼乐丧失了效力，所以要"克己复礼"；而法家和其他各家则是从不同方面揭示周礼的内在矛盾，反对儒家维护周礼的主张，认为必须走出礼制社会。第二是建设性。他们从不同角度提出各自的社会改革方案，法家提出的社会变革方案是法治；而儒家提出克己复礼，兴灭国，继绝世，举逸民；墨家提出"兼爱"和"非攻"以实现社会和平；道家则采取一种逆向思维，认为回归自然才是出路。第三是理想性。诸子提出一系列改革方案，有的具有现实的建设性，而更多的则是乌托邦。例如儒家主张"王道"，提出"大道之行，天下为公"的"大同"理想；墨家提出"兼爱""尚同"，用上古的"夏政"；道家提出小国寡民、安时处顺、自然无为；法家提出"不别亲属，不殊贵贱，一断于法"（《史记·太史公自序》）的法治社会。这些设想实质上无一不带有乌托邦性质。①

不过，各家在提出各自的理想社会模式的同时，有的还提出了现实的选择，如儒家的"大同"理想之下还有"小康"设计；法家的完全法治理想也有一套实事求是的妥协方案；墨家讲"兼爱"，道家讲"无为"，但在实际的政策选择方面都是实事求是的。这就是所谓的"极高明而道中庸"，既有终极理想也有现实方案。尽管诸子百家的思想都包含有理想与现实的结合，但重点有所不同，与现实的接近程度也各不相同。其中法家是最接近现实的，其理想不够高远，最少受道德约束，不论法术势，以成功为硬道理，所以最能解决当时的实际问题，即实现国家统一和重构社会秩序。

王官之学转向诸子之学，表明中国历史上道统与治统的首次分离。《中庸》说："非天子，不议礼，不制度，不考文。今天下车同轨，书同文，行同伦。虽有其位，苟无其德，不敢做礼乐焉，虽有其德，苟无其位，亦不敢作礼乐焉。"这就是说，只有有德有位者才能制礼作乐，承继道统。道统源于尧舜、周文王、周武王和周公，此时道统与治统是合一的，也就是说代表正统的思想意识和政治统治都由官方掌握，其具体代表就是帝王。这些帝王的权力来源，上自"天帝"下自"人民"，"天帝"与"人民"作为意识形态也是统一的。"王官之学"就是这种意识形态的载体，即代表帝王通过一定的文本形式反映了"天帝"与"人民"的意志。但随着礼崩乐坏，周文疲敝，"有德者"与"有位者"分离了，也就意味着道统与治统的分离。

在诸子时代，儒法道墨尽管都讲自己的"道"，但各自的"道"却大

---

① 李春青：《从王官之学到诸子之学——论中国古代文论发展史上第一次转折》，《人文杂志》2011 年第 5 期。

不相同，因而就不可能形成一个统一的"道统"。诸如"老庄之道""孔孟之道""道可道，非常道"之道等。就是说，在诸子学语境中，"道"其实成为一家之说的总名，成了一种标志性的文化符号。在这种情况下，要实现思想统一就只能依靠国家权力，而国家的代表就是帝王。与王官之学的建构者不同，诸子的基本身份是"民"，他们提出各自的价值理想完全是民间行为而非官方行为，是"体制外"的而非"体制内"的，因而是"自由"的而非"遵命"的。① 这里，"道"代表"知识""价值""文化""思想""精神"，而"治"则是帝王以及帝王所代表的统治。这样，思想与政权分离了，道统与治统也就分离了。

诸子时代在中国历史上具有划时代的意义。在这个时代产生了影响中国两千多年文化的思想，成为中国的"轴心时代"。在中国直到近代的历史上，任何一种思想无不与诸子思想有关联，无不从诸子思想中找到根源。所以，诸子时代是一个伟大的思想巨人的时代。

三、儒家革命：克己复礼为仁

1. 孔子的政治抱负：兴灭继绝，损益周礼

春秋战国时代，诸子百家大多都有"非礼"思想，只有儒家极力维护周礼，并力图使周礼发扬光大。儒家源于殷商遗民，在殷商亡国后，作为殷遗民的儒家对新政权一度消极。当他们看到西周统治者需要殷商文化并在此基础上有所损益地重建和发展后，开始转变态度与周朝合作，即协助周公制礼作乐。据《汉书·艺文志》引其《别录》说，儒家者流，最早可能出于殷商时期的"司徒之官"，其功能是助人君顺阴阳明教化。可见，儒家是掌握王官之学的人，他们不仅对古代文化制度特别精通，而且极具情感，特别对周代的礼乐制度和文化充满怀古之幽情。他们游文于"六经"之中，留意于仁义之际，祖述尧舜，宪章文武，以重其言，以道为高。即使在礼乐制度效率递减直至"礼崩乐坏"的情况下，他们对旧时代及其文化制度仍十分留恋，所以孔子发出"郁郁乎文哉吾从周"的感叹。

---

① 李春青：《从王官之学到诸子之学——论中国古代文论发展史上第一次转折》，《人文杂志》2011 年第 5 期。

而在政治主张上，孔子提出"兴灭国，继绝世，举逸民"（《论语·尧曰》）。所谓"兴灭国"在某种程度上也是希望复辟曾经失去的"理想国"，"继绝世"也就是恢复过去周礼制度下的礼乐生活，而"举逸民"则是希望恢复封建等级制下的贵族地位。所以从历史角度看，以孔子为代表的儒家是倾向于保守主义的。但事实上，儒家的保守主义思想并非没有道理。春秋时期，周室渐衰，诸侯崛起，分裂割据，政出多门，天下大乱。当此之时，他们留恋周代礼乐制度下的有序生活，把希望寄托于礼制恢复，继续用周礼来整顿社会秩序也是一种理性思维。

首先，为礼正名。

孔子强调用正名的方式重建封建等级秩序。他对子路说："名不正，则言不顺；言不顺，则事不成；事不成，则礼乐不兴；礼乐不兴，则刑罚不中；刑罚不中，则民无所措手足。"（《论语·子路》）这就是说，之所以要把"正名"列为头等大事，是因为事关"礼乐"制度能否兴起，而"礼乐"制度能否兴起，最终关系到社会能否安定。"正名"事实上就是确立制度规范，让广大群众和统治者对礼的要求都了解和明确，所以才能各依名分，各循本分，这样社会就会稳定，天下就不会乱。

其次，以礼为制。

孔子认为，礼是"先王以承天之道，以治人之情。故失之者死，得之者生"（《礼记·礼运》）。所以治理乱世的唯一选择就是回到周礼的秩序中去，即"道之以政，齐之以刑，民免而无耻；道之以德，齐之以礼，有耻且格"（《论语·为政》）。所以他对当时社会上的"非礼"行为深恶痛绝，每每加以斥责。如季氏八佾舞于庭，他说"是可忍，孰不可忍也"（《论语·八佾》）。齐景公曾经问政于孔子，孔子首先讲"君君，臣臣，父父，子子"（《论语·颜渊》）。事实上，这是对周礼"尊尊亲亲"的进一步解读，也就是主张重建礼制秩序。

再次，以礼为范。

礼无处不在，大至国家庙堂之上，小及家庭琐事、饮食男女。孔子身以垂范，大至上庙堂、入公门，小至穿衣、饮食，处处注重礼仪规范。《论语》记载："子入大庙，每事问。或曰：'孰谓鄹人之子知礼乎？入大庙，每事问。'子闻之曰：'是礼也。'"（《论语·八佾》）"入公门，鞠躬如也，如不容。立不中门，行不履阈。过位，色勃如也，足躩如也，其言似不足者。摄齐升堂，鞠躬如也，屏气似不息者。"（《论语·乡党》）

最后，以礼为教。

礼的回归，既是规范人的需要，也是规范国家秩序的需要。孔子说："非礼勿视，非礼勿听，非礼勿言，非礼勿动"（《论语·颜渊》），在各个方面遵守礼的规范。他劝导统治者说，必须学礼、循礼、守礼，"不学礼，无以立"（《论语·季氏》），"上好礼，则民莫敢不敬；上好义，则民莫敢不服，其身正，不令而行；其身不正，虽令不从"（《论语·子路》）。

总之，孔子"克己复礼"的目的，就是通过对人的规范，最终达到社会秩序的稳定。然而，在一个日益衰颓的封建末世，重建礼制终究不过是一种理想，上上下下都不可能依礼而行，礼崩乐坏是不可逆的历史潮流。所以孔子哀叹，"道之不行也，我知之矣"（《中庸》），"道不行，乘桴浮于海"（《论语·公冶长》）。

2. 孔子的价值理想：克己复礼，天下归仁

事实上，孔子明白，要真正恢复过去的礼乐制度是不可能的。因为这些制度不符合历史发展的潮流。所以，他所要恢复的礼与"周礼"并非完全等同。他总结三代制度变迁规律时指出：殷因以夏礼，有损益，周因以殷礼，有损益。所以恢复周礼也是要有所损益的。面对礼崩乐坏的社会变化孔子提出"克己复礼"，实际上不仅是对社会现状的批判，也是对礼乐制度的批判。孔子批判现实，说："天下有道，则礼乐征伐，自天子出；天下无道，则礼乐征伐，自诸侯出。"（《论语·季氏》）而对于礼制不合时代发展的部分，孔子也有清醒的认识，说："礼云礼云，玉帛云乎哉？乐云乐云，钟鼓云乎哉。"（《论语·阳货》）孔子曾说过："麻冕，礼也；今也纯，俭，吾从众。拜下，礼也；今拜乎上，泰也。虽违众，吾从下。"（《论语·子罕》）林放问"礼之本"，孔子说："大哉问！礼，与其奢也，宁俭；丧，与其易也，宁戚。"（《论语·八佾》）可见，他对于周礼并不是照单全收，全盘照搬，而是有批判、有继承，有创新、有发展。

在这个礼崩乐坏的时代，孔子对于礼的形式上的不适合已经有足够的认识，而更主张发扬礼乐精神。孔子对礼乐精神的重大发展是"仁"的提出。儒家慎思追远的思想传统，决定孔子仍然是要在周礼之损益的基础上

提出更高级的道德目标和价值理想。孔子说，"克己复礼为仁，一日克己复礼，天下归仁焉"（《论语·颜渊》）。这就是说，孔子在克己复礼基础上提出了"仁"，对周礼既继承又扬弃从而发展了周礼的精神，其目的是使周礼能够与时俱进，适应新的社会发展需要。"克己复礼为仁"既把"仁"推向最高处，也给礼以更新的内涵进入更高的境界。

孔子认为，仅仅将礼作为一种礼仪形式是没有价值的，认为礼的核心价值在于"仁"。孔子说："人而不仁如礼何，人而不仁如乐何?"（《论语八佾》）没有"仁"礼乐制度就没有其真正的价值。他提出克己复礼的目的，并不仅仅是"兴灭国，继绝世，举逸民"，更是为了实现"仁"。在"仁"和"礼"之间，孔子并不是以"礼"为先，而是将"仁"作为核心，"礼"是实现"仁"的手段和途径，以达到"天下归仁"的目的。这就是说，孔子明白，恢复周礼的理想是不现实的，即"道不可行"，所以提出"仁"作为新的价值理想的核心。另一方面，"克己复礼为仁"是对"德"的提升和对礼的突破。周礼的核心价值是"德"，而孔子提出的是"仁"。儒家的"仁"与周初所提出的"德"有所不同。"德"是统治者的治国治世之道，主要讲的是统治者与被统治者的关系，但"仁"讲的是人与人之间的关系。这反映了周朝统治和礼乐制度瓦解之后社会关系的变化。可见，"仁"的概念也在一定程度上包含了平等和民主的价值。所以，仁在中国价值思想史上具有承前启后的意义。

孔子说："克己复礼为仁，一日克己复礼，天下归仁焉"。朱熹阐释说："克是克去己私。己私既克，天理自复，譬如尘垢既去，则镜自明；瓦砾既扫，则室自清"，"克己复礼，间不容发，无私便是仁"。（《朱子语类》卷四十一）又曰："天理人欲，相为消长，克得人欲，乃能复礼。"（《朱子语类》卷三十）可见，不论是"复礼"还是实现"仁治"，都有一个重要的前提，即克己，克服人们的私欲。诸侯间的兼并战争，是诸侯有私欲所造成；大国强国，以大欺小，以强凌弱，于是便有了不顾礼义的侵吞兼并；诸侯国内部，权臣势大，便要犯上作乱，赶走甚至杀掉君主，篡权夺位；家庭内部，同样因为个人私念的缘故，父子成仇、夫妻反目、兄弟相残。所以，只有克制住私欲，才能回归周礼。在这里，"克己"是内修，而"复礼"则是外治，孔子的理想人格是内修为圣，外治为王，即通过克己实现自身的改造，在此基础上实现"天下归仁"的价值理想。

3. 孔子的学术方法：信而好古，述而不作

中国古代典籍起源很早，历经三代的"损益"，在不断的破坏与重建中得到沉淀和积累。尽管经历平王东迁的动荡导致这些典籍严重散佚，但仍有相当部分流传到孔子时代。《左传·昭公十二年》记载，王曰："是良史也，子善视之！是能读《三坟》《五典》《八索》《九丘》。"这里的《三坟》是关于伏羲、唐尧和虞舜的记载，《八索》是有关八卦的书，而《九丘》是关于九州土地和风气的书。这些文化典籍作为"王官之学"的文本掌握在宫廷之中，外人难以涉及更不可能解读，能够读懂这些典籍的可谓为"良史"。到了春秋时期，周室衰微，天子失官，学在四夷，传统文化面临全面危机。孔子为首的儒家群体，以"舍我其谁"的气概，一方面以"克己复礼"为己任，一方面承担了整理古籍的历史重任，即增删六经，整理国故，奠定儒家学术基础。

在诸子中，儒家自认为是周文道统之正宗，主张尊礼复礼，恢复周代秩序。周礼在鲁国源远流长。《左传·定公四年》记载：周成王"分鲁公以大路，大旂，夏后氏之璜，封父之繁弱"，"使帅其宗氏，辑其分族，将其类丑，以法则周公，用即命于周。是使之职事于鲁，以昭周公之明德。分之土田陪敦，祝、宗、卜、史，备物、典策，官司、彝器。因商奄之民，命以《伯禽》，而封于少皞之虚。"这里是说，周成王将各种礼器和礼官分赐给鲁公伯禽，使鲁可以特别享有"天子礼乐"。这些就使得鲁国文化繁盛，远远超过了其他诸侯国。而在平王东迁的动乱中，鲁国未受波及，各种典籍、简册、礼器等都得以幸存，并一直保留着史官的设置。晋韩宣子到鲁国聘问，从太史氏那里看到所藏的《易》《象》和《春秋》等典籍文献，感叹说"周礼尽在鲁矣"。在礼崩乐坏的时代，鲁国国君"不弃周礼"，"犹秉周礼"（《左传·闵公元年》），保持着古代遗风。

孔子作为鲁国人，自幼生活在浓郁的"礼乐"环境之中，自然对周礼有很深的情感。与当时流行的思想家不同，面对礼崩乐坏的局面，他认为要拯救社会只有恢复周礼。一方面，要恢复周礼的等级秩序，即亲亲、尊尊、长长、男女有别，这是"人道之大者也"（《礼记·丧服小记》）；另一方面，要把这些原则推及到天下，成为普遍适用的社会秩序，这是"王

道之大者也"（《史记·太史公自序》）。但孔子并不是希望简单地回到三代去，他提出"克己复礼为仁"，就是要通过复兴礼制而实现社会的进步，亦即实现"仁"的价值理想。然而，在当时的社会环境下，这种道德理想主义是不可能实现的，没有任何一个当权者会接受孔子的思想和建议。所以奔波了半生的孔子，发出了"道之不行吾知之矣"的感叹。他回到鲁国后，一面开门办学，教书育人，一面利用鲁国的文物典籍"整理国故"。

孔子"祖述尧舜，宪章文武"。朱熹说："祖述者，远宗其道；宪章者，近守其法。"（《中庸章句》）就是说，孔子所宗之道就是尧、舜、禹三王之道，而所守之法则为文武周公之法，亦即周代的礼乐制度。孔子高度评价尧说："大哉！尧之为君也。巍巍乎！唯天为大，唯尧则之。荡荡乎！民无能名焉。巍巍乎！其有成功也。焕乎，其有文章！"（《论语·泰伯》）孔子也高度评价舜帝："后世虽有作者，虞帝弗可及也已矣。君天下，生无私，死不厚其子，子民如父母。有憯怛之爱，有忠利之教。亲而尊，安而敬，威而爱，富而有礼，惠而能散。其君子尊仁畏义，耻费轻实，忠而不犯，义而顺，文而静，宽而有辨。甫刑曰：'德威惟威，德明惟明。'非虞帝其孰能如此乎！"（《礼记·表记》）可见，尧舜之道，前后相继、一脉相承，同样是"亲而尊""尊而亲"，同样是所谓亲亲尊尊之道。孔子自觉地认祖归宗到先圣尧舜开创的道统之下，承担起承前启后的历史责任。

孔子"述而不作，信而好古"。朱熹说："述，传旧而已；作，则创始也"，"孔子删《诗》《书》、定《礼》《乐》、赞《周易》、修《春秋》，皆传先王之旧而未尝有所作也"。（《论语集注》）《孔子世家》记载：孔子之时，周室微而礼乐废，《诗》《书》缺。追迹三代之礼，序《书传》，上纪唐、虞之际，下至秦缪，编次其事。曰："夏礼吾能言之，杞不足征也。殷礼吾能言之，宋不足征也。文献不足故也。足，则吾能征之矣。"观殷、夏所损益，曰："后虽百世可知也，以一文一质。周监二代，郁郁乎文哉。吾从周。"故《书传》《礼记》自孔氏。孔子语鲁大师："乐其可知也。始作翕如也，从之纯如也，皦如也，绎如也，以成。""吾自卫反鲁，然后乐正，《雅》《颂》各得其所。"古者《诗》三千余篇，及至孔子，去其重，取可施于礼义，上采契、后稷，中述殷、周之盛，至幽、厉之缺，始于衽席，故曰"《关雎》之乱以为《风》始，《鹿鸣》为《小雅》始，《文王》为《大雅》始，《清庙》为《颂》始"。三百零五篇孔子皆弦歌之，以求合《韶》《武》《雅》《颂》之音。礼乐自此可得而述，以备王道，成六艺。孔子晚而喜《易》《序》《彖》《系》《象》《说卦》《文言》。读《易》，韦编三绝。曰："假我数年，若是，我于《易》则彬彬矣。"《诗》《书》《礼》《乐》《易》，皆为孔子修订。

孔子晚年始作春秋。《孔子世家》记载：子曰："弗乎弗乎，君子病没世而名不称焉。吾道不行矣，吾何以自见于后世哉？"乃因史记作《春秋》，上至隐公，下讫哀公十四年，十二公。据鲁，亲周，故殷，运之三代。约其文辞而指博。故吴、楚之君自称王，而《春秋》贬之曰"子"；践土之会实召周天子，而《春秋》讳之曰"天王狩于河阳"：推此类以绳当世。贬损之义，后有王者举而开之。《春秋》之义行，则天下乱臣贼子惧焉。

4. 儒家的分化："极高明"之孟子和"道中庸"之荀子

《史记·孔子世家》载："孔子以《诗》《书》《礼》《乐》教，弟子盖三千焉，身通六艺者七十有二人。如颜浊邹之徒，颇受业者甚众。""孔子以四教：文、行、忠、信。绝四：毋意、毋必、毋固、毋我。所慎：斋、战、疾。子罕言利与命与仁。不愤不启，举一隅不以三隅反，则弗复也。"在孔子看来，"不学《诗》，无以言。不学《礼》，无以立。人而不为《周南》《召南》，其犹正墙面而立也欤！"《诗》《书》《礼》《乐》是经典，六艺之礼乐射数书御则是仪式，"四教""绝四""三慎"为道德修养；而罕言利、命、仁。这表明，孔子教育弟子们遵循着某些共同的原则和价值准则，从而使他们具有共同的信仰和价值标准。这正是构成儒家学派的内在原因。但另一方面，孔子并不限制弟子们的自由思考，即在基本价值和信仰的基础上学有所长、术有专攻，并形成相对独立的思想流派。所以，孔子之后，儒家形成了几个分支。《韩非子·显学篇》将孔子后学分为八派："自孔子之死也，有子张之儒，有子思之儒，有颜氏之儒，有孟氏之儒，有漆雕氏之儒，有仲良氏之儒，有孙氏之儒，有东正氏之儒。"八派之外还有曾子、有子、子游、子夏等，也是孔门的重要人物，并为儒学发展作出重要贡献。

　　不过，到后来继承和发展孔子学说的主要是两个人，一个是孟子，一个是荀子。孟子提出仁义、性善论、浩然之气等等，发展了孔子的仁学；荀子提出"化性起伪"、"隆礼重法"、性恶论等，发展了孔子的礼学。他们通过不同的路径推进了儒学的发展，孟子走向了"极高明"，而荀子走向了"道中庸"，前者是道德理想主义，追求一种高尚的人格境界，而后者则比较注重实际和社会实践。所以说，孟子重在"内圣"，而荀子重在"外王"。而从社会政治的价值取向上看，孟子主张王道，而荀子学说却倾向于霸道。

　　孟子将儒家的道德理想主义发展到新的高度。他进一步阐发了孔子的"仁"，并在"仁"的基础上，进一步开出心性之学，包括人性论、修养工夫等学说，对后世影响深远，尤其是程朱理学和陆王心学。在社会实践方面，孟子提出系统的"仁政"思想并广为传播。然而孟子的时代，社会价值颠覆倾向更加显著，比孔子时代有过之而无不及，即完全进入一个竞力的时代。特别是秦国经商鞅变法后成为最强的诸侯国，大有横扫六国之势，强秦力图气吞寰宇，而六国则设法图存，在这种丛林法则之下，没有任何一个诸侯国能够接受儒家的主张。所以孟子的命运如其宗师孔子一样，周游列国而不得志，其王道思想和主张更不可能实施。

　　荀子继承和发展了孔子开创的儒家思想，但却反对思孟学派的观点。他在《非十二子》中说："略法先王而不知其统，犹然而犹材剧志大，闻见杂博。案往旧造说，谓之五行，甚僻违而无类，幽隐而无说，闭约而无解。案饰其辞，而只敬之，曰：此真先君子之言也。子思唱之，孟轲和之。世俗之沟犹瞀儒，嚾嚾然不知其所非也，遂受而传之，以为仲尼子弓为兹厚于后世：是则子思孟轲之罪也。"这种批判态度决定荀子思想可能的创新出路，从而导致儒家出现了又一新局面。

　　荀子学说的最大特点就是结合当时实际，综合了儒法甚至墨家的学说，提出一系列符合实际的政策主张。荀子与儒家前辈不同，他的理论建立在人性恶的假设上。他说："人之性恶，其善者伪也。"（《荀子·性恶篇》）这就导致其整个学说的转向。在政治上荀子主张"隆礼""重法"，在治国原则上主张"王霸兼采"等等。荀子将"礼"的功能深化，认为"礼者，法之大分，类之纲纪也"（《荀子·劝学》），主张以法辅礼。荀子思想充满事功精神，并俯仰于政治与学术之间。荀子讲学于齐、仕宦于楚、议兵于赵、议政于燕、论风俗于秦，其学说能够被当时更多的人接受。所以，后世学者认为荀子具有儒法结合的倾向。但荀子仍坚持了儒家的基本价值，他所采纳的中庸为主的方法论，既坚持"极高明"的道德理想，又以"道中庸"的方式采取实事求是的路线，因而是可圣可王，可王可霸。而面对战国时期的社会状况，只能采取霸道才能成功。这就是为什么荀子可以教育出两位著名的法家人物，即韩非和李斯。他们通过法家的"霸道"理论和实践，助秦实现了国家统一。所以，战国时期荀子之道行而孟子之道不行。但荀子早就预言秦由于"无儒"而必定不可持久。他说："粹而王，驳而霸，无一焉而亡。"（《荀子·王霸》）这里所体现的务实精神，是汉代儒宗董仲舒的思想来源，也是汉代治国理论的基础。

四、执两用中：儒学的综合与独尊

1. 战国：大争之世，法家盛行

荀子说：自春秋以来，"诸侯异政，百家异说"（《荀子·解蔽》）。这就是说，中国在政治上进入一个"诸侯时代"，而在思想上则进入一个"诸子时代"。诸侯时代和诸子时代是相辅相成的，诸侯要合纵连横，取得竞争优势，并进而统一全国，必须依靠诸子提出有效的思想和主张，为保国强国出谋划策。而诸子面对礼崩乐坏，天下大乱的局面，提出各自的社会改革思想和主张，更需要"纵横诸侯"来加以实践。一方面，各诸侯根据自己所处地位和局势，选择不同的"诸子"，采纳不同的政策和策略；另一方面，诸子主张各异，被不同的诸侯采纳，从而就形成诸侯异政。尽管百家异说，各有各的道理，但究竟那个学派的思想能够被采纳，关键还是要看那个学派的主张有效，即能够针对时弊提出有效的主张。

周天子失势后，天下无主，征战不断，人民涂炭。所以，当时最关键的问题是解决和平与统一问题。而国家统一问题的解决，同时也就是和平时期的到来。针对这个问题各个思想流派提出不同的主张。如儒家提出实行王道，以德统一天下；墨家提出非攻，主张和平统一天下；而道家则主张无为，以实现无为而治。但事实上，没有任何一个诸侯可能主动退出历史舞台。所以，无为、非攻、王道都不能解决问题。而法家提出耕战，不靠德而靠力来解决问题。这个主张得到大多数诸侯的赞同。但是，法家的政策主张的实施，需要建立集权体制，而建立集权体制就需要打破旧的封建贵族的统治，所以，变法是最重要的。各诸侯国大多赞同法家的主张，先后开始变法。但是，由于各国贵族势力反抗程度不同，变法力度不同，有的能够成功地实行变法，实现富国强兵，而有的则变法失败，不得不回到旧的体制去。这就导致各诸侯力量对比的急剧变化。

儒家思想主张复古，并采取道德主义。但是，在春秋战国时代，依靠道德说教是不可能成功的。韩非说："古人亟于德，中世逐于智，当今争于力。"（《韩非子·八说》）事实上，即便是为了实现某种道德理想，也必须通过一定的"力"而不能靠单纯的"德"，"德"也必须靠"力"来实施。另一方面，儒家重义轻利。而在一个"争于力"的时代，没有足够的经济实力，仅仅依靠道德理想和说服教育是不可能成功的。因此，不论孔子还是孟子，尽管他们周游列国，但各诸侯对他们只能是敬重有加却没有谁愿意采纳其政策建议。可见，儒家的主张只能停留在理想层面。《商子·去强篇》说："国有《礼》，有《乐》，有《诗》，有《书》，有善，有修，有孝，有悌，有廉，有辩。"但"国有十者，上无使战；必削至亡；国无十者，上有使战，必兴至王。国以善民治奸民者，必乱至削；国以奸民治善民者，必治至强。国用《诗》《书》《礼》《乐》、孝、悌、善、修治者，敌至必削国，不至必贫国。不用八者治，敌不敢至，虽至必却；兴兵而伐，必取；取必能有之；按兵而不伐必富。"所以，当商鞅面见秦王说之于帝道和王道时，秦王昏昏欲睡表现得毫无兴趣，而当商鞅奉上霸道之策时，秦王则与之连谈三日而不觉困倦。商鞅变法以"力"为基础推行"霸道"，不仅导致秦国经济发展，实现了秦国的强盛，更奠定了国家统一的基础。

国家统一也需要思想统一。春秋战国时期百家异说，既是思想创新也是思想混乱。思想创新为国家统一和社会治理提供了新的价值思想，而思想混乱也导致国家政令分歧，社会无可适从。到战国后期，人们普遍意识到思想混乱的后果，从庄子、韩非和李斯等人的著述中，都可以看到他们对百家异说局面的不满。这表明思想整顿和文化一统也是顺应民心和天下大势的。所以，当秦始皇实现国家统一后，采纳李斯的建议，"以法为教，以吏为师"，"一断于法"，并实行"罢黜百家，独尊法术"的思想文化政策。这也是保证国家统一的重要举措。但是另一方面，由于整个社会处在法家强权主义的控制下，这种发展与秩序实际上潜伏着严重的危机。荀子对这种潜在的危机早有预感。他在列举秦政的良绩之后指出："虽然，则有其思矣。兼是数具者而尽有之，然而县之以王者之功名，则倜倜然其不及远矣。是何也？则其殆无儒邪？故曰：粹而王，驳而霸，无一焉而亡。此亦秦之所短也。"（《荀子·强国篇》）

事实上，"以法为教，以吏为师"并非李斯的发明，西周时期"学在官府"，国家不仅掌握着立法权而且掌握着法典的解释权，并且垄断着文化教育和意识形态。但是经历春秋战国变革，不仅这种文化制度已经废弃，这种文化专制政策更是不合时宜了。尽管在立国初期实行一段时期的专制是必要的，但是长期如此必然窒息了社会的思想并引起文人的反抗。所以秦始皇时有不少人纷纷起来提出不同政见，而秦始皇则以"造谣惑众"为罪名实行"焚书坑儒"大开杀戒。这种专制主义政策只能使统治者获得一时之快和社会的短期安定。很快，法家专制政策引起民众反抗导致秦二世而亡。

2. 汉初：与民休息，黄老无为

秦二世而亡，尽管不能完全归咎于法家思想和政策，但毕竟是在以法家思想作为统治意识形态下发生的。所以，汉作为新生政权无论如何都要改换门庭，不能再以法家为指导思想。但事实上，统治者十分清楚，法制和专制是不能放弃的。由于当时国家面临的最为迫切的任务是恢复经济和稳定社会。所以，主张无为而治和刑名并用的黄老学说便登上了历史舞台。

汉高祖刘邦夺取政权后面临着制度重建和意识形态选择问题。此时诸子百家的影响仍然不相上下，儒法道各家的竞争并未见分晓。《汉书·高帝纪》说，天下既定，高祖刘邦"命萧何次律令；韩信申军法；张苍定章程；叔孙通制礼仪；陆贾造《新语》"。由此可以看出，刘邦并无明确的意识形态倾向。汉高祖厌恶儒者，这是由于在楚汉相争的"角力"时期，必须靠"马上得天下"，不可能采用儒家作为指导思想。但另一方面，法家学说已经被"暴秦"搞得臭名昭著，即便是采纳法家思想，也不能将其作为公开旗帜打出来。刘邦入关后立即约法三章，表明他能够对"暴秦"的失策有所认识，不得不放弃对法家的信仰。所以在汉初，各路策士们都聚集在高祖周围，力图实现各自的主张。

汉初最有影响的思想家是陆贾。陆贾出身儒家，但并不主张实行"原教旨"的儒家思想和政策。在当时的国情下，他主张"逆取顺守"。尽管他一再劝导刘邦"行仁义，法先圣"，"握道而治姿，据德而立"，但在具体的施政方针上却并无"儒生气"。他说："治事者因其则，服药者因其良。书不必起仲尼之门，药不必出扁鹊之方。合之者美，可以为法，因是而权行。"（《新语·本事》）所以他主张诸子并重，择优而取，特别注重儒道结合。他与流行的思想家一样，检讨秦政的教训，指出："蒙恬讨乱于外，李斯法治于内，事逾烦，天下逾乱，法逾兹，而奸逾炽，兵马益设而敌人逾多。秦非不欲治也，然而失之者，举措太众，刑罚太极故也。"（《新语·无为》）他在所作《新语》中，专章阐述"无为""至德"等，具体阐发黄老思想。他说："夫道莫大于无为，行莫大于谨敬。何以言之？昔虞舜治天下，弹五弦之琴，歌南风之诗，寂若无治国之意，漠若无忧民之心，然天下治。""君子之为治也，块然若无事，寂然若无声，官府若无吏，亭落若无民。闾里不讼于巷，老幼不愁于庭。近者无所议，远者无所听。邮无夜行之卒，乡无夜召之征。犬不夜吠，鸡不夜鸣。耆老甘味于堂，丁男耕耘于野。"（《新语·至德》）可见，陆贾是主张与民休息，无为而治的。

除了陆贾主张实行黄老之术的还有萧何、张良、曹参、陈平等。正是他们将黄老思想变成国家意识形态并转化成具体国策加以实施。不过，正式提出以黄老思想治国则是在景帝时期。《史记·礼书》说："孝文继位，有司议欲定礼仪，孝文好道家之学，以为繁礼饰貌，无益于治，躬化谓何耳，故罢去之。"《史记·儒林传》载："孝文帝本好刑名之言，乃至孝景不任儒者，而窦太后又好黄老之术。"《汉书·外戚传》也说："窦太后好黄帝老子言。景帝及诸窦不得不读《老子》，尊其术。"

黄老学派将自己归为道家。《史记·乐毅传》记载黄老源流："乐臣公善修黄帝、老子之言，显闻于齐，称贤师。乐臣公学黄帝、老子，其本师号曰河上丈人，不知其所出。河上丈人教安期生，安期生教毛翕公，毛翕公教乐瑕公，乐瑕公教乐臣公，乐臣公教盖公，盖公教于齐高密、胶西，为曹相国师。"后世《隋书·经籍志》在追述道家学说发展过程时概括说："自黄帝以下，圣哲之士，所言道者，传之其人，世无师说。汉时，曹参始荐盖公能言黄老，文帝宗之。自是相传，道学众矣。"但事实上黄老并非道家之正宗，而是道家与法家以及其他思想结合的产物，其中主要是道家和法家的结合。司马谈在《论六家要旨》中对黄老道家的思想特色作出了本质的概括："道家使人精神专一，动合无形，赡足万物。其为术也，因阴阳之大顺，采儒墨之善，撮名法之要，与时迁移，应物变化，立俗施事，无所不宜，指约而易操，事少而功多。"这种法道结合的思想，正适合于专用法家的秦代向汉初的政治转向，即亦法亦道。

秦代实行"罢黜百家，独尊法术"的意识形态垄断为后世提供了榜样。西汉实行的黄老思想和政策同样是一种垄断。但汉初黄老思想统治还不构成文化专制，因为其他各家也还有一定发言权，既然是无为而治，那么在思想意识方面也不可能过于专断。尽管如此，当武帝亲政初期试图改弦更张，改尊黄老为为尊儒术时，却遭到严厉的打击，儒家人物甚至付出血的代价。

3. 汉武帝：罢黜百家，独尊儒术

在春秋战国时期，尽管儒家仅仅是"百家"之一，但毕竟是主要的思想流派，与法家、道家和墨家并为显学。由于春秋战国是一个"竞力"的时代，儒家所主张的"温良恭俭让"不可能获得统治者的青睐。但是经历了战国至秦的法家时代和汉初的黄老时代，历经时代变迁，到了西汉武帝时期，人们开始重新认识儒学的价值。

《汉书·艺文志·诸子略》记载："唐虞之隆，殷周之盛，仲尼之业，已试之效者也。然惑者既失精微，而辟者又随时抑扬，违离道本，苟以哗众取宠。后进循之，是以五经乖析，儒学渐衰，此辟儒之患。"这里是说，儒家在孔子之后的衰落，根子在儒家自身，即不能实事求是根据历史规律来提出有效的政策见解，而一味地"祖述尧舜，宪章文武"，从而丧失了儒学的根本。而在一个竞力的时代，儒家所追求的王道理想是不可能实现的，他们的政策主张也就不可能派上用场。事实上，战国时期，采纳儒家思想，保持周礼意味着保守和反对变法，这是不可能实现富国强兵的。所

以，战国之时，少有那个诸侯愿意采纳儒家的政策主张。

但儒家并没有退出政治舞台。梁启超在《论中国学术思想变迁之大势》中说："当孔子之在世，其学未见重于时君也。及魏文侯受经子夏，继以段干木、田子方，于是儒教始大兴于河西。文侯初置博士官，实为以国力推行孔教之始。儒教第一功臣，舍斯人无属矣。其次者为秦始皇。始皇焚坑之虐，后人以为敌孔教，安非然也。始皇所焚者，不过民间之书，百家之语；所坑者，不过咸阳诸生侯生、卢生等四百余人，未尝与儒教全体为仇也。岂惟不仇，且自私而自尊之。其焚书之令云，有欲学者，以吏为师，非禁民之学也，禁其于国立学校之外，有所私业而已。所谓吏者何？则博士是也。秦承魏制，置博士官，伏生、叔孙通、张苍，史皆称其故秦博士。盖始皇一天下用李斯之策，固已知辨上下定民志之道，莫善于儒教矣。然则学术统一与政治统一，同在一时，秦皇亦儒教第二功臣也。"[①] 史料证明，尽管秦始皇靠法家思想统一天下，但并没有忘记征询儒者的意见，如博士淳于越仍能与李斯在御前争论。但秦统一后所面对的政治局势，一方面是六国复辟势力仍然存在，另一方面是匈奴仍威胁着北方边境。在这种情况下必须坚持法家的政策主张，因而不可能采纳儒家的政策建议。在后来的政治斗争中，儒家彻底失败，特别是随着焚书坑儒事件的发生，儒家最终退出秦代的政治舞台。

到了西汉，由于长期战乱，经济凋敝，既要维持法制，又需要与民休息，所以采纳了黄老之术。这种转变看起来反差很大，但事实上，汉承秦制，主要的制度仍然是战国以后直到秦形成的新制度。汉初之所以选择黄老学说，一方面是汲取秦二世而亡的教训，人们对秦之暴政深恶痛绝，法家思想丧失了信仰；另一方面，是因为经长期的战乱，人心思定，人心思安，谁都不希望再"折腾"。所以说汉初统治者选择了黄老，不如说是社会和历史选择了黄老。经过数十年的经济恢复，国力增强，人民富庶，但是新的问题也出现了。在"无为"之治下，各王国逐渐做大，大有问鼎中央之势，而北方的匈奴也屡屡犯境，威胁着汉王朝的稳定。在这种情况下，继续"无为"就难以实现天下大治了。这就必须重新选择意识形态，

---

① 梁启超：《论中国学术思想变迁之大势》，上海古籍出版社 2001 年版，第 54—55 页。

为汉朝中央集权统治重塑合法性。从秦代"一切独断于法",到汉初的"黄老无为",事实上都是一种过正矫枉。经过这两种较为极端的治理方式,社会需要转向"中庸"。这样,罢黜百家,独尊儒术的思想文化政策就呼之欲出了。可见,黄老思想和政策,在秦汉之间的思想意识形态转变过程中,具有承前启后的意义。汉初统治者实行黄老政治,事实上也是一种过渡,即从法家政治向儒家政治过渡的具有转折性的政策思想。

汉高祖刘邦厌恶儒生,但对儒家仍保持着尊重。《史记·儒林传》记载:"及高祖诛项籍,举兵围鲁,鲁中诸儒尚讲诵习礼乐,弦歌之音不绝。……故汉兴,然后诸儒始得修其经艺,讲习大射乡饮之礼。叔孙通作汉礼仪,以为太常,诸生弟子共定者咸为选首"。所以在西汉初年不乏儒者。据《史记·陆贾传》记载,陆贾时时在刘邦面前称说儒家的《诗》《书》。刘邦则骂之曰:"乃公居马上得之,安事《诗》《书》!"陆贾回答道:"居马上得之,宁可以马上治之乎?且汤、武逆取而以顺守之,文武并用,长久之术也。昔者吴王夫差、智伯极武而亡;秦用刑法不变,卒灭赵氏。向使秦已并天下,行仁义,法先圣,陛下安得而有之?"高祖不怿而有惭色,乃谓陆贾曰:"试为我著秦所以失天下,吾所以得之者何,及古成败之国。"这就是陆贾《新语》一书的缘起。在《新语》中,陆贾建议刘邦"行仁义,法先圣","握道而治,据德而立",彻底改变"秦以刑罚为务"的重大失误,以防"覆巢破卵之患"。他强调,真正足以担当重建社会秩序之任的惟有儒学,要想长治久安,必须依靠儒家思想和儒家伦理。

"黄老无为"政策实行了七十年,表面上看实现了"文景之治",但潜在的矛盾却在逐步积累。除政治上国内诸侯挑战中央和外交上匈奴犯境外,社会问题也越来越突出。经过数十年的和平发展,社会经济得到很大进步,但是由于长期以来礼崩乐坏,社会道德风尚却并没有好转。所以汉武帝产生了恢复礼乐的愿望。《汉书·艺文志》记载:"迄孝武世,书缺简脱,礼坏乐崩,圣上喟然而称曰:'朕甚闵焉'"。元朔六年(公元前123年),"夏六月,诏曰:'盖闻导民以礼,风之以乐。今礼坏乐崩,朕甚闵焉"(《汉书·武帝纪》)。而礼乐的思想资源主要蕴藏在儒家经典中。要复兴礼乐,就必须表彰六经,实际上就是表彰儒家,复兴儒家思想。

不过，从"黄老无为"到"儒家独尊"这个转变过程中，仍然充满了激烈的思想意识斗争和残酷的政治斗争。直到武帝执政初期，在窦太后的坚持下，国家仍以"黄老"治国，对试图改变这一指导思想的人给予打击。而儒家在朝廷中的代表们，也坚持斗争不惜付出血的代价。公元前141年汉武帝即位。"汉崇儒之主，莫过于武帝"①。但武帝所要的并非"真儒"，而是能够解决当下社会问题的经世致用之学说。据《史记·儒林传》记载，武帝曾将当时的名儒申公迎入宫中，问治乱之事，而申公年愈八十，实为一"腐儒"，仅对出"为治者不在多言，顾力行何如耳"的套话。武帝对此非常失望，不得不将其送回老家。建元元年（公元前140年）冬十月，武帝下令诏举贤良方正直言极谏之士，问以古今之治道，对者百余人。其中博士董仲舒连对三策，明确建议："《春秋》大一统者，天地之常经，古今之通谊也。今师异道，人导论，百家殊方，指意不同，是以上无以持一统，法制数变，下不知所守，臣愚以为诸不在六艺之科、孔子之术者，皆绝其道，勿使并进。邪辟之说灭息，然后统纪可一而法度可明，民知所从矣。"就是说，要以儒家经典《春秋》统一思想，"罢黜百家，独尊儒术"。建元六年（公元前135年）五月，"窦太后崩，武安侯田蚡为丞相，绌黄老、刑名百家之言，延文学儒者数百人"（《史记·儒林列传》）。翌年，即元兴元年冬十一月，汉武帝从董仲舒之言令郡国学孝廉；五月，诏举贤良文学之士百余人，策问古今之治道，如建元元年故事。至此，儒家学说终于成为国家统一意识形态。

4. 综合创新：儒家革命的完成

在战国至秦汉这个历史过程中，儒家根据社会历史的发展变化，不断调整自己的思想理论，合理吸收法家、道家、墨家以及阴阳家的思想，从而转变为符合历史潮流的新儒家。这个调整和兼容过程直到汉武帝时期由董仲舒最后完成，并最终使儒家思想成为国家统一的意识形态。

第一，儒法结合。

儒家和法家是中国政治史上最重要的两种治国思想。但是历史上从来没有哪个王朝实行过单一的法家政策或儒家政策，大多是儒法结合，或外

---

① 吕思勉：《吕思勉读史札记》，上海古籍出版社1982年版，第648页。

法内儒，或外儒内法。所以，儒法从来都是结合在一起的。孔子说："道之以政，齐之以刑，民免而无耻；道之以德，齐之以礼，有耻且格。"（《论语·为政》）孔子主张先礼后刑、先教后杀，"不教而杀谓之虐"（《论语·尧曰》）。但在具体的政治实践中，孔子并不排除使用刑罚。据《穀梁传·定公十年》记载，齐鲁颊谷之会，两君会谈结束后，"齐人使优施舞于鲁君之幕下。孔子曰：'笑君者罪当死。'使司马行法焉，首足异门而出"。可见，孔子为了维护礼制也是不惜杀伐的，这就是"以法护礼"。不过真正实现儒法结合的思想家是荀子。荀子的时代不同于孔子的时代。孔子时代周王室尚未消亡，人们针对当时的社会矛盾提出各自的改革方案。儒家要克己复礼，法家要社会变革，而究竟是克己复礼能解决问题还是变法能解决问题尚不明朗。但是到了荀子时代，社会矛盾到了不变革就不能持续的程度，于是变法成为人们的共识。另一方面，实现社会变革的方式，孟子提出王道与仁治，而从春秋到战国社会更加进入一个竞力的时代，依靠道德教化是不可能实现社会理想的。所以，儒家转而接受不少法家的思想和主张。所以荀子认为礼是法的基础，"治之经，礼与刑"（《荀子·成相》），"礼义生而制法度"（《荀子·性恶》），治理天下必须礼法结合，缺一不可。不过荀子主张教诛并重，"不教而诛，则刑繁而邪不胜；教而不诛，则奸民不惩"（《荀子·富国》）。所以，在此后的历史中，儒家从来没有排斥法家思想，而统治者也从来都是儒法并用的。据《汉书·元帝纪》记载：元帝柔仁好儒，见宣帝所用多文法吏，以刑名绳下，于是建议"宜用儒生"。宣帝责元帝曰："汉家自有制度，本以霸王道杂之，奈何纯任德教，用周政乎？且俗儒不达时宜，好是古非今，使人眩于名实，不知所守，何足委任。"事实上，历代王朝都不可能片面地实行儒家或法家政策，都是儒法并用。

第二，儒道结合。

从源头上看，儒家思想和道家思想都来自《易经》，都讲究阴阳变化。在汉初，道家思想与法家思想结合演变为黄老之学，并积极参与国政，所以从"无为"转为"而治"。就是说，尽管方法是"无为"但目的还是"而治"，道家人物从避世转为用世，从后台走上前台了。道家的这种转变也为儒家与道家的结合搭了一座桥。从另一个方面来看，汉初主张黄老之术的并非仅仅是道家人物，儒家人物如陆贾也主张与民休息，无为而治。正是在这个历史时期，儒家思想实现了与道家思想的结合。从历史上看，经过战乱之后，与民休息常常成为国家第一要务，特别是在农业社会，和平稳定往往是经济社会恢复和发展的基本条件。只要具备这样的条件，社会经济会自然地得到恢复和发展，并不需要政府的政策激励。当然，政府的一些鼓励和扶持经济社会发展的政策也会起到积极促进作用，如汉代的循吏制度往往被后人所称道。但是，历史证明片面的"无为而治"难以真正地长久持续。如汉初在无为而治政策下，经济自由竞争，结果导致土地兼并严重，商农产业失衡，贫富差距扩大，豪强势力膨胀。这也是汉武帝实行算缗和告缗政策的原因之一。所以，黄老无为政策还是得转向儒家的经世致用主张，而在这种政策转换过程中，也就随之发生了两者的结合。

第三，儒墨结合。

墨家思想的核心价值是"兼爱""尚同"，而儒家讲"仁爱"讲"大同"。但儒家的"爱"与墨家的"爱"不同，儒家是"爱有等差"，墨家是"兼爱"而无等差；墨家的"尚同"是排除历史条件的"同"，而儒家"大同"则是一种终极理想。当终极理想不能实现时，则不得不让位于一般性的价值取向即"尚同"，但儒家仍坚持自己的"和而不同"。另一方面，儒家重义轻利，而墨家义利并重。总的来看，尽管早期儒墨两家同为显学时争的不亦乐乎，两者实际上是非常接近的。所以韩非子在阐述法家思想的同时将儒墨两家打包批判。如在《五蠹》篇中，韩非子集中批判了儒墨的仁义兼爱，指出儒墨宣扬"兼爱天下""视民如父母"的仁义治民主张，"犹无辔策而御悍马"，终不可以治。《吕氏春秋》将儒墨并称，说："孔、墨，布衣之士也，万乘之主、千乘之君，不能与之争士也"。(《吕氏春秋·不侵》)由此可见人们对儒墨兼容的看法。西汉初年，儒学被定为一尊，而墨家思想则被兼容进入到儒家之中，所以人们更是将"儒墨"并论。如陆贾《新语·思务》说："是以墨子之门多勇士，仲尼之门多道德，文王之朝多贤良，秦王之庭多不详。"《淮南子·俶真训》说："孔、墨之弟子，皆以仁义之术教导于世。"班固《汉书·叙传上》说："夫德不得后身而特盛，功不得背时而独彰，是以圣哲之治，栖栖皇皇，孔席不暖，墨突不黔。"总之，在汉代学者眼里，儒墨已经没有什么差别。

儒家革命的最后阶段就是全面综合与集大成。春秋战国是百家争鸣时代，也就是思想创新时代。这一时期产生了中国历史上最有价值的思想，从而为后世提供了丰富的思想资源。但是到了秦汉时期，国家的统一需要思想的统一，所以中国的思想史进入到综合创新时期。国家需要意识形态统一，但这种统一却不能通过排斥诸子而统一到单一的"某子"之说，所以首要的任务是实现诸子的融合。从诸子的特点来看，只有儒家思想最具兼容性，所以这种思想统一的任务就必然由儒家学者来实现了。董仲舒作为此一时期儒家思想发展的集大成者，不仅接受和发扬了荀子关于礼法并重、刑德兼用的理论，而且还大量吸收了墨家"兼爱""尚同"的理论。但是，这些综合创新并不是董仲舒一人所为，他的最大的贡献，是在他所专攻的春秋公羊学中，将阴阳家的阴阳五行学说结合进儒家思想体系。正如班固在《汉书·五行志》中所说："董仲舒治公羊春秋，始推阴阳，为儒者宗。"这种阴阳五行学说，佐证了"君权神授"观念，受到汉武帝及其后继者的欢迎。所以，到董仲舒时代，儒家已不是孔子时的原始儒家，而是经过他和汉初其他儒家学者一系列的综合，吸收了墨、道、名、法、阴阳等各家学说之长的新儒家。所以，尽管汉武帝实行了罢黜百家，独尊儒术的政策，但事实上所独尊的儒术已不是单纯的或原教旨的儒术，而是融合了"百家"的新儒术。儒家的最后胜出实际上经历了秦代的"罢黜百家，独尊法术"、汉初的"内用黄老，外示儒术"，最后经汉武帝"罢黜百家，表章六经"（《汉书·武帝纪》）这一系列过程而获得独尊地位。事实上，"百家"并不是被"罢黜"而是被兼容，儒家也并不是"独尊"而是百家融合共存。从汉武帝开始，综合百家的儒家成为国家大一统的思想基础，并成为中华民族文化思想的主流。

儒家之所以成为汉代的国家意识形态，首先是由于儒家是周文正统的继承者。经三代综合创新而成的周文思想体系，为百家思想创新提供了丰富的资源。例如周文兼有礼乐刑政，"故礼以道其志，乐以和其声，政以一其行，刑以防其奸。礼乐刑政，其极一也，所以同民心而出治道也"；"礼节民心，乐和民声，政以行之，刑以防之。礼乐刑政，四达而不悖，则王道备矣"。（《礼记·乐记》）就是说，周文的治理理念，不仅靠礼乐教化一手，也强调刑政支持一手，是两手都硬。但自从春秋以来，周文失之于"夷野"，散落为"百家"，而百家各执一孔，将其夸大，而不能兼顾其余。只有儒家祖述尧舜，宪章文武，主张执两用中，兴礼作乐，兼用礼乐刑政，综合治理，制度建设和文化建设并重。不仅如此，在百家之中，只有儒家最完整地掌握了周文的经典文本即六经，儒家"以六艺为法"，"游文于六经之中，留意于仁义之际"（《汉书·艺文志》），真正掌握了周文的核心价值。所以，汉武帝选择儒家作为全社会的指导思想。

儒家之所以成为汉代的国家意识形态，还是由儒家学说自身的特点或者说由儒家的方法论所决定的。因为儒家思想具有最活的灵魂，这就是"易道"和"中庸"。一方面，任何一种意识形态都不可能恒久不变，必须根据历史需要而调整。这正是"易"的核心思想，也是中国价值传统的活的灵魂。另一方面，不论到什么时候，都不可能专注于某一种意识形态而忽视其他方面，而必须"两手抓"。这就是中庸。中庸的重心不是"中"而是"两"，是"执两用中"，是两手平衡而至于中。中庸使儒家能够和其他思想融合，能够更加容易地根据时势调整或转变。从春秋战国到秦汉，由于周文疲敝丧失了统一思想和提供思想武器的作用，社会放弃了传统的德治转而拼用武力。在这方面秦国领先于其他诸侯国，因而秦国得以统一天下。但是，利用法家思想武器实行改革和统一天下的秦，由于过于相信武力结果是二世而亡。这不能不引起后来的汉代统治者的反思。他们反其道而行之，采用黄老学说，与民休息，从而取得文景之治的成就。但是到了武帝时，一切都在变化，不能继续实行黄老无为政策，必须对社会经济实行有效的管理和干预，必须采用儒家思想。这种思想和政策的变化就是"执两用中"的政策调整过程。总之，儒家学说到了汉武帝时期，已经实现完整的综合，儒家革命也到此完成了。事实上，"孔子为汉立法"之说指的就是儒家思想在武帝时期通过综合创新完成了各种思想的整合，从而上升为国家意识形态。

5. 诸子时代向经学时代的转变

从儒家的历史上看，作为一个群体或学派，儒家自其创始到汉代经历了三次沉重打击。第一次是周灭殷时，儒作为殷遗民曾散于民间；第二次是春秋时期，由于礼崩乐坏，儒家学说被各诸侯国抛弃；第三次是秦始皇时期的焚书坑儒，大部分经典被破坏散落于民间。但是，儒家思想在民间广泛地活跃着。儒家以建立道德理想国为己任，而在天下无道之乱世必然难以发挥作用，即所谓"无道则隐"。但是，经过汉初数十年的休养生息和经济恢复并实现了文景之治，在这样的历史条件下，儒家思想逐渐可以派上用场，即所谓"有道则现"。

要实现统一的治国思想首先要有统一的价值理念。儒家思想有着自身的优势，通过数百年的实践和改造，能够进一步适合中国的国情。第一，"执两用中"。从思想史规律来看，春秋战国时期秦用法家学说以耕战即以"力"得天下，而汉初帝王采纳黄老无为思想赢得文景之治。而到了武帝时期，由于国情变化，既不能采用法家的"力"，也不能继续"无为"，必然转而采用儒家，实行道德教化，以建立稳定的社会秩序以求得长治久安。这就是"执两用中"。第二，合法性重建。汉代统治者通过武力得天下，其统治合法性建立在武力基础上。汉初统治者通过与民休息取得文景之治，将统治合法性建立在政绩基础上。但是，不论是武力还是政绩作为长久的合法性依据都还不够，这就要求统治者寻求其他合法性资源。由于儒家"祖述尧舜，宪章文武"，承继道统，正符合了汉代统治的新的合法性需要。所以采纳儒家就是文化合法性重建。第三，儒家教化作用。秦汉都以马上得天下，但谁都不能马上治天下。治天下要求教化，即教育人民。儒家学说具有社会教化作用，即孔子所言的"庶"后"富之"，"富"后"教之"的社会管理规律。这种"教之"，既是对政权合法性的投资，也可以转化为社会资本，从而产生社会效益，即稳定发展。汉武帝有感于礼崩乐坏久矣，多次发出"朕甚闵焉"（《汉书·艺文志》）的感慨，决心恢复儒学重建礼乐，于是就出现"以孝治天下"的社会政策。这都是儒家思想之功。

总之，随着诸侯时代转向国家统一时代，社会思想也必然从诸子时代向统一时代转变。这个转变就是诸子时代转向经学时代。从历史上看，随着诸侯时代被秦汉的统一战争所终结，诸子时代也被秦汉的文化专制政策所终结。秦崇尚法家思想，而汉初崇尚黄老思想，但两方面都不够持久，思想意识也并未真正实现统一。直到汉武帝时期，经过反复的比较和实践，终于确定以儒学为基本治国思想并独尊于儒家。这样，随着中国在政治上从诸侯时代进入统一的集权时代，文化意识方面也就从争鸣的诸子时代进入统一的经学时代。

五、儒家化社会的形成

1. 政治体制的儒家化：以民为本，中央集权，文治政府

集权体制是战国时期在兼并战争过程中逐步形成的。这种体制的一个重要标志就是君主权威，这种权威在秦始皇那里达到了一个峰值。到汉代这种君主权威有所减弱，但其基本构架仍然保持着，并在制度上有所创新。董仲舒之所以将儒家思想与阴阳家思想结合，一方面是试图将君主权威提高到天意的高度上，另一方面是试图用天意来制约君主权威，并达到士人与君主分享治权的目的。

儒家的核心价值和治国理念是"以人为本"和"以民为本"。但是这种理念与秦代确立起来的集权主义和专制主义是不同的。在这种情况下，要坚持以民为本必须采取变通的方式。到了汉代，君主权并不是绝对的权力而是与民分享，而能够代表民意的正是春秋以后成长起来的新的士人阶层。从起源上看，士人源于上古时代的祭祀人士，他们通过独特的技能，沟通天人关系，传达天帝的旨意。到了周代，人的价值凸显，民意往往与天意沟通，即天意通过民意实现。这样，祭祀的职能就转变为阐释民意，祭司转变为士人。在这种专制体制下，即便是帝王也要通过士人转述天意。不过，真正的天意还是源于民意。所以，新的专制制度通过士人实现了天意—君权—民意的一致性，"君权神授"在实际操作中转变成了"君权民授"。这种体制，一方面是士人与帝王共治的方式，也是民主到集中的途径，而士人在其中起了关键性作用。

正是由于存在这种士人与帝王共治的体制，士人才能与帝王共同讨论治国方式，探讨长治久安的社会治理模式，所以也就有了关于"马肝问题"的讨论。史载汉景帝时儒家博士辕固生与黄生在景帝面前争论。黄生曰："汤武非受命，乃弑也。"辕固生曰："不然。夫桀纣虐乱，天下之心皆归汤武，汤武与天下之心而诛桀纣，桀纣之民不为之使而归汤武，汤武不得已而立，非受命为何？"黄生曰："冠虽敝，必加於首；履虽新，必关於足。何者，上下之分也。今桀纣虽失道，然君上也；汤武虽圣，臣下也。夫主有失行，臣下不能正言匡过以尊天子，反因过而诛之，代立践南

面，非弑而何也?"辕固生曰："必若所云，是高帝代秦即天子之位，非邪?"于是景帝曰："食肉不食马肝，不为不知味；言学者无言汤武受命，不为愚。"遂罢。是后学者莫敢明受命放杀者。(《史记·儒林列传》)这个例子说明，儒家是主张变革的，并且是以民为本的，他们认为社会变革或者改朝换代是否符合天道，是否具有"合法性"，最终还要看是否符合民意。正是由于这种儒家传统的作用，才可能在高度集权的君主体制下实现开明专制。

2. 经济政策的儒家化：抑制兼并，重农抑商，政府调控

儒家所追求的理想社会是以三代为样本，其中理想的土地制度是井田制。但历史现实是，三代已经一去不复返，只能作为一种空想，土地私有制度已日益巩固，井田制更难以重建。而面对日益严重的土地兼并和贫富分化，所能够采取的社会经济政策，只能是限田、重农抑商以及各种有限的调控措施。

首先是抑兼并。

孟子曾描绘了一个理想的小农经济模式："五亩之宅，树之以桑，五十者可以衣帛矣。鸡豚狗彘之畜，无失其时，七十者可以食肉矣，百亩之田，勿夺其时，数口之家可以无饥矣。谨庠序之教，申之以孝悌之义，颁白者不负戴于道路矣。七十者衣帛食肉，黎民不饥不寒。"(《孟子·梁惠王上》)秦汉时期的农业是以自耕农和地主为主体的生产体制。汉初政府实行"以名占田"政策，一方面创造了一大批大地主，另一方面创造了广泛的自耕小农。在一个相当长的时期，自耕农经济作为主要的社会生产力基础发挥了重要作用，成为汉初经济恢复和发展的基础。但是随着社会经济的发展，自耕农自身发生分化，产生"富者田连阡陌，贫者无立锥之地"的现象。这种土地兼并和贫富分化现象，大概从汉武帝时期就已经相当普遍，而到了汉宣帝时期就十分严重了。对此，汉儒根据"经典"所能提供的理想社会模式提出限田主张。《汉书·食货志上》载董仲舒说汉武帝曰："古井田法虽难卒行，宜少近古，限民名田，以澹不足，塞并兼之路。"哀帝时，土地兼并已经十分严重，师丹说："古之圣王莫不设井田，然后治乃可平。"(《汉书·食货志》)但他并不主张恢复井田而是主张限田。哀帝接受他的建议在全国实行限田政策。王莽也是大儒，他在掌权后，于公元九年颁布诏令：更名天下田曰"王田"，"不得买卖"。（《汉书·王莽传》）以后，各朝代都有主张恢复井田的思想家，但事实上，这种复古倒退主张根本不能实施，不过是一种理想罢了，而限田的确是可行的，但也只能是一时之策。从历史上看，对于土地兼并的限制或约束政策，可以说贯穿汉晋南北朝直到隋唐。具体政策包括西汉限田、王莽王田、东汉度田、西晋占田，以及北魏到隋唐的均田政策。尽管这些土地制度和政策与三代井田制相距甚远，但还是在一定程度上抑制了土地兼并。

其次是重农抑商。

这也是儒家的一贯主张。中国传统上是以农立国，农业的稳定与发展是国家经济稳定与发展的最重要基础。但是，历史上的商业发展，却导致一系列有损于农业的结果。例如，早在春秋战国时期就有"用贫求富，农不如工，工不如商，刺绣文不如倚市门"的说法。这种劳动收益的差距，导致劳动力从农业转移到工商业，从而损害了农业基础。《汉书·贡禹传》说："商贾求利，东西南北各用智巧，好衣美食、岁有十二之利。……故民弃本逐末，耕者不能半，贫民虽赐之田，犹贱卖以贾。"所以，必须抑制商业发展。另一方面，商人资本的发展，往往成为地方势力壮大的基础。春秋战国诸侯势力的壮大，汉初数十年各王国势力的壮大，都与商业资本的发展有关。所以，从国家统一角度上也必须抑制商业发展。可以说，自董仲舒将公羊春秋作为最基本的儒家经典呈与汉武帝，并最终使公羊春秋成为国家意识形态始，重农抑商思想就贯穿于整个汉唐历史。汉武帝时抑商政策开始系统化，主要措施是实行算缗和告缗。算缗就是向商人、高利贷者征收的财产税和所得税。凡对财产和收入隐藏不报，或呈报不实的，鼓励知情人告发，即告缗。与此同时，政府还将冶铁和煮盐收归官营。汉武帝推行盐铁官营的同时，还实行贸易方面的均输平准政策。所谓均输就是各地贡输物品一律按当地市价折成土产输官，然后政府再转运到京师和缺乏这些物品的地区出售；所谓平准就是政府接受均输的物品，"贱而买，贵即卖"，使物价稳定在一定水平上。总之，政府之所以要抑商，根本的原因就是将国家建立在农业基础上，并防止商人和高利贷者所支持的地方势力对统一政权的挑战。

再次是政府调控。

政府强力干预民众生活事实上是法家传统。商鞅变法中一个重要内容就是将人民组织起来，编入国家户籍，纳税、参战，特别昭著的是连坐制度，使人民丧失了个体生活的权利。到了汉代，政府对经济生活的调控继承了法家传统，可以说是秦代政策的连续性。儒家出于国家大一统考虑，也出于民生需要，在一定时期也主张干预和调控，不过理念不同，即将重点放到民生上来。关于国家调控亦即政府对经济的干预和调节，汉代曾经有过一次争论，即著名的盐铁会议。代表儒家思想的文学贤良们主张自由放任，而法家代表桑弘羊主张继续实行国家管制。而事实上自由放任则是黄老道家的主张。这说明，儒家是与时俱进的。只要是与时俱进，就必然是要根据国情来提出政策主张，而不会拘泥于儒家教条。盐铁会议并没有取得一致的结果，后来的政策变化也不大，但是总的来看是从国家管制上有所后退。但是盐铁会议的意义还是重大的，即对国家政策作公开讨论，特别是邀请各路"士人"参加，以广开言路，集合众议。这也是开明君主制度的一个重要标志。

3. 法律制度的儒家化：引礼入法，德主刑辅，春秋决狱

在孔孟时代，尽管儒家学说影响很大但仅仅是"百家"之一，并未成为统治思想。这是因为在那个竞力时代，单靠教化是不能解决问题的。各诸侯没有一个希望通过道德教化来实施统治，更没有一个诸侯相信通过道德说教能实现统一。所以，基本上没有一个诸侯国接纳儒家思想，因而儒家人物很少身居要职，儒家思想更不具备法律化的条件。汉朝初期的统治者吸取秦朝灭亡的教训，曾宣布废除秦代的严刑酷法，并采取"与民休息""宽省刑法"等措施。汉武帝志在探索新的治国之策，实行"罢黜百家，独尊儒术"的思想文化政策，儒家人物被选拔到高层。这样，儒家思想有可能成为主导国家立法的思想。这个过程从汉代开始直到唐代臻于完善。

汉代"引礼入法"是法律制度儒家化的开端。儒家法律思想经董仲舒等儒家学者的改造比较适用于汉代的国情。这些思想第一是法自君出、王者法天，即"天子受命于天，天下受命于天子"，利用神权使皇帝的权威合法化。第二是德主刑辅、先教后刑，主张以教化为主要手段，以法律制

裁为辅助手段来维护伦理道德并实现统治。第三是援礼入法，礼律融合，即将三纲五常作为社会道德准则，也作为社会立法的根本标准。而在具体的法律实践中，刑罚适用原则的儒家化，主要体现为上请、亲亲得相首匿、矜老恤幼等。此外还通过"春秋决狱""引经注律""引经决狱"等途径实现法律制度的儒家化。所谓"春秋决狱"就是在判案时引用《春秋》等儒家经典的经义作为分析案情、认定罪行及适用法律的依据，其主要目的是以忠孝伦理纲常作为立法和用法的指导原则。此后，其他儒家经典也被作为法律解释的依据，这就是"引经注律"和"引经决狱"。从"春秋决狱"到后来的《春秋决事比》，再有"死罪秋冬行刑""大赦惯例"等都体现了儒家思想。

魏晋南北朝时期实行"纳礼入律"，儒家思想继续向法律领域全面渗透，并开辟了儒法结合的新途径。首先是"伦理纲常"入律，包括"准五服以制罪"和"重罪十条"等。"准五服以治罪"是对于亲属间的互相犯罪，根据五种丧服所表示的远近亲疏关系来定罪量刑，它反映了"父为子纲、夫为妻纲"的父权、夫权思想，强调了上下、尊卑、贵贱、亲疏的封建等级秩序。"重罪十条"涉及到封建宗法等级制度的各个方面，包含了儒家伦理纲常的基本内容，其目的在于维护封建王朝的专制统治和封建伦理道德、家族制度以及与之相适应的社会秩序。如《晋律》首次将"服制"纳入律典，作为定刑量刑的依据；《北齐律》将严重危害国家利益与违背等级制度的言行归纳为"重罪十条"置于律典的首篇。其次是等级特权入律，即"八议"之法和"官当"制度。"八议"是以《周礼》的"八辟"为依据制定的，使封建贵族的司法特权得以公开化，部分官僚取得了凌驾于国家法律之上的等级特权。"官当"即"以官当徒"，源于《晋律》的"杂抵罪"，即允许官员以官品与爵位抵罪。此外还有"死刑复奏"原则，即在魏晋时期将死刑的决定权收归中央，体现了儒家的"慎刑"原则。

唐代实行"礼法合一"，标志着法律儒家化的完成。隋唐与秦汉的历史具有一定的相似性。前代通过暴力建立制度，而后代则对前代基本继承但有所纠正。这种纠正可能存在一定的"过正"，然后再次纠正，逐渐回归到"中道"。隋代统治时间较短，但进行了大规模的制度创新。隋文帝杨坚的《开皇律》确定了法典体例、确立五刑、定型"十恶"等。如汉承秦制一样，唐统治者将这一故事重演，即"唐承隋制"。唐朝统治者提出"德礼为政教之本，刑罚为政教之用，犹昏晓阳秋相须而成者也"（《唐律疏议·名例》），即重视"德"的指导作用，又不放弃刑罚的使用，在此原则基础上进行一系列的创新，实现了"礼法合一"。第一，在立法上坚持"以礼为纲"，"一准乎礼"，做到宽简稳定，重惩"十恶"；第二，进一步强化和完善等级特权制度，不但在总则性质的"名例律"中对"八议"作了更加详细的规定，而且发展了"当""请""减""赎"等；第三，完善了封建伦常关系，严格维护父权、夫权、族权，赋予尊长在家庭中的绝对权力，并进一步确立男尊女卑，嫡庶之别，严格要求婚姻制度与儒家礼治的一致性；第四，发展了"矜老恤幼原则"，规定犯罪时虽未老疾，事发时老疾者，依老疾论，犯罪时幼小，事发时长大，以幼小论；第五，发展"亲亲得相首匿原则"为"同居相隐不为罪"，扩大了相隐免罪的范围。此外，《唐律》在以礼注释经典、完善司法原则与制度方面都将法律儒家化完善地巩固下来。总的来看，唐律修撰以礼为指导，唐律条文多源于礼，在更大程度上体现了礼的理念，实现了礼与法的高度统一。所以，唐律标志着中国古代法律儒家化的完成。

4. 社会伦理的儒家化：三纲五常，兴廉举孝，孝治天下

"三纲五常"是董仲舒在传统儒家思想基础上，结合阴阳家思想而提出来的，大部分算是他的原创。他从天人关系出发，根据"天尊地卑"思想明辨"三纲"。他在《春秋繁露·基义》中说："凡物必有合……阴者阳之合，妻者夫之合，子者父之合，臣者君之合"，"君臣父子夫妇之义，皆取诸阴阳之道。君为阳、臣为阴；父为阳、子为阴；夫为阳，妻为阴……是故臣兼功于君，子兼功于父，妻兼功于夫"。在《春秋繁露·顺命》中说："天子受命于天，诸侯受命于天子，子受命于父，臣受命于君，妻受命于夫。诸所受命者，其尊皆天也，虽谓受命于天亦可。"董仲舒把儒家的"仁义礼智信"概括为"五常"。他在汉武帝一次策问中说："夫仁义礼智信，五常之道，王者所当修饬也。王者修饬，故受天之佑，而享鬼神之灵，德施于外，延及群生也。"（《汉书·董仲舒传》）到东汉章帝时的白虎观会议上，三纲得到进一步强调。《白虎通义·三纲六纪》称"三纲

者何？……君为臣纲、夫为妻纲、父为子纲"。后来马融将"三纲"同"五常"相提并论，合称为"三纲五常"。总之，"三纲"是以礼区分社会等级的尊卑制度和行为标准，而"五常"则是整个社会的伦理本位和道德价值标准。

汉代实行"以孝治天下"。儒家认为，对社稷和君主尽忠与对父母尊长尽孝是一致的，只有在家尽孝者方能在朝廷尽忠。所以，汉代除了将三纲五常作为国家法律和社会行为规范强制施行外，还将孝作为良好风尚大力推行。然而，如果"以孝治天下"仅仅是政府的一种倡导而没有制度保证的话，那么"以孝治天下"仍不过是空谈，尽管政府提出一系列榜样来宣传，但"天下"人并不一定都会效仿。这就是教化功能的有限性。而汉代国家提出"以孝治天下"是有制度保证的。

首先，汉代制定了大量关于"孝亲"的立法。武帝继位即下诏："古之立孝，乡里以齿，朝廷以爵，扶世导民，莫善于德。然即于乡里先耆艾，奉高年，古之道也。今天下孝子、顺孙愿自竭尽以承其亲，外迫公事，内乏资财，是以孝心阙焉，朕甚哀之。民年九十以上，已有受鬻法，为复子若孙，令得身师妻妾遂其供养之事。"（《汉书·武帝纪》）朝廷要求严格执行"受鬻法"，使"孝子顺孙得身师妻妾遂其供养之事"。

其次，也是最为重要的就是建立举孝廉制度。《汉书·武帝纪》载，元朔六年冬十一月，武帝下诏："公卿大夫，所使总方略，壹统类，广教化，美风俗也。夫本仁祖义，褒德禄贤，劝善刑暴，五帝、三王所由昌也。朕夙兴夜寐，嘉与宇内之士臻于斯路。故旅耆老，复孝敬，选豪俊，讲文学，稽参政事，祈进民心，深诏执事，兴廉举孝，庶几成风，绍休圣绪。夫十室之邑，必有忠信；三人并行，厥有我师。今或至阖郡而不荐一人，是化不下究，而积行之君子雍于上闻也。二千石官长纪纲人伦，将何以佐朕烛幽隐，劝元元，厉蒸庶，崇乡党之训哉？且进贤受上赏，蔽贤蒙显戮，古之道也。其与中二千石、礼官、博士议不举者罪。"这是说"孝"者不仅得到政府的表彰，而且能入仕做官。武帝七年五月"初令郡国举孝廉各一人"（《汉书·武帝纪》）。从此"举孝廉"被正式确定为朝廷的选人用人制度。

最后，为了使"孝"能够深入人心，政府提倡人人读《孝经》。依汉制，经学博士不必通晓五经，只要求通一经即可，但《孝经》却是人人都要读的。《汉书·匡张孔马传》载，匡衡曾上疏成帝说："及《论语》《孝经》，圣人言行之要，宜究其意"。《后汉书·儒林列传》载：章帝时，"自期门羽林之士悉通《孝经》章句，匈奴亦遣子入学"。《续汉书·百官志》说："汉制：以《孝经》试士"。《后汉书·百官》也说："《孝经》师主监试经。"可见，此时的《孝经》已被确定为重要的国家考试内容。①

5. 儒家思想的制度化：博士制度，读经入仕，士族形成

儒学被确立为国家意识形态以后，统治者采用一系列制度来确保儒家思想的独尊地位，其中最重要的就是博士制度。博士制度并非汉代首创，但的确是到汉代发展最为完善，并在政治文化生活中发挥了重要作用。博士制度源于战国，博士的主要任务就是参与政议，辅助决策。《汉书·百官公卿表》记载："博士，秦官。掌通古今，秩比六百石，员多至数十人。"《续汉志》云："博士，掌教弟子，国有疑事，掌承问对。"秦代诸子百家各立博士之制，到始皇时有博士七十人。从其中可考的十二名博士看，淳于越、伏胜、叔孙通、羊子、李克、圈公六位都是儒家，黄疵为名家，卢敖为神仙家，其余四名不知学派，而其他不可考者，应有法、阴阳、纵横、农、兵等家代表存在。汉承秦制，诸子百家都有博士。汉文帝时始置《书》《诗》博士，并立诸子传记博士，有博士七十余人。景帝时又置《春秋》博士。此时，博士虽百家杂陈而儒家独多，不仅《书》《诗》《春秋》有博士，《论语》《孝经》《孟子》《尔雅》也有博士，并且《诗》博士有齐、鲁、韩三家，《春秋》博士有胡毋生、董仲舒两家。武帝罢黜百家，独尊儒术，于建元五年（前136）罢传记博士，又为《易》和《礼》增置博士，与文景时所设的《书》《诗》《春秋》博士合为"五经博士"。从此博士成为专门传授儒家经学的学官。

与经学博士制度相对应的是太学和博士弟子制度。西汉早期没有官方的教育机构。汉武帝采纳董仲舒的建议，于元朔五年（前124年）在长安建立太学。最初的太学设五经博士并置博士弟子五十名。以后，太学制度

---

① 孙景坛：《汉代"以孝治天下"初探》，《中共南京市委党校南京市行政学院学报》2002年第1期。

不断完善。一方面，博士数量不断增加，如汉宣帝时增置博士为十二类：《易》为施、孟、梁丘；《书》为欧阳，大、小夏侯；《诗》为齐、鲁、韩；《礼》为后氏；《春秋》为公羊、谷梁。到西汉末年，研究五经的学者逐渐增至十四家，所以也称"五经十四博士"。另一方面博士弟子数量也不断扩大，武帝时为五十人，昭帝时增至百人，宣帝时增至两百人，成帝末更增至三千人。王莽为笼络广大儒生并树立个人声望，在长安城南兴建辟雍、明堂，又为学者筑舍万区，博士弟子甚至多达一万余人。

博士制度主要是国家掌管意识形态和文化教育的制度，同时也是汉代官制的一种有效补充。博士各以家法教授弟子，师生传授之际，要遵守一定的师承关系，即守师法和守家法。师法指一家之学创始人的说经，家法指一家之学继承人的说经。例如董仲舒通公羊学，立为博士，他的说经即为师法。再传下去，其弟子更为章句，又衍出小的派别，如"颜氏公羊""严氏公羊"，就是家法。博士秩卑而职尊，除了教授弟子外，还往往担当国是，或出使或议政，甚至直接出任重要官职。不但博士本身受到朝廷的优待，博士弟子也被列为正式的仕途出身。根据公孙弘的建议，通一艺以上都被列为补官、晋级的条件，而且优先使用。所以汉代"公卿大夫士吏彬彬多文学之士"（《汉书·儒林传》），从丞相一直到地方官，都大致能够通一门儒家经学。后来政府又推出只要精通一经便可免去徭役的"优惠政策"。儒学和仕途的这种结合，养士育才和职官制度的一致性，是汉代政治思想统一的重要原因。另一方面，这种名利双收的制度设置，导致"天下学士靡然乡风矣"（《汉书·儒林传序》）。

经学传授的师法和家法制度，加上博士及其弟子的补官制度，久而久之就形成一种新的社会群体即士族。士族与地方豪强和军功贵族不同，他们主要靠读经起家，将读经作为晋升的途径。要读经做官就必须进入某个师门，拜在著名经师门下，这就自然形成一个"师承"关系，并由此而形成"门第"。这个读经起家的士人官僚阶级即为士族。在这个历史时期，士族地主基本上就是官僚地主。由于他们能够通过占有土地和通过读经入仕进入统治集团，并通过门第阀阅形成自己的宗族集团，并能够长期保持这种权势，从而构成早期世族的主体部分。士族形成的历史意义在于，士人成为一个重要的社会集团，通过参与国家治理形成"士人政府"，实行与君主共治。士人政府形成后，传统的宗室贵族和功臣专横的局面逐渐打破，政权组织超越皇室私亲关系，走向共同治理国家的道路。自汉武帝建立士人政府后，历代追随，自中央以至地方官吏多为士族占据，国家政权架构中的文化素养也不断提高，中国社会走向文治，遂成文治传统。

六、儒学的异化与分裂

1. 儒学经学化

在汉武帝实行罢黜百家独尊儒术政策之前，儒家仅仅是作为百家之一的学说，是代表一个较为广泛人群的一种社会思潮。汉武帝之后，儒学成为官方意识形态，成为官学，也就是成为指导社会思想的理论基础。这样，儒家经典就成为阐释现行制度合理性的理论依据。但是从儒家经典的基本构成看，除了个别经典晚出外，大部分著作成书时间较早，所记录和所反映的内容已远离汉代的社会生活。如果仅仅依据这些经典而不顾社会历史变化和现实需要的话，各种政策的实施结果必然是刻舟求剑，缘木求鱼。所以，儒学发展所面临的历史任务必然是根据现实生活需要，重新解释儒家经典，发展儒家思想。这样就逐渐形成了一种专门的学问即"经学"。

原始儒学演变为经学，事实上是儒家与时俱进的做法，是符合时代需要的。例如董仲舒的学说，尽管很多方面牵强附会，但毕竟是使儒学符合时代和社会需要而做的"变通"。在经学家的努力之下，这种"变通"方法也越来越缜密，不仅发展出一套完整的、能够自圆其说的理论体系，并且衍生出一套新的话语体系。另一方面，经学成为官学，国家为了维护经学的官学地位，不仅培养学子和官员们对儒家经学的信仰，更培养出一大批既得利益者，他们为了维护自己的利益，也极力维护经学的垄断地位。这样，儒学自从转变为经学开始，其自身的异化和衰落也就开始了。

儒学经学化就是儒学异化和衰落的开始。所谓儒学的异化，是说儒学成为经学，成为国家意识形态，站到了最高点，不能再高了，继续发展也就必然转入下滑轨道，这就是衰落。

首先，儒学成了经学，从此读经成了人们进仕的途径。人们为了读经进仕，不得不拜师学艺，从而产生了经师，私人解经也成了一种职业，这就进而产生了不同的门派。而不同的门派并不纯粹是学术门派，也是进仕的不同路径。少数几个经学门派不仅垄断了学术，事实上也就控制了进仕之路。这样就出现了"门阀"。所以说，一个社会必须有一个核心价值以及相应的价值体系，一个国家也必须有一个官方的主流意识形态。但是，一旦这种官方的主流学术成为人们进仕的敲门砖以后，这种学术也就异化了，即从追求真理的道路上转到沽名钓誉和追逐名利的道路上来了。

其次，经学内部的分化，导致儒学自我解构。既然经学垄断了国家意识形态，其他诸子之学被罢黜，但事实上，思想意识形态方面的竞争是不可能停止的。在这种情况下，竞争只能在儒家经学内部展开。事实上，汉武帝时期经学的垄断只是公羊春秋学的垄断，其他各学派的挑战者是谷梁春秋派和左氏春秋派，而后来则集中于今文经学和古文经学之争。这种学术争论，一方面可以使思想学术取得有限的进步，但另一方面则从内部分裂了儒家经学，导致儒学自身的分裂和瓦解。

再次，儒学成了经学，成为国家意识形态，在王权的保护下被抬到神圣地位，只许信奉，不准怀疑，诸子之学不是被罢黜就是被兼容。在这种情况下，不仅儒学自身变成了一种僵死的教条，更垄断了学术思想，限制了其他思想，随之国家也就失去了自由思考的头脑。在这种情况下，学术只能在经学的固定路径上发展。这种发展只能有两种结果，一种是成为完全的御用学术，完全为统治合理性和合法性提供依据，这就必然走向谶纬和神学化；另一种是向相反的方向转化，即高度思想垄断导致反思想垄断的思潮出现，具体说就是魏晋玄学的出现。

2. "公羊"与"谷梁"之争

从秦汉以来的思想学术史来看，秦代实行法家政策，汉初采纳法道结合的黄老之术，到汉武帝时采取以公羊学为代表的儒家思想。由于儒家公羊学兼有儒法道以及阴阳各家的特点，所以才适应了当时社会需要。但是从汉武帝晚期开始，对儒家经学的法家倾向进行一定程度的修正，出现向传统儒学回归倾向。在这种回归过程中，盐铁会议和石渠阁会议成为两个重要的节点。

儒学取得经学地位，首先是由董仲舒主公羊学取得的。这是由于汉武帝时面对的问题是各王国势力做大威胁中央政权，而公羊学主张大一统正可以迎合汉武帝削除王国势力的需要，也就是说在学术上罢黜诸子，在政治上罢黜诸王。但是随着社会发展和矛盾演变，一方面，王国势力削弱甚至消灭，国家统一问题已经得到解决，大一统的公羊学的意义下降；另一方面，阶级矛盾突出起来，土地兼并日益严重，社会问题日益突出，这就需要社会思想的转向。实际上，董仲舒的法家倾向源于当时的历史背景。董仲舒并不是一个纯粹的儒家，汉武帝更不是一个地道的儒家信奉者。所以，尽管当时政府的思想文化政策在名义上是儒家独尊，但实际上却是"霸王道杂之"。不过，到了汉武帝以后的昭帝和宣帝时，情况开始发生变化，即发生悄悄的转向。这种变化体现在政策上，是对汉武帝政策的反思，由此出现有关盐铁问题的争论。盐铁会议上，代表儒生的贤良文学们反对国家对经济生活的管制，倡导经济自由，而他们的理论依据正是传统儒家的思想。

在学术思想上，这种变化体现为人们对《谷梁春秋》的重新认识。董仲舒确立了公羊学的垄断地位。但并不是经学家们全都研究公羊。其他门派特别是没有取得垄断地位的《谷梁》学者们，也在努力提高谷梁的地位。谷梁与公羊不同。《公羊》着重阐释《春秋》的微言大义，强调尊王攘夷和大一统思想。而董仲舒将公羊之意发挥到极致，而其后走向极端者则肆意解经，甚至不惜大大远离经意。《谷梁》在方法上主张以文义阐发《春秋》经文，不能远离经意，在经意方面高扬传统，强调礼乐教化，贬斥非礼行为。另一方面，《谷梁》从重民的思想出发，力主仁德之治。汉武帝死后，随着战争体制的解体和人民要求安居乐业的呼声高涨，与《公羊》有密切关系的刑名法术之士遭到朝野上下的普遍反对。汉昭帝时议盐铁而罢榷酤，轻徭薄赋，与民休息，农业生产得到恢复，社会矛盾趋于缓和。汉宣帝即位后，更要求"稽古礼文"，实行礼乐教化和仁德之治。这样，谷梁学的地位开始不断提高。

事实上，谷梁学的复兴也是对儒家经学的一次修正，即从偏向于法家化的公羊学转向强调正统儒家的谷梁学。而国家执政指导思想上的修正，导致国家政策层面上的改变，即从汉武帝的"霸道"政策转向注重民生的"王道"政策。在这一过程中汉宣帝承担了重要角色。宣帝喜欢读《申子·君臣篇》，"颇修武帝故事"，曾拒绝王吉"述旧礼，明王制"的建议，认为"汉家自有制度，本以霸王道杂之"。但另一方面，汉宣帝"繇仄陋而登至尊，兴于闾阎，知民事之艰难"（《汉书·循吏传序》），采取不少"德政"措施，如废除了武帝时的许多严刑峻法，注意采取措施抚恤百姓，多次颁布假民公田、减免租税、赈贷种食的诏令，要求地方官"谨牧养民而风德化"，并革除弊政，澄清吏治。在学术思想方面汉宣帝偏好谷梁，他意识到礼乐教化的重要作用，注意加强传统礼仪的作用，使"海内兴于礼让"，保持社会稳定。这些政策措施，标志着汉代的政策转向，也引起思想学术方面的变革，即公羊学渐衰而谷梁学兴起。甘露三年即公元前51年，汉宣帝亲自主持召开石渠阁会议，召五经名儒若干人议于殿中，评《公羊》《谷梁》异同，各以经处是非。会议的成果是将《谷梁》也列为官方学术经典，使之分享汉代最高法典的解释权。这就打破了《公羊》一家独尊的格局，使官方意识形态内容转向多元。所以在石渠阁会议之后《谷梁》始盛。

3. 经学神学化

董仲舒提出的"天人合一"既是一种自然观，更是一种政治观，即从自然观出发导出天命政治观。这种观念表面上看是"君权神授"，符合君主统治的需要，但在其背后却隐含着对君权的制约。就是说，君权神授但也要受到神的约束。进一步讲，经学家们掌握着与天沟通和对天意的阐释权，所以也就成了制约君权的力量。儒家传统是人文主义，并不主张天命观念。如孔子从不语怪力乱神，敬鬼神而远之。这种传统在孔子之后的儒家思想中一直保持着。但是当儒家踏上国家意识形态台阶时，就必须迎合统治者需要而做一些调整。事实上，儒家到了秦汉之交已经发生了变异，纯粹的儒家进一步"隐"去，而"现"世主义的儒家则综合了儒法道，直到汉武帝时期则上升为国家意识形态。

汉代儒家以董仲舒为代表，并以公羊学为标准文本。公羊学的特点是以意解经而非以实证解经，这就为经学家根据需要任意阐发《春秋》中的"微言大义"提供了基本方法。当时武帝提问："三代受命，其符安在？灾异之变，何缘而起？性命之情，或夭或寿，或仁或鄙，习闻其号，未浊其理。伊欲风流而令行，刑轻而奸改，百姓和乐，政事宣昭，何修何饬而膏露降，百谷登，德润四海，泽臻草木，三光全，寒暑平，受天之祐，享鬼神之灵，德泽洋溢，施乎方外，延及群生？"董仲舒答道："臣谨案《春秋》之中，视前世已行之事，以观天人相与之际，甚可畏也。国家将有失道之败，而天乃先出灾害以谴告之，不知自省，又出怪异以警惧之，尚不知变，而伤败乃至。以此见天心之仁爱人君而欲止其乱也。"（《汉书·董仲舒传》）可见，董仲舒的"天人合一"转向"天人相与""天人感应"，并提出相应的灾异论、符瑞说等，已经带有明显的宗教神秘主义色彩。不过，董仲舒的初衷并不是希望儒家思想变成宗教神学，其目的完全是实用主义的，无非是为了更化、改革，为了维护中央集权。但是，董仲舒的后学们，不仅将儒学发展为经学，还沿着这条路径，将儒学引向谶纬神学。

所谓谶，大部分是"诡为隐语，预决吉凶"的神秘主义预言，原为某些方术之士为了达到某种特殊目的而编造的谎言，如秦始皇时期的"亡秦者胡也"，汉昭帝时期的"公孙病已立"等等。儒家学说本无谶的内容。但是当儒生们乃至一些政治家为了使这些隐语具有神圣性，便开始使用儒家经典中的义理去诠释这些隐语。纬书是后世儒者假借孔子或早期儒家的名义编造的阐释经典义理的书，但其中大部分都与经义无关，只是经之支流，衍及旁义。谶与纬连称是一种长期发展的结果。谶纬总集过去所有的具有一定性质的预言，而用以解释一般性质的儒家经典，使那些预言与儒家经典相交织，使圣人的教条与神灵的启示合二为一。这事实上也是董仲舒"天人合一"和"天人感应"学说的翻版。经过这样一种演变，儒家经典变成了"天书"，孔子也就变成了神人。从最初的目的来看，经学家们将儒学发展为谶纬之学，是希望通过解经的特权将他们的意旨与神旨结合起来，通过宗教方式提高经学和经学家们的地位，结果则是把儒家经典神秘化，把儒家思想宗教化。

尽管谶纬之学是将经学神秘化甚至宗教化，但其根本目的还是现实政治。因此，它在对儒家经典进行解释时，往往借助于深奥神秘的表现形式，希望以宗教式的语言来表达他们对现实政治的关怀。从另外一个角度看，经学通过谶纬实现其政治目的，也表明经学本身的异化乃至堕落，这实际上是西汉末年政治危机的产物。也就是说，传统经学丧失了对社会现实的阐释能力，更丧失了对社会问题的解决能力，既然"人事"不能说明问题，就只好求助于神祇了。所以，谶纬之学兴盛起来。

谶纬之学既依据儒家经典，又能够上通神意，既可神化又不脱离祖宗经典，因而成为统治者治世的新工具。据《后汉书·光武帝纪》，当王莽末年天下大乱时，宛人李通等以图谶说刘秀云："刘氏复起，李氏为辅。"在刘秀称帝前，他在长安时的同舍生强华自关中奉《赤伏符》，曰"刘秀发兵捕不道卯金修德为天子。"这样，光武取代新莽承继大统，就真的是"奉天承运"了。由此可见，刘秀起兵和最后成功所借助的精神文化工具不是正宗儒学而是谶纬神学。反过来说，正是因为社会上谶纬神学已经影响了广大群众的意识，所以刘秀才借助谶纬作为自己推翻新朝的精神文化武器。这是时代使然而并不一定由刘秀的个人信仰所决定。既然谶纬对东汉王朝的建立起了关键性作用，刘秀即位之后，即于中元元年（公元56年）宣布图谶于天下。在最高统治者的倡导鼓励下，东汉初年谶纬之学一时变为最时髦的学问。《后汉书·方术列传》说："汉自武帝颇好方术，天下怀协道艺之士，莫不负策抵掌，顺风而届焉。后王莽矫用符命，及光武尤信谶言，士之赴趋时宜者，皆骋驰穿凿，争谈之也。故王梁、孙咸名应图箓，越登槐鼎之任；郑兴、贾逵以附同称显，桓谭、尹敏以乖忤沦败，自是习为内学，尚奇文，贵异数，不乏于时矣。是以通儒硕生忿其奸妄不经，奏议慷慨，以为宜见藏摈。"可见，上自好之，必然导致下面的迎合，谶纬神学的流行则成为必然趋势。据《后汉书·张衡传》记载，东汉初年，"光武善谶，及显宗、肃宗因祖述焉。自中兴之后，儒者争学图纬，兼复附以妖言"。

谶纬之学的兴起使经学走向进一步的异化。一方面，谶纬之学混淆儒家经典，导致章句繁多，使儒家经学走上繁琐道路；另一方面，经书与谶纬混为一体，使经学走上"荒诞不经"的道路。但汉光武帝极力维护谶纬的权威，并直接将谶纬之学政治化，当时用人施政以及各种重大问题的决策，都要通过谶纬来决定，对儒家经典的解释也要向谶纬看齐。谶纬之风遭到一部分儒家士人的反对。如桓谭曾力谏光武帝放弃谶纬，但遭到罢官甚至险些丢了性命。在光武看来，对谶纬的非议已不是一般的学术争论，而是关系到国家意识形态的原则性问题，汉帝国的存在与发展必须坚持谶纬之学的基本原则，以谶纬作为检验真理的标准，可见国家政治之日喻荒谬。学术思想的堕落与国家政治的堕落实际上是一体两面。从谶纬之学的产生直到谶纬之学成为国家意识形态的重要部分甚至主要部分，这个过程同时也是汉代国家政治从健康转向衰落和败亡的过程。在政治统治遭遇危机，即统治者的世俗权威逐渐递减甚至失效之时，就不能不借助于"天"的权威。这个转变是从对人民讲"道理"转为对人民的欺骗。从本质上来说，这也是国家意识形态的堕落。

4. "今文"与"古文"之争

既然反对谶纬之学目的是要回归儒学真谛，而不能采取断章取义的方式无限发挥"微言大义"。这就需要重视儒家经典。然而，儒家经典已经被经学家们谶纬化了。为了反对谶纬之学，新一派经学家们不得不另辟蹊径，从整理和开发儒家经典入手。这就导致古文经学的兴起。

所谓古文经是相对于今文而言的，是用战国时篆文写的经书。这些先秦经籍，相传或出于孔壁，或发自中秘，或献自民间，其中《易》有《费氏易》，《书》有《古文尚书》，《诗》有《毛诗》，《礼》有《逸礼》和《周礼》，《春秋》有《左传》。古文经学由少数儒生私家自相传授，按字义讲解经文，训诂简明，不凭空臆说，迷信成分极少，而在政治上主张复古。随着古文经学的成长，必然要求分享最高法典的解释权，并跻身于官方意识形态的行列。于是便出现今古文经学之争。

事实上，今古文之争所争之事不是经文而是政事，不是经义而是权利。就政事而言，今文经学重义理，讲求微言大义，与政治直接相关。而古文经学讲求文献训诂，但事实上是对今文经学所阐发的义理进行质疑。如果这种质疑达到了成功，那么古文经学家们就必然更接近政治，而如果质疑不成功的话，也可以在经学领域独据一席之地。就权利而言，今文经学家长期垄断经典的阐释权，同时也就垄断了通经致仕之路。古文经学家提出古文经学，事实上是向今文经学家的垄断权利挑战。尽管古文经学家们大都活跃在官方意识形态领域从而分享着相应的权利，但是他们对今文经学家们的垄断不满。所以就通过对今文经学文本的质疑不断地发起挑战。

极力提倡古文经学的是刘歆。汉哀帝时，他领校秘书，提出古文经文字与当时立于学官的经典文本有异。他认为，今文经典是在秦焚书之后，由汉初经师凭记忆口耳相传留下来的，难免会有漏记或误记，所以今文经是不完全的，既不是全经也不是真经。刘歆认为，只有"古文经"才是真经、全经，竭力主张将"古文经"《左传》《毛诗》《逸礼》及《古文尚书》立于学官。到西汉晚期，王莽实行"新政"需要新的意识形态，为其"新政"提供合法性依据。所以，刘歆的古文经学派上了用场。王莽本人也偏好《左传》，于是在太学里立《左传》《毛诗》《周礼》《古文尚书》四个古文经学博士。至此，古文经典终于获得官学的地位，从而有条件地分享汉代最高法典的解释权。于是，古文经学迅速地发展起来。东汉光武帝时，取消古文经博士，复立今文经博士，共十四博士。由于今文经学日益衰败，古文经学在士人间大为盛行，产生不少著名的经师，在经学研究方面远超过官学。建武4年，身为古文学家的尚书令韩歆又提出为《费氏易》《左传》立博士，于是引起一场争论，最后由光武帝决定立《左传》博士，但遭到今文家的激烈反对不久废去。

但今古文之争并没有休止，而是更加激烈。汉章帝建初元年（76年），今文经师、校书郎杨终作《上言宜令诸儒论考五经同异》，指出：西汉宣帝曾博征群儒论定五经于石渠阁，而方今天下少事，学者得成其业，而章句之徒破坏大体，"宜为石渠故事，永为后世则"（《后汉书·杨终传》）。于是，汉章帝将大夫、博士、议郎、郎官及诸生、诸儒集会于白虎观，讲义五经同异。会议由汉章帝亲自主持，参加者有魏应、淳于恭、贾逵、班固、杨终等。会议由五官中郎将魏应秉承皇帝旨意发问，侍中淳于恭代表诸儒作答，汉章帝亲自裁决。这样考详同异，连月始罢。此后，班固将讨论结果纂辑成《白虎通德论》，又称《白虎通义》，作为官方钦定的经典刊布于世。白虎观会议并没有解决今古文之争，事实上是做了一次折中。古文学派并没有超越今文学派而取得汉代最高法典的解释权，但却获得了正统官方学术的承认。可以说，通过白虎观会议，今古双方已经开始各分秋色了。但另一方面，这次会议肯定了"三纲六纪"，并将"君为臣纲"列为三纲之首，使封建纲常伦理系统化、绝对化，同时还把当时流行的谶纬迷信与儒家经典糅合为一，使儒家思想进一步神学化。钦定的奏议，赋予了汉光武帝以来儒家经典与谶纬迷信相结合的神学性与国教化性质。

古文经学的兴起，事实上是对今文经学的一种修正。今文经学逐渐走向神学化，成为玄而又玄的学问，日益偏离儒家思想的正道。而古文经学的出现，正是对今文经学的这些弊端所做的修正。这种修正，首先是从学术方法上的修正，即改变了今文经学肆意解经，任意发挥的毛病，注重儒家原典，追求经典本意。这样就在一定程度上避免了儒家经学的进一步神学化。事实上，今文经与古文经并不存在根本的差异，从经典文献上看这种差异的数量也不大。当然，这种小的差异在后来被不断地放大，竟出现长期延续的今古文之争。古文学家之所以要扩大这种差异，就是为了重建国家意识形态的基础文本。所以，今古文之争不仅仅是学术之争，而是社会思想变革的一种方式。这种争论的出现，事实上正是由于原有的经学对社会现实问题缺乏解释力，对汉代社会所面临的日益严重的挑战没有应对能力。但要想彻底地改弦更张也是不可能的。在这种情况下，人们只有借助于"发现"新的经典文本的方式来修正原典，提出新的思想。所以，今古文之争既是经学衰落的开始，也是儒学发展的新的契机，总之意味着一个重要的历史节点。

东汉后期，社会经济政治状况进一步恶化，但经学家们却对此提不出任何新的有效的政策主张。在这种情况下出现政策转向的主张。如崔寔主张以"霸政"取代贤人政治的"宽政"，提出国家制度要根据形势的变化而改变，决不可"背急切而慕所闻"，认为"刑罚者，治乱之药石也；德教者，兴平之粱肉也"，"德""刑"的用途，因时而异。当时是"承百王之敝，值厄运之会"的乱世，应当用重刑治理。他赞扬汉宣帝采取严刑峻法，使社会安定；他还认为汉元帝奉行儒术，"多行宽政"，是西汉王朝的"基祸之主"。他说："量力度德，《春秋》之义。今既不能纯法八代，故宜参以霸政，则宜重赏深罚以御之，明著法术以检之。自非上德，严之则理，宽之则乱。"（《后汉书·崔寔传》）可见，这是主张重回"霸王道杂之"的道路上来。

5. 经学玄学化

从儒家经学的发展和演变历史来看，汉代经学经历了两次异化和两次分裂。从儒学转变成经学，这是第一次异化，经学实际上偏离了原始儒家的民间性和大众性。为了恢复儒家的本来宗旨，出现公羊与谷梁之争，导致儒学的第一次分裂。第二次异化是谶纬之学的兴起，导致儒学的神学化，经学偏离了以人为本的价值核心。而为了反对神学化出现今古文之争，导致儒学的第二次分裂。从孔子到孟子、荀子，儒学思想体系构建基本上完成，从董仲舒和汉武帝开始，儒学转变为经学并走上制度化道路。但是从谷梁学兴起，儒学就不断地被解构，而到古文经学出现以后，儒学又被进一步解构。这是由于，在经学门派出现之时，至少人们还是在同一文本上做不同的注疏，而在古文经出现以后，连儒学基本经典也遭到了怀疑，甚至基本文本也被证伪。至此，汉代经学则不可避免地走向没落。

汉代经学统治不仅形成了一个政治和经济的利益集团，而且相应地形成了一个文化思想集团。这个政治经济利益与文化思想统一的集团，就是东汉后期形成的"门阀士族"亦即"世族"。这个集团是封闭的，自我循环的，从外部很难打破，所以才形成世代相袭的延续。他们为了维护自己的政治经济统治，在文化思想上也要形成垄断，这种垄断就是儒家经学的垄断。事实上，儒家经学的垄断也就是儒家经学衰颓的原因。世族由于其特殊地位使他们不能接触百姓日用，由于思想文化垄断而导致他们不能吸收新的思想，久而久之必然丧失创新力而最终甚至连生命力也将丧失了。所以世族本身也必然走向没落。

到东汉时期，由于今古文之争导致经学的自我解构，从而加速了经学的衰落。就是说，经学对社会现象的解释能力和对社会问题的解决能力日益减弱。但另一方面，经学作为国家主流意识形态又不可能退出历史舞台，还要继续发挥统治人们思想的作用并继续成为经学家们垄断的学术。到了东汉末，这种矛盾日益积累，一方面，名教越来越束缚和压制人的自然感情，另一方面进一步成为些经学家门沽名钓誉的工具，因而引起了人们的强烈不满。在这种背景下，出现了反对名教的玄学思潮。

名教观念是儒教思想的重要组成部分。所谓名教就是"以名为教"。名即名分，教即教化，名教即通过上定名分来教化天下，以维护社会的伦理纲常和等级制度。《管子·山至数》说："昔者周人有天下，诸侯宾服，名教通於天下。"孔子说："必也正名乎，名不正，则言不顺；言不顺，则事不成。事不成，则礼乐不兴；礼乐不兴，则刑罚不中；刑罚不中，则民无所措手足。故君子名之必可言也，言之必可行也。"（《论语·子路》）董仲舒倡导"审察名号，教化万民"，其核心内容就是三纲五常。汉武帝则把这些"纲常""立为名分，定为名目，号为名节，制为功名"，用以对百姓实行教化，称"以名为教"。以后，名教成为禁锢人们言行的桎梏，如违犯伦理纲常即被视为"名教罪人"。

如果说整个汉代导致的儒学解构的异化和分裂力量，还主要来自儒学内部，不论是公羊谷梁之争还是今文古文之争，都是儒学内部之争。而玄学的出现完全是另外一种情况。玄学祖述老庄，以新道家面貌出现。如果说春秋战国时期的诸子百家，到了汉代经历了一系列综合已经被儒家所吸收，那么玄学的出现则是道家思想重新从儒家思想中分裂出来，并逐渐发展成为一股新的异己的思想潮流。最初的玄学并未直接宣布与儒学的决裂，他们还是打着儒学的旗号，尽管他们提倡"自然"，但仍声称"名教即自然"，并且尽量弥补自身与儒学之间的鸿沟。但是到了后期，玄学则公开宣称与儒学决裂，成为新的学派。到了南朝时期，由于经学逐渐衰微，命垂一线，已经完全丧失了自我恢复能力，反过来不得不从玄学中汲取新鲜养分。这就使儒学不可避免地玄学化了。

玄学的出现并不仅仅是作为异己思潮直接反抗儒家经学的思想学术垄断，更重要的是玄学瓦解了儒家经学的人本主义结构，为佛老神学的流布打开了方便之门。孔子不语怪力乱神，所以原始儒家是以人为中心的人本主义。而谶纬之学的出现则将神学和迷信内容塞进了儒家经学，从而使儒家思想学说出现变异。到了南北朝时期，佛教和道教大肆流行，儒家经学已经毫无抵抗能力，不能不与佛老合流。从历史上看，这与此前儒家经学内部的谶纬迷信思潮不无关系。

玄学思潮的流行还导致"文粹主义"的出现。这是中国历史上第二次"文粹主义"，其最典型的表现在于两个方面：一是在学术方法上的训诂主义，二是世族和士人的清谈之风。今文经学特别是公羊学派注重义理，这种方法有其自身的缺陷，即在微言大义的幌子下任意解经，无限发挥。这种方法最极端的结果就是使经学走向谶纬神学。而为了纠正这种方法，古文经学开始注重原典的研究，注重经典的本意。这就会出现对于几个字的经典解读，往往会长篇大论到数万字甚至数十万字。这也就严重影响了思想创新。文粹之风在曹魏时期得到部分纠正。这是由于战乱使社会又转入"大争之世"，传统儒家尽管精髓还在，但一些枝节问题已经丧失效力。在这种情况下，法家思想又有了新的市场。这就是曹操、诸葛亮等人的思想。不过法家思想的这种回潮，仅仅持续了很短暂的时期。到了魏晋，社会偏于稳定，清谈之风开始盛行。由于政治斗争激烈，部分士人不顾自己的社会责任，采取避世主义态度。这一方面是道家思想的延续，另一方面也是儒家思想的消极表现，即"有道则现，无道则隐"。士人放弃自己的社会责任，皇帝就必然无所顾忌地走向荒淫无道，结果是整个国家和民族的衰败。

第三节 理学革命

一、唐宋变革

1. 社会变革，世族衰落

隋唐的统一结束了中国长期的战乱局面进入一个和平稳定的发展时期。经过数十年的和平发展，特别是经过贞观之治和开元盛世，以农业为基础的社会经济取得很大的进步，成为商品经济发展的根本前提。农业生产率的提高必然产生剩余农产品和剩余劳动力。这种剩余农产品和剩余劳动力必然通过交换和转移才能实现生产的平衡发展。这就构成商品经济发展的基础。中唐以后，均田制瓦解土地买卖逐渐流行，失去土地的农民大大增加，他们或租种地主的土地成为佃客，租佃制度逐渐流行起来。中唐以后实行两税法，规定农民的两税要折算成货币缴纳，这就不可避免地提高了农产品商品化的程度，也加速了货币经济的发展。另外，唐政府实行和籴制度与和雇制度，也扩大了商品经济的范围。唐中叶以后，出现了一批由商业而兴，以商业为主的城市。这些城市都较早地突破了传统的坊市之制，导致城市商业的繁荣，并由此出现一个较成规模的市民群体。

唐宋变革中最重要的变化就是世族的衰落和世族地主统治被齐民地主统治所取代。汉武帝建立的读经入仕制度扩大了士人参与国家治理的途径，同时也形成一个新的官宦集团即士族。他们通过门第阀阅形成自己的宗族集团，能够世代保持政治经济上的权势。到东汉章帝的时候，甚至形成了一些"累世公卿"的世家大族，这就是说，士族已经演变成了世族。三国时魏文帝立九品官人之法，更加速了世族的势力，到西晋时基本上是"上品无寒门，下品无势族"（《晋书·刘毅传》）了。南北朝以后世族制度开始衰落。直到唐中期，由于均田制的废除和两税法的实施，国家根据农户的户等征税，世族地主的免税免役的特权逐步取消，占有大量土地和部曲、荫客等劳动人手的制度条件逐渐不存在，导致世族地主经济基础的消解。另一方面，随着商品经济的发展，宗族血缘纽带关系松弛，超经济强制减弱，聚族而居走向分户析产，世族的家族体制也逐渐瓦解。特别是科举制打破了世族在政治上的世袭特权，也剥夺了他们垄断地方官吏选举的特权。一些世族后代，出身膏粱，既不懂经营，更不会节俭，全靠坐吃山空，最后不得不走上出卖土地的道路。中唐以后，社会上已是"田亩转换，非旧额矣；贫富升降，非旧第矣"（《旧唐书·杨炎传》）。到了晚唐五代时期，世族已经走向没落，其势衰微，到五代末最后的世族也基本上消失了。所以郑樵云："自五季以来，取士不问家世，婚姻不问阀阅。"（《通志》卷二十五，《氏族略第一》）及至入宋以后，"唐朝崔、卢、李、郑及城南韦、杜二家，蝉联珪组，世为显著，至本朝绝无闻人"（〔南宋〕王明清：《挥麈前录》卷二）。

在世族衰落的同时是齐民地主的兴起。所谓"齐民"，就是将少数有特权的官僚地主和少数奴婢等排除在外，具有法律地位和自主经济的平民。经唐宋变革后的社会，士农工商的等级职业制度也发生了重要变化。唐代社会除世族贵族和官私贱民外，都属于"良人"即平民，亦即士农工商。唐代令文中多次重申"四民"分业的规定。《旧唐书·职官志》"户部"规定："辩天下之四人，使各专其业。凡习学文武者为士，肆力耕桑者为农，巧作器用者为工，屠沽兴贩者为商。工商之家不得预于士，食禄之人，不得夺下人之利。"《旧唐书·食货志上》所录武德七年（公元624年）令：士农工商，四人各业。食禄之家，不得与下人争利。工商杂类，不得预于士伍。可见此时士农工商的职业划分十分严格。但是到了中唐以后，这种等级职业制度发生了变化，职业的等级性差别在缩小或消弭，趋向扁平化发展。到宋代，正如黄震所说的，"士、农、工、商各有一业"，"同是一等齐民"（〔宋〕黄震：《黄氏日抄》卷七十八）。

总的来看，经历唐宋变革，中国传统社会发生了重要的转变，不仅士庶制度和良贱制度不存在了，而且作为等级职业制度的士农工商差别也淡化了，社会以士绅即齐民地主、自耕农与佃农以及以工商业者为主的城市市民为主体，他们在数量上占据社会的绝大多数，在法律身份上是"齐民"，在经济和社会角色上也是可以转换的。可见，经过唐宋变革，中国基本上完成了从世族社会向齐民社会的转变，形成齐民社会。①

2. 经学分裂，道统危机

东汉末，中国的社会体制陷入自身的矛盾和危机之中，最终导致统一国家的分裂和社会的长期动荡。国家分裂和社会动荡与思想文化混乱是相互关联的。所以，这一历史时期统一经学出现分化和解构，为佛老兴起留下了空间，从而导致中国的道统危机。

在中国思想文化史上，儒家作为正统文化基本上是确定的，很少有那个政权试图改变这种状况。但是作为国家意识形态的经学，从东汉中后期开始就已经出现严重的颓势。一方面，经学方法热衷于考据，出现"说五字之文，至于二三万言"的繁琐学风，加上与谶纬之学混杂，对于社会历史和现实越来越丧失解释力，更不用说解决社会问题了。另一方面，经学与进仕结合的制度，使之成为知识分子沽名钓誉的手段，他们"饰伪以邀誉，钓奇以惊俗"（《资治通鉴·汉纪四十三》），学术腐败盛行。汉朝灭亡后经学内部的纷争并没有终止，新出现的郑学和王学之争一直延续到南北朝时期，并进而随着国家的分裂分为南北两派。南朝学者承魏晋玄学之余绪并深受佛老影响，略于解释经文名物，专注于义疏，善谈玄理，长于思辨。北朝受北方游牧民族质朴风尚的影响，并秉承汉末郑学传统，专注于章句训诂，不尚玄谈。总的来看，"南人简约，得其英华；北学深芜，穷其枝叶"（《北史·儒林传序》）。到唐代实现了国家统一，统治者也希望整顿混乱的经学，遂指定孔颖达主持编撰《五经正义》。它的编纂为士人读经科考提供了标准教科书，同时也象征着唐朝政权的文化合法性的确立。

---

① 关于齐民社会可参见高德步：《唐宋变革：齐民地主经济与齐民社会的兴起》，《学术研究》2015 年第 7 期。

但与此同时，儒家经学也受到严重挑战。随着汉朝覆灭以后大一统政权的崩溃，特别是战争频仍，政治混乱，社会动荡，人们的正统观念发生巨大的变化。原来由儒家思想建立起来的一套人伦关系，一套行为规则，一套是非标准，已经不能适应变化了的现实生活，从而导致社会价值的倾斜和颠覆。也就是说，两汉以来所确立的对儒家道德伦理和价值理想的信仰崩溃了，人们特别是士人心中出现了价值真空。于是，以《老子》《庄子》《周易》为宗的魏晋玄学应运而生，另一方面佛教思潮也乘虚而入。但是，佛老思想并不是可以经世致用的思想，所给出的"空""无"并不能真正解决人们思想的空虚，反而加剧了社会的价值虚无趋势。这就导致中国的道统危机。为此，唐中叶以后的韩愈提出道统论，呼吁恢复儒家文化，重建儒家道统。

3. 纲常破坏，价值颠覆

周礼的核心是"尊尊亲亲"，在此基础上，孔子提出"君君臣臣、父父子子"和"仁义礼智"等伦理道德观念，孟子进而提出"父子有亲，君臣有义，夫妇有别，长幼有序，朋友有信"的"五伦"道德规范。董仲舒按照他的大道"贵阳而贱阴"理论，提出三纲原理和五常之道：三纲即"君为臣纲，父为子纲，夫为妻纲"；五常即仁、义、礼、智、信。自汉以来的历史上，三纲五常对于维护社会的伦理道德和政治制度起到了极为重要的作用。

然而，随着儒家经学的异化、分裂、瓦解，国家统一的意识形态日益淡化，伦理纲常和社会秩序一并败坏，特别是南北朝和五代两个混乱时期尤甚。魏晋南北朝时期，北方游牧民族进入中原，不仅造成南北分裂和社会动乱，更使中华道统遭到破坏，致使佛教乘机大举进入中原并征服了越来越多的信众。由于中华道统的衰微失去了对人们思想和行为的规范，致使社会道德沦丧日益严重。这种情况到了五代时期达到了极点。一方面，"天下大乱，戎夷交侵，生民之命，急于倒悬"（《新五代史》卷五十四，《冯道传》）；另一方面，"干戈兴，学校废，而礼义衰，风俗隳坏"（《新五代史》卷三十四，《一行传》），演绎出了一幕幕纲常倾覆、道德沦丧、士人无行的乱世场景。总之是"乱与坏相乘，至荡然无复纲纪"（《新五代史》卷四十六，《杂传》）。

这种纲常败坏价值颠覆现象，既体现为政治道德方面也体现在人伦观念方面。中国传统以德为本。但是在大争之世道德的地位往往大大退后甚至被人们所彻底抛弃。曹操《举贤勿拘品行令》说："若文俗之吏，高才异质，或堪为将守，负污辱之名，见笑之行，或不仁不孝，而有治国用兵之术，其各举所知，勿有所遗。"（《三国志·魏书·武帝纪》）可见此时选人用人的标准已经不是德才兼备，而是用才而不顾其德了。整个社会的道德评价已毫无力量，人们普遍尊崇的是"无耻，则无所不为"（《新五代史》卷五十四，《杂传》）的信条，所谓羞耻之心早已荡然无存。"当此之时，臣弑其君，子弑其父，而缙绅之士安其禄而立其朝，充然无复廉耻之色者皆是也"（《新五代史》卷三十四，《一行传》序）。以冯道为例，他事五姓数君，累居高官，位不离将相、三公、三师。他不但自己对屡次丧君亡国毫不在意，反而以自己的经历和所获得的阶勋官爵为荣。他自号"长乐老"，自谓"孝于家，忠于国，为子、为弟、为人臣、为师长、为夫、为父，有子、有孙。时开一卷，时饮一杯，食味、别声、被色，老安于当代，老而自乐，何乐如之?"（《新五代史》卷五十四，《冯道传》）。冯道死后，"时人皆共称叹，以谓与孔子同寿，其喜为之称誉盖如此"（《新五代史》卷五十四，《冯道传》）。另一方面，人伦观念和伦常秩序也大大败坏了。汉代以孝治天下，但到了东汉末时孔融与祢衡议论父母竟说："父之于子当有何亲? 论其本意，实为情欲发耳。子之于母，亦复奚为? 譬如寄物瓶中，出则离矣。"（《后汉书·孔融传》）魏晋以来，由于佛教流行，其出家离俗、无君无父的教义，使中国传统的纲常伦理遭到严重破坏。到五代时，"世道衰，人伦坏，而亲疏之理反其常，干戈起于骨肉，异类合为父子"（《新五代史》卷三十六，《义儿传》），"君不君，臣不臣，父不父，子不子，至于兄弟、夫妇人伦之际，无不大坏，而天理几乎其灭矣"（《新五代史》卷三十四，《一行传》）。

二、儒学解构，佛老流行

1. 重估一切价值：玄学对名教的解构

玄学产生于魏齐王正始（始于公元240年）年间，它以何晏和王弼为先导，史称"正始玄学"。正始以后，阮籍和嵇康将玄学发展到一个新的阶段，而后来的向秀和郭象则代表玄学的尾声。魏晋南北朝时期，世族势力日益膨胀，但他们的精神生活却日益颓废，促使他们放弃儒家信仰转向玄学。玄学出现以后，经学作为正宗儒学彻底颓废，而玄学却盛行了三百多年。

解构之一：名教本于自然。

玄学对名教的解构是从"崇无"开始的。早期玄学代表何晏提出"贵无"，认为"无高于有"，因而"无之为用，无爵而贵"，在此基础上他提出"无名为道，无誉为大"（（《列子·仲尼》注引《无名论》））的治国方针。王弼则明确地提出"圣人体无"，认为能知"崇本息末"，以"无"为体的人就是"圣人"。玄学家提出"贵无"或"无本体"，一方面是希望通过"无"将儒家经学中繁琐的概念和研究方式彻底地清除而"归零"；另一方面希望通过"无"将儒家生活哲学引向"形而上"之路。这就决定在具体的路向上趋于自然论。玄学家大多源于具有道家倾向的儒家。这是与当时的历史条件有关的，即独尊儒术以后，上上下下只有儒家而再无其他学派，任何学者都必然出自儒家。所以，他们解构儒学也从儒学自身的概念开始。但他们批判名教又不能彻底否定名教，若否定名教，就是否定现存的社会关系，否定现存的政治秩序，从而也就否定了他们自己存在的价值。所以，玄学要调和名教与自然的关系。王弼提出以"自然"为本，"崇本息末"，就是要从名教回归自然。王弼指出，儒家所提倡的仁义之道失去效力，结果造成了"智愚相欺，六亲相疑"，"父子兄弟，情怀失直，孝不任诚，慈不任实"，"患俗薄而名兴行，崇仁义，愈致斯伪"（《老子指略》）。之所以造成这种情况，根本原因就在于将本末倒置。所以他反对舍本逐末弃母用子等"离道执教"现象，认为"仁义，母之所生，非可以为母；形器，匠之所成，非可以为匠也。舍其母而用其子，弃其本而适其末"（《老子道德经注》下篇第三十八章），只有"崇本息末"回归"自然"，走上"无为"之"道"，才能从根本上消除种种名教所带来的异化现象。

解构之二：越名教而任自然。

乱世思治而不得治，失礼求礼而不得礼，这才促使魏晋士人放弃名教，悉心探索宇宙与人生的本体。所以阮籍和嵇康等人进一步提出"非汤武而薄周礼"，"越名教任自然"，将"周礼之业，弃之度外"（《晋书·嵇康传》），掀起一股"任达不拘"，"纵情越礼"的狂潮。阮籍在《大人先生传》中把把世之所谓君子比作裈中之虱，说他们"心若怀冰，战战慄慄"、"唯法是修，唯孔是先"，"外易其貌，内隐其情，怀欲以求多，诈伪以要名"。阮籍把一切祸乱灾难的起源都归于统治者所制订的礼法，他说："昔者天地开辟，万物并生，大者恬其性，细者静其形，明者不以智胜，黯者不以愚败，弱者不以迫畏，强者不以力尽，盖无君而庶物定，无臣而万事理。"（《大人先生传》）嵇康更直接"非汤、武而薄周、孔"（《与山巨源绝交书》），提出"越名教而任自然"。他认为，"六经以抑引为主，人性以从欲为欢。抑引则违其愿，从欲则得自然；然则自然之得，不由抑引之六经；全性之本，不须犯情之礼律。故仁义务于理伪，非养性之要术"（《难〈自然好学论〉》）。他说："夫称君子者，心无措乎是非，而行不违乎道者也。何以言之，夫气静神虚者，心不存于矜尚，体亮心达者，情不系于所欲。矜尚不存乎心，故能越名教而任自然。情不系于所欲，故能审贵贱而通物情。"（《释私论》）所以他主张无为而治，"君无文于上，民无竞于下，物全理顺，莫不自得"（《难〈自然好学论〉》），主张建立一个"君静于上，臣顺于下"《声无哀乐论》）的理想社会。

解构之三：名教即自然。

玄学家们批判名教，然而，他们也意识到儒家道统并不能完全摒弃，社会秩序仍需要儒家纲常来维持。特别是经历了永嘉之乱以后，他们痛定思痛，开始反思玄学及其导致的任诞狂嗔之士风对国家和社会所造成的严重危害。于是，就有了郭象的《庄子注》，裴頠的《崇有论》，主张儒道融合。郭象认为，名教与自然是贯通一致的，"名教即自然"。他说："夫圣人虽在庙堂之上，然其心无异于山林之中。世岂识之哉！徒见其戴黄屋，佩玉玺，系谓足以缨？其心矣。见其历山川，同民事。便谓足以憔悴其神矣！岂知至至者之不亏哉！夫理有至极，外内相冥，未有极游外之致而不冥于内者也，未有能冥于内而不游于外者也。故圣人常游外以冥内，无心以顺有，故虽终日挥形而神气不变，俯仰万机而淡然自若。"（《庄子注》）所以郭象认为，顺应自然是为了推行名教，只有按照名教的原则办事，才能符合自然。然而，经历魏晋及至南北朝，玄学流行了近三百年，尽管玄学家们最终还是认识到了"名教即自然",试图从玄学回归儒学,但事实上,经历这些年来的思想叛逆,他们已经回不到名教的轨道上了。嵇康一生放荡不羁,但在留给儿子的《家诫》中,却告诫儿子慎语言,慎交往,慎饮酒,谦逊退让,随和中庸,墨守礼法。[①] 但名教已遭到破坏,精神家园已经破败不堪,事实上他们已经回不去了。

2. 从道家到道教:道教价值观的兴起

沿着玄学的道路走最直接的去处就是道教境域。道教产生于民间,最早常常隐于山林之间。"礼失而求诸野"正符合了道教兴起的历史。道教与道家有关,但并不是道家,而是假道家老子之名而行宗教之实。它是在中国敬天祭祖的古代宗教信仰基础上,以道家为主要思想渊源,吸收阴阳家、墨家、儒家、法家等诸家思想,沿着黄老道家的基本思想理路和修持途径而逐渐形成的。

从思想渊源上看,道教是道家思想和黄老思想的直接继承者。道教以"道"为最高信仰,尊老子为教祖,奉《道德经》为主要经典。不过,在道教的发展中还是大大偏离了原始道家的思想理路,根本的不同就是道家思想是哲学,而道教思想属于宗教,道家的老子是思想家,而道教的老子是神仙。道教兴起也与儒家经学异化以及玄学兴起直接相关。一方面,经学的神学化直接被道教所承继,特别是谶纬之学直接与道教相关联;另一方面,经学的玄学化也直接被道教所承继,如"正始玄学"以《周易》《老子》《庄子》为"三玄",阮籍和嵇康的思想更表现出鲜明的道家色彩,而向秀和郭象主要以注疏《庄子》为其思想观点的表达方式。玄学在理论上以老庄为本源,而道教崇尚老子,以老子为尊。道家崇尚的是无为,道教承袭这一思想传统,也讲求清虚之境,到后来发展为重玄学派。道教源于民间的神仙方术。道教主张的得道成仙之法本源于民间,但经上层统治者的引领和倡导更流行起来。如丹鼎派源于战国时期的神仙方术和养生气功学,到汉武帝时期得到朝廷的重视而加速形成,而在南北朝隋唐时期,由于得到上层贵族特权阶层的信奉和支持,致使社会上道观遍布,丹法盛行,到处充斥着神仙之气。

---

① 参见王晓毅:《中国文化的清流》,中国社会科学出版社1991年版,第268页。

但是从理论上看，道教也有自己的独特进路。东汉后期出现的《太平经》与《周易参同契》，都是早期道教理论的经典，但当时并没有相应的道教组织。太平道和五斗米道的出现标志着道教的正式创立。但后来两教派组织均被政府招安，道教理论也陷于停滞。重要的转变出现在东晋南北朝时期。此时世族贵族精神空虚，幻想长生不老，道教了迎合这种虚幻的需求，开发了各种养生之法，如服食、炼丹、房中术等，从而加速流行起来。另一方面，葛洪著《抱朴子》系统阐述了道教理论，北朝寇谦之，南朝陆修静、陶弘景也相继改造了民间道教如"天师道""五斗米道"，从而将道教发展推向新的阶段。

道教的早期经典主要有《太平经》《周易参同契》《老子想尔注》等。《太平经》的主要思想就是神秘的气化学说、三名同心的调和论、阴阳五行的灾异说，以及天人相通的神仙系统，认为神人主天，真人主地，仙人主风雨，道人主教化吉凶，圣人主治百姓，贤人辅助圣人。《周易参同契》的中心思想是运用提示的阴阳之道，参合黄老自然之理，讲述炉火炼丹之事，基本上是一部外丹经。《老子想尔注》是当时讲习《老子》的注本，认为"道"是专一、真诚、清静自然、好生乐善的，道贵中和、真诚，道乐清静等，只要人们谨守道诫，就可以延年增寿，除灾得福。此外，道教老学中最有影响的流派是"重玄派"。"重玄"语出《道德经》"玄之又玄，众妙之门"，因而可视为道教中的一个哲学流派。该派以重玄之义解《老子》，认为老学要义在于"玄之又玄"，以达到哲学思想上的无滞。重玄家融汇佛学的"双遣法"，以《庄子》"无为""忘心"说为基础，采佛教破除妄执意，力图超越玄学，又称越佛学，将道教哲学深化为一种"重玄"哲学，这就是道教向老庄哲学复归且深入发展的标志。

3. 从"无"到"空"：佛教价值观的兴起

佛教东来是中国文化史上的重要事件。佛教从西汉后期开始传入中国，到魏晋时期广泛地进入中国人民的生活世界。佛教作为外来文化能够在中土流行，并成为中国人民重要的精神文化的组成部分，既是由佛教文化自身特点所决定的，也是由中国传统文化自身弱点所决定的。中国的学术文化包括儒学和其他学派都存在一个共同缺陷，就是对人们精神世界的关注不够。而佛教关注人的生、老、病、死等人生问题，描绘了一个西方极乐世界，为人们提供了一个心灵安放之处，具有强大的精神安顿作用，特别是对深陷苦难之中的普通民众有极大的吸引力。这就决定佛教在中国民众中有很广泛的受众，因而迅速传播开来。

佛教完全是外来文化。但是佛教在中国的传播和演化，也是中国文化思想发展的正常逻辑的结果。首先，道家的核心概念是"无"，认为无中生有，有源于无。而儒家的核心概念是"中"，即在"有"与"无"之间。在从"无"到"有"的逻辑过程中，儒家观念是一个"中转环节"，即通过"中"转变为"有"，也可以相反，通过"中"从"有"转变为"无"。在魏晋玄学家们反对名教过程中，首先使用的概念就是"无"，他们通过"尚无"而实现对儒家名教的批判和反叛。所以说，儒家本来就为向道家转变的玄学家们提供了概念之桥。其次，儒学转化为玄学，从"有"转化为"玄"，从"玄"转变为"无"。这个过程是魏晋时代中国玄学家们自己完成的。何晏和王弼为了批判儒家名教而提出"贵无论"，从而迈向佛家的"空"。但从"玄"到"无"的转化，仅仅完成了形而上过程的一半，而另一半是通过佛学完成的。这就是"空"。道家讲"无"，将"无"中生"有"。但"无"并不等于"空"。就是说，在从世俗观念向佛的宗教观念转变过程中，"无"这个概念还是不够彻底的。因为从"无"中还可以生"有"。所以后来裴頠提出了"崇有论"。他认为，老子虽然"以无为辞，而旨在全有"，而并不主张"以无为崇"。（《晋书·裴頠传》）而郭象提出"独化"论，认为有无是统一的，名教就是自然，庙堂就是山林，内圣外王，道理不殊。这样就又回到了儒家世界。而佛家讲的是"空"，一旦如佛家进入到"空"的境界，则不可退回到"有"的世界，而是"四大皆空"了。最后，"空"是佛教的核心概念。无可以从两方面理解，一方面是"无有"，另一方面则是"无限"，并不是真正的空；而空则是真正的"无"。所以，在"形而上"的过程中，佛家更上了一层。中国通过接受佛教促使自己的思想文化产生了进一步的"形而上"飞跃。

佛教在中国迅速传播并深入人心，成为中国人的信仰，实际上是儒释两方面相互接近、相互融合，最终使佛教中国化。佛教在中国的传播和中国化，首先是因为中国儒者对传统儒学的信仰崩溃。在佛教日益流行和强盛的情况下，他们不得不主动地调和儒释之间的关系，试图将二者视为一致。如孙绰在《喻道论》中提出"周孔即佛，佛即周孔"。到南朝时，玄佛合流趋势更为显著。此时儒学已经异化为玄学，玄学亦儒亦道，而亦儒亦道进一步就发展为亦玄亦佛，所以大多数世族贵族都是兼善玄佛的。例如周颙"泛涉百家，长于佛理""兼善《老》《易》"；（《南齐书》卷四十，《周颙传》）张融临死遗言："左手执《孝经》《老子》，右手执小品《法华经》。"（《南齐书》卷四十，《张融传》）另一方面，佛教为了加速在中国的传播并融入中国人民的生活，也主动向中国传统文化接近和融合。这种接近和融合是从晋代竺法雅、康法朗等采用"格义"方法开始的。所谓"格义"就是援引中国的传统话语来解释外来的佛教概念，从义理方面融会中外这两种不同的思想。很多名僧讲经多援引儒家思想。南齐僧肇"玄义多儒"，闻名于时，号称"素王"。周颙的《三论宗》则站在佛学的角度批评玄学，"立空假名，立不空假名。设不空假名难空假名，设空假名难不空假名。假名空难二宗，又立假名空。"（《南齐书》卷四十，《周颙传》）其所谓"不空假名"，实际上指崇有论；而"空假名"则着重指贵无论。这就是说，儒家的思想不断地向佛学渗透，佛学思想也朝儒学转向。在魏晋以后，儒家逐渐衰微，儒家价值体系不断消解，儒家大多成了玄学家，并进一步转为亦玄亦佛。而另一方面，佛教学者也进一步转向中国文化，到禅宗那里佛教已经完全是中国化的佛教了。

4. 三教并行：文化多元时代

魏晋以后，经学的衰落及其对思想和学术的绝对垄断逐渐被打破。这就导致了两个结果，一是道教和佛教逐渐流行起来，二是部分先秦思想重新活跃起来。这样，中国就重新出现一个文化多元时代。说是多元，事实上最有影响的仍不过是儒释道三家，所以这个时代的基本特点是"三教并行"。

儒家经学垄断的确立，对于一个统一的帝国来说是必要的。但是思想统一往往禁锢了思想创新和变革。所以当思想统一到一定程度，即达到禁锢思想进步的时候，思想解放也就成为必须的了。所以，魏晋时期中国进入思想解放的时代。魏晋时期的思想解放是通过玄学对名教的批判进行的。魏晋玄学通过"复古"的方式，即复道家之古以批判名教，提出"越名教而任自然"，用"自然之道"来解构儒家经学的"伦理纲常"，在儒家思想之外开了一条新的理路。与此同时，玄学家们自身也放荡形骸，用自己的实际行动表示对纲常礼教的反抗。尽管玄学并没有根本打破儒学的垄断，但他们的思想却在世族贵族中流行开来，成为"上流社会"的"意识形态"。与此同时，由于儒家经学受到挑战并遭到解构，致使佛老思想日渐兴盛起来。这就使中国从思想解放时代转入到思想混乱时代。

所谓思想混乱就是缺少一个主流价值观或核心价值观。这一时期，以往被作为主流价值的儒家经学处于松懈和瓦解状态，而玄学尽管成为世族贵族的意识形态，但并没有被官方所认可。更严重的是道教和佛教相继兴起，通过各种途径传播自己的道义和价值观以争取信众，同时也通过各种方式影响政府政策，试图博取上位成为国家意识形态。相应地，社会上的思想和信仰也就分为不同的流派，政府也在各种思想指导下左右摇摆而无定位。这个历史时期，中国思想文化的最大特点是宗教化倾向。这种情况的出现，首先是由于正统经学出现明显的宗教化倾向，如谶纬之学的出现，进而是玄学与道教和佛教在学理上的沟通，反过来佛教也在儒学的心性之学中找到了知音。这样，中国整个文化都浸透了宗教色彩。所以，中国实际上出现了"三教并行"的状况。当然，对于这种"三教并行"状况要分两方面来看，一方面，佛老盛行打破了原有的儒家思想统治，使中国原有的学术思想体系遭到破坏，导致价值体系混乱；但另一个方面，原有的儒家经学体系本身已经走到绝境，已经丧失了自我发展的能力，非主流思想的引入，包括儒家以外的道家思想和中土以外的佛教思想的引入，对于儒学的重建也具有重要意义。

思想混乱时代实际上就是一个价值多元时代。在儒家经学作为国家意识形态的时代，整个社会的价值趋于统一：社会上崇尚道德，提倡仁义礼智信，讲究礼义廉耻；政治上实行察举制，举孝倡廉，标榜循吏；文化上将儒家经典作为标准教本，提倡读经入仕，教化人民，得以天下大治。而在魏晋时期，儒家经学衰落，社会和政治败坏，致使中国的文化自信丧失殆尽，不求佛老还有什么出路呢！而魏晋南北朝这个历史时代，社会价值和目标是多元的：儒家坚持读经入仕之道，而道教提倡神仙养生之道，佛家给人们指示一条积善入空之道。在这三元价值共存的情况下，尽管教派之争仍旧存在，但只存在于教派之间，而社会各个阶层和各个群体的大众，却各自沉溺于自己的价值目标之中，并行而不交叉，共存但不冲突，倒是实现了一种"和谐"。当然，人们在这种思想状况下也在不停地探索、寻找和选择。所以，这个时期，一方面，作为主体价值文化的经学异化为玄学；另一方面，沿着思想发展逻辑，佛老借玄学台阶登堂入室，不仅进入寻常百姓的居所，也进入皇家庙堂。尽管各朝在表面上仍坚持儒学的正统地位，但事实上佛教和道教的影响也十分强大，大有三分天下之势。这期间，各朝统治者在儒教、佛教和道教之间不断地变换，国家意识形态也动摇不定。

唐代中国实现了政治上的统一，而在文化上却仍保持着多元统一格局，即统一于儒家而多元为儒释道。唐代与魏晋南北朝不同。魏晋南北朝时期，中国接受外来文化是被动的，而唐代时接受外来文化则是主动的。这是一个从"容"到"融"的转变。中国儒家文化自确立以来，一直没有遭到其他文化的挑战，尽管自身不断地异化与分裂，但文化自信并没有减弱。所以，当佛教西来时并没有遭到中国本土文化的坚决抵制。不过，随着儒家文化自身的不断异化和消解，佛教文化流行开来，这就使中国的文化自信发生了动摇，所以才发生辟佛和以后的宗教冲突。在经过魏晋南北朝的动荡和民族力量衰颓后，经隋唐统一和发展中国又进入一个盛世，文化自信重新恢复和重建起来，开始大力吸收和主动兼容外来文化。可以看到，魏晋南北朝时期，外来文化尽管影响强劲，但仍是"外来"的，而到了唐代，印度的佛教已经成了"中国化"的佛教了。与此同时，作为中国主体文化的儒家文化也在发生变异，中国传统士人一方面秉持儒家本体，另一方面也出入佛老，不论他们口头上如何说，但实际上受佛老的影响是十分深刻的，也就是说，他们即便没有经过正式的"洗礼"，但也是经历了"洗脑"。所以，此时的文化多元，并不是指包括中外文化或儒与非儒的多元性，而是经融合为中国文化自身的多元性。这样就形成一个新的文化时代，既多元又统一。

文化多元性是文化发展过程中的一个特定阶段，所以并不可能是一贯的特征。文化的多元性有利于思想创新和文化更新，但是也可能产生负面的效应甚至影响到国家统一。唐代在兼容外来文化的同时没有坚持本土文化的主体性，所以导致核心价值的缺失和主体文化的动摇。这不仅导致意识形态混乱，还导致国家政治危机甚至危害到国家统一，结果就是发生于中唐时期的"安史之乱"。"安史之乱"后唐王朝长期处于藩镇割据状态，不能说与文化意识形态混乱无关。三教并立，相互论辩，搞乱了中国人的信仰体系。更麻烦的是，佛老两家作为非主流思想文化，本来并无与儒家争宠向统治挑战的想法，他们自认为与儒家分别承担着不同的文化角色，即涉及世俗生活特别是政治生活方面的归儒家，而涉及精神信仰方面的归佛老。但是，佛老一旦影响壮大，就难免产生出登堂入室即出入皇家庙堂的欲望。所以，唐代佛老无不参与国家政治。参与国家政治，既可以进一步扩大影响，但也自然增加了自身的风险。当佛老参与政治并影响到儒家正统的时候，他们也就接近了危机的边缘。所以，中唐以后，佛老两家都经历过灭门危机。尽管宗教问题并不直接等于政治，但政治需要往往导致宗教政策的转变。灭佛事件发生于中唐以后，一方面表明唐政权受到威胁，正统儒家思想受到严峻的挑战，这使唐统治者感到危机，大唐盛世培养出来的文化自信和包容性自然而然地降低了。"安史之乱"的教训也迫使唐王朝和以后的统治者力图实现思想文化的统一。这种文化统一的需要，反映在中国士人复兴儒家重建道统的努力之中，这就是始于韩愈并持续到宋代的文化复兴运动，其结果就是宋代理学的建立。

三、理学革命，价值重构

1. 韩愈道统说：文化复古思潮

魏晋南北朝直到隋唐，中国思想文化经历了一系列变革，具体说就是儒家经学的不断衰落和瓦解、道教和佛教的引入和发展，以及三教并立局面的出现。这种历史和局面，表明中国文化在异化的道路上已经走了很远，大大偏离了中国文化的正统道路。在这种局面下，正统的儒家思想要重新夺回失去的阵地，必须采取"礼失而求诸史"的方式。这就是韩愈等首先倡导的文化复古主义。

思想变革寻求古源并不是唐代思想家的新创，而是源于孔子的学术传统。孔子"祖述尧舜，宪章文武"，在礼崩乐坏的时代，提出"克己复礼"并创造性地发展了周文道统。这个道统历经变迁，不断发展和演进，到汉代已基本完善，成为完整的儒学体系。但是，儒家经学本身的系统之完善也限制了自身的发展，思想之垄断更限制了其他思想的出现。到了汉末，经学本身已经异化，出现神学化和玄学化倾向。在这种背景下佛老兴起，一方面给中国思想界带来新鲜的内容，另一方面也加速中国价值传统的消解。这就进一步导致中国价值体系的混乱，到唐代出现"三教并存"的局面。儒家正统意识形态地位的削弱，与唐中叶发生"安史之乱"以及此后出现的藩镇割据局面是相互联系的。因此，中国社会需要新的思想武器和重建价值体系。

在这个过程中，韩愈挺身而出，"欲为圣明除弊事"，力辟佛老，弘扬"道统"，自誓曰："使其道由愈而粗传，虽灭死，万万无恨。"（《与孟尚书书》）他的具体努力是提出儒家的道统谱系："尧以是传之舜，舜以是传之禹，禹以是传之汤，汤以是传之文武周公，文武周公传之孔子，孔子传之孟轲。轲之死，不得其传焉。"（《原道》）一方面，韩愈认为必须以儒学的伦理纲常代替佛老的消极出世思想；另一方面，他也认识到儒家经学自身的异化问题，主张恢复孔孟儒学的本来面目。韩愈的弟子李翱也提出了类似的道统谱系，认为道统自先王传圣人（孔子），再经颜回、子路、曾皙三人传子思，子思传孟子，孟子传公孙丑、万章等，并决心"以吾之所知而传焉"（《复性书》上）。

唐代的复古主义还包括韩愈和柳宗元等人发动的古文运动。韩愈认为，"文以载道"，道"本深而末茂，形大而声宏"（《答尉迟生书》），应该首先重视道，并将文和道有机结合起来。从形式上来看，古文运动就是改变汉魏六朝以来的骈体文，恢复先秦时代的散文体；从内容上看，则是以古文来振兴儒学，用以恢复"圣道"。韩愈说："师其意，不师其辞"，"通其辞也，本志乎古道也。"（《题哀辞后》）柳宗元针对骈文不重内容、空洞无物的弊病，提出"文道合一""以文明道"。他认为"道"应于国于民有利，切实可行，提出先"立行"再"立言"，主张恢复儒家的经世致用传统。他还提出要革新文体，突破骈文束缚，句式长短不拘，并要求"务去陈言""辞必己出"。他推崇先秦两汉文章，提出要向儒家经典及《庄子》《老子》《离骚》《史记》等学习借鉴，博观约取，古为今用。

古文运动一直延续到宋代。这是因为五代时期浮华绮丽的文风又卷土重来，代表了一种消极颓废的社会思潮。从宋初开始一些儒家士人重新发动了古文运动。作为"宋初三先生"之一的石介，著《怪说》以抨击"穷妍极态，缀风月，弄花草，淫巧侈丽，浮华纂组"的"西昆派"，并在《上范思远书》中呼吁"二三同志，极力排斥之，不使害于道"，矢志"学为文，必本仁义"，宁死不作淫靡文章。欧阳修主张"文以明道"，从理论和创作两方面为诗文革新奠定了基础，为古文运动确立了方向。从北宋的古文运动的代表人物来看，他们基本上都是主张复兴儒学的大学者和政治家，并大多是力主社会变革的改革家。他们将古文运动与文化运动以及政治变革运动结合起来，由此可见古文运动的真意。

事实上，唐宋时期的文化复古本身并不是目的，其目的在于抵制佛老影响，复兴儒学和重建儒家道统。魏晋以来，佛老两家思想的影响日益扩大和加深，并且深入中国士人的精神世界，更深入到人们的日常生活。所以，即便是重建道统也不可能完全脱离佛老的影响。可能的方向只能是融合儒释道，在此基础上将中国的道统推向新的阶段。张载的门生范育在《正蒙序》中，阐述了张载与佛道相争的努力，说："自孔孟没，学绝道丧千有余年，处士横议，异端间作，若浮屠老子之书，天下共传，与六经并行。而其徒侈其说，以为大道精微之理，儒家之所不能谈，必取吾书为正。世之儒者亦自许曰：'吾之六经未尝语也，孔孟未尝及也'，从而信其书，宗其道，天下靡然同风，无敢置疑于其间，况能奋一朝之辩，而与之较是非曲直处哉！子张子独以命世之宏才，旷古之绝识，参之以博闻强记之学，质之以稽天穷地之思，与尧、舜、孔、孟合德乎数千载之间。闵乎道之不明，斯人之迷且病，天下之理泯然其将灭也，故为此言与浮屠老子辩，夫岂好异乎哉？盖不得已也。"这事实上是宋儒的共同心声，他们感于佛老之兴和儒家之衰，惊呼"天下之理泯然其将灭也！"因而希望励精图治，革新儒学，与浮屠老子辩，与佛道较短长。当然，重建道统并不是完全恢复孔孟。历史条件的变化和中国思想界的长期演变，决定孔孟之道必须发展出新的内容，即以复古为创新。这就是理学革命。

2. 理学之创新：复古、疑古、变古

汉末到魏晋经学彻底衰落以后，中国思想界进入一个较长的混乱时期。尽管国家从未放弃过正宗儒学，但事实上儒学的独尊地位恰似"皇帝的新衣"，已经是自欺欺人了。各朝统治者口头上都强调经学的地位，并在恢复经学地位方面做了一些工作，但事实上收效甚微。韩愈提出道统说并倡导古文运动，表面上是复古主义，实际上是用传统来抵御佛老的影响，目的是复兴儒学和重建道统。后来的宋儒们承继了韩愈的道统思想，并将重建道统为己任，开始了一场艰巨而漫长的文化重建运动。

但是，如果没有新的理论，儒学重建不过是一句空话。在宋儒看来，文化重建最重要也是最艰巨的任务首先是抵御佛老的进一步浸染。但他们手中并没有新的思想武器，这个新的思想武器不能是外来的而必须是本土的，所以他们试图从古代文献中寻找思想创新的资源。他们在重建道统的过程中，经历了从复古到疑古再到变古的过程，使原有的汉唐经学经历一个脱胎换骨的变化，从而涅槃式地重生，最终完成经学到理学的转型。实际上这也是儒学的一场自我改造和自我更新运动。

理学创新的方法总体来看是复古。宋初学者深刻地认识到儒家的衰败在于自身向谶纬神学的异化和受到魏晋玄学的阉割，要复兴儒学就必须消除异化并完善自身。所以，他们承继了韩愈的复古主义方法，主张恢复儒家的本来精神。不过，宋代儒者们的复古与韩愈的复古有所不同，他们并不是简单地以儒家经典批判佛老，而是进一步以批判和扬弃精神重新诠释儒家经典。他们首先是对汉代以来的经传进行怀疑和批判，即要求恢复儒家经典的本来面目和价值本旨。可见，他们所复之"古"正是儒家原典的精神。

他们所做的第一步工作是"疑传"，即"尊经""疑传"。事实上，复古与疑古是一体两面的过程。在儒家经学对经典绝对尊崇的传统束缚之下，思想创新只能从"疑传"开始。所以他们采取的具体方法是疑传尊经，即矛头指向汉代以来经学家们对儒家原典所作的传注。他们认为，中国道统是由儒家传承的，只有儒家原典才是儒学正宗，才能真正地体现道统的精神内核。汉代以来经学家们在解经注经的过程中，歪曲了儒家经典的本旨，随着经学距离儒家原典渐行渐远，也越来越偏离儒家的真正价值。而他们所要承担的历史使命，就是"为往圣继绝学"，重建儒家道统，这就必须从"疑传"开始，以重新探索儒家原典的本来意旨。这一运动由孙复肇始。他开宗明义地说："吾之所以道者，尧、舜、禹、汤、文、武、周公、孔子之道也；孟子、荀卿、扬雄、王通、韩愈之道也。"（《孙明复小集·信道堂记》）为了摆脱汉唐注疏方法的束缚，他在《春秋尊王发微》中，提出"舍传以求经"的治经方法，即根据社会需要直接从儒家经典中寻求有用之道，并以自己的理解进行重新阐释。他明确提出治经的目的在于正君臣之分，明大一统之义。他指出：《春秋》之所以书"王正月"，就在于"夫欲治其末者，必先端其本；严其终者，必先正其始。元年书王，所以端本；正月，所以正始也。"他的这种方法实际上是儒学研究的一种范式革命，其本身的意义不在于儒学的复兴而在于儒学的创新。孙复所开风气造成很大影响，被研究《春秋》的学者相继效法，特别是经石介、范仲淹、欧阳修等人的发展，至庆历年间进一步开始了由疑传向疑经的转变。

第二步是"疑经"，即从"疑传"向"疑经"深化。疑经本来是孟子留下的传统。孟子通过"疑经"对孔子时期的儒学进行了创新，实现了儒学从孔子时代向孟子时代的跨越。到汉代儒学演变为经学，成为国家意识形态。魏晋南北朝直到隋唐的数百年期间，尽管儒家正统地位受到来自佛老的挑战，但仍在继续发展之中并且不时地出现小的阶段性高潮。不过这种发展是十分有限的，主要是文本上的功夫，而绝少思想上的突破。特别是唐代，《五经正义》经最高统治者"钦定"为标准文本，其他人则不敢越雷池了。以后，治经方法严格限于"注疏"范围，即"注不离经、疏不破注"。所以，宋儒要实现创新发展，就必须打破这种禁锢，直接与先儒对话并直接对经典提出疑问。最初，宋初学者首先提倡"尊经"，这是为了抵制佛老，因为只有将儒家经典重新奉为最高经典才能与佛老争地位。但是，宋初学者非常清楚，汉唐经学已经到了病入膏肓的地步，不来一个脱胎换骨的变化，是不能战胜佛老的。所以，他们逐渐从"疑传"转向"疑经"。

宋儒的疑经之风始于庆历时期，以范仲淹为代表的士人首开自由议论之风，从而导出新的思想和新的学术。他们不仅对汉唐经师所作的注疏及所阐发的经义提出质疑，还进而对部分经书的作者甚至对经典本身提出疑义。王应麟曾引陆游之言述有宋一代经学："唐及国初，学者不敢议论孔安国、郑康成。自庆历后，诸儒发明经旨，非前人所及。然排《系辞》、毁《周礼》、疑《孟子》、讥《书》之《胤征》《顾命》，黜《诗》之序，不难乎论经，况传注乎？"（王应麟：《困学纪闻》卷八）可见，当时的学者们直接剑指儒家原典，对于传注之批判就更加尖锐无比了。

欧阳修首先对儒家经典的可信度提出质疑。他指出："世无孔子久矣，六经之旨失其传，其有不可得而正者，自非孔子复出，无以得其真也。儒者之于学博矣，而又苦心劳神于残编朽简之中，以求千岁失传之缪，茫乎前望已远之圣人而不可见，杳乎后顾无穷之来者，欲为未悟决难解之惑，是真所谓劳而少功者哉。然而六经非一世之书也，其传之缪非一日之失也，其所以刊正补缉亦非一人之能也。使学者各极其所见，而明者择焉，十取其一，百取其十，虽未能复六经于无失，而卓如日月之明。然聚众人之善以补缉之，庶几不至于大缪，可以俟圣人之复生也。然则学者之于经，其可已乎？"（欧阳修：《答宋咸书〈至和二年〉》，《欧阳修集·居士集卷四十七》）他在《易童子问》中，率先提出"《系辞》以下非孔子作"的观点，直接质疑《易传》的真实性。他在《毛诗本义》中对历来认为是子夏、毛公所作的大、小《诗序》提出怀疑；他甚至表示出对《周礼》的怀疑。欧阳修对儒家经典的大胆质疑，将宋初的疑传疑经思潮推向高潮，大大推动了儒学发展的历史转变。

在宋初的疑传疑经思潮中，刘敞的《七经小传》具有重要意义。他打破专事训诂名物的汉学习气，以自己的认识和体会，对经书重新加以解说，开始了以意解经的新方法。他还根据自己的理解对经典进行修改，如将《尚书》中的"愿而恭"改作"愿而荼"；将《周礼》中的"士田贾田"改作"工田贾田"，考《尚书·武成》一篇先后而移其次序等。及到王安石时，汉唐经学方法进一步式微，他所著《三经新义》对《书》《周礼》《诗》三大经典作了全新的阐释，从根本上结束了汉儒传注经学的垄断。南宋王应麟说："自汉儒至于庆历间，谈经者则守训故而不凿。《七经小传》出，而稍尚新奇矣；至《三经新义》行，视汉儒之学若土梗。"（王应麟：《困学纪闻》卷八）至于后来朱熹的改经、王柏的删经，则是疑经惑传发展到高潮时期的产物。

第三步是"经学变古"。宋儒们并不满足于对经学传注和儒家经典的全面怀疑和批判，随着他们对自然和社会以及历史的认识，开始用自己的理解对儒家经典作全新的理解和阐释。这个过程可以分为两个方面的转变：一个方面是从"宗经"到"重道"的转变，另一个方面是从"我注六经"到"六经注我"的转变。

从"宗经"到"重道"。疑经改经之风与经学变古是同步的，疑经改经也正是经学变古的重要内容和必然产物。宋代疑古思潮涉及到经、史、子、集各个领域，而以疑经为核心。既然怀疑经典的正确性，就有必要恢复经典的本来面目即重释元典。而对于经典的态度从根本上看就是"宗经"与"重道"问题。从儒家经学发展的历史看，到汉唐时出现"疏不破注，注不驳经"的自我禁锢方法，结果导致儒家经学不能与时俱进，对现实的阐释力逐渐递减以至于无，最后完全丧失生命力。在宋儒看来，汉唐学者严格遵守注疏方法，其实是为了"宗经"而舍离了"重道"。而宋儒就是要打破注疏禁区，重视对经典中所蕴含的"圣人之道"的发掘和阐发，从"宗经"转为"重道"。二程在继承韩愈等"文以载道"传统基础上进一步提出"经以载道"。他们在处理经典文本与圣人之道的关系时，除强调文本的重要性外，更主张"以心明经"，即在经典之外去探求"圣人之心"。朱熹认为，读书穷经必须始终围绕"求道"这个中心，否则就会陷入以"涉猎该博"为能的"俗学"之流，只有以"求道"为目的才能脱"俗"而入"道"。

从"我注六经"到"六经注我"。宋儒为了求道不惜偏离经典甚至疑经改经，对儒家经典进行全面的重释和改造，而这种全新阐释和改造的核心就是他们心中的"道"。不过这个"道"不是汉唐经学家所阐释的"旧道"，而是与时俱进的"新道"。他们对于"新道"的探究和表述实际上采用的是两种方法，第一种方法是对儒家经典进行新的阐释，使之具有新的含义。这就是"我注六经"。第二种方法则是"六经注我"，即利用儒家经典来阐明自己的观点。陆九渊认为，自汉代以来，传注解经、著书立说、考据训诂的学术风气日益盛行，先秦儒家的性命之学渐渐湮没。他说："学苟知本，六经皆我注脚。"（《陆九渊集》卷三十四，《语录》（上））为此他提出了"六经注我"的口号，力图恢复儒家的本来精神并有所创新和发展。陆九渊说："六经注我，我注六经。韩退之是倒做，盖欲因学文而学道。欧公极似韩，其聪明皆过人，然不合初头俗了。"（《陆九渊集》卷三十四，《语录》（上））在他看来，韩愈和欧阳修都是"我注六经"，而他的方法则是"六经注我"。他说："收拾精神，自作主宰。万物皆备于我，有何欠缺？"（《陆九渊集》卷三十五，《语录》（下））正是在这种"六经注我"和"自作主宰"的精神之下，宋代儒家完成了自己的历史使命。

3. 理学之综合：对儒释道的兼融

中国传统儒学的世俗性特点，决定它存在一个很大的缺陷，即忽视人的心性和信仰方面。这使中国儒学难以实现"形而上"的跨越。正是由于传统儒学的这个缺陷，才使得佛老两教趁经学衰落之际逐渐兴起。但是到了理学时代，儒释道融合，儒家回归，却很难回归到原始儒家了。从中国思想史上，一方面可以看到儒家经学衰落为佛老兴起提供的历史和逻辑条件；但另一方面，还可以看到佛老的传播和影响也为理学创立提供了历史和逻辑条件。

儒道本是中国传统文化的两个流派，在历史上早就存在着相互融合倾向。董仲舒呈给汉武帝的儒学，事实上是吸收了"百家"学术思想的综合体，自然也包括了道家黄老之学。其他儒家学者的思想中也大量夹杂着道家思想，如杨雄，张衡、左思、桓谭、王充等人，他们都研究天地万物之构造、生成、运行，并探究宇宙之本真，万有之大原。[①] 魏晋玄学吸收道教的部分思想，将经过道教影响而变异后的道家思想从儒学中分离，然后将其重新引入儒学，并试图改造儒学。如何晏希望将《论语》与《老子》沟通起来，他的《论语集解》就是以老解儒或以道解儒的典范。理学家是在玄学基础上展开自己的理论建树的，也自然而然地与道家思想发生联系。理学强调"天理当然""自然合理"，可以说是源自玄学的"物无妄然，必由其理"（王弼：《周易略例·明象》），"依乎天理"（郭象：《庄子·人间世》注），"天理自然"（郭象：《齐物论》注）等思想。朱熹是最具道家倾向的理学家。他对道家和佛学特别是禅宗有很深的了解，年轻时曾有十几年出入佛老，与一些著名道士往来并参与道教活动。他说："今观老子书，自有许多说话，人如何不爱！"（《朱子语类》卷一百二十五）"老氏见得煞高，佛氏安敢望他。"（《朱子语类》卷一百二十六）他

---

① 任继愈：《理学探源》，载《燕园论学集》，北京大学出版社 1984 年版，第 313—316 页。

对道教经典《阴符经》和《周易参同契》进行过深入研究，并以"空同道士邹䜣"署名著《阴符经考异》和《周易参同契考异》。在他的著作中，援用了大量道家或道教思想。他的《周易本义》继承了北宋道士陈抟的象数学，并结合周敦颐的《太极图》和邵雍的先天象数学，分别对先天说和太极说加以扬弃和取舍，形成了自己的宇宙观。他将道家之"道"和理学之"理"结合起来，说："道即理之谓"（《周濂溪先生全集》卷五，《通书解》），认为道和理并非不可跨越，而是可以互相为用，互相过渡的。他认为作为宇宙的绝对或终极存在，"理"、"太极"与"道"是一回事。

儒家心性命理之学源于思孟，但孟子之后就断绝无继了。佛教传入中国带来了般若之学，对中国文化注入了全新的元素。在佛教思想的启发之下，中国儒者一面极力抵制佛教学说，一面重建自己的心性命理之学。南北朝和隋唐以来，佛教已经深入人们的社会生活，致使极力反对佛教的宋儒也不得不借用佛学理论来阐释自己的学说。所以，宋儒大多有过研究佛学的经历，这就为他们吸收佛教思想创造了条件。《宋史》本传称：程颢"泛滥于诸家，出入于老、释者几十年，返求诸'六经'而后得之"。程颢提出"天者理也"和"只心便是天，尽之便知性"的命题，认为"仁者浑然与物同体，义礼知信皆仁也"，识得此理，便须"以诚敬存之"。（《河南程氏遗书》卷二上）他强调人性本善，"性即理也"，由于气禀不同，因而人性有善有恶。所以浊气和恶性，其实都是人欲。人欲蒙蔽了本心，便会损害天理。陆九渊的学说最具禅学倾向。他融合孟子"万物皆备于我"和"良知""良能"的观点，以及佛教禅宗"心生""心灭"等论点，提出"心即理"的命题。他断言天理、人理、物理只在吾心中，心是唯一实在："万物森然于方寸之间，满心而发，充塞宇宙，无非此理"（《陆九渊集》卷三十四，《语录》（上）），并由此推论出"宇宙便是吾心，吾心即是宇宙"（《陆九渊集》卷二十二，《杂说》）。他还认为，心即理是永恒不变的："千万世之前，有圣人出焉，同此心同此理也；千万世之后，有圣人出焉，同此心同此理也。"（《陆九渊集》卷二十二，《杂说》）人同此心，心同此理。往古来今，概莫能外。这就把心与天理，心与伦理纲常等同起来，试图由此证明所谓"天理"本是人心所固有，是恒久不变的。他认为治学的方法，主要是"发明本心"，不必多读书外求，"学苟知本，

六经皆我注脚"。(《陆九渊集》卷三十四,《语录》(上))朱熹曾评断陆
九渊之学"全是禅学,但变其名号耳"(《朱文公文集》卷四十七,《答吕
子约》),而陆九渊自己却再三申明其学是"因读《孟子》而自得之"
(《陆九渊集》卷三十五,《语录》(下))。

理学创建的初衷是复兴儒家思想,重建中华道统。所以对于他们来
说,一个核心的任务就是去佛老化。但事实证明,去佛老化是十分艰难
的,其结果也只能是兼容佛老并在此基础上重建儒学。一方面,理学家大
都有过出入佛老的经历,这就使他们的思想不可避免地带着佛老的印记,
这种文化基因同样不可能彻底摆脱。另一方面,中国传统儒学的中庸特
性,决定其可以自如地出入佛老而最终又回归自身。中庸本来不是道,但
受佛老影响最后转变为"中庸之道"了,而理学也在很多场合被称为道
学。事实上,在中国原教旨的佛老并不存在,真正存在并影响中国学术的
是儒释道融合的精神。事实上,在中国学术思想发展过程中,佛老基因时
隐时现,一直延续到明清甚至民国,并深刻地影响了中国人民的社会生活
方式。

4. 理学的核心价值:天理与人心

理学的核心概念是理。理学家之"理"所用范围极广,包括天即理、
性即理、心即理,以及礼即理等,可以说是"泛理主义"。但其中之枢纽
便是"天理人心"。

第一,天即理。

理与天道的结合。理学的真正奠基者是二程。他们以儒家伦理思想为
基础,发挥孟子至周敦颐的性理之学,吸取佛道的某些思想素养,建立了
以"天理"为核心的理学体系。程颢曾说"吾学虽有所受,天理二字却是
自家体贴出来"(《二程集》,《外书》卷十二)。二程认为,天即是理,
"理"是万物的本原,阳阴二气和五行只是"理"创生万物的材料。他们
将理进一步上升为"天理",把理与天结合起来,给理赋予至高无上的价
值。这样,"理"就成了自然界和社会领域的最高原则。在他们看来,理
既是自然之理也是社会之理。就自然之理而言,凡物皆有理,天地之间,
万物之理,无有不同。"天之所以为天,本何为哉?苍苍焉耳矣。其所以
名之曰天,盖自然之理也。"(《二程集》,《河南程氏粹言》卷二)就社会

之理而言，理包括"性理"和"义理"。性理指人的本性，"既为人，须尽得人理"（《河南程氏遗书》卷十八）；"义理"指社会道德规范，"人伦者，天理也"，"父子君臣，天下之定理，无所逃于天地之间"（《河南程氏遗书》卷五）。朱熹继承二程的天理说，认为"宇宙之间，一理而已。天得之而为天，地得之而为地，而凡生于天地之间者，又各得之以为性。其张之为三纲，其纪之为五常，盖皆此理之流行，无所适而不在。"（《朱文公文集》卷七十，《读大纪》）

第二，性即理。

理与人性的结合。程颐认为，人的本性即是人所禀受的理，所以"性即理也"。程颐说："性即理也。所谓理，性是也。天下之理，原其所自，未有不善。喜怒哀乐未发，何尝不善？发而中节，则无往而不善。凡言善恶，皆先善而后恶；言吉凶，皆先吉而后凶；言是非，皆先是而后非。"（《二程遗书》卷二十二上）他认为，"性出于天，才出于气。气清则才清，气浊则才浊。才则有善有不善，性则无不善"（《二程遗书》卷十九）。朱熹也认为性即理，他说："性，即理也。天以阴阳五行化生万物，气以成形，而理亦赋焉，犹命令也。于是人物之生，因各得其所赋之理，以为健顺五常之德，所谓性也。"（朱熹：《四书集注·中庸章句》）朱熹进一步认为"性即天理"："天即人，人即天。人之始生，得于天地。即生此人，则天又在人矣。"（《语类》卷十七）他进一步认为，"性即天理，未有不善者也"（《孟子集注·告子上》），"天地间只是一个道理，性便是理。人之所以有善有不善，只缘气质之禀各有清浊"（《语类》卷四）。可见，朱熹是将人性、天性、天道结合在一起，统一归为一个理即天理，也就是将人的"性理"上升为"天理"。

第三，"心即性"与"心即理"。

理与道德良心的结合。程颐说："孟子曰：'尽其心，知其性。'心即性也。在天为命，在人为性，论其所主为心，其实只是一个道。"（《二程遗书》卷十八）"在天为命，在义为理，在人为性，主于身为心，其实一也。"（《二程遗书》卷十八）所以，"只心便是天，尽之便知性，知性便知天，当处便认取，更不可外求"（《二程遗书》卷二上）。朱熹也论述了心与性和心与理的关系，指出："性即理也。在心唤做性，在事唤做理。"

（《朱子语类》卷五）"生之理谓性。"（《朱子语类》卷五）"性只是此理。"（《朱子语类》卷五）"性是天生成许多道理。"（《朱子语类》卷五）"性是许多理散在处为性。"（《朱子语类》卷五）"性只是理，万理之总名。此理亦只是天地间公共之理，禀得来后便为我所有。"（《朱子语类》卷百十七）他还说："心与理一，不是理在前面为一物。理便在心之中，心包蓄不住，随事而发"。（《朱子语类》卷五）朱熹弟子将朱熹的观点归结为"心即理"："心即理，理即心，动容周旋，无不中理矣"（《朱子语类》卷十八），"理遍在天地万物之间，而心则管之；心既管之，则其用实不外乎此心矣。然则理之体在物，而其用在心也"（《朱子语类》卷十八）。陆九渊则绕开心性逻辑直接提出"心即理"之说："盖心，一心也；理，一理也。至当归一，精义无二，此心此理，实不容有二。故夫子曰：'吾道一以贯之。'"（《陆九渊集》卷一）所以，"人皆有是心，心皆具是理，心即理也"（《陆九渊集》卷十一）。

第四，礼即理。

理与社会秩序的结合。宋儒还提出"礼即理"。如吕祖谦说："礼者，理也。理无物而不备，故礼亦无时而不足。"（《东莱外集》卷一）张栻说："所谓礼者天之理也，以其有序而不可过，故谓之礼。"（《答吕季克》，《南轩集》卷二十六）二程说："视听言动，非理不为，即是礼；礼即是理。"（《河南程氏遗书》卷十五）。朱熹最为精确地论述了"礼即理"的观点，他说："礼只是理，只是看合当恁地"（《朱子语类》卷三十五），"所谓礼乐，只要合得天理之自然，则无不可行也"（《朱子语类》卷八十七）；"礼之出于自然，无一节强人。须要知得此礼，则自然和"（《朱子语类》卷二十二）。这就是说，作为人类社会之行为规范的礼本源于自然，既本于天道自然，也本于人的自然本性，所以完全是符合天理人性的，人类依礼而行也就是循天理而行，完全是自然的，无所造作的。他指出：对于人和社会而言，礼体现为仁义礼智，是一种规范，所以"礼是严敬之意"（《朱子语类》卷二十二），但"礼之为体虽严，而皆出于自然之理"（《论语集注》卷一）。他说："天理只是仁义礼智之总名，仁义礼智便是天理之件数。"（《朱文公文集》卷四十，《答何叔京》）"《六经》是三代以上之书，曾经圣人手，全是天理。"（《朱子语类》卷十一）。总之，"天命之性，万理完具；总其大目，则仁义礼智，其中遂分别成许多万善"（《朱子语类》卷一百一十七）。

宋代理学讲"天即理""性即理""心即理"，就是要将天理与人心结合起来，进一步将天理人欲结合起来，并在此基础上提出"存天理灭人欲"。天理人欲之说源于《礼记·乐记》："人生而静，天之性也；感于物而动，性之欲也。夫物之感人无穷，而人之好恶无节，则是物至而人化物也。人化物也者，灭天理而穷人欲者也。"宋代理学家发挥这一思想，明确提出"存天理，灭人欲"。他们将人性分为"天命之性"和"气质之性"，前者源自天理，是至善无疵的，后者则由气化而生，受到"气"的侵蚀。二程说："人心莫不有知，惟蔽于人欲，则忘天理也"（《二程遗书》卷十一）；"人心私欲，故危殆。道心天理，故精微。灭私欲则天理明矣"（《二程遗书》卷二十四）。所以，"灭人欲即是天理"，"灭私欲即天理明矣"（《程氏遗书》卷十五）。朱熹进一步将天理人欲对立起来。他明确天理人欲的界限，指出："饮食，天理也；山珍海味，人欲也。夫妻，天理也；三妻四妾，人欲也。"（《朱子语类》卷十三）他认为"天理人欲，不容并立"（《四书集注·孟子滕王公上注》），"人之一心，天理存，则人欲亡；人欲盛，则天理灭"（《朱子语类》卷十三），必须"革尽人欲，复尽天理"（《朱子语类》卷十三）。

宋代理学的创建是中国文化思想史上的大事，具有里程碑的意义。从学术发展本身意义上讲，理学使中国哲学思想出现了一次"形而上"的跨越，大大提高了中国人的思维水平，从而加深了对自然和社会的认知程度。但这仅仅是从学术思想角度来说的，而对于政治和社会来说，理学革命还具有更加现实的意义。首先，理学通过吸收佛教思想和道教思想，成功地实行了综合创新，将儒释道融合为一体，这就解决了长期以来的文化冲突，重建了主体文化。其次，将孟子的心性之学作为儒学的主流价值，并吸收佛道二教的内容，将人性与天理相接，为中国社会的道德重建提供了思想理论基础。最后，重建了儒家道统，使中国社会的主流价值思想全面回归，并为各朝政权提供了新的合法性。所以，在中国文化史上，理学革命具有价值重建的意义。

四、理学独尊与文化合法性重建

1. 国教之争：国家意识形态之乱象

汉武帝确定儒学为中国国家意识形态，事实上也就确定了中国的"国教"，儒家经学也就成了"国学"。这种文化政策持续了三百多年直到魏晋开始发生转变。这一方面是由于儒家经学自身的矛盾致使其逐渐走向衰落，从而玄学成为世族贵族的价值形态；另一方面是由于道教和佛教逐渐在中国民间传播开来，并且逐渐影响到上层社会。到南北朝和隋唐时期，儒释道三家都登上了政治舞台并展开激烈的意识形态争夺，这就产生了长达数百年的"国教"之争。

第一，玄学：魏晋世族的价值形态。

经学自汉武帝时成为国家意识形态以后，历经数百年立于独尊地位。但是，这种"儒学独尊"的局面也导致儒学的衰落。一方面，作为国家意识形态儒学也同时据有了学术垄断地位，而正是这种垄断地位使其逐渐丧失了创新能力。这是因为经学家们的注意力不是根据社会的发展和变化提出新的思想，而是致力于保持自己的独尊地位。另一方面，这种独尊地位和学术霸权在其内部也导致了矛盾和纷争，结果是谷梁挑战公羊，古文挑战今文，这就导致儒家经学的不断异化和分裂，最终走向衰落。

与儒家经学衰落的同时玄学逐渐兴起了。玄学思想源于老庄。汉初，援道入儒的黄老思想作为国家意识形态，一度成功地完成了恢复国民经济的历史使命。经历70多年的发展，到汉武帝时转换思想，弃黄老而用儒学，将政权合法性重新建立在儒家文化基础之上，成功地实现了意识形态转型。但即便如此，司马迁却仍然坚持道家思想，以后的仲长统等人也继续坚持道家思想，在儒学独尊时代维系了道家思想一脉。到了魏晋时期，由于儒家经学的衰落，道家思想获得了新的发展机会。所以说，玄学的兴起不过是道家思想从儒家经学中重新分离的过程。

早期的玄学并未彻底脱离儒家经学，不过以儒家内部的异端形式出现，所以并未挑战儒家经学的国教地位。但是到了魏晋时期特别是两晋时期，一方面国家政治昏暗，世族贵族垄断了国家政治，而普通士族在政治上毫无前途，从而丧失了对传统儒学的信仰；另一方面，儒家经学再也无力垄断国家意识形态，士人的经世精神逐渐丧失，玄学逐渐成了世族贵族的价值形态，而经学作为国家意识形态逐渐丧失了独尊地位。这一历史阶段，尽管没有任何一个朝廷采取类似汉武帝"独尊儒术"的文化政策，正式宣布玄学为国教，但是就其对朝野的深度影响来看差不多相当于国教了。

第二，南北朝的三教关系。

南北朝时期，北方大多由少数民族政权统治。他们对汉族文化崇拜但缺少积淀，对其他宗教的信仰也不够稳定，比较流行的是道教。北魏早期帝王如太祖道武帝和太宗明元帝等都尊重道教，先后设置仙人博士、玄仙坊，甚至煮炼百药。北魏太延（公元435—440年）末，太武帝听从寇谦之进言，改年号为太平真君，还亲至道坛受符箓，成了道士皇帝，寇谦之也被封为国师。此后，北魏历代皇帝即位时都至道坛受符箓。这种宗教政策直到后周基本不变。就是说，北朝各政权大部分时期基本上以道教为国教。与此同时，佛教在朝野的影响也不断扩大。北朝的皇后多出家为尼，王子多信佛者，帝王信佛者也大有人在，如北魏文成帝大兴佛法并造大同云冈石窟，孝文帝也悉力提倡佛理。所以，到后来的北魏宣武和孝明两代，译经讲论与功德福田之业亦称极盛，寺僧数目代有增加。[1] 尽管如此，佛教在教争中仍屡屡处于不利地位，甚至遭遇两次灭佛事件。一次是北魏太平真君六年（公元445年）的"太武灭佛"事件，另一次是北周建德三年（公元574年）的武帝毁佛事件。经过两次大规模灭佛事件，佛教在北朝的影响大大降低。

南朝统治者是南渡冠缨世族，受儒学影响极深，后来普遍接受了玄学，很多人又转信佛教。如梁武帝一方面以儒家纲常名教来维护统治秩序，因而大兴儒学；另一方面又试图唤起广大佛教徒的宗教情感，所以还大力提倡佛法。为了扶持佛教，他自称"皇帝菩萨"，甚至三次舍身佛寺"为奴"，大兴佛乐并将其奉为"正乐"（《隋书·音乐志》）。而在理论上更提出三教同源统一于佛。天监三年（公元505年）四月，梁武帝发布舍道敕文："道有九十六种。唯佛一道是于正道，其余九十五种皆是外道。

---

① 参见侯外庐等：《中国思想通史》第三卷，人民出版社2011年版，第八章第四节。

朕舍外道以事如来。若有公卿能入此誓者，各可发菩提心。老子、周公、孔子等，虽是如来弟子，而为化既邪，止是世间之善，不能隔凡咸圣。公卿百官侯王宗室，宜反伪就真，舍邪入正。"（《辩正论》卷八，《梁武皇帝舍道敕文》）他认为儒道"止是世间之善"，而佛教却能超出世间，佛教为黑夜之明月，儒道即拱月之星。实际上梁武帝是三家并用的，他在宣讲佛教教义时，往往吸取儒家思想，如将儒家的"忠孝"观念和佛教的因果报应之说结合起来，用以维护他的统治。不过，总的来看，尽管民间佛道流行，政府也一再采取兴佛兴道政策，但南朝统治者基本上还是将经学作为国家意识形态，作为政权合法性的重要基础，而民间的经学家们仍继续讲经解经以保持儒学传承。这种格局一直延续到隋唐。

第三，唐代三教并立。

总的来看，整个南北朝时期，北朝则以信道为主，南朝以崇佛为主。到了隋朝，因隋文帝幼时由尼姑养大，自称兴由佛法，对佛教非常重视，因而在夺取政权后立即纠正北周武帝的毁佛政策。开皇元年，他诏令全国恢复佛道二教，"普诏天下，任听出家，仍令计口出钱，营造经像。而京师及并州、相州、洛州等诸大都邑之处，并官写一切经，置于寺内；而又别写，藏于秘阁。天下之人，从风而靡，竞相景慕，民间佛经，多于六经数十百倍"（《隋书·经籍志》）。所以隋初三教的次序是佛为先，道为次，儒为末。

唐代统治者为李姓，尽管是鲜卑血统却冒充老子后代。他们取得统治地位后更将老子奉为至尊，加倍抬高道教的地位。而由于佛教正处于鼎盛时期，统治者对此也不可能视而不见。但是，经学作为国家意识形态的地位仍是不可轻易改变的，所以唐高祖"颇好儒臣"，也采取了一些复兴儒学的措施。这就是说，唐代已形成"三教并尊"的格局。唐武德八年（公元625年）高祖李渊颁布《先老后释诏》规定三教次序为"先老、次孔、末后释宗"（《集古今佛道论衡》卷丙）。唐太宗"锐意经术"，曾多次表态说："朕于佛教，非意所遵；朕所好者，唯尧、舜、周、孔之道。"（《资治通鉴》卷一九二，《唐纪》八《太宗》）但出于对高祖的尊重和现实政治的考虑，他仍维持三教并立的格局。唐睿宗和唐玄宗处于大唐盛世，不仅深信气功养生术，更把养生思想当作治国理政的方针。唐睿宗曾向著名道士司马祯询以修身理国之事，司马祯对曰："国犹身也。庄子曰：'游心于淡，合气于漠，顺物自然而无私焉，而天下理。《易》曰：'圣人者，与天地合其德。'是知天不言而信，不为而成，无为之旨，理国之道也。"（《旧唐书·司马承祯传》）唐玄宗也主张清静无为，在他看来，"妙本清静，故常无为，时物以生，而无不为也。侯王若能守道无为，则万物自化，君之无为，而淳朴矣"（《唐玄宗御注道德真经》）。为表示对道家的尊崇，玄宗不仅一再追封老子，还将道家典籍《老子》《庄子》《列子》等升格为经，甚至科举中亦增设道举一项，还制定了一系列简政轻刑，节欲戒奢的举措。

　　唐代实行三教并立的负面效果是国家意识形态混乱，特别是道家清静无为的思想政策削弱了中央政府对地方的控制，长此以往使藩镇势力做大，最终影响了国家统一。"安史之乱"以后，一些儒家学者主张削除藩镇，加强中央集权，通过复兴儒学结束三教并立局面。白居易说："臣闻上古之化也，大道惟一，中古之教也，精义无二。盖上率下以一德，则下应上无二心，故儒墨六家不行于五帝，道释二教不及于三王。"他指出：三教"虽臻其极则同归，或能助于王化，然异名则殊俗，足以贰乎人心"，使政局发生混乱，"令一则理二，则乱若参"，因此主张恢复"古先惟一无二之化也"。（《白氏长庆集·议释教》）但是，长期形成的三教并立格局并非轻易可以改变。历史事实是，中唐后佛教仍然盛行，佛道之间的竞争乃至儒释道之间仍然纷争不断并且愈演愈烈，如佛道之间的竞争导致武宗灭佛事件，而儒家的排佛行为也受到不同程度的打击。唐王朝正是在这种思想意识形态的极度混乱之中不断衰落最终灭亡。

2. 执两用中：国家意识形态之重建

　　后周世宗时发生中国历史上第四次灭佛事件，使本已进入衰势的佛教受到极大的打击。所以到宋初时佛教依然不振而儒学却有所回潮。如宋太宗任用儒臣执政，而宋真宗则直接提出"礼乐并举，儒术化成"，大力提倡儒术。但儒学毕竟已经历长期衰落且尚无新思想出现，不足以取代佛老来填补人们的思想空间并承担国家文化复兴之大任。另一方面，历经五代战乱，社会生产和社会秩序遭到严重破坏，需要"与民休息"，所以道家也颇受器重。宋太祖曾多次下诏召见道士，广泛访求道经。真定龙兴观道士苏澄建议说："无为无欲，凝神太和，昔皇帝、唐尧享国永年，用此道也"。(《宋史》卷二，《宋太祖》二）宋太祖对此颇为信服，遂实行"务农兴学，慎罚薄敛，与世休息"（《宋史》卷三，《宋太祖》三）的政策。宋太宗和宋真宗两朝也都坚持这一政策。宋太宗还对吕端说："清静致治，黄老之深旨也。夫万务自有为以至无为，无为之道，朕当力行之。"（《续资治通鉴》卷三十四）宋真宗也说："希夷之旨，清静之宗，本于自然，臻于妙用，用之于政，政协于大中；用之治身，身跻于难老；施于天下，天下可以还淳；渐于生民，生民生其介福。"（［南宋］谢守灏：《混元圣纪》卷九）所以，宋初道家较为流行也就成为必然的了。

这种"清静致治"的为政方针，在宋初恢复经济过程中发挥了重要作用，导致了数十年的和平发展和经济繁荣。但长期的"无为"政治使士大夫群体中出现因循持重，墨守成规，不思进取的习气。所以官场上流行着"利不百，不变法"的说法，反对生事，反对变革。范仲淹《答手诏条陈十事疏》描述这种现象说："光荣而饱者，一闻忧世之言，不以为狂人，则以为病痴子，不怒则笑之矣。……在位而不肯自忧，又禁他人使皆不得忧"。苏舜钦在《上范公参政书并咨目七事》中也一针见血地指出："今朝廷之患，患在执政大臣不肯主事，或循嘿，或畏避，大抵皆为自安之计也。"后来朱熹曾评论说："太宗每日看《太平广记》数卷，若能推此心去讲学，那里得来！不过写字作诗，君臣之间，以此度日而已。真宗东封西祀，糜费巨万计，不曾做得一事"。（《朱子语类》卷一二七）可见，统治者上上下下都陷于懈怠状况，不求进取，得过且过。这样的政治结果必然是严重的"三冗"矛盾和积贫积弱局面的出现。在这种情况下，宋代一批有志之士，希望能通过变法来唤起社会的生力。这就是范仲淹主导的庆历新政和王安石主导的熙宁变法。

庆历三年（1043年）范仲淹在呈给仁宗的《答手诏条陈十事疏》说："臣闻历代之政，久皆有弊。弊而不救，祸乱必生。何哉？纲纪浸隳。制度日削，恩赏不节，赋敛无度，人情惨怨，天祸暴起。惟尧舜能通其变，使民不倦。《易》曰：'穷则变，变则通，通则久。'此言天下之理有所穷塞，则思变通之道。既能变通，则成长久之业。我国家革五代之乱，富有四海，垂八十年，纲纪制度，日削月侵，官壅于下，民困于外，夷狄骄盛，寇盗横炽，不可不更张以救之。然则欲正其末，必端其本；欲清其流，必澄其源。臣敢约前代帝王之道，求今朝祖宗之烈，采其可行者条奏。愿陛下顺天下之心，力行此事，庶几法制有立，纲纪再振，则宗社灵长，天下蒙福。"在这里，范仲淹明确指出了官场积弊之所在和原因，表达了对政治变革的要求和希望，其中最核心的就是整治吏治。《答手诏条陈十事疏》所说的十事，分别为：明黜陟、抑侥幸、精贡举、择官长、均公田、厚农桑、修武备、减徭役、覃恩信、重命令，其中的五项均为吏治相关的内容。尽管庆历新政并不成功，但毕竟对于一个过早出现沉闷气氛的宋王朝是一种刺激，唤醒了部分士人的社会责任感和变革要求。

这种新的思想和变革要求，到宋神宗时被重新激发起来。这就是熙宁变法。熙宁元年（公元 1068 年），新即位的宋神宗问王安石："当今治国之道，当以何为先？"王安石答："以择术为始。"（《宋史全文》卷十一）可见，熙宁变法首先从意识形态入手，亦即从经学变革开始。对于汉唐经学研究的注疏旧习，王安石曾感叹道："呜呼！学者不知古之所以教，而蔽于传注之学也久矣。当其时，欲其思之深、问之切而后复焉，则吾将孰待而言邪？"（《临川先生文集》卷七十一，《书洪范传后》）为此，他亲自撰述《洪范传》，意在阐明长期汩没不显的"洪范大义"。熙宁六年（公元 1073 年），神宗任命王安石提举经义局，由吕惠卿、王雱等兼修撰《诗》《书》《周官》等书。王安石反对汉唐经学烦琐的章句传注陋习，主张打破疏不破注的成法，恢复经文本义，阐明经文义理。熙宁八年（公元 1075 年），《周官新义》《诗经新义》《书经新义》完成，合称为《三经新义》，其中以《周官新义》最为重要，是为熙宁变法的理论依据。《三经新义》被颁赐给宗室、大学及诸州府学，作为全国学子的必读书目和科举考试的标准。蔡卞对王安石的学术贡献评价说："自先王泽竭，国异家殊。由汉迄唐，源流浸深。宋兴，文物盛矣，然不知道德性命之理。安石奋乎百世之下，追尧舜三代，通乎昼夜阴阳所不能测，而入于神。初著《杂说》数万言，世谓其言与孟轲相上下。于是天下之士始原道德之意，窥性命之端云。"（《晁公武郡斋读书志·后志二》）这里难免有一些夸大之词，但还是有一定道理的，就是说，以王安石《三经新义》的颁行为标志，宋代经学完成了注疏之学向义理之学的过渡。

尽管熙宁变法同样是不成功的，但荆公新学的独尊地位却保持了很多年。南宋时陈渊记述："自王氏之学达于天下，其徒尊之与孔子等，动之以卓诡之行，而矜之以华丽之文，如以锦绣蒙覆陷阱，悦而从之，鲜不坠者，行之以六十余年。"（《默堂集》卷十二，《十二月上殿札子》）直到北宋晚期这种情况才发生转变。宋钦宗时杨时曾上疏说："今日之祸，实安石有以启之。"（《宋史》卷四百二十八，《杨时传》）靖康元年二月起，宋钦宗解除元祐学术禁令，并复以诗赋取士，禁用庄、老及王安石《字说》，罢王安石配享孔子庙庭降为从祀，并下诏曰："群臣庶士亦当讲孔、孟正道，察安石旧说之不当者，羽翼朕志，以济中兴。（《宋史》卷二十三，《钦宗本纪》）至此王安石新学失去了官学地位。

3. 理学独尊：国家意识形态之统一

北宋后期党争激烈，新党与旧党之间经历了几个回合，此间新学与旧学也数次颠覆。例如司马光当政禁止新学，后来新党上台又将旧党学术一律禁止。宋徽宗崇宁（公元1102—1106年）年间，蔡京为相，将司马光以下共309人称为"元祐党人"，并刻元祐党人碑，禁止元祐学术，以程颐为首的洛学也在所禁之列。直到北宋晚期，随着王安石新学被最终废弃，理学才获得新的发展机会。到南宋朱熹时，尽管理学发展达到了学术上的成熟阶段，但在一个相当长的时期里不仅没有得到统治者的承认甚至还被视为异端。所以理学主要在民间发展和流传，书院成为他们切磋学术和教授思想的主要场所。这种局面直到南宋晚期才发生根本转变。淳祐元年（公元1241年）宋理宗下诏，以周濂溪、二程、张载、朱熹五人从祀孔庙的同时，撤销了王安石的从祀地位，并指责"王安石谓天变不足畏、祖宗不足法、人言不足恤，此三语最为万世之罪人，岂宜从祀孔子庙庭，合与削去，于正人心，息邪说关系不小，令国子监日下施行"（《咸淳临安志》卷十一，《太学》）。至此，理学确立了官学地位。但遗憾的是，理学官学地位确立不久，南宋就灭亡了。

蒙古族文化落后，在极短的时期里迅速崛起并入主中国，还没来得及形成自己的意识形态。为了能够统治广众的中原民族，他们宁可放弃原有的生活方式而接受汉族文化。当时的北方大儒如赵复、姚枢、刘因、许衡等人都是著名理学家，所以元朝统治者所接触到的儒学，已经不是传统经学而主要是理学。经姚枢建议窝阔台汗创立了太极书院和周子祠，"以二程、张、杨、游、朱六子配食，请赵复为师，选俊秀有识者为道学生"（《宋元学案·鲁斋学案》），系统讲解儒家经义。忽必烈时，在各路、府、州、县广设学校，并大力支持书院活动，随后又增设国子监，立国子监七品以上官员的子弟为生员，主要以程朱理学为教学内容。元成宗时下诏崇奉孔子，武宗更加封孔子为"大成至圣文宣王"，仁宗时以周敦颐、二程、张载、邵雍、司马光、朱熹、张栻、吕祖谦及许衡从祀孔子庙。元仁宗皇庆二年（公元1313年）开始在全国范围内实行科举考试制度，以朱熹集注的"四书"为所有科举考试者的指定用书，并以二程和朱熹注释的"五经"为增试科目的指定用书。至此，程朱理学上升为官学，成为元朝的国家意识形态。

程朱理学在明初得到进一步尊崇并进入全盛时期。洪武二年（公元1369年）明太祖诏令天下立学，规定："国家明经取士，说经者以宋儒传注为宗，行文者以典实纯正为主。今后务须颁降四书五经、《性理》、《通鉴纲目》、《大学衍义》、《历代名臣奏议》、《文章正宗》及历代诰律典制等书，课令生徒诵习讲解，其有剽窃异端邪说，炫奇立异者，文虽工，弗录。"（《松下杂钞》卷下）永乐十二年（公元1414年），明成祖命翰林院学士胡广、侍讲杨荣、金幼孜等纂修《五经大全》《四书大全》及《性理大全》。他在谕旨中明确规定了编写体例："五经、四书皆圣贤精义要道，其传注之外，诸儒议论有发明余蕴者，尔等采其切当之言，增附于下，其周、程、朱、张诸君子性理之方，如《太极通书》《西铭》《正蒙》之类皆六经羽翼，然各自为书，未有统会，尔等亦别类聚成编，务极精备，庶几垂后世。"（《明太宗实录》，卷一五八）永乐十三年（公元1415年）九月，三部大全全部完成，明太宗亲赐书名《五经、四书、性理大全》并制序于卷首，命礼部刊行天下，作为权威典籍和科举考试的科目，并要求永为遵守成为进德修业的标准。从此"世之治举业者，以四书为先务，视六经为可援：以言《诗》，非朱子之传义弗敢道也；以言《礼》，非朱子之《家礼》弗敢行也。推而言之，《尚书》《春秋》非朱子所授，则朱子所与也；言不合朱子，率鸣鼓而攻之"（朱彝尊：《曝书亭集》，《四部丛刊木》卷三十五《道传录序》）。《大明律》还专设《禁止搬做杂剧律令》，不准艺人在民间戏曲中扮演程朱形象，违令者都按亵渎圣贤治罪。至此，程朱理学被奉为统治思想，不仅成为八股取士的唯一根据，更成为统一全民思想的工具。

五、理学内向化：心学兴起

1. 朱陆之争与心学发源

理学在初创时期就存在着理与心的区别。这种两分源于二程。二程都以理作为哲学的最高范畴，但程颢是以心解理，为陆王心学之源头，而程颐一般是把理与气相对来论述，为朱学之源头。到理学发展的完成时期，这种区别扩大并发展为朱陆之争。第一，朱熹理学的中心命题是"性即理"，陆九渊心学的中心命题是"心即理"。朱熹认为，事物不是在人的主观意识之中，而"理"是事物存在的根据，因而"理"是第一性的，心是第二性的。陆九渊则认为，事物的理本在人心之中，心就是理，理就是心，"万物森然于方寸之间"，因此心是第一性的，"理"是离不开心的。第二，朱熹将心分为"道心"与"人心"，"道心"就是"形而上"之心，人心是"形而下"之心。"道心"是天理的体现，是义理之心，是"人心"的主宰；"人心"是气质的表现，必须接受"道心"的主宰和统领，即"心统性情"。陆九渊认为，不能将人心道心对立起来，否则就是"裂天人为二"，认为"宇宙便是吾心，吾心便是宇宙"。天理、人理、物理只在吾心之中。第三，朱熹强调"道问学"的重要性，主张格物致知，穷理尽性，提高自身的道德水平，说："学者工夫，唯在居敬穷理二理。"（《朱子语类·学三》）陆九渊主张"尊德性"，认为治学的方法，主要是"发明本心"，不必多读书外求，"苟此心之存，则此理自明，当恻隐处自恻隐，当羞恶、当辞让，是非在前，自能辨之"（《象山全集》卷三十四，《语录》），主张"学苟知本，六经皆我注脚"（《象山全集》卷三十四，《象山语录》卷一）。朱陆二人曾多次争论但难见分晓。

不过到了南宋晚期和元明两代，程朱理学被确定为官方学术，尽管悬为功令，兴盛至极，但就其理论本身来说不仅丧失了创新能力，其原有缺陷也不仅没能解决反而被放大了。一方面，理学对于"理"的过分推崇以及以"天理"压抑人性的社会效果，加剧了社会矛盾从而导致思想界的反弹。另一方面，随着三部大全的纂修和颁布，莘莘学子无不奔上八股取士之途，不仅逐渐丧失了士人精神，更增添了庸碌世俗之气。在这种背景下，少数有自主思想的士人力图冲破禁锢，反思和批判理学，其学术方法就是复兴陆学直至打出心学旗号。

陈白沙是复兴陆学和构建心学的第一位学者。他自幼苦读四书五经，但在八股取士的道路上却历经挫折，屡试不第，从而对科举制度产生强烈的厌恶，进而反省与批判八股取士制度和社会上的庸俗学风。为此，他提出"宗白然"的主张，即彻底抛弃俗陋不堪的科第之学，重新回到自我并找回自我的真精神。对于治学方法，他主张脱离纷繁的现实社会，通过"静坐"以"自得"。他认为，在这个庸碌纷繁的世界上，只有静坐稍安，扪心自问，才能转疾起疴，回归自然，找回自我。《明史》载："献章之学，以静为主。其教学者，但令端坐澄心，于静中养出端倪。其学洒然独得，论者谓有鸢飞鱼跃之乐。"（《明史》列传第一百七十一）这样，陈白沙就以截断众流的手段，直将源头通贯孟子，复活周、程，接续陆九渊，为明代学术别开一新境。但是他"于静中养出端倪"的方式颇近于禅，所以多遭诟病，毁誉参半。

陈白沙试图用较为极端的方式改变士子们的关注点，从世俗利禄的外部世界转回到宁静清平的内心世界，从而进一步改变社会风气。但这种"主静"方式却与传统儒家的治世精神相悖。所以，他的学生湛若水提出"随处体认天理"的学问宗旨，对陈白沙进行修正，在一定程度上转回了朱熹。湛若水作《心性图说》解释心、人、元气的关系。他说："性者，天地万物一体者也。浑然宇宙，其气同也。心也者，体天地万物而不遗者也。性也者，心之生理也，心性非二也。譬之谷焉，具生意而未发，未发故浑然而不可见。及其发也，恻隐、羞恶、辞让、是非萌焉，仁、义、礼、智自此焉始分矣，故谓之四端。"（《明儒学案·湛甘泉心性图说》）"何谓心学？万事万物莫非心也。"（《湛甘泉先生文集·泗州两学讲章》）他认为，"盖万事万变皆本于心，千圣千贤皆是心学"（《圣学格物通·正万民下》），"故心也者，包乎天地万物之外，而贯夫天地万物之中者也。中外非二也。天地无内外，心亦无内外，极言之耳矣"（《心性图说》，《泉翁大全集》卷三十二）湛若水认为，天理"即吾心本体之自然者也"（《圣学格物通》卷二十七），"格物"的目的就是"体认天理"，即"格物云者，体认天理而存之"（《论学书》，黄宗羲：《明儒学案》卷三十七，《甘泉学案一》）。总之，"吾所谓天理者，体认于心，即心学也"（《甘泉文集》卷八，《新泉问辩录》）。

湛若水与王阳明处于同一时代，在陈白沙之后共同推进心学发展。不过湛王二人在心学发展上有所不同。湛若水对陈白沙的某些偏激思想有所纠正，所以在一定程度上又回到了程朱。王阳明与其他思想家一样，都是受程朱思想影响。但王阳明认为，按照朱熹格物致知的方法最终还是不得要领。所以，在经历一系列人生挫折和思想曲折之后，王阳明终于在龙场悟道，始得"良知"二字，于是彻底脱离程朱，建立了自己的心学理论体系。王阳明明确提出"心即理"的本体论观点，认为心外无物、心外无理。他说："心即理也。此心无私欲之蔽，即是天理，不须外面添一份。"（《传习录》卷上，《徐爱录》）可见，王阳明的"心"更多的是道德本体层面的"心"，这种道德之心就是"良知"。他说："夫人者，天地之心。天地万物，本吾一体者也，生民之困苦荼毒，孰非疾痛之切与吾身者乎？不知吾身之疾痛，无是非之心者也。是非之心，不虑而知，不学而能，所谓良知也。"（《传习录》卷中，《答聂文蔚》）王阳明认为，人人皆具有的体认天理之心，这就是良知，天地万物与人为一体，人体认天理不需要向外去探求，只需向内寻求本心即可。这就将心学发展推向高潮。

2. 阳明心学对程朱理学的解构

儒家文化侧重于两个方面，一是"尊德性"，一是"道问学"。这种分岔可见于老子的"为道"与"为学"之分。《中庸》说："故君子尊德性而道问学，致广大而尽精微，极高明而道中庸，温故而知新，敦厚以崇礼。"到理学时代，"尊德性"深入发展为心性之学，而"道问学"则坚持格物致知。如朱熹说："子静（陆九渊）所说专是尊德性事，而熹平日所论却是问学上多了。"（《朱文公文集》卷五十四，《答项平父》）到了明代，王阳明倡"致良知"之说，认为"良知之外更无知，致知之外更无学。外良知以求知者，邪妄之知矣；外致知以为学者，异端之学矣"（《王阳明全集》卷六，《与马子莘》）。王阳明完全承接陆学之绪，认为"道问学即所以尊德性"，"道问学"只是手段，"尊德性"才是目的。在他看来，"致良知"是学问大头脑，是圣人教人第一义："今云专求见闻之末，则是失却头脑，而已落在第二义矣。"（《王阳明全集》卷二，《语录二》）可见，王阳明将"良知"作为一切知识与学问的唯一源泉，以"良知"统"致知"，把"尊德性"领域内的各种境界开拓到了极致，即推向"极高明"而忘记"道中庸"了。

理学与心学的分歧实质上源于孔子学说自身的中庸本质和二元性特点。孟荀时代，孟子和荀子分别代表了孔子二元思想中的一元。二程思想也存在差异，即程颢偏重心，程颐偏重理。程朱理学实际是沿着程颐的理路，而陆王心学则是沿着程颢的理路。陆九渊曾说："宇宙便是吾心，吾心即是宇宙"。这即是心为本体了。王阳明沿着这样的思维路径，直至于"良知"本体论的确立。

王阳明早年信奉程朱理学，自述在竹林中沉思冥想朱熹格物致知之学，突然感悟格物之道并非在于物而在于心，由此转向陆象山"心即理"之学，认为"惟象山陆氏，简易直捷，有以接孟氏之传"（《明史·王守仁传》）。王阳明宣称："我的灵明，便是天地鬼神的主宰。天没有我的灵明，谁去仰他高？地没有我的灵明，谁去俯他深？鬼神没有我的灵明，谁去辨他吉凶灾祥？天地鬼神万物离却我的灵明，便没有天地鬼神万物了。"（《阳明全书·传习录》（下））王阳明与学生游南镇，友人指岩中花树问曰："天下无心外之物，如此花树，在深山自开自落，于我心亦何相关？"王阳明说："你未看此花时，此花与汝心同归于寂。你来看此花时，则此花颜色一时明白起来，便知此花原不在你的心外。"（《阳明全书·传习录》（下））至此，王阳明仍是心本体。

王阳明从"心本体"出发，进一步建立自己的"致良知"学说。他说：所谓"良知者，孟子所谓'是非之心，人皆有之'者也。是非之心，不待虑而知，不待学而成，是故谓之良知。"（《王文成公全书》卷二六，《大学问》）又说："知是心之本体。心自然会知，见父自然知孝，见兄自然知悌，见孺子入井自然知恻隐，此便是良知，不假外求。"（《阴明全书·传习录》（中））在他看来，"良知在人心，无间于圣愚，天下古今之所同也"（《阴明全书·传习录》（中））。针对程朱理学万事拘泥于理的缺陷，他说："心即理也，此心无私欲之蔽，即是天理，不须外面添一分。以此纯乎天理之心，发之事父便是孝，发之事君便是是忠，发之交友治民便是信与仁，只在此心去人欲、存天理上用功便是。"（《阴明全书·传习录》（中））所以说，"致良知"实际上就是要唤醒深藏于人们心底的道德良心，而这种道德良心是人人都具备的，即"良知良能，愚夫愚妇与圣人同"，关键在于要唤醒这种本源于人们心中的道德自觉。

阳明心学挑战程朱理学也引致朝廷和学界的反弹，他们认为"守仁不师古，言不称师，欲立异以为名，则非朱熹晚年定论之书"，指责王阳明"放言自肆，诋毁先儒；号召门徒，声附虚和；用诈任情，坏人心术"。于是"都察院仍榜谕天下；敢有踵袭邪说，果于非圣者，重治不饶"（《明世宗实录》卷八）。但阳明心学的影响仍不断扩大并且风行天下。黄宗羲在《明儒学案》中将明代学术分为十七家，其中有浙中、江右、南中、楚中、北方、粤闽、泰州等七个学案属于王阳明心学系统，其他受王学影响，并以其为宗者也不在少数。因此有人说："姚江之学，嘉隆以来，几遍天下。"（《汤子遗书》卷五，《答陆稼书》）

然而，阳明心学自身也存在矛盾，其对于程朱理学的"矫枉"是大大地"过正"了甚至走向了反面。一方面，理学讲穷理尽性，阳明心学强调不穷理而尽性，即无"理"而"性"。另一方面，理学主张格物致知，但心学却不要格物，不求物理，只是片面地追求人的内心世界。总的来看，程朱理学强调人的理性却忽视人的感性一面，而阳明心学从人的良知出发唤起人们的感性，却忽视了人的理性一面。不仅如此，阳明心学忽视理性，不仅忽视人的利欲理性，而且忽视人的求知理性，即将格物致知也否定了。所以，阳明心学是去理性化的。而在去理性化的同时，王阳明高度强调良知，高度道德化，把道德修养推向一个"极高明"的巅峰，其结果也必然走向反面，成为空疏之学。尽管王阳明极力反对空疏无用的学术，他自认为他的心学完全是"致用"之学，他本人也是立功、立言、立德全能。但是到了阳明后学情况就逐渐转变了。阳明后学忘记了儒家经世致用的原则，追求个人的道德修养，而所采用的方法却是静坐静修，逐渐脱离了社会，脱离了现实，最后又回到了禅。

尽管阳明学说在当时影响很大，代表了社会上的一股正义思潮，但真正的社会作用却十分有限。因为在国家政治腐败，社会道德沦陷，价值失衡乃至倾斜、颠覆的大趋势之下，"致良知"不过是美好的愿望而已。阳明生前身后的遭遇都足以说明这一点。至于阳明后学，他们面对如此现实更显得极其无奈，不得不选择了逃离。所以，明中期以后社会价值思想更陷于混乱。一方面，程朱理学经心学的解构而日益衰微，而王阳明的良知之学更走向空疏。随着社会主导思想的迷失，异端之说蓬勃兴起，有的近于佛学，有的近于道学，有致力于经世之用的实学者，还有转向外求基督之救世者，纷纷扬扬，多元并存，十分混乱。当然，由于商品经济和城市的发展，新的生活形态曙光初现，新的社会思想也开始萌芽，中国思想界迎来了早期启蒙。但是，这种启蒙的萌芽极过嫩弱，经不起社会变动，更不能推动社会的进步。中国社会又面临一场天崩地裂的大变局。

3. 宋明理学衰落的原因

从南宋理宗开始，经历元代直到明初，程朱理学从确立学官到一家独尊，成为国家意识形态。尽管理学是儒家思想的新发展，较能够适应中国发展的历史和现实，但是一旦成为官学，成为政府思想垄断的工具，其创造性必然逐渐降低，最终滞后于社会发展。所以，理学最终也必然脱离不了汉唐经学由兴而衰的命运。尽管这是所有思想理论发展变化的规律，但具体分析起来仍可以找寻到些具体原因。

第一，自身的佛老基因。

唐宋时期佛老十分流行，不仅深入到百姓日用，而且深刻地影响了士人的精神世界。在这种情况下，理学家大都出入佛老，尽管他们都试图极力抵制佛老和消除佛老的影响，但事实上却不得不利用佛老的某些理论来弥补儒学的不足。这就使理学先天就带着佛老基因。事实上，佛老思想的引入使儒家思想有了大大的进步，可以说上了一个台阶。但另一方面，佛老基因也是理学走向空疏的台阶。佛老讲"无"讲"空"，讲"心"讲"性"，玄而又玄，尽管使儒学能够走进人们的精神世界，即入脑入心，但"端坐澄心，于静中养出端倪"的主张也成为理学空疏化的原因。儒家主张内圣外王，而走向空疏的理学为了追求"内圣"而将"外王"抛在脑后。到最后，不少"心性"学者甚至打坐以求静，追求"空""性"，实际上与佛老同流了。

第二，垄断地位导致创新乏力。

任何一种思想学术都有成为官学的理想目标。但任何一种思想学术，只要成为官学，成为官方意识形态，成为统治人们思想的工具，拥有垄断地位，就必然丧失自我创新能力。理学建立初期纯粹是民间学术，并且长期受到官方学术的排挤，不仅二程时期受到荆公新学的压制，"庆元党禁"期间朱学还一度被朝廷定性为"伪学"。事实上，理学正是在与官方学术竞争的背景下脱颖而出的。但是，理学被悬为功令以后，自身的创造力却逐渐减损直至于无了。道理也很简单，既然是官方学术，就必然要符合官方的需要。这样，理学被奉为经典，束之高阁，越来越不接地气，成为没有源头活水的学术，创造力必然日益枯竭，思想日益贫乏。既然是官学，学者必然大多为御用，他们也许不是没有思想，但端着皇家的饭碗自然要看君上的眼色行事。更加要命的是，他们为了各自的身份地位考虑，不仅缺少思想的创造，甚至在学术上画地为牢，相互攻讦，相互争宠，更加速了理学的衰落。所以有明一代除王阳明、李贽等人外，少有大思想家出现。如明初大儒宋濂、方孝孺、曹端、薛瑄、胡居仁等，虽然名气颇大，但其思想和学术贡献却乏善可陈。

第三，八股考试制度败坏了士人精神。

程朱理学成为官方学术，四书五经成为官方教科书，八股取士成为官方选择人才的基本方式，而"读书——科举——入仕"成为广大士人所共同追求的目标。在这种体制下，宋代范仲淹等倡导的士人精神已经逐渐耗尽，士子们沽名钓誉，依附权贵，独立人格丧失，思想的独立性也自然丧失，创造性就更谈不上了。就科举考试制度而言，宋代王安石废除了科举考试中的注疏传统，使治经方法出现根本转变，因而才有思想解放和理学创新。但是到了明代，官方规定科举只以朱熹的《四书集注》为基本内容，还发明了八股作文，这种学术方法和考试方法，对人们思想的束缚较之汉唐的注疏方法有过之而无不及。这样，士人精神和学术方法都堕落了，理学也自然走向衰落。到了晚明，理学日益走向空疏化，士人的清谈之风渐盛，而部分保有致用精神的士人，又遭到党锢之祸的打击，尽管有顾炎武、黄宗羲、王夫之等怀着"天下兴亡，匹夫有责"精神的士人，但最后也只能待明王朝灭亡后再去痛定思痛了。

第四，理学成了历代王朝的御用工具。

理学本来是来自民间的思想学术，理学成功的根本原因就在于其民间性，书院制度和私人讲学在理学创建和传播过程中发挥了重要作用。但是一旦成为国家意识形态，成为官方学术，理学就成了御用工具，成为统治者统治人民的工具。既然作为御用工具，那么最高的宗旨就是论证政权和统治者行为的合理性和合法性，往往不顾事实歪曲学理。与此同时，作为士人代表的理学家们，大多可以跻身于统治者之列，完全脱离人民，所以理学就不能再代表社会而是走向反面，处处维护统治者的权威和利益。在这种情况下，理学思想解放的意义转变为思想禁锢的力量，理学对礼的改造使礼制宗教化，成了束缚人们思想和行为的教义。所以，到了明清时期，特别是到了清代，礼教更成了"吃人"的礼教。

第五，理学空疏化导致"文粹主义"。

"空疏"本质上源于佛老。宋儒自称承继道统，为往圣继绝学，但仍不可能免除佛老在他们头脑中留下的印记。所以有"朱子道陆子禅"之说。正统儒家主张亦文亦质。但儒家自溯源于周文，所以更偏重文。所谓"文"，其核心就是道德文章，发展过了头就是"文粹"。理学在程朱时期自然是亦文亦质，但是到了王阳明时期就开始偏向于文。在官场腐败，社风日下的历史背景下，王阳明自知自己的政治能力有限，无力补天，只好寄希望于教化，试图唤起人们心中的良知，当时还是有一定社会影响的。但到了王学末流，他们一味地内窥自心，甚至归隐山林，完全忘了社会责任，他们的学问也必然走向空疏，文粹主义流行起来。当然，这种空疏之风也反映了晚明时期部分正派士人的普遍思潮，事实上他们是面对官场腐败而自己无所作为不得不选择逃离。在这种情况下，他们自己保持了清高，却将官场让给了奸臣宦党。至此，明朝的灭亡也就毫无悬念了。

第四节　清代学术的鼎盛与危机

明亡清兴是中国历史上又一次"天崩地解"的大变局。但是，不论从政治、经济还是从文化哪个方面讲清代都堪称"盛世"。就是说，中国传统社会的主要方面都在清代达到了一个新的巅峰，实现了极度的圆满和完善。就学术思想而言，清代学术经历了从实学到汉学的转变和发展，通过《四库全书》的编撰实现了最终的圆满。至此，中国学术思想出现"大团圆"局面。然而，清代学术的发展到巅峰之后，由于西风东渐，资本主义入侵，传统学术陷入前所未有的危机。所以说，清代也是中国传统学术的"终结"时代。因此，考察清代学术思想，既要看到其自身发展的规律和过程，还要看到这个过程也反映了中国整个传统学术思想发展的兴衰规律。

一、学术批判与复古解放

1. 批判理学空疏

宋明理学是中国传统学术发展的一个重要阶段。唐宋变革使中国社会经济进入一个新的发展阶段，但与此同时却遇到一系列强大的挑战，既包括北方民族的挑战也包括佛老的挑战。可以说理学产生一开始就承担着双重的历史使命，即在思想文化方面抑制佛老，在社会政治方面变革自强。所以，理学继承了儒家经世致用传统。但是，当社会变革基本完成，理学成为国家意识形态并垄断了学术，其积极的"入世"精神就转向反面。所谓的"反面"一是指"入世"精神转向"入仕"之途，这就是四书五经和八股取士；二是指外王之学转向内圣之学，这就是阳明心学和阳明后学。这种内圣之学目的在于唤起社会道德自律和进行社会教化以抑制传统社会的没落。但到了明末，宋明理学的"内圣"倾向日益加剧，阳明心学及其后学则越来越埋头向内，甚至一味地空谈性命，对中国社会内部和外部危机不是视而不见，而是选择了逃离。这种士人精神的堕落也是明王朝覆灭的原因之一。

晚明时期的学者在民族危亡之时即开始反省宋明理学的内在矛盾和社会价值。明亡后，当时的遗民士子，如顾炎武、王夫之、黄宗羲以及朱之瑜等人，都把明亡的原因归咎于理学的空疏无用和理学家的清谈误国。他们不仅痛感阳明心学泛滥之灾，更将理学整个地加以否定。这与清初统治者"尊程朱黜阳明"的文化政策有所不同。如朱之瑜把理学比作能工巧匠的雕虫之技，认为其弊病就在于"屋下架屋"而"无益于世用"。他说：

"宋儒辨析毫厘，终不曾做得一事，况又于其屋下架屋哉？"（《朱舜水集》卷九，《与安东守约书》）他提倡"实理实学、学以致用"，认为"学问之道，贵在实行，圣贤之学，俱在践履"（《朱舜水集》卷一，《答安东守约问八条》），"为学之道，在于近里着己，有益天下国家，不在掉弄虚脾，捕风捉影。"（《朱舜水集》卷十，《答奥村庸礼》）。黄宗羲批评宋明儒空谈性理，不务实际，招致社会黑暗和民族败亡。他说："儒者之学经天纬地，而后世乃以语录为究竟，仅附答问一二条于伊洛门下，便厕儒者之列，假其名以欺世。……徒以'生民立极，天地立心，万世开太平'之阔论，钤束天下。一旦有大夫之忧，当报国之日，则蒙然张口，如坐云雾。"（《南雷文定后集·赠编修弁玉吴君墓志铭》）顾炎武批评理学末流实乃"以无本之人，而讲空虚之学"（《亭林文集》卷三）；"昔之清谈谈老庄，今之清谈谈孔孟。未得其精而已遗其粗，未究其本而先辞其末"（《日知录》卷七）。所以他一针见血地指出："古之理学经学也，今之理学禅学也。"（《与施愚山书》，《亭林文集》卷三）他谴责理学家"不习六艺之文，不考百王之典，不综当代之务，举夫子论学、论政之大端一切不问，而曰'一贯'，曰'无言'，以明心见性之空言，代修己治人之实学。股肱惰而万事荒，爪牙亡而四国乱，神州荡覆，宗社丘墟"（《日知录》卷七，《夫子之言性与天道》）。

清初学者对理学特别是对王阳明心学的批判，是一次"价值重估"的思想运动，所带来的思想变革倾向就是由虚转实。实际上，这是中国学术思想史上的又一次轮回的开始。不过这次轮回仅仅是一次小轮回。对于理学空疏的反思和批判，仍旧停留在新老诸子的圈子以内，并没有根本性突破。就是说，真正的价值革命并没有到来。

2. 以复古为解放

在批判理学的同时，清初学者主张"通经致用"。事实上，明末遗民学者所提倡的"实用"，正是儒家思想的另一面，即经世致用的一面，或者说正是儒家本旨。宋学就其思想来说本来是为反对佛老避世而提出来的，在学术上也反对训诂之法而强调义理之学。王阳明针对社会上贪腐遍地而强调"致良知"，事实上是强调士人和官僚们通过自我修养实现道德自律，本质上说也是"致用"的学问。但王学末流却将"修心"的一面强调的过了头，从而走向"空疏"和"清谈"，从"主敬"转向"主静"甚至遁入禅林。例如，王阳明大讲"养心"但何尝不讲"用世"，只是他的后学们继承了他的"养心"一面而丢掉了"用世"的本来意旨。从另外一个方面看，明中期以后的士人之所以一味地强调"养心"，也是对于社会现状无奈的结果。他们既不能改变社会，也不能与腐败行为同流，只能采取"鸵鸟"态度，既然不能"用世"那么就只好"避世"了。这也正是传统儒家的根本弱点，如孔子讲："天下有道则现，无道则隐"，"道不行，乘桴浮于海"。而明末学者之所以强调"实用"，实际上是对于晚期理学特别是后期心学的纠正。总结明亡清兴的教训，反映在思想方法上就是提倡实学，主张经世致用。

但是，他们提倡实学仍不能实现思想上的革命，因而在学术方法上只能采取复古的方式，即以复古为创新。这也是中国历史上思想变革的传统方式。顾炎武说："经学自有源流，自汉而六朝而唐而宋，必一一考究，而后及于近儒之所著然后可以知其异同离合之指。如论字者必本于《说文》，未有据隶楷而论古文者也。"（《亭林文集》卷四，《与人书四》）为此他提出"治经复汉"，回归经典的主张，强调"读九经自考文始，考文自知音始"（《亭林文集》卷四，《答李子德书》），甚至提出"著书不如抄书"的治学方法。这显然是对宋学治经方法的根本否定。黄宗羲也主张"以六经为根底，问学者必先穷经，经术所以经世"（《清史稿·卷四八〇·列传二百六七·儒林一》），以求通经治史，经世致用。全祖望说："先生始谓学必原本于经术，而后不为蹈虚，必证明于史籍，而后足以应务，元元本本，可据可依。"（《鲒埼亭集外编》卷十六，《甬上证人书院记》）这就必然导致传统经学的复兴。

理学本来是因反对佛老思想而兴起，但事实上理学家们大多出入佛老，深受佛老影响，明末王学末流的空疏之学事实上就是佛老基因放大的结果。在清初学者看来，晚明时宋明理学之所以脱离以孔孟为代表的原始儒家而日趋空疏虚无乃至诬妄空谈，其根本原因就在于深受佛老浸染。费密说："自魏晋老氏之说始入于儒，吾道杂乱之所由起，浮虚之所由出也，儒说遂小而妄矣"；"自宋佛氏之说始入于儒，吾道杂乱之所繇盛，浮虚所以日炽也，儒说愈执而诬矣"。（《费氏遗书三种·弘道书》卷下，《圣门定旨两变序记》）颜元也说："故仆妄论宋儒，谓是集汉晋释、老之大成则可，谓是尧、舜、周、孔之正派则不可。"（《颜元集·存学编》卷一，《上太仓陆桴亭先生书》）因而，清初学者认为，批判宋明理学的一个重要任务就是去佛老化，从而回归原始儒家。

要回归原始儒家，就必须采取复古主义方法，具体说就是抛弃宋学而提倡汉代经学家的治经方式。但复古绝不是目的，复古的真正目的是从现有学术思想方法的束缚下解放，即以复古方式进行思想创新。对此，梁启超的论述十分精辟，他说："第一步，复宋之古，对于王学而得解放。第二步，复汉唐之古，对于程朱而得解放。第三步，复西汉之古，对于许郑而得解放。第四步，复先秦之古，对于一切传注而得解放。"① 由此可见，复古乃学术思想发展过程中一种较为彻底的变革方式，即一步步回归到原点，再从元典出发，重新经历一个创造过程，创造出全新的思想价值体系。当然，对于清初学者来说，他们所处的时代还存在极大的局限，他们的思想能力还不足以实现彻底的解放，尽管他们个个自恃很高，但并不能真正打破传统的学术模式，所以最多只能回到汉学。

3. 短暂的"诸子时代"

明末清初，中国出现"天崩地解"的历史遽变，致使中国士人痛心疾首，对传统思想进行全面的价值重估，导致思想界出现了一个崭新的局面。这个时代思想变革的原因除了明亡清兴的遽变外，也有一些更为深刻的历史原因。这就是长期以来商品经济发展所积累下来的社会变革因素，特别是城市发展和市民阶层的出现，使得中国社会结构出现一定变化。所以，这一时期中国涌现了一大批杰出的学者和思想家，包括顾炎武、黄宗羲、王夫之、吕留良、傅山、陈确、方以智、朱之瑜、李颙、颜元、刘献廷、阎若璩等。他们各自的经历和学历不同，对社会变化的体验和感受不同，因而思想和观念也不同，从而形成各具特色的学术流派，诸如以黄宗羲为代表的浙东学派，以顾炎武为代表的浙西学派，以李颙为代表的关中学派，以颜元、李蟠为代表的颜李学派，以刘献廷为代表的广阳学派，等等。这种局面在中国历史上也是比较少见的，因而具有一定的历史意义。

---

① 梁启超：《清代学术概论》，中华书局1954年版，第6页。

可以说，这是一个小的"诸子时代"。

然而，这种思想变革局面并没有能够持续下去，很快就发生转向并逐渐沉寂，进入了一个学术繁荣而思想贫乏的时代。这是由于明末清初学者的努力存在着很大的局限性。

首先，这个"诸子时代"其实很短暂。明亡清兴促使中国士人反思没落的理学思想，从而产生一些自主思考。这些思考一方面是反思理学以复儒家正宗，另一方面也是用来作为反清复明的思想武器。但是，一旦清朝统治趋于稳定，特别是清统治者主动皈依儒家正统，谈经论道比这些明朝遗老还起劲。这就使他们的这些思想失去意义。在短暂的思想批判的狂风暴雨之后，随着社会的稳定，思想界的批判也沉寂下来，转向纯粹的学术研究从而导致汉学的出现。所以，当思想批判转为学术批判后，这个"诸子时代"也就草草结束了。

其次，这里真正的问题是，这个"诸子时代"并没有真正的思想创新，更没有带来社会的变革。一般认为，中国社会发展到明末，已经出现"资本主义萌芽"，但事实上这仅仅是市民阶级的萌芽，是中国传统社会内部出现的制度演变，其对思想界的影响极为有限。所以，这个"诸子时代"，纵向看，前不能与春秋战国和两宋时期相比，后不能与五四时期相比，横向看，更不能与西方文艺复兴和启蒙运动相比。明末清初并没有出现思想创新，一点点的"启蒙"要素仅在萌芽之中就死掉了。历史事实是，清代统治者利用传统思想，实现了中国传统社会历史的最后一次大发展即"康乾盛世"，也导致中国传统文化出现最后一次高度繁荣即"乾嘉学术"。

最后，以复古为解放，不过是从王学的解放进入到从宋学的解放，其结果是回到汉学。即便是部分学者回到了先秦，即回归到儒家元典，但仍在儒家的思想范围内打转，并未超出传统学术。他们仍继承中国传统士人的学术习惯，即向后看而不是向前看。这是因为，根据当时中国的社会状况和士人自身的能力，向前是看不到任何东西的，因而只能向后看，而向后看能够看到汉唐，能够看到三代甚至舜尧和炎黄。至此已经回到了起点，不能再退了，而要实现思想解放和思想创新，不可能再以"复古"的方式进行。既然"礼失"而不能再"求诸史"，那就只能"求诸野"或

"求诸夷"了。

事实上，要实现思想上的突破非"离经叛道"不可。但当时的社会条件尚不具备，传统思想更难以否定，用传统来反传统是不可能突破传统的。而结果只能是以复古为解放，以复古为创新，最大的成果不过是回归原典，将一切纷繁的、无用的学问统统"清零"从头再来。但事实上这一点也是不能做到的。真正的解放和创新，不可能依靠自身的解放和自我创新，必须依靠外来思想的冲击。而这一历史变革是经历鸦片战争以后的"千古之变局"直到五四才真正出现的。离经叛道，这是明清学者从未想过的事。即便有像李贽这样的另类，也一定被扼杀。这个时代也是一个批判时代，批判过后也有重建，但重建的仍是传统学术。所以，这个"诸子时代"并没有带来真正的社会思想变革。

二、崇儒重道与文化合法性重建

1. 清初儒家道统重建

满族人在努尔哈赤和皇太极的统领下，在短短的数十年就取代明王朝成了中国的统治者。但是，满族贵族在完成军事征服之后，却面临着政权合法性的挑战。满族兴起的历史较短，自身文化落后，而要统治有着数千年历史传承和上亿人口的大国，确知自己力量不足，特别是文化实力不够。更为严重的是，入关后，满族统治者面临着一个十分混乱的意识形态局面。一方面，经过明末清初的社会变动，传统的伦理意识和秩序观念遭到严重破坏。对此，张履祥有过精辟的描述："一曰贪，至于父子兄弟不相顾；一曰狠，至于惟以凌弱暴寡为事。今日风俗人心大概如此。"（《杨园先生文集》卷四）他认为，这种社风之败坏在很大程度上源于当时流行的"文弊"，"文弊极而机智深，机智深而争夺肆，世道人心未知所底是，以至于彝伦之叙而不顾"（《杨园先生文集》卷四）。另一方面，既然作为统治意识形态的儒家道统遭到严重破坏，必然导致其他各方面意识形态的泛滥，如传统佛教和道教、蒙藏地区的喇嘛教以及耶稣会传教士所宣扬的天主教等等，对中国社会都有一定影响。而入主中国的满族则信奉萨满教，其特点是粗犷少文，完全不足以支持满清贵族对于全中国的统治。所以，价值重建和统一意识形态是清初政权的重要任务。

清代统治者来源于东北，具有原始游牧民族的强悍淳朴之风，这给宋明以来的文弱社会再一次带来新鲜元素，"质文相救"规律使中国重现以武力为基础的"霸道"。但"马上得天下"并不等于"马上治天下"，特别是这个"天下"是有数千年文明历史的"汉家天下"。在这种情况下，清统治者不可能继承晚明时期的王学末流思想，必然改弦更张，采纳经世致用的程朱理学。被称为清初"理学儒臣第一"的陆陇其说："考有明一代盛衰之故，其盛也，学术一而风俗淳，则尊程朱之效也；其衰也，学术歧而风俗坏，则诋毁程朱之效也。每论启、祯丧乱之事而追原祸始，未尝不叹息痛恨于姚江，故断然以为今之学非尊程朱黜阳明不可。"（《三鱼堂文集》卷八）经过反复比较，清统治者选择了中国传统的儒家学说特别是程朱理学作为国家意识形态。

儒家理论一方面以中庸仁道为核心价值，另一方面则强调尊尊亲亲的纲常，有利于统治者的政治制度构建和社会伦理建设。特别是汉代以后，历朝历代统治者利用儒家思想治理社会积累了丰富的经验，尽管在不同时代有所变更，但终究要回到儒家传统上来。就是说，儒家传统是经过历史检验而证明是最为合理有效的思想理论。满族贵族在统一中国过程中，在一些儒生的影响下，深刻地认识到了这个真理。据《清朝通典》记载，皇太极"始创大业，即崇文重道，建孔子庙于盛京"（《清朝通典》卷四十八）。天聪三年皇太极在圣旨中说："自古国家，文武并用，以武功戡祸乱，以文教佐太平。"（《皇太极实录》卷五，天聪三年八月乙亥）他还以"修身齐家治国平天下"的道理训示诸王公大臣："尔等若谨好恶之施，审接物之道，御下以义，交友以信，如此则身修矣。孝其亲，弟其长，教训及其子孙亲戚，如此则家齐矣。身修家齐而国不治者，有是理乎？"（《皇太极实录》卷三十四，崇德二年四月乙酉）所以在立国之初，清统治者不仅很快放弃了自己的原始宗教，并将道教、佛教和天主教排除于官方正统之外，主动地接受了儒家思想作为新政权的意识形态，并制订了"兴文教，荣经术，以开太平"，"表章经学尊重儒先"的文化政策。顺治六年（1644）清世祖入关一个月后，便封孔子六十五代孙允植为衍圣公，并明令恢复科举取士之旧制。顺治九年举行"临雍释奠"典礼时，世祖勉励太学生笃守圣人之道，次年更颁谕礼部将"崇儒重道"作为一项基本国策确定下来。

此后，康雍二帝都采取了一些措施，强化儒家意识形态建设。康熙二十三年（1684 年），御驾亲幸阙里圣庙，亲行三跪九叩首礼，赞颂"至圣之道与日月并行，万世帝王咸所师法，下逮公卿士庶罔不率由"（《御制文初集·幸鲁盛典》）。康熙对历代重要的儒家代表人物都优礼有加，为他们建祠庙、立牌坊、赐匾额。康熙认为"至治之日，不以法令为亟，而以教化为先"，因为"法令禁于一时，而教化维于可久。若徒恃法令，而教化不先，是舍本而务末也"（《清世宗实录》卷二十二）。康熙九年（公元1670 年），他诏颁圣谕十六条，内容包括：兴孝悌、重人伦、笃亲族、昭雍睦、和乡党、重农桑、尚节俭、隆学校、崇正学、厚风俗、明礼让等等，作为治国的基本准则。雍正帝说："若无孔子之教，……势必以小加大，以少凌长，以贱妨贵，尊卑倒置，上下无等，干名犯分，越礼悖义。所谓君不君，臣不臣，父不父，子不子，虽有粟，吾得而食诸？其为世道人心之害，尚可胜言哉！"（《东华录》，雍正朝五年七月）雍正帝在即位的第二年（公元 1724 年），就康熙圣谕十六条各条目，逐一"寻绎其义，推衍其文，共得万言，名曰圣谕广训"（《清实录·雍正实录卷十六》）。清政府将此《圣谕广训》颁发直省督抚学臣，转行该地方文武各官暨教职衙门，晓谕军民生童人等，通行讲读。此后，凡童子应试、初入学者，并令默写无遗，乃为合格；而于朔望日，令有司乡约耆长宣读，以警觉颛蒙。《圣谕广训》在有清一代社会生活中发生了广泛而又深刻的影响。

2. 治统与学统的基本确定

作为非主体民族的清初统治者，在入主中国后立即确定"崇儒重道"的文化政策，其目的在于向中国民众表明他们的文化态度，即取代明朝承继中华道统。对于清朝统治者来说，这种做法在入关时期和清代初期是不得已而为之的。尽管在入关前满族人就受到汉文化的熏陶，但毕竟是靠武力得天下，并不真的信仰儒家思想。但是为了取得人心，特别是笼络汉族士人的归心，只得奉儒家为正统。随着国家统一，社会稳定和经济发展，清统治者也取得了政绩合法性。但为了政权的稳定和社会发展，清统治者还要进一步寻求道统与治统的统一性，也就是说，将政权的合法性真正建立在文化基础之上。这是康熙帝终其一生所要实现的理想统一。

　　康熙帝以极大的气度向臣民展示自己对孔子的尊崇。康熙二十五年（公元 1686 年）谕："先圣先师，道法相传，昭垂统绪，炳若日星。朕远承心学，稽古敏求，效法不已，渐近自然，然后施之政教，庶不与圣贤相悖。"（《清史稿》卷八十四，志五十九）三十二年，康熙以重修阙里圣庙成而特制碑文诏颁天下："朕惟大道昭垂，尧、舜启中天之圣，禹、汤、文、武绍危微精一之传，治功以成，道法斯著。至孔子虽不得位，而赞修删定，阐精义于六经，祖述宪章，会众理于一贯，为往圣继绝学，为万世正人心，使尧、舜、禹、汤、文、武之道灿然丕著于宇宙，与天地无终极焉。诚哉，先贤所称自生民以来，未有盛于孔子者也！"（《东华录》卷四十三）另一方面，康熙效仿孔子"祖述尧舜，宪章文武"，说："朕惟天生圣贤，作君作师。万世道统之传，即万世治统之所系也。自尧、舜、禹、汤、文、武之后，而有孔子、曾子、子思、孟子；自《易》《书》《诗》《礼》《春秋》而外，而有《论语》《大学》《中庸》《孟子》之书。如日月之光昭于天，岳渎之流峙于地，猗欤盛哉！盖有四子，而后二帝三王之道传；有四子之书，而后'五经'之道备。四子之书，得'五经'之精意而为言者也。孔子以生民未有之圣与列国君、大夫及门弟子论政与学，天德王道之全、修己治人之全俱在《论语》一书；《学》《庸》皆孔子之传，而曾子、子思独得其宗。明新止至善，家国天下之所以齐治平也；性教中和，天地万物之所以位育、九经达道之所以行也。至于孟子，继往圣而来学，辟邪说以正人心，性善仁义之旨著明于天下，此圣贤训词诏后，皆为万世生民而作也。道统在是，治统亦在是矣。"（《东华录》卷五十一）可见，康熙既论道统，也论治统，试图证明自己不仅是"治统"的代表，同时也承继了中华"道统"，即兼"治统"与"道统"于一身，从而实现了道统与治统的统一。

　　康熙还借孟子"五百年必有王者兴"的说法来确证自己的历史地位。他说："世运代擅，隔千载，则必有神哲诞生其间，以承大统，以作名世。"（《御制文初集》，《四书解义序》）对此，当时的理学名臣李光地做了进一步阐释，他说："道之与治，古者出于一，后世出于二。孟子叙尧、舜以来至于文王，率五百年而统一续，此道与治之出于一者也。自孔子后五百年而至建武，建武五百年而至贞观，贞观五百年而至南渡。头东汉风俗,一变至道;贞观之效,几于成康。然律以纯王,不能无愧。孔子之生东迁、朱子之在南渡,天盖付以斯道,而时不逢,此道与治之出于二者也。自朱子而来,至我皇上又五百岁,应王者之期,躬圣贤之学,天其殆将复启尧、舜之运,而道与治之统复合乎?"(《清圣祖实录》卷一三○)李光地此番议论,自然是吹捧康熙的,但也说明清代统治者重视意识形态建设,将清朝统治的合法性建立在道统基础之上。①

清初确定"尊儒重教"政策解决了道统问题,而康熙帝还试图解决道统与治统的统一问题。但是对于清统治者来说,采纳哪一种儒家学说仍然存在问题。明代遗民学者包括顾炎武、黄宗羲和王夫之等人,大多将明亡的原因归咎于宋明理学。但实际上宋明理学到了明中期以后的主要代表则是王学及其末流。所以,明末清初诸儒主要是对王阳明心学末流进行深刻的批判。而作为统治者的清王朝选择程朱理学作为官方学术,两者的大方向还是一致的。这一方面是直接承继明代国家意识形态,意为承继明朝正统;另一方面,当时思想界延续明末对王学末流的批判但程朱的地位并未动摇。所以,清朝统治者把程朱理学定为官方意识形态,作为国家政治治理和支配人们思想行为的准则。

康熙对朱熹倍加推崇,说:"宋儒朱子,注释群经、阐发道理。凡所著作及编纂之书,皆明白精确,归于大中至正,今经五百余年,学者无敢疵议。朕以为孔孟之后,有裨斯文者,朱子之功,最为宏钜"。(《御制文四集·朱子全书序》)他还说:朱子所注四书"皆内圣外王之学","朕读其书、察其理,非此不能知天人相与之奥,非此不能治万邦于衽席,非此不能仁心仁政施于天下,非此不能内外为一家"。(《御制文四集·朱子全书序》)他还说,"人主临御天下建极绥猷未有不以讲学明理为先务。朕听政之暇,即于宫中披阅典籍,殊觉义理无穷,乐此不疲"(《清圣祖实录》第七十一卷),并称自己"读书五十载,只认得朱子一生居心行事"(《御制文四集·朱子全书序》)。为推崇理学,康熙下诏以婺源朱熹十六代孙朱坤承袭翰林院五经博士在籍奉祀,康熙二十五年(公元 1686 年)亲书"学达性天"四字匾额颁发给周敦颐、张载、程颐、邵雍、朱熹等理学大

---

① 参见陈寒鸣:《康熙帝与清初庙堂儒学》,《孔子研究》1996 年第 3 期。

师的祠堂及白鹿洞和岳麓两个书院，并送去《日讲四书讲义》等书以示恩宠。康熙五十一年（公元 1712 年）颁谕将朱熹从祀孔子庙的地位由东庑先贤之列升至大成殿十哲之一，并颁行《朱子全书》《四书注释》，定朱熹《四书章句集注》为科举考试的必考内容。这样，程朱理学被确定为国家意识形态，儒学的学统问题也得到解决。

3. 清中期的意识形态转向

康熙确定以程朱理学为国家意识形态，但到了康熙后期开始出现潜在的变化。康熙在亲撰的《御制日讲易经解义序》中明确昭示子孙："帝王道法，载在六经……帝王立政之要，必本经学"，遂开启"以经学为治法"（《圣祖仁皇帝实录》卷一一三）的一代家法。就是说，康熙遵信"道学即在经学中"，主张经学与理学并举，融经学于理学之中。康熙对理学的这种态度，特别是关于理学与经学的关系，为以后清代意识形态转向留下了伏笔。另外，康熙尊崇理学但反对那些以理学自任、以"道统"传人自居却言行相悖者，更特别厌恶那些"假道学"者。他说："日用常行，无非此理。自有理学名目，而所行之事全与其言悖谬，岂可谓之理学？若口虽不讲，而行事皆与道理吻合，此即真理学也。"（《东华录》卷三十三）"凡所贵道学者，必在身体力行，见诸实事，非徒托之空言。"（《东华录》卷三十三）如果"所行之事与其言悖谬"，就是伪理学，假道学。康熙三十三年（公元 1694 年），李光地母亲病逝，但他并未按惯例向朝廷上书请求丁忧，因而遭到朝臣们的普遍谴责。李光地作为理学名臣，这种做法一方面暴露了道学本身的虚伪本质，另一方面也表明道学对人们行为约束力的减弱。这年五月，康熙亲自在瀛台召集翰林谴责伪道学。过了二十年，即康熙五十三年（公元 1714 年），康熙发布诏书说："治天下以人心风俗为本，欲正人心、厚风俗，必崇尚经学。"（《圣祖实录》卷二五八）这可以视作清王朝官方意识形态由理学转向经学的起点。

雍正："三教并重"，以"诚"代"理"。

到雍正朝时，国家意识形态发生两个方面的变化，一方面是主张"三教并重"，另一方面是主张以"诚"代"理"。事实上，满族在兴起之时处于较为落后的社会发展阶段，特别是文化落后，对儒学并无信仰。入关后，要实行对文化高度发展的汉族统治，不得不利用儒学提高其统治的合法性。另一方面，面对着明末中国和周边民族的宗教文化状况，清政府又不得不对其他文化和宗教采取一定的融合政策。特别是，要笼络和争取蒙藏两大民族的支持和归附，必须对喇嘛教给以一定重视。雍正帝认为，儒、佛、道三家"理同出于一原，道并行而不悖"，而"周孔六经之训，忠孝履其端；李老二篇之言，道德创其首；瞿坛三藏之大，慈悲为其本。事迹虽异，理数不殊，皆可崇可慕者"。（雍正皇帝上谕）所以，三教各有所长，"实缺一不可者"因而，他明确提出"三教并重，视为一体"。（《雍正朝汉文朱批奏折汇编》第一册，《浙江巡抚李馥奏密陈福建近日情形并缴御批折》）

对于程朱理学，雍正也有自己的见解。他认为"理"作为理学的核心概念需要辩证分析，说："理之一字，可上可下，或执一偏之见为理，或所见不明为理，或以利挟小知为理，或以寻章摘句，得古人糟粕为理，或以错会先贤之意为理，或以道听途说，被庸师邪友所惑为理，不胜枚举，总不如一诚字无可挪移般驳也，诚字所包之要者，公忠敬慎，真实无伪。"（《雍正朝汉文朱批奏折汇编》第十六册，《广西巡抚金鉷奏缴朱批奏折》）"理者，事之宜也，天地间万事各具自然之万宜，非人可更加之，以理者一贯之。道性善之论，非至诚不能达也。诚者，诚一无伪之谓，凡有二者皆属虚伪，诚之为道，且即君君、臣臣、父父、子子而言，曰忠曰孝，亦万事本具万宜之名色耳。岂君臣父子之外别有忠孝乎？广而推之，万事万理可一体照而自明矣。"（《世宗宪皇帝御制文集》卷五）所以，他认为应以"诚"代"理"，"朕意诚者，体也，诚之者，用也。天以诚为体，而用则寄之人，故曰天工。人其代他之人，代天者代天之用也。诚之者之用，即诚者之体，此天人合一之道也。得天之诚，谓君子，存之是曰诚之者，若庶民被物欲所累，即责其复还真实，无妄之天岂易得哉？"（《雍正朝起居注册》十二年二月）雍正帝以"诚"代"理"，实际上就是要取消"理"在传统儒学中居于最高范畴的地位。[①] 可见，此时的学统已经开始变化了。

乾隆：重视经学，以礼代理。

乾隆时期，程朱理学发展已过中天，处处呈现出衰微之象。清政府既

---

① 朱昌荣：《试论雍正、乾隆二帝的理学思想》，《清史论丛》2009 年号。

不能对此无视，也不能轻易改弦更张。所以，乾隆初期，一方面继续坚持"崇儒重道"的基本国策，坚决维护程朱理学的正统地位，提倡君臣上下研读宋儒经典，阐发微旨，用之施政。但与此同时，乾隆帝对于理学的态度却在渐渐地改变之中。康熙时尊崇程朱理学，但在晚年已意识到理学的缺陷，提出崇尚经学的主张；雍正将儒学的价值本体从"理"转移到"诚"，实际上是进一步转向原始儒家。乾隆时大大加速了理学向经学的转变并最终得以完成这种转变。

这种转变是通过提高经学地位和重新修纂礼经实现的。乾隆帝于元年四月重申"以经学为首重"，命广泛刊布圣祖时期官修诸经解，以经学考试生员。他说："圣祖仁皇帝四经之纂，实综自汉迄明，二千余年群儒之说而折其中，视前明《大全》之编，仅辑宋、元经解，未免肤杂者，相去悬殊。各省学臣，职在劝课实学，则莫要于宣扬圣教，以立士子之根柢。"（《高宗纯皇帝实录》卷十七，乾隆元年四月辛卯）三年十月，乾隆帝又倡导天下士子"究心经学，以为明道经世之本"，说："学问必有根柢，方为实学。治一经必深一经之蕴，以此发为文辞，自然醇正典雅。若因陋就简，只记诵陈腐时文百余篇，以为弋取科名之具，则士之学已荒，而士之品已卑矣。"（《高宗纯皇帝实录》卷七十九，乾隆三年十月辛丑）另一方面，为了提倡社会"以礼为治"，乾隆开启了大规模的纂辑礼书工程。他说：朕思五经乃政教之原，而《礼经》更切于人伦日用，传所谓经纬万端、规矩无所不贯者也。……应取汉、唐、宋、元注疏诠解，精研详订，发其义蕴，编辑成书，俾与《易》《书》《诗》《春秋》四经，并垂永久。（《清高宗实录》卷二十一，乾隆元年丙辰六月己卯）随后，根据乾隆帝的指示，《大清通礼》馆遂正式启动。该工程包括两个部分：一是纂修《三礼义疏》，对传统礼制的价值进行新的和更加深度的开发；二是纂辑《大清通礼》《皇朝礼器图式》《满洲祭神祭天典礼》。前者体现思想建设，后者体现制度建设，两方面的结合以巩固清廷的政治文化基础。到乾隆二十四年（公元1759年），50卷的《钦定大清通礼》终于告成。至此，作为国家意识形态的"理学"逐渐让位于"礼学"了。

重视经学和三礼馆的开启，为汉学发展提供了重要的契机。事实上，重视以礼为核心的经学，改变治经方法，即从义理转向训诂，正是清统治者将中国士人的关注点转向学术的目的。既然义理之学可以促使士人发挥自己的政治意向，那么就有可能成为统治者的潜在威胁。而士人穷经稽古，潜心经学则可以冲淡他们的政治倾向。所以，经乾隆帝数十年的提倡，以训诂为主要方法的汉学成为中国学术主流。由此可以看出，清王朝中期的文化政策，一方面是要实现价值转型，即从程朱理学转向传统经学；另一方面是要进行价值祛除，即对传统经学的意识形态进行取舍，祛除价值判断而转向纯粹的学术即考据学。

三、汉学兴起与价值祛除

1. 清中期的学术转向

清初民间学术思想与官方意识形态并不一致。就学术思想来看，其特点主要是反思和批判，即在明亡清兴的历史变局下，汉族士人对宋明理学的反思和对王学末流的批判。但清政府却尊崇程朱理学。他们认为，儒学中的纲常伦理以及理学中天理人欲的理论，有助于专制统治和社会教化。随着满清统治的大局稳定，社会经济有了很大发展，清朝统治的合法性也通过各种政绩而得以稳固。与此同时，传统士人的反清情绪也大大减弱，从反清转为附清并主动为清朝统治的合法性提供理论依据。在这种情况下，双方的价值取向和思想观念渐趋一致。这样，到了清中期，社会思想界和官方意识形态都发生了转向。一方面，社会思想界对宋明理学的批判基本结束；另一方面，官方对宋明理学的态度也发生微妙的变化。就社会思想界的情况来看，清初大儒们对宋明理学做了几十年的批判和反思，使整个学术从"空疏"转向"实事求是"。所谓"实事求是"既是学术态度也社会态度。学术上看，就是"以经学济理学之穷"，开始时还注重思想价值，以后则逐渐转为注重方法，即由"实证"进一步具体化为训诂。而社会态度也就是对社会现状的承认，也就是对清朝统治的认同。他们不仅参加政府的科举考试，而且在理论上为清朝统治提供合理性和合法性依据。就清朝统治者方面来看，尽管利用程朱理学来为自己的政权提供合法性，但其效果也是非常有限的，并且这种效果出现递减趋势。特别是程朱理学对意识形态的垄断也日益引致统治者内部的矛盾，因而对理学的争论遂成为学术和政治两方面的焦点问题。这就促使清廷开始出现意识形态转向，即通过对礼的强调从程朱理学转向经学。在学者和政府双方的价值转向的情况下，清代学术转入新的阶段。

清初学者反思明亡清兴的历史教训，从批判阳明后学的空疏无用到批判整个宋明理学的心性命理，强调经世致用和实事求是。可以肯定地说，这是一种健康的学术转向。但是，由于没有"向前看"的社会条件，对于理学的批判只能是以复古为解放，以复古为创新，而最终的结果也只能是回到汉学去。

清中期的学者对于宋学的批判采取了釜底抽薪的做法。宋代理学出于创新"义理"的需要，采取疑古主义方法批判汉唐经学，难免有矫枉过正的做法。他们抛开了注疏，根据理论需要解经释经，不是"我注六经"而是"六经注我"，忽视经典文献，结果导致不少"疏漏"。事实上，这种"疏漏"并非宋儒的真"疏漏"，而往往是有意为之。这被清儒看作是理学的软肋，所以要批倒理学就从这里入手。他们认为，宋儒说经，连经书中的文字句读、名物典制都没有搞清楚，甚至不辨经书之真伪，猜度臆说。最典型的例子是，作为理学理论基础的"十六字心传"正是源于古文尚书。尽管在宋代就有关于古文尚书真伪的质疑，但在宋儒看来，重要的是思想，而不是经典。但清儒不以为然，他们进一步考据证明古文尚书的确是伪书，而以伪古文尚书为经典依据的宋学，自然不是真儒。他们认为要追溯"道"的源头，最好是回到"三代"。但是，远古时代就连孔子也有相当部分"不能言"，何况清儒。在他们看来，"汉犹近古，去圣未远"（惠栋：《松崖文钞》卷一，《上制军尹元长先生书》），遗说尚存，要寻求古代经籍的本来面目，只有回复到汉儒的经说。这就是清中汉学兴起的原因。

2. 汉学的兴起与终结

清代学者通过研究儒家元典，回到了儒家原点，实现了学术发展的又一个轮回。不过这次轮回是一个"逆时针"的轮回，即绕了一个大圈回到了起点。更重要的是，在这个轮回过程中又实现了一次综合，并导致中国传统学术的一个大团圆结局。

最早打出汉学旗号的是吴派学者惠栋。惠栋对魏晋以后的学统败坏深感痛惜："盖魏晋以后，经师道丧，王肃诋郑氏而禘郊之义乖，袁准毁蔡服而明堂之制亡，邹湛讥荀谞而《周易》之学晦。郢书燕说，一倡百和，何尤乎后世之纷纭也！"（《潜研堂集·文集》卷三九，《惠先生栋传》）另一方面，惠栋极力称赞汉儒的治经传统，指出："汉儒通经有家法，故有五经师。训诂之学，皆师所口授，其后乃著竹帛。所以汉经师之说，立于学官，与经并行"。（《松崖文钞》卷一，《九经古义述首》）因而他主张恢复汉学，并致力于搜辑钩稽汉儒经说取得一系列成果。他汇辑《易》《书》《诗》《礼》《公羊传》《谷梁传》《论语》等经籍的古字古言、古音古义，"于汉经师以来，贾、马、服、郑诸儒，散失遗落，几不传于今者，旁搜广摭，裒集成书"（《戴震文集·洪榜行状》），撰《九经古义》十六卷，以发明汉儒专门训诂之学。经由惠栋的倡导，由古书的文字、音韵、训诂以寻求义理的方法，成为汉学家共同尊奉的学术规范。至此，汉学得以正式确立。与此同时，他还极力强调："五经出于屋壁，多古字古言，非经师不能辨。经之义存乎训，识字审音，乃知其义。是故古训不可改也，经师不可废也。"（《松崖文钞》卷一，《九经古义述首》）这就为汉学构筑了森严的学术壁垒，从而确立了基本的汉学家法。

汉学强调以训诂为方法，忽视并反对义理。这就从一个极端走向另一个极端，即"凡古皆真，凡汉皆好"。这种泥古弊端在皖派学者戴震那里得到一定程度的纠正。他说："信古而愚，愈于不知而作，但宜推求，勿为株守"（《戴震文集》卷三，《与王内翰凤喈书》），治学尤应"不以人蔽己，不以己自蔽"（《戴震文集》卷九，《答郑丈用牧书》）。所以他反对全面否定义理的方法，主张训诂、考据与义理的结合。他说："有义理之学，有文章之学，有考核之学。义理者，文章、考核之源也。熟乎义理，而后能考核、能文章。"（段玉裁：《戴东原集序》引）他认为，寻求"义理"首先要"明经"、"通经"，决不能背离儒家经典而任意解经。他说："经之至者道也，所以明道者其词也，所以成词者未有能外小学文字者也。由文字以通乎语言，由语言以通乎古圣贤之心志，譬之适堂坛之必循其阶，而不可以躐等。"（《戴震文集》卷十，《古经解钩沈序》）所以他主张通过回归原典，运用文字训诂手段，揭示原典之中及原典背后的价值涵义。这就是训诂与义理相结合的治学方法。戴震对于惠栋的修正，使清代学术能够在一定程度上避免泥古佞汉的误区，并实现了训诂与义理的结合，推进

了清代学术的发展。所以梁启超认为，以惠栋为代表的吴派学术只可谓之
"汉学"，而以戴震为代表的皖派学术才称得上"清学"。

完成清代学术"团圆"之作的是以阮元为代表的扬派学者。扬派学者
接续吴、皖两派学术传承，同时洞观学术源流，评骘前人是非，试图寻找
一条超越汉宋，会通古今的途径。扬派学者大多源于汉学营垒，"入其垒，
袭其辎，暴其恃，而见其瑕"（王夫之：《老子衍》序），对其成就和弊端
都有较为深刻的认识。焦循说，当下为学之士，往往盲目泥古，"以时代
言，则唐必胜宋，汉必胜唐，以先儒言，则贾、孔必胜程、朱，许、郑必
胜贾、孔。凡许、郑一言一字，皆奉为圭璧，而不敢少加疑辞，窃谓此风
日炽，非失之愚，则失之伪。……循每欲芟此考据之名目，以绝门户声气
之习"（焦循：《与王引之书》，见《焦里堂先生年谱》）。一方面，扬派学
者坚持汉学的基本方法，即从古文字入手，重视声音训诂，以求经书原
意，同时主张不囿于注疏诸义，试图综合汉宋。阮元说："士人读书当从
经学始，经学当从注疏始。""至于注疏诸义，亦有是有非，我朝经学最
盛，诸儒论之甚详，是又在好学深思、实事求是之士由注疏而推求寻览之
也。"（《揅经室集·三集》卷二）他还特别提出："儒者之于经，但求其
是而已矣。是之所在，从注可，违注亦可，不必定如孔、贾义疏之例也。"
（《揅经室集·一集》卷十一，《焦里堂群经宫室图序》）他既反对"学人
求道太高，卑视章句"的倾向，也不赞成"但求名物，不论圣道"的弊
端，而主张"崇宋学之性道，而以汉儒经义实之"。（《揅经室集·一集》
卷二，《拟国史儒林传序》）另一方面，扬州学派超越汉宋对中国学术进行
汇通和总结。焦循认为"古学未兴，道在存其学；古学大兴，道在求其
通"（《雕菰集》卷十三，《与刘端临教谕书》）。他们将研究范围从儒家扩
大到先秦诸子，如汪中研究墨子、荀子和贾谊。他们还重视自然科学的研
究，李惇、焦循、阮元等对于天文、数学、自然科学史诸方面都有深湛研
究，阮元撰写的《畴人传》记述中外科学家的学术研究，认为这也是儒学
中应有之义。最后，当乾嘉汉学由盛而衰之际，出现了对汉学进行总结和
抨击的著作，如江藩的《国朝汉学师承记》、方东权的《汉学商兑》、阮元
主持编纂的《经籍纂诂》《十三经注疏》《皇清经解》，也在一定程度上总
汇了乾嘉汉学在训诂、校勘、解经等方面的成果。这种学术综合倾向和总

结性著述的出现，说明乾嘉汉学作为一种学术思潮已进入终结时期。

3. 训诂方法与价值祛除

孔子经游历回到鲁国后，发出"道之不行吾知之矣"的感叹，开始整理古代文化典籍，先后完成了六经的整理并撰写春秋。孔子为后世儒者树立了榜样。清代学者在复明无望的情况下，重新思考夷夏关系，逐渐认同了清朝的统治，并试图在清朝的统治下重建道统。这就有了清代经学的发展。但是，清王朝大兴文字狱，实行文化专制，士人们不得不压抑自己的思想创新转而以训诂考据为专业。另一方面，清代统治者为确立自己的文化合法性，除对汉族士人的"夷夏之辩"大力防范外，也大力支持传统文化的发展。如康熙"稽古右文"，"崇儒重道"，御纂、钦定了各种儒家经典，广为刊布。乾隆帝创立三礼馆，集中了大批学者整理古籍，完成了大量校勘、编撰和集成工作。在他统治期间，各种官修书籍达100余种，还亲自倡导并编成了大型文献丛书《四库全书》等。另外，经过几十年的经济恢复，清代出现前所未有的繁荣，在这种情况下，一代学者埋头进入文化典籍的整理工作，从而使汉学获得空前发展。

然而，清代学术尽管成就巨大，但同样显示出"末世辉煌"的景象，特别是汉学的发展，表现出学术繁荣而思想贫乏的特点。首先，凡古皆真，凡汉皆好。复古创新是传统思想变革的方式。但是清代汉学思想创新极为有限，反倒养成了他们的"好古"之癖。事实上，在康雍时期大兴文字狱的历史背景之下，不采取这种鸵鸟主义也别无他法。当然，汉学家们仍通过钻研古代文献寄托着他们隐隐的价值理想，特别对三代的研究，表明他们对"大同"的理想追求和"从周"的现实态度。不过，这种价值理想的寄存，直到在清末变法中才被重新阐发。其次，单纯学术，不问政治。一般认为，清代汉学始于明末清初的顾炎武和黄宗羲等大儒。尽管两人都注重考据，讲求"实事求是"，但其学术精神与汉代学术大相迥异。他们反对理学大讲义理而不求实证，穷理尽性而不顾世事，一味清谈而不做实事，提出"天下兴亡匹夫有责"，是一种积极的入世精神。[1] 而兴于清中叶的汉学，却是在清朝经济社会出现繁荣鼎盛，民族矛盾和传统夷夏观

---

① 侯外庐等：《中国思想通史》第五卷，人民出版社2011年版，第360页。

念逐渐淡漠，清代士人在满足于现状的情况下，屈服于政府的文化高压政策，埋头对历史和经典进行整理和反思的学术成果。再次，只管训诂，不顾义理。汉学既然称为朴学，必然具有与宋学不同的淳朴之风，既讲求实事求是也主张经世致用。但是由于缺乏向前看的社会条件，难以实现思想创新，其结果也必然是走向训诂之学。康熙帝自称将道统与治统合于一身，意味着已经实现了学术目标与政治需要的统一，而对于士人来说，就完全没有了思想创新的必要。也就是说，留给士人的历史使命，只剩下训诂考据了，根本不需要所谓的微言大义。所以，清代经学家们的研究只管训诂，不顾义理。

总之，汉学发展的结果就是价值祛除。清初学术由反对宋儒的空疏而兴，主张经世致用和实事求是，事实上也就是强调学术的社会价值。但是，清代学术一旦进入汉学阶段，清初学术的价值取向就逐渐被消解了。这个时代的士人，尽管他们并不一味地歌功颂德，但对于"康乾盛世"的现状是基本满意的。在他们看来，中国真的进入了"太平盛世"，并且可以享有"永久繁荣"。在这种情况下，他们的任务不是反思，不是批判，而是要做"纯粹学术"。所以，他们皓首穷经，把生命消磨在三礼馆和四库馆中，或是消磨在自己静静的书斋里。事实上，这正是皇上希望他们做的。在他们看来，社会上人们各得其所，各尽所能，各取所需，一切都很理想，基本实现了"小康"。这种稳定平和的社会，所要求的意识形态特点也就是"平"，既平和也平庸。这与中国传统儒家的中庸中道理念是极为契合和一致的。既然社会没有了"问题"，也就无需"问题导向"的研究，所以就转向纯粹的学术了。这种"纯粹学术"是象牙塔式的学术，只能是少数人才可以进入并可以从事的，在一定意义上说也就成了仅供少数人"把玩"的高精尖的"艺术品"，其价值仅限于"艺术"的价值，而社会价值则基本上被祛除了。所以，清代学术发展到乾隆时代，开始进入到价值祛除阶段，中国文化也就又一次进入"文粹主义"时代。

第五节 传统时代的"启蒙"思想

一、宋代的理性"启蒙"

思想的变革就是不断地解蔽，也就是不断地启蒙。但事实上，任何思想在变革过程中都是不断地在"蔽"与"解蔽"间反复，通过这种反复的解蔽，真理才能逐渐显现。中国最早的人文启蒙发生于三代并于周初完成，以后经由孔子的儒家革命进一步实现"仁"的升华。然而，儒家经学经统治者改造而转变为名教，严重地束缚人们的思想自由。这就导致玄学的兴起和佛老的流行，从而使人们陷于宗教神学之弊。这就导致唐宋时期理性启蒙思潮的兴起和理学的建立。

如果将宋元明清几代放到世界历史的坐标上去观察的话，就会发现这是一个特殊的社会发展阶段。发生于唐宋之际的社会变革，致使中国进入到一个新的历史阶段即齐民社会。齐民社会与中世纪的世族社会不同，也不同于近代西方的市民社会。在齐民社会阶段，经济社会发展的一个显著的特点，就是随着都市的发展，城市人口和工商业者迅速增加，市民成了一个相对稳定和独立的社会群体。市民阶层具有相对独立的生活方式、经济利益和文化意识，因而也就出现了早期的启蒙思想。

宋代理学家主要解决的是解放人的理性，就是将人的理性从佛老的宗教思想束缚下解放出来。中国传统儒学是典型的人学，基本上没有宗教意义。不过在后来的发展中遭到异化而侵染了部分神学成分，如谶纬和玄学等。正是由于这种异化才给佛老的发展留下了机会。所以，批判佛老与重建儒学是同一个过程的正反面。宋初"三先生"继承唐代的韩愈、柳宗元等人的卫道传统，展开了对佛道的批判。孙复《儒辱》指出，佛道等异端之学的兴盛流行，导致了社会生活中的非仁非义。石介认为，佛老"灭君臣之道，绝父子之情；弃道德，悖礼乐，裂五常；迁四民之常居，毁中国之衣冠，去祖宗而祀夷狄"（《徂徕集》卷五，《怪说》（下））。他在《辨惑》一文中声称："吾谓天地间必然无者有三：无神仙，无黄金术，无佛。然此三者，举世人皆惑之，以为必有，故甘心乐死而求之。然吾以为必无者，吾有以知之。大凡穷天下而奉之者一人也。莫崇于一人，莫贵于一人，无求不得其欲，无取不得其志。天地间苟所有者，惟不索焉，索之莫不获也。秦始皇之求为仙，汉武帝之求为黄金，萧武帝之求为佛，勤已至矣！而秦始皇远游死，萧武帝饿死，汉武帝铸黄金不成。推是而言，吾知必无神仙也，必无佛也，必无黄金术也。"（《徂徕集》卷下，《辨惑》）

从本体论解构佛老的是张载。张载继承了中国哲学的气论思想，提出了气化宇宙生成论，用气的真实无妄和聚散变化，批判了佛道二教否定人生真实性和追求寂灭与长生的人性论。他认为，佛教把自然界视为人的主观幻觉所生，以主观妄测天地，是取消了万物与太虚之气的必然联系，否认人对万物和气的感知。针对道教以虚无为本的观点，他指出："有无虚实通为一物者，性也；不能为一，非尽性也。饮食男女皆性也，是乌可灭？然则有无皆性也，是岂无对？庄、老、浮屠为此说久矣，果畅真理乎？"（《正蒙·干称篇第十七》）他还说："浮屠明鬼，谓有识之死受生循环，遂厌苦求免，可谓知鬼乎？以人生为妄，可谓知人乎？天人一物，辄生取舍，可谓知天乎？"（《正蒙·干称篇第十七》）

程朱提出天理人欲观，在他们看来，天理观实际上是从人心里焕发出对天理的体认，所以宋儒的理实际上是物理、事理、情理、性理。所谓物理就是通过格物致知而认识的自然的客观事物，所谓事理就是人伦日用之理，情理就是人情世故之理，性理就是源于人的本性之理。可见所有这些"理"都是源于人和社会的道理。理学家将这些人之理与天之理结合起来，赋予了至上的价值和意义。尽管理学家将理性与人欲对立起来，提出存天理灭人欲，但其价值在于将人的理性从佛性和神性中剥离出来，所以在当时的社会背景下具有启蒙去弊的意义。

宋代思想除了作为主流的理学外，还存在一条"支脉"，即陈亮的功利主义思想。事实上，宋代商品经济较之以前有一个较大的发展，商品经济的发展导致城市市民群体的出现，因而在思想界必然有其代言人。这就是永嘉学派。永嘉学派又称"事功学派""功利学派"等，是南宋浙东学派中的一个重要分支学派。永嘉学派与当时朱熹的"理学"和陆九渊的"心学"大讲身心性命之学不同，他们强调功利，注重事功，正如明清之际的黄宗羲所指出的："永嘉之学，教人就事上理会，步步着实，言之必使可行，足以开物成务。盖亦鉴一种闭眉合眼，目蒙瞳精神，自附道学者，于古今事物之变不知为何等也。"（《宋元学案》卷五十二，《艮斋学案》黄宗羲按语）他们重视事功之学，认为讲"义"不可以离开"利"，对传统儒家中所谓"正其谊不谋其利，明其道不计其功"（董仲舒语）的说法表示异议，说："仁人正谊不谋利，明道不计功，此语初看极好，细看全疏阔。……既无功利，则道义者无用之虚语尔。"（《习学纪言序目》卷二十三）因此，他们提出了"以利和义，不以义抑利"（《习学记言序目》卷二十七）的观点，试图把两者统一起来。事实上，这可以视为中国最早的市场理性启蒙。

二、晚明的感性"启蒙"

程朱理学将人的理性从佛老的神学幻象中解放出来，并提出一系列百姓日用之理。但是程朱理学将这些"理"冠之以天，与天理相接，并且与人欲对立。也就是说，程朱理学将从佛老神学束缚之下解放了的人性，又通过天理将其束缚起来。所以，到了明代，由于商品经济的进一步发展，市民阶层的进一步扩大，人们需要将人性从"理"的束缚下解放出来。这种解放是通过阳明心学实现的。王阳明提出"心即理"，就是说，理并不源于天而是源于人心，从而将人的感性从"天理"的束缚下解放出来。但是阳明心学所解放的人的感性是"良知"，而作为人的感性的核心即"人欲"却仍然被束缚着。所以，王阳明以后，人欲的解放仍是思想解放的重要任务。王阳明的学生王艮，继承心学本旨但大大向前进了一步，从而开创了泰州学派。

王艮将格物说与王阳明的良知说结合起来提出了"复初说"。他说："知不善之动者，良知也，知不善之动而复之，乃所谓'致良知'，以复其初也。"（《心斋先生全集·复初说》）所谓"复初"就是恢复人的自然本性，具体说就是要解决天理人欲的关系。他反对程朱"存天理，灭人欲"的说教，提出"人同此欲"乃"自然天则"，认为人欲与天理并非对立，以己欲度人欲，乃是顺人意应天理的行为。王阳明主张"吾心"是"天理"，就是正人之"心"，去除"物欲"，"止于至善"。但这难免重新落入"天理人欲"的窠臼。而王艮主张"身是本，天下国家是末"，"格物"必先"正己"，"本治而末治，正己而物正"。王艮说："天理者，天然自有之理也。才欲安排如何，便是人欲。"又说："君子之学以己度人，己之所欲，则人之所欲，己之所恶，则人之所恶。"（《王心斋先生遗集》卷一，《语录》）这就是说，泰州学派力图实现天理与人欲的相互兼容。在此基础上，王艮从肯定人欲进而提出"尊身""爱身"思想。他认为"身与道原是一体，至尊者此道至尊者此身。尊身不尊道，不谓之尊身。尊道不尊身，不谓之尊道。须道尊身尊才是至善。"因此，人必须"爱身"，"能爱身则不敢不爱人。能爱人，则人必爱我。人爱我则我身保矣。"吾身保，"则能爱天下矣"，"吾身保，然后能保天下矣"。（《王心斋先生遗集》卷一，《语录》）

　　泰州学派的思想，发展到李贽，进入了更激进的阶段。李贽自幼便倔强难化，不信学，不信道，不信仙释。他认为，"士贵为己，务自适。如不自适而适人之道，虽伯夷叔齐同为淫僻。不知为己，惟务为人，虽尧舜同为尘垢秕糠"（《焚书·续焚书·答周二鲁》）。他否认儒家的正统地位，认为"虽孔夫子亦庸众人类也"（《焚书·答周柳塘》）。他说：《论语》《孟子》等书，是孔孟的"迂阔门徒，懵懂弟子记忆师说"，"乃道学之口实，假人之渊薮"（《焚书·童心说》）。他主张不以圣人之言作为"万事之言论"，不以孔子是非为是非。所以，他也痛恨维护礼教的假道学和那些满口仁义道德的卫道士、伪君子，揭露他们都是"本为富贵，而外矫词以为不愿，实欲托此以为荣身之梯，又兼采道德仁义之事以自盖"（《焚书·续焚书·夏焦弱侯》），是"阳为道学，阴为富贵；被服儒雅，行若狗彘然"（《焚书·续焚书·三教归儒说》）。他认为，这些口是心非，言行不一的伪君子，反倒不如"市井小夫"与"力田作者"实实在在。

　　李贽发展了王艮的"百姓日用即道"的思想，直截了当地提出"穿衣吃饭，即是人伦物理；除却穿衣吃饭，无伦物矣。世间种种皆衣与饭类耳。"（《焚书》卷一，《答邓石阳》）在此基础上，他进一步论证人的私心的正当性，说："夫私者，人之心也。人必有私，而后其心乃见；若无私，则无心矣。"（《藏书·德业儒臣后论》）李贽认为，按照万物一体的原理，社会上根本不存在高下贵贱的区别，"致一之理，庶人非下侯王非高，在庶人可言贵，在侯王可言贱"（《李氏丛书·老子解下篇》）。李贽反对君主专制制度，提出"天之立君，本以为民"的政治见解。他认为"至道无为、至治无声、至教无言"，人类社会之所以常常发生动乱，是统治者对社会生活干涉的结果。他把官吏比作老虎和娼妓，说："昔日虎伏草，今日虎坐衙；大者吞人畜，小不遗鱼虾"，"满朝奸臣，不如一娼"。他理想的"至人之治"是"因乎人者也"，"因其政不易其俗，顺其性不拂其能"。（《焚书》卷三，《为政篇》）

三、明末清初的"民主"意识"启蒙"

明代中后期，传统社会的衰败之象日益明显，而专制主义统治却变本加厉，引起部分士人的反弹，所以出现反道学的泰州学派。明末清初的社会大变动，大大刺激了中国士人对传统文化和制度的反思和批判，所以出现了以黄宗羲等为代表的反专制主义的民主"启蒙"思潮。

这些早期启蒙思想家首先对君主专制的"家天下"观念提出批判。黄宗羲深刻地揭露君主专制是"屠毒天下之肝脑"，"敲剥天下之骨髓，离散天下之子女，以奉我一人之淫乐"，明确提出"天子之所是未必是，天子之所非未必非"，"天下之大害者，君而已矣"。（黄宗羲：《明夷待访录》）黄宗羲认为，专制君主"视天下为莫大之产业，传之子孙，享受无穷"，其结局就是"以我之大私为天下之大公"（《明夷待访录·原君》）。黄宗羲提出两种不同的天下观，即"家天下"和"公天下"，在此基础上区别了"为天下万民起见"与"为君之一姓起见"两种不同的臣道观："我之出而仕者，为天下，非为君也；为万民，非为一姓也。"（《明夷待访录·原臣》）顾炎武认为，"古之圣人，以公心待天下之人，胙之土而分之国。今之君人者，尽四海之内为我郡县犹不足也……而无肯为其民兴一日之利者，民乌得而不穷，国乌得而不弱？"（《亭林文集》卷一，《郡县论一》）他强调，"公"不过是"天下之私"的集合，是"王政"的基础："合天下之私，以成天下之公，此所以为王政也。"（《日知录》卷三，《言私其》）王夫之指出："天下者，非一姓之私也。""一姓之兴亡，私也；而生民之生死，公也。"（王夫之：《读通鉴论》卷十一、十七）他主张"不以一人疑天下，不以天下私一人"（王夫之：《黄书·宰制》）。他对公私关系作了严格的区别："一姓之兴亡，私也；而生民之生死，公也。"（《读通鉴论》卷十七，《梁敬帝》）他认为，对公私作理论上的辨析，是关系到天下安危存亡的大事，不可轻视。他说："然则义利公私之别，存亡得失之机，施之一家，而一家之成败在焉；施之一国，而一国之成败在焉；施之天下，天下之安危存亡在焉，岂有二理哉？"（《四书训义》卷一，《大学》）傅山更明确提出："天下

者，非一人之天下，天下人之天下也。"（《霜红龛集》卷三五）

他们提出一系列限制君主权力的主张。如黄宗羲从"设学校以公是非""置相""分治"的角度提出了变革君主制、限制君主权力的主张，他设想把"学校"作为判断是非的唯一机构，从而在社会中达成一种共识，即"天子之所是未必是，天子之所非未必非"。黄宗羲提出士与君主共同治理的设想：士人参与治国，"为天下，非为君也；为万民，非为一姓也"（《明夷待访录·原臣》）。"出而仕于君也，不以天下为事，则君之仆妾也；以天下为事，则君之师友也。"（《明夷待访录·原臣》）他还主张置相以分割君权，提出了恢复宰相制度的基本构想。黄宗羲的这些论断已超越孟子"君贵民轻"思想，具有近代民主价值。

这些早期启蒙思想家主张平等。唐甄认为，人是生而平等的，他说："天地之道故平，平则万物各得其所，及其不平也，此厚则彼薄，此乐则彼忧。"（《潜书·大命》）唐甄以为，人的情欲是同等的，他说："天地虽大，其道惟人；生人虽多，其本惟心；人心虽异，其用惟情；虽有顺柔刚逆之不同，其为情则一也。"（《潜书·尚治》）他认为，从"情一"的观点来看，天子与庶民是平等的："虽贵为天子，制御海内，其甘菲食，暖粗衣，就好辟恶，无异于野处也，无不与民同情也。"（《潜书·抑尊》）"人亦孰不欲遂其情！天子虽尊，亦人也。"（《潜书·善游》）

他们提出了具有"启蒙"价值的人性论。针对理学家"存天理，灭人欲"的说教，他们提出"理欲皆自然"（王夫之：《张子正蒙注》卷三），"人欲正当处即是理"（陈确：《与刘伯绳书》）等，把伦理道德律建立在个人的欲望、利益、幸福等现实生活基础上，从而将先验的天理人性论还原为现实的自然人性论。黄宗羲《明夷待访录》开宗明义的第一段话："有生之初，人各自私也，人各自利也。"（《明夷待访录·原君》）在黄宗羲看来，利己是人的天性，人的一切行为方针与价值取向，应以利己为前提。黄宗羲断言，私利的实现就是个人欲望的满足。黄宗羲说："天下虽大，万民虽众，只有'欲''恶'而已。故为君者，所操甚约，所谓'易简'而天下之理得矣。"（《孟子师说》卷四）

第三章　中国价值的现代转型

第一节　千年变局与价值分裂

中国传统社会经历三次重大的历史变迁，到 19 世纪基本上进入寿终正寝的时代，中国又迎来千年未有的大变革。这次新的社会变革，较之前三次来得更猛烈，更彻底，对人们的思想意识构成前所未有的强烈冲击。正如马克思在《共产党宣言》中所说的那样，"一切固定的僵化的关系以及与之相适应的素被尊崇的观念和见解都被消除了，一切新形成的关系等不到固定下来就陈旧了。一切等级的和固定的东西都烟消云散了，一切神圣的东西都被亵渎了。"① 而在这个社会变革和观念转变过程中，中国人民曾陷入一个漫长的灵肉扭曲和身心纠结的痛苦过程，并为之付出了巨大的历史代价。然而，这更是一次凤凰涅槃的过程，也就是从 19 世纪中期开始一直延续到今天的现代转型或现代化过程。

一、传统学术的困局

1. 王道主义的破产

中国历史上历朝历代的统治之术，基本上都是"霸王道杂之"。历史证明，不论霸道还是王道都不能偏离中道。但历朝历代都不可能做到完全的"霸王道杂之"或始终保持中道，而总是要偏向于某一方面。从中国数

---

① 《马克思恩格斯选集》第一卷，人民出版社 2012 年版，第 403 页。

千年历史观察，讫至近代，中国基本上实行的是"王道主义"，即对内实行"以德治国""以礼治国""德主刑辅"；对外实行"天下主义""怀柔远人""协和万邦"。然而，到了19世纪，这种"王道主义"遇到来自内外两个方面的挑战。

从内部挑战看，社会矛盾重重，病入膏肓，危机四伏，已经不是传统治术所能解决，也就是说千年"王道"已经失效了。龚自珍把晚清社会称为"衰世"，并作了深刻而形象的描绘："衰世者，文类治世，名类治世，声音笑貌类治世。黑白杂而五色可废也，似治世之太素。宫羽淆而五声可铄也，似治世之希声。道路荒而畔岸隳也，似治世之荡荡便便。人心混混而无口过也，似治世之不议。左无才相，右无才史，阃无才将，庠序无才士，陇无才民，廛无才工，衢无才商。抑巷无才偷，市无才驵，薮泽无才盗；则非但少君子也，抑小人甚鲜。"（《乙丙之际箸议第七》）魏源将造成现实社会危机的各种祸患称为"六荒"，即"堂陛玩愒""政令丛琐""物力耗匮""人材鬽荼""谣俗浇漓""边场驰警"（《默觚·治篇十一》）。在严重的"衰世"面前，他们都认识到"改图更法"的必要性，并发出社会变革的呼声。龚自珍指出："一祖之法无不敝，千夫之议无不靡。与其赠来者以劲改革，孰若自改革？"（《乙丙之际箸议第七》）魏源说："三代以上，天皆不同于今日之天，地皆不同于今日之地，人皆不同于今日之人，物皆不同于今日之物。"他提出："执古以绳今，是为诬今；执今以律古，是为诬古。诬今不可为治，诬古不可语学。"（《默觚·治篇五》）因此他大力呼吁破除旧习，勇于进取，实施社会变革。

从外部挑战看，尽管18世纪中国开始较多地接触西方，但是直到19世纪中叶鸦片战争爆发，中国仍坚持自己的王道主义。这是因为，长期以来的历史上，中国始终作为最发达的经济体和文明体存在，始终作为物质和文化的输出国存在。坚持王道主义的中国，并不了解西方在此前的数百年间，已经形成了向世界扩张的霸道主义。西方的霸道主义源于西方长期以来的丛林法则，他们的头脑中，人与人的关系完全是竞争关系，社会是"每个人对于每个人"的战争社会，世界是弱肉强食的世界。而中国的儒家思想却是"天下主义"，对于周边民族采取"协和万邦"的政策，对于来自遥远的西方的国家，则采取"怀柔远人"的政策。然而，就是这样一个具有如此"气度"的东方文明大国，却遇到历史上从未有过的外部挑战。来自西方的这种挑战，与历史上任何挑战方式都不同，是此前从未有过的"商—战"：一方面是"商"，一方面是"战"。商——挑战中国传统道德观念，并侵蚀和瓦解中国传统经济结构；战——用坚船利炮突破中国的海防，打开中国的海关，破坏中国的国家主权，并最后摧毁中国的文化自信。资本主义的生产方式，决定其必须不断地开拓市场和控制资源产地。在自由资本主义时期，为满足这两方面需要，西方国家一般采取商品输出的方式，即通过廉价的机器产品打开市场，并通过商品交易方式获得资源。但是当这种商品输出遇到抵抗时，西方列强往往付诸于战争，以炮舰政策来支持其商品输出。19世纪中叶，西方国家终于利用机器产品和坚船利炮打开了中国大门。在遭遇这种变故的初期，中国统治者还抱有一定幻想，即用自己的"王道"感化西方的"霸道"，用"怀柔"抵抗西方的炮舰。然而，这一场"王道"与"霸道"的斗争很快有了结果：在西方推行的"霸道"面前，中国的千年"王道"彻底破产了。

2. 晚清的经学变革

传统制度遭遇危机，"王道主义"破产，但传统儒家学说却不能给以阐释和提出解决之道，传统士人对此也一筹莫展，更拿不出能够解决问题的新理论，只能在传统学术圈内打转。这就使中国传统学说遭遇信仰危机，这也就是中国的道统危机。

19世纪中叶以后，一方面，西学的传播大大加快了，在西方先进技术特别是坚船利炮的冲击下，人们再也不能无视西学的价值；另一方面，鸦片战争的失败致使传统士人痛定思痛，下决心改造传统学术的落后状况。但是他们仍不能冲破传统学术的禁锢。这种禁锢既来自于清政府的思想统治政策，也来自于长期的儒学教育和价值传统。他们没有新思想，并不能真正认识到历史发展已经到了一个全新的时代，即农业文明正在向工业文明转变，一切以农业文明为基础的文化制度都将丧失生命力，必然为新的文化制度所代替。所以，他们所能提出的"革新"只能是对旧思想体系的敲敲打打，在原有基础上的修修补补。

承担传统学术"修补"工程的士人，既有单纯的学者，如龚自珍和魏源，也有权倾一时的政治家，如曾国藩和张之洞，但所采取的方法仍是踟蹰于“今文古文”之间，即重倡今文经学，反对空谈性理和烦琐考据，提倡“经世致用”以重建儒学。而清政府则从官方立场出发，重新搬出程朱理学，提出“崇正学以黜邪教”，试图巩固其承袭的千年道统。然而，拿出早已失效并以“空谈义理”著称的宋明理学以救危困之时弊，匡扶将倾之大厦，岂不是缘木求鱼？郭嵩焘曾尖锐地指出：“宋明之季之议论，在当时已为不揣情势，施之今日尤为不伦，诚当引以为鉴戒，不当反据以相崇奖，误国贻羞而不知悟也。”（《郭嵩焘诗文集·复姚彦嘉》）

这些大儒们所倡导的悲剧之处在于，他们试图通过改造传统思想武器来应对西方现代性思想武器，实质上也就是试图磨快自己的大刀长矛，用以抵挡西夷的火枪火炮。尽管他们都看到了时代变化所带来的严峻挑战，但是对时代变化的本质并没有真正地认识。他们并没有认识到这场巨变是传统到现代的转变，是中国历史上和世界历史上一次根本性转变，传统思想武器不可能敌得过现代思想武器，就如再快的大刀长矛也敌不过火枪火炮一样。而对于清政府来说，最根本的需要还是维持政权的稳定性，即维稳压倒一切。所以，在他们看来，不论社会如何动荡，都不能改变祖宗之法，必须坚持道统不动摇。这就使当时中国的意识形态陷入两难境地：一方面，封建统治的“道统”不可改变，另一方面，社会困局又迫在眉睫而不能不救。在这种情势下，所能采取的办法只能在“器物”上考虑。就是说，既然“道”不可变，那就只有改变“器”了。所以，这时期的思想家们不约而同地认同了魏源提出的“师夷长技以制夷”的主张。

在中国历史上，经学变革总是成为社会变革的先导。到晚清，经学变革又以今古文之争的形式出现。今文经学与古文经学所强调的重点不同，今文经学重义理，主张微言大义，而古文经学重训诂，主张实事求是。明末清初，中国经学家从今文经学转向古文经学，改变了宋明理学空谈义理的倾向，之后发展起来的汉学在训诂和古籍整理方面取得巨大成就。但是乾嘉汉学对社会矛盾避而不谈，最终的结果是价值祛除成了纯学术。当然，汉学兴起时正是中国清代中期，盛世尚未终结，一片繁荣景象，而社会矛盾被掩盖着可以视而不见或暂时搁置不谈。但是到了晚清，中国内外矛盾激化，社会变革不能不成为思想界的核心问题。在这种情况下，主张微言大义的今文经学重新被人们拾起来作为社会变革的思想武器。

　　今文经学与古文经学并无本质区别，不过是所采用的学术方法和所强调的价值倾向不同而已。但是，在经学作为官方意识形态的长期历史中，由于更无新的思想和学说出现，社会变革要求只能通过今文经学和古文经学之间转换，通过由古及今或由今及古的调整来为社会政策调整提供理论依据。而在今古文内，又有不同的治经方法，如在春秋三传之间转换，或公羊，或左氏，或穀梁。以董仲舒为代表的汉代今文经学，以治公羊春秋为基本特点。董仲舒的公羊学不株守经典的章句文字，摈弃烦琐考据，而重在探索经书的"微言大义"，并常常援经议政，甚至以《春秋》决狱，主张积极参与社会政治，代表了经学中的变革思想一脉。晚清时期，由于社会矛盾突出，社会变革要求日益强烈，所以公羊学开始复兴起来。开创晚清公羊学的是庄存与和刘逢禄。特别是刘逢禄，他已经敏锐地感受到时代的变化，因而发挥公羊学家论点，以经议政，以春秋论当下，提出"穷则必变"的观点，以从中引申出变革主张。①

　　但真正代表晚清公羊学变革主张，并对社会产生影响的学者主要是龚自珍和魏源。龚自珍以今文经学为武器，"指天画地，规天下大计"（《清代学术概论》，《饮冰室合集》专集之三十四）。他援引公羊学派的三世说，认为当时的清代社会已经到了"衰世"，必须变法更新。他说："古人之世，倏而为今之世；今人之世，倏而为后之世。旋转簸荡而不已"（《释风》）。他利用《易经》中"穷则变，变则通，通则久"的变革思想，提出"自古及今，法无不改，势无不积，事例无不变迁，风气无不移易"（《上大学士书》）。魏源也是当时著名的今文经学家，他沿着龚自珍的学术路径，进一步提出变革思想，指出："以三代之盛，而殷因于夏礼，周因于殷礼，是以《论语》'监二代'，荀卿'法后王'，而王者必敬前代二王之后，岂非以法制因革损益，固前事之师哉?"（《明代食兵二政录叙》）"天下无数百年不弊之法，无穷极不变之法，无不除弊而能兴利之法，无不易简而能变通之法。"（《筹鹾篇》）他认为，"法无久不变，运无往不复"，须"应时而当变"（《军储篇一》）。

---

　　① 陈寒鸣、贾乾初：《道咸年间具有早期启蒙意义的政治思想——以林则徐、龚自珍、魏源为中心》，中华文史网（http://www.historychina.net/sxwh/362952.shtml）。

　　龚自珍和魏源的今文经学，改变了一代学者的学术风气，使"经世致用"成为学者们的价值追求。他们既反对古文经学的烦琐考证也反对宋明理学的空谈心性，既承继了古文经学的实证精神也承继了和今文经学的微言大义，主张社会变革，匡世济民、维新图强。这种又要坚持道统不变又要实行社会变革的治经方法，对以后的改良派、洋务派、维新派等都产生了深远影响。如冯桂芬提出"以中国伦常名教为原本，辅以诸国富强之术"，张之洞提出"中学为体，西学为用"，康有为撰写《新学伪经考》与《孔子改制考》，否定古文经学，把孔子塑造成为社会改革家，借以宣传西方进步思想。同时，他们在今文经学的变革精神指引之下，进行了一系列变革实践，废科举，改铨选，建学堂，废书院，直至最后提出君主立宪主张。这些都是今文经学复兴所产生的社会效果。

二、传统价值的分裂

1. 中道西器

　　中国社会要变革，但是千年道统是不能变的，所以要变的只能是器。这种重道轻器传统，一方面决定中国道统绵长不绝，另一方面导致科学技术相对落后。即便如此，在历史上中国的器也大大优于周边的各个民族以及曾经到达中国的西方民族。所以长期以来中国对器的问题既无视也无虑。对传统道器观构成根本冲击的是西方的武装侵略。鸦片战争期间，人们眼睁睁地看着自己被西方用坚船利炮打得落花流水，所以不能不对西方的"器"有所承认甚至畏惧。这就产生了"师夷长技以制夷"的主张。道光二十二年（公元 1842 年）八月，《中英南京条约》签订。同月，魏源完成了共十四卷的《圣武记》。魏源在《圣武记》中指出："不借外洋之战舰，可也；不师外洋之长技，使兵威远见轻岛夷，近见轻属国，不可也。"（《圣武记》卷八，《嘉庆东南靖海记》）所以他提出"以彼长技御彼长技"。（《圣武记》卷一二，《武事馀记》）。他还提出具体的建议："师夷长技三，一战舰，二火器，三养兵练兵之法。"（《海国图志·议战》）可见，魏源始终着眼于器技层面来讲论师夷之长。不过这竟是中国历史上第一次提出向西方学习的主张。

　　洋务派大臣也主张学习西方的先进技术。奕䜣说："查治国之道，在乎自强；而审时度势，则自强以练兵为要。要练兵又以制器为先。自洋人构衅以来，至今数十年矣。迨咸丰年间，内患外辱，一时并至，岂尽武臣之不善治兵哉？抑有制胜之兵，而无制胜之器，故不能所向无敌耳。"（《筹办夷务始末（同治朝）》卷二十五）李鸿章认为，"中国文物制度，事事远出西人之上，独火器万不能及"（《筹办夷务始末（同治朝）》卷二十五），所以"中国欲自强，则莫如学习外国利器；欲学习外国利器，则莫如觅制器之器，师其法而不必尽用其人；欲觅制器之器与制器之人，则或专设一科取士，士终身悬以为富贵功名之鹄，则业可成，艺可精，而才亦可集"（《筹办夷务始末（同治朝）》卷二十五）。可见，向西方学习的内容是十分明确的，只是学习西方的先进技术，即仅限于"器"的层面，而绝不涉及文化制度即所谓"道"。

师夷长技以制夷。"制"就是抵制，一方面是要"制"其坚船利炮，另一方面是要"制"其制度文化。对于西方的"器"，我们采取拿来主义，但目的是"制"夷，而对于西方的制度文化，则采取全面的抵制态度，即坚持"中道西器"。这样就导致道器分离。对此，清末学者曾做过十分浪漫的阐释。

中国士人对中国的"道"深信不疑。这个"道"就是孔孟之道。王韬说："道者，人人所以立命，人外无道，道外无人。故曰：圣人，人伦之至也。盖以伦圣，而非以圣圣也。于此可见，道不外乎人伦，苟舍人伦以言道，皆其歧趋而异途者也，不得谓之正道也。"（《弢园文录外编》卷一，《原道》）在他看来，这个万古不变之道，最早是由孔子阐释的，"夫孔子之道，人道也，人类不尽，其道不变，三纲五伦，生人之初已具，能尽乎人之分所当为，乃可无憾"（《弢园文录外编》卷一，《变法上》）。"我中国之所恃者，道而已矣。天不变，道不变。"（《弢园文录外编》卷五，《西人重日轻华》）王韬说："形而上者中国也，以道胜，形而下者西人也，以器胜。如徒颂美西人而贬己所守，未窥为治之本原者也。中国立治之极者，必推三代，文质得中，风醇民朴，人皆耻机心而贱机事。而西国所行者，皆凿破其天，近于杂霸之术，非纯王之政。"（《弢园尺牍》卷四，《与周弢甫徵君书》）王韬更进一步认为："中国，天下之宗邦也，不独为文字之始祖，即礼乐制度天算器艺，无不由中国而流传及外。"（《弢园文录·原学》）薛福成更断言"中国之洪荒，以圣人制度文物辟之；外国之洪荒，以火轮舟车、机器电报辟之"，认为自有天地以来，所以弥纶于不蔽者，道与器二者而已，"中国所尚者道为重，而西方所精者器为多"。（《庸庵文集文编》第二卷）郑观应说："道由器出"，"道弥纶宇宙，涵盖古今，成人成物，生天生地，岂后天形器之学所可等量而观！"（《盛世危言·道器》）而中国的礼乐制度早已完善备至，西方则"远逊中华"（《盛世危言》自序），西方的先进技术是中国"古人名物象数之学流徙而入于泰西"发展而来的。在他们看来，尽管器不如人，但道却是永恒的尽善尽美，所以必须保持永不改变。

但他们都认为器是可变的。郑观应说："道为本、器为末，道不可变。庶知所变者，富强之权术而非孔孟之常经也。"（《危言新编凡例》）"盖我务其本，彼逐其末；我晰其精，彼得其粗；我穷事物之理，彼研万物之质……，于是我堕于虚，彼征诸实。"这就是说，中国掌握了作为"本"的"道"，而西方仅掌握了作为"末"的"器"。但道为"虚"而"器"为"实"，这就导致西方在器物方面超过中国。但道和器的关系是可以转化的：器"载道而行"，由器通可以达到道通。（《弢园文录外编》卷一，《原道》）"西法各种，西人藉以富强，已收实效，皆有程式，我步趋其后，较易见功。由西文译中文，以西学为中学，不及十年，中国人才无难与泰西相颉顽。"（《考试》）他们承认西方技术先进，认为西方在"火器用于战"、"轮船用于海"和"语言文字以通彼此之情"等三个方面优于中国，有必要向西方学习，但这是"用之亦出于甚不得已耳"，是为了"用其法以制其人，壮我兵威，锄彼骄气，明其定律，破彼饰词"。（《弢园尺牍》卷四，《与周弢甫徵君》）薛福成说的更为明确：取西人器数之学，以卫吾尧、舜、禹、汤、文、武、周、孔之道，俾西人不敢蔑视中华，是乃所谓用夏变夷也。（《筹洋刍议变法》）这就是说，利用西方先进"器数"的目的，是要捍卫中国的千年"道统"。

晚清有关道器观念的转变，是中国传统价值体系解体的开始。在内外矛盾特别是在西方影响下，中国传统价值体系日益显拙，难以适应千古之大变局。但是，中国封建统治者和传统士人无论如何也难以想象在制度和文化层面实行变革，而只能从"器"这个角度切入。这里首先是道器一体观念，实际上是将"器"的价值或作用提高了一个层级。随着西方侵入的扩大和对西方认识的加深，人们对社会变革的紧迫性认识也日益加大了。但是，"道"也就是以伦常名教为核心的孔孟之道仍是不可变的，要变只能变"器"。这就必须学习明显优于中国的西方之器。这就引出了"中道西器"的主张。尽管"中道西器"是主张以西方先进之器来捍卫中国传统之道，但在这里是打破了中国传统的道器一体传统，导致道器分离。中国传统上是认为"道不离器"的，而"中道西器"论承认西方技术的先进性，并主张学习西方先进技术，事实上是承认了道与器的分离。这种分离的意义，在于打破了道器一体的禁锢，随之也引出了变器而不变道的社会变革理论。1861 年冯桂芬在《校邠庐抗议》中提出"以中国伦常名教为原本辅以诸国富强之术"的论断，而郑观应则提出"主以中学，辅以西学"的文化方针。至此，洋务运动的"中体西用"观也就呼之欲出了。

2. 中体西用

中国传统文化基本上主张体用一源。然而到了近代，西学迅速传播并形成越来越大的影响，对中国传统的体用关系提出挑战。最早应对这种体用关系挑战的是魏源，但他所能够回应的范围仍在经学之内，即从今文经学"经世致用"出发，提出"师夷之长技以制夷"。如魏源提出"凡有益民用者"皆可采用："有用之物，即奇技而非淫巧。今西洋器械，借风力、水力、火力夺造化，通神明，无非竭耳目心思之力以利民用"。只要中国"因其长而用之"，就可以"因其长而制之"。（《海国图志·筹海篇三》）这就是将西方文化分为体和用两个方面，即"西体"和"西用"，并提出取其"用"而弃其"体"。在这里，体和用开始分离，但所实现分离的是西体和西用，而没有涉及中体和中用。这是对西方文明所采取的实用主义态度，是体用关系变化的第一步即体用分离。

体用关系变化的第二步是中体西用的结合。师夷长技，学习西方当然是学习西方之"器"。但是，器不可能不对道产生影响。在洋务时期，洋务官员通过创办近代工厂，采用先进机器，制造洋枪洋炮，并且还采用了部分西方的企业管理制度。这事实上已经构成了对中国道统的侵蚀。所以，保守派官僚如倭仁和张盛藻等人，以"立国之道，尚礼义不尚权谋；

根本之图，在人心不在技艺"为辞，强烈反对"师事夷人"。① 事实上，引进西方先进技术导致自身体制的影响，也不是洋务派所希望的。为了解决这个矛盾，思想方面的讨论就从道器关系层面进入到体用关系层面，其结果就是"中体西用"观的出现并流行。

鸦片战争时期，林则徐提出"师敌之长技以制敌"，魏源提出"师夷之长技以制夷"。这可以看作最早的"西学为用"主张，也就是中体西用思想的源头。1861 年，早期的洋务思想家冯桂芬撰《校邠庐抗议》，指出：中国"人无弃才不如夷，地无遗利不如夷，君民不隔不如夷，名实必符不如夷"。他在主张"采西学""制洋器"的同时，提出"以中国之伦常名教为原本，辅以诸国富强之术"（《校邠庐抗议》卷下）。另一位洋务思想家郑观应还以本末观来说明中西关系，指出："善学者必先明本末，更明所谓大本末而后可。以西学言之，如格致制造等学，其本也……语言文字其末也。合而言之，则中学其本也，西学其末也。主以中学，辅以西学。"（《盛世危言·西学》）最早使用"中体西用"一词的是清末学者沈毓桂。1895 年 4 月，他在《万国公报》上发文指出："夫中西学问，本自互有得失，为华人计，宜以中学为体，西学为用。"晚清官僚孙家鼐在《遵议开办京师大学堂折》也指出："中学为主，西学为辅；中学为体，西学为用；中学有未备者，以西学补之；中学其失传者，以西学还之。以中学包罗西学，不能以西学凌驾中学。"至此，中体西用观已经基本形成。

但是真正对中体西用进行全面系统阐释，并对官方意识形态构成影响的还是张之洞。甲午战败后，洋务派声名狼藉，整个思想界十分混乱："恢诡倾危乱名改作之流，遂杂出其说以荡众心。学者摇摇，中无所主。"（《劝学篇》序）这正是张之洞力图阐明"中体西用"观的初衷。1898 年，张之洞撰《劝学篇》，全面阐释中体西用的要义。张之洞将全书分为"内篇"和"外篇"。他在《劝学篇》序中开宗明义地说："内篇务本，以正人心；外篇务通，以开风气。"这里的"本"即纲常名教，"通"即工商、学校诸事。他还将中学与西学分别定义为"内学"和"外学"，"旧学"和"新学"，其中"中学治身心，西学应世事"，二者不可"偏废"。（《劝

---

① 中国史学会主编：《洋务运动》（第 2 册），上海人民出版社 1961 年版，第 30 页。

学篇·外篇·会通第十三》）在"内篇"中，他坚持传统的纲常名教，指出："君为臣纲，父为子纲，夫为妻纲……五伦之要，百行之原，相传数千年更无异义。圣人所以为圣人，中国所以为中国，实在于此。故知君臣之纲，则民权之说不可行也；知父子之纲，则父子同罪免丧废祀之说不可行也；知夫妇之纲，则男女平权之说不可行也。"（《劝学篇·明纲》）而在"外篇"中则广泛论述西学，从兴学、译书、办报、留学到改革科举、开矿修路、设立农工商兵诸学等等，均有所设计策划。他指出："今欲强中国，存中学，则不得不讲西学。然不先以中学固其根柢，端其识趣，则强者为乱首，弱者为人奴，其祸更烈于不通西学者矣。"（《劝学篇·内篇·循序第七》）因而他再三强调："夫不可变者伦纪也，非法制也；圣道也，非器械也；心术也，非工艺也。"（《劝学篇·外篇·变法第七》）"若皆有持危扶颠之心，抱冰握火之志，则其国安于磐石，无能倾覆之者。是故人人亲其亲、长其长而天下平，人人智其智、勇其勇而天下强。"（《劝学篇·明纲》）"若强中御外之策，惟有以忠义号召合天下之心，以朝廷威灵合九州之力，乃天经地义之道，古今中外不易之理。"（《劝学篇·正权》）总之，救时不必害道，新学旧学可以两存，要实现中国之富强，必须"旧学为体，新学为用"。

《劝学篇》在朝野间引起广泛反响。张之洞在奏折中说："以中学为体，以西学为用，既免迂陋无用之讥，亦杜离经叛道之弊。"（《两湖、经心书院改照学堂办法片》，许同莘编：《张文襄公奏稿》卷二十九）光绪帝对此也非常重视，指示"将所备副本四十部由军机处颁发各省督抚学政各一部，俾得广为刊布，实力劝导，以重名教而杜卮言"。在戊戌变法过程中，光绪帝颁"明定国是"诏明确提出"以圣贤义理之学，植其根本，又须博采西学之切于时务者，实力讲求，以救空疏迂谬之弊"（《上谕档》光绪二十四年六月初七，《清代起居注册》光绪朝）。这样，中体西用就成为国家大政指导方针。对此梁启超评价说："所谓'中学为体，西学为用'者，张之洞最乐道之，而举国以为至言。"①

---

① 梁启超：《清代学术概论》，上海古籍出版社 1998 年版，第 97 页。

3. 中西汇通

然而，随着甲午战败、洋务破产，"中体西用"论逐渐式微，新起的维新派主张从根本上学习西方，在不触动基本的封建君主制度前提下，推进君主立宪制改革。这种维新主张同样通过体用关系反映出来：既然体用已经分离，"用"相对于"体"并不存在依附性，亦即体是体，用是用，那么就可以打破传统的意识形态禁锢，重新考虑体用关系，进一步讲，就是重新考虑"中体西用"这一基本原则，从而导致"中西汇通"说的出现。这是将道器、体用、中西关系进行全面重构，所以是体用关系演变的第三步。

"中西汇通"说的立论依据仍是中国所面对的千年变革。不过对这种变革的认识，不在亡国灭种的威胁之下是难以达到深刻的。康有为指出："夫泰西诸国之相逼，中国数千年来未有之变局也。曩代四夷之交侵，以强兵相陵而已，未有治法文学之事也；今泰西诸国以治法相竞，以智学相上，此诚从古诸夷之所无也。"① 这就是说，西方列强的挑战，与历史上的改朝换代和游牧民族入侵根本不同，不仅是先进技术的挑战，更是制度文明的挑战。这里，康有为已经认识到西方工业文明与传统农业文明的本质区别，认识到这种挑战的根本性。这就使他能够摆脱传统的道器观和体用观的禁锢，对西方文明作进一步的认识。康有为说："泰西之富，不在治炮械军兵，而在务士农工商。"② "泰西所以富强，所以智慧，所以通大地而测诸天、致精极奇惊犹鬼神者，无它，倍根立专卖特许之法而已。"③ 不仅如此，康有为还认为，"泰西自强之本，在教民、养民、保民、通民气、同民乐"。④ 这种认识较之过去的"师夷之长技以制夷"和"中学为体，西学为用"的观点已经大大前进了。就是说，对于西方先进性的认识，已不仅限于坚船利炮，也不仅限于科学技术，而是深入到社会制度层面了，也就是说，从"器"和"用"深入到"道"和"体"了。

正如中体西用论从道器观的讨论开始一样，中西汇通论的逻辑起点也

---

① 康有为：《康有为全集》（第二集），上海古籍出版社 1990 年版，第 169 页。
② 康有为：《康有为全集》（第二集），上海古籍出版社 1990 年版，第 623 页。
③ 康有为：《康有为全集》（第三集），上海古籍出版社 1992 年版，第 774 页。
④ 康有为：《康有为全集》（第三集），上海古籍出版社 1992 年版，第 743 页。

是道器观的讨论。这种观点始于谭嗣同。针对当时社会上以道为体，以器为用，重道轻器，重义轻利的传统观念，谭嗣同提出"器体"而"道用"。他说："圣人之道，果非空言而已，必有所丽而后见。丽于耳目，有视听之道；丽于心思，有仁义智信之道；丽于伦纪，有忠孝友恭之道；丽于礼乐征伐，有治国平天下之道。故道，用也；器，体也。体立而用行，器存而道不亡。自学者不审，误以道为体，道始迷离徜恍，若一幻物，虚悬于空漠无朕之际，而果何物也耶？于人何辅，于世何济，得之何益，失之何损耶？将非所谓惑世诬民异端者耶？"① 这是一个很大的转变，即从以道为体转变为以器为体。在这里，道器体用关系不是分离了而是颠倒过来了。

谭嗣同还将西学中的"以太"概念与中国传统的"仁"结合起来，提出"以太—仁"说。他说："夫仁，以太之用，而天地万物由之以生，由之以通。"② 这里，他是将援自西方的"以太"为体，将取自中学的"仁"为用。他认为，仁为宇宙万物的普遍规律，相对于以太，以太为体，仁为用；相对于人伦之道，仁为体，人伦为用。本来，鸦片战争以来道器体用已经分离，这种分离为利用西方先进技术打破了禁锢，成为洋务派和改良派的思想基础。但是到这里，谭嗣同又将两对范畴搅在一起，用一个更新、更高的概念—"以太"将他们统辖起来。这就进一步打破了传统的道器体用关系，为中西会通建立了哲学基础。

传统的道器体用关系的打破，使人们可以进一步重构中西关系。康有为提出，西方之道体和中国之道体具有相通之处。中西之间的相通，根本原因在于人性的相通："若夫义理之公，因乎人心之自然，推之四海而皆准，则又何能变之哉？钦明文思、允恭克让之德，元亨利贞、刚健中正之义，及夫皋陶之九德，《洪范》之三德，敬义直方，忠信笃敬，仁义智勇，凡在人道，莫不由之，岂能有中外之殊乎？"③ 既然人性是相通的，而以仁性为基础的制度文化也应该是相通的："《春秋》者，万身之法、万国之法也。尝以泰西公法考之，同者十八九焉。盖圣人先得公理、先得我心也，

---

① 蔡尚思、方行编：《谭嗣同全集》（上册），中华书局 1981 年版，第 197 页。
② 蔡尚思、方行编：《谭嗣同全集》（下册），中华书局 1981 年版，第 297 页。
③ 康有为：《康有为全集》（第一集），上海古籍出版社 1990 年版，第 1038 页。

推之四海而准也。"① 因此，康有为不赞同中体西用而主张中西汇通。他说："中国人才衰弱之由，皆缘中西两学不能会通之故，故由科举出身者，于西学辄无所闻，由学堂出身者，于中学亦茫然不解。夫中学体也，西学用也，无体不立，无用不行，二者相需，缺一不可。今世之学者，非偏于此即偏于彼，徒相水火，难成通才，推原其故，殆由取士之法歧而二之也。臣以为未有不通经史而可以言经济者，亦未有不达时务而可谓之正学者，教之之法既无偏倚，则取之之方当无异致，似宜将正科与经济岁科合并为一，皆试策论，论则试经义，附以掌故；策则试时务，兼及专门。泯中西之界限，化新旧之门户，庶体用并举，人多通才。"② 他还指出："近年西政、西学，日新不已，实则中国圣经之义，议院实谋及庶人，机器则开物利用，历代子史，百书著述，亦多有之。但研究者寡，其流渐埋，正宜恢复旧学，岂可让人独步？今之聚书，务使人士知中国圣人穷理之学，讲求实用，无所不备。"③ 所以，康有为一再强调，经史时务并重，"通经史而讲时务"，"上法三代，旁采泰西"。④ 总之，康有为将中西之间的道器体用关系做了全面重构，中西汇通已经完全没有界限了。

4. 义利本末

如果说道器体用之辩停留在"形而上"层面，那么随着社会变革的急迫和争论的深入，逐渐开始具体方略的探讨。这就开启了义利本末之辩，其结果是"商战论"的提出。

从思想传统上看，清代学术直接继承了宋明理学，所以朱熹和王阳明的义利观基本上占据主导地位。这就是极为强调义的意义和价值，而对于利则总是忽视的。到了晚清，中国社会变迁对传统的义利观产生了极大的冲击，使义利观发生了从重义轻利到义利平衡再到重利轻义的变化。鸦片战争前后，中国经济衰退，国弱民贫，面对西方侵略毫无招架之力，因而急需发展经济，富国强兵。在这种历史背景下，传统士人讳言功利的迂腐观念必然受到冲击。这种观念转变始于魏源。他说：圣人以名教治天下之

---

① 康有为：《康有为全集》（第三集），上海古籍出版社 1992 年版，第 812 页。
② 康有为：《康有为政论集》（上册），中华书局 1981 年版，第 294—295 页。
③ 康有为：《康有为全集》（第二集），上海古籍出版社 1990 年版，第 621 页。
④ 康有为：《康有为政论集》（上册），中华书局 1981 年版，第 312、313 页。

君子，以美利利天下之庶人。(《默觚下·治篇三》) 他认为，古人不仅不否定功利，而且将立功与立德、立言、立节并列，"谓之四不朽"。而对于"无功、节、言之德"与"无德之功、节、言"一样，"君子皆弗取焉"。(《默觚上·学篇九》) 这就基本上肯定了"言利"的正当性。魏源还进一步摆正了义利关系，说："无故之利，害之所伏也。君子恶无故之利，况为不善以求之乎"? (《默觚下·治篇十六》) "论是非不论利害，有时或是与利俱；论利害不论是非，有时或非与害俱"(《默觚上·学篇二》)，所以必须使"是非与利害一"(《默觚上·学篇八》)。陈炽也重新阐释了义利关系，他认为，求利固然是人们的共同本性，但是各人的利益又是相互矛盾、相互冲突的，所以必须通过义来协调："义也者，所以剂天下之平也"(《续富国策》卷三，《攻金之工说》)，"惟有利而后能知义，亦惟有义而后可以获利"(《续富国策》卷四，《分建学堂说》)。他还认为，利不可"私于一人"而应"公之天下"，其最高境界是不"使天下有一夫稍失其利"。(《续富国策》卷三，《攻金之工说》) 这里也是给"利"以正当性阐释。

　　义利关系的根本突破是由严复完成的。在严复之前，义利之辩只是在传统的框架内打转，不能实现自身的突破。而严复不同，他的成功在于引进了亚当·斯密的经济人假设，对功利做了合理性阐释。他说："今之哲学言为善，所由与古之言为善殊者。古之言为善也，以为利人，而己无与也；今之言为善也，以不如是，且于己大不利也。知为善之所以利己，而去恶且不止于利人，庶几民乐从教，而不祸仁义也。"[1] "中国士大夫，以言利为讳，又怵于重农抑商之说，于是生财之途常隘，用财之数常多，而财之业于天地之间，往往遗弃而不理。吾弃财而不理，则人之睨其旁者，势必攘臂而并争，于是财非其财。吾弃财不理而不给于用，用仍取给于隘生之途，途益隘而取益尽，于是上下瘁，而国非其国。财非其财，国非其国，则危败之形立见。"[2] 而对于那些批评斯密的传统士人，严复也给以反驳，指出："然而犹有以斯密氏此书为纯于功利之说者，以谓如计学

_____

① 王栻主编:《严复集》，中华书局 1986 年版，第 1022 页。
② 王栻主编:《严复集》，中华书局 1986 年版，第 1552 页。

家言，则人道计赢虑亏，将无往而不出于喻利。驯至其效，天理将亡，此其为言厉矣。独不知科学之事，主于所明之诚妄而已。其合于仁义与否，非所容心也。且其所言者计，固将非计不言，抑非曰人道止于为计，乃已足也。从而尤之，此何异读兵谋之书，而訾其伐国，睹针砭之伦，而怪其伤人乎！"①

伴随着义利观念变革是本末之辩的突破。中国历史上从汉初确定重农抑商的基本国策，即以农为本，工商为末。这种观念到清末也发生了重要转变。魏源指出："语金生粟死之训，重本抑末之谊，则食先于货；语今日缓本急标之法，则货又先于食。"（《圣武记·军储篇一》）不过他这里只是认为不能轻视末业，即便是关注末业，也是由于"标"急而"本"才得以缓。可见，他的思想并未脱出农本商末的窠臼。随着外国资本的侵入，人们逐渐认识到，中国落后的原因之一是工商业落后，因而开始转变农本商末的观念并导出重商思想。

较早提出重商思想并将商推崇至国本高度的是王韬。王韬指出："贸易之道广矣，通有无，权缓急，征贵贱，便远近，其利至于无穷……且夫通商之益有三，工匠之娴于艺术者得以自食其力，游手好闲之徒得有所归，商富即国富，一旦有事，可以供输糗饷。此西国所以恃商为国本欤？"（《弢园文录外编》卷十，《代上广州府冯太守书》）所以，"泰西诸国以通商为国本"。（《弢园文录外编》卷二，《兴利》）他还指出："西人船坚炮利，制度精良，所造火轮舟车，便于行远，织器田具，事半功倍。说者谓苟能仿此而行，则富强可致。"（《弢园文录外编》，《与周弢甫徵君》）薛福成也是重商主义者，他说："夫商为中国四民之殿，而西人则恃商为创国造家、开物成为之命脉，迭著神气之效者。何也？盖有商，则士可行其所学，而学益精；农可通其所植，而植益盛；工可售其所作，而作益勤。是握四民之纲者，商也！"（《出使英法意比四国日记》）

郑观应较为全面地提出重商思想，他说："中国以农立国，外洋以商立国。农之利，本也，商之利，末也，此尽人而能言之也。古之时，小民各安生业，老死不相往来，故粟布交易而止矣。今也不然，各国并兼，各

---

① 王栻主编：《严复集》，中华书局1986年版，第100页。

图利己，藉商以强国，藉兵以卫商，其订盟立约，聘问往来，皆为通商而设。英之君臣，又以商务开疆拓土，辟美洲，占印度，据缅甸，通中国，皆商人为之先导。彼不患我之练兵讲武，特患我之夺其利权，凡致力于商务者，在所必争。"（《盛世危言·商务三》）他说："商务者，国家之元气也；通商者，疏畅其血脉也。"（《盛世危言·商务一》）他认为"士无商则格致之学不宏，农无商则种植之类不广，工无商则制造之物不能销"，"商贾具生财之大道，而握四民之纲领"（《盛世危言·商务二》）。他切实认识到"商之义大矣"，因而必须摒弃陈旧的"崇本抑末之旧说"（《盛世危言·商务二》），大力"振兴商务"，像"泰西各国"那样，确立"以商立国""以商富国"的观念，以达到"商务日振，国势日强，民生日富"的目的。（《盛世危言·商务三》）他还在《论商务》中提出具体建议："举凡外洋之货，我华人自营运之；中土之货，我华人自经理。扩其远图，擅其利蔽……惟赖在上者扼其利权，神其鼓舞……扼此三端，则利权可复矣。"①

随着义利本末观念的转变，晚清士人提出与西方进行商战的主张。最早使用"商战"一词的是曾国藩。1862 年他在《复毛寄云中丞》的信中说："自古圣王以礼让为国，法制宽简，用能息兵安民。至秦用商鞅以'耕战'二字为国，法令如毛，国祚不永。今之西洋，以'商战'二字为国，法令更密如牛毛，断无能久之理。"（《曾国藩全集·书信》四）可见曾国藩基本上还是坚守着儒家的治国原则，并不赞成"耕战"或"商战"，认为这不是长治久安之道。但是，随着西方国家亦商亦战的进逼，传统士人也不能不重新认识"商"与"战"的问题。这就导致商战论的产生。

19 世纪 70 年代初，王韬认识到西方国家对中国的侵略，除了仰仗"船坚炮利"的优势外，还依靠经济方面的优势，亦即"兵力"和"商力"并行，而对于中国来说，只有"兵力商力二者并用，则方无意外之虞"（《弢园文录外编》）。郑观应把西方国家对外侵略的方式概括为三种，即"兵战""商战"与"传教"，指出："兵之并吞祸人易觉，商之掊克敝国无形，我之商务一日不兴，则彼之贪谋亦一日不辍。"认为对中国最具

---

① 转引自易惠莉：《郑观应评传》，南京大学出版社 1998 年版，第 147 页。

威胁性与危害性的就是商战。要有效地抵抗外国侵略，必须兵战与商战兼备。他认为，"习兵战不如习商战"（《商战》上》），以做到"中国所需于外洋者，皆能自制；外国所需于中国者，皆可运售"（《商务》三）。此后，"商战"一词遂流行起来，不断见诸奏报、著述、报纸等各类文字中。

商战的提出，对于中国思想具有重要的意义，可以说，集中体现了近代早期中国传统思想的突破：第一，突破德力观念。中国历史上既有尚德时代也有竞力时代，但总的来看是以尚德为历史主流。但近代以来欧洲兴起，实行丛林法则，世界进入竞力时代。尽管在鸦片战争中，中国具有明显的道德优势，但在西方的坚船利炮下仍以失败告终。这必然导致中国传统德力观的瓦解，中国士人不得不抛弃尚德传统转向竞力主义。第二，突破王霸观念。中国传统上重王道而轻霸道。明亡清兴过程中，满族人马上得天下，自然崇尚霸道。但随着国家统一和社会稳定，逐渐接受了中国传统的王道主义。但是这种王道主义在西方侵略面前毫无抵抗能力，这就使中国士人从王道主义转向霸道主义，除兵战之外还要实行商战。第三，突破本末观念。中国人对奇技淫巧不感兴趣，更钟情于传统的琴棋书画和道德文章。但西方国家通过工商而富强，这是近代以来的历史事实。如果没有西方的挑战，中国人可能继续坚持自己的农本商末的观念。商战的提出也就突破了传统的本末观念，将发展工商业作为经济之本。第四，突破义利观念。对于中国的传统士人来说，最根本的价值颠覆还不是王霸、德力与本末的关系转变，而是义利关系的转变。义利观念的转变，使人们开始放弃传统无用的道德规范，转而追求现实的利益。而这种现实的利益则通过新的商业模式获得。事实上，义利观念的转变也是中国近代以来持续的思想变革的核心。

三、晚清价值变革的本质及其局限性

从鸦片战争以后，中国价值思想出现一系列变革，这种变革的特点是价值的分裂和损益，即在价值分裂和损益中取得一定进步。从价值分裂和损益来看，原本作为一体性存在的价值，现在出现了分裂，如道器分为中道西器，体用分为中体西用，以及义利本末之间的损益。事实上，中国传统价值体系中，尽管强调本体性方面，明确主辅关系，但要求两方面的兼顾或兼容，相互包含和相辅相成，并不偏废哪一方面。只有在特别的历史际遇下才会出现偏重，但仍不会导致价值的分裂。但是在近代，中国所遭遇到的冲击是前所未有的，因而出现价值分裂。没有这种价值分裂，就不可能打破传统，就不可能出现思想突破。所以说，价值分裂事实上是价值革命的前奏。

但是，我们仍可以看到，价值传统在分裂过程中还是出现了重新整合的迹象。例如，从体用的分裂中，可以看到现代新的"器用"对"道体"转变的需求。既然采纳了新的"器用"，既然人们对这些新的"器用"逐渐适应、喜好，就必然会引致对传统"道体"的不适应，也就必然引起人们改变"道体"的要求。例如，从"中体西用"到"中西会通"的变化，就意味着人们对"西体"的认同。这是价值转变的另外一个过程，也是新旧消长的过程，也就是价值损益。

价值分裂是价值损益的前提条件，没有价值分裂，一损俱损，就不可能有所区别和有损有益。总的来看，所损的是道、体、本，所益的是器、用、末。人们认为，传统的道、体、本，大大地限制了器、用、末的发展，所以两者必须分裂，后者才能获得解放。在传统"道—体"之损的同时，是新的"器—用"的生长和发展。所谓"器"最初是西夷用来打败过自己的"坚船利炮"，而后来发现这都源于西方的科学技术。通过洋务运动，中国对这些洋器大多接受了，并且开始自己制造。尽管还没能真正理解其中的深意，但至少表面上是看懂了。所以，以"坚船利炮"为具体形式的新的"器用"，被赋予了新的价值。不过，新的"器用"之新的价值，仍不过是工具价值，还不能与自己的"道"相提并论。然而，只要科技被引入并被使用，就不可避免地对人们的社会生产和社会生活产生影响，并逐渐地侵蚀原有的价值体系。在中国近代历史上，这种侵蚀作用首先见于"末业"对于"本业"的侵蚀，即近代工商业的发展。进一步看，又有"用"对于"体"的侵蚀，即曾被看作奇技淫巧的科技和机器对于道德文章的侵蚀。而最后发现，来自西方的器用渐渐侵蚀了孔孟之道。这就是发生于近代的"为学日益"和"为道日损"的价值损益过程。"为学日益"就是作为知识或科技等器用价值的扩大，而"为道日损"就是为了现代化的发展而不得不使传统价值有所贬损。

尽管近代以来传统"道—体"开始消解，而同时新的"器—用"逐渐生长。但是，总的来看，这种变化并未"离经叛道"，也就是说，仍未打破传统，仍在传统内部打转。一方面，学术上还是采取释经的方式，即利用不同的方法对儒家经典进行重新诠释，或"我注六经"或"六经注我"，都是通过对经学的阐释来阐发自己的新思想，即不能"离经"。另一方面，不论是"我注六经"还是"六经注我"，都不能脱离传统的"道—体"，即不能"叛道"。事实上，不离经就不能叛道，叛道必须先离经，不离开传统思想，如何能背离道统？要打破传统，必须离经。当然，这一时期的思想家们，并不想"叛道"，所以，他们也不会"离经"。要阐释新思想，仍需要从传统经学中提炼出来。

康有为作为维新思想家，主张采纳西方立宪制度。但他的变革思想仍只能通过《新学伪经考》和《孔子改制考》来阐发，利用公羊学的"通三统""张三世"的观点来阐发自己的历史进化和社会变革观念，即"托古改制"。一方面，他主张社会变革，强调必须废除科举，推西学以行西政；另一方面，他又要坚持中国道统，并在制度设计中为儒家思想留下重要的位置。1895 年，康有为在"公车上书"中仍提出要保证儒家思想的传播和影响，以抵御"异教"的诱惑，挽救"人心之坏"，甚至将"国"之存亡与"教"之存亡相关联，提出"保教"对于"保国"的优先性。谭嗣同比康有为要激进得多，但也未能离经叛道。一方面，他将孔子的原始教义说成是"黜古学，改今制，废君统，倡民主，变不平等为平等"；另一方面又把儒家"伦常之网罗"归罪于荀子，提出"二千年来之学，荀学也，皆乡愿也"[①]。实际上他是把儒学分为正统和异端，孔子当然是正统的，并且能够与时俱进，所以是永恒正确的，而近代中国之衰败，完全是儒学异端造成的。中国要复兴，就必须回归道统，而要回归道统，就必须回归儒家正宗，即回归孔子，重建仁学。虽然谭嗣同的《仁学》在清末思想界产生了很大影响，在一定程度上动摇了人们对于君臣之纲的信念，但仅仅停留在政治思想层面而没有深入到伦理价值层面，也就是说还没有冲

---

① 谭嗣同：《仁学》，见《谭嗣同全集》（下），中华书局 1981 年版，第 337 页。

击到整个伦理纲常。① 可见，他与五四时代的文化批判者相比较仍存在根本区别。

总的来看，晚清直到民初的文化批判是有限的，从根本上说就是没有"离经叛道"，既没有脱离儒家经学本旨更没有背离原有道统。真正"离经叛道"的是五四学者。他们提出彻底砸烂孔家店，批判旧道德，提倡新道德，批判旧文化，提倡新文化，提出科学民主，甚至全面西化。所以，他们才是彻底的文化批判者。然而，这些完全丧失了文化自信的人们，只有批判没有建设，从文化自信走向了文化自残。正如钱穆所说："辛亥革命，民国创建，政统变于上，而道统亦变于下。民初即有新文化运动，以批孔反孔，打倒孔家店为号召。孔家店中之伙计，即本文所谓社会下层之士。自此以下，社会有民无士。上无君，下无士，此则庶及可谓之全盘西化矣。"②

第二节 五四：批判传统与现代启蒙

一、彻底反传统：离经叛道之开始

1. 民初的孔教之争

辛亥革命推翻了中国几千年的君主专制统治，但并没有真正地解决中国的社会矛盾，除了赶走了一个满清皇帝，其他基本上照旧。所以，人们进一步陷入迷茫。特别是袁世凯复辟帝制，使人们对于后清政体丧失信心，中国向何处去问题再一次成为社会热议和令士人纠结的问题。

这些矛盾首先集中在尊孔读经问题上。既然君主专制体制废除了，那

---

① 余英时：《中国现代价值观念的变迁》，见《现代儒学论》，上海人民出版社1998年版。
② 钱穆：《国史新论》，生活·读书·新知三联书店2012年版，第174—175页。

么作为君主专制制度的理论基础的儒家学说也应该退出思想意识舞台。蔡元培《对于新教育之意见》一文中说，"满清时代，有所谓钦定教育宗旨者，曰忠君、曰尊孔、曰尚公、曰尚实。忠君与共和政体不合，尊孔与信教自由相违。"于是蔡元培提出废除"忠君"与"尊孔"，并主持制定了《普通教育暂行办法》。1912 年 1 月 19 日民国教育部向各省都督发出电报及咨文，要求各地小学废止读经和跪拜孔子之礼，禁止使用前清学部颁行的各种教科书，要求学校教员遇有教科书中与共和宗旨不合者，可随时修改，禁止讲授。此举意味着在教育领域历行数千年之久的尊孔读经被否定，亦标志着近代思想文化领域里的一次巨大变革。

然而，民初的这场短暂的"教育革命"激起守旧势力的强烈反弹，也使国人在惊愕之下陷入信仰危机。这是由于现代文化的影响仅限于少数精英知识分子，而广大民众心中只有孔圣人，不尊孔也就无所尊了。所以，一时间朝野上下反对声一片。当时一些反对者提出的理由是：中国由专制一跃而为共和，上等社会之人，尚多以为骇怪，乡里无知之徒，多以民国告成，古昔之法制、人类之纲常皆可废除，因而恣肆狂悍之风，突决破败之象，日甚一日，推原其故，盖由于人心无道德之标准。对一个社会来说，绝大多数成员没有道德标准，那将是一件多么可怕的事。[①]所以，一批尊孔者提出，今欲存中国，必先救人心，善风俗，拒邪行，放淫辞。而欲做到这些，舍孔教则无从下手，也不可能成功。他们在尊重事实的前提下，强调"国体虽更而纲常末变"。

1912 年的 9 月，袁世凯发布了《崇孔伦常文》，提倡尊孔，遵循儒家礼教。1912 年 10 月，康有为授意其学生陈焕章等人在上海成立孔教会，宣称目击时事，忧从中来，俱大教之将亡，而中国之不保也。他们提出"昌明孔教，救济社会"的口号，希望以此挽救人心，维持国教，大倡孔子之教，聿昭中国之光。同年，王锡蕃、刘宗国等在济南发起成立"孔道会"，推康有为为会长。1913 年 4 月 27 日，徐世昌、徐棋在北京成立"孔社"，以阐扬孔学，讲求实用，巩固国基为宗旨。全国各地尊孔团体纷纷建立，呼吁将孔教定为国教。一时间，尊孔呼声甚嚣尘上，尊孔势力遍及

---

① 《孔道会上大总统书》，柯璜编：《孔教十年大事记》第 8 卷，太原宗圣会 1923 年。

中国。1913 年 6 月 22 日，袁世凯发布《尊孔祀孔令》，宣扬"天生孔子为万世师表"，应"查照民国体制，根据古义，将祀孔典礼，折衷至当，详细规定，以表尊崇，而至久远"。教育部据此于 9 月 17 日电告各省都督、民政长官定孔子生日为"圣节"，通令各学校恢复祀孔典礼。9 月 27 日，黎元洪在武昌举行孔子诞辰祭典，并率文武百官、中学以上校长在孔庙行三跪九叩礼。1913 年 10 月《天坛宪法草案》规定："国民教育，以孔子之道为修身大本。"1915 年 1 月和 2 月，袁世凯发布了《颁定教育要旨》和《特定教育纲要》，明确提出了封建复古的教育宗旨，即：爱国、尚武、崇实、法孔孟、重自治、戒贪争、戒躁进。

但事实上，尊孔并不是简单的文化复古运动，其背后都紧跟着明确的政治主张，即君主制复辟。袁世凯尊孔复辟自不必说，在其倒台后，辫帅张勋也多次联合地方军阀通电全国强行要求国会速定孔教为国教。康有为在《孔教会序》中说，民主立宪、君主立宪、君主专制，此为政体高下之分，而不是政事美善之别。专制体制也并不是没有好的规矩，共和政体之下也并不是没有不良的政治。政治法律，皆以习惯而成，是以圣人辅万物之自然而不敢为，其要在去甚、去奢、去暴。显然，他们是以尊孔为幌子，进行政治复辟的舆论准备。

2. 五四的主题：重估一切价值

袁世凯垮台后，君主制度已经彻底终结，"君为臣纲"自然也已瓦解，但沿袭两千多年的传统在人们的社会生活和思想深处仍根深蒂固。中国部分先进知识分子进一步认识到，只学习西方的器物文化和制度文化是不够的，还必须学习西方的思想文化。所以，继续革命的任务就是要彻底清除传统文化，把被传统文化浸透的"旧人"改造为"新人"。这就需要文化的批判。

鸦片战争以来，传统价值已出现加速消解，但人们对传统的批判仍然采取折中的态度。比较典型的例子就是"中西体用"，这种主张是试图消弭传统价值与现实社会的差距和固有的价值鸿沟。但是这种折中方法难以彻底消除传统文化的影响。陈独秀说："无论政治、学术、道德、文章，西洋的法子和中国的法子绝对两样，断不可调和迁就。若是决计革新，一切都应该采用西洋的新法子，不必拿什么国粹、什么国情的鬼话来捣乱。……因为新旧两种法子，好像水火冰炭，断然不能相容；要想两样并行，必定非牛非马，一样不成。"① 他还说："吾人信仰，当以真实的合理的为标准；宗教上政治上道德上自古相传的虚荣欺人不合理的信仰，都算是偶像，都应该破坏。此等虚伪的偶像倘不破坏，宇宙间实在的真理和吾人心坎儿里彻底的信仰永远不能合一。"②

胡适在《新思潮的意义》中说："据我个人的观察，新思潮的根本意义只是一种新态度。这种新态度可叫做'评判的态度'。评判的态度，简单说来，只是凡事要重新分别一个好与不好。"在他看来，尼采"重新估定一切价值"就是"评判的态度的最好解释"。③ 而这种"评判的态度"主要是对制度风俗、圣贤遗训和社会公认的行为与信仰这三方面作以理性为标准的重新评估。这就是说，五四时期的先进知识分子已经认识到，采取新旧调和、中西调和的方式，不能打破旧的文化传统对人们思想的束缚，而必须采取尼采的方式，重估一切价值。这就是，对世世代代习以为常的传统文明进行重新估价，进行态度决绝的评判并予以坚决的摒弃。

重估一切价值，无论对于政治制度、经济制度、道德规范、文化传统等等，都要以这一根本尺度来确定取舍或存废。一方面，对旧的传统的东西进行彻底的批判和清除，正如鲁迅所说："一要生存，二要温饱，三要发展。苟有阻碍这前途者，无论是古是今，是人是鬼，是《三坟》《五典》，百宋千元，天球河图，金人玉佛，祖传丸散，秘制膏丹，全都踏倒他。"④ 由此可见他们对破坏旧传统的彻底态度。但在彻底破坏的同时他们也考虑到新建的需要。事实上，重估一切价值，既具有启蒙意义也具有重建的意义。如鲁迅在《再论雷峰塔的倒掉》中指出："无破坏即无新建设，大致是的；但有破坏却未必即有新建设。卢梭、斯谛纳尔、尼采、托尔斯泰、伊孛生等辈，若用勃兰兑斯的话来说，乃是'轨道破坏者'。其实他

① 陈独秀：《今日中国的政治问题》，《新青年》第 5 卷第 1 号。
② 《新青年》第 2 卷第 4 号，1916 年 12 月。
③ 胡适：《新思潮的意义》，《胡适文存》第一集，黄山书社 1996 年版，第 728 页。
④ 鲁迅：《华盖集·忽然想到（六）》，参见《鲁迅全集》，人民文学出版社 2005 年版，第 46—47 页。

们不单是破坏，而且是扫除，是大呼猛进，将碍脚的旧轨道不论整条或碎片，一扫而空，并非想挖一块废铁古砖挟回家去，预备卖给旧货店。"他把片面的破坏称为"奴才式的破坏，结果也只能留下一片瓦砾，与建设无关"。所以他是主张在破坏后加以重建的。他把自己称为"要革新的破坏者"，说："我们要革新的破坏者，因为他内心有理想的光。"① 这种"理想的光"也就是五四时期先进知识分子所引进和提倡的新的价值思想和相应的价值标准。但是，当时首要的任务还是破坏，因为没有破坏就没有重建，只有破坏在先，才有重建在后。

3. 反传统的核心：批判礼教

早在 1910 年吴虞就曾著文称："天下有二大患焉：曰君主之专制，曰教主之专制。君主之专制，钤束人之言论；教主之专制，禁锢人之思想。"② 袁世凯复辟将孔教立为国教，这使五四时期的先进知识分子认定尊孔和复辟是一回事，"孔教和共和乃绝对两不相容之物，存其一必废其一"，"信仰共和必排孔教"。③ 他们认识到，传统文化是以儒学为核心的，而以儒学为核心的传统文化与旧制度之间有不可分割的联系，要彻底打破旧制度，就必须彻底批判以儒学为核心的旧文化。1915 年陈独秀创办《青年杂志》（即《新青年》）并发表《敬告青年》一文，指出"儒学不适于现代生活"，"不能支配现代人心"，是当时中国"社会进化的最大障碍"。1916 年 2 月，易白沙在《新青年》上发表了《孔子平议（上）》，第一次指名道姓地批评孔子，认为孔子早已被汉武帝利用而成为傀儡，从而拉开了"打倒孔家店"的序幕。陈独秀认为，"觉悟"有两个方面：一为"政治的觉悟"，主要内容是"必弃数千年相传之官僚的专制的个人政治，而易以自由的自治的国民政治"。一为"伦理的觉悟"，主要内容是必须抛弃"别尊卑明贵贱"的"三纲之说"。在陈独秀看来，"伦理的觉悟"比"政治的觉悟"更为重要。他说："继今以往，国人所怀疑莫决者，当为伦理问题。此而不能觉悟，则前之所谓觉悟者，非彻底之觉悟，盖犹在惝恍迷离之境。吾敢断言曰：伦

---

① 鲁迅：《鲁迅全集》第一卷，人民文学出版社 1981 年版，第 194 页。
② 吴虞：《辨孟子辟杨墨之非》，参见《吴虞集》，四川人民出版社 1985 年版。
③ 陈独秀：《复辟与尊孔》，载庞朴等编：《先秦儒家研究》，湖北教育出版社 2003 年版，第 114 页。

理的觉悟，为吾人最后觉悟之最后觉悟。"① 他指出：自西洋文明输入中国之后，思想界最初觉悟的是学术，其次为政治，现在迫切需要的是"伦理的觉悟"。② 1918年鲁迅先生发表了他的第一篇白话小说《狂人日记》："翻开历史一查，这历史没有年代，歪歪斜斜的每一页上都写着'仁义道德'几个字。仔细看了半夜，才从字缝里看出字来，满本都写着两个字是'吃人'"。他指出，中国两千多年封建统治的历史就是这吃人的历史，"将来容不得吃人的人，活在世上"。这就鲜明地指出了五四批判之标的就是旧的道德观念和旧的文化。

第一，批判纲常名教。

新文化运动的先进知识分子认为，孔教的核心是礼教，是别尊卑、明贵贱的等级制度，是对人性的束缚和压抑。陈独秀、李大钊、鲁迅、吴虞等，都从不同角度对纲常礼教进行了批判，集中揭露了旧伦理旧道德对人性的扭曲。陈独秀指出："孔教之精华曰礼教"，"三纲五常"是"孔教之根本教义"，③ 而"三纲之根本义，阶级制度是也。所谓名教，所谓礼教，皆以拥护此别尊卑明贵贱制度者也"④。所以，以孔教为代表的封建旧道德，是维护封建宗法等级制度的，是中国人的"帝制根本思想"（《驳康有为致总统总理书》）。陈独秀指出：三纲之说剥夺了人的主体地位，使之丧失了独立人格，使天下之人"为臣、为子、为妻，而不见有一独立自主之人者"⑤。吴虞指出："礼为人君之大柄"，"以尊卑贵贱上下之阶级为其根本"⑥。因而他大声疾呼："到了如今，我们应该觉悟：我们不是为君主而生的！不是为圣贤而生的！也不是为纲常礼教而生的！什么'文节公'呀，'忠烈公'呀，都是那些吃人的人设的圈套来诳骗我们的！我们如今

---

① 陈独秀：《吾人最后之觉悟》，参见《陈独秀著作选》第一卷，上海人民出版社1993年版，第179页。

② 陈独秀：《我之爱国主义》，参见《独秀文存》第一集，安徽人民出版社1987年版，第41页。

③ 陈独秀：《宪法与孔教》，参见《陈独秀著作选》第一卷，上海人民出版社1993年版，第228页。

④ 陈独秀：《吾人最后之觉悟》，参见《陈独秀著作选》第一卷，上海人民出版社1993年版，第179页。

⑤ 陈独秀：《一九一六年》，《新青年》第1卷第5号。

⑥ 吴虞：《礼论》，《新青年》第3卷第3号，1917年5月。

应该明白了！吃人的就是讲礼教的，讲礼教的就是吃人的呀。"①

第二，反对家族制度。

1917 年，吴虞在《新青年》发表《家族制度为专制主义之根据论》一文，开篇便说："顾至于今日，欧洲脱离宗法社会已久，而吾国终颠顿于宗法社会之中而不能前进。推原其故，实家族制度为之梗也。"他尖锐指出：儒家"孝悌"之类的道德观念，"为二千年来专制政治与家族制度联结之根干，而不可动摇"者，是"专为君亲长上而设"者，"儒家之主张"，实为社会发展的极大阻力，"其流毒诚不减洪水猛兽矣"。② 陈独秀认为家族制度为东方文明之特征，"东洋民族社会中各种卑劣不法残酷衰微之象"皆与此有关。③ 李大钊也认为"中国现在的社会，万恶之原，都在家族制度"。④ 因此，五四时期的知识分子提出一系列颠覆和瓦解传统家族制度的思想。例如，在对传统的父子长幼秩序重估中，他们非常一致地站在"子"的立场上，对"父"的权威提出挑战，完全颠覆了父与子、长与幼的传统秩序。李大钊通过中国传统社会的经济基础及其变化来阐释家族制度产生和瓦解的原因，认为随着中国社会经济的变动，大家族制度必定陷入"崩颓粉碎之命运"，因此"孔子主义也不能不跟着崩颓粉碎了"。⑤

第三，提倡妇女解放。

陈独秀发表于《新青年》的《一九一六年》一文中说："妻子不是丈夫的附庸品，号召女青年通过奋斗来脱离附庸品的位置，恢复独立自主的人格。"胡适也发表了《贞操问题》《女人解放从哪里做起》《大学开放女禁问题》《女子问题》等一系列文章。胡适指出：贞操问题，是男女双方共同遵守的道德，不应单独要求妇女遵守，"因为贞操不是个人的事，乃是人对人的事；不是一方面的事，乃是双方面的事"。他说："我以为我们今日若要作具体的贞操论，第一步就该反对这种忍心害理的烈女论，要渐

---

① 吴虞：《吃人与礼教》，《新青年》第 6 卷第 6 号，1919 年 6 月。
② 吴虞：《家族制度为专制主义之根据论》，《新青年》第 2 卷第 6 号，1917 年 2 月 1 日。
③ 陈独秀：《独秀文存》，安徽人民出版社 1987 年版，第 28 页。
④ 李大钊：《李大钊选集》，人民出版社 1959 年版，第 227 页。
⑤ 李大钊：《由经济上解释中国近代思想变动的原因》，参见《李大钊文集》（下），第 182 页。

渐养成一种舆论，不但永不把这种行为看作'猗欤盛矣'可旌表褒扬的事，还要公认这是不合人情，不合天理的罪恶，还要公认劝人做烈女，罪等于故意杀人。"① 鲁迅指出：女人"死了丈夫，便守着，或者死掉；遇了强暴，便死掉；将这类人物，称赞一通，世道人心便好，中国便得救了"。鲁迅一再追问：节烈难吗？答道，很难。节烈苦吗？答道，很苦。女子自己愿意节烈吗？答道，不愿。既然如此，节烈的价值就无须多说了。鲁迅号召要为那些无辜的牺牲者开一个追悼大会，"我们追悼了过去的人，还要发愿：要除去于人生毫无意义的苦痛。要除去制造并赏玩别人苦痛的昏迷和强暴。我们还要发愿：要人类都受正当的幸福"。② 1918 年 6 月，《新青年》杂志刊行的《易卜生专号》上发表了名剧《娜拉》，将娜拉这一全新的现代女性形象展示在中国女性面前，全面阐释了"个性解放"的新思想和新理念，从而掀起了一场宣扬妇女解放的运动。

　　五四时期先进知识分子对传统的批判，最根本的矛头指向是一切旧制度。1917 年李大钊在《自然的伦理观与孔子》一文中写到："余之掊击孔子，非掊击孔子之本身，乃掊击孔子为历代君主所雕塑之偶像的权威也；非掊击孔子，乃掊击专制政治之灵魂也。"③ 然而，专制政治之灵魂还附着于四书五经等儒家传统学术之上，所以深入批判的任务还必须对准传统的经学。就是说，彻底的批判必须是"离经叛道"的方式。

4. 反传统的方式：离经叛道

　　中国学术传统的源头和主流都在儒家经学。自从儒家经学的官方地位确定以来，不论复古守旧还是改革创新都围绕着经学来进行。从晚清的学术史来看也是如此。尽管学者们已经认识到当时的社会变革已不同于前世的变革，而是千年未有之大变局，但他们受历史背景和自身知识的局限，仍不能脱离经学。不论是龚自珍和魏源还是后来的一些人，就是说，他们既不能"离经"，更不能"叛道"。康有为主张变法，但仍须借助古人，从

---

　　① 胡适：《贞操问题》，参见《胡适精品集》（第二册），光明日报出版社 1998 年版，第 232 页。

　　② 鲁迅：《我之节烈观》，参见《鲁迅全集》第一卷，人民文学出版社 2005 年版，第 117、125 页。

　　③ 李大钊：《李大钊选集》，人民出版社 1959 年版，第 80 页。

论经入手，论证了古文尚书之伪，在戊戌变法前写出《孔子改制考》，首立"孔子创教"说，甚至试图将孔子尊为教主。可见，作为维新派的核心人物，不仅没有离经叛道，而且仍在借助经学论道。事实上，"经"与"道"是相同的，"经"以载道，而"道"则通过"经"来阐释。这就是经与道的血肉关联：经不离道，道不离经。

五四时期的先进知识分子与他们的前辈们不同。他们认识到现代制度与传统制度的本质区别，要进入现代社会就必须彻底放弃传统，而放弃传统就必须挖掉传统的根子。如陈独秀提出："要拥护那德先生和赛先生，便不能不反对孔教、礼节、贞节、旧伦理、旧政治；要拥护那赛先生，便不能不反对旧艺术、旧宗教；要拥护德先生又拥护赛先生，便不能不反对国粹和旧文学。"[1] 所以，他们不再是在传统的经传中打转，而是脱离经传，开始离经叛道。所谓"离经"就是离开经学而论道，所谓"叛道"就是背叛孔孟之道。从思想意识角度说，五四时期的先进知识分子坚决反传统，公开宣称反对孔孟之道，所以他们是一批"叛道"者；从学术角度说，他们是通过"离经"而实现了"叛道"。

第一，反对尊孔读经，否定封建道统。

儒家经典在人们心目中一直有着神圣不容亵渎的地位。一切反对进步的力量，都极力捍卫儒学的地位，与先进知识分子发生激烈的冲突。毛泽东说："凡属主张尊孔读经、提倡旧礼教旧思想、反对新文化新思想的人们，都是这类文化的代表。""不把这种东西打倒，什么新文化都是建立不起来的。不破不立，不塞不流，不止不行，它们之间的斗争是生死斗争。"[2] 辛亥革命后，南京临时政府宣布废止小学读经，颁定新的教育宗旨，剔除了"忠君""尊孔"两项内容。但是袁世凯为了复辟帝制，重新主张尊孔读经并将孔教入宪，遭到一批先进知识分子的强烈反对。陈独秀指出："今效汉武之术，罢黜百家，独尊孔氏，则学术思想之专制，其湮塞人智，为祸之烈，远在政界帝王之上。"[3] 吴虞更大声疾呼："儒教不革

---

① 陈独秀：《新青年罪案之答辩书》，《新青年》第 6 卷第 1 号。
② 《毛泽东选集》第二卷，人民出版社 1991 年版，第 695 页。
③ 陈独秀：《宪法与孔教》，《新青年》第 2 卷第 3 号，1916 年 11 月。

命，儒学不转轮，吾国遂无新思想、新学说，何以造新国民？悠悠万事，惟此为大已呼！"① 他们坚决反对将孔教编入宪法，坚决反对尊孔读经。

第二，反对文言文，提倡白话文，否定封建文统。

文学革命包括文字工具革新和思想内容革新两大方面，直接针对着中国文统的"言文分离"和"文以载道"两大表征。白话文与文言文的区别，不仅仅是语言文字的区别，而在于两种文统所反映的不同价值。中国古人讲"文以载道"，就是说语言文字体现了"道"。而文言文不仅是封建文人使用的思想表达方式，更是政府的官方文字，也是科考必须使用的文字。所以，文言文作为封建传统文化的工具，主要承载了传统的价值观和制度文化。正是在这个意义上，新文化运动主张以白话文代替文言文。陈独秀指出，所谓"文以载道"，"不过抄袭孔孟以来极肤浅空泛之门面语而已"，他痛斥八股文为"尊古蔑今""咬文嚼字""无病呻吟"。他还表示，"改良中国文学，当以白话为文学正宗之说，其是非甚明，必不容反对者有讨论之余地"②。这期间李大钊、鲁迅、周作人、刘半农、钱玄同等都纷纷撰文，提倡白话文，反对文言文。1918 年 4 月《新青年》全部改用白话，随后又有新白话刊物如《新潮》《每周评论》等出现。在五四运动的推动下，从 1919 年下半年起，全国白话文刊物如雨后春笋般迅速出现，包括当时三家著名的副刊即北京《晨报副刊》、上海《民国日报·觉悟》和《时事新报·学灯》等都成了白话文的重要阵地。1920 年 1 月，教育部颁令，凡国民学校年级国文课教育统一运用语体文，从而实现了以白话文取代文言文的历史性变革。

第三，反对旧文学，提倡新文学，开启平民文化。

1917 年 1 月胡适在《新青年》发表《文学改良刍议》，提出文学改良的八点建议，即一曰，须言之有物；二曰，不摹仿古人；三曰，须讲求文法；四曰，不作无病之呻吟；五曰，务去滥调套语；六曰，不用典；七曰，不讲对仗；八曰，不避俗字俗语。1917 年 12 月，陈独秀在《新青年》发表《文学革命论》，说："余甘冒全国学究之敌，高张'文学革命军'

---

① 吴虞：《儒家主张阶级制度之害》，《新青年》第 3 卷第 4 号，1917 年 6 月。
② 陈独秀：《答胡适之》，《新青年》第 3 卷第 3 号，1917 年 5 月。

大旗，以为吾友之声援。旗上大书特书吾革命军三大主义：曰推倒雕琢的阿谀的贵族文学，建设平易的抒情的国民文学；曰推倒陈腐的铺张的古典文学，建设新鲜的立诚的写实文学；曰推倒迂晦的艰涩的山林文学，建设明了的通俗的社会文学。"[①] 他把文学革命当作"开发文明"，改变"国民性"并借以"革新政治"的"利器"，说："今欲革新政治，势不得不革新盘踞于运用此政治者精神世界之文学。"1918 年 4 月胡适在《新青年》上发表《建设的文学革命论》，把新文学建设的目标概括为"国语的文学，文学的国语"。1918 年 12 月周作人在《新青年》上发表《人的文学》一文，首次提出了"人的文学"主张，即以人道主义为本，观察、研究分析社会"人生诸问题"，同时坚决反对宣扬"儒教道教"以及鸳鸯蝴蝶派、黑幕派等"非人的文学"。1919 年初周作人又发表《平民文学》一文，把"人的文学"具体化，即以普通的文体，真挚的思想，反映"世间普通男女的悲观成败"。1919 年夏秋李大钊发表了《新纪元》《什么是新文学》等文章，深刻地论述了新文学的实质，指出："刚是用白话作的文章，算不得新文学。刚是介绍点新学说，新事实，叙述点新人物，罗列点新名词，也算不得新文学"，"我们所要求的新文学，是为社会写实的文学"，它必须具备"宏深的思想、学理，坚信的主义，优美的文艺，博爱的精神"。

第四，整理国故，颠覆经典，解构传统基础。

1919 年 12 月，胡适在《新青年》发表《"新思潮"的意义》一文，提出"研究问题、输入学理、整理国故、再造文明"的口号。一方面，他主张用历史眼光来扩大国学研究的范围，将一直被视为不入流的古代各类稗官野史、街谈巷议、三教九流与传统经典一样作为历史研究的对象，这就否定了儒学经典的至尊地位。他用新法研究《红楼梦》和其他古典小说，研究神会和尚，改写禅宗史，把它们提高到与传统的经学、史学平起平坐的地位。另一方面，他主张"用比较的研究来帮助国学的材料的整理与解释"，即借鉴域外的研究方法和材料，包括"索引式整理""结账式整理""专史式的整理"等方法，这就引入了新的科学方法。总之，整理国故就是"从乱七八糟里面寻出一个条理脉络来；从无头无脑里面寻出一个

---

① 陈独秀：《文学革命论》，参见《独秀文存》，安徽人民出版社 1987 年版，第 95—98 页。

前因后果来；从胡说谬解里面寻出一个真意义来；从武断迷信里面寻出一个真价值来"①。可见，整理国故名为整理实为清理，是以"重新估定一切价值"的态度对传统学术所作的清理。他的怀疑精神直接启迪了顾颉刚为代表的"古史辨"派，促成了影响深远的疑古思潮。这种疑古思潮向素来被视为神圣不可冒犯的经典、礼教乃至中国古史系统发起全面挑战，打破了儒家一尊的地位，打破了民族出于一元的观念，打破了地域向来一统的观念，打破了古代为黄金世界的观念，打破了伦理、文学等方面的许多陈旧观念与学术范式，从而为思想解放的深入发展、传统文化的现代化转型与多元一体的民族国家建构提供了寻找历史根据的空间。可见，他们的价值重估，就是彻底否定二千多年来以儒学为核心的经学价值体系，通过引进新的研究方法，颠覆儒家经典的意义和价值，引进新的价值思想。这正是胡适整理国故运动的初衷，即从中国传统文化中"找到可以有机地联系现代欧美思想体系的合适的基础"②，进而在此基础上融合中西文化"再造文明"。总之，整理国故作为"重估一切价值"工程的一部分，是否定传统的价值而赋予其新价值，也就是价值再造工程。这正是一个时代开端时所需要的思想模式。

毛泽东在《新民主主义论》中对五四反传统的历史意义做了高度评价，指出："五四运动所进行的文化革命则是彻底地反对封建文化的运动，自有中国历史以来，还没有过这样伟大而彻底的文化革命。当时以反对旧道德提倡新道德、反对旧文学提倡新文学为文化革命的两大旗帜，立下了伟大的功劳。"③

二、现代性启蒙：中国式启蒙的特点

1. 启蒙的核心：人的自性启蒙

反传统与启蒙是一块硬币的正反面。康德说过，"启蒙就是人类摆脱自我招致的不成熟"，启蒙运动的口号就是"要有勇气运用你自己的理

---

① 胡适：《胡适全集》第1卷，安徽教育出版社2003年版，第698页。

② 胡适：《先秦名学史·导论》，参见《胡适学术文集》（下），中华书局1991年版，第772页。

③ 《毛泽东选集》第二卷，人民出版社1991年版，第700页。

智"。但中国文化传统与西方不同,反传统和现代启蒙的任务也就不同。中国历史上没有西方中世纪意义上的宗教,没有形成政教合一式的政体,更没有神学统治。但是中国长期形成的封建礼教,却构成"准宗教"体系,严重束缚着人们的思想和行为,其影响之重并不亚于宗教。所以,五四反传统的意义,就在于去除这种旧观念的蒙蔽,运用自己的理性,发现自我的价值,树立独立的人格。因此,五四反传统的另一面,就是人性的启蒙。这正是现代性启蒙的核心。

传统礼教压抑了人性,而近代启蒙的核心就在于人性的唤醒。早在1907年,鲁迅就在《文化偏至论》一文中指出:"欧美之强,莫不以是炫天下者,则根柢在人。……是故将生存两间,角逐列国是务,其首在立人,人立而后凡事举;若其道术,乃必尊个性而张精神。"[①] 在鲁迅看来,西方的物质繁荣其实只是其社会的表象,而其深层的根基则在人,具体说就在于人的素质。中国要走向富强,其根本途径就在于提高国民素质,即所谓"立人",而"立人"的重要方面是尊重人的个性和独立精神。所以,"国人之自觉至,个性张,沙聚之邦,由是转为人国。人国既建,乃始雄厉无前,屹然独见于天下,更何有于肤浅凡庸之事物哉"[②]。

重新估定一切价值,首先意味着重新确立价值主体。中国传统忽视个体价值而重视家国意识,即个人从属于家族,而家族从属于国家。在长达数千年的中国宗法社会中,个人淹没在集体之中,个人价值不能得到充分体现。而五四启蒙,就是要使这种个人的价值得到独立体现。鲁迅在《文化偏至论》说:"凡一个人,其思想行为,必以己为中枢,亦以己为终极:即立我性为绝对之自由者也。"[③] 他在《我之节烈观》《我们现在怎样做父亲》等文章中猛烈攻击"父为子纲,夫为妻纲,君为臣纲"的儒家伦理,其内含的价值理念,正是个体的独立和精神的自由,并在此基础上展开对中国国民性的深刻反省,提出"改造国民性"的文化命题。

陈独秀认为,旧制度残害人的个性自由,损坏个人独立自尊之人格,

---

① 鲁迅:《文化偏至论》,《鲁迅全集》第一卷,人民文学出版社1981年版,第58页。
② 鲁迅:《文化偏至论》,《鲁迅全集》第一卷,人民文学出版社1981年版,第57页。
③ 鲁迅:《文化偏至论》,《鲁迅全集》第一卷,人民文学出版社1981年版,第51页。

窒息个人之思想自由，破坏个人的创造力，根源就在于人的个性被抹杀，所以他提出个人本位。1916年，陈独秀在《青年杂志》发表文章指出："以一物附属一物，或以一物附属一人而为其所有，其物为无意识者也。若有意识之人间，各有其意识，斯各有其独立自主之权。若以一人而附属一人，即丧其自由自尊之人格……集人成国，个人之人格高，斯国家之人格亦高；个人之权巩固，斯国家之权亦巩固。而吾国自古相传之道德政治胥反乎是。儒者三纲之说为一切道德政治之大原：君为臣纲，则民于君为附属品，而无独立自主之人格矣；父为子纲，则子于父为附属品，而无独立自主之人格矣；夫为妻纲，则妻于夫为附属品，而无独立自主之人格矣。率天下之男女为臣、为子、为妻，而不见有一独立自主之人者，三纲之说为之也。缘此而生金科玉律之道德名词，曰忠、曰孝、曰节，皆非推己及人之主人道德，而为以己属人之奴隶道德也。人间百行，皆以自我为中心，此而丧失，他何足言？奴隶道德者即丧失此中心，一切操行悉非义由己起，附属他人以为功过者也。自负为一九一六年之男女青年，其各奋斗以脱离此附属品之地位，以恢复独立自主之人格。"所以他大声疾呼"尊重个人独立自主之人格，勿为他人之附属品"。①

胡适指出，旧的专制社会"往往用强力摧折个人的个性，压制个人自由独立的精神；等到个人的个性都消灭了，等自由独立的精神都完了，社会自身也没有生气了，也不会进步了"。他说，"社会最大的罪恶莫过于摧折个人的个性，不使他们自由发展。"胡适提出："发展个人的个性，须要有两个条件。第一，须使个人有自由意志。第二，须使个人担干系，负责任。"胡适把这种意义上的个性，叫作"真的个人主义"，即"个性主义"。他说，这种"个性主义"有两个特性："一是独立思想，不肯把别人的耳朵当耳朵，不肯把别人的眼睛当眼睛，不肯把别人的脑力当自己的脑力；二是个人对于自己思想信仰的结果要负完全责任，不怕权威，不怕监禁杀身，只认得真理，不认得个人的利害。"② 胡适不仅充分肯定人的个性，还把人的个性问题与政治自由问题联系起来，认为没有个人的个性，

---

① 《青年杂志》，1916年正月号，第3页。
② 胡适：《非个人主义的新生活》，参见《容忍与自由：胡适读本》，法律出版社2011年版。

就不可能使个人得到发展；而个人如果没有自由权，又不负责任，那就无法发展个人的优秀个性。

五四时期的毛泽东也积极主张追求个人价值。1917 年至 1919 年毛泽东在读《伦理学原理》所作的批注中写道："个人有无上之价值，百般之价值依个人而存，使无个人（或个体）则无宇宙，故谓个人之价值大于宇宙之价值可也。"他还写道："人类之目的在实现自我而已。实现自我者，即充分发达自己身体及精神之能力至于最高之谓。"这里，毛泽东把尊重个人价值、实现自我提到了"人类目的"的高度。由此，他把是否尊重个人价值看成是衡量国家、社会、团体是否合理的标准，"故凡有压抑个人、违背个性者，罪莫大焉。故吾国之三纲在所必去，而教会、资本家、君主、国家四者，同为天下之恶魔也"①。1919 年 7 月 21 日，毛泽东在《健学会成立及进行》一文中说："现代学术的发展，大半为个人的独到所创获。最重要的是'我'是'个性'"。他还说：思想自由、言论自由的原则，是"人类最可宝贵，最堪自乐的一点"。②

实现个人价值就必须通过个性的解放。陈独秀在《敬告青年》一文中提出"六大诉求"，其中第一项就是"自主的而非奴隶的"人格。在他看来，"忠孝节义，奴隶之道德也，轻刑薄赋，奴隶之幸福也；称颂功德，奴隶之文章也；拜爵赐第，奴隶之光荣也；丰碑高墓，奴隶之纪念物也"。他认为，人"各有自主之权，绝对无奴隶他人之权利，亦绝无以奴隶自处之义务"。他希望中国青年能够摆脱奴隶状态，实现个性的解放和人格的独立。他说："奴隶云者，古之昏弱对于强暴之横夺，而失其自由权利者之称也。自人权平等之说兴，奴隶之名，非血气所忍受。""解放云者，脱离夫奴隶之羁绊，以完其自主自由之人格之谓也。我有手足，自谋温饱；我有口舌，自陈好恶；我有心思，自崇所信；绝不让他人之越俎，亦不应主我而奴他人。盖自认为独立自主之人格以上，一切操行，一切权利，一切信仰，唯有听命各自固有之智能，断无盲从隶属他人之理。"在这里，陈独秀一再呼吁的是"自主自由之人格"、"个人独立平

---

① 中共中央文献研究室编：《毛泽东早期文稿》，湖南出版社 1990 年版，第 151—152 页。
② 中共中央文献研究室编：《毛泽东早期文稿》，湖南出版社 1990 年版，第 368 页。

等之人格"。① 1919 年毛泽东在《湘江评论》更直接提出"思想的解放，政治的解放，经济的解放，男女的解放，教育的解放，都要从九重冤狱，求见青天……压迫愈深，反动愈大，蓄之既久，其发必速"②。这就将五四时期的思想意识推向更高的境界。

2. 启蒙的两翼：科学与民主

五四运动一面提出砸烂孔家店的口号，一面打出科学和民主两面大旗。1915 年 9 月，陈独秀在《青年杂志》上发表的《敬告青年》一文中，向国人疾呼："国人而欲脱蒙昧时代，羞为浅化之民，则急起直追，当以科学与人权并重。"③ 1919 年，他在《〈新青年〉罪案之答辩书》中生动地将民主与科学称为"德先生"与"赛先生"，说："西洋人因为拥护德、赛两先生，闹了多少事，流了多少血，德、赛两先生才渐渐从黑暗中把他们救出，引到光明世界。我们现在认定只有这两位先生，可以救治中国政治上道德上学术上思想上一切的黑暗。若因为拥护这两位先生，一切政府的压迫，社会的攻击笑骂，就是断头流血，都不推辞。"④ 他更明确指出，要拥护德先生，必须反孔教、礼法、贞节、旧伦理、旧政治；要拥护赛先生，必须反旧艺术、旧宗教。他斩钉截铁地强调，只有拥护德先生、赛先生，才能救中国。这样，民主与科学就成了五四新文化运动的两面旗帜。

民主意识对于一个具有两千多年专制历史的中国来说显得极为迫切。尽管辛亥革命推翻了专制王朝，但人们还是相信皇权，还是相信君主制度。反专制，倡民主，是五四启蒙的重要任务。对于五四时期的先进知识分子来说，人的解放，个性的解放，人格的独立，总之以"立人"来概括。所以，民主思想源于五四期间萌生的人性与人权观念。另一方面，中国传统文化中家族观念和家国观念极重，个人从总体上要服从家族和国家，三纲五常成了人们生活实践中的最基本规范。为此，陈独秀呼吁中国人去掉家族本位而树立个人本位，养成"个人独立平等之人格"；他高举

---

① 陈独秀：《敬告青年》，《青年杂志》第 1 卷第 1 号，1915 年 9 月 15 日。
② 毛泽东：《民众的大联合》，参见中共中央文献研究室编：《毛泽东早期文稿》，湖南出版社 1990 年版，第 393—394 页。
③ 林茂生：《陈独秀文章选编》（上册），生活·读书·新知三联书店 1984 年版，第 78 页。
④ 陈独秀：《独秀文存》，安徽人民出版社 1987 年版，第 243 页。

人权旗帜，主张以人权和科学两位"先生"引导中国新文化建设。李大钊在《劳动教育问题》一文中曾指出："现代生活的种种方面都带有 Democracy 的颜色，都沿着 Democracy 的轨辙。政治上有他，经济上也有他；社会上有他，伦理上也有他；教育上有他，宗教上也有他；乃至文学上、艺术上，凡在人类生活中占一部位的东西，靡有不受他支配的。简单一句话，Democracy 就是现代唯一权威，现在的时代就是 Democracy 的时代。"①

而五四民主思想的发展最终上升为政治革命的号角。当五四运动超越民族主义，发展为人民群众的革命运动之后，这种政治革命的导向就十分清楚了。1919 年 7 月，毛泽东在《湘江评论创刊宣言》中说："各种改革一言以蔽之，由强权得自由而已，各种对抗强权的根本主义为平民主义；宗教的强权，文学的强权，政治的强权，社会的强权，教育的强权，思想的强权，国际的强权，丝毫没有存在的余地，都要借平民主义的高呼，将他打倒。"② 五四后期，陈独秀的思想逐渐转向马克思主义。在 1920 年《新青年》第 8 卷第 1 号上，陈独秀以马克思主义观点重新阐述自由民主问题，并且不再相信德先生的普世价值性，开始批判西方资本主义的自由民主制度。陈独秀思想的转向，也预示着曾经高举德先生与赛先生两面大旗的《新青年》走向分裂。可见，民主主义者出现了分化，而一个崭新的时代也就开始了。

对于科学的认知，中国人最初限于对西方"坚船利炮"的认识。随着西方文化思想的传播和中国社会矛盾的深化，人们对科学的认识也逐渐有了一定深度。到五四时期，中国通过引进西方先进技术已经开始了自己的工业化进程，但这一过程受到传统体制和各种陈腐观念的阻碍，这就使科学思想的发扬成为极其迫切的需要。所以，五四时期先进知识分子高举起科学的旗帜，将科学作为启蒙的重要任务。不过，在五四时期，人们所认识和理解的科学，已经不仅仅是科学技术或科学思想，而首先是一种广义上的世界观和方法论，一种与迷信、盲从、愚昧相对立的理性精神。陈独

---

① 李大钊：《劳动教育问题》，参见《李大钊文集》（上），人民出版社 1984 年版，第 632 页。

② 中共中央文献研究室编：《毛泽东早期文稿》，湖南出版社 1990 年版，第 293 页。

秀在《敬告青年》中说："科学者何？吾人对于事物之概念，综合客观之现象，诉之主观之理性，而不矛盾之谓也。"他在《新文化运动是什么》一文中写道："我们中国人向来不认识自然科学以外的学问……向来不认识中国底学问有应受科学洗礼的必要。我们要改去从前的错误，不但应该提倡自然科学，并且研究、说明一切学问（国故也包含在内），都应该严守科学方法，才免得昏天黑地乌烟瘴气的妄想、胡说。"他还明确提出自己的主张："举凡一事之兴，一物之细，罔不诉之科学法则，以定其得失从违。"①

胡适崇尚科学，坚信"赛先生，活菩萨"。他说，"人是一种制造器具的动物，所以器具就构成了文化"，"文化之进步就基于器具之进步"；"东西文化之区别，就在于所用的器具不同"。② 胡适提倡科学的文化，主张"要学得一点科学精神，一点科学态度，一点科学方法。科学精神在于寻求事实，寻求真理。科学态度在于撇开成见，搁起感情，只认得事实，只跟着证据走。科学方法是'大胆的假设，小心的求证'十个字"。胡适不仅认为科学是"备物最有力的新法"，还主张"把科学方法应用到人生问题上去"，③ 他说，"我们也许不轻易信仰上帝的万能了，我们却信仰科学的方法是万能的"。④ 胡适说，科学的人生观要做到三点："疑""思想""干"。具体而言，要做到对于任何事物要有先疑而后信的态度，要有理性的批判精神，要有真做实干的行为。可见，中国的科学主义早在五四时期就已经在知识分子中间酝酿了。

3. 五四启蒙的特点：民族性启蒙和马克思主义启蒙

五四运动作为中国的现代性启蒙运动，与欧洲18世纪的启蒙运动相比较，具有两大特点：一是现代性启蒙与民族性启蒙共同发生，二是资本主义现代性启蒙和马克思主义现代性启蒙共同发生。五四运动最初起因于民国政府在巴黎和会上的外交失败，这一事件的最直接结果就是激起了中国

---

① 陈独秀：《独秀文存》，安徽人民出版社1987年版，第9页。
② 胡适：《东西文化之比较》，参见罗荣渠：《从"西化"到现代化》（上），黄山书社2008年版，第192—193页。
③ 胡适：《胡适文集》第3集，北京大学出版社1998年版，第302页。
④ 胡适：《胡适文集》第4集，北京大学出版社1998年版，第9页。

人民的民族主义情绪。同时，在五四前后，马克思主义已经传入中国，而五四运动加速了这种传播，并且唤起了知识分子对马克思主义的了解和求知欲望。所以，五四启蒙也是马克思主义的启蒙。

第一，现代性启蒙与民族性启蒙共同发生。

历史上的中国并无民族意识而只有"天下"意识，而中国的统治者则是怀着"天朝"意识。但是，当西方人到来，特别是一批掌握着坚船利炮的西方人的到来，使得国人开始认识到"天下"之外的世界和"华夏"之外的其他民族。所以，国家和民族意识开始萌发，但这一过程是艰难而漫长的，直到五四时期才真正地得到启蒙。

事实上，欧洲在崛起过程中也经历过民族意识的觉醒。现代性启蒙将人性从统一的宗教统治下解放出来，同时也就产生了不同的宗教群体并继而加速了现代意义上的民族和民族国家的形成。这种民族和民族国家的建构，成为近代初期政治经济变革的动力之一，也成为各个民族国家发展的推动力。用美国汉学家艾恺（Guy S. Alitto）的话来说，民族国家既是启蒙的产物，也是"朝向以征服自然为目标的，对社会、经济诸过程和组织进行理智化"过程的一部分。① 这就是说，民族意识的觉醒正是启蒙的本来内容。不同的是，当这些欧洲民族发展起来之后，要用自己的民族欲求剥夺其他民族的自主权益，要用自己的民族主义泯灭其他民族的民族意识。为此，他们将自己的民族价值作为普世价值向世界推广，启蒙本来具有的民族性也就自然而然地被掩盖起来。

鸦片战争以后，中国人民的民族意识开始逐渐觉醒。不过，这种觉醒经历了"夷夏之辩"到"中西之辩"的艰难转折。"夷夏之辩"仍带有大国天朝的傲慢心理，尽管这种傲慢是十分虚弱的。"中西之辩"能够比较客观地看待自己和西方，看到中西各有所长，并无自惭形秽之感。可见，此时的民族观仍是传统时代的延续，并不具有现代意义。从根本上说，这种民族主义还被束缚在传统意识里，不破除这种传统意识，不仅人性解放不能实现，也不可能实现民族意识的真正唤醒。只有在五四时期，

---

① 艾恺（Guy S. Alitto）：《世界范围内的反现代化思潮——论文化守成主义》，贵州人民出版社1991年版，第18页。

当这种民族意识与现代意识结合起来的时候，民族主义才真正具有现代性。

五四的民族性启蒙是以国民性批判为前提的。20 世纪初鲁迅曾发出过"世纪三问"：怎样才是最理想的人性？中国国民性中最缺乏的是什么？它的病根何在？在鲁迅看来，19 世纪中叶以来，"中国危机的核心问题"是伦理道德文化和国民性的落后。解决中国各种问题的根本在于改变中国人民的国民性。1914 年 11 月，陈独秀发表《爱国心与自觉心》一文，指出："爱国心，情之属也。自觉心，智之属也。爱国者何？爱其为保障吾人权利谋益吾人幸福之团体也。自觉者何？觉其国家之目的与情势也。"① 陈独秀认为，中国国民性落后，缺乏现代民族意识，"只知道有家，不知道有国"。他说："我们中国，家族的制度，在各国之中预算完备的了，所以中国人最重的是家，家家有家谱、有族长、有户尊、有房长、有祠堂。"至于"国家何物，政治何事"却一概不知，不知道"国亡家破，四字相连，若国大乱，家何能保"的道理。而无近代国家观的人民，必是不能团结，不能御敌的"散沙之国民"，既无识别国家之智，又无救国、建国之力。只有当国民有了近代国家观的"自觉性"，并为救国而斗争，国家才有希望。胡适也指出："民族主义有三个方面：最浅的是排外，其次是拥护本国固有的文化，最高又最艰难的是努力建立一个民族的国家。"②

但是在新文化运动时，关于国民性和民族性的认识，还停留在先进知识分子的学术讨论的话语中，并没有成为国民和民族的意识。只是到了五四运动时，当巴黎和会有关消息传回国内激起民众抗议浪潮后，学术上的议论与反帝斗争结合起来，才真正成为民族主义的政治意识。1919 年 5 月 26 日《每周评论》第 23 期发表《五四运动的精神》一文，将其精神概括为"学生牺牲的精神"、"社会制裁的精神"和"民族自决的精神"，并认为"学生牺牲的精神"，"是再造中国的元素"；"社会制裁的精神"使"以后的社会制裁更要多"；"民族自决的精神"是中华民族"对外自决"和"对内自决的第一声"。吴玉章在回忆五四时指出：五四运动才"是真

----

① 陈独秀：《爱国心与自觉心》，《甲寅杂志》第一卷第四号，1914 年 11 月 10 日。
② 胡适：《胡适散文》第 2 集，浙江文艺出版社 1997 年版，第 276 页。

正伟大的历史转折点"，"在群众运动的冲击震荡下，整个中国从沉睡中复苏了"，"在人民群众中所蕴藏的力量一旦得到解放，那才真正是惊天动地、无坚不摧的"。①

第二，资本主义现代性启蒙和马克思主义现代性启蒙共同发生。

五四运动是在极其复杂的历史背景下发生的。在新文化运动发生的同时，国内外出现了一系列影响深远的重大事件，其中最为重要的是资本主义国家遭遇大战后的危机和俄国十月社会主义革命的胜利。帝国主义大战导致人们对资本主义制度的怀疑，而十月社会主义革命胜利给人们带来新的社会曙光，马克思主义开始迅速传播，从而给中国人民提供了新的选择。

在此之前，中国人民只是在中国传统与西方现代之间进行选择。保守主义者主张坚持传统，而进步主义者主张发展现代资本主义。但十月革命以后情况发生了根本转变，保守主义逐渐淡出，传统思想基本上退为学术，而社会主流思想则分成两个部分，即马克思主义现代性主张和西方资本主义现代性主张。资本主义主张是资产阶级改良派提出的，并且通过发展近代产业和政治变革而进行各方面的实践。马克思主义在十月革命前既已有所传播，但很少有人将社会主义作为中国变革的方向。这是因为当时的社会主义仍处在科学理论阶段而没有经过实践，更没有取得成功的先例。然而，十月革命的成功使社会主义从科学变成了实践。这样，中国人民面前就出现了两种可供选择的现代性，即资本主义现代性和马克思主义现代性。由此，中国革命也出现了两条道路，即资产阶级民主革命道路和马克思主义指导的社会主义革命道路。

1918 年 11 月，李大钊在《新青年》发表了《庶民的胜利》和《布尔什维主义的胜利》两篇著名论文，热烈欢呼俄国社会主义革命的胜利。他以敏锐的眼光，认识到这场革命将对 20 世纪世界历史进程产生划时代的影响。他指出，十月革命的时代精神和革命性质完全不同于法国革命，它是"立于社会主义上之革命"，是人类历史"新纪元"的开始。他说，"民主

---

① 吴玉章：《回忆五四前后我的思想转变》，参见《五四运动回忆录》（上），中国社会科学出版社 1979 年版，第 60 页。

主义战胜，就是庶民的胜利。社会的结果，是资本主义失败，劳工主义战胜"。"这劳工的能力，是人人都有的，劳工的事情，是人人都可以做的，所以劳工主义的战胜，也是庶民的胜利。"[①] 十月革命所引起的世界革命潮流，"实非现在资本家的政府所能防遏得住的"，将来的世界"必是赤旗的世界"。随后，陈独秀在《共产党》月刊第一号上发表《短言》，号召中国的革命者和劳动者，用阶级战争的革命手段，打倒本国外国一切资本阶级，夺取政权，并且用劳动专政的制度，"建设劳动者的国家以至于无国家"。毛泽东在新民学会长沙会友会上批评各种渐进、温和、改良的社会政治主张，强调只有共产主义的激烈方法，即阶级专政的方法，才可以收到预计的效果，所以最宜采用。他说："我看俄国式的方法，是无可如何的山穷水尽诸路皆走不通了的一个变计，并不是有更好的方法弃而不采，单要采这个恐怖的办法。"[②] 其他一些激进青年也通过接受马克思主义，实现了从民主主义者向社会主义者的转变。

总之，五四运动加速了马克思主义的传播，产生了最早一批马克思主义者，由此，在资产阶级民主革命之外，中国又开启了另一场革命，即新民主主义和随后的社会主义革命。1923 年陈独秀评价五四运动指出："五四运动乃是在欧战后世界革命的怒潮中和中国城市工业开始发展中（民国八年，西历一九一九年）发生的，因此，五四运动虽然未能达到理想的成功，而在此运动中最努力的革命青年，遂接受世界革命思潮，由空想而实际运动，开始了中国革命之新方向。"[③]

三、五四的历史局限与逻辑缺陷

五四作为中国现代史上的重要运动，开启了中国现代化的进程，但同时也存在重大的局限性。这种局限性包括三个方面，即源于历史性的反传统局限、源于逻辑的启蒙局限，以及源于实践的革命幼稚性。

---

① 《李大钊文集》（上），人民出版社 1984 年版，第 594 页。
② 中共中央文献研究室编：《毛泽东年谱》（1893—1949）上卷），中央文献出版社 2013 年版，第 73 页。
③ 《陈独秀回忆〈新青年〉和五四运动》，参见《五四运动回忆录》（上），中国社会科学出版社 1979 年版，第 135 页。

1. 历史局限：反传统的局限

五四的历史价值有两个方面，一方面是对于传统的批判，另一方面是现代性启蒙。而五四的局限也正是将传统性与现代性截然对立起来。洋务时期，关于中西文化的讨论，只是将中西作体用之分，并不做优劣之分。而五四时期的知识分子们却从进化论立场出发，将中西文化作为"古今"与"新旧"来看待，即两种文化是不同时代的文化。他们认为，以儒家为代表的中国文化是一种落后的文化，不适应现代文明的发展和中国走向独立富强的需要，因而是一种应该抛弃的文化。他们认为，中国近代的失败，归根到底是文化的失败，中国社会的危机，归根到底是文化的危机，中国社会的重建，归根到底是文化的重建。所以，中国的一切传统都在摒弃之列：家庭、姓名、文言文等等，甚至提出欲废孔学必先废汉字，将所有的线装书都要扔到茅厕里去等等。例如鲁迅在《随感录四十》说："与其崇拜孔子和关公，不如崇拜达尔文和易卜生，与其牺牲于瘟将军五道神，还不如牺牲于 APOLLO。"①

但五四的过激思想并不是由于五四时期思想家们的"非理性"。事实上，五四的思想家们也都是理性的。他们明确地知道传统的意义和价值。但在传统如此地顽固不化和阻碍社会进步的情况下，不能不采取过激的方式，即重估一切价值，将传统的道德文化统统打破。鲁迅曾提出"拆房"与"开窗"的比方："中国人性情总喜欢调和、折中的。譬如你说，这屋子太暗，须在这里开个窗，大家一定不允许的。但如果你主张拆掉屋顶，他们就会来调和，愿意开窗了。没有更激烈的主张，他们总连平和的改革也不肯行。"②傅斯年也说过：假如要摆脱我们头上肩上背上抱着的一个四千年的垃圾箱，必有感情的策动与过分的批评，但激流之下，纵有旋涡，也是逻辑上必然的，从长看来，仍是大道运行的必经阶段。这种说法实际上也是十分理性的。

另一方面，五四时期知识分子们自身却存在严重的局限性。他们虽然鼓吹西方文化，但是由于他们自幼受传统文化熏陶，很难摆脱那些根深蒂

① 《鲁迅全集》第一卷，人民文学出版社 1981 年版，第 333 页。
② 鲁迅：《无声的中国》，《鲁迅全集》第四卷，人民文学出版社 1981 年版，第 13 页。

固的传统观念和意识。例如，一向被人看作是个人主义者的胡适，尽管发表过一系列强烈反传统的檄文，但也有如《不朽——我的宗教》和《非个人主义的新生活》这类与传统妥协的文章。1929 年，胡适在日记中写道："傅孟真说：孙中山有许多很腐败的思想，比我们陈旧多了，但他在安身立命处却完全没有中国传统的坏习气，完全是一个新人物。我们的思想新，信仰新；我们在思想方面完全是西洋化了；但在安身立命之处，我们仍旧是传统的中国人……孟真此论甚中肯。"① 这正是从传统中艰难走出的五四知识分子的纠结。

更重要的是，新文化运动早期，破除旧传统旧道德在很大程度上停留在学者们的学术论争阶段，而对于社会生活的影响，特别是对广大民众的影响仍十分有限。1917 年，陈独秀在北京神州学会讲演，指出："一般社会应用的文字，也还仍旧是君主时代的恶习。城里人家大门对联，用'恩承北阙''皇恩浩荡'字样的，不在少处。乡里人家厅堂上，照例贴一张"天地君亲师"的红纸条。讲究的还有一座"天地君亲师"的牌位。这腐旧思想布满国中。所以我们要诚心巩固共和国体，非将这班反对共和的伦理文学等等旧思想，完全洗刷得干干净净不可。"② 事实上，深入到广大群众日常生活中的旧传统、旧习惯和旧道德，不可能仅仅通过学者们的学术批判就能够改变的。学术批判的任务远不能代替社会改革的任务，后者才是根本的。

延安时期毛泽东在《反对党八股》一文中对五四运动的形式主义进行了批判，他指出，五四运动的许多领导人物，还没有马克思主义的批判精神，他们使用的方法，一般地还是资产阶级的方法，即形式主义的方法。"他们反对旧八股、旧教条，主张科学和民主，是很对的。但是他们对于现状，对于历史，对于外国事物，没有历史唯物主义的批判精神，所谓坏就是绝对的坏，一切皆坏；所谓好就是绝对的好，一切皆好。这种形式主义地看问题的方法，就影响了后来这个运动的发展。"③

---

① 胡适：《胡适的日记》第八册，台北远流出版公司 1990 年版。转自余英时：《中国现代价值观念的变迁》，参见余英时：《现代儒学论》，上海人民出版社 1998 年版。
② 陈独秀：《旧思想与国体问题》，《新青年》第 3 卷第 3 号，1917 年 5 月 1 日。
③ 《毛泽东选集》第三卷，人民出版社 1991 年版，第 832 页。

2. 逻辑缺陷：启蒙的缺陷

西方现代化过程中，曾经历了数次大的思想革命，包括文艺复兴、宗教改革和启蒙运动等。特别是启蒙运动，彻底地打破了传统的统治，正式开启了现代性，成为西方历史上的标志性事件。这就是说，西方对传统的批判和现代性的建立，经历了一个漫长的过程，从思想进程上看是渐进的，而不是在一夜之间完成的。中国在开启现代化之时，西方批判传统的历史任务已经完成，进入一个"传统终结"的时代；与此同时，西方的现代性也暴露出诸多矛盾并出现各种早期"衰相"。西方的思想家对这一历史阶段特征的反应集中于尼采的批判。尼采提出的"重新估定一切价值"影响了中国的五四知识分子，因而也影响了中国的现代性启蒙，在某种程度上决定了中国现代性启蒙的特殊性，即导致传统与现代之间出现了一个"断崖"。所以，在中国反传统和现代启蒙是同时进行的，所以导致了传统与现代的截然对立。

在这种历史背景下，中国的反传统采取了"尼采式"的，即"重新估定一切价值"，"彻底砸烂孔家店"，并彻底宣告"封建礼教的终结"。与此同时，中国的现代性启蒙也采取了"尼采式"的，将尼采对现代性的批判武器拿来作为现代性启蒙的工具。这就决定五四时期的反传统具有更强的破坏性，而现代启蒙则具有更大的前瞻性。在西方，尼采既"终结"了传统也批判了现代。这种彻底批判的传统被中国五四新文化运动所借用，随后又部分地被共产党人所继承。共产党的彻底反封建和反帝国主义主张，事实上是沿着五四新文化运动的路径继续往前走。尼采的彻底的批判精神与马克思的彻底批判精神在方向上是一致的。中国现代启蒙的超前性，为马克思主义的传播留下了空间。不同的是，马克思重在制度批判，而尼采重在文化批判。马克思主义既反封建传统也批判资本主义，所以既与中国现代启蒙的特点更加契合，也与中国社会革命的任务更加契合。

尽管如此，五四启蒙仍存在严重的缺陷。一方面，从时间上看，五四启蒙较之西方启蒙落后了一个世纪。五四启蒙时西方已经进入帝国主义时代，其本身的启蒙精神也已蜕变，资本主义早期的进步性已经大大减弱了，而其反动性却越来越明显。例如，不仅工人阶级与资本家阶级的矛盾进一步激化，资产阶级内部出现了垄断资本与中小资本的矛盾；资本主义商品输出被资本输出所代替，殖民主义进一步升级，使帝国主义宗主国与殖民地矛盾加剧，导致各地民族主义运动兴起。在这样的历史阶段，西方的启蒙现代性已经出现堕落，其进步性开始遭到人们的质疑。而中国五四仍然以西方启蒙主义为武器，这不能不使启蒙的意义大打折扣。在这种历史背景下，尼采式的启蒙很难在社会上引起深刻的反响，更难进入社会生活的深处。这就导致中国人对于现代性的认同困难：认同启蒙的现代性，同时必须承认西方的侵略性。另一方面，五四启蒙本身也不够全面，即偏重于感性的启蒙而理性启蒙不够。欧洲中世纪的特点是宗教神学思想的统治，人性被神性所蒙蔽。这种理性启蒙是在文艺复兴已经完成感性启蒙的基础上进行的。但是五四启蒙过程中，人性启蒙侧重于感性的焕发但理性启蒙不够。这就导致五四启蒙的过激思想，也严重阻碍了中国的市场意识启蒙。这是因为市场启蒙的本质是理性的启蒙，即人性中的理性方面的启蒙。而五四启蒙在理性方面的欠缺，最终的结果就是中国市场启蒙和市场发育的滞后。这种影响一直延续到新中国建立后的时代。

总的来看，五四运动只是开启了启蒙之门，但文化建设的任务还远远没有开始。今天看来，五四新文化运动更多的是体现为一种情绪和声势，而不是持久的文化现象和生活状态，文化建设任重道远。另一方面，五四运动那样激烈的反传统，重估一切价值的方法，破窗主义情绪，带来了巨大的文化冲击，引起了强烈的文化焦虑。因此需要不断地进行文化调适，逐步地进行文化修复。[①]

3. 浪漫主义与革命幼稚病的根源

五四运动分为两个阶段，第一个阶段是新文化运动的文化启蒙阶段，第二个阶段由于有广大群众的参与才演变成彻底反帝反封建的群众革命运动。但是总的看来，五四运动时期，中国的知识分子未能与工农群众相结合。当时的知识分子集中力量于理论批判，缺乏深入实际的社会行动。毛泽东深刻地认识到了这一点，毛泽东号召中国的知识青年们，一定要到工农群众中去，把占全国人口百分之九十的工农大众动员并组织起来。因为"没有工农这个主力军，单靠知识青年和学生青年这支军队，要达到反帝

---

① 郭建宁：《实现中华优秀传统文化的现代转化》，《光明日报》2014 年 7 月 7 日。

反封建的胜利，是做不到的"。他甚至把知识分子是否愿意并且实行和工农民众的联合，看作是"革命的或不革命的或反革命的知识分子的最后分界"①。只有中国共产党人才真正地将五四精神付诸实践并与工农群众相结合。

另一方面，也正是由于五四时期的知识分子没能实现与工农群众的结合，导致他们激情有余而行动不足。这种激情源于五四启蒙对于人性之感性的激发但理性不足。所以，五四的文化批判和现代启蒙，两方面都具有浪漫主义色彩。这种浪漫主义与法国大革命时期的大众狂热具有某种相似性。这是由于中国与法国都有悠长的小农经济传统。小农与小资产阶级有某种联系。小农在一定生产关系背景下是传统小农，而在另一种生产关系背景下则成为小资产阶级的前身。法国大革命正是传统小农在市场经济竞争环境下不断分化和向小资产阶级演化的时代。这种小农本身的特点决定他们既具有天真的幻想，又具有一定的过激性和破坏性。五四启蒙的感性和浪漫主义特点，不仅影响了资产阶级一派的知识分子，他们的过激思想和过激行为都源于此，更重要的是还影响了共产党的知识分子和早期的领袖，导致了他们的革命幼稚行为。这也是共产党早期运动失败的原因。

四、科玄论战：三大社会思潮的形成

千古之大变局，道术为天下裂。鸦片战争以后，对于中国出现的千古变局，很多思想家都看到并明确地提出了。但是道术为天下裂的思想大爆炸局面，则是在五四运动时期才出现的。新文化运动以后，传统禁锢开始打破，孔家店开始坍塌，孔子声名狼藉，在思想界真的成了"落水狗"。但另一方面，中国的社会问题仍旧存在，救亡图存仍是中国知识分子思考的焦点问题。所以，各种社会改革方案层出不穷，各种思想纷繁复杂，因此出现了一个短暂而闪亮的自由思想时代，也可以称之为一个新的"诸子时代"。在这个"诸子时代"里出现了各种思想或主义，包括资本主义、社会主义、无政府主义、基尔特主义等等。随着中国社会矛盾的激化，各

---

① 毛泽东：《青年运动的方向》，《毛泽东选集》第二卷，人民出版社1991年版，第565—566页。

种思想的交锋也异常激烈，最终整合归纳为三种主流思潮，即马克思主义、自由资本主义和文化保守主义。这个变化或转折缘于 20 世纪 20 年代发生的科玄论战。

科玄论战自 1923 年 2 月开始，一直到 1924 年年底基本结束，历时将近两年之久。论战缘起于 1923 年 2 月张君劢在清华大学所做的"人生观"演讲。在演讲中，张君劢对"科学万能"观点提出批评，并指出科学与人生观的根本区别。他认为，"科学之中，有一定之原理原则，而此原理原则，皆有证据"，然而，"同为人生，因彼此观察点不同，而意见各异，故天下古今之最不统一者，莫若人生观"。他认为，中国文明主要是"精神文明"，西方文明主要是"物质文明"。他的结论是："科学无论如何发达，而人生观问题之解决，绝非科学所能为力，惟赖诸人类之自身而已。"①

张君劢的演讲词发表于《清华周刊》第 272 期，引起社会广泛反响。1923 年 4 月，地质学家丁文江在北京《努力周报》发表长文《玄学与科学——评张君劢的"人生观"》。丁文江把张君劢的人生观哲学称为"玄学"，并给予全面驳斥。他指出：人生观"决逃不出科学的范围"：其一，凡不可以用论理学批评研究的，不是真知识；其二，科学的材料原都是心理的现象，若是你所说的现象是真的，决逃不出科学的范围；其三，科学未尝不注重个性直觉，但是科学所承认的个性直觉，是根据于经验的暗示，从活经验里涌出来的。最后，丁文江引用了胡适的一句话来作结论：我们观察我们这个时代的要求，不能不承认人类今日最大的责任与需要是把科学方法应用到人生问题上去。

丁文江的文章发表以后，张君劢在《晨报副刊》撰文《再论人生观与科学并答丁在君》予以反驳。于是，一场旷日持久的科玄论战由此开始。不少学者都参与了这场论战，而双方对垒的后面是两位思想大师，即梁启超和胡适。

梁启超基本上站在张君劢一边。1923 年 5 月 5 日梁启超写了一篇《关于玄学科学论战之"战时国际公法"——暂时局外中立人梁启超宣言》，表达两个观点：其一，人生观问题是宇宙间最大的问题；其二，这种论战

---

①　张君劢：《科学与人生观》，辽宁教育出版社 1998 年版，第 35 页。

是我国未曾有过的论战，替我们学界开一新纪元。5 月 23 日他又在《时事新报·学灯》上发表《人生观与科学——对于张丁论战的批评》，指出："人类从心界物界两方面调和结合而成的生活，叫做'人生'。我们悬一种理想来完成这种生活，叫做'人生观'。""人类生活，固然离不了理智；但不能说理智包括尽人类生活的全内容。此外还有极重要一部分——或者可以说是生活的原动力，就是'情感'。""人生关涉理智方面的事项，绝对要用科学方法来解决。关于情感方面的事项，绝对的超科学。""生活的原动力，就是'情感'。情感表现出来的方向很多。内中最少有两件的的确确带有神秘性的，就是'爱'和'美'。'科学帝国'的版图和威权无论扩大到什么程度，这位'爱先生'和那位'美先生'依然永远保持他们那种'上不臣天子，下不友诸侯'的身分。"①

1923 年 5 月 11 日，胡适在《努力周报》发表《孙行者与张君劢》，文中把张君劢比做孙悟空，而把"赛先生（科学）和罗辑先生（逻辑）"比做如来佛，意即玄学纵有天大的本领也跳不出科学的掌心。他对梁启超道破"科学万能之梦"的说法深表忧虑，说："自从中国讲变法维新以来，没有一个自命为新人物的人敢公然毁谤'科学'的。直到民国八九年间梁任公先生发表他的《欧游心影录》，'科学'方才在中国文字里正式受了'破产'的宣告。"② 胡适在其生前未曾公开发表的一篇残稿中写道：今日的最大病根在于一点，就是哲学赶不上科学的进步。科学家在二百年中，已把许多关于世界万物和人类的问题逐渐解答了。但一班哲学家还在那里谈玄说妙，寻他们所谓"最后之因"，寻他们所谓"绝对的"，寻他们所谓"命根"。这个现象，在西洋固然不免，在中国尤其显著。张君劢先生说"国人迷信科学"，其实我们的国人只有迷信，那有科学？……时髦的学者，或者撷拾佛家唯识一派的心理学，认为天地间希有的宝贝，也不睁眼看看现代心理学进步到什么地位了；或者撷拾西洋几个反科学的玄学家的余论，以为人生是超科学的而智慧是不能了解人生真义的，也就认为"天

---

① 葛懋春选编：《梁启超哲学思想论文选》，北京大学出版社 1984 年版，第 448 页。
② 《胡适全集》第 2 卷，安徽教育出版社 2003 年版，第 196 页。

经地义"了。①

科玄论战的性质在后期发生了重要转变，这就是马克思主义者加入了论战，从而扩大了马克思主义的传播，并改变了中国思想界的格局。转变的契机是两部论战文集的出版：一本是郭梦良编辑、上海泰东图书局出版的《人生观之论战》，另一本是汪孟邹编辑、上海亚东图书馆出版的《科学与人生观》。前者代表玄学派的主张，后者代表科学派的主张。这里，具有重要意义的是《科学与人生观》邀陈独秀作序，并收入胡适《答陈独秀先生》与陈独秀《答适之》两篇论辩文章，标志着论战性质的转变。陈独秀在序中既批评了玄学派的反科学主义观点，也批评了科学派代表的"存疑唯心论"，最后表明：我们相信只有客观的物质原因可以变动社会，可以解释历史，可以支配人生观，这便是"唯物的历史观"。由此，"唯物史观派"旗帜鲜明地加入到科玄论战之中。1923 年 12 月 20 日，瞿秋白在《新青年》季刊第 2 期发表《自由世界与必然世界》一文，批判玄学派的"自由意志"论，认为自由在于探索并利用必然规律，由意志而产生社会理想，但理想最终是社会历史之必然性的产物。1924 年 8 月 1 日他在《新青年》季刊第 3 期发表《实验主义与革命哲学》批判科学派的实验主义，认为实验主义不是真正彻底的科学，只是一种唯心论的改良派哲学；马克思主义才是真正彻底的"科学"、因而才是一种"革命哲学"。其他马克思主义者也参加了论战。此后，马克思主义在青年中得到更广泛的传播，成为迅速兴起的社会思潮。

从 1915 年《新青年》创刊到 1923 年"科玄论战"结束，五四新文化运动前后持续了八年。前期的新文化运动以反传统和现代性启蒙为主要任务，而到科玄论战时，各种思想已经阵线分明，最终形成马克思主义、自由主义和文化保守主义并存的三分格局。马克思主义当时称为"唯物史观派"，以陈独秀、瞿秋白、邓中夏为代表。他们接受马克思主义，并运用马克思主义探索改造中国的一系列问题，提出了新的社会理想和变革方案。第二个是自由主义西化派，即以胡适、蔡元培、丁文江、吴稚晖等为代表，高举自由主义的旗帜，主张"全盘西化"。第三派就是所谓"文化

---

① 《胡适全集》第 7 卷，安徽教育出版社 2003 年版，第 483—484 页。

保守主义"，主要是以张君劢为代表的现代新儒家，主张立足于中国固有的传统文化，重塑传统文化的内涵，以求传统文化的发展。从此，中国思想界就主流而言仿佛进入了"三川并流"的时代，联合、吸纳对方的观点而在根本问题上针锋相对地论辩，便成为 20 世纪 20 年代后思想界的常态。但最重要的历史事实是，在知识分子乃至大众中间，马克思主义比自由主义和现代新儒学更有影响力，并且逐渐占据了思想界的主流。事实上，五四以后中国思想界出现的"三川并流"格局，反映出中国社会对于未来走向的艰难探索。三种思潮的竞争为中国的未来社会提供了三个可选模式，即传统社会的现代化、资本主义的现代化和社会主义的现代化。

第三节　三民主义的价值形成

一、五四后的社会分化

1. 传统与革命的分野

辛亥革命是传统与革命的根本分野。辛亥革命之后，军阀混战，各派轮流执政，康有为曾感慨万千地说："吾用法国责任内阁之制，则总统、总理日相争轧，黎宋卿、冯华甫、徐菊人之与段祺瑞，至于之战德国、战湖南。甚至于军事二十一条与日本为争具，前几亡国，后起争裂，幸而德败美胜，日本解约，否则中国亡之久矣。此法国共和制之不可行也。瑞士七总裁制广东行之，岑、伍、孙、唐争祸至今，瑞制又不可行矣。……十二年来号称共和，而实共争、共乱、共杀，以召共管而已。"① 所以，康有为对民主共和制彻底失去信心，转而支持复辟帝制。尽管恢复帝制的努力在革命大潮之下彻底失败，但他们在思想上坚持传统，仍然坚守道统不放。当袁世凯提出祭孔的时候，康有为致电黎元洪和段祺瑞，提出祭孔要

① 上海市文物保管委员会编：《戊戌变法前后》，上海人民出版社 1986 年版，第 590 页。

行跪拜礼，说："中国人不拜天，又不拜孔，留此膝何为？"1927 年康有为在《七十赐寿谢恩折》中称："臣海滨鄙人，文质无底，虽十三世为士，而门非华胄，既四十岁而无闻先帝择臣于侧陋冗散之中，咨臣以变法自强之业，谕臣专折奏事，由是感激，竭尽愚忠。"① 这就是说，原来的维新派转变成彻底的保皇派。不过，以康有为为代表的保皇党，经过五四时期的大批判后很快就销声匿迹了，但坚持传统的保守主义思想仍有深远的影响，以后几经转变以各种形式的儒家出现。

孙中山代表了革命一派。孙中山赋予"革命"以现代意义，他说："前代为英雄革命，今日为国民革命。所谓国民革命者，一国之人皆有自由、平等、博爱之精神，即皆负革命之责任。"② 孙中山与康有为的根本区别，就在于改良与革命两种不同态度。辛亥革命前，中国虽然有洋务运动及百日维新等变革运动，但都相继宣告失败，其中根本的原因就是他们坚持对旧制度的改造而反对革命。孙中山提出革命的三民主义思想，要求彻底清算封建意识形态，彻底改变中国腐朽的社会政治制度，以暴力革命的形式改变中国的命运，代表了革命和彻底变革的历史潮流。孙中山的革命思想，直接促成了辛亥革命的进行与成功。但以孙中山为代表的革命思想也存在局限性：一方面，三民主义的革命意识并不彻底，反映了中国资产阶级的不成熟性和两面性；另一方面，孙中山自身的思想也留有深刻的儒家印记。所以，资产阶级革命并不能代表中国革命的主流。

毛泽东曾对五四前后中国社会文化思想领域的斗争格局做过精辟的分析，指出："在中国文化战线或思想战线上，'五四'以前和'五四'以后，构成了两个不同的历史时期。""在'五四'以前，中国文化战线上的斗争，是资产阶级的新文化和封建阶级的旧文化的斗争。在'五四'以前，学校与科举之争，新学与旧学之争，西学与中学之争，都带着这种性质。那时的所谓学校、新学、西学，基本上都是资产阶级代表们所需要的自然科学和资产阶级的社会政治学说（说基本上，是说那中间还夹杂了许多中国的封建余毒在内）。在当时，这种所谓新学的思想，有同中国封建

① 上海市文物保管委员会编：《戊戌变法前后》，上海人民出版社 1986 年版，第 270 页。
② 《孙中山全集》第 1 卷，中华书局 1981 年版，第 296 页。

思想作斗争的革命作用，是替旧时期的中国资产阶级民主革命服务的。可是，因为中国资产阶级的无力和世界已经进到帝国主义时代，这种资产阶级思想只能上阵打几个回合，就被外国帝国主义的奴化思想和中国封建主义的复古思想的反动同盟所打退了，被这个思想上的反动同盟军稍稍一反攻，所谓新学，就偃旗息鼓，宣告退却，失了灵魂，而只剩下它的躯壳了。旧的资产阶级民主主义文化，在帝国主义时代，已经腐化，已经无力了，它的失败是必然的。"①

2. 两条革命道路的分野

五四后期中国革命的阵营就开始分化。1920 年 9 月，《新青年》移到工人运动的中心上海出版，集中介绍和宣传马克思主义和俄国十月革命。此时，陈独秀宣布民主政治与议会政策已经破产，民主、自由是欺骗，是"资产阶级底专有物"、"资产阶级底护身符"。② 他宣布接受列宁主义，主张"用阶级战争的手段，打倒一切资产阶级，从他们手里抢夺来政权；并且用劳动专政的制度，拥护劳动者底政权，建设劳动者的国家以至于无国家，使资本阶级永远不致发生"③。而胡适多次写信给陈独秀等人，反对《新青年》过于鲜明的政治色彩。这样，在《新青年》内部分化为两派：陈独秀大大发展了"五四"政治、排他、激进的一面，而胡适则继续坚持文化、兼容、渐进的倾向。对于五四后中国思想的分化，胡适曾经说过十分独到的见解，他说：1919 年发生的五四学生运动和工商界罢工罢市运动，是对前期旨在思想文化革新的"中国文艺复兴运动"的不幸的政治干扰。他以 1923 年为界，划分出两个时代："（一）维多利亚思想时代，从梁任公到《新青年》，多是侧重个人的解放。（二）集体主义（Collections）时代，一九二三年以后，无论为民族主义运动，或共产革命运动，皆属于这个反个人主义的倾向。"④

五四的意义在于两个方面，一是反封建传统，二是现代启蒙。五四以

---

① 《毛泽东选集》第二卷，人民出版社 1991 年版，第 696—697 页。
② 陈独秀：《谈政治》，《新青年》第 8 卷第 1 号。
③ 陈独秀：《短言》，《共产党》第 1 号。
④ 《胡适日记》（1933 年 12 月 22 日），参见曹伯言整理：《胡适日记全编》（6），安徽教育出版社 2001 年版，第 257 页。

后，中国历史基本上是沿着这个方向发展的，这就是说，呈现了一种以"反传统—现代化"为特征的线性发展。不过，在这种线性发展过程中，却出现了两条不同的道路。这就是国民党代表的三民主义和共产党所代表的新民主主义。与此相应的，也出现了两个文化方向：三民主义文化儒家化，捡回陈旧腐朽的传统思想作为核心价值；而新民主主义文化则以全新的革命理论马克思主义作为核心价值。

由于马克思主义的传播，使五四启蒙具有了崭新的内涵。1920 年 7 月31 日毛泽东在《发起文化书社》中就指出："不但湖南，全中国一样尚没有新文化。全世界一样尚没有新文化。一枝新文化小花，发现在北冰洋岸的俄罗斯。几年来风驰雨骤，成长得好，与成长得不好，还依然在未知之数。"① 五四以后，共产党主导的新启蒙运动，将现代性启蒙大大向前推进了一步。毛泽东指出："在'五四'以后，中国产生了完全崭新的文化生力军，这就是中国共产党人所领导的共产主义的文化思想，即共产主义的宇宙观和社会革命论。……由于中国政治生力军即中国无产阶级和中国共产党登上了中国的政治舞台，这个文化生力军，就以新的装束和新的武器，联合一切可能的同盟军，摆开了自己的阵势，向着帝国主义文化和封建文化展开了英勇的进攻。……其声势之浩大，威力之猛烈，简直是所向无敌的。其动员之广大，超过中国任何历史时代。"② 另一方面，资产阶级民主主义一如毛泽东所评价的那样，仍不能与封建主义和帝国主义彻底决裂，反而在很大程度上倒退并与传统的封建主义和帝国主义合流，具体体现为三民主义的儒家化。

五四对中国革命的影响甚至不仅于此。毛泽东深刻指出："五四运动的发展，分成了两个潮流。一部分人继承了五四运动的科学和民主的精神，并在马克思主义的基础上加以改造，这就是共产党人和若干党外马克思主义者所做的工作。另一部分人则走到资产阶级的道路上去，是形式主义向右的发展。但在共产党内也是不一致的，其中也有一部分人发生偏向，马克思主义没有拿得稳，犯了形式主义的错误，这就是主观主义、宗

---

① 中共中央文献研究室编：《毛泽东早期文稿》，湖南出版社 1990 年版，第 498 页。
② 《毛泽东选集》第二卷，人民出版社 1991 年版，第 697—698 页。

派主义和党八股，这是形式主义向'左'的发展。"① 形式主义向右的发展，就是以胡适为代表的"全盘西化"论；而形式主义向"左"的发展，则是指以王明为代表的教条主义，即"洋八股、洋教条"。在毛泽东看来，教条主义和党八股这些东西，一方面是五四运动积极因素的反动，一方面也是五四运动消极因素的继承、继续或发展。

二、三民主义的价值体系

孙中山是中国近代史上传统与现代之间的转折性人物。他不是完全的传统主义者，但也不是完全的现代主义者。中国历史和他个人的历史决定了他的这一历史特点。事实上，孙中山是在学习西方民主经验和思考西方弊政的基础上，按照儒家体制创立了政权与治权分立的民权学说和五权分立的政体学说。例如，他在《建国方略》中模仿周礼制订了详细的"结会""动议"等程序和仪规；在《民族主义》中以恢复"忠孝、仁爱、信义、和平"等儒家道德作为复兴民族的基础；在《民权主义》中以儒家"圣贤才智平庸愚劣"的观念来讲解真平等与假平等的分野；在《民生主义》中以儒家大同理想作为民生主义和社会主义等等。可以说他的每一项革命设想都离不开中国历史和传统，也离不开革命与保守。1923 年元旦发表由孙中山起草的《中国国民党宣言》指出：中国之所以革命与革命之所以成功，根本上不外两条，一是"历史之留遗"，二是"时代之进化"。可见，他总是一肩挑两头，一头挑着历史和传统，一头挑着现代和革命。所以，他既是传统到现代的历史转折人物，也是一个传统与现代矛盾交织的人物。

1. 革命的认识论：知难行易

孙中山是中国民主革命的先行者。孙中山之所以能够成为民主革命的先行者，是因为他首先认识到中国革命的必然性。孙中山以前的民主革命基本上都是主张改良的。从龚自珍和魏源到洋务派，直到戊戌变法时期的维新派，他们最高的主张不过是君主立宪。这是由于他们并没有真正认识到中国革命的必要性，更没有找到中国革命的方向。这就是孙中山所提出

---

① 《毛泽东选集》第三卷，人民出版社 1991 年版，第 832 页。

的"知难行易"学说的社会基础。在孙中山看来，中国革命之难就难在认知，一旦认识突破了，革命自然水到渠成。

孙中山"知难行易"学说是中国传统知行观的一种突破。中国传统知行观主张"知行合一"。这种"知行合一"说经王阳明的全面诠释成为经典的儒家学说。事实上，鸦片战争以后的中国社会变革，就是在这种"亦知亦行"中进行的。这种变革的特点就是边实践边探索，缺少本质上的认知，缺少顶层设计，说到底是缺少"主义"的指导。孙中山充分认识到了这一点。孙中山认为，民主革命实践应当在明确民主主义革命和科学的道理之后，并在一定理论指导下才能取得成功。在孙中山看来，一旦人们能够毅然打破"知之非艰，行之惟艰"的迷信，进而奋起以行动，推行革命三民主义，革命成功将会易如反掌。所以在他看来，"知"比"行"要重要得多，并且是取得民主革命成功的关键。因而他要打破"知行合一"的认识论提出"知难行易"的知行观。

孙中山指出："阳明言知行合一，中国古书又言，知之非艰，行之为艰。兄弟思之，此似是而非者也。兄弟谓之，行之非艰，知之为艰。虽将旧习学说推倒，此学说上古有人觉悟，而未有能证明之者。然兄弟能得一学说，打破古人之旧学说，即一味去行之谓也。今即以古人之说证明之，中国大成至圣有云：民可使由之，不可使知之。孟子言，行之而不著焉，习矣而不察焉，终身由之，而不知其道者众也。商鞅又云：民可与乐成，难与图始，从可知行之非艰，知之惟艰，实中国上古圣贤遗传之学说"。[①]孙中山还指出："就知和行的难易之先后说，凡百事情，知了之后才去行，是很容易的。如果不知也要去行，当中必走许多'之'字路，经过很多的错误，是很艰难的。"[②] "知中国事向来之不振者，非坐于不能行也，实坐于不能知也；及其既知之而又不行者，则误于以知为易，以行为难也。倘能证明知非易而行非难也，使中国人无所畏而乐于行，则中国之事大有可为矣。"[③]

---

① 《孙中山全集》第4卷，中华书局1985年版，第123页。
② 《孙中山全集》第6卷，中华书局1985年版，第73页。
③ 《孙中山全集》第6卷，中华书局1985年版，第198页。

既然"知难行易",那么创建一种革命理论就是革命成功的关键。所以孙中山提出三民主义学说。这是中国近代历史上第一次提出较系统的社会变革理论。过去的洋务派和维新派也有自己的社会变革学说,但是很难突破传统理论学说的局限,仍在传统经学内打转,不过是古文今文,不过是公羊谷梁,不可能实现根本突破。而孙中山的三民主义学说,第一次突破了传统学说的禁锢,提出全新的理论。这就使中国革命出现了新的局面。

2. 民族主义的文化阐释

孙中山是个民族主义者。他的民族主义先是对内的,实际是"汉族主义",主张推翻满清王朝统治;然后是对外的,即"中华民族主义",也就是反对帝国主义的侵略和压迫,取得民族独立和自强。1896 年 11 月,在《复翟理斯函》中,说自己"生于晚世,目不得睹尧舜之风,先王之化。心伤鞑虏苛残,生民憔悴,遂甘赴汤火,不让当仁。纠和英雄,建旗倡义,拟驱除残贼,再造中华,复三代之规,步泰西之法。使万姓超苏,庶物昌运,此则应天顺人之作也!"[①] 由此可见,他的民族主义早期是反清的"汉族主义"。随着清代封建统治被推翻,孙中山的民族主义内涵也发生转变,即转向反对帝国主义和中华民族复兴的民族主义。孙中山在《民族主义》演讲中,大力倡导恢复中国固有的旧道德、固有的智慧及固有的能力。他说:"观中国历史之所示,则知中国之民族,有独立性质与能力,其与他民族相遇,或和平而相安,或狎习而与之同化;其在政治不修及军事废弛之时,虽不免暂受他民族之蹂躏与宰制,然率能以力胜之。""余之民族主义,特就先民所遗留者,发挥而光大之。"[②]

孙中山主张恢复中国固有的道德。他说,凡一个国家所以能够强盛的缘故,起初的时候都是由于武力发展,继之以种种文化的发扬。但是要维持民族和国家的长久地位,还有道德问题,有了很好的道德,国家才能长治久安。因为我们民族的道德高尚,故国家虽亡,民族还能够存在;不但是自己的民族能够存在,并且有力量能够同化外来的民族。所以穷本极

---

① 《孙中山全集》第 1 卷,中华书局 1981 年版,第 46—48 页。
② 《孙中山全集》第 7 卷,中华书局 1985 年版,第 60 页。

源，我们现在要恢复民族的地位，就要把固有的旧道德先恢复起来。有了固有的道德，然后固有的民族地位才可以图恢复。① 中国固有的道德，"首是忠孝，次是仁爱，其次是信义，其次是和平"②。"这种特别的好道德，便是我们的民族精神。我们以后对于这种精神，不但是要保存，并且要发扬光大，然后我们民族的地位才可以恢复。"③

孙中山主张恢复中国固有的知识。他说："我们自被满清征服了以后，四万万人睡觉，不但是道德睡了觉，连知识也睡了觉。我们今天要恢复民族精神，不但是要唤醒固有的道德，就是固有的知识也应该唤醒他。"④ "指南针、印刷术、火药、瓷器、茶叶、丝织、造房、吊桥……外国现在最重要的东西，都是中国从前发明的！" "我们中国的新青年，未曾过细考究中国的旧学说，便以为这些学说就是世界上顶新的了，殊不知道在欧洲是最新的，在中国就有了几千年了！" "现在要恢复固有的地位，便先要把我们固有的能力一齐都恢复起来！"⑤

孙中山反对全盘西化。他认为，中国几千年以来的社会民情风土习惯和欧美的大不相同，所以管理社会的政治自然也是和欧美不同，不能完全仿效欧美，照样去做，像仿效欧美的机器一样。欧美的机器，我们只要是学到了，随时随地都可以使用。至于欧美的风土人情和中国不同的地方是很多的，如果不管中国自己的风土人情是怎么样，便像学外国的机器一样，把外国管理社会的政治硬搬进来，那便是大错。⑥ 所以他主张"发扬吾固有之文化，且吸收世界之文化而光大之"，"恢复我一切国粹之后，还要去学欧美之所长，然后才可以和欧美并驾齐驱"。⑦

3. 民权主义之道统承继

孙中山是一个共和主义者，他提出民权主义作为三民主义的重要内容。早在 1894 年 6 月的《上李鸿章》书中，孙中山就提出以欧美强国为

---

① 《孙中山全集》第 9 卷，中华书局 1986 年版，第 242、243 页。
② 《孙中山全集》第 9 卷，中华书局 1986 年版，第 243 页。
③ 《孙中山全集》第 9 卷，中华书局 1986 年版，第 247 页。
④ 《孙中山全集》第 9 卷，中华书局 1986 年版，第 247 页。
⑤ 《孙中山全集》第 9 卷，中华书局 1986 年版，第 250—251 页。
⑥ 《孙中山全集》第 9 卷，中华书局 1986 年版，第 320 页。
⑦ 《孙中山全集》第 9 卷，中华书局 1986 年版，第 251 页。

榜样进行资本主义改良的主张。在 1894 年 11 月制定的《檀香山兴中会盟书》中，他更明确提出了"驱除鞑虏，恢复中华，创立合众政府"的革命纲领。他还多次表示："革命成功之日，效法美国选举总统，废除专制，实行共和。"① 但另一方面他却用"三代"制度来阐释共和，他说："共和者，我国治世之神髓，先哲之遗业也。我国民之论古者，莫不倾慕三代之治，不知三代之治实能得共和之神髓而行之者也。勿谓我国民无理想之资，勿谓我国民无进取之气，即此所以慕古之意，正富有理想之证据，亦大有进步之机兆也。"所以他主张"取欧美之民主以为模范，同时仍取数千年前旧有文化而融贯之"②。

孙中山的共和与民权主义思想，一方面源于他自己对美国政治制度的认识，另一方面源于他对中国古代原始民主的崇尚。在辛亥革命以前，他就立决心要"驱除残贼，再造中华，以复三代之规，而步泰西之法"。他还说："根据中国人的聪明才智来讲，如果应用民权，比较还是适宜得多。所以，两千多年前的孔子、孟子便主张民权。孔子说：大道之行也，天下为公。便是主张民权的大同世界。又言必称尧舜，就是因为尧舜不是家天下。尧舜的政治，名义上虽然是用君权，实际上是行民权，所以孔子总是宗仰他们。孟子说：民为贵，社稷次之，君为轻。又说：天视自我民视，天听自我民听。又说：闻诛一夫纣矣，未闻弑君也。他在那个时代，已经知道君主不必一定要的，已经知道君主一定是不能长久的，所以便判定那些为民造福的就称为圣君，那些暴虐无道的就称为独夫，大家应该去反抗他。由此可见，中国人对于民权的见解，二千多年以前已经早想到了。"③

由此可见，孙中山作为中华民国第一任大总统，但在很大程度上保留了正统思想。就是说，传统观念并没有在他的头脑中清除，在他看来，作为总统，也是承继中国古往今来的正统。这种正统思想决定他的文化道统观。1913 年 3 月，他在演说中说："我国数千年历史之中，最善政体莫如

---

① 《孙中山全集》第 1 卷，中华书局 1981 年版，第 226 页。
② 《孙中山全集》第 1 卷，中华书局 1981 年版，第 560 页。
③ 《孙中山全集》第 9 卷，中华书局 1986 年版，第 262 页。

尧舜。盖尧舜之世，亦为今日之共和政体，公天下于民。何以见之？即尧以舜贡贤而让位于舜，舜以禹贡贤而让位于禹也。"① 1921 年 12 月，共产国际的代表马林曾经问孙中山先生："你的革命思想，基础是什么？"孙中山明确地回答说："中国有一个道统，尧、舜、禹、汤、文、武、周公、孔子相继不绝，我的思想基础，就是这个道统，我的革命，就是继承这个正统思想，来发扬光大。"②

1925 年，戴季陶在《三民主义之哲学的基础》中指出："中山先生的思想，完全是中国的正统思想。就是继承尧舜以至孔孟而中绝的仁义道德的思想。"③ 毛泽东也将孔夫子和孙中山并列为应当继承的文化遗产，足见孙中山与孔夫子之间的血脉联系，也足见孙中山的文化保守主义倾向。

4. 民生主义与民生史观

民生主义是孙中山民主革命思想中颇具特色的部分。1912 年 10 月，他在《在上海中国社会党的演说》中指出："人类之在社会，有疾苦幸福之不同，生计实为其主动力。"④ 1924 年孙中山作《民生主义》的系列演讲，正式提出以"民生"为社会历史发展原因和动力的理论，从而确立了他的民生史观。

民生主义包涵"民生"论、"民生主义"纲领和民生史观。而这三个方面既有联系又有区别，是一个有机整体。孙中山指出："民生就是人民的生活——社会的生存、国民的生计、群众的生命便是。"⑤ 他认为，人类生存的基本问题就是民生问题，因而民生问题是社会进化的原动力。他还认为，民生是政治的中心，是经济的中心和种种历史活动的中心。因此他要把历史上的政治和社会经济种种中心都归之于民生问题，以民生为社会历史的中心。只有把中心的民生问题研究清楚了，然后对于社会问题才有解决的办法。"我们国民党所提倡的民生主义，不但是最高的理想，并且是社会的原动力，是一切历史活动的重心。民生主义能够实行，社会问题

---

① 《孙中山全集》第 3 卷，中华书局 1984 年版，第 43 页。
② 陈立夫：《中国文化何以能救世界人类》，《天府新论》1994 年第 4 期。
③ 戴季陶：《三民主义之哲学的基础》，北平青年书店 1945 年发行，第 26 页。
④ 《孙中山全集》第 2 卷，中华书局 1982 年版，第 510 页。
⑤ 《孙中山全集》第 9 卷，中华书局 1986 年版，第 355 页。

才可以解决；社会问题能够解决，人类才可以享很大的幸福。"① 这就是孙中山的民生主义和民生史观。

五四时期，马克思主义唯物史观开始传播。孙中山也注意到唯物史观的价值，但他认为，国民党作为当时最大的革命政党，必须建立一个属于自己的革命理论体系。为此，孙中山一方面对唯物史观提出相应的批评，另一方面加紧构建自己的"民生史观"。孙中山认为，马克思主义唯物史观的最根本问题是以物质为历史的重心并以阶级斗争作为社会进化的原动力。孙中山指出：马克思"在这种历史中所发明的最重要之一点，就是说世界一切历史都是集中于物质，物质有变动，世界也随之变动。并说人类行为都是由物质的境遇所决定，故人类文明史，只可说是随物质境遇的变迁史。马克思的这种发明，有人比之牛顿发明天文学之重心学说一样。现在马克思发明物质是历史的重心，因为他的研究透彻，理由充足"，所以人们都"信仰他"。② 但"马克思以物质为历史的重心是不对的，社会问题才是历史的重心，而社会问题中又以生存为重心，那才是合理。……这种发明就是民生为社会进化的重心，社会进化又为历史的重心，归结到历史的重心是民生，不是物质"③。关于社会进化的动力，孙中山指出："社会之所以有进化，由于社会上大多数的经济利益相调和，不是由于社会上大多数的经济利益有冲突。社会上大多数经济利益相调和，就是为大多数谋利益。大多数有利益，社会才有进步。社会上大多数经济利益之所以要调和的原因，就是因为要解决人类的生存问题。古今一切人类之所以要努力，就是因为要求生存。人类求生存，才是社会进化的原因。阶级战争不是社会进化的原因。阶级战争是人类当进化的时候所发生的一种病症。这种病症的原因，是人类不能生存。因为人类不能生存，所以这种病症的结果，便起战争。马克思研究社会问题所有的心得，只见到社会进化的毛病，没有见到社会进化的原理。"④ 总之，社会的文明发达、经济组织的改良和道德进步，都是以民生为重心。"因为民生不遂，所以社会的文明不

① 《孙中山全集》第9卷，中华书局1986年版，第380页。
② 《孙中山全集》第9卷，中华书局1986年版，第363页。
③ 《孙中山全集》第9卷，中华书局1986年版，第365页。
④ 《孙中山全集》第9卷，中华书局1986年版，，第369页。

能发达，经济组织不能改良，和道德退步，以及发生种种不平的事情，像阶级斗争和工人痛苦，那些压迫，都是由于民生不遂的问题没有解决。所以社会中的各种变态都是果，民生问题才是因。"所以他得出结论是："民生是社会一切活动中的原动力。"①

三、三民主义的儒家化

1. 三民主义的分裂

三民主义的分裂是五四后社会思潮分化的延续。孙中山以后，共产党和国民党对三民主义都有所继承。不同的是，共产党继承了三民主义"左"的方面，而国民党继承了三民主义的"右"的方面；共产党沿着三民主义的大方向向前走，并大大突破了三民主义，而国民党则从三民主义向后退，退到了封建专制主义的边缘。对此，国民党理论家戴季陶指出：孙中山以后，出现正反两方面主张。就反面而言，"乃共产党人，以幼稚之故，盲目模仿苏俄……视中国文化如敝屣，而专举其所模仿者为至高无上之准则"②；而"其所主张之阶级斗争，更不合于吾党在理论上之主张与方法上之决定"③。就正面而言，"总理在中国的人格，政治上的道德，是要继承中国固有的道统"④；而蒋介石继承总理的全部精神志事，为继承总理的唯一的革命领袖。这就是说，蒋介石不仅取得政权还希望承继孙中山三民主义之"道统"。

孙中山以后，国民党将孙中山的理论概括为"孙文主义"。戴季陶将"孙文主义"概括为两个要点，即中国文化的复兴和人类的仁爱。他指出，"总理逝世以后，党的中心完全是在总理的遗教，而遗嘱所指的四种文书尤其是党员所必须信守的"⑤。这里所说的"四种文书"，就是孙先生遗嘱

---

① 《孙中山全集》第9卷，中华书局1986年版，第355页。
② 《中国国民党"第二次全国代表大会"宣言》，参见高军等编：《中国现代政治思想史资料选辑》上册，四川人民出版社1986年版，第519页。
③ 《中国国民党"第二次全国代表大会"宣言》，参见高军等编：《中国现代政治思想史资料选辑》上册，四川人民出版社1986年版，第521页。
④ 蒋介石：《军人的精神教育》，参见高军等编：《中国现代政治思想史资料选辑》上册，四川人民出版社1986年版，第592页。
⑤ 蒋介石：《国民革命与中国国民党》，参见高军等编：《中国现代政治思想史资料选辑》上册，四川人民出版社1986年版，第461页。

中所谓的建国方略、建国大纲、三民主义及国民党第一次全国代表大会宣言。戴季陶认为，孙中山的革命理论有两个要点：其一，"先生的国民革命，是立脚在中国国民文化的复兴上面"；其二，"先生认为阶级的差别，并不是绝对能够消灭人类的仁爱性的"。①戴季陶指出：就中国文化复兴而言，"孙先生谓中国思想自尧舜禹汤至孔孟而绝灭，我是出来承继这个道统的"②，则"先生的确是中国民族文化的结晶，是中国继往开来的圣哲"③；就人类的仁爱而言，"仁爱为吾民族文化之结晶，亦即革命之基念也"④，"中国的革命与反革命势力的对立，是觉悟者与不觉悟者的对立，不是阶级的对立"⑤。

但共产党对孙中山的三民主义有不同的理解和阐释，并将其进一步概括为"新三民主义"。1924 年 1 月，孙中山接受共产党人的建议，在中国国民党第一次全国代表大会上，对三民主义重新解释，新三民主义包含"联俄、联共、扶助农工"的三大政策和"反对帝国主义、反对封建主义"的纲领。孙中山在遗嘱也指出"必须唤起民众，及联合世界上以平等待我之民族，共同奋斗"⑥，并在《致苏联遗书》中说"希望国民党在完成其由帝国主义制度解放中国及其他被侵略国之历史的工作中，与你们合力共作"⑦。孙中山的新三民主义又被中国共产党人称为"革命的三民主义"和"新民主主义的三民主义"。

由于孙中山的三民主义存在许多矛盾，既要革命又要维护传统，不仅导致国共两党的根本分歧，也导致国民党对三民主义的多种阐释，因而产

---

① 蒋介石：《孙文主义之哲学的基础》，参见高军等编：《中国现代政治思想史资料选辑》上册，四川人民出版社 1986 年版，第 417—418 页。

② 蒋介石：《孙文主义之哲学基础的演讲词》，参见高军等编：《中国现代政治思想史资料选辑》上册，四川人民出版社 1986 年版，第 439 页。

③ 蒋介石：《孙文主义之哲学的基础》，参见高军等编：《中国现代政治思想史资料选辑》上册，四川人民出版社 1986 年版，第 403 页。

④ 蒋介石：《中国国民党"第二次全国代表大会"宣言》，参见高军等编：《中国现代政治思想史资料选辑》上册，四川人民出版社 1986 年版，第 518 页。

⑤ 蒋介石：《孙文主义之哲学的基础》，参见高军等编：《中国现代政治思想史资料选辑》上册，四川人民出版社 1986 年版，第 416 页。

⑥ 《孙中山全集》第 11 卷，中华书局 1986 年版，第 639 页。

⑦ 《孙中山全集》第 11 卷，中华书局 1986 年版，第 641 页。

生了不同的派别。由于蒋介石独揽了政权，也就垄断了对三民主义的解释权。但事实上蒋介石背弃了孙中山的三民主义。毛泽东断言："不要农工政策，不真心实意地扶助农工，不实行《总理遗嘱》上的'唤起民众'，那就是准备革命失败，也就是准备自己失败。"① 1939 年，毛泽东在延安庆祝五一国际劳动节的讲话《国民精神总动员的政治方向》中说："民族主义，就要打倒帝国主义；民权主义，就要全国人民有自由；民生主义，就要全国人民有衣穿，有饭吃，有事做。"② 这是他对三民主义最通俗的阐释，强调了三民主义不仅要取得民族的解放、人民的自由，还要让全国人民有衣穿，有饭吃，有事做，也就是人民民主。

2. 三民主义的儒家化

中国共产党将孙中山的三民主义分为旧三民主义和新三民主义。但是国民党认为三民主义只有一个，从不承认有过"新三民主义"。国民党不仅不从孙中山的三民主义向前发展，而是进一步倒退，将三民主义作儒家化阐释。

国民党取得全国政权以后，进一步确立三民主义为党和国家的指导思想，极力构建自己的价值体系。蒋介石指出："凡是一个民族，能够立在世界上，到几千年不被人家灭亡，这个民族一定有其立国精神的所在，就是所谓'国魂'……'国魂'是什么？就是民族精神。凡一个国家总要有民族的精神，然后他的民族性才能养成。"③ 他认为，中华民族现时代的民族精神就体现在三民主义的体系之中。他说："自国家有机体的生命上说，没有了三民主义，中国的建国工作就失去了指导的原理。所以三民主义是国家的灵魂。"④

国民党将三民主义确定为国家和民族的灵魂，但并没有赋予三民主义以新的现代意义，而是将其与中国传统文化中的儒家学说联系起来，以儒家学说作为三民主义的文化基础。蒋介石认为，三民主义是孙中山对中国

---

① 《毛泽东选集》第二卷，人民出版社 1991 年版，第 691—692 页。
② 毛泽东：《国民精神总动员的政治方向》，《新中华报》1939 年 5 月 10 日。
③ 蒋介石：《革命哲学的重要》，参见《中国现代思想史资料简编》第 3 卷，浙江人民出版社 1983 年版，第 586 页。
④ 蒋介石：《中国之命运》，[台]《总统蒋公思想言论总集》第 1 卷，1984 年，第 166 页。

古代《大学》之道的继承，其本质就是"明德"与"亲民"，其方法是"格物、致知、意诚、心正"而后"修身、齐家、治国、平天下"。他说："孔子之道，至汉儒而支离，至宋儒而空虚，至王阳明而复兴，迨至我们总理而集大成。"① 蒋介石的这种阐释，与孙中山承继中国道统的说法是基本一致的。但蒋介石还有进一步的潜台词，即他本人作为孙中山的继承人，也就承继了中国的道统，其目的就是为他和国民党政权确立合法性依据。

为进一步强化国民党政权的合法性，蒋介石把经他阐释的三民主义划分为政治建设、物质建设、心理建设、社会建设与伦理建设五个部分，统称为"五大建设的理论体系"，其中特别强调心理和伦理建设。蒋介石说："现在我们要恢复民族精神，要中国的国家民族复兴，就先要恢复中国固有的忠孝仁爱信义和平的民族道德，尤其要实行总理知难行易的革命哲学。"② 他还说："我提倡四句口号作为我们民族立国之精神的基础，这四句口号就是'明礼义，知廉耻，负责任，守纪律'。我们要个个人尚礼守法，见义勇为，负起责任，严守纪律。"③ "政治上一切法律制度，和负政治责任者的生活行为态度，皆要合乎礼。"④ 国民党还进一步将这一套政治理论升格为国家的根本大法。1929 年 3 月，国民党"三大"通过决议，将孙中山的《三民主义》《五权宪法》《建国方略》《建国大纲》和《地方自治开始实行法》确定为"训政时期中华民国最高之根本法"，举凡国家建设、政府行政，皆须以此为依归。在同年制定的《中华民国教育宗旨及其实施方针》中，国民政府明确提出以中国传统道德中的所谓四维（礼义廉耻）、八德（忠孝仁爱信义和平）、五达道（即五伦：君臣、父子、夫妇、兄弟、朋友）、三达德（又称武德，即智、仁、勇）等作为中华民国道德教育的基本内容。1934 年蒋介石亲自倡导并发动了"新生活运动"，全面

---

① 蒋介石：《自述研究革命哲学经过的阶段》，〔台〕《总统蒋公思想言论总集》第 10 卷，第 544 页。

② 蒋介石：《革命哲学的重要》，参见《中国现代思想史资料简编》第 3 卷，浙江人民出版社 1983 年版，第 587 页。

③ 蒋介石：《为学之目的与教育之要义》，〔台〕《总统蒋公思想言论总集》，1984 年。

④ 蒋介石：《政治的道理》，〔台〕《总统蒋公思想言论总集》，1984 年，第 187 页。

公开提倡"恢复我们中华民族固有的道德精神",确立"礼义廉耻"为"国之四维",并解释:"礼是规规矩矩的态度,义是正正当当的行为,廉是清清楚楚的辨别,耻是切切实实的觉悟。"[1] 南京政府还规定每年的8月27日为"孔诞纪念大典"日,在全国学校举行纪念活动,把"四书五经"编为教科书,在广东等省中小学里推广阅读。后来国民政府又将"礼义廉耻"规定为全国各级学校的共同校训,要使我们全国同胞都能恢复我们中华民族固有的道德精神。至此国民党基本完成了自己的价值体系构建。

由此可见,国民党是通过文化复古活动实现价值体系构建的。孙中山的三民主义本身包含着传统文化内容,孙中山本人也具有深厚的道统观念。总的来看,孙中山对传统文化还是持有一种进化的和辩证的态度,但蒋介石却将孙中山思想中的这一落后方面放大,从孙中山大大倒退了。蒋介石是将孙中山孔子化,将三民主义儒学化,不仅使儒学重新获得合法性,而且与作为官方意识形态的三民主义相结合,取得了至高无上的地位,成为中华民国的立国之本。这无疑是一种历史的倒退。

3. 蒋介石:"力行哲学"与"科学的学庸"

在蒋介石看来,三民主义已经解决了"知"的问题,所以剩下的就是行动了。所以他认为"行动高于理论",并将孙中山的"知难行易"哲学改进为"力行主义"哲学。在蒋介石看来,"知"尽管难,但自从孙中山的三民主义提出后就解决了,而关键的问题就是在三民主义指导下进行革命的行动。蒋介石说:"王阳明所讲的是'知行合一',总理所讲的是'知难行易',统统是反对从前'知易行难'只知静而不知动的哲学。这两个哲学,就作用方面说,可说只有一个,因为统是注重在动的方面,而且统是注重在行的哲学。"[2] 他还进一步认为,"知难行易"的根本就是要人们去"力行","不行不能知","因为我们都是后知后觉,我们除了基本的革命大义以外,所知的实在有限,因此我们一方面固然应当竭力求知,同时还应该从'力行'中去求'真知',凡是我学问经验中认为已经获得的

<hr />

[1]　萧继宗主编:《新生活运动史料》,参见《革命文献》第68辑,中国国民党中央委员会党史委员会,1975年,第8页。

[2]　蒋介石:《革命哲学的重要》,《总统蒋公思想言论总集》第10卷,1984年,第580页。

知识，如果不是经过实行而证明为有效，就不能断定所知者为真知。所以我们一切的事业，必须实行而后始有真知，也唯有能行而后能知"。① 他说："总理的'三民主义'与'知难行易'的学说，即是始于衣食住行之微，而极于大同之治。所以知难致其知，而以行易致其用。因此'行'的精神就是'革命的精神'；'行'的哲学就是'革命哲学'；'行的极致，就是杀身成仁，舍生取义'。"②

蒋介石的"力行"哲学也离不开科学方法。蒋介石受中国传统的中庸哲学影响至深，并且认为自己从中发现了科学思想。他说："我以为这《大学》一书，不仅是中国正统哲学，而且是科学思想的先驱，无异是开中国科学的先河！"③ 这就是他的"科学的学庸"观。他说，一部《大学》，就是孔子所讲为学做事，成德立业的科学方法。因为《大学》是科学的，所以《大学》可以称之为'科学的大学'。尤其是《大学》的第一章，乃为世界上最早的科学理论，亦即科学的祖宗，或者说是基本的科学方法论。《大学》一书不仅是讲基本科学方法之科学的祖宗，同时更是我们中国正统哲学之唯一宝典。④

总的来看，蒋介石与孙中山一样纠结于传统与现代之间。作为一个深受儒家思想影响的政治家，他以儒家的价值观和方法论来理解和阐释孙中山的三民主义，其结果必然是将三民主义进一步儒家化。中国革命的历史证明，用保守落后的思想指导社会变革是不能成功的。蒋介石统治中国几十年的历史证明，这种有悖于历史发展的新瓶装旧酒式的理论是不可能指导革命成功的。孙中山和以后的国民党之所以抱住传统不放，是因为他们的正统思想和道统思想作祟，是他们的旧的统治阶级思想作祟。就是说，他们仍希望承继大统，成为历史上一脉相承的统治者。事实上，只有彻底摆脱传统的束缚，才能对中国社会实行全面的现代化改造。而真正能够摆

---

① 蒋介石：《行的道理（行的哲学）》，参见刘健清编：《中国法西斯主义资料选编》，中国人民大学中共党史系，1984年，第144页。

② 蒋介石：《革命哲学的重要》，参见《中国现代思想史资料简编》第3卷，第593页。

③ 蒋介石：《科学的学庸》，〔台〕《先总统蒋公全集》第1卷，1984年，第95页。

④ 蒋介石：《科学的学庸》，〔台〕《先总统蒋公全集》第1卷，1984年；蒋介石：《为学办事与做人的基本要道》，〔台〕《先总统蒋公全集》第2卷，1984年，第949页。

脱传统束缚并将革命进行到底的是共产党。

第四节　新民主主义的价值形成

一、马克思主义与中国价值

1. 马克思主义与现代性

马克思主义是一种现代性理论。但是，马克思主义的现代性与资本主义的现代性不同。资本主义现代性是经过封建主义批判而形成的现代性，是一种单一的现代性。19世纪中期，资本主义制度基本确立，同时资本主义的矛盾也开始暴露，一方面，社会化大生产与资本主义私人占有的矛盾导致经济危机的周期性爆发，另一方面，工人阶级与资产阶级矛盾引起的工人阶级的罢工斗争也此起彼伏。在这种历史背景下产生的马克思主义具有多重现代性，除具有一般现代性外，还包含有批判现代性、革命现代性，以及建设现代性等。随着马克思主义在欧洲各国和欧洲以外国家的传播，马克思主义需要与这些国家的具体实践相结合，因而，马克思主义又须具有开放现代性。

第一，一般现代性。

马克思主义的一般现代性体现为两个方面：一方面是马克思主义对封建主义的批判。马克思认为，封建社会以自然经济为基础，不能充分利用科技和自然力，存在严格的人身依附关系，阻碍生产力的发展。马克思曾指出："在德国，只要资产阶级采取革命的行动，共产党就同它一起去反对专制君主制、封建土地所有制和小资产阶级。"[①]另一方面，马克思主义是大机器生产条件下产生的科学理论，科学地阐述了资本主义的产生、发展和运行规律，即现代社会的生产、分配、流通和消费的系统理论。

---

① 《马克思恩格斯选集》第一卷，人民出版社2012年版，第434页。

第二，批判现代性。

马克思主义的一般现代性包含了对封建制度的批判。就这方面讲马克思主义与资本主义是一致的。但是，马克思并没有停留于对封建主义的批判，而是在一般现代性基础上进一步展开对资本主义制度的批判。马克思通过对资本主义异化的研究，揭示资本主义私有制与社会化大生产的矛盾，并揭示出资本主义必然被未来的社会主义所代替的历史趋势。这就是马克思主义的批判现代性。

第三，革命现代性。

革命现代性源于批判现代性。马克思不仅科学地揭示了资本主义的矛盾和资本主义社会被社会主义社会所代替的必然规律，还提出无产阶级是资本主义的掘墓人。所以，马克思主义成为无产阶级斗争和争取解放的思想武器。马克思主义的革命现代性，将共产主义从空想发展为科学，并从科学发展到实践，所以马克思主义也是实践的现代性理论。

第四，建设现代性。

马克思主义对于封建主义和资本主义的批判，目的在于提出一个理想的社会模式，这个理想社会就是自由人的联合体。当然，马克思主义不是空想而是科学，所以在资本主义与未来的共产主义之间，存在一个过渡性社会，也就是社会主义。未来的理想社会是通过社会主义社会的建设而逐步实现的。所以，马克思主义的现代性具有建设性意义。

第五，开放现代性。

马克思主义是具有普遍性的理论，同时也适用于不同的国度，需要与各国具体实践相结合，这就是普遍真理与具体实践的结合。因而，马克思主义是开放的现代性理论。马克思主义的开放现代性，还包括与时俱进的性质和特点。随着社会的发展和进步，特别是随着社会主义革命实践的进行，会遇到各种具体的问题。由于马克思主义的开放性，才能不断在实践中发展。可见，马克思主义是能够不断满足空间和时间变化的现代性理论。

马克思主义的一般现代性决定马克思主义是反封建的武器，在这一方面马克思主义与资本主义是一致的；马克思主义的批判现代性和革命现代性是马克思主义与资本主义的分歧之处，也是马克思主义对资本主义的超越之处；马克思主义的建设现代性是对未来社会的设想，并对未来社会主义建设提供了基本方向性指导，而马克思主义的开放现代性决定马克思主义既可以与时俱进不断适应新的发展，也可以作为其他非欧洲国家的现代化指导思想。

2. 马列主义与中国社会革命

中国共产党诞生前，中国的近代工业已经有数十年的发展经历，并且产生了无产阶级和资产阶级。但另一方面，西方资本主义已经进入帝国主义阶段，帝国主义通过殖民主义政策压制中国资本主义发展。所以，中国的现代化面临着多重阻力。在这种情况下，十月革命一声炮响，给我们送来了马列主义，为我们指出了一条新的现代化道路。此时的马克思主义，已经历了俄国十月革命发展为"马列主义"。马列主义对马克思主义既有继承也有创新，继承的是马克思主义的基本原理，而创新的则是在经济落后国家，通过无产阶级革命建立无产阶级专政的理论。与此同时，俄国革命还提供了可资借鉴的革命经验以及实际的支持，特别是建党理论和实践。这就是说，中国的具体国情，包括历史国情和现实国情都与马克思主义创立时不同，马克思主义本身也发展了。马克思主义作为现代性理论，主张社会化大生产，因而在批判资本主义的同时也批判了包括封建主义在内的前资本主义社会。而马克思主义作为革命理论，经过列宁主义阶段后，成为具有实践性的革命理论。

总的来说，列宁主义对于马克思主义的发展，包括：第一，实践性。马克思主义使社会主义从空想变成了科学，但未经实践，而列宁主义使社会主义从科学变成了实践。作为实践的社会主义，列宁主义的核心是武装夺取政权和无产阶级专政理论。人们看到了实实在在的社会主义革命，并且是取得成功的社会主义革命。第二，后发性。列宁主义是在后进国家取得社会主义革命胜利的理论。根据马克思主义，社会主义必须建立在发达的社会化大生产基础之上，但是俄国十月革命却是在比较落后的国家取得成功的例子。实际上，这也是马克思主义的实践现代性的内容，即在不发达的国度里进行社会主义实践。第三，民族性。马克思主义是源于欧洲的无产阶级国际主义理论。而列宁主义是无产阶级在民族国家取得革命成功的理论。特别是列宁提出殖民地解放的思想，并宣布将沙俄期间掠夺中国的领土全部还给中国。这对于中国这个半封建半殖民地国家来说，具有更大的吸引力。

可见，马克思主义在传入中国时已经历了"俄国化"，是普遍真理与具体革命实践的产物。也就是说，通过列宁的创造性转换，马克思主义已发展成为不仅是可以实践的革命理论，而且是具有"民族性"或"东方"特色的革命理论。俄国国情较之欧洲与中国国情更接近，俄国革命的成功为中国提供了更可行的经验，而在这样的实践基础上的马列主义更符合中国革命的需要。

对于中国来说，马列主义既符合了中国革命的反帝反封建任务，也能满足中国实现现代化和民族复兴的目标。中国共产党利用马列主义，进一步将马列主义中国化，并进行了一系列"中国化"的革命实践，包括：第一，农村包围城市。中国国情与欧洲和俄国不同。中国工业革命发生较晚，近代工业基础薄弱，城市不发达，但资产阶级和封建阶级都集中在城市。所以城市的反动力量十分强大，而广大的农村则处于散漫状态。中国共产党领导革命必须在反动势力较为薄弱的农村开始发动，然后集中力量再进攻反动的城市堡垒。第二，工农联盟。中国工人阶级人数少，所以工人阶级只能作为领导者而不能作为广大的群众基础。广大的群众基础必须依靠农民。特别是，中国农民和土地问题是中国社会最严重的问题，是所有矛盾的集中点。如果想完成中国革命而不先行解决农民的土地问题是不可想象的。但是，国民党却不能足够地认识到这个问题。尽管国民党也提出土地改革计划，但是由于其自身的基础包括了地主阶级，所以不能真正地实施这一计划。这样，国民党必然失去农民的支持。而共产党将工农联盟作为自己的重要战略，实际上是将反封建和现代化结合起来。第三，组织建设。组织建设即政党建设是俄国革命的重要经验。尽管专制王权实施集权式的统治，但真正的统治很难深入到基层。所以中国社会的特点是一盘散沙。中国革命必须依靠强大的组织力量才能将广泛的群众组织起来。这就是政党建设。所谓政党就是一个拥有"主义"的组织，而不是一个简单的社团，要通过一个共同的理想将人们组织起来，为了一个共同的理想而奋斗。这才是革命成功的必要条件。第四，统一战线。中国处于现代化过程之中，所以，社会结构比较复杂。除了农民和地主阶级、工人和资本家阶级的阶级对立外，还存在民族资产阶级和帝国主义、官僚资本主义的对立。中国革命要取得成功，就必须建立广泛的统一战线，以工农联盟为基础，联合民族资产阶级和小资产阶级等社会力量。

总之，马克思主义是致力于人类解放的，而这个解放运动在马克思和恩格斯看来不是思想活动，而是现实的历史活动，是人类历史上最伟大的实践。经过列宁和俄国革命的实践，马克思主义具有更加广泛的实践性意义。因而，马克思主义首先是一种现代的社会批判或变革的理论，而不是关于个人的身心修养、情感慰藉的学问。这是马克思主义与中国传统儒家思想的根本不同之处。而近代中国最迫切需要的不是个人修养而是救亡图存，是民族的生存和发展，是向西方学习实现现代化。所以，马克思主义对于中国来说更适用。

3. 马列主义与中华民族复兴

中国革命需要一种革命理论指导。鸦片战争以来，中国人民一直在寻找可以指导中国革命的理论。这种探索集中反映在关于体用关系的看法上。近代以来中国知识分子在体用之间纠缠，中体西用、中体中用、西体中用等，但都没有找到合适的解决方法。旧中国的思想理论也就是儒家为主的理论，不能适应现代化需要，特别是不能适应中华民族复兴的需要。这是因为，这种理论建立在传统社会的经济基础之上，用传统理论应对现代挑战，事实证明这是不可想象的。毛泽东指出："在一个很长的时期内，即从 1840 年的鸦片战争到一九一九年的五四运动的前夜，共计七十多年中，中国人没有什么思想武器可以抗御帝国主义。旧的顽固的封建主义的思想武器打了败仗了，抵不住，宣告破产了。不得已，中国人被迫从帝国主义的老家即西方资产阶级革命时代的武器库中学来了进化论、天赋人权论和资产阶级共和国等项思想武器和政治方案，组织过政党，举行过革命，以为可以外御列强，内建民国。但是这些东西也和封建主义的思想武器一样，软弱得很，又是抵不住，败下阵来，宣告破产了。""一九一七年的俄国革命唤醒了中国人，中国人学得了一样新的东西，这就是马克思列宁主义。"[①] 为什么中国共产党接受了马克思主义，毛泽东讲得十分清楚，

---

① 《毛泽东选集》第四卷，人民出版社 1991 年版，第 1514 页。

他说："要把马克思主义当作工具看待，没有什么神秘，因为它合用，别的工具不合用。资产阶级的唯物主义不合用，只有马克思的唯物主义，就是辩证唯物主义，运用到社会问题上成为历史唯物主义，才合用。马克思创立了许多学说，如党的学说、民族学说、阶级斗争学说、无产阶级专政学说、文学艺术理论等等，也都应当当作合用的工具来看待。"[①] 这就是说，中共接受了马克思主义，将马克思主义作为中国革命的指导思想，并与中国具体实践相结合，从根本上解决了体用问题。

中国共产党接受马克思主义，不仅使中国革命面目焕然一新，而且使中国的精神文化发生了根本变革，进入一个全新的时代。1941 年 5 月 19日，毛泽东在《改造我们的学习》中指出："灾难深重的中华民族，一百年来，其优秀人物奋斗牺牲，前仆后继，摸索救国救民的真理，是可歌可泣的。但是直到第一次世界大战和俄国十月革命之后，才找到马克思列宁主义这个最好的真理，作为解放我们民族的最好的武器，而中国共产党则是拿起这个武器的倡导者、宣传者和组织者。马克思列宁主义的普遍真理一经和中国革命的具体实践相结合，就使中国革命的面目为之一新。"[②] 毛泽东指出："自从中国人学会了马克思列宁主义以后，中国人在精神上就由被动转入主动。从这时起，近代世界历史上那种看不起中国人，看不起中国文化的时代应当完结了。伟大的胜利的中国人民解放战争和人民大革命，已经复兴了并正在复兴着伟大的中国人民的文化。这种中国人民的文化，就其精神方面来说，已经超过了整个资本主义的世界。"[③]

二、新民主主义的哲学基础

1. 从进化论到唯物史观

对于中国新民主主义革命来说，最核心的理论就是马克思主义的唯物史观。唯物史观认为，人们的社会存在决定人们的社会意识。唯物史观与"唯心主义历史观不同，它不是在每个时代中寻找某种范畴，而是始终站

---

① 《毛泽东文集》第八卷，人民出版社 1999 年版，第 263—264 页。
② 《毛泽东选集》第三卷，人民出版社 1991 年版，第 796 页。
③ 《毛泽东选集》第四卷，人民出版社 1991 年版，第 1516 页。

在现实历史的基础上，不是从观念出发来解释实践，而是从物质实践出发来解释观念的形成"①。但唯物史观不仅仅是哲学思辨，更是"描述人们实践活动和实际发展过程的真正的实证科学"②。唯物史观进一步认为，物质利益决定人们的思想意识，生产力决定社会的生产关系，而落后的生产关系是生产力发展的障碍，革命就是变革落后的生产关系以解放生产力和发展生产力。唯物史观还认为，人们的经济地位决定人们的阶级地位，不同的经济利益决定人们分成不同的阶级，而阶级斗争是社会发展的动力。这就是恩格斯所概括的："一切重要历史事件的终极原因和伟大动力是社会的经济发展，是生产方式和交换方式的改变，是由此产生的社会之划分为不同的阶级，是这些阶级彼此之间的斗争"。③

中国共产党在接受马克思主义唯物史观之前，已经过进化论的启蒙。早期共产党人基本上都读过《天演论》以及其他相关著作，并且都认识了"物竞天择、适者生存"的竞争法则。他们普遍认为，中华民族要在这个弱肉强食的世界生存下来并实现民族复兴，就必须自立自强。但是，他们同时也认识到，在这种无情竞争的社会中，必然有不同民族和部分人落败或沦落到社会底层。这样，不仅不能解决长期存在的社会矛盾而且会使之进一步加剧。就是说，一方面，他们认识到要实现民族的复兴就必须认同进化论的竞争法则，但同时也认识到这种竞争法则与传统的"大同"和"均平"理想相悖。所以，他们认为进化论不能解决中国的问题，所以才转而接受马克思主义的唯物史观。

五四运动以后，唯物史观理论开始较为系统地介绍进中国。1919 年 9 月李大钊在《新青年》上发表《我的马克思主义观》，指出："历史的唯物论者观察社会现象，以经济现象为最重要，因为历史上物质的要件中，变化发达最甚的，算是经济现象。故经济的要件是历史上唯一的物质的要件"。"唯物史观的要领，在认经济的构造对于其他社会学上的现象，是最重要的"。"经济构造是社会的基础构造，全社会的表面构造，都依着他迁

---

①　《马克思恩格斯选集》第一卷，人民出版社 2012 年版，第 172 页。
②　《马克思恩格斯选集》第一卷，人民出版社 2012 年版，第 153 页。
③　《马克思恩格斯选集》第三卷，人民出版社 2012 年版，第 760 页。

移变化"。经济构造本身变化的原因，"马克思则以'物质的生产力'为最高动因"。"基础构造的变动，乃以其内部促进他自己进化的最高动因，就是生产力。"① 李大钊认为，为了建造"少年中国"，必须要进行两种文化运动：一是精神改造运动，一是物质改造运动。李大钊特别强调，精神改造要与物质改造同步，经济组织不改变，精神的改造很难成功。"在从前的经济组织里，何尝没有人讲过'博爱''互助'的道理，不过这表面构造（就是一切文化的构造）的力量，到底比不上基础构造（就是经济构造）的力量大，你只管讲你的道理，他时时从根本上破坏你的道理，使他永远不能实现。"② 其他一些早期共产党人也发表文章介绍唯物史观。1921年8月，陈独秀在《新青年》第9卷第4号上发表《答蔡和森〈马克思学说与中国无产阶级〉》一文，说："我以为唯物史观底要义是告诉我们：历史上一切制度底变化是随着经济制度底变化而变化的。我们因为这个要义底指示，在创造将来的历史上，得了三个教训：（一）一种经济制度要崩坏时，其他制度也必然要跟着崩坏，是不能用人力来保守的；（二）我们对于改造社会底主张，不可蔑视现社会经济的事实；（三）我们改造社会，应当首先从改造经济制度入手。"③ 可见，中国共产党接受唯物史观，反映了他们为了民族复兴而大力发展生产力的要求，也反映了他们为发展生产力而改造现有生产关系的想法。

中国革命既是社会革命也是民族革命，而在当时历史背景下，外国资本主义侵略加剧了社会矛盾并激起了革命的要求，致使民族革命与社会革命纠缠在一起。而民族革命和社会革命的根源都集中反映为经济问题：经济落后就要挨打，而经济落后是由于陈旧的生产关系阻碍了生产力发展。1924年5月1日李大钊发表《这一周》说："应该细细的研究马克思的唯物史观，怎样应用于中国今日的政治经济情形。详细一点说，就是依马克思的唯物史观以研究怎样成了中国今日政治经济的情状，我们应该怎样去

---

① 《李大钊文集》下册，人民出版社1984年版，第53、59页。
② 《李大钊文集》下册，人民出版社1984年版，第43页。
③ 陈独秀：《答蔡和森——马克思学说与中国无产阶级》，参见《陈独秀著作选》第2卷，上海人民出版社1993年版，第315页。

作民族独立的运动，把中国从列强压迫之下救济出来。"① 所以，中国的旧民主主义革命和后来的新民主主义革命，都将反帝反封建和大力发展生产力作为基本目标。但是，旧民主主义革命信奉的是三民主义的民生史观，而新民主主义革命则以唯物史观为指导。与前者相比较，后者更强调物质生产力的决定性作用，主张通过阶级斗争改变生产关系和政治制度。毛泽东说的更加明确："阶级斗争，一些阶级胜利了，一些阶级消灭了。这就是历史，这就是几千年的文明史。拿这个观点解释历史的就叫做历史的唯物主义，站在这个观点的反面的是历史的唯心主义。"②

2. 从知行观到实践哲学

马克思主义是开放的。马克思主义的开放性决定了马克思主义的时代性和民族性。一方面，马克思主义要与时俱进不断发展，即根据不同的时代要求不断增加新的内容以解决新问题；另一方面，马克思主义要对不同国家和民族开放，即马克思主义普遍真理与这些国家的具体实践相结合。但是，对于马克思主义的这种认识，中国共产党是经历了一系列教训并付出血的代价才获得的。

鸦片战争以来，中国士人认识到中国的传统技术不能与西方坚船利炮相抗衡，必须师夷长技，首先解决了"用"的问题。但"西用"与"中体"的矛盾却一直存在着，不论是洋务派还是维新派都纠结于体用之间，即便是作为中国民主主义革命先行者的孙中山，也不愿放弃"千年道统"。只有中国共产党继承五四批判精神，彻底放弃了旧的封建传统，接受了马克思主义，将马克思主义作为自己的指导思想和理论基础。这就从根本上解决了长期以来困扰中国的"体"的问题。但另一方面，共产党人对马克思主义却存在严重的片面认识，即将马克思主义作为教条来理解，并导致一系列失败的教训。所以，"用"的问题又突出出来了。不过，马克思主义之用，与传统的体用关系有所不同。这个"用"不是器物之用，而是方法之用，实际上就是方法论。

毛泽东在学生时代受业于湘学，因而深受"实学"思潮影响。湘学开

---

① 《李大钊文集》下，人民出版社 1984 年版，第 711 页。
② 《毛泽东选集》第四卷，人民出版社 1991 年版，第 1491 页。

创者是明清之际的王夫之。王夫之通过反思"明统之坠"悟出一个道理，那就是"疾虚而返实"，即拒斥玄虚之学，而返归经世致用的先儒实学。而"实学"的核心就是"实事求是"。毛泽东在《讲堂录》中写道："言士要转移两义，曰厚，曰实"，"实则不说大话，不好虚名，不行架空之事，不谈过高之理"。① "闭门求学，其学无用，欲从天下国家万事万物而学之。则汗漫九垓，遍游四宇尚已。"② 可见，毛泽东首先接受了湘学先行后知、行重于知的思想传统，在此基础上进一步接受、理解和领会马克思的辩证唯物主义和历史唯物主义，并创造性地建立了自己的革命哲学。

中国共产党早期对于马克思主义的运用，出现严重的"本本主义"倾向，并导致革命事业的挫折。1930 年毛泽东在《反对本本主义》中，大声疾呼：反对本本主义，洗刷唯心精神！毛泽东指出："我们说马克思主义是对的，决不是因为马克思这个人是什么"先哲"，而是因为他的理论，在我们的实践中，在我们的斗争中，证明了是对的。我们的斗争需要马克思主义。我们欢迎这个理论，丝毫不存什么"先哲"一类的形式的甚至神秘的念头在里面。""马克思主义的'本本'是要学习的，但是必须同我国的实际情况相结合。我们需要'本本'，但是一定要纠正脱离实际情况的本本主义。"③ 反对本本主义，就是要把马克思主义普遍真理与中国具体实际相结合，这就需要认识现实实际，即实事求是。延安时期，毛泽东在《改造我们的学习》中对实事求是作了经典阐释，指出："要有目的地去研究马克思列宁主义的理论，要使马克思列宁主义的理论和中国革命的实际运动结合起来，是为着解决中国革命的理论问题和策略问题而去从它找立场，找观点，找方法的。这种态度，就是有的放矢的态度。'的'就是中国革命，'矢'就是马克思列宁主义。我们中国共产党人所以要找这根'矢'，就是为了要射中国革命和东方革命这个'的'的。这种态度，就是实事求是的态度。'实事'就是客观存在着的一切事物，'是'就是客观事物的内部联系，即规律性，'求'就是我们去研究。我们要从国内外、省

---

① 中共中央文献研究室编：《毛泽东早期文稿》，湖南出版社 1990 年版，第 581 页。
② 中共中央文献研究室编：《毛泽东早期文稿》，湖南出版社 1990 年版，第 587 页。
③ 《毛泽东选集》第一卷，人民出版社 1991 年版，第 111—112 页。

内外、县内外、区内外的实际情况出发，从其中引出其固有的而不是臆造的规律性，即找出周围事变的内部联系，作为我们行动的向导。"①

如何运用马克思主义指导中国革命的实践，也就是知与行的关系。孙中山提出知难行易，实际上是表明了对新的思想和新的主义认识上的重要性和思想观念转变上的困难。孙中山所说的"知难"，就是指在封建主义长期占据统治地位的情况下，人们接受新思想和新主义是十分困难的。蒋介石对知难行易进行了修正，提出"力行哲学"，实际上是主张知行合一并注重行动。蒋介石认为，"知"尽管难，但是自从孙中山的三民主义理论建立之后就得到了解决，所以余下的任务就是革命和行动。毛泽东认为，自从中国共产党接受了马克思列宁主义以后，"知"的问题也得到了解决，但是仍存在着马克思列宁主义与中国具体实际相结合的问题，所以还需要进一步深入调整"知行"关系。毛泽东指出，由于没有解决好知行关系，才导致中国共产党内的"左"、右倾机会主义领导革命运动的失败。为此，毛泽东写了著名的《实践论》。

毛泽东的实践论重点要解决两个问题，一方面是延续孙中山的知行理论，另一方面是解决中共党内的教条主义。毛泽东指出："在马克思主义看来，理论是重要的，它的重要性充分地表现在列宁说过的一句话：'没有革命的理论，就不会有革命的运动。'然而马克思主义看重理论，正是，也仅仅是，因为它能够指导行动。如果有了正确的理论，只是把它空谈一阵，束之高阁，并不实行，那末，这种理论再好也是没有意义的。"② 在《实践论》中，毛泽东系统地阐述了认识对社会实践的依赖关系，即实践是认识的源泉、认识的动力、认识的目的、认识真理性的标准的理论，具体分析了认识发展是从感性认识到理性认识、又从理性认识到实践的辩证过程，精辟地概括了认识运动的总规律，即："实践、认识、再实践、再认识，这种形式，循环往复以至无穷，而实践和认识之每一循环的内容，都比较地进到了高一级的程度。"③

① 《毛泽东选集》第三卷，人民出版社 1991 年版，第 801 页。
② 《毛泽东选集》第一卷，人民出版社 1991 年版，第 292 页。
③ 《毛泽东选集》第一卷，人民出版社 1991 年版，第 296—297 页。

在此基础上，毛泽东还深刻地揭露了机会主义和冒险主义的认识论根源，即它们"都是以主观和客观相分裂，以认识和实践相脱离为特征的"。正是基于这种认识，毛泽东提出："我们的结论是主观和客观、理论和实践、知和行的具体的历史的统一，反对一切离开具体历史的'左'的或右的错误思想。"[①] 毛泽东的实践论观点，实际上是将知行合一、知难行易和力行哲学等向前推进了。毛泽东认为，马列主义是源于欧洲和俄国的革命实践的，是"放之四海而皆准"的真理。中国共产党接受了马克思主义，首先解决了"知难"的问题。但是，对于中国革命来说"行"也不易。这是因为，作为普遍真理的马列主义还要与中国革命的具体实践相结合。这样，中国革命的"知"的问题就转为了"实践"问题，把实践的重要性又提了出来。这就是"再实践"。通过"再实践"获得"再认识"，马列主义就成了中国化的马克思主义了。可见，毛泽东的实践论思想，就是将马列主义与中国革命具体实践相结合的方法论。

3. 从辩证法到斗争哲学

有了革命的理论，就必须付诸实施，转变成革命行动。而革命行动需要正确的战略思想指导，并坚持一种斗争哲学。在抗日战争期间，毛泽东根据中国古代哲学思想和马列主义辩证唯物主义，总结共产党领导中国革命的经验和教训，写出著名的《矛盾论》。《矛盾论》主要阐述了毛泽东的辩证法思想和斗争哲学。

第一，矛盾的普遍性和绝对性。

毛泽东的《矛盾论》指出："矛盾是普遍的、绝对的，存在于事物发展的一切过程中，又贯串于一切过程的始终。"新过程的发生"是旧的统一和组成此统一的对立成分让位于新的统一和组成此统一的对立成分，于是新过程就代替旧过程而发生。旧过程完结了，新过程发生了。新过程又包含着新矛盾，开始它自己的矛盾发展史"[②]。这就从哲学层面上找到了中国革命的原动力。毛泽东的矛盾哲学与唯物史观是一致的，即生产力与生产关系、经济基础与上层建筑之间的矛盾，是社会变革的基本原因，两方

---

① 《毛泽东选集》第一卷，人民出版社 1991 年版，295—296 页。

② 《毛泽东选集》第一卷，人民出版社 1991 年版，第 307 页。

面的矛盾运动，构成了社会发展和进步。这是社会变革或革命的合理性基础。

第二，矛盾的普遍性和特殊性。

在《矛盾论》中，毛泽东指出："矛盾的普遍性和矛盾的特殊性的关系，就是矛盾的共性和个性的关系。其共性是矛盾存在于一切过程中，并贯串于一切过程的始终，矛盾即是运动，即是事物，即是过程，也即是思想。否认事物的矛盾就是否定了一切。这是共通的道理，古今中外，概莫能外。所以它是共性，是绝对性。然而这种共性，即包含于一切个性之中，无个性即无共性。假如除去一切个性，还有什么共性呢？因为矛盾的各各特殊，所以造成了个性。一切个性都是有条件地暂时地存在的，所以是相对的。""这一共性个性、绝对相对的道理，是关于事物矛盾的问题的精髓。"① 这是认识中国革命的核心问题的方法：即矛盾是普遍存在的，如果不存在矛盾就没有革命的必要了，但是中国社会与西方社会不同，中国的社会矛盾的特殊性，决定中国革命必须将马克思主义普遍真理与中国具体国情相结合。

第三，主要矛盾和次要矛盾，矛盾的主要方面和次要方面及其相互转化。

毛泽东认为，矛盾的普遍性决定各种矛盾可能同时存在，但是这些矛盾中分为主要矛盾和次要矛盾。而重要的是区别什么是主要矛盾什么是次要矛盾，并集中力量解决主要矛盾。同时，同一对矛盾中还要区分矛盾的主要方面和次要方面，抓住矛盾的主要方面矛盾就迎刃而解了。这里是要解决中国社会的主要矛盾和矛盾的主要方面。在《矛盾论》的写作年代，主要矛盾是日本帝国主义侵略导致中国的民族危机，而矛盾的主要方面则是团结一切力量争取抗日战争的胜利，取得民族独立。但是主要矛盾和次要矛盾以及矛盾的主次方面是可以相互转化的。"一切过程都有始有终，一切过程都转化为它们的对立物。一切过程的常住性是相对的，但是一种过程转化为他种过程的这种变动性则是绝对的。"② 这就为理解和认识抗日

① 《毛泽东选集》第一卷，人民出版社 1991 年版，第 319、320 页。
② 《毛泽东选集》第一卷，人民出版社 1991 年版，第 332 页。

战争胜利后中国社会主要矛盾的变化提供了理论解释。

第四，矛盾的斗争性。

毛泽东在《矛盾论》中指出："矛盾的斗争贯串于过程的始终，并使一过程向着他过程转化，矛盾的斗争无所不在，所以说矛盾的斗争性是无条件的、绝对的。"① 1945 年 4 月毛泽东在党的七大上的口头报告中，将中共的哲学称为"斗争哲学"。他说："自从有了奴隶主、封建主、资本家，他们就向被压迫的人民进行斗争，'斗争哲学'是他们先发明的。被压迫人民的'斗争哲学'出来得比较晚，那是斗争了几千年，才有了马克思主义。"② 毛泽东认为矛盾双方的斗争是绝对的。这种绝对性表现在两个方面：一方面斗争是普遍的，有矛盾就会有斗争，是无法回避的；另一方面斗争的双方是决不可以调和的，斗争的性质可以划分为非对抗性和对抗性，斗争的特点可以时而缓和，时而激烈，但是任何时候不能企图调和矛盾。只有斗争才能使矛盾向着对自己有利的一面转化，同样，只有斗争才能防止向错误的或负面方向转化。毛泽东的矛盾哲学和斗争哲学继承了中国哲学的辩证传统，但是反对儒家的中庸传统。这是由中国共产党对中国历史和社会阶段的认识所决定的。中国共产党认为，中国数千年受封建主义影响，积弊极深，不能用改良的方式改造社会，必须用疾风暴雨式的革命才能将数千年的封建积弊扫除干净。这种方式的社会变革，必然是暴烈的行动。

毛泽东认为："事物矛盾的法则，即对立统一的法则，是自然和社会的根本法则，因而也是思维的根本法则。它是和形而上学的宇宙观相反的。它对于人类的认识史是一个大革命。"毛泽东将"矛盾的法则"作为方法论来指导革命实践。毛泽东认为，"矛盾的斗争则是不断的，不管在他们共居的时候，或者在他们互相转化的时候，都有斗争的存在"③。而就党内来看，"不同思想的对立和斗争是经常发生的，这是社会的阶级矛盾和新旧事物的矛盾在党内的反映。党内如果没有矛盾和解决矛盾的思想斗

① 《毛泽东选集》第一卷，人民出版社 1991 年版，第 333 页。
② 毛泽东：《在中国共产党第七次全国代表大会上的口头政治报告》，《毛泽东文集》第三卷，人民出版社 1996 年版，第 316 页。
③ 《毛泽东选集》第一卷，人民出版社 1991 年版，第 336 页。

争，党的生命也就停止了。"① 毛泽东在 1953 年 6 月 15 日的政治局会议上说过："有人在民主革命成功后，仍然停留在原来的地方，他们没有懂得革命性质的转变，还在继续搞他们的新民主主义，不去搞社会主义改造。这就要犯右倾的错误"。他进一步指出："'确立新民主主义社会秩序'，这种提法是有害的。过渡时期每天都在变动，每天都在发生社会主义因素。所谓'新民主主义秩序'，怎样确立？要'确立'是很难的哩！"② 他认为事物都是朝前发展的，在新民主主义阶段里，每天都会有社会主义因素的发生，在实现了社会主义改造以后，又会有大量的共产主义因素在发展，他不能允许那种"停留在原来的地方"搞"确立"的行为。他主张不断进取，主张不断地由一个发展阶段向另一个发展阶段的转变。

三、新民主主义的核心价值

1. 新启蒙运动

五四时期，中国先进知识分子开启了现代启蒙的序幕。然而，由于封建制度和传统观念根深蒂固，启蒙的事业并非一帆风顺，启蒙本身也存在诸多的局限，不能满足中国革命的需要。五四以后，启蒙事业出现分裂，国民党从五四启蒙倒退，通过三民主义儒家化恢复部分陈腐的制度文化，而共产党将五四启蒙向前推进，并转向马克思主义。面对未完成的启蒙事业，中国先进知识分子结合中国革命具体实践，试图将启蒙推向新的阶段。这就导致 20 世纪 30 年代中期的"新启蒙"运动。

1934 年，张申府在主编《世界思潮》时重提"五四精神"，发出新启蒙的呼吁。1936 年 9 月，陈伯达在《读书生活》发表《哲学的国防动员——新哲学者的自我批判和关于新启蒙运动的建议》一文，正式把新启蒙运动提上日程。此后，陈伯达、张申府、何干之等中共文化人接连发文，回顾启蒙运动的历程，申述新启蒙运动的意义。新启蒙运动以"继承五四，超越五四"相号召，试图突破"五四"启蒙的历史局限，争取思想

---

① 《毛泽东选集》第 1 卷，人民出版社 1991 年版，第 306 页。
② 毛泽东：《在中央政治局会议上的讲话（1953 年 6 月 15 日）》，《党的文献》2003 年第 4 期。

自由、言论自由和学术自由，批判蒋介石国民党政府的文化专制主义，促成中华民族的新觉醒。

"新启蒙"者指出，中国启蒙运动要真正承担起应该承担的历史责任，就不仅要注意"输入文明"，更要注意"创造理论"①。他们强调，"新启蒙"最终是要达到建立现代中国新文化的目的。在这种思想指导下，新的启蒙运动除延续五四以科学民主为核心的现代性启蒙外，更加强了大众性启蒙、民族主义启蒙，特别是马克思主义的再启蒙。

第一，现代性再启蒙。

新启蒙运动主张诉于理性，就思想和哲学的方法来说，乃是反复古，反神学，反独断，反盲从；就社会发展的内容来说，乃是反帝反封建的新民主主义到社会主义。新启蒙就是"用民主的自由的思想来对抗独断的教条，用科学的文化来代替迷信的愚蒙。这就是民主主义和科学精神的要求。总之，要从黑暗的中古时代的睡梦中把民众唤醒，使他们能够自觉到自己的现实的存在，这就是新文化的意义，也就是启蒙运动的意义"②。新启蒙运动的思想家呼吁进一步的思想解放，即从传统思想束缚下解放。

第二，民族主义再启蒙。

他们认为，中国启蒙运动新的思想载体，"不应该只是毁弃中国传统文化，而接受外来西洋文化。当然更不应是固守中国文化，而拒斥西洋文化。乃应该是各种现有文化的一种辩证的或有机的综合"③。1937 年 11 月，中共机关刊物《解放》周刊发表《现阶段的文化运动》一文，指出"新启蒙运动的目标是要唤醒中国民众的民族自觉"，其文化运动的内容首先"就是民族的"，目标是要建立中国自己的"真正的民族文化"，使我们的文化运动充分中国化"。

第三，大众性再启蒙。

新启蒙运动提出以民众为主体的新的启蒙观，不仅要求民族的解放，也要求社会的解放，以图最终达到思想和社会问题的根本解决。他们认

① 何干之：《中国启蒙运动史》，生活书店 1947 年版，第 12 页。
② 艾思奇：《什么是新启蒙运动》，参见丁守和主编：《中国近代启蒙思潮》下卷，社会科学文献出版社 1996 年版，第 170—171 页。
③ 张申府：《五四纪念与新启蒙运动》，《认识月刊》创刊号。

为，启蒙就是把民众从某种"不成熟状态"下解放出来，给予他们以科学的世界观和方法论，让他们自己在实践中进行自我启蒙、自我解放、自我创造。毛泽东指出："现在工农兵面前的问题，是他们正在和敌人作残酷的流血斗争，而他们由于长时期的封建阶级和资产阶级的统治，不识字，无文化，所以他们迫切要求一个普遍的启蒙运动，迫切要求得到他们所急需的和容易接受的文化知识和文艺作品，去提高他们的斗争热情和胜利信心，加强他们的团结，便于他们同心同德地去和敌人作斗争。"①

第四，马克思主义再启蒙。

新启蒙运动认为，马克思主义基本原理必须与中国革命的具体实际相结合。毛泽东指出：如果我们今天不反对新八股和新教条主义，则中国人民的思想又将受另一个形式主义的束缚，真正的马克思主义就不能得到广泛的传播和发展，就达不到摧毁廓清的目的。② 毛泽东号召"在党内发动一个启蒙运动，使我们同志的精神从主观主义、教条主义的蒙蔽中间解放出来，号召同志们对于主观主义、宗派主义、党八股加以抵制"③。1938年10月，中共六届六中全会召开，毛泽东在会上作《论新阶段》的政治报告，提出了"使马克思主义在中国具体化"的问题。此后，"理论现实化，学术中国化"成为当时左翼文化运动的主流，中国共产党人从此也就很少再谈新启蒙运动。

新启蒙运动最重要的意义，是深化了对马克思主义的认识，特别是认识到马克思主义必须与中国实际相结合，在一定程度上推进了马克思主义中国化。但是，这次启蒙也存在严重的不足。这种不足就是没有将人性启蒙特别是理性启蒙深入下去，民主启蒙被民族战争所要求的集中动员体制所掩盖。这种缺陷对以后中国社会的发展留下了很多问题。理性启蒙没有出现，但是在革命的形势下，浪漫主义得到进一步的发扬，启蒙的历史任务仍没有完成。

2. 新民主主义革命的本质：解放生产力

现代化是中国人民的共同目标，也是新民主主义革命的重要目标。但

① 《毛泽东选集》第三卷，人民出版社1991年版，第861—862页。
② 《毛泽东选集》第三卷，人民出版社1991年版，第832—833页。
③ 《毛泽东选集》第三卷，人民出版社1991年版，第827页。

是，封建主义和帝国主义以及官僚资本主义严重阻碍了中国的现代化。所以中国革命就是要消灭这三种反动势力以解放生产力，实现现代化。这是中国新民主主义革命的合理性阐释。

马克思主义现代性价值是中国共产党现代化思想的核心。马克思主义认为，生产力决定生产关系，经济基础决定上层建筑，其中生产力是最革命的因素，而科学技术是生产力的一部分。马克思的生产力论，对于生产力极端落后和积贫积弱的旧中国来说，具有极大的吸引力。五四以后，中国共产党走上历史舞台，成为推进中国革命和现代化的领导力量。从中共领导革命的历史来看，始终把生产力作为一个核心概念来阐释，并始终将改造生产关系和解放生产力作为革命的根本目标。

1944年3月，在中共中央宣传委员会的会议上，毛泽东指出，中国"最根本的问题是生产力向上发展的问题"，"政治、军事的力量是为着推翻妨碍生产力发展的力量"，"其目的是为着解放生产力，发展经济"，"生产力不得到解放，就没有可能谈其他问题"。① 毛泽东认为："中国一切政党的政策及其实践在中国人民中所表现的作用的好坏、大小，归根到底，看它对中国人民的生产力的发展是否有帮助及其帮助之大小，看它是束缚生产力的，还是解放生产力的。"② 在半殖民地半封建社会的旧中国，帝国主义、封建主义和官僚资本主义的统治，是造成中国社会长期落后的根本原因。

1945年4月，在中共七大上，毛泽东把新民主主义革命最后胜利阶段的任务归结为"消灭日本侵略者，实行土地改革，解放农民，发展现代工业，建立独立、自由、民主、统一和富强的新中国，只有这一切，才能使中国社会生产力获得解放"③。1947年12月，在《目前形势和我们的任务》一文中，毛泽东再次指出："新民主主义的革命任务，除了取消帝国主义在中国的特权以外，在国内，就是要消灭地主阶级和官僚资产阶级（大资产阶级）的剥削和压迫，改变买办的封建的生产关系，解放被束缚

---

① 《党的文献》1993年第2期。
② 《毛泽东选集》第三卷，人民出版社1991年版，第1079页。
③ 《毛泽东选集》第三卷，人民出版社1991年版，第1079页。

的生产力。"① 1948 年，毛泽东指出："全国一切生产力，除了已经获得解放的地区以外，均被这些反动阶级所控制的反动的退步的落后的生产关系所束缚，日趋衰败，不能发展。而生产力本身的要求，则是用革命方法解除这种旧有生产关系的束缚，推翻这种旧有生产关系，建立新的生产关系，建立新民主主义的生产关系，因而使全国一切积极的生产力获得向上发展的可能，替未来的更进步的更能自由地发展生产力的社会主义社会准备条件。这个生产关系变革的内容，就是废除帝国主义者在中国所强占的特权，废除地主阶级及旧式富农的封建的土地所有权，废除官僚资产阶级的私人垄断的资本所有权。"②

总之，新民主主义革命的目的是解放生产力，反过来说，解放生产力就是通过革命的方式改造落后的生产关系。毛泽东 20 世纪五六十年代在《读苏联〈政治经济学教科书〉的谈话》中指出："首先制造舆论，夺取政权，然后解决所有制问题，再大大发展生产力，这是一般规律。"他指出："一切革命的历史都证明，并不是先有充分发展的新生产力，然后才改造落后的生产关系，而是首先造成舆论，进行革命，夺取政权，才有可能消灭旧的生产关系。消灭了旧的生产关系，确立了新的生产关系，这样就为新的生产力的发展开辟了道路。"③

3. 新民主主义文化：民族的、科学的、大众的文化

中共继承五四传统，坚持彻底的反帝反封建，将马克思主义与中国具体实际相结合，经过土地革命和抗日战争的洗礼，在理论上进一步成熟了。毛泽东在延安期间，经过研究和实践，提出了新民主主义的文化定义，将马克思主义中国化大大向前推进了一步。

毛泽东指出："一定的文化是一定的政治和经济在观念形态上的反映。在中国，有帝国主义文化，这是反映帝国主义在政治上经济上统治或半统治中国的东西。这一部分文化，除了帝国主义在中国直接办理的文化机关之外，还有一些无耻的中国人也在提倡。一切包含奴化思想的文化，都属

① 《毛泽东选集》第四卷，人民出版社 1991 年版，第 1254 页。
② 《毛泽东文集》第五卷，人民出版社 1991 年版，第 61 页。
③ 《毛泽东文集》第八卷，人民出版社 1999 年版，第 132 页。

于这一类。在中国，又有半封建文化，这是反映半封建政治和半封建经济的东西，凡属主张尊孔读经、提倡旧礼教旧思想、反对新文化新思想的人们，都是这类文化的代表。……这类反动文化是替帝国主义和封建阶级服务的，是应该被打倒的东西。不把这种东西打倒，什么新文化都是建立不起来的。不破不立，不塞不流，不止不行，它们之间的斗争是生死斗争。"① 在五四以后，中国产生了完全崭新的文化生力军，这就是中国共产党人所领导的共产主义的文化思想，即共产主义的宇宙观和社会革命论。这个文化生力军，就以新的装束和新的武器，联合一切可能的同盟军，向着帝国主义文化和封建文化展开了英勇的进攻。中国的新文化是新民主主义性质的文化，即无产阶级领导的人民大众的反帝反封建的文化。

第一，新民主主义的文化是民族的。

新民主主义的文化"是反对帝国主义压迫，主张中华民族的尊严和独立的。它是我们这个民族的，带有我们民族的特性"②。发展民族文化必须注重发扬民族传统。毛泽东指出："中国的长期封建社会中，创造了灿烂的古代文化。清理古代文化的发展过程，剔除其封建性的糟粕，吸收其民主性的精华，是发展民族新文化提高民族自信心的必要条件；但是决不能无批判地兼收并蓄。必须将古代封建统治阶级的一切腐朽的东西和古代优秀的人民文化即多少带有民主性和革命性的东西区别开来。"③ 另一方面，发展民族文化还必须吸收外国的先进文化，与世界其他民族的文化相结合。毛泽东指出："大量吸收外国的进步文化"，既包括外国的古代文化也包括资本主义国家启蒙时代的文化，"凡属我们今天用得着的东西，都应该吸收"。但吸收外国文化必须区分精华和糟粕，必须"排泄其糟粕，吸收其精华"，决不能生吞活剥地毫无批判地吸收。毛泽东特别强调，"对于马克思主义在中国的应用也是这样，必须将马克思主义的普遍真理和中国革命的具体实践完全地恰当地统一起来，就是说，和民族的特点相结合，经过一定的民族形式，才有用处，决不能主观地公式地应用它"。所以毛

① 《毛泽东选集》第二卷，人民出版社1991年版，第694—695页。
② 《毛泽东选集》第二卷，人民出版社1991年版，第706页。
③ 《毛泽东选集》第二卷，人民出版社1991年版，第707—708页。

泽东坚决反对全盘西化。总之，"中国文化应有自己的形式，这就是民族形式。民族的形式，新民主主义的内容"①。

第二，新民主主义的文化是科学的。

科学是现代性的根本内容之一。西方资本主义和马克思主义都包含了科学方面。五四提出科学但并没有区分资本主义和马克思主义。五四的科学除了科学意识和科学发展的方向外，实际上是作为反封建的工具而提出来的。共产党继承五四传统，一方面坚持彻底的反封建，同时强调马克思主义的科学性。毛泽东指出，"新民主主义的文化是科学的。它是反对一切封建思想和迷信思想，主张实事求是，主张客观真理，主张理论和实践一致的。"② 唯物主义是科学文化的核心内容，所以，科学文化必须反对唯心主义和宗教教义。与此同时，对传统文化也要采取科学的态度，必须尊重历史。毛泽东指出："中国现时的新政治新经济是从古代的旧政治旧经济发展而来的，中国现时的新文化也是从古代的旧文化发展而来，因此，我们必须尊重自己的历史，决不能割断历史。但是这种尊重，是给历史以一定的科学的地位，是尊重历史的辩证法的发展，而不是颂古非今，不是赞扬任何封建的毒素。"③ 所以，科学文化也就是反封建的文化。

第三，新民主主义的文化是大众的，因而也是民主的。

新民主主义文化"应为全民族百分之九十以上的工农劳苦民众服务，并逐渐成为他们的文化"④。革命的文化运动和实践运动，都是群众的。一方面，革命的文化运动和实践运动都是以广大的人民群众为主体的，民众是革命文化的丰富源泉；另一方面，新民主主义的文化建设必须考虑到中国广大民众的实际状况和要求，并为他们服务。毛泽东认为，大众性也就是民主性。1940 年，毛泽东在《新民主主义论》中提出了新民主主义的政治："中国现在可以采取全国人民代表大会、省人民代表大会、县人民代表大会、区人民代表大会直到乡人民代表大会的系统，并由各级代表大会选举政府。但必须实行无男女、信仰、财产、教育等差别的真正普遍平等

① 《毛泽东选集》第二卷，人民出版社 1991 年版，第 706—707 页。
② 《毛泽东选集》第二卷，人民出版社 1991 年版，第 707 页。
③ 《毛泽东选集》第二卷，人民出版社 1991 年版，第 707—708 页。
④ 《毛泽东选集》第二卷，人民出版社 1991 年版，第 708 页。

的选举制，才能适合于各革命阶级在国家中的地位，适合于表现民意和指挥革命斗争，适合于新民主主义的精神。这种制度即是民主集中制。"①1944 年毛泽东发表《为人民服务》，指出："我们这个队伍完全是为着解放人民的，是彻底地为人民的利益工作的。"② 这就把大众性确立为共产党的核心价值。

总之，民族的、科学的、大众的文化，就是人民大众反帝反封建的文化，就是新民主主义的文化，就是中华民族的新文化。

四、共产党：传统与革命

1. 中国革命的文化渊源

中国历史上的变革或革命思想可以追溯到民族文化的源头处。如《易经》中有"革"卦，"其象曰：天地革而四时成，汤武革命，顺乎天而应乎人。"《诗经》中也有"周虽旧邦，其命维新"的说法。这些都可以视为革命思想的滥觞。到了春秋战国时代，中国思想界进入"百家争鸣"的"诸子时代"，其中儒家的变革主张是回到三代，采取中庸的变革方式；而法家强调"天道无常"，不法先王，主张激烈方式的变革。秦用法家思想，通过暴力实现了国家统一和社会变革。但革命不可能是常态，而剧烈的社会变革完成后一定需要稳定的经济和社会发展。所以，汉初用道家思想，通过"黄老无为"实现经济发展和天下大治。但社会也不可能长期实行放任，无为而治也不是可以持续的常态。所以到汉武帝转而实行"罢黜百家，独尊儒术"的文化政策。不过，此时的儒家已经不是先秦的儒家而是经过综合百家的新儒家，既继承了先秦儒家的基本思想，也包括了法家和道家以及其他学派的思想。可见，中国传统文化并不仅仅是先秦儒家构成的而是一个思想综合体，而革命思想也就蕴含在这个思想综合体中。

从中国传统社会历史上看，社会变革要求或革命思想，一方面体现在儒家主流思想内部，如汉初关于"马肝问题"的讨论，在春秋三传和今古文之间的反复和转换等；另一方面体现为儒家正统之外的非主流思想中，

① 《毛泽东选集》第二卷，人民出版社 1991 年版，第 677 页。
② 《毛泽东选集》第三卷，人民出版社 1991 年版，第 1004 页。

如法家和道家也在不同历史阶段反复承担社会变革的主导角色等。但是，由于各家思想对于社会变革的主张有所不同，对于不同的历史使命有不同的承担方式。儒家思想是一个综合体，所以从中既可以找到变革的思想也可以找到守旧的思想，后来者往往根据自己所处的时代和社会角色来选择。近代以来的社会变革或革命思想，也是通过这种选择来体现的。康有为主张变革维新，他提出孔子托古改制说，用今文说反对古文说。但是以儒家思想为主体的变革主张往往具有中庸特点，一般不主张采取剧烈革命的方式。所以，以儒家思想为武装的维新派主张改良而反对革命。

辛亥革命完成后，中国的儒家社会改良思想和源于西方的资产阶级革命思想进行了激烈的斗争。而到五四时期，新文化运动和反帝反封建的爱国主义运动彻底扭转了中国思想文化的历史方向。通过一系列的现代性启蒙，中国现代思想基本上占据了主导。这就是孙中山的三民主义。但是，国民革命是在中国传统社会矛盾长期迟滞而未能解决的背景下实行的，一方面，传统势力仍然强大并牢牢都盘踞着广大的基层社会，另一方面，传统文化思想在社会的各个层面也都没有能够清除。中国资产阶级力量弱小，不得不向这些保守势力妥协。更重要的是，孙中山和他的继承者们本身在骨子里也浸透着根深蒂固的传统思想。所以，中国国民革命不可能进行得彻底，最后不得不出现倒退。这种倒退，从文化思想上看就是三民主义的儒家化。

中国共产党与国民党不同，是从一批最激进的知识分子中产生的组织，代表的是中国最底层社会，包括无产阶级和广大的农民阶级。这批激进的知识分子都经历过五四洗礼，通过五四清除了自己头脑中的旧传统、旧文化和旧道德，更重要的是，他们还通过五四接受了最先进的也是最激进的马列主义。他们与国民党不同。国民党继承了革命的儒家，但由于儒家思想的中庸性，一是革命不彻底，二是随时都会转回到反面。所以国民党在完成部分革命使命后很快采取了维持旧传统的政策，也就是说又回到了保守的儒家立场。而共产党通过五四彻底清除了自己的儒家思想，与传统观念实行彻底的决裂，在革命的道路上他们没有回头，而是继续走下去。从思想传统上看，他们的思维方式和思想方法，尽管有儒家成分但更接近于法家。这种倾向随着中国革命的发展越来越清晰。

2. 儒家革命传统的继承

五四反传统主要批判的是儒家主流思想。尽管从其思想源头来看，这种批判性可以追溯到明中期的李贽、明末的黄宗羲、顾炎武和王夫之等，但真正的源头还是来自西方的科学与民主。到五四时期，中国思想变革摆脱了过去"托古改制"的窠臼，所以是一次彻底的"离经叛道"式的思想变革。五四时期，激进的知识分子彻底批判传统，其中最激进的人士走向了共产主义。以儒家文化为主体的传统文化是封建制度的意识形态，反封建必须反传统文化。国民党反封建制度但不反传统文化，这就决定他们不可能彻底反封建。所以，国民党在实行宪政的同时却不能不与封建主义妥协。如在农村保持了地主阶级土地所有制，不仅不能实行孙中山的耕者有其田政策，甚至"平均地权"和"减租减息"也不能实行。反过来，为了阐释与封建"妥协"的政策，在意识形态方面不得不回到传统儒家。而共产党作为五四新文化运动的真正继承者，成为彻底的反封建反传统力量。从这一点上看，共产党就比国民党更适合现代化。但更重要的是，共产党接受了马列主义作为指导思想，从而使自身能够进一步站在意识形态的制高点上。这样，共产党彻底摆脱了"中体西用"的窠臼，就是说，不论是"体"还是"用"都彻底改变了。这就使共产党革命能够打破历史发展的"路径依赖"，真正开启了历史的新纪元。

共产党彻底反封建、反传统，但不能说共产党与中国传统文化没有继承关系。这是因为，尽管共产党彻底地反封建、反传统，但却不能割断历史。事实上，共产党也是中国传统文化的继承者。毛泽东指出："我们是马克思主义的历史主义者，我们不应当割断历史"。[1] "我们必须尊重自己的历史"。[2] 毛泽东强调："从孔夫子到孙中山，我们应当给以总结，承继这一份珍贵的遗产。"[3] 但是共产党作为革命的党，不可能继承作为封建统治意识形态的儒家传统。事实上，中国文化传统并不仅仅是由儒家思想构成的，而是经过数次大的变异和综合而成的，即便是儒家思想也包含有积

---

① 《毛泽东选集》第二卷，人民出版社1991年版，第534页。
② 《毛泽东选集》第二卷，人民出版社1991年版，第708页。
③ 《毛泽东选集》第二卷，人民出版社1991年版，第534页。

极的和革命的内容。所以，共产党根据中国革命的需要，在马克思主义宇宙观和方法论指导下，有选择地继承了这部分积极和革命的传统。就是说，与国民党将三民主义儒家化不同，共产党继承了中国传统文化的另外一个方面，即"革命"的传统。所谓"革命的传统"，既包括以革命和变革为主要特点的法家思想，也包括儒家思想中革命和积极变革的部分。但由于中国传统文化中的落后性，不论是法家还是儒家都不能给中国革命提供完整的革命思想指导，所以，中国革命思想必须是来源于马克思主义。对于马克思主义的革命性特点，毛泽东指出："马克思主义的道理千条万绪，归根结底，就是一句话：造反有理。"① 这就是共产党革命的思想渊源，即马克思主义以及经过马克思主义彻底改造的儒法两家的变革思想和革命传统。

中国共产党的革命思想既是中国传统文化中积极变革和革命传统的继承，也是对孙中山革命思想的继承。孙中山的革命思想继承了儒家思想中积极变革和革命的传统，共产党则继承了孙中山的革命传统。孙中山先生说："我们革命党向来主张三民主义去革命。"② 毛泽东称孙中山为中国革命的"先行者"，"中国最早的革命民主派"，并始终以"孙先生革命事业的继承者"自居。在他看来，"中国反帝反封建的资产阶级民主革命，正规地说起来，是从孙中山先生开始的"，"从孙中山先生开始，才有比较明确的资产阶级民主革命"。③ "'耕者有其田'，是把土地从封建剥削者手里转移到农民手里，把封建地主的私有财产变为农民的私有财产，使农民从封建的土地关系中获得解放，从而造成将农业国转变为工业国的可能性。"④ 这些思想都直接源于孙中山。但是共产党并没有停留在孙中山的水平上，而是大大向前迈进了一步，将孙中山的"耕者有其田"主张彻底实施，将资产阶级旧民主革命推向新民主主义革命，并进一步推向社会主义革命。

---

① 毛泽东：《在延安各界庆祝斯大林六十寿辰大会上的讲话》，参见《毛泽东年谱》(1893—1949) 中卷，中央文献出版社 2013 年版，第 152 页。

② 《孙中山全集》，中华书局 1986 年版，第 277 页。

③ 《毛泽东选集》第二卷，人民出版社 1991 年版，第 563、564 页。

④ 《毛泽东选集》第三卷，人民出版社 1991 年版，第 1074 页。

3. 法家革命传统的继承

中国共产党对传统的继承，是在马克思主义的指导下，继承了积极变革的儒家思想，并且直接继承了孙中山的革命思想。但由于受到儒家中庸文化的影响，中国历史上的革命传统有一个很大的特点就是不彻底性。中庸文化在长期的历史上对于稳定社会发展起了重要的作用，但是在历代的变革和革命过程中却起了消极的作用。这也是中国历史上只知改良而较少革命的根本原因。

孙中山领导的旧民主革命之所以不彻底，也与孙中山受儒家文化影响有关。可以说，孙中山继承的是儒家文化中的积极变革和革命的成分，而他的后继者蒋介石则把"科学的学庸"作为自己的哲学。另一方面，孙中山作为旧民主革命的先行者，仍带有十分严重的正统观。这种正统观既源于儒家思想也源于统治者的传统观念。他一方面表示要继承的是儒家道统，另一方面却隐含着改朝换代的正统观念。蒋介石和国民党把孙中山的这种道统和正统观带进了国民政府。他们坚持这种正统观自然视共产党革命为叛逆。国共两党的斗争，实际上也是传统与反传统，包括道统与反道统、正统和反正统之间的斗争。

共产党的思想不可能直接继承儒家。尽管儒家思想中也包含有积极的和革命的一面，但既然有保守中庸的一面，作为彻底革命的政党，共产党就必须将其抛弃并批判。抛弃儒家思想之后，就不可避免地转向儒家的另一面即法家。儒家和法家都有革命思想。但是在中国历史上儒家长期占据主导地位，所以总是代表道统、支持正统。而法家在历史上总是作为反对儒家道统和反抗当时的正统身份出现。而在共同的反传统斗争中，儒法两家的革命性也有所不同，儒家的革命性不彻底，而法家则主张彻底革命。国共两党在反帝反封建方面是一致的，但是要彻底反帝反封建，两党就分道扬镳了。国民党取得政权继承正统，并且与帝国主义势力和残存封建势力结合，自然不希望继续革命。与国民党不同的是，中国共产党从一开始就与传统彻底决裂，实行彻底的革命主义，彻底地反帝反封建，并且主张继续革命。这就决定共产党必然继承法家的思想方法。

毛泽东对法家思想家与政治家的推崇可谓由来已久。他所留下的最早的文字，题为《商鞅徙木立信论》的中学作文，是一篇为法家人物大唱赞歌的雄文。文中毛泽东把厉行变法的商鞅称作"吾国四千余年之记载"中"首屈一指"的"利国福民伟大之政治家"。他甚至为愚昧的百姓不能理解和拥戴这样一位政治家而感到悲哀，并认为这正是"国几蹈于沦亡之惨境"的根源。青年毛泽东主张进行"彻底研究。不受一切传统和迷信的束缚，要寻着什么是真理"。"以一己的心思，居中活动。如日光之普天照耀，如探海灯之向外扫射。"① 大革命时期毛泽东说过："革命不是请客吃饭，不是做文章，不是绘画绣花，不能那样雅致，那样从容不迫，文质彬彬，那样温良恭俭让。革命是暴动，是一个阶级推翻一个阶级的暴烈的行动。"② 这种变革的彻底性和暴力性都具有鲜明的法家色彩。

不过，中国共产党的新民主主义革命仍然存有中庸传统。"关于社会制度的主张，共产党是有现在的纲领和将来的纲领，或最低纲领和最高纲领两部分的。在现在，新民主主义，在将来，社会主义，这是有机构成的两部分，而为整个共产主义思想体系所指导的。"③ 事实上这是资本主义和社会主义之间的"第三条道路"。毛泽东指出："全世界多种多样的国家体制中，按其政权的阶级性质来划分，基本地不外乎这三种：（甲）资产阶级专政的共和国；（乙）无产阶级专政的共和国；（丙）几个革命阶级联合专政的共和国。""一切殖民地半殖民地国家的革命，在一定历史时期中所采取的国家形式，只能是第三种形式，这就是所谓新民主主义共和国。这是一定历史时期的形式，因而是过渡的形式，但是不可移易的必要的形式。"④ 不过，作为第三种形式的新民主主义也是过渡的桥梁，即向社会主义过渡的桥梁。毛泽东指出："现在的革命是第一步，将来要发展到第二步，发展到社会主义。中国也只有进到社会主义时代才是真正幸福的时代。但是现在还不是实行社会主义的时候。中国现在的革命任务是反帝反封建的任务，这个任务没有完成以前，社会主义是谈不到的。中国革命不能不做两步走，第一步是新民主主义，第二步才是社会主义。而且第一步

① 毛泽东：《商鞅徙木立信论》（1912 年 6 月），参见中共中央文献研究室编：《毛泽东早期文稿》，湖南出版社 1990 年版，第 1 页。

② 《毛泽东选集》第一卷，人民出版社 1991 年版，第 17 页。

③ 《毛泽东选集》第二卷，人民出版社 1991 年版，第 686 页。

④ 《毛泽东选集》第二卷，人民出版社 1991 年版，第 675 页。

的时间是相当地长，决不是一朝一夕所能成就的。我们不是空想家，我们不能离开当前的实际条件。"① 这就是"极高明而道中庸"。

第五节　社会主义的价值形成

一、马克思主义的建设现代性

1. 马克思主义现代性的两重性：批判和建设

马克思主义产生于资本主义时代，既是资本主义发展的产物，也是资本主义矛盾的产物。马克思的时代，资本主义制度已经确定，与此同时，资本主义的矛盾也日益暴露和激化，生产过剩的经济危机周期性地爆发，对社会生产力造成严重破坏。为此，马克思提出与社会化大生产相适应的生产关系和社会形态即社会主义和共产主义。这就是说，马克思主义作为现代性理论，既具有批判性也具有建设性。

马克思在揭示资本主义制度矛盾的基础上，针对这些矛盾提出了未来社会的建设性构想。批判在先，建设在后。不过，在马克思的时代，马克思主义的建设现代性不能不停留在科学设想阶段，因而充满了浪漫主义色彩。这就是马克思的"自由人的联合体"。这种理想的实现需要人类社会进行长时期的努力奋斗，因而马克思将其称为未来的"自由王国"。然而，要进入这个自由王国还必须经过一个"必然王国"。所以，马克思设想了一个过渡阶段，即社会主义。社会主义是共产主义社会的第一阶段或低级阶段。

按照马克思的描述，作为共产主义社会低级阶段的社会主义社会具有如下一些主要特征：

① 《毛泽东选集》第二卷，人民出版社 1991 年版，第 683—684 页。

第一，生产资料的社会所有制。

在《资本论》第一卷中，马克思将包括社会主义阶段在内的共产主义社会的所有制概括为"社会所有制"，认为在未来的"自由人联合体"中，生产者"用公共的生产资料进行劳动，并且自觉地把他们许多个人劳动力当作一个社会劳动力来使用。［……］这个联合体的总产品是一个社会的产品。这个产品的一部分重新用作生产资料。这一部分依旧是社会的"。① 在《哥达纲领批判》中，马克思进一步指出，在社会主义社会这一历史阶段，"以生产资料公有为基础"，"除了个人的消费资料，没有任何东西可以转为个人的财产"。②

第二，没有商品生产和商品交换。

既然实现了生产资料的社会所有制，作为私人产品的商品交换就丧失意义。马克思指出："在一个集体的、以生产资料公有为基础的社会中，生产者不交换自己的产品；用在产品上的劳动，在这里也不表现为这些产品的价值，不表现为这些产品所具有的某种物的属性，因为这时，同资本主义相反，个人的劳动不再经过迂回曲折的道路，而是直接作为总劳动的组成部分存在着。"③

第三，个人消费品实行按劳分配。

在未来社会，个人消费品实行按劳分配，但无需通过货币为媒介的交换方式。生产者"从社会领得一张凭证，证明他提供了多少劳动（扣除他为公共基金而进行的劳动），他根据这张凭证从社会储存中领得一份耗费同等劳动量的消费资料"④。在这里，通行的虽然还是调节商品交换的等价交换原则，但是内容和形式都已经改变了。

第四，阶级和国家必然消亡。

马克思指出，"阶级统治一旦消失，目前政治意义上的国家也就不存在了"，相应地民主选举也不再具有政治职能。而"当这些职能不再是政治职能的时候，（1）政府职能便不再存在了；（2）一般职能的分配便

---

① 《马克思恩格斯选集》第二卷，人民出版社 2012 年版，第 126 页。
② 《马克思恩格斯选集》第三卷，人民出版社 2012 年版，第 363 页。
③ 《马克思恩格斯选集》第三卷，人民出版社 2012 年版，第 363 页。
④ 《马克思恩格斯选集》第三卷，人民出版社 2012 年版，第 363 页。

具有了事务性质并且不会产生任何统治；（3）选举将完全丧失它目前的政治性质"①。所以，社会成了一个真正的"自由人联合体"。

马克思主义批判现代性向建设现代性转换的枢纽是社会化大生产。马克思认为，社会主义或共产主义是建立在高度发达的社会化大生产基础上的，没有高度发达的机器大工业，这一切都是不可能的。所以，要将社会主义或共产主义付诸实践，一定要先行实现社会化大生产。这就是说，马克思一方面将人的自由解放和全面发展视为历史发展的根本目的，但另一方面，充分肯定工业文明和科学技术的历史作用，并且将其视为实现未来社会的物质技术条件。就是说，马克思对未来社会的所有设想，都是建立在以大机器生产为基础的社会化大生产之上的。没有大机器生产，没有社会化大生产，就无需生产资料的公有制，也不可能实现经济生活的计划和组织，也不可能实现生产力的高度发展和社会的按需分配。这也是唯物史观的基本意旨，从根本上讲就是生产力。

2. 列宁和斯大林：从批判现代性到建设现代性的转变

马克思对于未来社会的构建仅仅是提出了一些原则和设想，并未能付诸实践。而将这些原则和设想部分地付诸实践的是列宁和斯大林。但是具体说，列宁的思想与马克思更接近，更富有理想和浪漫主义色彩，而斯大林则实际得多，真正的社会主义实践主要是斯大林实施的。而在具体的实践过程中，斯大林能必须不断地把马克思主义基本原理与苏联社会主义建设实际相结合，并实现了马克思主义从批判现代性向建设现代性的转变。

列宁时期的实践主要经历两个阶段性内容，即十月社会主义革命和战时共产主义政策，以及后来的新经济政策。前一阶段主要包括土地国有化、建立国有企业、消灭商品生产、高度集中的经济统制等；后一阶段则是从前一阶段政策的某些后退和调整。1918 年 3 月，列宁在布尔什维克党的七大提出党纲草案，全面阐述社会主义的经济建设纲领：（1）废除生产资料的私有制，把银行、土地、厂矿企业收归国有，建立国家所有制；（2）由国家统一组织生产，即用社会主义方式组织全国范围内的生产，由工人组织在苏维埃政权的统一领导下进行管理；（3）全体居民参加消费生

---

① 《马克思恩格斯选集》第三卷，人民出版社 2012 年版，第 340 页。

产公社，实行计划分配以代替'贸易'，消除商品和货币；（4）实行普遍劳动义务制等。此外，列宁还提出利用各种形式的国家资本主义，以抵制小生产的自发势力。1918 年春末由于发生帝国主义的武装干涉和国内战争，整个俄国迅速转入战时共产主义体制。战时共产主义体制包括实行余粮收集制，宣布中小工业的国有化，取消私人商业实行供给制，实行劳动义务制，"不劳动者不得食"等。此后列宁实行新经济政策，以粮食税代替征收，允许农民自由出卖余粮，允许私商自由贸易、并且将一部分小工厂还给私人，还准备把一些企业租给外国资本家。这是共产主义根据实践所作的重要调整。

真正组织社会主义建设实验的是斯大林。斯大林不仅在进一步企业国有化和农业集体化基础上，全面建立了计划经济体制，更通过计划方式组织了大规模的工业化。苏联的社会主义工业化和建设实践主要包括以下特点：第一，大力发展重工业，特别是机器制造业。斯大林认为：从轻工业开始的工业化道路是一条漫长的发展途径，苏联不应走这条旧路。他指出："工业化的中心、工业化的基础，就是发展重工业"。他把机器制造业看作是工业化的中心，把金属工业特别是钢铁工业看作是全部工业和整个国民经济发展的基础，认为如果没有金属工业主要是钢铁工业的蓬勃发展，整个工业特别是机器制造业就无法立足和发展，运输业和农业也无法立足和发展。第二，要保证有较高的发展速度。斯大林认为，能否抓紧利用当时的和平时机，尽快建立起强大的经济实力和国防能力，是关系到苏维埃政权生死存亡的问题。因此，必须高速度发展工业。同时苏联幅员辽阔，拥有丰富的自然资源和大量的后备劳动力，加上以生产资料公有制为基础的集中管理体制和计划体制，具有强大的经济动员能力，使高速发展经济成为可能。从此以后，斯大林一再要求继续提高社会主义大工业的增长速度，不断地提高生产指标，不断地扩大基本建设和投资。第三，实行计划经济体制，加强计划调节。1928 年 10 月，苏联开始实行第一个五年计划，建立起整个国民经济的指令性计划体系，使计划具有法律效力，并形成集中统一的计划管理体制。第四，依靠国内资金积累。斯大林提出，靠本国节约来发展工业的道路，其源泉主要是两个：一个是工人阶级为国家创造的价值；另一个是农民向国家缴纳的直接税、间接税和工农业产品价格的剪刀差。为此，苏联通过集体化把个体小农经济联合并改造为大规模集体经济。

斯大林还进行了社会主义的理论探索，取得一定的进展。例如，斯大林认为，社会主义不能不保留商品生产，尽管生产资料公有制已经建立，商品经济的所有制基础已经不存在，但由于不同经济组织具有不同的经济利益，所以在交换中还必须采取商品交换的形式，因此仍然存在商品生产。既然社会主义还存在商品生产，那么价值规律就必然发挥作用，因此社会主义经济建设就必须遵循价值规律，按价值规律办事，讲求经济效益。这些论述已经与马克思最初的设想有很大不同了。但是，斯大林始终排斥市场经济，坚持计划经济的基本原则。即使在后斯大林时代，苏联也基本上坚持了这些原则，作为与西方市场经济完全不同的经济社会模式存在。不过，商品经济的存在，在理论上和实践上都为后来的社会主义新实践留下了创新空间。这可以说是斯大林的重要贡献。另一方面，苏联的社会主义计划经济实践，也为后来的社会主义主义建设实践提供了正反两个方面的经验。苏联从 20 世纪 50 年代就开始对原有的计划管理体制进行改革和调整，都为社会主义现代化建设提供了经验和教训，可以说是对社会主义事业的伟大贡献。

二、社会主义的核心价值

1. 从革命到建设的转型

中国共产党的哲学基础是马克思主义的唯物史观。唯物史观的核心就是生产力发展，而一切社会变革和革命都是为了解放生产力。所以，共产党的价值目标终究要从革命向建设转变。在延安时期，毛泽东创造性地提出了新民主主义理论。新民主主义理论包括两个方面，一是新民主主义革命理论，一是新民主主义建设理论。在党的七届二中全会上，毛泽东就指示全党实现工作转型。新中国成立后，全党面临的重要任务就是从新民主主义革命转向新民主主义建设。1949 年 9 月中国人民政治协商会议通过的《中国人民政治协商会议共同纲领》（以下简称《共同纲领》）指出：新成立的中华人民共和国，是新民主主义即人民民主主义的国家，实行工人阶级领导的、以工农联盟为基础的、团结各民主阶级和国内各民族的人民民主专政，反对帝国主义、封建主义和官僚资本主义，为中国的独立、民主、和平、统一和富强而奋斗。与此相适应，为了建立新民主主义经济，中华人民共和国必须取消帝国主义国家在中国的一切特权，没收官僚资本归人民的国家所有，有步骤地将封建、半封建的土地所有制改变为农民的土地所有制，保护国家的公共财产和合作社的财产，保护工人、农民、小资产阶级和民族资产阶级的经济利益及其私有财产，发展新民主主义的人民经济，稳步地变农业国为工业国。根据建立新民主主义经济的要求，《共同纲领》确定的经济建设的根本方针，是公私兼顾、劳资两利、城乡互助、内外交流，达到发展生产、繁荣经济的目的。可见，这是一个革命与建设兼顾的纲领，更是一个革命向建设转变的纲领。

新中国成立初期，毛泽东的思想非常明确，即建立一个新民主主义社会。同时，毛泽东关于新民主主义和社会主义的关系也是明确的，即新民主主义必然向社会主义过渡。这就是说，新民主主义革命完成后仍然面临着继续进行社会主义革命的任务。而这种连续的革命，亦即连续的生产关系变革必然对社会建设产生影响。所以，新中国建立后的一个较长的时期，始终存在着革命与建设的纠结。

关于革命与建设的纠结，既源于马克思主义的批判现代性和建设现代性的理论矛盾，也源于中国社会革命向社会主义建设转型的实践困难。就马克思主义来讲，马克思主义批判现代性是批判资本主义的矛盾，而建设现代性则是在社会化大生产基础上的社会重构。而对于中国来讲，一方面，中国现代工业落后，生产力不发达，小生产是普遍的生产方式，所以面对大力发展生产力的任务；另一方面，中国却要在社会化不发达的基础上建设社会化大生产的生产关系和经济制度。这种理论上的矛盾和现实的矛盾，决定中国在革命和建设之间纠结，而中国采取的解决方案则是革命和建设同时进行。这就导致中国在新民主主义革命完成后，仅仅经历了几年的新民主主义社会，就在极短的时期里开始实施社会主义革命，并在社会主义模式下进行现代化建设。

毛泽东在《新民主主义论》中提出，中国革命必须分两步走，第一步是新民主主义革命，第二步是社会主义革命，新民主主义革命完成后必然进行社会主义革命。1949 年 3 月，中共中央七届二中全会指出："在革命胜利以后，迅速地恢复和发展生产，对付国外的帝国主义，使中国稳步地由农业国转变为工业国，把中国建设成为一个伟大的社会主义国家。"① 当时认为，新民主主义革命完成所建立的新民主主义社会，应经历数十年的历史阶段，不可能立即向社会主义过渡。但是，当中国新民主主义经济建设取得巨大成就以后，中国共产党就开始考虑继续革命，即向社会主义过渡了。

过渡时期总路线的确定以及对总路线的阐释，即表明中国共产党试图将社会主义革命和社会主义建设毕其功于一役的宏大设想，也表明了中国共产党对革命和建设之间关系的纠结。1950 年 6 月 23 日，毛泽东在政协一届二次会议的闭幕词中说："经过战争，经过新民主主义的改革，而在将来，在国家经济事业和文化事业大为兴盛了以后，在各种条件具备了以后，在全国人民考虑成熟并在大家同意了以后，就可以从容地和妥善地走进社会主义新时期。"② 1951 年 2 月，中央政治局扩大会议提出"三年准备，十年建设"的发展战略。但是到了 1952 年下半年，国内国际形势发生了一些带根本性的变化，促使毛泽东开始考虑继续革命的问题。毛泽东说："我们现在就要开始用 10 年到 15 年的时间基本上完成到社会主义的过渡，而不是 10 年或者以后才开始过渡。"③ 1953 年 6 月毛泽东把完成国家工业化和对农业、手工业、资本主义工商业的社会主义改造作为党在过渡时期的总路线和总任务提了出来，并在讲话中对总路线作了一个比较完整的表述："从中华人民共和国成立，到社会主义改造基本完成，这是一个过渡时期。党在过渡时期的总路线和总任务，是要在十年到十五年或者更多一些时间内，基本上完成国家工业化和对农业、手工业、资本主义工商业的社会主义改造。"④

三大改造的目的是建立社会主义生产资料所有制，在此基础上尽快实现社会主义工业化。这里面的逻辑是：中国的农业，也包括资本主义工商

---

① 《毛泽东选集》第四卷，人民出版社 1991 年版，第 1437 页。
② 《毛泽东文集》第六卷，人民出版社 1999 年版，第 27 页。
③ 薄一波：《若干重大决策与事件的回顾》上卷，中共党史出版社 2008 年版，第 213 页。
④ 逢先知、金冲及主编：《毛泽东传（1949—1976）》（上），中央文献出版社 2003 年版，第 253—254 页。

业，过于落后，无法适应中国工业化建设的需要。由于中国的私人资本主义工商业"设备利用率和劳动生产率低，成本高，资金浪费很多，扩大再生产的能力很小甚至没有，因而影响到工业产品在市场上供不应求，影响到国家计划受到破坏"；由于农民个体经济"限制着农业生产力发展，不能满足人民和工业化事业对粮食和原料作物日益增长的需要，它的小商品生产的分散和国家有计划的经济建设不相适应，因而这种小农经济和社会主义工业化事业之间的矛盾，已随着工业化的进展而日益显露出来"。"只有完成了由生产资料的私人所有制到社会主义所有制的过渡，才利于社会生产力的迅速向前发展，才利于在技术上起一个革命"。①

1953 年，中国共产党公布了社会主义过渡时期的总路线，即"一化三改"。毛泽东认为，过渡时期总路线是革命和建设同时并举的路线，"一化"是主体，"三改"是两翼，二者互相关联而不可分离。这里，三大改造属于生产关系革命，而工业化属于生产力革命。前者是手段而后者是目标。但手段和目标都给以"革命"的阐释。由于中国革命的特殊性，社会主义革命具有两方面意义，一方面，社会主义革命是新民主主义革命的延续，是更彻底消除封建主义和资本主义的革命；另一方面，社会主义革命是高于新民主主义的革命，是进一步解放生产力和发展生产力的革命。从继续革命角度看，新民主主义革命的胜利，完成了反帝反封建任务，但还存在着农民小土地所有制和小资产阶级，反对封建主义和抑制资本主义的任务并未完成。从现代化建设角度看，中国近代工业落后，小生产普遍，社会化程度低，生产力不发达。所以面临着变小生产为社会化大生产，即迅速实现社会主义工业化的任务。这种双重任务，就是中国三大改造的历史依据和逻辑动因。毛泽东还指出，"不要脱离这条总路线，脱离了就要发生'左'倾或右倾的错误。"他说："我们提出逐步过渡到社会主义，这比较好"，"走得太快，'左'了；不走，太右了。要反'左'反右，逐步过渡，最后全部过渡完。"② 可见，"一化三改"既是革命也是建设。革命

---

① 《建国以来毛泽东文稿》（第四册），中央文献出版社 1990 年版，第 405—406 页。

② 逄先知、金冲及主编：《毛泽东传（1949—1976）》（上），中央文献出版社 2003 年版，第 255 页。

和建设的这种纠结，导致中国长期以来的革命时代的价值体系向建设时代价值体系转变的困难。

2. 从解放生产力向保护和发展生产力转变

新中国建立以后，中国人民以最快的速度完成了经济恢复，并从新民主主义向社会主义过渡，进行了对农业、手工业和资本主义工商业的社会主义改造，并建立起计划经济体制，开始了社会主义建设。毛泽东指出：社会主义革命的目的是解放生产力。[①] 而社会主义生产资料所有制改造的完成，则意味着社会主义基本经济制度的确立。在这种情况下就必须考虑党的中心目标的转变。1956 年，毛泽东在分析中国当时的形势时曾指出，"我们的根本任务已经由解放生产力变为在新的生产关系下面保护和发展生产力"[②] 了。至此，中国共产党的中心任务真正开始了从革命向建设的转变。

首先是保护生产力的问题。

"三大改造"是一次生产关系的根本变革，原有的社会生产要素格局和利益格局都发生了根本的变化，农民、小手工业者，特别是资本主义工商业者，都丧失了原有的生产资料，成为与工人阶级一样的"无产者"。在这种情况下，如何调动国内外一切积极因素，化消极因素为积极因素，成了一个十分重要的课题。中国共产党认为，旧的生产关系特点是地主和资本家掌握了主要生产资料，而广大的劳动者或直接生产者一无所有或只占有很小部分的生产资料。这就很难调动生产者的积极性，是生产力落后的根本原因。而生产资料所有制改造完成以后，生产者成了生产资料的主人，必然焕发出社会主义冲天干劲，生产力的快速发展是毋庸置疑的。但事实上，刚刚建立的社会主义生产关系还很不完善，刚刚调整的社会利益结构还存在着矛盾和冲突。所以，必须考虑如何调动各方面积极因素，保护刚刚建立社会主义生产力，成为党和社会的核心任务。1957 年毛泽东发表《关于正确处理人民内部矛盾的问题》，1958 年又写出《论十大关系》，都是在这个方面的探索。

---

① 《毛泽东文集》第七卷，人民出版社 1999 年版，第 1 页。
② 《毛泽东文集》第七卷，人民出版社 1999 年版，第 218 页。

其次是发展生产力的问题。

中国共产党把发展生产力的社会要求，转变为工业化和现代化的战略目标。毛泽东很早就认识到，中国落后的原因，主要是没有新式工业。因此"要中国的民族独立有巩固的保障，就必需工业化"①。1953 年过渡时期总路线提出以后，在经过毛泽东修改和审定的《关于过渡时期总路线的学习和宣传提纲》中明确提出了现代化问题。该提纲指出，实现国家的社会主义工业化，就可以促进农业和交通运输业的现代化，就可以建立和巩固现代化的国防。1954 年 9 月，周恩来在一届全国人大一次会议上作的《政府工作报告》中，提出建设强大的现代化的工业、现代化的农业、现代化的交通运输业和现代化的国防。生产资料私有制的社会主义改造基本完成以后，随着党的工作重心的转移，毛泽东日益明确地将实现现代化确定为社会主义建设的总体战略目标。1957 年毛泽东在《关于正确处理人民内部矛盾的问题》中提出了建设工业现代化、农业现代化和科学文化现代化的思想。1959 年毛泽东进一步提出国防现代化，从而形成完整的"四个现代化"思想。

总之，生产资料公有制的建立，一方面是社会主义经济的基本制度需要，另一方面也是为了工业化进行资源动员的需要。在三大改造之前，经济主体是多元的，决定政治方面也存在一定的多元性。各方面的利益和诉求也是能够被考虑的。但是在三大改造完成以后，利益主体高度单一化，经济政治意见也高度集中了。在这种情况下，高度集中的资源动员方式成为必然选择。对于一个一穷二白的旧中国来说，要在尽可能段的时间里实现工业化，就必须调动各方面力量，发动群众。共产党刚刚完成了战争，战争时期的动员机制仍未丧失，可以直接作为经济建设使用。所以，毛泽东发动了"大跃进"。从战争动员到"大跃进"动员，方式很接近，所以使用起来十分有效。但是，用这种战争动员的方式发动经济建设运动，却违背了经济规律。毛泽东的浪漫主义理想和风格，最终导致严重的失败。

3. 社会主义意识形态建设

马克思、恩格斯在《共产党宣言》中说："共产主义革命就是同传统

----

① 《毛泽东文集》第三卷，人民出版社 1996 年版，第 147 页。

的所有制关系实行最彻底的决裂；毫不奇怪，它在自己的发展进程中要同传统的观念实行最彻底的决裂。"①中国共产党领导的新民主主义革命和社会主义革命，彻底铲除了传统的所有制关系，包括封建主义的所有制关系和资本主义的所有制关系，与此同时，也需要彻底铲除一切传统的文化意识形态。所以，新中国成立后中国共产党在生产关系革命的同时，也大力推动了文化意识形态的革命。

共产党是在马克思主义指导下取得革命成功的，所以新中国成立后将马克思主义从党的指导思想上升为整个国家和民族的指导思想。1954年毛泽东在《中华人民共和国第一届全国人民代表大会第一次会议开幕词》中说：领导我们事业的核心力量是中国共产党，指导我们思想的理论基础是马克思列宁主义。为此，中国共产党发动了一系列意识形态运动。

第一，思想改造运动。

为了赢得最广大人民对新政权的认同和支持，党和政府在新中国成立初期配合抗美援朝、土地改革、"镇反"、"三反"、"五反"等运动，采取多种形式在党内和国民中开展了改造旧社会意识形态的宣传教育活动。1951年夏秋至1952年冬，中共中央发动了一场大规模的思想改造运动，目的是使广大知识分子"克服旧思想，接收新思想，树立为人民服务的观点"，从而获得"前进的方向和力量"。为此，党和政府举办军政了大学、革命大学及各种培训班等，通过动员学习、批评与自我批评以及清理总结，深入批判封建主义、帝国主义、资产阶级和小资产阶级思想，划清无产阶级与非无产阶级思想界限，树立马列主义世界观。各界知识分子通过这场思想改造运动，在一定程度上清除了陈旧的思想观念，提高了认识，转变了立场，初步接受了马克思主义世界观。

第二，文化批判运动。

从1951年起中国共产党先后开展了对电影《武训传》的批判、对俞平伯《红楼梦研究》的批判、对胡适资产阶级唯心主义和对梁漱溟新儒学的批判，以及对胡风文艺思想的批判等等。思想文化领域批判运动的开展，表明共产党彻底的反传统和彻底的革命性，不仅要同传统的所有制关

---

① 《马克思恩格斯全集》第一卷，人民出版社2012年版，第421页。

系实行最彻底的决裂，还要同传统的观念实行最彻底的决裂。在这些文化批判运动开展的同时，还针对社会主义革命和建设问题展开了一系列理论探讨。如关于社会发展动力问题的讨论、关于过渡时期民族资产阶级问题的讨论、关于生产力与生产关系问题的讨论、关于过渡时期经济基础与上层建筑关系问题的讨论等等。这些讨论始终围绕着"什么是马克思主义、什么是反马克思主义、如何应用马克思主义"这一主题，为树立中国化的马克思主义在全社会的主流意识形态地位奠定了坚实的基础。① 这种文化批判到"文化大革命"期间达到顶峰，从对新编历史剧《海瑞罢官》的批判开始，随后，史学界、文艺界、哲学界等社会科学领域开始进行全面的大批判。姚文元在文章中说："不管是大师是权威，是'三家村'四家店，不管多么有名，多么有地位，是受什么人指使，受什么人支持，受到多少人吹捧，全都揭露出来批判它们，踏倒他们。"②

第三，兴无灭资，斗私批修，灵魂深处闹革命。

20 世纪 50 年代后期，在对资本主义工商业的社会主义改造的过程中，"兴无灭资"口号开始流行，60 年代前期出现的频率高起来，到"文化大革命"中更是达到极致。1966 年夏秋之际，全国红卫兵走上街头打着"兴无灭资""移风易俗"旗号"破四旧"，将"封资修"的东西一扫而光。1967 年 10 月到 11 月，《人民日报》连续发表关于斗私批修的社论，要求以"斗私批修"为纲，普遍举办毛泽东思想学习班，把全国工厂、农村、机关、学校、部队都办成红彤彤的毛泽东思想大学校，提出"无产阶级文化大革命在思想领域中的根本纲领是'斗私，批修'"。这样，文化革命就进一步成了人们思想灵魂深处的革命。

第四，批判资产阶级法权。

早在"大跃进"和人民公社化运动时期，毛泽东在阅读列宁《国家与革命》时，注意到"资产阶级法权"问题，在几次讲话中都提到要破除资产阶级法权。在文化大革命期间，毛泽东仍不断提起资产阶级法权问题。

---

① 参见肖东波：《中国共产党理论建设史 1949—1956》，中共党史出版社 2006 年版，第 310—313 页。

② 姚文元：《评"三家村"》，《解放日报》和《文汇报》1966 年 5 月 10 日。

1975 年 2 月 9 日《人民日报》以《学好无产阶级专政的理论》为题发表社论，传达了毛泽东主席当时关于理论问题的重要指示。毛主席指出："中国属于社会主义国家，解放前跟资本主义差不多。现在还实行八级工资制，按劳分配，货币交换，这些跟旧社会没有多少差别，所不同的是所有制变了。"毛主席还指出：关于资产阶级法权，"这只能在无产阶级专政下加以限制"。这次讨论是针对按劳分配的社会主义原则的，这种观点认为，社会主义按劳分配仍属于资产阶级法权，也应在改造之列。至此，社会主义就应该是纯而又纯了，即达到了纯粹的高度。

直到这个时期，对于封建主义和资本主义的批判和清肃可以说是非常彻底了。在这种情况下，马列主义毛泽东思想的权威已经牢牢确立，再没有什么杂质可以渗透进来。然而，二十多年来对资产阶级思想观念的清肃，单一的公有制经济，刚性的经济计划，导致的结果就是经济效率的下降和人民生活的贫困。为了理想的共产主义和社会主义，广大人民却过着极度贫穷的生活，人们不得不反思：社会主义就是平均加贫困吗？

三、社会主义市场经济的价值形成

1. 思想解放运动：最后的现代性启蒙

中国共产党确立马克思主义作为指导思想的理论基础，取得新民主主义革命和社会主义革命的成功。这是毋庸置疑的。然而，在中国，与传统观念的彻底决裂，一方面造成了思想文化发展的巨大断层，另一方面导致对马克思主义的教条主义化发展。事实上，这是中国革命过程中不可能避免的文化困境。这种状况到了"文革"时期达到了极致，从而形成了极为褊狭的思想潮流，并在社会上形成严格的思想禁区。所以，20 世纪 80 年代开始的改革开放，首要任务就是解放思想。

第一，真理标准讨论：从教条下解放。

解放思想从本质上说就是从长期形成的马列主义教条禁锢下的解放。新中国成立以来，中国社会思想的禁锢不仅在于教条化的马克思主义，更在于教条化的毛泽东思想，具体说就是最终形成的"两个凡是"。"文化大革命"宣告结束后，1977 年 2 月 7 日，两报一刊（《人民日报》、《红旗》杂志、《解放军报》）发表了题为"学好文件抓好纲"的社论，提出"凡是毛主席作出的决策，我们都坚决维护；凡是毛主席的指示，我们都始终不渝地遵循"。1978 年 5 月 10 日，中共中央党校内部理论刊物《理论动态》第 60 期刊出了《实践是检验真理的唯一标准》一文。文章明确提出：实践是检验真理的唯一标准，不能有其他任何标准，任何理论都要经受住实践标准的检验。躺在马列主义、毛泽东思想的现成条文上甚至拿现成的公式去限制、宰割、裁剪无限丰富、飞速发展的革命实践，这种态度是错误的。凡是有超越于实践并自奉为绝对的"禁区"的地方，就没有科学，就没有真正的马列主义、毛泽东思想，而只有蒙昧主义、唯心主义、文化专制主义。随后，该文在《人民日报》等中央主流媒体上公开发表，并迅速引起全国范围的关于真理标准的讨论。这场讨论冲破了"两个凡是"的束缚，解决了思想路线、认识路线问题，实现了思想上的拨乱反正，成为我国改革开放初期具有重大意义的思想解放运动。党的十一届三中全会前夕，邓小平发表《解放思想，实事求是，团结一致向前看》的重要讲话，提出解放思想，开动脑筋，实事求是，团结一致向前看，首先是解放思想。只有解放思想，坚持实事求是，一切从实际出发，理论联系实际，我们的社会主义现代化建设才能顺利进行，我们党的马列主义、毛泽东思想的理论也才能顺利发展。于是这场讨论就成为了中国轰轰烈烈的思想解放运动的开端，也成为了持续改革开放的历史开端。

第二，反传统的再发动：赋予新的含义。

尽管中国共产党强调与传统观念彻底决裂，但事实上，长期形成的传统观念很难通过一场革命而完成。这种传统观念也同样深深地影响着中国共产党的政治生活。邓小平认为，旧中国留给我们的，封建专制传统比较多，民主法制传统很少。当前和今后一个相当长的时期中，在思想政治方面影响和制约我国改革与发展的最大障碍就是封建主义。如果不尽快把反对和清除封建主义影响作为一项重要的战略任务提上议事日程，不仅我们的政治体制改革、文化体制改革不能顺利推进，而且我们的经济体制改革也很难继续深化。1980 年邓小平在《党和国家领导制度的改革》讲话中指出："我们进行了二十八年的新民主主义革命，推翻封建主义的反动统治和封建土地所有制，是成功的，彻底的。但是，肃清思想政治方面的封建主义残余影响这个任务，因为我们对它的重要性估计不足，以后很快转入社会主义革命，所以没有能够完成。现在应该明确提出继续肃清思想政治方面的封建主义残余影响的任务，并在制度上做一系列切实的改革，否则国家和人民还要遭受损失。"① 事实上，尽管共产党高举反封建旗帜，但社会关系中大量残存着宗法观念和等级观念，在上下级关系和干群关系中存在着身份不平等现象，公民权利义务观念薄弱，经济领域中"官工""官商""官农"式的体制和作风，等等，都属于封建传统的残余影响。这就是说，封建土地制度废除了，封建地主阶级被打倒了，但是数千年历史形成的封建文化和意识形态特别是残存在社会生活之中的封建主义并没有彻底消除。所以，中国社会仍面临着继续肃清思想政治方面的封建主义残余影响的任务。邓小平还强调指出："肃清封建主义残余影响，对广大干部和群众说来，是一种自我教育和自我改造，是为了从封建主义遗毒中摆脱出来，解放思想，提高觉悟，适应现代化建设的需要，努力为人民作贡献，为社会作贡献，为人类作贡献。肃清封建主义残余影响，重点是切实改革并完善党和国家的制度，从制度上保证党和国家政治生活的民主化、经济管理的民主化、整个社会生活的民主化，促进现代化建设事业的顺利发展。"②

第三，人道主义和异化讨论：马克思的再发现。

继续肃清封建主义残余影响任务的提出，同时表明现代性思想启蒙仍是未竟的历史任务。20 世纪 80 年代，中国思想界出现新的启蒙思潮。这场启蒙思潮发源于文学艺术界。落实文艺界知识分子政策，将历来错误处理、戴上各种帽子的诸如"四条汉子""三家村""黑戏""黑画""黑会""黑线人物"等等统统清除。1979 年 11 月，中国文学艺术工作者第四次代表大会召开，标志着文学解放的开始。伤痕文学的兴起成为文学艺术界最早出现的反思"文革"思潮，在这种反思文学中，进一步唤起人们对人、人性、人道以及人的自由等问题的深入思考。1980 年 9 月，周扬在中央党校发表题为《思想解放和社会主义现代化建设》的讲话，提出：过去把人道主义一概当作修正主义批判，这是片面的，甚至是错误的；马克思主义

---

① 《邓小平文选》第二卷，人民出版社 1994 年版，第 335 页。
② 《邓小平文选》第二卷，人民出版社 1994 年版，第 336 页。

是包含着人道主义的。周扬还提出，要通过改革，克服各个领域的"异化"现象，实现人的物质和精神的全面解放。他认为，彻底的唯物主义者应当不害怕承认现实，承认有异化，才能克服异化，我们是完全能够经过社会主义制度本身来克服异化的。异化的根源并不在社会主义制度，而在我们的体制上和其他方面的问题。在马克思忌辰100周年纪念活动时，周扬发表《关于马克思主义几个理论问题的探讨》一文，指出："人是我们建设物质文明和精神文明的目的，也是我们一切工作的目的，生产本身不是目的，阶级斗争、人民民主专政本身也不是目的，马克思主义中人占有重要的地位，马克思主义是关心人，重视人的，是主张解放全人类的。而异化是奴役人的。"他认为，承认社会主义人道主义和反对异化是一件事情的两个方面。因为，在社会主义社会中，也存在着异化现象，他说，"在经济建设中，由于我们没有经验，没有认识社会主义建设这个必然王国，过去干了不少蠢事，到头来是我们自食其果。这就是经济领域的异化。由于民主法制不健全，人民的公仆有时会滥用人民赋予的权力，转过来作人民的主人。这就是政治领域的异化，或者叫权力的异化。至于思想领域的异化，最典型的就是个人崇拜，这和费尔巴哈批判的宗教异化有某种相似之处。"周扬的观点引起党内外的激烈讨论，强烈反对者有之，积极支持者有之，尽管最后不得不中止讨论，但毕竟打开了禁区，人性、人道、反对异化和人的解放，这些启蒙时代的核心话语，成了中国社会流行的热词，人们重新认识到了启蒙。

这场思想解放运动主要发生在20世纪80年代。从这段历史来看，最初是由中国共产党中的改革者发动的，但是到后来则进一步引起民间的广泛的思想解放。前半期的思想解放主题是从"两个凡是"和马列主义教条束缚下的解放，得到大部分人的支持，但是后半部分的思想解放作为民间自发自主思潮，则遭到共产党部分领导层的强烈反对，最后不得不终止。尽管民间的思想解放也是在马克思主义理论名义下的探讨，但并不是按照共产党所规定的思想解放路线进行的。不过，这部分思想解放还是产生了深远的影响。事实上，20世纪90年代中国市场经济改革的探索，仍可以看到这场思想启蒙的影响。到20世纪90年代后期，这些思想又以启蒙的名义出现，尽管与20世纪80年代已经不可同日而语。到了21世纪，随着中国经济现代的发展以及现代化本身带来的问题，人们开始反观现代化，反思现代性，启蒙也就面临着全新的历史任务。

2. 改革也是解放生产力，改革也是革命

在新民主主义和社会主义革命时期，毛泽东坚持革命就是解放生产力的观点，也就是坚持了马克思主义唯物史观。在三大改造完成以后，毛泽东提出从解放生产力转向保护和发展生产力。1958 年，毛泽东提出要来一个技术革命，并要求把党的工作重点放到技术革命上来。他指出："搞上层建筑、生产关系的目的，就是为了解放生产力。现在生产关系改变了，就要提高生产力。不搞科学技术，生产力无法提高。"① 1959 年毛泽东在读苏联《政治经济学教科书》时曾指出：在社会主义制度下，虽然没有一个阶级推翻另一个阶级的革命，但是还有革命，技术革命，文化革命，也是革命。② 后来，毛泽东又将现代化建设视为"第二个革命，就是产业革命或者说经济革命"③。可见，中国共产党是要用革命的思维和革命的方式搞建设，反映了马克思主义批判现代性与建设现代性的纠结一直延续。在这里，革命与生产力是相互阐释的概念。

马克思主义的唯物史观也是中国改革开放的哲学基础。邓小平指出："马克思主义的基本原则就是要发展生产力"④，"我们革命的目的就是解放生产力，发展生产力。离开了生产力的发展、国家的富强、人民生活的改善，革命就是空的"⑤。社会主义革命建立了生产资料公有制，建立了计划经济体制。这是一场革命。在计划经济体制下国家将有限的资金、物资、人才等各种资源集中用于大规模工业化建设，使中国用较短时间建成了独立的比较完整的工业体系和国民经济体系。但计划经济不利于调动各方面的积极性，结果导致效率低下，不能适应不断变化的市场，因而不能进一步提高生产力和人民生活水平。这就提出了由计划经济转向市场经济的改革。这种改革也是提高生产力的需要。邓小平指出："社会主义和市场经

---

① 《毛泽东文集》第八卷，人民出版社 1999 年版，第 351 页。
② 《毛泽东文集》第八卷，人民出版社 1999 年版，第 108—109 页。
③ 《毛泽东文集》第八卷，人民出版社 1999 年版，第 216 页。
④ 《邓小平文选》第三卷，人民出版社 1993 年版，第 116 页。
⑤ 《邓小平文选》第二卷，人民出版社 1994 年版，第 231 页。

济之间不存在根本矛盾。问题是用什么方法才能更有力地发展社会生产力。我们过去一直搞计划经济，但多年的实践证明，在某种意义上说，只搞计划经济会束缚生产力的发展。把计划经济和市场经济结合起来，就更能解放生产力，加速经济发展。"①

尽管与计划经济时代不同，但改革也是将生产力作为核心价值，革命与生产力仍是相互阐释的一对概念。邓小平指出："生产力方面的革命也是革命，而且是很重要的革命，从历史的发展来讲是最根本的革命。"② 邓小平指出，革命是解放生产力，改革也是解放生产力。社会主义基本制度确立以后，还要从根本上改变束缚生产力发展的经济体制，建立起充满生机和活力的社会主义经济体制，促进生产力的发展，这是改革，所以改革也是解放生产力。过去，只讲在社会主义条件下发展生产力，没有讲还要通过改革解放生产力，不完全。应该把解放生产力和发展生产力两个讲全了。"改革促进了生产力的发展，引起了经济生活、社会生活、工作方式和精神状态的一系列深刻变化。改革是社会主义制度的自我完善，在一定的范围内也发生了某种程度的革命性变革。"③ 所以，"改革也是解放生产力"④。可见，改革开放时期，改革也成了与生产力相互阐释的概念。

改革是解放生产力，所以改革也就是革命。1984 年 10 月 10 日邓小平在同联邦德国总理科尔的谈话中明确提出"我们把改革当作一种革命"⑤。不过，邓小平认为，与中国的新民主主义革命和社会主义革命不同，"改革是中国的第二次革命"⑥，也就是在社会主义革命基本完成以后，通过对原有的社会主义计划经济进行改革的革命。邓小平认为，在生产关系和上层建筑领域，"任何革命都是扫除生产力发展的障碍"⑦。"改革的性质同过去的革命一样，也是为了扫除发展社会生产力的障碍，使中国摆脱贫穷落

---

① 《邓小平文选》第三卷，人民出版社 1993 年版，第 148—149 页。
② 《邓小平文选》第二卷，人民出版社 1994 年版，第 311 页。
③ 《邓小平文选》第三卷，人民出版社 1993 年版，第 142 页。
④ 《邓小平文选》第三卷，人民出版社 1993 年版，第 370 页。
⑤ 《邓小平文选》第三卷，人民出版社 1993 年版，第 82 页。
⑥ 《邓小平文选》第三卷，人民出版社 1993 年版，第 113 页。
⑦ 《邓小平文选》第二卷，人民出版社 1994 年版，第 311 页。

后的状态。从这个意义上说，改革也可以叫革命性的变革。"①

总的来看，直到改革开放时期，中国共产党还是以革命和生产力相互阐释，进而以改革和生产力相互阐释，表明唯物史观的深远影响。从建党之日起就革命和生产力作为党的核心价值，一直到延续 20 世纪末仍在继续。

3. 社会主义市场经济：价值与体制

1979 年中国共产党十一届三中全会确定了改革开放的大方向，经过思想解放运动，中国社会的理性被真正地唤醒，革命时代的激情转变为发展经济的动力。于是，中国开始了转向现代社会主义市场经济的伟大变革。

第一，个人经济利益观念的启蒙和开发。

中国历史上缺乏理性启蒙，这一缺陷决定市场经济启蒙的长期滞后。新中国成立以后，经过 20 世纪五六十年代的三大改造特别是"文化大革命"，从经济基础上消灭了生产资料私有制，人们变成了"无产者"；经过"兴无灭资"和"斗私批修"的洗礼，从意识形态上清除了个体的私欲，人们都成了没有个人利益和经济理性的"无私者"。但与此同时，人们的社会主义生产积极性也就此泯灭。改革开放初期，为了尽快调动人们的生产积极性，理论界开始讨论人们的经济利益问题。尽管对于个人利益的关心是人的理性本能，但是在当时的背景下不能不从马克思主义理论出发。马克思说："人们为之奋斗的一切，都同他们的利益有关"②，"正确理解的个人利益，是全部道德的基础"③。列宁也说过："物质利益问题是马克思主义整个世界观的基础。"④ 以马克思主义经典作家的论述为依据，邓小平指出："革命是在物质利益的基础上产生的，如果只讲牺牲精神，不讲物质利益，那就是唯心论。"⑤ 此后，中国理论界关于个人利益的讨论迅速展开，对个人和企业的经济激励政策也逐渐推行开来，并且进一步引致企业利润留成和资产经营责任制的出现。尽管讨论所带来的突破幅度较小，但

① 《邓小平文选》第三卷，人民出版社 1993 年版，第 135 页。
② 《马克思恩格斯全集》第 1 卷，人民出版社 1995 年版，第 187 页。
③ 《马克思恩格斯文集》第 1 卷，人民出版社 2009 年版，第 333 页。
④ 《列宁全集》第 27 卷，人民出版社 1986 年版，第 339 页。
⑤ 《邓小平文选》第二卷，人民出版社 1994 年版，第 146 页。

却是非常关键和非常深刻的。事实上这与理性主义启蒙异曲同工。没有关于经济利益讨论的突破，就没有以后关于商品经济和市场经济的讨论和突破。不过此时的讨论并未涉及到理性人和经济人层面，因而仅仅是初级的讨论，但毕竟是个人经济利益启蒙的开端。

第二，从社会主义计划经济到社会主义市场经济。

马克思主义认为，社会主义的基本经济制度是生产资料公有制，在此基础上实行计划经济，因而不存在商品生产和商品交换，更不是市场经济。斯大林根据苏联社会主义建设经验，提出社会主义在一定范围内存在商品生产和商品交换，但并不认为社会主义是商品经济。改革开放后，中国经济理论界展开关于商品经济的讨论。1984 年 10 月 20 日，中国共产党十二届三中全会通过《中共中央关于经济体制改革的决定》，明确指出："社会主义经济是公有制基础上的有计划的商品经济，商品经济的充分发展是社会经济发展的不可逾越的阶段，是实现我国经济现代化的必要条件，只有充分发展商品经济，才能把经济真正搞活。"这是一个重要的转变，承认社会主义是商品经济，实际是从社会主义计划经济转向社会主义市场经济的枢纽。由此出发，中国理论界转向社会主义市场经济的理论探讨。当然，最后的突破是邓小平完成的。邓小平说："说市场经济只存在于资本主义社会，只有资本主义的市场经济，这肯定是不正确的。社会主义为什么不可以搞市场经济，这个不能说是资本主义。我们是计划经济为主，也结合市场经济，但这是社会主义的市场经济。"① 最后，中国共产党十四届三中全会确定建立社会主义市场经济体制，并在八届全国人大一次会议通过的宪法修正案上，将社会主义市场经济写进宪法，从而实现了根本性的突破和转折。

第三，单一公有制转为多种所有制并存。

在中国通过"三大改造"消灭了私有制，建立了两种生产资料公有制，公有制成了社会主义的基本经济制度。在这种情况下，公与私的问题也是不可讨论的。最初的突破来自改革的实践，包括农村家庭联产承包责任制、个体经营、私人经营直至民营企业的大量出现。党的十五大确定

---

① 《邓小平文选》第二卷，人民出版社 1994 年版，第 236 页。

"多种所有制并存"是社会主义市场经济的基本制度。这就使民营经济获得了合法性。在这种制度背景下，民营企业迅速发展，甚至在整个国民经济中的三分天下有其一。这样，在中国就形成了多元的经济主体，自然也就出现了多元的利益主体。国家和集体为中心的社会开始转向包括企业和个人的多中心社会。2004年3月十届全国人大二次会议，将保护公民的私有财产载入宪法，规定："国家依照法律规定保护公民的私有财产权和继承权"；"公民的合法的私有财产不受侵犯"；"国家保护个体经济、私营经济等非公有制经济的合法的权利和利益"。在宪法修正案基础上，2007年3月十届全国人大第五次会议通过《中华人民共和国物权法》，规定："国家实行社会主义市场经济制度，保障一切市场主体的平等法律地位和发展权利"；"国家、集体、私人的物权和其他权利人的物权受法律保护，任何单位和个人不得侵犯"。这部事关国计民生、历时十三年才诞生的法律，第一次以国家法律的形式明确规定对公有财产和私有财产给予平等保护。如果说中国社会主义革命使全国人民都成了无产阶级，那么，改革开放的三十年就又使人们重新成了有产者。

第四，按劳分配转为按劳分配与按要素分配并存。

在社会主义生产资料公有制基础上，个人消费品实行按劳分配。一方面，每个人能够向社会提供的只能是每个人的劳动而没有其他要素；另一方面，社会给每个人进行分配所能够依据的标准只能是每个人的劳动而没有其他依据。尽管人们的劳动能力有一定差别，但这种差别不可能很大，所以个人所得的差别也不可能很大。所以，按劳分配是社会分配公平的制度保证。改革开放初期，为了调动人们的劳动积极性，社会口号是劳动致富。随着生产资料多元性的出现，个人所掌握的生产要素不再限于个人的劳动，还包括了资金和技术等，所以，按劳分配不利于调动社会各方面的要素和积极性。为了迅速发展生产力，邓小先提出"让一部分人先富起来"，这就需要对分配制度进行改革。到中国共产党十五大，党和国家最终确定了新的分配制度，即按劳分配和按要素分配相结合的分配制度。这就保证了收入分配差别的合理性和合法性。新的社会分配制度，极大地刺激了人们发财致富的欲望和行动，大大提高了社会经济效率，大大提高了社会生产力。但是随着人们收入差别的扩大，进一步导致人们作为要素所有者差距的扩大，反过来又进一步扩大了收入差别。实际上的结果是两方面的差距在扩大，一方面是个人财富差距的扩大，另一方面是收入差距的扩大。我们为了效率和生产力在很大程度上牺牲了公平。这也是社会价值的重要转向。

到世纪之交，中国基本完成社会主义市场经济体制建设，社会主义市场经济的核心价值也日渐明晰。从中国共产党长期奋斗目标来看，革命的目的主要包括两个方面，一是发展生产力，二是共同富裕。但是，在革命和发展的过程中，这两方面的目标也发生转变，即生产力发展逐渐成为一切目标的根本，而共同富裕目标逐渐被掩盖，并且总是作为动员社会的口号。特别是在社会主义市场经济体制建设和经济发展过程中，现代意识逐渐凸显，到最后，发展生产力、科技是第一生产力、时间就是金钱、效率就是生命成为社会的普遍口号，经济增长和 GDP 成了衡量所有组织绩效的最重要指标。相反，公平价值或共同富裕目标被大部分人忘到脑后了。

事实上，社会主义市场体制从创建的第一天起，就注定要出现这种转向：个人利益一旦被解放，必然突出成为社会价值的本位，并且以加速的方式膨胀；生产资料个体所有制出现同样必然以加速的方式成长，按劳动分配只能局限于经济组织对于劳动者在第一次分配中的标准，按要素分配只要出现就必然加速收入差距的扩大并且难以遏止。事实上，收入分配差距扩大不可能由市场经济自己解决，那种通过市场经济解放生产力和发展生产力，最终把蛋糕做大，实现共同富裕的说法，只能是天方夜谭。共富目标之所以被掩盖，根本的原因就在于政治上的民主还需要出现根本性的进展。

四、社会主义现代化：价值之损益

近代以来的中国，特别是新中国的数十年来，现代化已经成为整个中华民族的共识，成为公认的"大道"。在现代化的大道上，传承数千年的中国价值传统，不仅不能"载道而行"反而成为现代化的严重阻碍。人们认为，只有彻底突破传统，批判传统，最终放弃传统，现代化才能顺利实现。所以，在现代化的过程中，现代思想和现代价值日益增进，而传统价值不断地减损，所谓"为学日益，为道日损"（《老子·无为》）。《易》

曰："损益，盛衰之始也。"（《易·杂卦》）传统价值与现代价值的一损一益，成为中国新一次价值革命的枢纽环节。

1. 为学日益：现代价值之益

中国共产党从一开始就接受了马克思主义的唯物史观。唯物史观作为共产党的哲学基础，决定共产党自始至终以解放和发展生产力为价值核心。新民主主义革命和社会主义革命时期是解放生产力，社会主义建设时期逐渐转向保护和发展生产力，在改革开放和社会主义市场经济时期更以解放生产力和发展生产力为核心。唯物史观和发展生产力为核心的价值，具体体现为工业化和现代化。

第一，国家工业化。

中国是传统的农业国，数千年的重农传统影响了对工业的重视。但是中华民族从近代以来的历史得到的教训是，没有发达的工业就意味着落后，而落后就意味着挨打。所以，中国的民族主义者一开始就将工业化作为民族复兴的根本选择。特别是在 20 世纪，生产力的标志就是现代工业，因而解放生产力的目的就是能够实现国家工业化，实现人民的幸福和国家的富强。但是，旧中国的工业化遭到重重阻力。毛泽东指出："在一个半殖民地的、半封建的、分裂的中国里，要想发展工业，建设国防，福利人民，求得国家的富强，多少年来多少人做过这种梦，但是一概幻灭了。"[1]所以，社会革命是中国实现工业化目标的前提。工业化是一个现代化国家的重要表征，工业化的程度是衡量一个国家现代化程度的重要指标。使中国稳步地由农业国转变为工业国实质上就是工业化的过程，它是中国富强的起点，关系中国整个现代化事业成功与否。毛泽东认为："没有工业，便没有巩固的国防，便没有人民的福利，便没有国家的富强。"[2] "在新民主主义的政治条件获得之后，中国人民及其政府必须采取切实的步骤，在若干年内逐步地建立重工业和轻工业，使中国由农业国变为工业国。"[3] 因此，毛泽东在党的七届二中全会上明确指出："在革命胜利以后，迅速地

---

[1] 《毛泽东选集》第三卷，人民出版社 1991 年版，第 1080 页。
[2] 《毛泽东选集》第三卷，人民出版社 1991 年版，第 1080 页。
[3] 《毛泽东选集》第三卷，人民出版社 1991 年版，第 1081 页。

恢复和发展生产，对付国外的帝国主义，使中国稳步地由农业国转变为工业国。"[①] 1949 年 6 月在《论人民民主专政》一文中，毛泽东再次指出："人民民主专政的国家，必须有步骤地解决国家工业化的问题。"[②]

新中国成立后工业化立即提上党和国家的重要议事日程。1949 年制定的《共同纲领》第三十五条规定：关于工业，"应以有计划有步骤地恢复和发展重工业为重点，例如矿业、钢铁业、动力工业、机器制造业、电器工业和主要化学工业等，以创立国家工业化的基础。同时，应恢复和增加纺织业及其他有利于国计民生的轻工业的生产，以供应人民日常消费的需要"。然而，在一个有数亿人口且又极度贫困的大国实现工业化，确实是一个十分艰巨而又十分迫切的任务。因此，如何选择一条适合中国的工业化道路问题，摆在了中国共产党和政府面前。在总结近代中国历史经验的基础上，1953 年，在酝酿提出过渡时期总路线的过程中，毛泽东明确提出了"国家的社会主义工业化"[③]。最后形成的过渡时期总路线的基本内容，是要在一个相当长的时期内，逐步实现国家的社会主义工业化，并逐步实现国家对农业、对手工业和对资本主义工商业的社会主义改造。这条总路线的制定和实施确保了中国工业化的社会主义方向。在 1957 年所作的《关于正确处理人民内部矛盾的问题》的讲话中，毛泽东则明确提出了"中国工业化的道路"这一科学概念。他指出，中国工业化的道路主要是指重工业、轻工业和农业的关系问题。他说，我国的经济建设是以重工业为中心，这一点必须肯定，但是同时必须充分注意发展农业和轻工业，发展工业必须和发展农业同时并举。至此，毛泽东基本形成了以重工业为主，重工业和轻工业、农业同时并举为主要内容的中国特色的社会主义工业化道路的思想。

第二，四个现代化。

与工业化相比，现代化是一个更为丰富的范畴，不仅包含工业现代化，而且包含农业、科技、国防的现代化；不仅有经济内容，而且包含社

---

① 《毛泽东选集》第四卷，人民出版社 1991 年版，第 1437 页。

② 《毛泽东选集》第四卷，人民出版社 1991 年版，第 1477 页。

③ 《关于建国以来党的若干历史问题的决议注释本》，人民出版社 1983 年版，第 218 页。

会、政治、文化多方面的内涵。随着社会主义经济建设的深入,并借鉴国外发达国家的历史经验,在工业化战略的基础上,中国共产党进一步提出了现代化概念,并开始实施现代化战略。

毛泽东是实现我国四个现代化的最早倡导者。1953年经过毛泽东修改和审定的过渡时期总路线宣传提纲中提出:实现国家的社会主义工业化,就可以促进农业和交通运输业的现代化,就可以建立和巩固现代化国防。1954年9月,周恩来在一届人大一次会议的《政府工作报告》中,根据上述思想提出"要建设起强大的现代化的工业、现代化的农业、现代化的交通运输业和现代化的国防"。毛泽东在1957年进一步提出,要建设一个具有现代工业、现代农业和现代科学文化的社会主义祖国。1959年,毛泽东在阅读苏联《政治经济学教科书》时说:"建设社会主义,原来要求是工业现代化、农业现代化、科学文化现代化,现在要加上国防现代化"。①1964年12月21日,周恩来代表中国政府正式公开宣布:"今后发展国民经济的主要任务,总的说来,就是要在不太长的历史时期内,把我国建设成为一个具有现代农业、现代工业、现代国防和现代科学技术的社会主义强国,赶上和超过世界先进水平。为了实现这个伟大的历史任务,从第三个五年计划开始,我国的国民经济发展,可以按两步来考虑:第一步,建立一个独立的比较完整的工业体系和国民经济体系;第二步,全面实现农业、工业、国防和科学技术的现代化,使我国经济走在世界的前列。"②

我们党提出实现四个现代化的经济发展战略目标和部署,既符合世界潮流,又合乎中国实际,充分反映了全国各族人民迫切改变我国贫穷落后面貌的愿望和根本利益,从20世纪60年代到80年代初期对我国社会主义建设产生过巨大的积极作用。然而,"四个现代化"目标提出不久,就发生了席卷全国的"文化大革命"。这样,实现四个现代化的努力被打断,四个现代化的目标被搁置起来。1975年1月,周恩来在四届全国人大一次会议上重申了在本世纪末实现四个现代化的目标。

第三,全面建设小康社会。

在深刻认识国情的基础上,1979年12月6日,邓小平在与前来中国

① 《毛泽东文集》第八卷,人民出版社1999年版,第116页。
② 《周恩来选集》下卷,人民出版社1975年版,第439页。

访问的日本首相大平正芳举行会谈时，首次提出了到本世纪末实现"小康"的经济发展战略目标。邓小平提出实现"小康"的目标后，中共中央反复讲到这个问题，理论界也对此作了研究和论证，认识逐渐明确。1982年9月党的十二大，"小康"水平就作为战略目标正式提出。1982年9月，党的十二大提出：从1981年到20世纪末的20年，我国经济建设总的奋斗目标是，在不断提高经济效益的前提下，力争使全国工农业的年总产值翻两番。为了实现20年的奋斗目标，在战略部署上要分两步走：前十年主要是打好基础，积蓄力量，创造条件，后十年要进入一个新的经济振兴时期。

根据邓小平的构想和社会主义初级阶段的理论，1987年10月召开的党的十三大正式提出了在社会主义初级阶段的经济发展战略：在社会主义初级阶段，发展社会生产力所要解决的历史课题，是实现工业化和生产的商品化、社会化、现代化。我国的经济建设，肩负着既要着重推进传统产业革命，又要迎头赶上世界新技术革命的双重任务。完成这个任务，必须经过长期的有步骤分阶段的努力奋斗。为此，我国经济建设的战略部署大体分三步走：第一步，实现国民生产总值比1980年翻一番，解决人民的温饱问题。这个任务已经基本实现。第二步，到本世纪末，使国民生产总值再增长一倍，人民生活达到小康水平。第三步，到下个世纪中叶，人均国民生产总值达到中等发达国家水平，人民生活比较富裕，基本实现现代化。然后，在这个基础上继续前进。党的十五大把三步走的战略部署更加具体化。十五大报告郑重地指出：这样的历史进程，至少需要一百年的时间。至于巩固和发展社会主义制度，那还需要更长得多的时间，需要几代人、十几代人、甚至几十代人坚持不懈地努力奋斗。

马克思主义认为科学技术是生产力的一部分，生产力中也包括科学。[①]
1953年，毛泽东提出要学习先进的科学技术来建设我们的国家。1958年，毛泽东提出要来一个技术革命，并要求把党的工作重点放到技术革命上来。他指出："搞上层建筑、生产关系的目的，就是为了解放生产力。现

---

① 《马克思恩格斯全集》第46卷下册，人民出版社1980年版，第211页。

在生产关系改变了，就要提高生产力。不搞科学技术，生产力无法提高。"① 改革开放时期，邓小平明确提出，"四个现代化，关键是科学技术的现代化"②。邓小平还提出发展是硬道理，"科技是第一生产力"的观点，③ 把科学技术的价值同马克思主义的生产力论统一起来。党的十七大进一步提出科学发展观，并对科学发展做了全新的阐释。科学发展观是我党在总结我国工业化和现代化历史经验基础上，对以西方为主体的现代化模式的反思，并意味着对我国传统文化现代价值的重新认识。可以说，科学发展观的提出，是中华民族在新的历史时期对人类发展的重要贡献。

2. 为道日损：传统价值之损

总的来看，在中国现代化过程中，马克思主义现代性价值成为主导价值，决定了中国现代化的方向和道路；但与此同时，西方资本主义现代性价值也产生了重要影响。特别是改革开放后，一方面，中国主动学习西方先进技术和市场经济制度，另一方面，在西方新自由主义思潮的冲击下，西方现代价值的影响也日益扩大。与此同时，中国价值传统的最后影响力却在迅速地消失。到了 20 世纪末，现代化高歌猛进，传统价值则"损之又损以至于无"了。这种传统之损和价值之损，导致现代化过程中价值规范和价值引导大大缺失，直接造成了一系列社会矛盾和危机。

第一，科技崇拜与人文之损。

在现代化过程中，中国传统的人文精神一度淹没在以工具理性为特征的西方科学主义之中。中国传统文人崇尚"道德文章"，而对科学技术采取不屑的态度，称其为"奇技淫巧"。然而，当人们认识到"落后就要挨打"的道理后，开始"师夷之长技"，大力学习西方先进科学技术，科学技术的价值随之确立。在广泛的社会观念中，人们对"知识就是力量"毫不怀疑，相信科技无所不能，相信人定胜天。而对于每个个人来说，更相信"知识改变命运"。在人们看来，掌握知识就是学习科学技术，学习科学技术是获得成功和实现人生价值的必由之路。随着中国实现工业化的历

---

① 《毛泽东文集》第八卷，人民出版社 1999 年版，第 351—352 页。
② 《邓小平文选》第二卷，人民出版社 1994 年版，第 86 页。
③ 《邓小平文选》第三卷，人民出版社 1993 年版，第 377 页。

史使命越来越迫切，科学技术日益获得学术霸权，其他人文社会科学都失去了往日的地位，甚至成了可有可无的东西。在人们通过科技手段追求物质利益和经济增长的同时，一切传统的、人文的东西都烟消云散了，甚至变得一文不值了。然而，失去价值规范的科学技术，并不仅仅造福于人类社会，而有可能成为私人牟利的手段，更可能成为损害他人利益和社会整体利益的手段。原本作为人类探索自然和利用自然的科学技术，现在反过来成为一种控制人的力量，人由科学技术的主人变为科学技术的奴隶。总之，我们获得了"科技"却丧失了"人文"。

第二，市场崇拜与人性之损。

中国的价值传统是以伦理为本位、以道德为本位。"仁者，人也，亲亲为大。义者，宜也，尊贤为大"（《中庸·哀公问政》），即所谓"尊尊亲亲"原则。这种原则始终大于和高于市场经济的利益原则。近代以来，市场理性大行其道，人的趋利避害本性决定每个市场主体在市场上追求最大利益，竞争和效率成为社会市场的核心价值：其中效率是目的，竞争是手段，效率是目标价值，竞争是工具价值。在市场活动中，人们采用一切可以提高效率的竞争手段，目的只有一个，就是击败对手，获取更大的经济利益。人不仅从趋利避害的"理性人"转变为精于计算的"经济人"，而且可能从"经济人"进一步转变为"经济动物"。市场经济既不相信兄弟也不相信眼泪，一切亲情和同情都"淹没在利己主义打算的冰水之中"。"它把人的尊严变成了交换价值"，"人和人之间除了赤裸裸的利害关系，除了冷酷无情的'现金交易'，就再也没有任何别的联系了"。[1] 人们为了追求效率和收益最大化而进行的无休止和无限制的竞争，既导致人际关系的紧张也导致市场效率的下降。所以，市场经济表面上承认理性，但自利理性泛滥的结果往往"使非理性真正达到顶点"，"变得更不合乎人性"。[2]这正是当今市场上出现的一些非理性行为的根源所在。

第三，增长崇拜与人本之损。

社会发展是以人为本还是以物为本，始终是现代化过程中一个十分纠

---

① 《马克思恩格斯选集》第一卷，人民出版社 2012 年版，第 403 页。

② 《马克思恩格斯选集》第一卷，人民出版社 1995 年版，第 24 页。

结的问题。马克思深刻批判了资本主义社会中"物的世界的增值同人的世界的贬值成正比"这种扭曲状况，指出："我们的一切发现和进步，似乎结果是使物质力量具有理智生命，而人的生命则化为愚钝的物质力量。"①中国在现代化过程中，也没能完全避免这种人的异化状况，在一定条件下，"物本"的主导性压制了"人本"的主导性，致使物质文明和精神文明的发展严重不同步、不协调。过去社会流行的口号是"时间就是生命"，而现在，这个人本主义口号转变为"时间就是金钱"和"效率就是生命"两个典型的现代"物本主义"口号。人们"丧己于物，失性于俗"，成为"倒置之民"（《庄子·缮性第十六》）。在这里，价值判断基本不存在了，剩下的只是效率、效率和效率，效率成了唯一的价值标准。"发展是硬道理"本应包括物的发展和人的发展，但在实际过程中主要是发展科技、发展工业、提高效率，增加 GDP 和人均收入。20 世纪 80 年代以来，"GDP"成了中国最为重要的经济指标，一方面，GDP 的增长率成为国家竞争和比拼的工具；另一方面，各级政府和官员的政绩，也主要通过 GDP 的增长率来反映。这种 GDP 崇拜促使中国进入一个疯狂发展的时代。但在这种发展过程中，一方面，环境污染，生态破坏，人与自然的矛盾大大加剧了；另一方面，人自身的发展，人们精神方面的需要被大大忽视了，越来越进入一个"空心"时代。然而，人毕竟还是需要一点精神的，正如古代先贤所说："身心须有安顿处"，而现代这种天人两分，心物两分，身心两分状况，不能不导致每个个体和整个社会的心绪纠结，身心无着。

第四，理性霸权与多元之损。

现代理性主义强调齐一性，具有极强的同化能力，将一切传统的、多元的价值统一为单一的、标准的价值。经济方面，货币作为现代社会最强大的同化工具，成了衡量一切的价值标准。不仅所有的商品，包括商品以外的一切事物都可以变现为货币。人们获得和掌握的货币量的多少，成了人们能力和成功的唯一标志。文化方面，是否"流行"成了主流文化的标准，如收视率成为传媒业的金科玉律；统编教材、标准化考试和高考升学率成了成功教育的标准；政治方面，投票民主即多数民主整合了社会的各

---

① 《马克思恩格斯全集》第 12 卷，人民出版社 1962 年版，第 4 页。

种价值取向，主流社会的价值成了全社会的价值，而少数人的意见被忽视或忽略不计，从而进入所谓的"被"时代。总之，共同的价值标准统治了所有人，也消除了各种价值倾向，"己所不欲，勿施于人"成了"己之所欲，强施于人"或"己所不欲，被施于人"。人—理性人—经济人—单向度的人，这种历史和逻辑的演进，同时意味着社会的单向度发展，更重要的是，人们也由此丧失了自由。

总之，在现代化过程中，"为学日益"确立了马克思主义现代性的主导地位，决定了中国现代化的方向和进程；与此同时，西方资本主义现代性的消极影响却导致人文之损，人性之损，人本之损，以及多元和自由之损，即所谓"为道日损"。21世纪初的中国，经济发展使物质文明已经达到有史以来的最高水平，但人们也同时发现，传统的东西即便是那些传承千年的优良价值传统也都几乎荡然无存了。在经济利益驱使下，人们普遍地压抑良知，不尚道德，缺乏同情心和仁爱心；人们享受着丰富的物质资料，但市场经济的不确定性，激烈竞争导致的人际关系紧张，社会逐利机制和败德行为导致人们利己心与良知的相互纠缠，等等，这一切导致人们身心环境的恶化。在这种背景下，我们不能不回过头来看看我们这些年来所走过的路，重估我们一个半世纪以来所获得的现代价值。另一方面，我们也有必要对我们数千年历史形成但已经逐渐消解的价值传统进行一次重估，重新发现并光大传统的价值，以重建我们的价值传统。这就是说，要对近代以来的价值变革做一个终结性的融合创新，实现新的价值革命。

第四章　中国价值的革命

第一节　危机与重建

一、时代悖论

到 21 世纪初，经过数十年的经济高速发展，中国物质文明已经达到有史以来的最高水平，但精神文化却沦落到与民族历史极不相称的地步：一方面，人们享受着丰富的物质资料和高度的物质文明；另一方面，市场经济的竞争不确定性，导致的人际关系紧张，败德行为导致人们利己心与良知的相互纠缠等。这一切导致人们身心环境的恶化。总之，社会上"物"的矛盾缓解了，而"心"的矛盾加剧了。

第一，"小人"时代。

孔子曰：君子喻于义，小人喻于利。"义"是"君子"时代的核心价值，而"利"是"小人"时代的核心价值。中国改革开放前基本上是一个"君子"时代，公共利益占据着中心地位，个人利益在社会和国家利益面前甚至微不足道，功利主义没有可以发挥的制度条件。改革开放后中国逐渐进入"小人"时代。早期的"小人"主要包括个体户、私人业主、个体技术发明人以及其他各类的自由职业者等。这些人最初没有社会地位，个人行为以利为中心，所以是"喻于利"的"小人"。但是他们可以获得比计划体制内的"君子"们更高的收入，并逐渐成为"先富起来"的人。随着市场经济的发展，公有制为主体多种所有制经济并存制度的确立，他们的社会地位得到了法律确认，并且开始不同程度地参与社会政治，因而逐渐成为令人羡慕的"新的社会阶层"。于是越来越多的人加入这个"小人"行列，使这个群体越来越壮大。在"小人"社会地位上升的同时是"君子"社会地位的相对下降。他们固守在体制内，体制内的优越和安逸使他们丧失了竞争能力甚至生存本能，而体制内的收入不能随着个人的贡献而提高，使他们成了贫穷落魄的"君子"。在这种体制之下，越来越多的"君子"加入到"小人"队伍，使"小人"群体越来越壮大，而坚守的"君子"越来越少，这就使得整个社会从"君子"时代进入到"小人"时代。从"君子"时代到"小人"时代的转变，伴随着社会价值的转变，即时代价值的失衡到倾斜直到完全颠覆。在理想的"君子"时代，"君子坦荡荡，小人常戚戚"。而在"小人"时代，"君子"不言利而"小人"言利，"君子"不得利而"小人"得利，货币财富成为衡量一切价值的标准，其最终的结果必然是"君子常戚戚，小人坦荡荡"了。随着社会的发展进步，在转型过程中部分"君子"改弦更张，做起"小人"之事，以谋取更多的经济收益，甚至自称为"儒商"；另一方面，部分"小人"在通过各种方式致富的同时，逐渐取得了与财富相称的社会地位，也做起了"君子"之事。所以，这也是个"君子"与"小人"角色转换的时代。不过，整体看来这种转变尚未完成，"小人"作为仍是我们这个时代的主旋律，我们仍处于"小人"时代。

第二，"饕餮"时代。

改革开放和市场经济体制的建立，充分调动了社会各个方面的积极性，使中国进入一个疯狂发展的时代。如果以一个古代传说中的怪兽来形容这个时代特征，这就是"饕餮时代"①。饕餮是一种贪婪的动物，崇尚丛林法则，是弱肉强食者的图腾。从历史上看，饕餮时代是紧接着"饥饿时代"的。由于社会发展的长期停滞，人们普遍地不能饱腹，生存和较好生活成为人们普遍追求的目标。在这种背景下，人们不可能有"不食嗟来之食"的气节，更不可能有"不食周粟"的骨气。而一旦这种饥饿感受到刺

---

① 《左传·文公十八年》："缙云氏有不才子，贪于饮食，冒于货贿，侵欲崇侈，不可盈厌；聚敛积实，不知纪极；不分孤寡，不恤穷匮。天下之民以比三凶，谓之饕餮。"

激，人们"贪吃"本性也就得到进一步解放，并进而从"贪吃"扩大为"贪婪"。历史地看，这种人性贪婪往往成为经济发展的推动力。也就是说，人们在物质利益的激励下，开动脑筋，发动肌肉，施展自己的才能致富。根据市场经济的理论阐释，由于有"看不见的手"调节，个人的这种致富行为自然成为社会经济发展的动力。所以，人们对物质利益有着高度的追求，脱贫、致富，成为人们最急迫的愿望。在这种在极度贪婪的激励下，或者依靠辛勤劳动，或者通过创新，或者通过投机，总之是拼命赚钱。这种个体行为，构成了整个社会的共同追求，也构成了各级政府的目标追求，从而大大推进了经济的高速增长。但是，在"物竞天择，优胜劣汰"的自由市场法则之下，社会必然从"饥不择食"发展为"赢者通吃"。饥不择食导致的结果是"贪者通吃"，而"赢者通吃"的结果必然是贫富差距的迅速扩大，社会矛盾也就逐渐激化起来了。

第三，"空心"时代。

经过数十年的经济发展，物质水平得到迅速提高，中国完全消灭了饥饿并基本消灭了贫困。今天的中国，很多人面临肥胖的烦恼，而少数人更"穷的只剩钱了"。肥胖的烦恼表明了人们身心的不平衡，"穷的只剩钱了"表明致富与良知的冲突和社会分配的矛盾。但是，不论是穷人的肥胖还是富人的空虚，令人担忧的倒是社会普遍的心态。特别是一些士人，大部分随波逐流，即使仍有极少数人怀有"忧道不忧贫"的道德理想，但也感到心无落处。所以说，我们进入了一个"空心"时代。空心时代有三个特点：首先，人们有知识无理想。"知识改变命运"不仅是最常用的励志之语，更是社会的金科玉律。现代知识体系成了个人致富的手段，也成了经济发展的发动机。但这一代人缺乏价值理想，有知识而缺乏心智，学问满腹但内心空虚。其次，人们有财富而无良知。市场经济不仅不相信眼泪甚至不相信父母兄弟，不仅毫无同情甚至也毫无亲情；人们为了成功可以出卖任何东西，不仅包括知识和才能，也包括肉体和灵魂；为了经济利益不仅不顾及行为的"合德性"，甚至连"合法性"也可以忽略不计。所以，社会发展与道德倒退同时发生。最后，整个社会没有方向感。社会从温饱发展到富裕，从富裕发展到"过剩"。这种"过剩"既包括物质的也包括精神的，而人们不知道如何安排这些"剩余"。除了更多的以货币数目体现的财富目标外，人们不知道下一个目标是什么，而货币财富对人们的激励作用也加速递减，有可能将丧失对社会发展和进步的促进意义。就是说，社会发展丧失了方向感。总的来看，人创造出空前富有的物质世界，但精神和情感世界却日益消散，人们只片面地追求物欲的满足，而在这种追求物欲的狂奔中，生命的关切、高尚的意义、伦理的规范等等全部都一文不值了，惟一可以信赖的就是物质财富的真实性和确定性。然而，物欲的满足并不是无限的，当物欲达到一定程度的满足以后，并不能使自己在精神上提升，生命的意义只能是加速贬值。所以，这个社会只有当下而没有未来。

第四，"纠结"时代。

经过数十年的经济发展，物质水平已经有了很大的提高，人们的幸福感也自然随之提高。但问题是人们的幸福感并没有与物质水平同比例提高。这令每个人心中都有一种莫名的烦恼即纠结。因为每个人都面对着各种矛盾，胶着在一起，导致每个人都有一个难解的心结。这种焦虑首先是人们对于未来收入的焦虑。随着经济的高速发展，人们的收入水平也迅速提高，甚至普遍高于人们的心理预期。尽管收入不断提高，但人们看到的是收入提高赶不上物价提高，自己收入提高比不上其他人收入提高，自己的社会层级会进一步下降。其次是关于未来保障的焦虑。中国的社会保障系统仍在建设之中，尚未达到可以保障未来的水平。对未来的不确定性导致人们普遍的焦虑感。不过，这种纠结更多的是源于人们的心物矛盾。就人们基本物资资料需求来说，大部分人是能够获得基本满足的，即温饱有余，衣食已足；越来越多的人进入中高收入阶段，少数人已经开始"土豪"式消费。但人们的精神生活仍然空虚，除了物质利益追求外别无他求。在这种情况下，有的人开始盲目地皈依宗教，却不知道哪种宗教适合于自己。所以，当下的中国人民普遍的身心矛盾和身心焦虑。从经济根源上分析，当下中国普遍存在的这种纠结状态，源于中等收入的结构性挑战，或者说是"中等收入危机"。这就是说，当社会经济发展达到中等收入阶段时，一方面中等收入阶层尚未成为社会的主体，另一方面贫穷阶段的心理和文化没能相应地提升到与收入相适应的阶段。这就导致社会的价值观、道德水平、精神追求等方面的严重滞后。

二、价值危机

1. 从价值祛除到价值颠覆

现时代的典型特征就是经济生活取代精神生活成为社会生活的主旋律，物的价值高高凌驾于精神价值之上。所以，现时代既是一个"异化"的时代，也是社会从"价值祛除"到"价值失衡"，再到"价值颠覆"直到"价值真空"的时代。

第一，价值祛除。

近代以来中国社会经历了一系列价值祛除过程。价值祛除集中表现为两个方面，即科学主义和效率至上。科学技术是生产力，并且是第一生产力。这是中国科学主义的最高形式。效率是市场经济的第一原则，即最小成本和最大收益原则。而科学技术的广泛使用是实现市场效率的重要途径。然而，这里的问题是，生产力和科学技术被过度地强调了，经济效率也被过度地强调了，而社会发展的人文方面，包括公平和正义、道德和伦理、艺术和欣赏等全都被忽略了。这种价值祛除一方面是通过社会变革和新的社会运行机制实现的，另一方面也是通过学术思想变革实现的。社会价值取向越来越转向效率，而学术思想不仅发挥了肇始作用并且对其进行了合理性阐释。近代以来的价值祛除导致了一系列政策矛盾，比如工业化过程中出现的城乡二元户籍制度、工农业产品剪刀差效应、市场化过程中的收入差距扩大、官商结合导致的经营垄断和分配公平等等。在学术上，价值祛除表现为科学主义泛滥以及各种"纯粹"学术的流行，包括"纯粹法学""纯粹经济学""纯粹社会学"等。总的来看，近代以来的价值祛除过程一直延续到21世纪初，而价值祛除的负面影响还在进一步扩大着。

第二，价值失衡。

社会价值的理想状态是平衡，价值平衡符合"中道"因而也是常道。实际上，价值传统的形成说明社会对价值选择的基本完成，同时也表明社会价值进入一种平衡状态。而这种价值平衡表明社会处于一种稳定发展的状态之下。但是，社会价值的平衡状态并不是不变的，随着经济社会的发展，传统价值也可能不再适应社会需要，从而丧失导向作用。这就会出现社会价值的失衡。价值失衡使人们丧失对传统的信仰，一方面，社会核心价值分解了，原有的价值认同消散了，社会的共同目标消失了；另一方面，多元价值出现了，社会目标多元化了，生活的意义也丰富多彩了。然而，在多种多样的价值观面前，人们会陷于价值选择的困境之中，从而导致价值危机和信仰危机。从中国的情况来看，现代社会的价值平衡点在 20 世纪晚期被彻底打破了。中国近代以来的现代化就是要打破传统，从传统价值的束缚下解放。但与此同时，共产党又建立了新的信仰体系即共产主义。共产主义信奉没有私人利益的激励，在一个时期里起到了价值平衡的作用。但是改革开放到 20 世纪末，公共利益逐渐被私人利益所取代，传统价值完全丧失了信仰，社会价值平衡被彻底打破，并出现严重的倾斜。

第三，价值颠覆。

当社会价值的失衡状态超过了平衡点，就出现价值倾覆甚至价值颠覆。价值倾覆是传统的彻底瓦解，而价值颠覆则是完全的价值颠倒。因为价值颠覆出现以后，人们会做出超越常理的行为。德国哲学家舍勒（Max-Scheler）通过考察发现了现代社会的"人心失序"现象，表现为现代精神对传统价值的颠覆，即古代所颂扬的高贵品德如理性的自我克制，被诸如利欲这些本能的冲动所取代，对满足感性需要的物质利益追求，成为现代社会的重要价值。这种"人心失序"在心性上体现为"怨恨"，在伦理气质上表现为传统"德性"或"美德"的衰落，因而生命的价值被肉身的价值所取代，快乐、享乐、有用性成为评判事物是否有价值的标准，功利主义变成一种在现代具有实质影响力的伦理学范式。这种"价值颠覆"也就是尼采所说的"本能冲动对逻各斯的系统造反"[1]。这种人心失序"和"价值颠覆"正是 21 世纪初中国社会的状况：传统的义利观整个被颠覆了，金钱利益成了最大宗教，成功成了最普遍的目标，因而，利己成了最基本的行为准则。人们不仅是没有任何信仰，而是除了金钱利益什么都不信，不信道德说教，不信良心自责，不信彼岸，不信来生，所以更不信什么因果报应。有的人为了个人目的甚至什么恶都肯做。可见，某些最具普遍性的价值都被颠覆了，实际上也就是人间"常道"即"天道"被颠

---

① 王艳：《直面现代价值危机的"实质的价值"伦理学——论舍勒现象学伦理学的历史地位和意义》，《哲学动态》2010 年第 12 期。

覆了。

第四，价值真空。

传统价值从价值祭坛上被撵下来之后，长期以来对于价值的不断重新选择使人们对价值产生了一种不确定感。这种价值的不确定性使价值本身变得毫无意义，从而导致价值的虚无也就是社会价值真空。这种价值真空表现为人们心理上的迷茫和混乱，而在混乱中实际上是各种价值的竞相挤入。就是说，真正的"空灵"现象绝对是短暂的，既然传统价值被汰除了，原有的价值体系被颠覆了，原有的信仰和偶像被打碎了，人作为一种特殊的有灵动物，心中不能长期空置。所以，20世纪晚期中国一度出现宗教思想活跃的现象。佛祖或上帝就是在人们价值空虚、思想迷茫时进入了人们的心灵。但宗教并不能解决价值真空问题，特别是对于那些无神论者们来说，根本的解决途径还是价值重建。

2. 从信仰危机到自性危机

价值危机始于信仰危机终结于自性危机。信仰危机是价值危机的起点。信仰危机是对心灵中最崇高的偶像，包括对未来的理想和彼岸的向往，直到对神祇乃至上帝的信仰的丧失。由于理想和信仰的缺失，最后直到丧失对自我的信仰。对于个人来说，不论是对于价值理想的信仰还是对于神祇的信仰，总之是对于身外的"他者"的信仰，而对这些"他者"的存疑，进一步发展为对所有身外世界的怀疑，最后的结果必然是丧失自我，即不知道自己是谁，从哪里来，到哪里去，即所谓的"自性危机"。现代社会是以自我为中心的社会，对于自我的强调导致对身外世界的忽略，结果是使自我日益脱离社会，最终导致自我迷失。就是说，对于一个既没有价值理想，也没有任何信仰，既无视他者，也无视社会的人来说，个人也必然消失在"人人自我"的社会中。所以，中国当下的社会问题并不是物质发展问题，不是生产力问题，而是社会和心理问题。这些问题本质上讲是整个社会的"自性危机"。

第一，信仰危机导致价值虚空——没有了灵魂。

任何一个社会都不能没有信仰。信仰是人的感性和理性之外的第三种心理现象。信仰就是为人们提供对于未来的希望和彼岸的愿景，为价值体系寻找一个更高的甚至终极的标准。这个最高标准是价值原点，它既不为其他标准所规定，也不在信仰体系内受到怀疑。尽管信仰的目标即不可用感官感知也不可用逻辑推究，但它是一种存在于人心的具有持久性的力量。在西方，由于"上帝死了"，社会信仰也就崩溃了。丹尼尔·贝尔在批评资本主义文化时指出，"现代主义的真正问题是信仰问题"，"它就是一种精神危机，因为这种新生的稳定意识本身充满了空幻，而旧的观念又不复存在了。如此局势将我们带回到虚无。由于既无过去，又无将来，我们正面临着一片空白"。① 丹尼尔·贝尔所说的"空白"实际上就是价值虚空。价值虚空是信仰崩溃的必然结果。中国人民经历过一个怀有崇高信仰的时代。在那个年代里，尽管物质匮乏但精神满足。但是当人们转身去追求现实的物质利益的时候，这个价值理想逐步被忽略甚至被完全抛弃。物质利益追求也是一种价值目标。但是物质利益作为价值目标很容易实现。当物质需要大部分得到满足以后，在一定时期里人们就会失去方向感，这就会生出不少非分的、虚无的甚至是妄想的东西来。

第二，价值祛除导致道德陷落——良知死了。

尽管没有人像尼采宣布"上帝死了"一样来宣布"良知死了"，但21世纪初的中国社会的确是一个"无良"社会。说中国社会"无良"并不是说真的没有良善的东西，而是说良善的东西不再作为社会普遍尊崇的道德标准了，如雷锋被人们耻笑为傻子或被通过"实证"方法证明根本就是虚无的。从西方历史看，现代性开启的初期，个人主义极度泛滥也导致道德的普遍陷落。布克哈特曾指出，文艺复兴时期人们在发现了个人自我的同时，又通过个性极度张扬的为所欲为，刚愎自用，品尝其苦涩。② 这似乎是现代化的一个规律。在中国，传统时代的信仰毁于20世纪初期的五四启蒙，而共产主义信仰则毁于20世纪晚期的市场开放。尽管信仰逐渐崩溃了，但人们的良知还在，良善还被作为社会最基本的价值标准来尊崇。但到了21世纪初，经历三十多年的改革开放，作为现代化激励要素的私人利益发挥了重要作用，刺激了经济的高速发展，但与此同时，这种私人利益

---

① ［美］丹尼尔·贝尔：《资本主义文化矛盾》，生活·读书·新知三联书店1989年版，第74页。

② ［瑞士］布克哈特：《意大利文艺复兴时期的文化》，何新中译，商务印书馆1986年版，第445页。

激励对传统道德观念包括善恶标准都构成了颠覆性的冲击。人们不再"爱人"而只有"自爱",不再相信"人人为我,我为人人"的说教,却越来越相信"人不为己天诛地灭";自我的唤醒,个性的张扬,私利的追逐,构成现代社会的普遍特征。随着市场经济的迅速建立,社会的不确定性也迅速提高,带给人们的是极度的不安全感。而为了获得安全,人们拼命地工作,拼命地赚钱,整个社会进入一个"竞利时代"。而在这个"竞利时代",道德良心越来越不值钱,因而被人们弃之如敝履。事实上,正如一百多年前尼采宣布"上帝死了"一样,如今中国人的"良知死了",所以我们进入到了一个"无良"社会。

第三,失性于俗,丧己于物——成为倒置之人。

现代化起源于物质匮乏而人欲苏醒的历史时期,所以,物质的丰富和发展成为这一历史阶段的首要目标。西方较早地开启了现代化,也较早进入现代社会。但他们也经历过文艺复兴时期的人性迷乱、宗教革命时期的信仰迷失以及启蒙时期的理性僭越,最终的结果是物的价值、有用性价值高于人的价值和生命的价值。舍勒认为,现代伦理精神的结构是在代表"现代人"的"资产者"的人格结构中得到体现的,这是由于经济生活这个在古代仅仅属于"家政学"范围内的活动在现代变成了"公共领域"的核心,成为现代生活的核心,乃至于"资产者"的"心灵秩序"变成了社会的精神秩序。这种"价值颠覆",实际上正是"资产者""心灵秩序"的表征。① 中国社会正是处在这样的一个历史阶段,人们疯狂地追求物质利益,目的从自我消费开始不断扩张,不仅追求享有,还追求占有;不仅追求占有,还追求掌控;不仅追求对物的掌控,还追求对人的掌控,以及对社会的影响。而最终的结果是人消失在物欲之中,用庄子的话说,就是"失性于俗,丧己于物,成为倒置之人"。

第四,自我迷失导致民族观念消失——民族虚无主义。

任何一个民族在历史演进和发展过程中都会形成一种"自性",也就是特有的民族性。这种民族性源于文化认同,即人们之间或个人同群体之

---

① 王艳:《直面现代价值危机的"实质的价值"伦理学——论舍勒现象学伦理学的历史地位和意义》,《哲学动态》2010 年 12 期。

间对共同文化的确认。文化认同中的文化理念、思维模式和行为规范，都体现着一定的价值取向和价值观，因此可以说文化认同的核心就是价值认同。然而，中国在现代化过程中，这种民族"自性"不断地减损。一方面，为了尽快地实现现代化并与西方比肩，人们尽可能地抛弃自己的民族传统以适应现代化的需要；另一方面，随着现代化的进程，中国传统民族精神赖以存在的社会结构和文化土壤却在逐步消失。西方文化日益深入人们的日常生活并改变着人们的心理习惯，使人们忘记了本民族的文化传统，自觉地认同于西方的物质文化，以物质文明标准衡量进步的程度，从而不知不觉地迷失在西方物质文明的"得乐园"中。有人说，"在中国面临的各种危机中，核心的危机（THECORECRISIS）是自性危机（IDENTI-TYCRISIS）"，"中国人正在失去中国之所以为中国的中国性（CHINESE-NESS）"① 这种说法并非危言耸听。总会有一天，我们会从西方文化带给我们的"得乐园"中醒来，却发现不知道我们是谁，我们在哪里，更不知道我们要向那里去，也就是在"得乐园"中丧失了"自性"也迷失了"自我"。

3. 价值危机的本质和根源

中国当下的价值危机，从本质上说是物的价值超过人的价值。事实上，这是西方现代化过程中的典型价值形态，也就是马克思所讲的人对物的依赖阶段。这是所有民族在现代化过程中都必然经历的阶段性特征。从中国的现代化历史来看，由于不同的历史和文化背景，这种价值危机的出现还是呈现出不同的根源和特征。

第一，对马克思主义唯物史观的片面理解。

中国共产党接受马克思主义唯物史观已经近百年。也可以说，唯物史观是中国共产党发动新民主主义革命和社会主义革命的基本理论依据。中国共产党之所以能够接受马克思主义唯物史观，是由中国当时的特殊历史背景决定的。经历长时期的社会停滞，中国亦贫亦弱，一方面经济技术发展落后，人民极度贫困；另一方面遭受西方坚船利炮的打击，民族尊严失尽。所以，求富求强是每个中国人的共同理想。但是，要实现这个理想，

---

① 转引自李慎之：《全球化与中国文化》，《传统文化与现代化》1994 年第 4 期。

必须改变中国传统的生产关系和上层建筑，这就必须通过革命的方式实现。这种社会变革要求与马克思主义唯物史观十分契合。所以，长期以来革命和解放生产力成为中国共产党的核心话语。尽管共产党将共产主义作为终极理想，但实际上还是把发展生产力作为最现实的目标。马克思主义认为，共产主义的实现也必须以高度发展的生产力为前提条件。所以，中国共产党坚持物质第一性原理，坚持将物质资料生产力的发展作为第一目标，并强调生产资料所有权的决定性意义。总之，就是将解放生产力和发展生产力作为持久的革命主题。中国共产党根据唯物史观取得新民主主义和社会主义革命的成功，也取得现代化的成功，但与此同时对物的依赖性也日益扩大了。另一方面，改革开放后西方自由主义思潮迅速涌入，直接影响了中国经济社会发展的方向，在一定程度上掩盖了中国传统的民本主义和马克思主义的人本价值。

第二，西方市场理性价值的单向度放大。

马克思主义唯物史观强调物质资料的生产力，但同时将共产主义作为终极目标。而在这个理想社会生产资料是公有的，消费资料是按劳分配的，所以，公平是一个重要价值。但是在西方资本主义的价值体系里，不仅物的价值高于人的价值，还将进化论中的生物竞争原则引入社会领域：物竞天择，适者生存，人作为理性的动物，趋利避害，个人第一，以最小成本获取最大利益是人的一切行为的基本准则。事实上这也是市场经济的基本原则。在市场经济中，每个人都是"经济人"，每个人都为自己而奋斗，每个人都为自己的利益而无需顾及他人利益，而为了个人利益可以尽自己的一切能力与他人竞争，从而造成"每个人对每个人的战争"。如果在这条路向上进一步发展的话，社会必然要退回到丛林时代。在这里，已经不是马克思所说的人对物的依赖状况，而是人与人为了物质利益无情竞争的状况。中国在市场经济建立过程中，一方面强调马克思主义唯物史观的物质第一性原理，另一方面不自觉地将西方文化中的个人主义和市场竞争规则引进来，其结果必然导致全社会的"经济人"现象，即人人讲经济，事事讲效益，最终人变成了无灵、无性、无情的经济动物，社会则变成一个庞大的经济机器。

第三，中国价值传统的彻底消解。

中国传统文化是伦理本位的。这与包括马克思主义在内的西方文化都有很大不同。这种伦理本位的文化，对西方的物质文化和竞争文化有天然的抵御能力。但是，这种文化并不强调物质生产力发展，成为中国在现代化进程中落伍的重要因素。五四以来的反传统运动，对这种道德伦理观念进行了一次又一次的价值祛除，直到20世纪末最终实现了"损之又损而至于无"的结果。一方面，源自西方的物质利益第一原则大行其道；另一方面，中国传统的道德伦理被清除殆尽，从而丧失了数千年蕴积下来的对物欲侵蚀的免疫能力，出现物欲横流，道德无底的社会状况。中国传统文化的先天优势就是伦理价值，讲的是以人为本而反对以物为本。事实上，这些基本价值观都更适应"现代化以后"的时代需要。所以，对于中国来说，不能继续沿着西式现代化道路发展，而是要有自己的方向和目标，也就是说要走上真正的"中国式道路"。从另外一个角度看，中华民族的自性不是没有了而是迷失了，良知不是死了而是处于休眠状态；民族不是消失了，而是民族传统被消解了。总之，要从这些沦陷状况中走出来，需要传统的唤醒。

三、政权合法性挑战

价值和传统关系到一个政权的合法性问题。政权合法性一般可以分为三种类型，即暴力或革命合法性、政绩合法性和文化合法性。三种合法性是在政权建设的不同历史时期提出的，并且具有不同的意义，因而也需要依次更新。

1. 革命合法性

革命的合法性问题是个历史上的老问题。《易经》说"汤武革命，顺乎天而应乎人"，说的就是革命的合法性问题。《易经》认为，推翻反动统治是人民的合法权利。后人对汤武革命的合法性做过一系列的论证与争论，如汉景帝时关于"马肝问题"的讨论，在以后的历朝历代都反复发生过。由此可见，传统儒家承认人民推翻反动统治的"革命合法性"。

"汤武革命，顺乎天而应乎人"不仅提出革命的合法性问题，也提出了革命的合理性问题。就是说，革命的合法性必须是建立在革命的合理性基础之上的。这里的问题包括两个方面，一方面是革命的理由何在，另一方面是为什么一定要采取革命的方式。就前一个问题而言，革命的诉求必须是公平正义，而现实的状况是通过平和的方式不能取得这种公平正义。但是公平正义并没有一个公认的标准，不同历史阶段上不同的阶级都会有不同的理解。所以更深层次的合理性还在于社会的发展和进步，其中比较现实的和可以使用的标准就是生产力发展。这是理性的解释因而也是合理性的标准。不过，生产力并不始终是正义的标准。生产力快速发展只能发生在某一个特定的历史阶段上，尽管"总是不断地发展"却不可能总是高速发展，个别时期也可能停滞。所以，公平正义往往就成为革命的"通常"的合理性标准。特别是在生产力停滞的情况下，如果不能将分配矛盾缓解，社会不公平现象就会突出起来。公平正义的诉求就自然出现了。这样，革命就成为正义行为。

一般来讲，每个社会都具有一定的自我调节能力，社会矛盾可能在没有激化之前得到解决或缓解，同时也使社会在这种不断的调节中发展和进步。不过这种调节仅仅是一种"边际调节"方式，即变革所遵循的原则是使每个人都能够增加收益而不导致其他人的利益受损。但是，这种边际调节方式对于解决社会矛盾的能力是非常有限的。这是因为，任何一个社会发展到一定程度都会形成一个既得利益集团。如果这个利益集团代表的是先进生产力的话，他们能够促进社会的进步并使社会矛盾在社会进步中得到一定缓解。但是如果他们代表的是落后生产力的话，那么他们为维护自身利益所采取的行为将导致的经济停滞和衰退，这就会加剧社会矛盾。事实上，一个代表落后生产力的既得利益集团的统治，是不可能通过自我改造和自动调节使社会矛盾得到解决的，结果必然使这些矛盾日积月累最后爆发，即以革命的方式进行彻底解决。

历史上的大部分革命都具有暴力特征，这是革命的首要特征。毛泽东曾经指出：革命不是请客吃饭，不是做文章，不是绘画绣花，不能温良恭俭让，革命是暴动，是一个阶级推翻另一个阶级的暴烈的行动。暴力合法性本质上就是革命的合法性。从历史上看，暴力或革命都是不得已的选择，如果社会的边际性调整亦即渐进性改革始终能够按照最大化原则进行，革命是不可能发生的。但事实上，渐进性的变革只能解决那些枝节性问题，在一定历史条件下，变革的速度总是赶不上矛盾积累的速度。而社会矛盾越积累就越不可能自行解决，最后就只有通过革命方式进行"清零"行动了。其次，革命的合法性除了要通过革命的合理性来证明，在政权建立早期阶段，还必须有一系列的支持方式。所以，革命合法性建设期间，一般来讲武人政治色彩比较明显，并延续暴力革命期间的统治特点。如在政权建立初期，最大的问题是消除各种反动势力，保持新政权的稳定，所以，采取某些暴力手段是非常必要的。这是因为，革命不可能一下子清除旧势力，旧势力的反扑是革命政权建立后必须面对的，所以继续革命也就是继续实施一定程度的暴力。既然要实施暴力，武人政治就是可以理解的了。革命合法性的第三个特点是领袖政治。领袖政治建立在领袖的个人影响力和社会对领袖的崇拜基础上。而领袖地位和领袖崇拜往往是通过"丛林法则"形成的，就是说通过革命过程中形成的真正实力，包括方向性、正确性，决断力等，证明领袖的英明使之产生权威性，同时领袖还要有足够的人格魅力。这就是马克斯·韦伯提出的"克里斯玛型"政治。

在新中国成立后的一个相当长时期，坚持阶级斗争政策，这实际上是革命的延续。中国共产党取得政权以后，关于道路问题的斗争一直没有停止。例如新民主主义和《共同纲领》都属于民主革命范畴，与三民主义并没有本质区别。如果保持这个政策方针，共产党的革命合法性就会受到挑战。所以，要强调国共的区别，就必须建设社会主义。而社会主义与新民主主义比较，无疑是另一场革命。既然是革命，就要有革命的对象。社会主义革命的目的是消灭私有制，所以自然以土地私有者和资本所有者为革命对象。共产党要继续革命，就要消灭土地私有制和资本财产私有制，这就是农业合作化和资本主义工商业社会主义改造。只有社会主义革命才能突破三民主义。毛泽东在《新民主主义论》中明确指出，新民主主义革命之后接着是社会主义革命。尽管新中国成立初期有过不同意见，但很快就统一起来，紧接着进行社会主义革命。所以这一时期中国整体上仍处于激烈的动荡状态，经济建设自然受到影响。

当然，共产党既然能够将两次革命连接起来进行，而在革命的同时也可以进行经济建设。所以，在社会主义改造完成后，中国通过社会主义计划经济，大大提高了资源动员能力，在基础性建设方面还是取得了巨大的成功，从而为后来的经济改革和市场经济下的经济高速发展打下了基础。特别需要指出的是，这种强大的资源动员能力是以牺牲民生目标特别是农民利益为代价的，不通过革命的方式是不可能实现的。

然而，当经历一代人以后，原有的被打倒的旧阶级已经不存在了，阶级斗争的号召力也随之减弱，革命合法性开始受到挑战。在革命合法性受到挑战时，如果不代之以政绩合法性建设，即不在社会经济发展方面取得成就，整个政权的合法性就会受到质疑。新中国在第一个五年计划完成以后，希望进一步通过政绩的取得，从革命合法性转向政绩合法性。但是，由于"大跃进"的失败，党内矛盾激化，这一转换没能实现，所以政权的合法性还得通过革命来证明。毛泽东在20世纪60年代进一步将阶级斗争问题提到一个新的高度，也就是希望延续革命合法性。但是，任何一个政权的合法性都不可能通过不断革命来证明。毛泽东讲过："不破不立，破，就是批判，就是革命。破，就是讲道理，讲道理就是立，破字当头，立也就在其中了。"[1] 毛泽东还说"革命就是解放生产力"，其中既包括破除旧的生产关系和上层建筑，也包括建立新的生产关系和上层建筑。从新民主主义革命迅速转向社会主义革命，就是破字当头，立在其中。正因为连续的革命，破字当头，使经济建设受到严重影响。所以，在完成社会主义革命以后，必须将合法性建设从革命合法性建设转向政绩合法性建设。如果生产力没有一个较大的提高，革命的合理性就会遭到质疑，革命的合法性也必然受到挑战。尽管有所谓的"不断革命论"来进一步证明革命的合法性，但是毕竟只能在政权建立早期阶段适用，如果经过数十年仍需要不断革命来支持的话，那只能减弱革命的合法性甚至合理性。所以，当一个新生的革命政权取得了基本稳定以后，特别是被打倒的阶级已经基本上消灭以后，革命的合法性就必须转为政绩合法性。

2. 政绩合法性

政绩合法性事实上是革命合理性的延伸。马克思主义认为，革命就是解放生产力。之所以要进行革命，是因为旧的生产关系和上层建筑不适应

---

① 转引自中国共产党中央委员会《通知》（1966年5月16日），《人民日报》1967年5月17日。

生产力状况，束缚了生产力的发展，所以才要改变旧的生产关系和上层建筑。这就是革命的合理性。革命的合理性包括两个方面，一是旧的生产关系和上层建筑严重制约了生产力的发展，二是新的生产关系和上层建筑能促进生产力的发展。但革命并不能解决一切问题。革命之所以发生，是因为社会矛盾已经到了一般性改革调整不能解决的程度。所以必须集中清理，这种清理要达到"清零"效果，即将过去的沉疴一举清除，也就是"推倒重来"。但是这种革命并不直接就是生产力，"推倒重来"还必须落实在"重来"方面，所以，经过革命并清除了前代的沉疴之后，必须把发展经济和改善社会作为第一位的任务。另一方面，革命不是常道，暴力革命更不是常道。通过暴力革命推翻旧政权建立新政权，尽管仍需要保持一定时期的暴力，但终究要转到经济社会发展方面来。所以，政权合法性建设的重点也就从革命的合法性转为政绩合法性。如果一个新的政权只是将前朝推翻而不能重建并实现经济社会发展的话，其政权合法性仍将遭到质疑。历史上看，有的新政权建立后，并没有采取措施发展经济社会，也没有改变其暴力性质，反而加剧暴力行为，结果导致迅速灭亡。当然我们不能否定暴力革命和暴力延续的必要性，但暴力和暴力革命毕竟都不是常道，而社会发展和进步才是常道。所以，暴力革命和暴力延续到一定阶段，必须代之以政绩合法性建设。

当一个政权稳定下来以后，必须给人民带来实实在在的好处，在经济上社会上取得政绩。汉承秦制，汉朝建立后，吸取秦二世而亡的教训，采取与民休息，轻徭薄赋的政策，终于实现文景之治。唐承隋制，吸取隋暴力延续的教训，也通过"无为"政策取得贞观之治。就是说，汉唐能够成功地实现革命合法性向政绩合法性转变，所以才建立了历史上的盛世。国民革命推翻君主制度，实行三民主义，但由于不能彻底解决传统社会的矛盾即土地问题，不能将革命进行到底，所以也就不能建设一个新的社会。而共产党通过土地革命消灭了寄生地主阶级，彻底解决了传统社会的痼疾，虽经历了"大跃进"和"文化大革命"的失败，但最终还是成功地转向政绩合法性建设，取得改革开放和经济迅速发展的伟大成就。

实际上，中国共产党的政绩合法性建设是从改革开放大规模开始的。这是因为，通过暴力革命和暴力的延续，旧的阶级已经基本上消灭，旧社会复辟的可能基本上不存在了。所以，中共十一届三中全会提出阶级斗争基本结束，党的工作中心要转移到经济建设方面来。此后，邓小平提出科技是第一生产力，发展是硬道理等，都是强调政绩合法性建设的必要性。在政绩合法性建设期间，生产力是最高的标准，经济发展是最大的原则。所以，各级政府承担着组织经济建设的任务。政绩合法性建设强调的是经济社会的发展，因而重点是民生。这时期，发展是硬道理，而发展中经济增长是第一位的。为了经济增长可以忽略其他方面的损失和不足。总的来看，经过三十多年的高速增长，中国经济总量达到世界第二位的水平。这足以证明中国人民具备现代化的能力，中国共产党为自己创造了政绩合法性。

不过，政绩合法性的内容并不仅仅是经济的发展，还包括社会治理和公平正义。从改革开放后的三十多年的发展状况来看，一方面经济现代化取得了巨大的成功，但是另一方面社会治理和公平正义在一定程度上受到忽视或削弱。中共十六大以后，中共提出了两个重要的概念，一个是科学发展，一个是和谐社会。科学发展是针对经济发展过程中所产生的负面问题而提出的，其中包含了从重视物的发展转向重视人的发展、从增长率第一转向重视环境生态的统筹兼顾发展，也包含了经济发展与社会发展的和谐的内容。科学发展和社会和谐是内在统一的。没有科学发展就没有社会和谐，没有社会和谐也难以实现科学发展。构建社会主义和谐社会是贯穿中国特色社会主义事业全过程的长期的历史任务，是在发展的基础上正确处理各种社会矛盾的历史过程和社会结果。从其深刻内蕴来看，也包含了社会公平正义的内容。这是因为没有公平正义社会就不可能和谐。尽管这种公平正义本来是共产党的核心价值之一，但事实上在改革开放进程中被大大忽视了，也就是说，为了效率而牺牲了公平。而中共十六大提出和谐社会目标也就是重新将公平作为核心价值提出来。总之，科学发展与和谐社会的提出，是改革开放三十多年后中共价值理念变化的一个转折点。自此，经济发展作为"硬道理"逐渐淡出，而转向科学发展与和谐发展。

3. 文化合法性

革命合法性和政绩合法性都是政权建设中的重要阶段。当这两方面的合法性建设完成以后，社会需要进步一步的合法性建设，即文化合法性建设。文化合法性是政权合法性建设的第三个阶段。在政权充分稳固后，通过经济的长足发展，充分证明了执政者的执政能力，文化合法性问题才能提上日程。

文化合法性的本质是道统问题。这里涉及两个方面的问题，一方面是政权的承继，另一方面是文化的承继。中华文化可以上溯到尧舜禹和周代文武时期建立起来的道统，这个道统绵延数千年而不绝。只有承继这个道统才能证明政权的合法性。历史上的道统承继采取两种方式：第一种是传统方式即承继大统，改正朔，易服色，表明朝代已变但道统不绝。但这仅仅是形式上的而不是实质上的。第二种即实质上的道统承继，就是在政权稳定并取得一定政绩基础上进行的文化或意识形态建设。从中国历史上看，如汉代的文景时期主要解决的是政绩合法性，而文化合法性问题是汉武帝时期提出并解决的。汉武帝接受董仲舒建议，实行罢黜百家独尊儒术的文化政策，将统治建立在传统的儒家思想基础上，完成了文化合法性建设。宋代到仁宗以后文化合法性问题开始严峻起来，所以才有庆历新政和熙宁变法，这两次变革运动都将文化合法性建设放在了很重要的位置上。历史上的几个少数民族政权对文化合法性更加重视，如蒙元在统一中国后不仅宣布确立儒家思想为国教，还将朱熹的《四书集注》作为国家科考的标准教材。清代立国之初就接受了儒家思想作为新政权的意识形态，并制订了"兴文教，荣经术，以开太平"，"表章经学尊重儒先"的文化政策，以后的康雍乾三代帝王无不高度重视文化建设。可见，与革命合法性和政绩合法性相比，文化合法性具有同样重要的意义。

近现代以来的历史变革与过去几千年的改朝换代不同。表面上看可能都是政权的变化，但这后面却包含了与过去完全不同的背景。这种背景就是工业化和现代化。这种区别决定新的政权建设与过去有不同的方式。由于近现代社会与传统社会是完全不同的生产方式和社会组织模式，所以文化合法性本身不可能在政权建立初期取得。正相反，只有与传统彻底决裂，才能表明社会性质的根本转变。所以，首要的问题是革命，是对旧传统的破坏。如果要证明革命所建立的新社会与前代的继承性，那么革命的意义和价值就要受到削弱了。辛亥革命推翻了清朝统治。但是，由于这种变化是不同的生产方式和生活方式的变化，决定了这种变化不能视同于过去数千年的改朝换代。所以，仍然通过旧的"改正朔，易服色"来证明政权的改变和道统的承继是不可行的。但是，辛亥革命是一场没有足够的理论准备和组织准备而发生的革命。孙中山提出他的思想就是承继中华道统，而蒋介石将三民主义儒家化，并发动新生活运动，将仁义礼智信、礼义廉耻等提到很高的层面上，作为国家和社会的核心价值。这表明他们认识到了文化合法性建设的重要性，但也表明他们对文化合法性认识的方向性错误。这就是将他们的新政权等同十改朝换代，并没有意识到这是从传统社会到现代社会的根本变革，所以采用传统方式来宣布新政权的承继是不可行的。孙中山和国民党在未取得革命合法性和政绩合法性之前就试图取得文化合法性，从而犯下了历史和逻辑性错误。他们缺少革命的价值观作为武器，其革命目标也不够明确，在国人对传统丧失信仰的时代却要重建道统，还要恢复儒家思想的权威并作为国家意识形态，这不能不被视为历史的倒退行为。这个历史教训说明，延续传统也要符合历史规律，选择适当的历史节点。这就是说，必须在取得革命合法性和政绩合法性以后，社会需要由生产关系变革和生产力发展转到精神文化方面来的时候进行文化合法性建设。从反面条件来说，也就是不断的暴力革命和持续的经济变革，已经将旧的文化传统扫荡干净，导致人们精神文化极其贫乏，社会出现价值虚无和道德危机，如此的社会已经不能为继的情况下，政权合法性受到新的挑战，执政者必须为自己的政权找到新的合法性依据。

新中国的共产党政权是在经过足够的理论准备和组织准备的条件下，并经过长期的武装斗争取得的。所以首先取得的是革命合法性。新中国成立后中共继续强化革命合法性建设，直到政权完全稳固才将重心转移到政绩合法性建设方面。经过努力特别通过改革开放后三十多年的发展，政绩合法性建设取得显著的成功。但是从历史上看，中国共产党政权的革命合法性主要是建立在马克思列宁主义理论基础之上的，而政绩合法性建设主要是借助于西方的市场经济和现代性理论取得的。而在革命和现代化过程中，对于传统文化实行了进一步的清除。这是因为传统文化与现代文化存在着实质性的冲突，不彻底清除传统就不能顺利实现现代化。但是，在现代化过程中，传统的缺失也带来一系列矛盾，并且成为进一步发展的障碍，甚至直接威胁到政权的合法性。

首先，政绩合法性完成以后，需要新的合法性支持，而这种新的合法性必然基于文化传统，这就是文化合法性。这是因为，政绩合法性会遇到其他政治组织的挑战。当经济发展到一定程度，就是说，当社会发展越过了基本物质保障水平以后，人们的要求就不限于吃饱穿暖，而是有更高的要求，如政治权利、个人尊严、公平正义等。所以，一个已经取得政绩合法性的政党，也往往会遇到这类新的挑战。另一方面，现代化发展到一定程度，其负面效果也会日益突出，如收入差距、环境破坏、社会矛盾、文化冲突等。这些矛盾不能继续用现代性理论来解决，而只能用文化政策来调解。

其次，经济发展到一定程度以后，社会发展的中心必然转向文化，所以合法性来源也转向历史和文化传统。中国的现代化移植于西方，这就决定中国现代化的道路依赖。到 21 世纪初期，中国的经济现代化基本实现，开始将重点转向社会和政治现代化。因此，现代化的文化冲突将进一步加剧，并有可能危及到政权的合法性。事实上，近代以来中国都是在西式现代化方向上发展，真正的"中国道路"还没有形成。而真正的中国道路必须是由文化决定的。所以，中国的执政者要证明自己的合法性，就必须在文化上有所作为，并由此确定中国式发展道路。

最后，合法性建设必须有新的思想指导，除"求诸野"和"求诸夷"外还需"求诸史"，即自己民族的文化传统。从历史上看，中国的经济现代化基本上是循着西方道路发展的，但是政治和社会的现代化，必然呈现出不同民族的历史和文化特点，所以越来越需要新的思想来指导。另一方面，迄今为止的西式现代化也暴露出越来越多的矛盾和问题，而这些矛盾和问题不能靠以"西"制"西"的等方式来解决，需要寻求新的思想方法。这也加剧了文化合法性建设的紧迫性。到 21 世纪初，中国共产党政权的文化合法性建设成为极为迫切的任务。

四、意识形态的重构

1. 社会革命的意识形态

文化合法性说到底是意识形态问题。意识形态建设是一个政权从建立伊始就必须高度重视的问题。意识形态就是国家的指导思想。意识形态既是一个对内价值系统，也是一个对外价值系统。作为对内的价值系统，意识形态的意义在于统一民族意志并采取共同行动；作为对外价值系统，意识形态的意义是可以使这个民族有一个统一的形象并确定自己的角色。总之，国家意识形态的作用，是统一民族的思想文化意识，给整个民族一个价值观，使之有方向和力量。但国家意识形态不是一成不变而是与时俱进的，不同的历史发展阶段需要不同的意识形态。国家意识形态的确立和改变，表明不同历史时期的不同的价值和价值体系，亦即国家和社会发展的核心理念和指导思想。

近代以来中国的国家意识形态经历了一系列转变。晚晴时期，随着传统社会的日益衰败和西方资本主义的入侵，中国人民开始了社会变革和民族独立的革命实践。在这一历史过程中，中国社会经历了一系列思想变革和价值革命，即从传统价值的分裂到"离经叛道"的思想革命，最终选择了马克思列宁主义，并取得了新民主主义革命和社会主义革命的胜利。这就决定马列主义作为国家意识形态的确立。

中国共产党接受马克思主义作为指导思想，首先接受的是马克思主义的唯物史观。马克思主义唯物史观有两个核心点，一个是"现代"，一个是"革命"。所谓的"现代"表明的是一种发展观，这就是指导中国社会进步，从传统社会进入到现代社会的发展观。这个现代发展观的核心就是物质第一性亦即生产力第一性。在旧中国，生产力发展受到传统落后的生产关系制约，要解放生产力就必须改造旧的生产关系。这就是社会革命。所以，把马克思主义作为中国国家意识形态也就是确立革命的意识形态。正是由于将马克思主义作为国家意识形态，中国共产党认为中国不能停留在新民主主义社会，必须继续进行社会主义革命。马克思主义不仅为中国新民主主义革命提供了理论依据，更重要的是为社会主义革命提供了理论依据。而在两次革命基本完成以后，毛泽东提出，大规模的疾风暴雨式的群众阶级斗争已经基本结束，必须从解放生产力向保护和发展生产力转变。这是新中国建立以后社会目标的第一次转向，也就是从革命合法性建设转向政绩合法性建设，也预示着国家意识形态的第一次转向，即革命的结束和建设的开始。

但是，革命意识形态并非可以一朝终结，而必须经历一系列思想和政策变革才可完成。1956 年党的八大提出，在社会主义改造完成以后，国内的主要矛盾"已经是人民对于经济文化迅速发展的需要同当前经济文化不能满足人民需要的状况之间的矛盾"，并由此确定党和国家的主要任务是发展生产力。1957 年 2 月，毛泽东在《关于正确处理人民内部矛盾的问题》一文中指出："我们的根本任务已经由解放生产力变为在新的生产关系下面保护和发展生产力。"① 同年 3 月，他在一个讲话提纲中说："现在处在转变时期：由阶级斗争到向自然界斗争，由革命到建设，由过去的革命到技术革命和文化革命。"② 这是意识形态从革命转向建设的第一步。然而，随后毛泽东又提出以阶级斗争为纲和在无产阶级专政下继续革命，并发动了"文化大革命"，使这种意识形态转向遭到阻滞。这种意识形态转向的第二个重要节点是党的十一届三中全会。十一届三中全会宣布停止使用"以阶级斗争为纲"的口号，决定把党和国家的工作重心转移到经济建设上来。然而，即使由此开始的改革开放过程也是在革命话语下推进的。关于这一场变革，邓小平数次指出，改革也是解放生产力，所以"改革也是革命"。随着社会主义市场经济体制的逐步建立，思想意识和社会价值也在潜移默化地发生着变化。直到 2008 年 12 月胡锦涛在纪念党的十一届三中全会召开 30 周年大会的讲话中提出"不动摇、不懈怠、不折腾，坚定不移地推进改革开放，坚定不移地走中国特色社会主义道路"，这才标志着中国革命意识形态的正式终结。

2. 市场经济的意识形态

从中国历史上看，新政权建立初期必然要继续坚持革命意识形态。如"汤武革命，顺乎天而应乎人"，所要说明的是政权更迭的合理性和合法性。所以，这一时期的关键词仍然是"革命"。在坚持革命意识形态的同时，还必须为政权提供新的合法性，即通过经济发展和社会治理建立政权的政绩合法性。然而，当经历一代人的变革和发展以后，特别是经济社会发展达到一定成熟阶段以后，革命意识形态就必然发生变化，即从革命向建设转变。这是因为，任何一个政权的合法性都不可能持续地依靠"革

① 《毛泽东文集》第七卷，人民出版社 1999 年版，第 218 页。
② 《毛泽东文集》第八卷，人民出版社 1999 年版，第 289 页。

命"来支持。如汉景帝时期关于"汤武革命"的争论遭到制止，表明革命意识形态的转变。当然，任何一个政权的统治，都不能忽视"革命"问题，必须警钟长鸣，而不能以"食肉不食马肝"来加以回避。但无论如何，革命都不是社会历史的"常态"。疾风暴雨式的革命尽管可能以暴力方式完成生产关系变革，但毕竟会带来生产力成果的破坏。所以，在革命完成和国家政权基本巩固后，必须转向政绩合法性建设，意识形态也必须从革命转向建设。

中国共产党在完成新民主主义革命和社会主义革命后，需要实行意识形态变革，由革命转向建设。但是这一过程一直延续到中共十一届三中全会才正式开始。这种变化一方面源于改革开放所带来的思想解放，出现了各种新的社会思潮，并试图打破原有的意识形态格局；另一方面，源于改革开放后经济社会方面发生的重要变化，需要用新的价值思想来阐释和指导。所以，随着改革开放的深入，意识形态方面也相应地发生巨大的变化，即马克思主义之体与西方市场经济之用的混合，而变化的最终结果是社会主义市场经济体制以及相应的意识形态。

中国的社会主义市场经济改革也是一场革命，所以仍离不开马克思主义的理论指导。马克思主义的批判现代性以社会革命为价值核心，作为建设现代性以经济发展为价值核心。所以在社会主义市场经济改革过程中，马克思主义仍是主体意识形态，发生的变化就是马克思主义的批判现代性向建设现代性转变，以主动适应中国改革开放的需要。同时，这也是马克思主义进一步中国化的重要内容。但是，改革毕竟与过去的新民主主义革命和社会主义革命不同，这种改革是在社会主义基本制度下进行的，已经完全摆脱了暴力性质，就是说不再出现用暴力剥夺财产的情况，也不会出现颠覆性的利益重组。因而，所有的变革都是渐进的，是一种形式不同的革命。另一方面，在改革过程中，作为国家主体意识形态的马克思主义受到西方自由市场经济理论的挑战。西方资本主义是现代化的另一条道路，沿着这个方向的社会革命就是中国的旧民主革命。尽管这场革命并不成功，从而被新民主主义革命所中途取代，但其中的现代化主旨却是不能被取代的。中国社会主义革命完成后，试图通过计划经济方式实现现代化，但这种排斥市场的经济体制不能充分调动社会各方面积极因素，因而缺乏效率。所以，中国的改革就是从社会主义计划经济向社会主义市场经济过渡的改革。这就不能单纯地以马克思主义为指导思想，而必须引进西方市场经济思想。所以，中国改革开放三十多年的意识形态变革，就是马克思主义现代性理论和西方市场经济现代性理论与中国实际相结合的过程。这是新中国建立以后的第二次意识形态转向，即转向以社会主义市场经济为基本内容的意识形态。

市场经济源于西方，中国进行会主义市场经济改革不可能不受西方市场经济理论的影响。从另一个方面看，中国实行改革开放的同时，西方也进行着自己的改革，即对战后实行的国家干预主义和福利国家政策进行改革。所以，这一时期西方流行自由主义思潮，而就经济学理论来说，就是从凯恩斯主义经济学转向自由主义经济学。事实上，中国和西方所进行的改革，都是从国家发挥更大作用的经济体制转向市场发挥更大作用的经济体制，从政策取向上看基本上是一致的。这也就成为中国改革开放能够引入并借鉴西方理论的社会基础。20 世纪 90 年代，中国最为流行的西方经济学理论主要是产权经济理论和交易成本理论以及自由贸易理论，而分别对应的是中国国有企业的产权制度改革、市场经济体制建设和经济对外开放。但是，这种引入和借鉴仍然是以中国特殊的国情为依据的。所以，在此期间中国产生了一系列具有中国特色的经济学思想和观点，并在此基础上形成了有效的经济政策。如，社会主义商品生产和市场经济的理论和政策、农村家庭联产承包责任制的理论和政策、价格改革和价格双轨制的理论和政策、产权制度变革和社会主义股份制的理论和政策、对外开放和国际经济的理论和政策等。这些理论和政策，既是马克思主义基本理论与中国实际相结合的成果，也包含着西方市场经济理论与中国实际相结合的内容，从而大大促进了中国经济体制转轨和经济的增长与发展。

社会主义市场经济为导向的改革，极大地调动了各方面的积极性，大大促进了经济的发展，促进了现代化的进程。但市场经济却引起了一系列新的矛盾，主要是社会问题和环境问题。例如，市场经济的激励机制鼓励人们劳动和经营，努力和创新，大大提高了经济效率。但市场经济所强调的收益内部化的同时却没有将成本内部化，结果是经营利益由个人获得而成本外溢被社会共同承担，这就导致严重的社会不公。这就是说，伴随经济现代化出现的新的社会矛盾，对我们现有的意识形态提出了挑战。这些矛盾和问题不是现代化道路选择的问题，而是现代化本身的问题，就是说只要是现代化就必然伴随着这些问题的出现。所以，作为现代性理论的西方市场经济理论和马克思主义理论都难以提出解决方法，就是说，不能用现代性方案来解决现代化的矛盾。所以，我们需要一种新的"非现代"的思想理论或"非现代"的意识形态。

3. 执两用中：意识形态重构

中国传统社会的历史上，国家意识形态经历过三次大规模的构建。第一次是经过殷周变革后，文武周公所做的"制礼作乐"活动以及确立"六经"为国家经典的原典创制工程；第二次是经历春秋战国变革，汉代在建国七十多年后实行"罢黜百家，独尊儒术"的文化政策；第三次是经过唐宋变革后，从庆历新政和熙宁变法开始发生的理学革命直到理学被"悬为功令"。这就是说，在经济社会革命或变革后，必然需要文化和意识形态建设，这是社会走向长治久安的必要条件。从这三次国家意识形态构建的经验来看，基本都经历了正反两方面的意识形态选择并融合各家之后回归"中道"即"执两用中"过程。如周代礼乐是经历了文武之道以后的周文，儒家独尊是经过秦法和汉初黄老之后并融合百家的新儒，而理学也是经过释道之后并融合儒释道的道学。20 世纪末到 21 世纪初，一方面中国社会主义市场体制基本确立，社会主义经济现代化趋于完成；另一方面，各种现代性理论的历史使命也基本完成，中国社会开始进入一个新的历史阶段。在这种大的历史背景下，需要新的思想理论来指导中国社会的进一步变革和发展。这种新的思想理论一定是马克思主义和西方市场经济理论之后，并融合马克思主义理论和西方市场经济理论的"中道"。

第一，中道就是执两用中之道。

古代圣贤都把"允执厥中"作为世代相传的治国之道。孔子将这种治国方法概括为"执其两端，用其中于民"。中国经历了新民主主义革命和社会主义革命，又经历了三十多年的改革开放和经济高速发展，经济现代化也趋于完成。革命与改革、改革与发展，三个方面的不同组合共同构成了几十年来复杂的社会价值取向：革命的结果是民族独立的完成和社会主义基本制度的建立，而改革和发展的结果是社会主义市场经济体制的建立和经济现代化的趋于完成。总之，中国共产党领导中国人民，经过几十年的奋斗，完成了革命、改革和发展的历史任务。党的十七大报告提出"不折腾"，从而对社会革命和经济革命做出了终结性判断。所以，经历革命与改革后的中国社会，应转入"用中"的轨道。

第二，中道就是综合创新之道。

易经讲：一生二，二生三，三生万物。这里的"三"包含两方面意义，一方面表示"三"是"一"和"二"综合的结果，另一方面也表示"一"和"二"之"中"，代表事物的"中道"。反过来说，中道代表综合创新之道，也是价值多元之道，只有因为多元才能创造价值，才能导致创新。价值多元与价值统一并不矛盾，这就是统一之下的多元，多元之下的统一，都可以用一个"中"来概括。"中"也表示多元社会价值中的一个核心价值，这个核心价值就是意识形态。社会价值可以多元，但意识形态是一定要统一的，因为意识形态代表民族意志。从中国现代化的历史来看，马克思主义和西方市场经济作为两种价值体系，分别发挥着不同的历史作用，通过与中国具体实际相结合已经逐渐中国化，并出现了综合和融合倾向，其结果必然是一种创新思想的出现。

第三，中道就是中兴之道。

《诗·大雅·烝民序》说："任贤使能，周室中兴焉。"宋王观国《学林·中兴》说："中兴者，在一世之间，因王道衰而有能复兴者，斯谓之中兴。"近代以来，中国历史以社会变革和现代化为主旋律。而在社会变革完成以后，中国将以经济社会现代化为主题，在继承马克思主义现代性和西方现代性基础上真正地走出中国式道路。总之，中国人民经历一百多年来的社会变革和现代化，在中国共产党领导下，即将转向持续发展的"中兴"阶段。而中兴阶段的意识形态，不能是原教旨的马克思主义之道，也不是西方式的自由市场经济之道，当然也不是中国传统之道，而是以经历历史的选择和淘汰，最后保留下来的各种优秀思想的综合，作为"中兴"时代的意识形态，这就是中兴之道。

第四，中道就是社会常道。

孟子主张"中道而立"（《孟子·尽心》）。董仲舒说："能以中和理天下者，其德大盛。"（《春秋繁露·循天之道》）柳宗元将这些思想概括为

"大中之道"，说："圣人为数，立中道以示于后，曰仁、曰义、曰礼、曰智、曰信，谓之五常，言以为常行者也。"（柳宗元：《时令论》下）对于一个社会来讲，革命和变革是必须的。没有革命和变革，社会就不能前进，发展就会停滞。但是，剧烈的社会革命和变革完成以后，必须代之以一种相对稳定的社会制度。在这种稳定的社会制度下，社会必然进入一种常态发展。经历一百多年的社会革命和变革，社会主义市场经济制度基本确立，制度基本稳定，社会稳定发展，人民生活进入一种常态化。在这种常态下的发展，就要确立常道，必须建立符合常道的意识形态，使天下人民"成守其经分，而无有失道者"，使"道达于天下"（柳宗元：《守道论》）。只有中道能够保证中国在和谐、稳定、和平的道路上继续发展。所以，中道是社会发展的"常道"，也是中国社会发展的根本之道。

转向中道和常道也就是社会革命的终结，这种新的意识形态转向，其本身也就是一次根本性的革命。随着中国社会价值思想的变化和中国社会结构的变化，中道必然越来越成为代表社会最大公约数的价值，更符合最大多数群众的利益诉求。而中产阶级的利益决定他们能够兼顾多方面的利益，与最大多数的群众的基本利益一致，他们的利益诉求和价值思想可以代表"最大公约数"。中产阶层的基本价值观念就是中道。在转型过程中，必须坚持大多数群众的根本利益，要"以百姓之心为心"（《老子》四十九章）。中兴必须由中产阶层崛起，中兴必由中产阶层支撑。中兴能否成功，关键看中产阶层能否兴起，大中之道能否畅行。

第二节　价值革命的逻辑进程

21 世纪中国面临着新的价值革命的历史重任。价值革命就是价值传统从瓦解到重建的过程，也就是道统从中断到接续的过程。根据一般规律，价值革命要经历价值重估、传统重建和综合创新几个阶段，所以也是一个脱胎换骨的过程。而经历这一系列过程，一个民族将会如凤凰涅槃一般重生，并真正地实现民族复兴。

一、价值重估：新启蒙

1. 价值重估

价值重估是价值革命的第一步，也是关键的一步。从中国思想文化史上看，价值重估是价值革命的必经阶段。没有价值重估，就没有旧的价值思想体系的瓦解和崩溃，就没有新的价值思想的出现。19 世纪末尼采提出要"重估一切价值"。中国五四新文化运动的知识分子，正是受到尼采的影响，试图以"重估一切价值"的方式对中国数千年的传统文化进行彻底的清算。这种清算的方式就是"离经叛道"，把以四书五经为代表的传统经典抛进了历史的垃圾堆。五四以后，中国共产党与中国人民用以马克思主义为主的现代思想重新武装自己，不仅取得了民族的独立和解放，还取得了经济现代化的巨大成功。如今，五四已经过去了近百年，我们又迎来了一个价值重估的时代。不过这次的价值重估已经与五四不同：百年前五四的价值重估是对传统文化的一次性扫荡或清除，起着"清零"的历史作用；百年后的价值重估，既不是对传统价值的再次否定，也不是对现代价值全面否定，而是根据现代社会发展需要所进行的选择性重估。因而，今天的价值重估是为重建创造条件，因而是重建的开始。

新的价值重估，首先应该对百年来的现代化进行价值重估，即对现代化为我们带来的损益进行重估。就是说，一百年来的现代化给我们带来了那些成就，又给我们带来了那些矛盾和问题，我们为此付出了多少代价。近代以来中国革命目的就是要解放生产力，一方面要解决中国人民的"民生"问题，另一方面是民族的独立解放和复兴。这两个问题的解决都需要工业化和现代化。所以，在一个相当长的时期里，人们认为解放生产力，实现工业化和现代化是一个无可置疑的命题。但是，等到工业化和现代化基本上实现时，负面的问题日益凸显从而改变了人们的认识。如经济效率提高了，社会公平问题出现了；每个人家内的设施大大改善了，但室外的和整个社会的环境却恶化了；物质生活丰富了，精神生活却匮乏了等等。市场经济的内部化原则，只强调了收益的内化而忽视了成本的内化。个人赚到了钱，却将污染和环境破坏留给了社会，本来应个人承担的成本事实上却由全社会承担了。对于这些伴随现代化出现的成就和问题都需要进行重新的估价。

现代化所带来的社会矛盾使人们重新想到了传统文化的价值。从中国现代化历史来看，现代化之损源于西方现代思想对传统价值的消解。经过五四和以后的多次冲击和不断地解构，中国传统道德规范早已"损之又损而至于无"了。现代性的双重作用都得到解放而无限制地释放，既解放了创造力，也解放了破坏力。首先，从传统束缚下解放的人都成了"理性人"，但其中很多人并不是全面的理性人，而是片面的理性人，也就是自私的理性人。其次，市场法则实际上成了"丛林法则"，并且深入到社会的各个层面和各个角落，狼一度被奉为整个人类社会的图腾；再次，竞争规则成了社会的黄金法则，社会从崇尚合作转为崇尚竞争，不择手段的竞争成了人的最优秀品质。总之，在现代化过程中，一切传统的东西都被颠覆了，而同时被颠覆的是社会最普遍的价值标准和道德规范。可以说，21世纪的现代社会亟须的是价值传统的重建，也就是社会最基本的道德重建。所以，价值重估也包括对传统的价值重估，而且是更重要的价值重估。

从中国现代化历史来看，五四新文化运动的价值重估，导致对传统的破坏和现代性的启蒙，进而导致对传统社会制度的否定。所以，五四时期的价值重估所导致的结果是革命和彻底的社会变革。而社会革命和变革必须有一个价值理想来动员革命和变革的社会力量，这就是说，要建立一个信仰。马克思主义为我们创造了这样一个信仰。在这个信仰的激励下我们取得了现代化的成功。但是目前的社会问题不仅是信仰的崩溃，更是普遍道德的崩溃。如果说，信仰的崩溃可以使人们从革命回归正常的生活，那么，普遍价值规范的破坏导致的是基本人伦价值的消解。所以，价值重建并不一定要从信仰重建开始，而是要从最基本的道德规范的重建开始。而这些最基本的道德规范可以从传统中获得。因此，当今的价值重估，既要重估现代价值，也要重估传统的价值，而对传统价值的重估可能是更为迫切的。

2. 启蒙与去蔽

近些年来，启蒙话语十分流行，自由主义思想者们认为五四启蒙的任务远没有完成，所以需要进一步启蒙。但事实上，今天的启蒙与百年前的启蒙具有完全不同的意义，甚至是性质完全不同的启蒙。百年前的启蒙本质是现代性启蒙。而经历百年来的社会革命和变革，现代性启蒙任务基本完成了，而我们面对的是现代化所带来的新问题。所以启蒙也必然是新启蒙。

启蒙的本质就是去蔽。百年前的"蔽"是传统之蔽，而今日之"蔽"则是现代之蔽。现代之蔽最核心的问题，从哲学层面讲是理性之蔽，从经济社会层面讲是科技之蔽和市场之蔽，相应的还有西化之蔽或民族虚无之蔽。而新启蒙就是要祛除这些现代之弊。

第一，去理性之蔽。

理性是西方文化的核心，是名副其实的"逻各斯"。但是理性长期压制人们的感性，导致人们的创造力减退。在资本主义市场经济中，理性人转变为自利的"经济人"，而在效率驱使和竞争压力下进一步转变为"经济动物"。这样，理性主义使现代人成了片面的人，并进而成为单向度的人，从而逐渐偏离了人的本质。新启蒙就是要祛除片面的理性之弊，将人的感性重新唤醒，进而唤醒人的道德情操和仁爱之心。

第二，去科技之蔽。

科技是理性的现实延伸。启蒙运动确立理性的权威，也将科技提高到至高无上的地位。现代社会人们对科技的崇拜代替了对上帝的崇拜，上帝万能演变成了科技万能。五四时期提出"德""赛"两先生后，尽管民主得到不同解读，但科学却受到普遍尊崇。特别是科技作为"第一生产力"的地位确定以后，甚至成了国家意识形态。尽管科技推进了现代化进程，但同时也大大压抑了人文，构成了严重的科技之蔽。所以，新启蒙要去科技之蔽。

第三，去市场之蔽。

在中国改革开放早期，人们对市场经济的认识是有很大偏颇的。一部分人存在着严重的市场恐惧，而另一部分人却存在严重的市场崇拜。随着改革开放的进程，市场崇拜逐渐成为主流，市场万能观点充斥着各个领域，人们认为一切问题都可以交给市场去解决。所以，价格、税收、利率等成了人们任意使用的经济杠杆。但事实上，即使在成熟的市场经济体中，市场也不是无所不能的，当然更不能为所欲为。所以，新启蒙必须去市场之弊，去市场万能之弊。

第四，去"西化"之蔽。

全面西化和民族虚无之蔽，也可以溯源于五四时期。尽管全面西化论仅仅是作为一种极端思潮出现的，但其影响却随着中国现代化的曲折过程而逐渐扩大。到20世纪末，新的全球化浪潮又一次推动了全面西化思潮，甚至导致一种民族虚无和渴望"被殖民"心理。在部分人看来，由于全球化时代的到来，一切民族利益、民族经济、民族文化都将消失，一切民族观念都是保守落后的，所以都应该被摒弃。事实上，这一次西化思潮影响之深刻是前所未有的，甚至是深入骨髓的。所以，新启蒙的一个重要任务就是去西化之弊。

当然，人类历史上任何时代都会有"蔽"存在，人类社会就是在不断地去蔽的过程中得以发展和进化的。所谓的"蔽"就是某种观念和认识的误区。我们走出一个误区，可能也就是在进入另一个误区，祛除了某一个方面之"蔽"，可能同时又陷入另外一个方面之"蔽"。所以，去蔽与屏蔽是同一个问题的两个方面。从西方现代化历史来看，去蔽就是祛除宗教神学之蔽，开启人性和理性。但是，现代化过程中，现代性同样也产生蒙蔽作用，所以也需要去现代之弊。

3. 我们需要新启蒙

启蒙不仅需要去蔽，还需要唤醒。唤醒就是将长期受到压抑的、深藏于人们内心的人性的东西、本能的东西、自我的东西和自性的东西重新开发出来。从中国现代化历史来看，思想启蒙与经济现代化是同时进行的，尽管历经曲折但启蒙和现代化都趋于完成。但是，经历一个半世纪的现代化，我们面对的状况是现代性的矛盾越来越突出。所以，我们需要新的启蒙。之所以称之为新启蒙，是因为现代化基本完成以后，我们陷入新的屏蔽之中。这些新的屏蔽包括理性僭越之弊、科学主义之弊、市场崇拜之弊、西化和民族虚无之弊等。既然屏蔽是新的屏蔽，那么启蒙自然为新启蒙。

第一，新启蒙要反思现代性。

反思现代的核心就是要重申以人为本，反对以物为本。物质生活是人类生活的基础。没有物质生活人类就不可能存在和发展。这是不言而喻的。但是在物质生活之外，人类还有精神文化生活。人类的精神文化生活是人类区别于其他动物的"类本质特征"，也是高级特征。从人类社会的历史来看，这两方面的生活是相互依存和相辅相成的。进一步观察，还可以看到两方面关系还存在着周期性的循环往复。就是说，一定时期里，物质生活起着主导方面的作用；而另一个时期里，精神文化生活起着主导方面的作用。一般来说，在物质生活达到一定水平以后，精神文化生活成为人类生活的主要内容和主要方面。但是，在条件不够具备时，人们对这种变化并没有足够的认识，即仍然停留在物质生活时代。起源于西方的现代启蒙，其本质就是人性启蒙。这种人性启蒙是要将在神学屏蔽下的人性唤醒，从中世纪信仰生活中走出，进入以物质生活为主要方面的世俗生活。这种人性的唤醒是现代化的精神动力，具体说就是韦伯所阐释出的新教精神。但是，启蒙所唤醒的人性是世俗理性，既是趋利避害本性，也是人的自私本性，前者演进为效率最大化的市场理性，后者则演变为个人功利主义行为。而这一切都集中体现为人们对物质利益的追求。这种精神被称为资本主义精神。这种精神激励了西方资本主义的发展，并实现了工业化和现代化。但是，追求个人物质利益的资本主义精神，造成了人的异化，包括商品拜物教和货币拜物教等，使人们被物质利益所俘虏，结果重新丧失了人的本性。新的现代性启蒙就是要恢复被扭曲或被泯灭的人性。所以，新的现代启蒙要重申以人为本，恢复被颠倒或被颠覆的人与物的关系。

第二，新启蒙就是重新认识你自己。

这是针对现代化以来自性迷失而言的新启蒙任务。认识你自己是西方的一个极其古老的话题。① 古希腊哲学家泰勒斯认为最难的事就是"认识你自己。"② 康德在《回答一个问题：什么是启蒙？》一文中说："启蒙就

---

① 认识你自己 know yourself（νθισεαυτν），相传是刻在戴的阿波罗神庙的三句箴言之一，也是其中最有名的一句。另外两句是"你是"（ει′）和"毋过"（μηδεναγαν）。或说这句话出自古希腊七贤之一、斯巴达的喀隆（Χλων），或说出自泰勒斯，或说出自苏格拉底。传统上对这句话的阐释，是劝人要有自知，明白人只是人，并非诸神。

② 根据第欧根尼·拉尔修的记载，有人问泰勒斯"何事最难为？"他应道："认识你自己。"（参见《哲人言行录》卷一）

是人从他自己的未成熟状态走出。"什么是未成熟状态呢？康德指出：当书本代替我们的理性时，当某个精神导师代替我们的自主意识时，当医生为我们决定我们的特定食谱时，一句话，当我们屈从于某一权威而不愿自主思考时，我们就处在"未成熟"状态。总之，启蒙就是人类自身向囿于无能状态的理性蒙昧进行挑战，用康德的话说："要有勇气运用你自己的理智！"身为人最可贵的莫过于拥有自由意识。但人经常受限于内在的个性或陷于外在的环境、传统及权威等，从而迷失了自己。尼采说："我们无可避免跟自己保持陌生，我们不明白自己，我们搞不清楚自己，我们的永恒判词是：'离每个人最远的，就是他自己。'——对于我们自己，我们不是'知者'。"① 所谓重新认识你自己，就是通过新启蒙认识人的本质含义，祛除在现代化过程中现代性对人性的屏蔽。现代化本来是人性的唤醒，但是在现代化过程中，人性却再一次被屏蔽了，这就是人们对物质利益的盲目追求导致的商品拜物教和货币拜物教。而新启蒙对人性的启蒙就是重启人对自己本性的追求，也就是对本然、自然的追求亦即对快乐幸福的追求。印度哲人吉杜·克里希那穆提（Jiddu Krishnamurti）在《重新认识你自己》中，彻底讨论如何从内在及外在的所有束缚中解脱，为自己及生活带来彻底的革新。他说：多少世纪以来，我们被我们的老师、尊长、书本和圣人用汤匙喂大。我们总是说："请告诉我，那高原、深山及大地的背后是什么？"我们总是活在别人口中的世界，活得既肤浅又空虚，因此我们充其量只是"二手货"的人。你自己，这个身为人的你究竟是什么？没有任何人或任何东西可以为你解答这个问题，因此你必须先认识自己。认识自己便是智慧的开端。他还指出：由于完全不认识自己，人格才不成熟，所以认识自己便是智慧的开端。所以，所谓的重新认识你自己就是重新认识人的本性，揭开物质利益的屏蔽，认识自然和本然的自己。②

第三，新启蒙就是重新认识你自己的民族。

对于中国来说，新启蒙还包括新的民族观启蒙。这是针对这些年来经历现代化和全球化导致的民族虚无主义而言的。人不仅是自然的人，还是

① ［德］尼采：《道德的系谱》，前言，中国政法大学出版社2003年版。
② ［印度］吉杜·克里希那穆提：《重新认识你自己》，深圳报业集团出版社2010年版。

文化的人。这就是构成了不同民族的人的差别。而在民族仍然存在的情况下，认识你自己还需要认识你自己的民族，认识你自己的民族与其他民族有什么不同。任何人都不可能独立生活，不能完全个性地生活，而必须是处于某一群体中生活。每个个人都不可能脱离这个群体。这个群体就是民族。所以，认识你自己同时也要认识你自己的民族。但是，认识人自己与认识人所在的民族具有不同的意义。认识你自己是认识人的共性特点，而认识你自己的民族则是认识人的族群的特点。前一方面是追求普世的共同价值，而后一方面则是寻求民族的类同价值。可见，新启蒙对于自己的认识，包含着对人自身的认识和对人自己族群的认识。西方兴起过程中同样伴随着民族意识的觉醒，这种民族意识是西方兴起的重要动力。康德关于启蒙的口号也适合于一个民族。对于一个民族来说，重要的就是"要有勇气运用自己民族的理智"。我们反思现代和重申以人为本，必然导致对西方物质主义文化的反思，而对西方文化的反思必然引致对民族传统的重估。这就是说，从重新认识我们自己开始，导致重新认识自己的民族，这就是新的民族启蒙。就中国历史来看，民族意识是近代出现的。这是因为在我们自己的"天下"之外出现了他者，而这个他者正是崇尚丛林法则的西方人。这使我们不得不重新认识自己，认识自己的民族，从而有了自己的民族意识。然而，在民族独立实现以后，在现代化和全球化过程中民族性却逐渐削弱了。这一方面是由于现代性本身具有极强的同化能力，在历史上现代化曾经同化了世界大部分区域和民族；另一方面，实现现代化必须摒弃传统，用现代性来代替民族性。然而，在这一历史过程中，部分人崇尚西方的文化制度和生活方式，往往数典忘祖，从而忘记了自己的民族。而这种民族意识的缺失也是经济社会和文化进一步发展的障碍。所以，重新认识你自己，重新认识你自己的民族，就成为新启蒙的一项重要任务。

五四以来的启蒙，基本上是沿着现代化方向的现代性启蒙。但是在启蒙时期，我们并不是用我们自己的理智来思考，而是借用外来的各种现代思想来思考。这些外来思想包括马克思主义、西方资本主义，甚至无政府主义等等。然而，经过百年来的奋斗，中国的现代化逐渐走向成功，中华民族也逐渐走向新的成熟，应该完全能够利用自己民族的理智来思考。事实上，在利用外来思想的同时，我们始终坚持利用自己民族的理智，具体说就是西方理论思想的中国化。中国共产党用自己的理智来思考，通过马克思主义与中国具体实际相结合，取得新民主主义和社会主义革命的胜利；通过西方现代市场经济理论与中国具体好实际相结合，创造了社会主义市场经济，取得现代化的初步成功。而在现代化走向成功的今天，我们尤其可以借用康德关于启蒙的口号来说：要有勇气运用你自己民族的理智！所以，目前的启蒙应是民族文化的启蒙，即重新唤起民族文化的自觉。

二、传统重建：新传统

1. 以"复古"为创新

1908 年鲁迅在《摩罗诗力说》一文中引用尼采的话说：求古源尽者将求方来之泉，将求新源。① 在这里，他极力主张引进外来思想。但同时他还主张"复古创新"。同年他在《文化偏至论》中说："明哲之士，必洞达世界大势，权衡较量，去其偏颇，得其神明，施之国中，翕合无间。外之既不后于世界之思潮，内之仍弗失固有之血脉，取今复古，别立新宗。"② 在当时，中国历史上的传统文化已经不能提供社会变革的思想资源，所以必须引进新思想亦即西方文化思想。就中国的历史事实来看，除了引进西方的科学和民主外，最重要的是引进了马克思主义。现在，经历了百年来的现代化进程，从正面说，经中国共产党的数十年努力，马克思主义已基本实现了中国化，而从负面来说，旧的文化传统已经彻底消解，中国已经非常西化了。根据新启蒙的口号，认识你自己，认识你自己的民族，运用你自己民族的理智，就需要我们重新认识中国文化传统的价值。而对于社会思想变革来说，我们除了继续寻求外来思想资源，还要寻求古源，即从中国古代文化思想中寻求思想创新的资源。这是因为我们陷入现代极深，但我们却无法从现代思想中找寻到新的创新资源，只有"复古"才能打破现代思想的禁锢和现代思维的惯性。所以，解放思想之路，新启

---

① 鲁迅：《摩罗诗力说》，《鲁迅全集》第一卷，人民文学出版社 1981 年版，第 65 页。
② 鲁迅：《文化偏至论》，《鲁迅全集》第一卷，人民文学出版社 1981 年版，第 58 页。

蒙之路，还要做"复古创新"的功夫。

要做"复古创新"的功夫，一方面，我们必须重新认识传统和反传统。现代化必须彻底摒弃传统。这是因为在特定的历史条件下，传统往往成为现代化的羁绊，如果不能彻底与传统决裂就难以进入现代。中国近代以来的各种现代性组织，只有共产党对传统的颠覆最为彻底。如果没有共产党对传统的彻底颠覆，我们就不可能取得革命的胜利，也不可能取得现代化的成功。国民党反传统却不能彻底颠覆传统，所以他们不可能带领中国人民实现现代化。另一方面，我们也要重新认识传统。共产党彻底反传统，但同时也正视传统。毛泽东在 1938 年指出："我们这个民族有数千年的历史，有它的特点，有它的许多珍贵品。……从孔夫子到孙中山，我们应当给予总结，继承这一份珍贵的遗产"。① 经过近百年的发展和变化，我们对传统的态度也应该有一个根本的转变。我们利用西方现代思想和马克思主义实现了现代化，但西式现代化所带来的负面问题却不能继续从西方现代思想中寻找解决方案。就是说，我们应当从"礼失而求诸夷"转向"求诸史"了，也就是重视从传统文化中获取思想创新资源。

中国传统文化源远流长，博大精深，尽管说是以儒家思想为主体，但事实上，儒家文化是经历诸子百家的综合、儒释道综合，以及各民族优秀文化的综合而形成的文化集成，其中既包括儒家，也包括法家和道家，既包括中国本土思想也包括外来思想。近代以来，中国文化又接受了西方现代思想和马克思主义思想，并且不断与中国实际相结合，从而构成中国共产党的思想价值体系。尽管中国共产党在现代化过程中彻底与传统决裂，但这种决裂主要是与儒家传统决裂，而他们的革命性却反映了法家传统，在改革开放时期的自由政策则反映了道家传统。可见，中国共产党的思想并没有与中国文化传统完全割裂。就是说，这一条文脉仍在，道统仍在。

启蒙需要做"复古"的功夫，但复古并不是复旧，而是以复古为解放，以复古为创新。托古改制是中国历代常用的变革方式，学术思想方面的变革也同样采取复古创新的方式。从历史上的复古思潮来看，最常见的方式，就是回到前代，如果回到前代不够，就进一步回溯，一直回溯到三

---

① 《毛泽东选集》第二卷，人民出版社 1991 年版，第 534 页。

代。事实上，不论对哪一个时代的思想家来说，复古都不是目的，其目的都是要变革。变革首先要质疑当代，而在没有提出十分清晰的变革目标之前，要为变革找到依据，最常用的方法就是复古。在西方现代思想传入之前，中国变革的思想方法主要就是复古，即使孙中山的民主革命思想也没有彻底脱离复古思维。事实上，所有的"复古"都是试图为社会变革找到解决方案。所以，大量的创新思想就包含在复古思潮中。在经历百年现代化过程之后，在传统价值"损之又损以至于无为"，而现代价值"益"之又"益"以至于"横溢"的今天，重新以复古方式进行思想创新，从传统文化中寻找解决现代问题的方案，则成为我们的必然选择。实际上，不论是复古还是创新，都是人类认识自己、认识社会、认识历史和预见未来的思想方法。

2."复古"之"新儒家"

五四以后，中国传统文化思潮演变成保守主义思潮，尽管不合历史潮流，但仍有一批思想家们在坚守。这就是新儒家。新儒家有着不可克服的先天缺陷。尽管他们都希望与时俱进，但事实上并没有做到。从本质上看，新儒家向后看多于向前看，保守性大于开创性。其中原因，一方面是由于他们不能以全新的态度和全新的角度来看待现代和传统的关系，另一方面，也就是最根本的原因，是他们仅仅承认西方现代主义的意义和价值，全然否认马克思主义的意义和价值。

第一，从价值取向上看，他们主张"向后看"多于"向前看"。他们部分人是复古主义者，部分人能够与时俱进；他们看到了现代化所带来的弊端，但看不到现代化的弊端源于资本主义制度；他们对经典的了解超过对现代本质的了解，所以"向后看"多于"向前看"，即使他们"向前看"也是始终站在时代的后面，用传统的立场来品评现代社会，实际上是试图用传统的东西来解决现代矛盾。所以，他们是传统主义者，但不是历史主义者，他们主张复古，但本质上不主张复古创新。所以，面对日新月异的现代社会，他们只能不断地发出"逝者如斯夫"的无奈感叹。

第二，从思想资源上看，他们自觉认同于西方现代思想但不认同马克思主义。他们对马克思主义缺乏认识，并且否认中国在马克思主义指导下取得的成功。他们对于西方资本主义现代化采取反思的态度，而对于中国的社会主义现代化则采取批判的态度。他们认为，中国文化，及人道尊，与马列主义，势难共存。① 他们反对马克思主义的唯物论和阶级斗争理论，并从儒家的"文化意识"出发对马克思主义进行批判。他们强调说："我们当前在大陆上有一个敌人摆在那里，那个敌人所行的一套完全和我们不同，完全不一样。"② 他们对中国人民在共产党领导下所取得的成就视而不见，也就是否认大多数中国人民作为中华文化的"道体"存在。事实上，从他们的思想理路上看，他们是孙中山部分保守思想的承继者。

第三，从社会实践方面看，他们是中国现代化的旁观者而不是参与者。他们在个人经历上存在很大缺陷，即没有参与和经历中国大陆的社会变革，只在偏安之处管窥中国发生的变化，对广大中国人民的理想追求和中国人民为此所经历的磨难也不能理解。所以，他们反对共产党的彻底反传统和彻底革命的文化精神，完全站在反面立场上主张复兴儒家文化。如牟宗三说："救人，救国，救文化，无迫于此时，从'人'方面说，含人性，人道，人伦，自由，民主；从'国'方面说，含民族国家；从'文化'方面说，含历史观。因为共产党及共产主义是要彻底毁灭这一切。所以我们的救人救国救文化就是要救这一切。"③ 他们所强调的中心观念就是孔孟之文化生命与德慧生命所印证之"怵惕恻隐之仁"即所谓的"道德的理想主义"。但是，没有广大中国人民作为道德实践的主体，任何道德理想都是不可能实现的。

第四，就学者个人的价值追求而言，他们追求"内圣"甚于"外王"。传统儒家讲求内圣外王的平衡，但从来都主张经世致用。而在新儒家看来，儒家是最好的思想学说，只是没有开出"外王"来。所谓的"外王"仍然是科学和民主，所以他们的主张就是将西方的科学和民主与传统儒家思想嫁接。但新儒家更追求内圣即极重个人的道德修养，他们的逻辑就是从"内圣"之良知中"坎陷"出"民主"来，并由此进一步提出具体的救国、救社会的理论。然而，他们没有经历中国疾风骤雨般的革命运动，

---

① 唐君毅：《中国历史上哲学的省察——读牟宗三先生〈历史哲学〉书后》，参见牟宗三：《历史哲学》，附录一，台湾学生书局1984年版。

② 牟宗三：《时代与感受》，台湾鹅湖出版社1984年版，第234页。

③ 牟宗三：《道德的理想主义》，序言，台湾学生书局1985年版，第5页。

也没有参加过社会主义经济建设以及三十多年改革开放过程，他们心中的"道"与这些年来中国人民所追求的"道"是不同的。从本质上讲，他们心目中的道仍是西方的现代化之道，而不是中国本土的现代化之道。在这种情况下，他们只能本着儒家所讲的"道不行乘桴浮于海"，只能是无求于"外王"而埋头"内圣"了。

不过，新儒家还是给我们提出了不少有价值的东西。如内圣外王的认识，王道与霸道的关系等等，最重要的还是为我们提供了一个方法导向，即从传统思想中寻找创新资源。

3. "复古"之"国学热"

世纪之交中国出现国学热。国学热的出现有一定的合理性，但也有其落后的一面，其根本问题在于他们将国学基本定义为传统文化。所以，重建国学首先要对国学有一个确切的定位，反过来说国学本身也应有一个去蔽的过程。

第一，国学不是国故。

我们不能将国学简单地理解为传统文化即将国学定位为国故。中国的文化传统，不论我们采取肯定态度还是否定态度，它都是一个存在，不仅是历史的存在，更是现实的存在，不仅存在于文献中更存在于百姓的生活日用中。经历一个多世纪以来的现代化的洗礼，包括革命的洗礼和发展的洗礼，这个传统已经发生了很大的变化，就是说，经过一百多年的历史，马克思主义和西方现代主义等都已经融入了这个传统。所以，我们所能够继承的这个传统，早已不是五四之前的那个旧传统而是一个新传统，而研究和阐释这个传统的国学也必须是一个新国学。这个新国学并不是整理国故的成果，而是思想理论创新的成果，也就是说，除了传统文化外国学还应包括中国近代以来所有新思想的综合与创新。所以国学绝非国故。

第二，国学不是儒学。

我们不能将国学褊狭地理解为以四书五经为核心的儒学。儒学是中国传统学术的主流，当然也是国学的重要部分甚至是主体部分。但是儒学不能概括国学。历史上，作为中国主流思想的儒学也不是先秦的儒家学术，而是在不同时代根据不同需要兼容了各种优秀思想的综合体。儒学曾经历了三次重大的综合：第一次是汤武革命后综合夏商思想并经周初制礼作乐而形成的三代儒家或前儒家；第二次是从孔孟开始直到西汉期间综合了诸子百家思想特别是综合法家和道家的汉唐儒家；第三次是两宋到明代时期综合儒释道而成的以理学为主的宋明儒家。事实上，我们面临的是第四次综合，即继承传统儒家思想，并吸收马克思主义和西方现代主义而综合形成新的国学。

第三，国学不是汉学。

国学必须产生于中国本土。国学概念的提出实际上是近代的事，其本意是继承和发扬本土学术思想以应对西方学术思潮的挑战。但是，由于中国国力衰微，国人普遍丧失文化自信，国学也难以复兴。而汉学源于海外，其本质特征是以旁观者的视角看待中国传统文化的价值，一方面是对中国传统文化的关注，另一方面也试图为解决自身的现代性矛盾寻找解决方案。尽管近年来国内学者也纷纷加入汉学队伍研究汉学，但毕竟是完全不同的两回事。必须说，国学是国人自己的学术，现代国学的建构和发展必须由亲身经历过近代以来残酷的阶级斗争和火热的生产斗争，并将这一切都视为与自己命运休戚相关的一代人甚至几代人来完成。

第四，国学不是普世之学而是民族之学。

现代化追求共性并具有普世意义，而在现代化过程中一度领先的西方也总是以普世价值的代表者自居。但事实上，任何一个民族都不能以自己的价值代替普世价值。一个民族的价值能否成为普世价值，要看这种价值是否能够被"天下"所接受。中国传统的"天下"观导致中国将自己的价值作为普世价值，但到了近代则陷入与西方"普世价值"的冲突之中，结果被打得落花流水并丧失了文化自信。同样，西方试图将自己的价值作为普世价值，结果也必然与其他民族的价值发生冲突，最终也是不能成功的。所以中国的崛起并没有必要将自己民族的价值推广为"天下"之普世价值，必须坚持"和而不同"的原则，以做好自己的事为基本目标。所以，国学的定位必须是民族之学而不是普世之学。

这些年来，传统文化热导致国学热，但国学的发展并没有突破传统之学的局限，所以仍然是"遗老国学"，学术尽管发展但思想依旧贫乏，即"国学的贫困"决定"贫困的国学"。所以，我们需要新国学是"青年国学"。

4. 我们需要新传统

在一个相当长的历史时期里，我们对传统都给予了负面的理解或者说是认其为"负能量"。特别是在 20 世纪，传统得到了相当负面的意义，通常被认为是和所有现代价值，诸如理性、进步、自由，尤其是和革命相对立的。从历史上来说，这种对传统的负面观点有其来自启蒙时代的渊源。在他们看来，任何传统都是人类进步的阻碍，抛弃传统糟粕几乎被当作现代化的一个先决条件。① 当然，历史事实也的确如此，在现代化过程中，传统一度成为严重的羁绊，如果没有对传统的批判和抛弃，现代化就难以推进。然而，当现代化渐渐成熟后，传统的真正价值反倒逐渐显现出来并被缓慢而坚定地再发现。在西方，由于现代化较早地取得成功，人们对传统与现代的关系也能够较早地重新认识。1981 年，美国社会学家爱德华·希尔斯发表《论传统》，重新阐释了传统的价值，这使人们对传统的理解渐趋平和，传统不再被认为是僵死的过去，它仍然可以并正在现代社会中成为正面的和积极的活跃因素。② 而在中国，由于现代化的迟到，对传统的重新认识也较西方为晚。作为一个有五千年文明历史的中国，在现代化的冲击下，为了赶超西方实现现代化，不得不放弃自己的传统。从五四开始，我们就日复一日地批判传统，使自己的传统的价值日益减损以至于无。而当中国的现代化在"硬件"建设方面趋于完成后，现代化的负面影响却日益放大。这又使我们不得不回过头来重新审视自己的历史，并重新珍视自己的传统。然而，此时人们对于传统的认识又往往是肤浅的，表面化的。例如"国学热"导致的"唐装热"，"经典热"导致的"传统礼仪热"，以及小学生读经的建议等等。这又迫使我们不得不进一步思考：我们需要什么样的传统？

尽管我们曾经激烈地反传统，对传统深恶痛绝，激烈批判，试图打破传统，抛弃传统，但事实上我们须臾也没有脱离传统，更重要的是我们不能没有传统。传统不是旧物，旧物不是传统。但凡能够流传下来的东西，

---

① 余英时：《历史女神的新文化动向与亚洲传统的再发现》，[香港]《九州学刊》1992 年第 5 卷第 2 期。

② [美]爱德华·希尔斯：《论传统》，上海人民出版社 2009 年版。

必然有流传下来的道理，能够成为传统的东西必然是对历史有价值的东西，也只有对历史有价值的东西才能是能够成为传统。能够经历世事变故，经历历史沧桑，经历改朝换代，最终保留下来的就是传统。另一方面，传统不是静止的，不是封闭的，而是与时俱进的和时时开放的。随着历史进程，传统不断变化和不断更新，现代性也源源不断进入传统。总之，传统并不是"过去的"和"陈旧的"而是"日日新"的，正如汤之《盘铭》所说的"苟日新，日日新，又日新"。所以，我们必须以前瞻的眼光来看待传统，我们需要的是一种不断更新的传统。

事实上，我们需要的不是旧传统而是新传统，而这个新传统是经传统创造性转化而形成的。早在 20 世纪初，正当西风强劲，人们对中国传统文化极尽批判和否定时，梁漱溟发表了曾经轰动一时的著名学术讲演，即《东西文化及其哲学》，宣称"世界未来文化就是中国文化的复兴，有似希腊文化在近世的复兴那样"①。这种说法充满了对自我文化的自信。但可以肯定地说，在当时的历史背景下，这种自信是没有根据的，只能是一种臆测或自大。中华文化的复兴，必须是在经历了衰落甚至几近衰亡之后的再生，并且这种文化一定是吸收了西方先进文化并与之融合之后的新文化。总的来看，中国传统文化的复兴，既是中国经济社会成功发展的必然结果，也是西方现代化陷入困境所引致的现象；既是传统文化在新的形势下发挥作用，也是对现代化负面结果的一种修正。所以，中国传统文化并不是简单的复兴，而是如凤凰涅槃般的重生。就是说，传统的简单复兴并不能承担实现中国价值创造性转化的历史任务，我们需要的是一种新传统。这种主张也可以概括为新传统主义。

首先，新传统主义必须承认历史与当下亦即传统与现代的关联。存在的就是合理的，而已经发生过的历史也是合理的。尽管我们必须对历史的"合德性"进行评价，但历史已不可更改，所以我们必须承认历史的客观性及其发生的"必然性"。就中国近代以来的历史来看，每一段历史都无法剔除，都有其发生的必然性，从而构成我们必须承认并且必须继承的"历史国情"以及相关的历史传统。其次，新传统主义的形成，必须经过

① 梁漱溟：《东西文化及其哲学》，商务印书馆 1987 年影印版，第 199 页。

各种思想的全面综合和创新。传统不是旧东西，传统是日日新的，就是说，每日的历史都将最有价值的内容纳入传统之中，并构成新传统的内容。在当下的中国，中国的传统价值、马克思主义和西方现代主义三种思想传统，既是历史的存在也是现实的存在，其存在合理性都是不可否认的。事实上，三种思想已经共同构成中国价值的内涵，并且已经在汇入中国的价值传统之中。所以，新传统就是在承认这种思想综合的基础上，根据现实国情实行进一步的综合创新。最后，新传统主义不仅主张"向后看"更主张"向前看"，主张与时俱进。重视传统不可能不回顾过去，这是因为传统是历史形成的。但是，历史不仅仅代表过去，而是代表过去的价值对当下和未来的影响，因而传统也决不是简单地代表历史的价值符号。所以，新传统主义代表着传统所能够承载的整个民族的历史使命。

三、综合创新：新综合

1. 思想创新须求诸外源

中国文化史上不乏"礼失而求诸夷"的先例。"礼失而求诸夷"的一个重要原因就是本土思想创新资源的枯竭，不得不寻求外来的思想资源。中国传统文化思想发展到了明代中期基本上就停滞了，尽管清代又有一个小小的综合发展，但其社会价值基本消解。如明代许次纾在《茶疏》中说："礼失求诸野，今求之夷也。"更重要的是，中国传统文化不能产生推进中国进入现代社会的思想。到1908年时，鲁迅说：求古源尽者将求方来之泉。事实上，这也是五四新文化运动时期先进知识分子的普遍认识。

中国之所以不能产生自己的现代思想，一方面是由于中国文化已经丧失自我更新能力，另一方面也是由于现代与传统之间的巨大反差。决定中国与西方比较优势彻底反转的历史事件是18世纪始于英国的工业革命。工业革命使人类社会进入一个全新的发展阶段即工业社会，而工业生产方式造成了现代社会与传统社会的根本差别，同时也造成工业社会对于传统农业社会的根本优势。然而，这种差别的文化源头最早可以上溯至希腊文化之"逻各斯"与中国文化之"道"的区别，近代则可以追溯到文艺复兴和启蒙运动。文艺复兴实际上是打破中世纪宗教思想禁锢从而解放了人性，而启蒙运动是在人性启蒙基础上开发了人们的心智，同时也激发了人们的自利机制，由此导致了科学革命和工业革命，导致西方国家进入到工业社会。但是就中国的历史条件来看，当西方已经开始工业化和现代化的时候，中国仍停留在传统社会，仍是传统的生产方式和生活方式。从文化思想方面来看，传统仍根深蒂固，不可能产生现代思想并推进自身的现代化。所以，中国的现代思想必须外求。

西方现代思想从文艺复兴和启蒙运动开始，一直到工业革命基本上是一条主流。但是到了工业革命完成以后，由于资本主义经济社会矛盾开始暴露，出现经济周期性危机，阶级斗争激化，环境生态恶化，这些社会问题导致一种新的现代思想出现，这就是马克思主义。马克思主义出现后，西方现代主义开始分化：资本主义继续沿着启蒙主义的方向继续现代化，而马克思主义超越启蒙思想提出了唯物史观和社会主义。启蒙主义的本质是理性主义，是刚刚脱离了宗教思想的世俗理性，而马克思主义较之于资本主义现代思想更注重物质生产力的作用和意义，认为一切社会的基本走向和变革方向，都取决于生产力。所以，马克思主义是更"现代"的思想。

西方思想文化在明代就开始进入中国。当时西方的文化优势已经显现，但由于尚未物质化为技术，少量新奇的产物仍被看作奇技淫巧，对此中国士大夫认为不值得一屑。这种观点严重影响了中国文化和社会的进步，直到鸦片战争时中国被西方的坚船利炮所打败，人们的观念才开始转变。尽管如此，接受西方文化思想也仍是一个艰难和缓慢的过程。在这一过程中，发生过从"师夷以制夷"、"中体西用"、"中西汇通"直到"全盘西化"等观念转变。中国人为此观念转变付出了巨大的历史代价，即持续地落后于西方四百多年。当中国知识分子认识到现代化思想必求外源的时候，开始追求各种西方的新思想，包括进化论、自由资本主义、无政府主义和各种社会主义等。但是真正使中国文化思想发生了根本改变的是经俄国引进了马克思主义。中国共产党将马克思主义作为自己的指导思想，将马克思主义与中国具体实际相结合，发动了彻底反帝反封建的新民主主义革命，并且最终取得胜利。

2. 创新思想必基于国本

中国文化思想从明代开始逐渐丧失自我创新能力并落后于西方，到鸦片战争以后中国开始接受西方现代主义思想，而在五四以后开始接受马克思主义思想。外来思想打破了思想界的僵化状况，出现了革命性的变化，逐渐走出传统进入现代。但中国之所以接受了马克思主义，并不仅仅由于马克思主义是一种现代思想，还由于马克思主义源于下层人民即无产阶级的利益诉求，是无产阶级解放的理论。工人阶级与资产阶级是工业革命的一对孪生阶级，但工人阶级却没有在工业革命和现代化过程中获益，没有经历过任何"黄金时代"甚至"青铜时代"而直接陷入了"黑铁时代"。所以，他们对工业化和现代化有不同的态度。这就是为什么工业革命早期会和出现毁坏机器的"鲁德运动"。不仅如此，工业化所带来的负面影响如环境的破坏等，也主要由工人阶级承受了。马克思主义正是在这种历史背景下出现的。所以，马克思主义是既具有现代性的思想同时也是批判资本主义的思想。马克思主义要实现的现代化是没有资本主义的现代化，是工人阶级等下层民众所期望的不受损害并获益的现代化。所以，马克思主义的社会基础和社会变革的力量，都来自于资本主义社会最广大的弱势群体即无产阶级。另一方面，马克思主义将生产关系变革理论与阶级斗争理论结合起来，成为可以实践的理论，使社会主义从"空想"变为"科学"。列宁把马克思主义与俄国具体实践相结合，取得十月社会主义革命的胜利。这样，社会主义从科学变成了实践，并且进一步变成了现实。

马克思主义传入中国之前，中国首先接受了西方资本主义思想，并进行了变革和维新活动，也进行了推翻封建专制主义的辛亥革命。但是，资产阶级领导的旧民主主义革命运动不能满足最广大的工农群众的利益诉求，所以不能走向成功。中国之所以能够接受马克思主义，是因为马克思主义的社会基础是资本主义社会的弱势群体。这批人在欧洲封建社会饱受剥削和压迫，而在资本主义社会仍然饱受剥削和压迫。马克思主义代表资本主义社会要求继续变革的广大人民群众的要求。马克思主义的这种"草根"特性，使之更容易与中国基层社会的诉求相结合。中国共产党接受马克思主义，实际上是代表了来自广大贫苦大众的利益诉求。所以，中国接受马克思主义，既是"礼失而求诸夷"的过程，也是"礼失而求诸野"的过程。

但是，马克思主义源于欧洲的"野"，而这个"野"毕竟与中国的

"野"不同。一方面，在中国作为社会底层大众的"野"不是工人阶级而是工农大众，更多的是农民；另一方面，由于这个特点，中国的革命实践也与欧洲和俄国不同，不是无产阶级革命而是工农革命。马克思主义与中国大众的诉求仍存在很大的差别。但是这种差别在中国革命初期被忽略不计，或者说被中国的革命者们掩盖了。他们将马克思主义最适合中国革命需要的部分拿出来，并与中国革命的具体实践相结合，结果产生了"中国的马克思主义"。在数十年的历史上，中国共产党率领中国人民取得了新民主主义革命和社会主义革命的胜利，并且通过社会主义市场经济改革，实现了工业化和现代化。与此同时，马克思主义在于中国革命和建设具体实际中，也逐渐走上中国化的道路，并转化为中国化的马克思主义。

3. 反思现代必诉诸传统

19世纪中国传统社会走到尽头，传统思想不能解决中国的新问题，不能为社会变革提供思想资源。所以，近代中国思想外求，吸收了西方现代思想，这就是"礼失而求诸夷"。然而，西方现代思想在发展过程中出现马克思主义和资本主义的分化，由于马克思主义反映了下层人民的利益诉求，更接近于中国贫穷落后的社会状况，所以中国接受了马克思主义。中国共产党领导中国人民取得新民主主义革命的胜利，随后完成了社会主义革命和初步的社会主义建设。在此基础上，中国通过改革开放吸收西方现代市场经济理论，取得经济现代化的成功。但与此同时，中国的现代化也面临着一系列新的矛盾和新的挑战，而马克思主义现代性和西方现代性都难以提供解决方案。这样，中国就面临着一个全新的问题，即寻找社会进一步变革和发展的思想资源。而在外源思想不能解决中国所面临的这些问题以后，我们可以尝试将眼光转回到自己的传统思想资源，从中挖掘到新的时代价值。这就是"礼失而求诸史"。

实际上，作为一种思想现象，"礼失而求诸史"是对当下的反思，既反映了现代化过程中现代性本身的矛盾交织，也反映了现代性思想创新资源的枯竭状况。西方早在资本主义兴起之际就出现过"回归"思潮，中国在五四时期也出现过利用传统思想解决现代矛盾的尝试，如梁启超、梁漱溟、胡适等。但在当时，中国社会的主要任务是革命和现代化，回归传统只能是一种"逆历史潮流"现象，不可能解决中国问题。中国共产党继承五四批判精神，采取了与传统彻底决裂的革命态度，领导中国人民进行革命和现代化并且取得成功。事实上，只有现代化的成功才使得我们具有反思现代性的资格，并有能力着手解决现代化带来的矛盾。同样，也只有现代化的成功才能提高我们的文化自信，使我们能够回头正视自己的文化传统，并发掘其可供创新的思想资源。

4. 我们需要新综合

价值革命是一场根本性的思想变革，也就是价值传统从破坏到重建的过程。在这个过程中，可能经历不止一次的价值重估，不止一次的价值思想重建，但最后都需要由一次综合创新来完成。所以，价值思想的综合是价值革命的完成阶段。

事实上，早在 20 世纪 30 年代中国就出现过思想文化综合创新的主张。五四后期，中国形成了三大思想潮流，即马克思社会主义、西方资本主义和传统的文化保守主义。在随后的历史上，三种思潮流行于同一块中国土地上，尽管相互矛盾和冲突不断，但也不可避免地相互影响和渗透，并在某些方面形成部分共识。所以，到 20 世纪 30 年代张申府提出"三流合一"的主张。张申府在 1932 年 10 月《大公报·世界思潮》的"编余"中写道："我的理想：我愿意，百提（即罗素，编者注）、伊里奇（我本曾译伊里赤）、仲尼，三流合一。"① 1941—1942 年，张申府更明确地提出："我始终相信，孔子、列宁、罗素是可合而一之的。我也始终希望，合孔子、列宁、罗素而一之。"② 当然，在张申府所处的的时代，"三流合一"是不可能实现的。因为三种思潮代表了完全不同的社会发展方向。然而，当中国经历了旧民主主义革命、新民主主义革命和社会主义革命以后，特别是经历改革开放和中国经济的快速发展之后，社会对三种不同思潮特别是对中国传统文化的认识开始发生变化。在这一历史背景下，1987 年张岱年提出"文化综合创新论"。他论证文化系统的可分性和文化要素的可选择性，主张正确处理马克思主义的一元指导地位与兼容中外多元有价值思

---

① 李存山：《张申府的"大客观"思想——兼论其对张岱年思想的影响》，《哲学研究》2013 年第 10 期。

② 张申府：《家常话》，《张申府文集》第 3 卷，河北人民出版社 2005 年版，第 434 页。

想的关系，提出"在马克思列宁主义原则的指导下，以社会主义的价值观来综合中西文化之所长而创新中国文化"。① 这种"文化综合创新论"的提出，标志着中国文化观发展到了一个新的阶段。② 到 21 世纪初，中国的经济现代化高歌猛进，并发展成为世界第二大经济体，这就大大提高了中国人民的文化自信，并明确了在马克思主义指导下用中国传统价值思想整合西方现代价值思想进行综合创新的理论方向。

然而，综合创新必须在一系列创新基础上，首先从已有的思想资源出发，对已有的思想进行整合。恩格斯指出：任何一种新学说，虽然"它的根子深深扎在经济的事实中"，但它"必须首先从已有的思想材料出发"。③从我们所面对的时代来看，所谓的"经济的事实"既包括现代化以来经济发展所取得的成就和现代化所带来的经济和社会结构的变化，也包括现代化所导致的一系列矛盾。现代化所带来的发展、变化及其产生的矛盾，决定我们必须用一种新的价值思想代替旧的价值思想。而"已有的思想材料"则是中国近代以来形成的三条思想源流，包括西方自由主义现代化思想、马克思主义现代化思想和作为历史延续的中国传统思想。在这三条思想源流中，马克思主义逐渐成为主导思想，决定着中国社会革命和现代化的根本方向；西方自由主义思想不断与马克思主义思想竞争，但最终没有成为主流，而在改革开放以后，逐渐融入中国社会主义市场经济理论；而中国传统思想虽逐渐消解，但其影响却一直没有消除，特别是作为一种文化基因隐藏于中国人民的生活日用之中，并构成现代化过程中的"中国元素"。

从近代开始，中国价值思想已经历过三次综合创新过程：第一次是孙中山将西方自由资本主义思想与中国传统思想结合，创造了三民主义。关于这一点孙中山在《中国革命史》一文中说的很清楚，他说："余之谋中国革命，其所持主义，有因袭吾国固有之思想者，有现抚欧洲之学说事迹

---

① 张岱年：《综合、创新，建立社会主义新文化》，《张岱年全集》第 6 卷，河北人民出版社 1996 年版，第 253—254 页。

② 杜运辉：《"三流合一"与二十世纪中国文化的融通和超越》，《中国社会科学》2015 年第 4 期。

③ 《马克思恩格斯选集》第三卷，人民出版社 2012 年版，第 391 页。

者，有吾所独见而创获者。"① 第二次是毛泽东将马列主义与中国传统思想的综合，创造了新民主主义和社会主义，也就是中国化的马克思主义。尽管毛泽东很少讲述中国传统思想并且坚持反传统，但毛泽东思想中的传统文化因素仍是十分显著的，不过毛泽东思想所结合的中国传统元素并不是历史上作为主流的儒家思想而是始终主张变革的法家思想。第三次是邓小平将中国化的马克思主义与西方市场经济思想的结合，结果创造了中国社会主义市场经济思想或邓小平理论。到21世纪初，中国的现代化趋于完成，马克思主义现代性的历史任务也基本完成，马克思主义中国化进入一个新的阶段，中国价值思想面临着新的全面的综合创新。

首先，这是一次全新的中国化的综合。过去的三次思想综合，都是两方面的结合。第一次是西方现代思想和中国传统的结合，第二次是马克思主义与中国具体实际的结合，第三次是中国化的马克思主义与西方市场经济理论的结合，都具有一定片面性。但是，正是这三次双向综合为当下的全面综合奠定了基础。这次全新综合是中国传统思想、马克思主义思想和西方市场经济思想三方面的全面综合。更有意义的是，经过一百多年的现代化历史，西方市场经济思想和马克思主义现代思想，都已经大大中国化了，在很大程度上与中国国情融合在一起，所以这次新综合完全是中国化的综合。

其次，这次综合是以中国文化复兴为主要背景和主要内容的。过去的三次综合有一个共同特点，就是各种综合都是以外来的现代思想为主体，而中国传统思想仅仅作为"文化思想背景"或文化基因存在并发挥作用，而在大多数场合是作为被批判和被摒弃的对象出现的，而当下的这场综合却是在西方现代性思想陷于危机的情况下展开的。这是因为，在现代化过程中，特别是当现代化的负面效果逐渐显现的时候，西方现代性思想的片面性逐渐被人们所认识，而中国传统思想对于反思现代性和应对现代性矛盾的意义也逐渐被人们所认识。所以，新的综合将以中国传统思想复兴作为基本内容来实现。

最后，新的综合要使马克思主义现代性思想和西方现代性思想成为中

---

① 《孙中山全集》第七卷，中华书局1985年版，第60页。

国价值传统的组成部分。马克思主义要进一步发展，就需进一步创新。而这种创新就是要使马克思主义成为中国新传统的一部分。这就需要将马克思主义进一步与中国传统文化相结合。而具体的途径，就是"以复古为创新"。西方现代性思想也需要中国化。实际上，社会主义市场经济已经融入了西方现代性思想，但是其中的弊端不仅没有得到避免反而被放大了。而能够纠正西方现代性弊端并解决现代化异化问题的思想，一方面要依靠马克思主义，另一方面要依靠中国传统文化。但是西方现代思想并没有过时。这是由于中国的现代化过程并没有完全结束，西方现代性的历史使命并没有终结。正因为如此，我们才需要进行新的综合，将马克思主义现代性思想和西方现代性思想进一步中国化，并在此基础上复兴中国传统价值，重建中国的价值体系。

但是新的综合不能以西方现代性思想作为主体。一方面，西式现代化越来越表现出颓势，完全依靠西方的现代化模式不能进一步实现全球的现代化推进；另一方面，就全球来看现代化已经日益多元化，而中国的现代化更日益呈现民族化特色即中国式道路。就是说，当现代化成为全世界的共同趋势以后，文化模式的竞争逐渐取代了经济模式的竞争，西式现代化模式不能不被中国现代化模式所取代。这样，西方的现代性思想也必然不能继续作为主体了，其主体地位和使命也就终结了。世界的现代化开始进入多元时代和民族时代，中国的现代化也将进入中国自己的时代。同样，思想综合的主体也将进入以中国自己的思想为主体的时代。

第三节　现代价值的超越与重构

一、目标：人的自由和全面发展

1. 马克思人学思想的提出

中国现代化的百年历史，主要是马克思主义从传播到发展，从科学到实践，从舶来品到中国化，从思想流派到国家意识形态的历史。中国价值革命必须沿着这条路径进行，必须在这一历史基础上进行，因而必须从马克思主义的中国化开始。如果说20世纪初中国社会革命和现代化是以马克思主义唯物史观为起点的话，那么，中国价值革命也必然以马克思主义人学为起点。

马克思的人学思想可以溯源于古希腊哲学。古希腊宗教中心戴尔菲阿波罗神庙的墙上，镌刻着一句箴言："认识你自己"。这也是古希腊哲学的一个重要命题，更是苏格拉底所阐述的一个核心理念。苏格拉底把道德和知识合二为一，认为道德行为必须以知识为基础，最高的知识就是对"善"这个概念的认识，而善包括健康、财富、地位、荣誉以及正义、勇敢等美德。所以说，人必须具有知识，只有知识才能使人达到善的境界。苏格拉底提出这个哲学命题，目的就是要说服人们不要专注于对身外之物的追求，而应去改造自己的灵魂，追求真理和智慧，成为道德完善的人。

古希腊人学是在人类初步具有摆脱自然的自主能力后提出的。但是，人类的力量相对于大自然来说还是十分渺小，所以还必须借助于自然的力量。而人的这种即要摆脱自然又无力摆脱自然的矛盾，结果产生自然神与意念神结合的"上帝"。伴随着人类在这两种欲望之间的纠结，一方面，"上帝"的影响力逐渐扩大为中世纪的宗教神学统治；另一方面，人类"认识你自己"的本能力量导致近代以来连续不断的思想解放运动，其结果则是资产阶级人学的创建。

马克思主义是西方近代人学的组成部分，更是西方人学的高级形式。马克思主义产生于西方工业革命时期。这一时期，人类通过工业化大大提高了利用自然力和改造自然界的能力，但是资本主义生产关系却使人陷于无限的物质欲望的困扰。所以，人类既面临着从自然束缚下的进一步解放的任务，又面临着从资本主义生产关系下解放的任务。正是在这种社会历史背景下，马克思提出"人的自由全面发展"这一伟大命题。

马克思指出："全部人类历史的第一个前提无疑是有生命的个人的存在。因此，第一个需要确认的事实就是这些个人的肉体组织以及由此产生的个人对其他自然的关系。"① 但是，马克思的研究并不是从"从口头说的、思考出来的、设想出来的、想象出来的人出发"，而是以"从事实际活动的人"为出发点。马克思指出："这种考察方法不是没有前提的。它从现实前提出发，它一刻也离不开这种前提。它的前提是人……是处在现实的、可以通过经验观察到的、在一定条件下进行的发展过程中的人。"② 可见，马克思所说的人，是现实的人，是实践的人，也是历史的人。

马克思指出："历史不过是追求着自己目的的人的活动而已。"③ "人们为了能够'创造历史'，必须能够生活。但是为了生活，首先就需要吃喝住穿以及其他一些东西。因此第一个历史活动就是生产满足这些需要的资料，即生产物质生活本身，而且，这是人们从几千年前直到今天单是为了维持生活就必须每日每时从事的历史活动，是一切历史的基本条件。"④ 在这里，马克思提出了人从物质需要的自然约束下解放的命题。但是，人们为了从物质需要的自然约束下解放，却不得不陷于资本主义生产关系的束缚，包括私有财产和分工，人与人的竞争，为利润而生产，为工资而劳作等等。这就是马克思提出"人的自由全面发展"思想的社会基础。

2. 马克思人学思想的创造

"人的自由和全面发展"是马克思人学思想的最高命题，也是马克思主义的根本出发点。人的自由全面发展包括自由发展和全面发展两个方面，两个方面是相辅相成不可分离的。马克思认为，人是"有意识的存在物"，因而也是"自由的存在物"，而人的活动是"自由的活动"。⑤ 马克思认为"人本身的最高本质"就是人的"自由自觉的活动"。所以，人的自由发展始终是人类所要追求的终极目标。而人的自由发展既是"每个人"的个性的自由发挥，也包括"一切人"的自由发展。马克思认为，未来社会将是一个"把每一个人都有完全的自由发展作为根本原则的高级社会形态"。他把"每个人的自由发展"看成是人的发展的目的，指出，"当

---

① 《马克思恩格斯选集》第一卷，人民出版社 2012 年版，第 146 页。
② 《马克思恩格斯选集》第一卷，人民出版社 2012 年版，第 153 页。
③ 《马克思恩格斯文集》第一卷，人民出版社 2009 年版，第 295 页。
④ 《马克思恩格斯选集》第一卷，人民出版社 2012 年版，第 158 页。
⑤ 《马克思恩格斯全集》第 42 卷，人民出版社 1979 年版，第 96—97 页。

阶级差别在发展进程中已经消失而全部生产集中在联合起来的个人的手中的时候"，"代替那存在着阶级和阶级对立的资产阶级旧社会的，将是这样一个联合体，在那里，每个人的自由发展是一切人的自由发展的条件"。①这样，每个人的自由发展将扩大为一切人的自由发展，从而将个人自由发展与人类整体的自由发展结合起来。

每个人的自由全面发展，目的是要使"人之为人"，即使人恢复和实现为完整的人。马克思指出："人以一种全面的方式，也就是说，作为一个完整的人，占有自己的全面的本质。人同世界的任何一种人的关系——视觉、听觉、嗅觉、味觉、触觉、思维、直观、感觉、愿望、活动、爱，总之，他的个体的一切器官，正像在形式上直接是社会的器官的那些器官一样，通过自己的对象性关系，即通过自己同对象的关系而占有对象。对人的现实性的占有，它同对象的关系，是人的现实性的实现，是人的能动和人的受动，因为按人的含义来理解的受动，是人的一种自我享受。"② 这里，人首先要完整地"占有"自己，在此基础上才能全面地发展自己。也就是说，人必须成为自身全面关系的占有者，然后才能成为自身全面需要和全面创造力的主体，从而实现在实践和精神上的全面发展。

马克思指出，全面发展的个人应当是"用那种把不同社会职能当作互相交替的活动方式的全面发展的个人，来代替只是承担一种社会局部职能的局部个人"③。马克思认为，在资本主义机器大生产条件下，"旧分工"导致了"人的身上的体力和智力的畸形化"，其根源则在于有限的生产力和由生产力决定的生产关系。因此必须消灭分工，即消灭分工对人的发展的消极影响，才能使人适应于不断变动的劳动需求。恩格斯曾举例说，一个法国工人到了加利福尼亚，发现那里是换手艺比换衬衫还要容易的冒险世界，他被迫适应环境，先后换了许多职业，学会了许多手艺，终于体会到，"因为有了适合做任何工作的经验，我觉得自己不再像一个软体动物，而更像一个人了"④。按照马克思的设想，在未来的"自由王国"里，由于

① 《马克思恩格斯选集》第四卷，人民出版社 2012 年版，第 647 页。
② 《马克思恩格斯全集》第 42 卷，人民出版社 1979 年版，第 123—124 页。
③ 马克思：《资本论》第一卷，人民出版社 1975 年版，第 535 页。
④ 马克思：《资本论》第一卷，人民出版社 1975 年版，第 534 页。

先进生产力和社会交往的高度发展，社会成员自身素质的普遍提高，旧的分工模式将被淘汰。人们将摆脱那种终身固定于某种职业分工、使人的才能受到束缚抑制的桎梏，每个人都可以结合社会的需要和自己的兴趣、特长，自由地选择工作，全面地发挥自身的能力，既为社会作出最大的贡献，又使自己获得真正全面的发展。马克思说："个人的全面发展，只有到了外部世界对个人才能的实际发展所起的推动作用为个人本身所驾驭的时候，才不再是理想、职责等等，这也正是共产主义者所向往的。"①

3. 人的解放是人的自由和全面发展的前提

马克思将"人的自由和全面发展"的前提确定为"人的解放"。在马克思看来，人的"唯一实际可能的解放是从宣布人本身是人的最高本质这个理论出发的解放"。②马克思指出："在现代，物的关系对个人的统治、偶然性对个性的压抑，已具有最尖锐最普遍的形式"。这样就给"现有的个人"提出了一个十分明确的任务，即"确立个人对偶然性和关系的统治，以之代替关系和偶然性对个人的统治"。③这样就提出了人的解放的命题。

关于人的解放，唯物史观提出了两个方面的解放，即人从自然和物质束缚下的解放和从旧的生产关系束缚下的解放。马克思指出："人的本质并不是单个人所固有的抽象物。在其现实性上，它是一切社会关系的总和。"因此，自由作为人所独有的生命活动的性质，就不仅存在于人与自然的关系中，也必然体现在人与他人的关系中，即体现在人的社会关系中。所以，人的本质和自由不仅被限定在人与自然的关系中，也被限定于人的社会关系中。而人的自由的本质驱使人去努力解除这种双重限制，所以，"任何一种解放都是把人的世界和人的关系还给人自己"④。在资本主义制度下，阶级的剥削和压迫使少数人得到自由和发展的垄断权，而多数人则不得不为满足最迫切的生存需要而斗争，失去了自由和发展的可能性。在《共产党宣言》中，马克思评判资本主义的社会现实说："在资产

---

① 《马克思恩格斯全集》第 3 卷，人民出版社 1960 年版，第 330 页。
② 《马克思恩格斯全集》第 1 卷，人民出版社 1956 年版，第 467 页。
③ 《马克思恩格斯全集》第 3 卷，人民出版社 1960 年版，第 515 页。
④ 《马克思恩格斯全集》第 1 卷，人民出版社 1956 年版，第 443 页。

阶级社会里，资本具有独立性和个性，而活动着的个人却没有独立性和个性。"① 只有解放和发展"新的革命的生产力"，消灭私有制，消灭阶级和剥削，消灭旧的分工，实现所有人在社会生活各方面的真正平等，才能使每个人都获得自由和全面地发展自己的个性和能力的机会。这就需要创建一个"以每个人的全面而自由的发展为基本原则的社会形式"②。

自由的充分实现和人类的彻底解放，是人类从必然王国飞跃到自由王国的标志，也是自由和解放的最高境界。然而，自由作为人的本质并不能通过自身的活动而获得，必须依赖于社会或人类集体的行动。这是因为人的自由属性本来就是社会属性，离开社会或集体就无所谓自由，自由本身也就毫无意义。只有通过集体行动，通过社会的发展与解放，个人的自由发展才可能实现，因此马克思把目光重点投向社会变革或社会革命。马克思指出："革命之所以必需，不仅是因为没有任何其他的办法能推翻统治阶级，而且还因为推翻统治阶级的那个阶级，只有在革命中才能抛掉自己身上的一切陈旧的肮脏东西，才能胜任重建社会的工作。"③ 所以他公开宣告："不可避免的共产主义革命……是个人自由发展的共同条件。"④

二、转折：感性解放与仁性复归

1. 理性的统治

追求自由是人的本性。人类历史就是在不断地从各种束缚和约束下求得解放和获得自由的历史。但是在追求自由和解放的过程中，人类又总是会陷于新的束缚和新的约束，这就迫使人们不断地追求新的解放并获得新的自由。而在每一个历史阶段上，人类所面临的问题都是不同的，这就有了不同形式的束缚和不同形式的解放。近代以来的历史是人类通过工业化从自然的束缚和物质匮乏的约束下解放的历史，同时也是陷于物欲约束和观念束缚的历史。这种解放和束缚，都源于西方文化和历史的一个核心理念，即理性。

① 《马克思恩格斯选集》第一卷，人民出版社2012年版，第415页。
② 《马克思恩格斯全集》第23卷，人民出版社1972年版，第649页。
③ 《马克思恩格斯选集》第一卷，人民出版社2012年版，第171页。
④ 《马克思恩格斯全集》第3卷，人民出版社1960年版，第516页。

　　近代以来西方文化的主流是以工具理性为主导的理性主义。理性衍生了人类的求知欲和科学技术，同时也衍生了人类的私欲、利欲和市场制度。在工具理性的主导下，科学技术的进步带动了工业化的进程，而经济人的自利行为推动了市场化进程，总之使物质文明提高到一个新的阶段和水平。但另一方面，理性主义和工具理性霸权严重地压抑了人们的感性方面，不仅使人成为片面的人，更成为"单向度的人"。事实上，理性并不能涵盖人的全部价值，正如非理性主义哲学家们所指出的那样，真正的人是活生生的生命体，而不是单纯的理性人，人除了有理性外还有感性，除了物质利益追求还有道德理想和宗教情怀。所以，理性仅仅是人性的一部分，而理性人只能是单面的人。

　　然而，随着理性的不断伸张，理性主义不仅被越来越多的人接受，并进而成为统治人的力量，甚至人的存在也被抽象成了理性的化身，社会不仅是由理性人构成的，而是由人的理性构成的。在资本主义社会，工具理性导致了理性的极权和专制，压制了人们对社会现实的否定和批判，社会的各个方面，无论是经济、政治、思想、文化甚至生活，都只剩下一个向度，即肯定与维护向度。在这个社会里，个性在社会必需的但却令人厌烦的机械化劳动过程中受到压制；个体企业集中为规模更大、组织更严密、生产效率更高的大公司；垄断组织不仅可以操控市场，甚至可以干预消费者主权，控制大众消费行为；甚至国家主权也可以通过国际组织加以调节和限制。总之，生活在这个社会中的每个人，都被现代资本主义这个"达玛斯提斯之床"① 所统一化、标准化和模式化了，从而丧失了合理批判社会现实的能力，丧失了把现存世界同哲学准则所揭示的真实世界相对照的习惯，在"舒舒服服、平平稳稳、合理而又民主的不自由"中，成为维护这个社会的工具和奴隶。② 更为可悲的是，在当代工业文明社会中，特别是后工业时代来临之际，这种价值倾斜的趋势，不但没有得到些许的改

---

　　① 　达玛斯提斯是希腊传说中的一个劫匪。他造了两张床，一张长床，一张短床。当他抓到矮个子的路人时，就将其放到长床上，拉长到长床的长度而致死；如果抓到高个子，就将其放到短床上，锯断双腿，使其符合短床的标准而致死。

　　② 　［德］马尔库赛：《单向度的人：发达工业社会意识形态研究》，刘继译，上海译文出版社2006年版，第3页。

变，反而是日益严重了，甚至孕育着更大的社会思想和信仰危机。

中国传统社会是以农为本的社会，家庭是最基本的生产组织和生活单位，长期以来人们过着"日出而作，日落而息"的生活。在家的基础上，通过社会的自组织过程，家延伸发展为国，即所谓"家国天下"。在这种"家国天下"体制下，人们更多的是进行情感沟通而较少以理性交往，因而建立起伦理本位的有情社会。然而，在西方现代性的影响之下，中国不得不面对新的生产方式和生活方式的挑战，被动地加入现代化进程。而在这种现代化过程中，传统的伦理本位被打破了，情感沟通的方式让位于理性交往的方式，理性霸权取代了人伦情理，从而进入一个现代无情社会。在理性原则统治之下，人们不相信亲情，更不相信眼泪，只有此岸的快乐和享受，没有彼岸的恐惧和理想，人类社会转变成了物类社会。这种现状使我们不得不反思，反思人类理性膨胀的后果，同时呼唤人类感性的解放。

2. 感性的解放

人性解放是近代以来的一个核心命题。资产阶级提出的人性解放是从宗教神学和封建专制统治下的解放，而这个解放目标到19世纪基本实现了。但是，获得解放的人性又陷入资本主义制度的束缚之中。所以，马克思提出新的人的解放命题。马克思所提出的人的解放与资产阶级提出的人性解放不同。资产阶级的人性解放是解放人的理性，从而唤起人们的物欲，即征服自然和获取利益的欲望，从而推进社会的进步。然而，现代化以来，由于科学技术进步和工业化的发展，人们所受到的物质和自然的约束大大减少了，但是物质利益的追求对人们心理上的压抑却大大加强了。究其根源，就是理性主义对于感性的压抑和约束。所以，马克思所提出的人的解放，是要解放被资产阶级理性束缚和压制下的人的全部本性，其中最为迫切需要解放的是人的感性。所以，人的解放须从感性解放开始，以感性解放作为切入点。

从近代以来的历史来看，较早提出人类感性拯救的是费尔巴哈。费尔巴哈不满理性主义的专制，力图恢复人的感性的地位。他明确指出："人的本质是感性，而不是虚幻的抽象'精神'。"① 他把人的感性存在概括为

---

① ［德］费尔巴哈：《费尔巴哈哲学著作选集》上卷，商务印书馆1984年版，第213页。

直观的存在、感觉的存在和爱的存在。他说："感性（Sinnlichkeit）不是别的，正是物质的东西和精神的东西的真实的、非臆造的、现实存在的统一；因此，在我看来，感性也就是现实。"① 在他看来，"你的感觉和情绪越真实、越强烈、越是本质的，它便越表示为外部的、感性的。诚然，你在感性上未曾表现出来的你，便不算是你"②。所以，费尔巴哈认为哲学的最可靠的出发点只能是我"感觉着、欲望着、爱着"。"爱无非是人的感情的、情欲的意志而已，但是，正因为这样，它是一种发自心灵深处的真正的根本的意志。"③ 所以，费尔巴哈概括说："人的最内秘的本质不表现在'我思故我在'的命题中，而表现在'我欲故我在'的命题中。"④

马克思继承了费尔巴哈关于人作为感性存在的观点。马克思指出："人直接是自然存在物。人作为自然存在物，而且作为有生命的自然存在物，一方面具有自然力、生命力，是能动的自然存在物；这些力量作为天赋和才能、作为欲望存在于人身上；另一方面，人作为自然的、肉体的、感性的、对象性的存在物，同动植物一样，是受动的、受制约的和受限制的存在物，就是说，他的欲望的对象是作为不依赖于他的对象而存在于他之外的；但是，这些对象是他需要的对象；是表现和确证他的本质力量所不可缺少的、重要的对象。说人是肉体的、有自然力的、有生命的、现实的、感性的、对象性的存在物，这就等于说，人有现实的、感性的对象作为自己本质的即自己生命表现的对象；或者说，人只有凭借现实的、感性的对象才能表现自己的生命。"⑤

在此基础上，马克思主义进一步提出实现人的全面发展，即"人作为人"的理想。马克思认为，要实现"人之为人"，首先是要使人从理性的束缚下解放，就是把人的被理性压制下的感性解放出来。马克思认为，感性是人的自然本性。但是在私有财产制度下，私有财产成为"异化了的人

---

① ［德］费尔巴哈：《费尔巴哈哲学著作选集》下卷，商务印书馆1984年版，第515页。
② ［德］费尔巴哈：《费尔巴哈哲学著作选集》上卷，商务印书馆1984年版，第208页。
③ ［德］费尔巴哈：《费尔巴哈哲学著作选集》上卷，商务印书馆1984年版，第421页。
④ ［德］费尔巴哈：《费尔巴哈哲学著作选集》上卷，商务印书馆1984年版，第591页。
⑤ 马克思：《1844年经济学哲学手稿》，人民出版社2000年版，第105—106页。

的生命的物质的、感性的表现"①。而"对私有财产的扬弃，是人的一切感觉和特征的彻底解放；但这种扬弃之所以是这种解放，正是因为这些感觉和特征无论在主体上还是在客体上都成为人的"。"人以一种全面的方式，就是说，作为一个总体的人，占有自己的全部的本质。"② 人的感性解放，使人不仅通过思维，"而且以全部感觉在对象世界中肯定自己"。"由于人的本质客观地展开的丰富性，主体的、人的感性的丰富性，如有音乐感的耳朵、能感受形式美的眼睛，总之，那些能成为人的享受的感觉，即确证自己是人的本质力量的感觉，才一部分发展起来，一部分产生出来。"③ 总之，"全部历史是为了使'人'成为感性意识的对象和使'人作为人'的需要成为需要而作准备的历史（发展的历史）"④。

3. 仁性的复归

中国古代哲学并不把人性分为理性和感性，这与中国古人天人合一的传统理念是一致的，并由此产生后来以"身心一如"为基本特征的生命哲学。荀子说："人有气、有生、有知，亦且有义，故最为天下贵也。"（《荀子·王制》）可见，这里的人不是"单向度的人"或"平面的人"，而是立体的、完整的、全面的人。但是，中国传统文化更偏重于"情"，将"情"作为基本出发点，即"道由情出"（郭店楚简）。孔子说："仁者爱人"，没有爱何来仁？可见，"仁"源于"情"。但"情"并不仅仅停留在一般的自然本然的"情感"层面，而是要上升为"仁"。反过来说，"天地之性人为贵"（《孝经》），而"仁也者，人也"（《孟子·尽心下》）。可见，仁的本质就是人。

感性的解放是人的解放的一部分。其重要意义是要实现人的理性与感性两方面平衡的恢复。但要实现人的全面发展更重要的是"仁性"的复归。在西方现代价值观影响下，中国的现代化同样依靠理性的推动，特别是工具理性的推动。但是在这一过程中，科学技术带动的工业化消灭了"田园诗"般的小农生活方式，而市场经济则把传统的"亲亲尊尊"等伦

---

① 马克思：《1844 年经济学哲学手稿》，人民出版社 2000 年版，第 82 页。
② 马克思：《1844 年经济学哲学手稿》，人民出版社 2000 年版，第 85—86 页。
③ 马克思：《1844 年经济学哲学手稿》，人民出版社 2000 年版，第 87 页。
④ 马克思：《1844 年经济学哲学手稿》，人民出版社 2000 年版，第 90 页。

理关系转化为市场上的利益交换关系，与实实在在的经济利益相比，一切亲情、人情、同情统统都烟消云散了。现代"无情社会"一方面大大推进了经济的增长和发展，另一方面却导致人际关系的紧张、矛盾和冲突，即社会的不和谐。这就向现代社会提出"仁性"重建的任务。

仁性的重建必须以感性的解放为前提。这是因为感性是理性与仁性转换的节点。仁者爱人，没有爱何来仁？所以孟子说："无恻隐之心，非人也；无羞恶之心，非人也；无辞让之心，非人也；无是非之心，非人也。恻隐之心，仁之端也；羞恶之心，义之端也；辞让之心，礼之端也；是非之心，智之端也。"（《孟子·公孙丑上》）可见，没有感性的解放，就没有仁性的重建。但是，仁爱之心并不直接等于仁性。所谓"天命之谓性，率性之谓道，修道之谓教"（《中庸》）。这就是说，人性是人的原始本性，而"仁性"是经过教化得到提升的人性。另一方面，源于人的本性的爱心还受到人类理性的约束，也就是"爱有等差"。所以，人性要上升为仁性，就要突破人的自然本性和理性的约束，从"亲亲"到"爱人"，从"爱人"到"泛爱众"（《论语·学而》）。而要实现这种升华，就必须推己及人，正如孔子所言："夫仁者，己欲立而立人，己欲达而达人。能近取譬，可谓仁之方也已。"（《论语·雍也》）"老吾老以及人之老，幼吾幼以及人之幼。"（《孟子·梁惠王上》）"人不独亲其亲、不独子其子，使老有所终、壮有所用、幼有所长、矜寡孤独废疾者皆有所养。"（《礼记·礼运篇》）这不仅需要个人修养的提高更要经过社会教化来实现，即所谓"克己复礼为仁"，而"一日克己复礼，天下归仁焉"（《论语·颜渊》）。可见，这里的情感不是简单地停留在感性层面的情感，而是上升为"仁性"的道德情感，是对天下人民的安心。

三、重构：理性重建与新理性

1. 人性之维度

马克思提出的"人的全面发展"，就是要全面恢复被异化的人性。荀子说："人有气、有生、有知，亦且有义，故最为天下贵也。"（《荀子·王制》）这种人不仅是自然意义上的人，还是有道德理想的人，而且是有审美价值的人，即真善美的统一。可见，这种人，不仅不再是单向度的人，也不仅是平面的人，而是立体的、完整的、全面的人。而要实现人的全面解放，实现人的自由全面的发展，就必须解放感性、重建仁性和再造理性，就是要建立一个三维人性。

第一，情的维度。

与西方理性主义不同，中国儒家思想认为，人不仅是理性的动物，还是情感的动物，而且首先是情感的动物。孟子说："孩提之童，无不知爱其亲，及其长也，无不知敬其兄。"（《孟子·尽心》）《荀子·正名》说："性之好恶喜怒哀乐谓之情。"《礼记》也说："何谓人情？喜怒哀惧爱恶欲，七者，弗学而能。"（《礼记·礼运》）董仲舒说："情者，人之欲也。"（《汉书·董仲舒传》）朱熹《中庸集注》曰："喜怒哀乐，情也，其未发，则性也。"这都说明人首先是感性的人，情是人的自然本体部分。

关于人之情本的经典论述见于郭店楚简《性自命出》："喜怒哀悲之气，性也。及其见于外，则物取之也。性自命出，命自天降。道始于情，情生于性。始者近情，终者近义。"首先，"道始于情"。这是说"人道"是由"人情"产生的。但并非"人道"都是缘"情"而生，也可以源自理性，或受到外界社会的影响而生。故《性自命出》还说："知情者能出之，知义者能入之。"这里是说，通达人情者能发挥人的感情，掌握礼义者能调节人的感情，因而礼义也和"情"息息相关。其次，"情出于性"。就是说，情感是源于人的本性的，或者说是从人的本性之中产生出来的，人性之中，原本就包含着情感的成分，即"好恶，性也"，"喜怒哀悲之气，性也"。这些形式的情感都是人的本性所固有而非后天养成的。再次，"喜怒哀悲之气，性也。及其见于外，则物取之也"，"人生而静，天之性也；感于物而动，性之欲也"。这是说，由"性"而"情"的直接原因则在于"物"。感物生情，情感即是因个体应对外物刺激而产生的一种反应，是直接根源于人性的，在本质上是人性的一种活动。总之，"性"是根本，而"情"则是"性"的体现。儒家道德哲学之作为对于个体道德行为的评判和教化的现实意义而言，与其说是建立在"性"的基础之上，毋宁说是建立在"情"的基础之上。

西方人学也不否认人的情感存在，如费尔巴哈概括说："人的最内秘的本质不表现在'我思故我在'的命题中，而表现在'我欲故我在'的命题中。"① 马克思认为："人的感觉、激情等等不仅是本来意义上的人本学规定，而且是对本质（自然）的真正本体论的肯定。"② 这就是说，感觉、欲望、激情等感性是人本身具有的，是人的本质性规定。"我的本质活动的感性爆发，是激情，从而激情在这里就成了我的本质活动。"③ 哈贝马斯、马尔库塞和舍勒等也提出人的情感和感性的本体性命题，并提出感性解放和感觉革命的口号。④

第二，理的维度。

西方哲学以理为本体。苏格拉底认为，人类必须为自己的知识建立稳固的基础，这个基础就是人的理性。在他看来，没有经过理性审视的生活是不值得过的，理性与生活是内在统一和本源性一致的。柏拉图则进一步认为，人由三部分组成，即理性、灵魂和肉体，而在这三者中只有理性才是最高贵的和不朽的。毕达哥拉斯则用理性将人类与动物界分开，认为别的动物也都具有智力、热情，理性只有人类才有。

中国哲学也论理。《管子·心术》说："理也者，明分以谕义之意也"。《孟子·告子上》说："心子所同然者何也？谓理也，义也"。《庄子》中有"天理""万物之理"等概念，其中"天理"指自然之理，"万物之理"指事物变化之理。既然万物皆有理，那么人也就在其中了。宋儒对理有更深刻的认识并上升到"形而上"层面。张载认为，"万物皆有理"，"理不在人，皆在物，人但物中之一物耳"，并提出"见闻之知"与"德性之知"两种知识，提倡穷理尽性之学。二程认为，理是"形而上者"，是事物之"所以然者"，是永恒不变的宇宙本体，万事万物都是从理派生出来的。朱熹认为，"理"不仅是宇宙万物的本原，而且是人类社会的最高原则。"理"不仅具有先天性，而且又是一个不变不动的清净之体，"若理，则只是净洁空阔底世界，无形迹，他却不会造作"（《朱子语类》卷一）。同时，"理"也是"极好至善的道理"（《朱子语类》卷一），在未发之前

---

① 费尔巴哈：《费尔巴哈哲学著作选集》上卷，商务印书馆1984年版，第591页。
② 马克思：《1844年经济学哲学手稿》，人民出版社2000年版，第140页。
③ 马克思：《1844年经济学哲学手稿》，人民出版社2000年版，第90页。
④ ［德］马尔库塞：《审美之维》，李小兵译，生活·读书·新知三联书店1989年版，第134页。

处于无形无言无位的绝对空静状态中，但是又包孕着动静两端，在动静阴阳中涵蕴着万事万物。（《朱子语类》卷九四）陆九渊提出"心即理"的命题，王阳明更强调"心外无理"。明清之际的王夫之认为，"理"是"物之固然，事之所以然也"（《张子正蒙注·至当篇》）。王夫之所谓理，一是指"天地万物已然之条理"，即自然规律；一是指"健顺五常，天以命人而人受为性之至理"（《读四书大全说·泰伯》），即道德准则。

第三，仁的维度。

孔子提出仁的概念，并从"亲亲""爱亲""孝悌"中提炼出"仁"的基本精神即"爱人"，并确立了"泛爱众"的仁学价值指向，从而奠定了仁本体的理论基础。孟子说："仁也者，人也"。（《孟子尽心下》）他认为，人先天具有道德善性，这种道德善性蕴藏在人与生俱来的"四心"中，即恻隐之心、羞恶之心、辞让之心、是非之心。此"四心"之中蕴含着四种善的萌芽，称为"四端"，即仁之端、义之端、礼之端、智之端。所以，"恻隐之心"的存在便是"仁"产生的根据，是人的本能所在，本善所在。宋儒在先秦儒家基础上进一步完善了仁本体论。程颐反对孔孟以"爱"释"仁"，认为爱属情，仁属性，只能说爱自仁出，不可谓爱即是仁。所以他说："爱自是情，仁自是性"（《河南程氏遗书》卷十八），"故仁所以能恕，所以能爱。恕则仁之施，爱则仁之用也"（《河南程氏遗书》卷十五）。朱熹进一步提出："仁者，爱之理，心之德"（《论语集注·学而》），"仁是体，爱是用。又曰爱之理，爱自仁出也"（《朱子语类》卷二十）。他认为，仁是心之德即道德之心的本质，却非道德之心本身，道德之心如恻隐之心是一种"存在"，而仁则是恻隐之心存在的根据。王阳明说："仁者以万物为体。不能一体，只是己私未忘。全得仁体，则天下皆归于吾。仁就是'八荒皆在我闼'意，天下皆与，其仁亦在其中。如'在邦无怨，在家无怨'，亦只是自家不怨，如'不怨天，不尤人'之意。然家邦无怨，于我亦在其中，但所重不在此。"（《传习录》下）

可见，"仁"与"情"与"理"是一致的，也是一体的，仁是情与理的综合与提升，也是人的更高境界。仁学不仅主张"爱人"，而且主张"爱物"。仁德不仅要施之于人类，而且要施之于万物。程颢认为，仁道贵在贯通，己与人贯通，我与物贯通，乃至物与物贯通，天地宇宙皆贯通为一体，方为仁。他说"仁者以天地万物为一体"，"仁者浑然与物同体，义礼知信皆仁也"（《河南程氏遗书》卷二上）。"若夫至仁，则天地为一身；而天地之间，品物万形为四肢百体。夫人岂有视四肢百体而不爱者哉？圣人仁之至也，独能体是心而已。"（《河南程氏遗书》卷二上）朱熹著《仁说》，将"仁"理解为人的爱人利物之心和天地生物之心，前者体现了"仁"的主体精神，后者体现了"仁"的宇宙精神。他说："天地以生物为心者也，故语心之德，虽其总摄贯通，无所不备，然一言以蔽之，则曰仁而已矣。……此心何心也？在天地则块然生物之心，在人则温然爱人利物之心。"（《朱文公文集》卷六十七）朱熹认为，"仁"原本乃是人心之妙，众善之源，但此源为一，其分则殊，此源一发，其用不穷，可及于人，可及于物，可及于天地宇宙，总之是"即物而在"。总之要做到"仁民而爱物"，使人与人、人与物、人与自然都能够和谐相处，这样才能使人的价值得以实现。

2. 中国式理性

解放感性和重建仁性并不排斥理性。事实上，人的全面发展同样不可能离开理性，甚至也不能离开工具理性。但是对于西方现代理性特别是工具理性的僭越来说，需要用"情"与"仁"来矫正和补充。对理性的矫正，核心问题就是处理好"义"与"利"的关系。孔子提出"君子义以为上"（《论语·阳货》），主张"见得思义"（《论语·季氏》），"见利思义"（《论语·宪问》），"义然后取"（《论语·宪问》）。孔子说："富与贵，人之所欲也，不以其道得之，不处也。贫与贱，人之所恶也，不易其道去之，不去也。"（《论语·里仁》）可见，以"情"与"仁"矫正或补充理性，也就是实现了对理性的改造。而经改造后的理性不再是西方的"逻各斯"，更不是经济人的利己心，而是在包含了"性理"、"情理"和"事理"等"天理伦常"在内的新理性或中国式理性。

中国式理性包括以下几个方面：

第一，性理。

性理指人的本性之理，"既为人，须尽得人理"。《中庸》说："天命之谓性，率性之谓道"，即是将理蕴含在人的本性之中。程颐说："性即理也。所谓理，性是也。天下之理，原其所自，未有不善。喜怒哀乐未发，何尝不善？发而中节，则无往而不善。凡言善恶，皆先善而后恶；言吉凶，皆先吉而后凶；言是非，皆先是而后非。"（《二程遗书》卷二十二上）所以"性即理也"。朱熹说："性，即理也。天以阴阳五行化生万物，气以成形，而理亦赋焉，犹命令也。于是人物之生，因各得其所赋之理，以为健顺五常之德，所谓性也"。（《中庸章句》，《四书章句集注》）

第二，情理。

情理即是源于情感之理性或与情感相通之理性。《性自命出》说："喜怒哀悲之气，性也。及其见于外，则物取之也。"所以，一方面"道始于情"，"始者近情，终者近义"，情与心性同为根本；另一方面，"情生于性，礼生于情"（《语丛二》）。这就将情与理沟通起来，从而导出了情理。清代戴震提出："理也者，情之不爽失也；未有情不得而理得者也。""在己与人皆为之情，无过情、无不及情之谓理。""今以情之不爽失为理，是理者存乎欲者也"。又说："天理云者，言乎自然之分理也。"（《孟子字义疏证·理》）意思就是，"理"在人情之中，符合人情的即合"理"。这样就把天理还原于自然，将理与情、欲统一起来。

第三，事理。

魏晋时王弼说："事有归，理有会"，如能总其会，理虽众多，"可以至约穷也"。这个"至约"就是事理。唐代华严宗提出理事范畴，认为事是"心缘色"而起，理是"平等真如"，"事显而理隐"。程颐说："通变不穷，事之理也。"（《易说·系辞》，《河南程氏经说》卷一）清代戴震提出"事物之理，必就事物剖析至微，而后理得"（《孟子字义疏证》卷下）。总之，事理就是社会事务所蕴含的和人们所应识得并须遵守的道理和规范。可见，事理并非形而上之理，而是存在于百姓生活日用之中的日常之理。

第四，物理。

物理也就是物之理，亦即自然之理。《庄子》提出"万物之理"概念。《礼记·大学》说"致知在格物"，提出通过"格物"达到"致知"的目的。王弼说："物无妄然，必由其理"。（《周易略例·明象》）二程认为格物便是穷理，亦即探究自然物理。二程认为"有物必有则，一物须有一理"，并且明确指出"一草一木皆有理，须是察"（《二程遗书》卷十八）。

朱熹说："所谓致知在格物者，言欲致吾之知，在即物而穷其理也。"（《大学章句·补传》）主张钻研事物而穷尽其理。又认为理派生万物，天下万物又体现着理，有一事物便有一理。因而，穷理便是穷究事事物物中的理，从而体认本体之理。王夫之提出"即物穷理"，所谓"即物"是指对客观事物的考察；所谓"穷理"就是指对事物规律的认识。

第五，天理。

天理是宇宙本体，既是"形而上"之理也是"形而下"之理。《庄子·天运》："夫至乐者，先应之以人事，顺之以天理，行之以五德，应之以自然，然后调理四时，太和万物。"董仲舒认为理由天授，故称"天理"。南朝梁江淹《知己赋》说："谈天理之开基，辩人道之始终。"二程认为，"天理"是自然的，是客观存在，不以人的主观意志为转移，"莫之为而为，莫之致而致，便是天理。""天理"是超越时间和空间的，"理则天下只是一个理，故推至四海而准。须是质诸天地，考诸三王不易之理。"（《二程遗书》卷二上）程朱理还学将"天理"引申为"天理之性"，是"仁、义、礼、智"的总和，即封建的伦理纲常。所以，天理也是政治社会之理和生活日用之理，是"形而下"之理。

3. 中西理性的结合

中西理性是不同的。源于希腊的西方理性是"逻各斯"，而中国式理性具有更广泛的意义，包括性理、情理、事理、物理和天理等，既据"形而上"的内涵也包括"形而下"的内容。中西结合的理性应包括以下方面：

第一，科技理性与人文精神。

中国文化缺乏"形而上学"，传统理性偏重于性理、情理、事理，但唯缺"物理"，这就使技术理性难以上升为科学理性。宋明理学是中国传统思想向"形而上"发展的一次重要飞跃。然而，理学家恪守"天人合一"之道，不能实现主客相分，使这种飞跃最终难以完成。朱熹的"格物致知"可以说是对物理的探究，但到了明代，王阳明则将其抛弃，埋头去探究自己的内心世界。这也是为什么中国历史上有那么多技术发明却没有出现近代科学的原因。所以，中国传统文化的改造关键的就是要接受西方的科技理性。实际上，中国从近代以来就接受了西方的科学技术，"赛先生"深入人心甚至演变成科技崇拜。所以，现今的中国并不缺乏科技理性，而是却少人文理性，应该将科技理性与人文理性相结合，回归科技"以人为本"的本质。

第二，道德理性与社会效用。

中国文化并不把人性分为理性和感性，而是讲"天人合一"和"身心一如"。荀子说："人有气、有生、有知，亦且有义，故最为天下贵也。"（《荀子·王制》）这里的人，不是"单向度的人"或"平面的人"，而是立体的、完整的、全面的人。人性本体的割裂，即将人性分为理性存在与感性存在，导致人的利己主义和利他主义两种假设。前者的逻辑结果是效率，但偏离了全面的人性基础；而后者的逻辑结果是无用，成为一种道德主义空谈，脱离了真实的人性基础。中国传统文化的重心更偏重于"情"，将"情"作为基本出发点，即"道由情出"（郭店楚简）。孔子说"仁者爱人"，没有爱何来仁？可见，"仁"源于"情"。但"情"不是停留在自然本然的"情感"层面，而是要上升为"仁"，所以还必须基于理。这就是孔子所说的，"夫仁者，己欲立而立人，己欲达而达人。能近取譬，可谓仁之方也已"（《论语·雍也》）。这就将道德和理性结合起来，成为道德理性。所以，真正的"仁"体现为"德行"与"仁政"，或"内圣"与"外王"，既要"尊德性"也必须"道问学"。

第三，市场理性与合作精神。

近代以来，在西方利己理性和市场竞争体制下，物质利益成为人们追求的根本目标甚至唯一目标。这种社会价值的单一化进一步加剧了竞争。中国的价值传统是中庸和合，即中庸中道，和而不同。和合是价值，是目的，而中庸即是方法也是价值。和合必须通过中庸之道达成，而中庸也只有在和合状态下实现。但要通过中庸之道实现和合，就必须承认以"不同"为前提，即"和而不同"，只有"不同"，才有"和合"，正所谓"和实生物，同则不继"（《国语·郑语》）。所以，中国传统承认不同价值之间的"不可通约性"也就是价值的多元性。价值的多元性能使人们各得其所，各得其乐，合作而不争，从而实现和谐发展。而在经济领域，中庸和合的价值传统，决定社会主义市场经济要采取"合作为体，竞争为用"原则。人们不仅要在市场上"以物易物"或以劳动交换劳动，还要在社会上

"用爱来交换爱","用信任来交换信任"。①

4. 社会信仰的重建

20世纪六十年代,美国社会学家贝尔曾指出:"现代主义的真正问题是信仰问题。用不时兴的语言来说,它就是一种精神危机。"② 信仰是形而上的力量,是纯粹精神的,是最高层面上的社会现象。人作为人,不仅要有理性、感性和仁性,还要有信仰。但是与感性、理性和仁性不同,信仰纯粹是"形而上"的精神现象,并不构成人的本体。正因为如此,信仰才有超验的力量,不仅高过理性和感性也高过仁性。既然信仰是超验的,是纯精神的现象,所以信仰可能崩溃甚至彻底消失,而理性和感性以及仁性却与人的自然本性相联系。但信仰却具有统辖理性、感性和仁性的作用。一个社会如果没有信仰,人的理性、感性和仁性都不能稳固,并且可能相互冲突而没有秩序。

信仰可以分为两类,一类是宗教信仰,也就是对某种神灵的崇拜,是"超验"的精神现象;另一类是社会信仰,也就是人们对价值理想的追求,是"极高明"的精神现象。对于中国来说,历史上的信仰比较庞杂,基本没有出现过"至高的上帝"这类一神教的宗教信仰。所以,信仰总是与某种价值理想相关,如常常被称为儒教的儒学提出过天下大同的理想,近代以来出现的共产主义也属于此类信仰。尽管价值理想作为一个需要实践的理想目标并不是超验的,但同样需要被信仰。

中国历史上没有严格意义上的宗教,但并不等于中国人没有信仰。中国人的信仰采取了世俗的方式。就是将信仰整合在世俗的政治、经济和社会生活里。中国从汉武帝采纳董仲舒提出的"罢黜百家,独尊儒术"开始,儒家思想成为了国家意识形态,成为了普遍的社会信仰。所以说,儒家思想成为了中国人的社会信仰或世俗宗教。即便是从印度传入中国的佛教,在传播的过程中也逐渐中国化和世俗化了。从某种意义上讲,这正是中华文化的优势所在。西方文化中宗教信仰十分强烈,甚至一度发展为政

---

① 马克思:《1844年经济学哲学手稿》,人民出版社2000年版,第108页。

② [美] 丹尼尔·贝尔:《资本主义文化矛盾》,生活·读书·新知三联书店1989年版,第74页。

教合一社会。所以现代化启蒙必须首先打破这种宗教信仰，并在此基础上重建对理性的信仰。而中国的现代化启蒙则不必经历这个过程。但是在一定历史条件下这又成为中华文化的缺陷。中国社会靠的是道德约束，是良知的约束，而没有对于彼岸的恐惧和向往，所以在价值理想瓦解之后的社会里，人们追求此岸的幸福往往可以不择手段。这也是中国社会尽管可以保持长时期稳定，但却有可能在短期内迅速崩溃的原因之一。

中国近代以来的革命都建立过信仰体系，特别是共产党领导的人民革命，信仰曾经发挥了关键性作用。共产党的信仰就是改造社会，实现共产主义。为了实现这个理想，他们动员了千千万万的民众来参与，就是说，他们将信仰转变成为人民大众的需求。到改革开放时期，共产主义作为社会信仰逐渐消解，在某种程度上造成了社会价值的真空。从理论上讲，共产主义成了彼岸的幸福，而同时社会并没有产生出其他价值理想。所以，当共产主义作为信仰崩溃以后，随着市场的迅速发育而产生了"货币拜物教"，就是说人们只信仰金钱了。

改革开放以来，中国日益成为一个高度理性的社会，导致理性与信仰的绝对冲突。根据理性的定义，理性就是人的趋利避害的本能。但是信仰却不同，人们为了信仰可以不受理性的支配，就是说，为了信仰他们往往做出非理性的，即对自己不利甚至有损害的事。一个崇尚信仰的社会，一切理性、感性和仁性都可以得到提升，从而获得"形而上"的价值；相反，一个没有信仰的社会，一切思想和行为都必然滑向"形而下"，即世俗化、实用化和货币化。我们所处的时代是个没有信仰的时代。不仅没有宗教，道德伦理和社会良俗都遭到了严重破坏，这就使社会难以走向善治和法治。当下中国社会的问题是，即缺乏对于法律、道德伦理、社会良俗的信仰，也缺乏对于价值理想或对于彼岸目标的信仰。而对于一个没有宗教信仰并且价值理想也泯灭的民族，重建对世俗的社会价值的信仰具有极为迫切的意义。具体说，就是从对法律的信仰开始，以道德的信仰为核心，以公序良俗为基础，最后上升到对于价值理想的信仰。

第一，法律制度必须被信仰。

法律应该是神圣的。但中国的现状是潜规则经常大于制度和法律，从而导致人们对法律的不信和不屑，所以也就难以被遵守。古希腊思想家苏格拉底为遵守法律的信仰不惜自我牺牲，中国古代法家子产、商鞅等也为维护法律而献身。这就是对法律的信仰。管子说"君臣上下贵贱皆从法"（《管子任法》）；慎子主张"官不私亲，法不遗爱，上下无事，唯法所在"；韩非子主张"任法而治"，"上法而不上贤"，"法不阿贵，绳不挠曲"，"刑过不避大臣，赏善不遗匹夫"（《韩非子·有度》）等，都体现了法家对法律的信仰。没有对法律的信仰，就没有对法律的绝对遵守。当下的中国需要重建对于法律的信仰。

第二，道德伦理必须被信仰。

在中国文化中，缺少宗教文化的信仰。所以，通过宗教重建信仰是不现实的，也不符合时代发展的需要。长期以来中国社会都是以伦理为本位的，尽管"尊尊亲亲""三从四德"遭到批判，但其中体现了社会伦理的价值。事实上，在中国传统文化中仁性与信仰最为接近。所以道德重建可以从"致良知"开始。良知人人具有，个个自足，是一种不假外力的内在力量。"致良知"可以明辨是非，明断善恶，祛除"意之动"，昭彰"心之体"，在此基础上逐渐建立人们对于道德伦理的信仰。

第三，公序良俗必须被信仰。

公序良俗是不成文的习惯法。不经任何程序，没有任何规定，不会强制执行，但它具有力量，谁不遵守就会受到社会的普遍谴责，所谓"唾沫星子淹死人"就是这种力量。社会良俗往往是长期形成的，并且是由点滴构成的，存在于人们的生活日用之中，构成人们的思维习惯和行为方式。而这些思维习惯和行为方式是人们自觉遵守的，是发生于人们心内的力量，构成人们对个人思维和行为的自我约束，所以产生了信仰的力量。但是这些年来，由于社会的迅速变革导致传统的消解和价值的颠覆，公序良俗自然也就丧失了力量。所以，社会重建需要恢复人们对公序良俗的信仰。

最后，在确立对于法律、道德伦理和公序良俗的信仰基础上，需要重建社会对价值理想的信仰。人的生活不仅需要理性，还需要感性，需要仁爱；不仅需要仁爱，还需要价值理想。人类不能没有价值理想，没有价值理想的生活是不值得过的。而价值理想必须被信仰。《礼记·礼运》提出"大道之行，天下为公"就是一种价值理想，马克思提出共产主义也是一种价值理想。这些价值理想既可以作为"极高明"的目标来信仰，也可以作为"道中庸"的目标来践履。

第四节　传统价值的复归与重建

《尚书·大禹谟》说："德惟善政，政在养民。水、火、金、木、土、谷，惟修。正德、利用、厚生，惟和。""地平天成，六府三事允治，万世永赖，时乃功。"孔颖达疏曰："正身之德，利民之用，厚民之生，此三事惟当谐和之。"《孔传》曰："正德以率下，利用以阜财，厚生以养民，三者和，所谓善政。"这是上古圣王所建立的基本政治理念，具体说就是要合理利用天地之间各种资源，并在此基础上做好三件事，即正德、利用、厚生，这样就可以实现长治久安，人民安乐，万世永赖。所以，正德、利用、厚生成为中国历代国家和社会治理的基本原则。事实上，越是古老的价值理念，越是具有普遍性意义，越是具有普适性。我们可以将正德、利用、厚生作现代诠释，并作为现代社会的治理理念。

一、正德

1. 为道德正名

"三事"的第一事就是正德，可见正德的地位和重要性。正德首先是为道德正名。《吕氏春秋·正名》云："名正则治，名丧则乱，使名丧者淫说也。说淫则可不可而然不然，是不是而非不非。"这些年来，由于经济社会变革，思想意识混乱，价值倾覆，道德沦陷，这就是所谓的"名丧则乱"。在这种社会状况下，重建道德秩序就成为社会稳定和发展的重要任务，而要重建道德秩序就必须为道德正名。孔子曰："必也正名乎！名不正，则言不顺。言不顺，则事不成。事不成，则礼乐不兴。礼乐不兴，则刑罚不中。刑罚不中，则民无所措手足。故君子名之必可言也，言之必可行也。君子于其言，无所苟而已矣。"（《论语·子路篇》）总之，正德就是为道德正名，就是拨乱反正，重新确立以"德"为社会的核心价值，确立道德的权威地位，建立"合德性"标准。之所以要为道德正名，是因为在批判传统道德的过程中，道德的价值遭到了贬斥，丧失了原有的权威地位，现在要重新确立以道德为社会的基本价值，重建中国人民的道德秩序和道德生活，所以必须为道德正名。

　　道德生活的核心理念，概括地说就是重义轻利。从历史上看，这种价值观对于传统社会的发展和稳定发挥了重要作用。但经过一系列的制度化过程，道德规范转变为"三纲五常"和"三从四德"，成为人们思想和行为的束缚。到了近代，这种传统道德转变成为经济社会发展的障碍，并遭到西方现代性的挑战。所以，中国要进行现代化就必须经历现代性启蒙，就是启蒙人的理性，调动人的利欲。这个历史过程是从五四开始的。五四运动的思想家们将中国传统道德归结为"旧道德"加以批判。在传统道德消解的过程中理性得到了解放，而在理性解放的同时"人欲"也得到了解放。所谓的"人欲"就是谋取个人利益以满足各种欲望。"人欲"的解放进一步导致两个方面的解放，即功利的解放和科技的解放。功利解放导致各种资源的功利性使用，并且进一步引起科技的解放。"人欲"的解放使得科技理性和市场理性得到充分发挥，因而大大促进了生产力的发展，促进了中国现代化的进程。但是另外一方面，"人欲"的解放更进一步消解了道德，而没有道德约束的理性，转变成了人欲的无限制释放。所以中国近代以来的思想史是现代理性战胜传统道德的历史，同时也是"人欲"战胜"天理"的历史。传统道德在一次又一次的"人欲"冲击下逐渐沦陷，反而导致了一系列社会矛盾。而为了解决这些社会矛盾，就必须"正德"，必须重建道德秩序。

　　为道德正名，从根本上讲就是确立道德的社会价值和社会导向作用。现代市场经济以工具理性为核心，以经济效率为导向，强调"成功是硬道理""赚钱是硬道理"，而这些行为是否符合道德标准则往往被忽略。特别是在市场竞争体制下，不仅"成功致富"手段的"合德性"被忽略不计，甚至"合法性"也被搁置一旁，从而导致现代市场经济中大量败德行为和违法行为的涌现。事实上，利益导向是无需社会提倡的，每个人本身就有利欲本能，这种本能如果无限制地释放就会导致社会的灾难，即无序竞争和社会混乱。没有价值导向和道德规范的市场经济，完全靠一只"看不见的手"来调节，是不可能实现有序运行的，市场导向的经济生活也绝不可能与社会道德生活并行不悖。因此，必须建立一种制度和规范，确立道德的地位，确定以"德"为社会的价值导向，以重建道德社会和道德生活。

2. 确立道德权威

正德就是确定道德的权威地位。西方启蒙运动的中心任务是确立理性的权威。理性文化源于西方历史的源头即希腊文化。古希腊哲人苏格拉底说过，没有理性的生活是不值得过的。这句话可以视为西方社会生活的根本理念。数千年来，理性主导着西方社会，尽管历经变迁和曲折，但理性始终是西方社会生活的主导力量。中国的传统生活与西方不同。如果说西方的传统生活是理性生活的话，那么中国人的传统生活则是道德生活。尽管在漫长的历史上不乏暴虐和杀戮，但在和平稳定的常态之下，道德总是人们日常生活的基本准则。如果我们要找到一句类似苏格拉底的经典话语来表达这种道德生活的话，那就是：没有道德的生活是不值得过的。所以，正德就是要确立道德的权威，一切都要拿到道德的审判台上去评判。

第一，道德必须被认同。

由于道德的历史文化属性，不同民族对于道德标准的认识和理解有所不同，所以道德必须被普遍认同才具有合理性效力。道德的合理性来自两个方面，一方面是人们对"天理"的认知，另一方面是人们对"事理"的认同。而在具体的生成过程中，道德理性源于人的感性。可以说，道德理性的核心就是"仁"。仁者爱人。不仅要爱自己，还要爱自己的亲人，还要"泛爱众"，即"推己及人"。仁爱源于人们的感性，而推己及人就是理性。仁爱是个体的本能，是个体行为，而推己及人是将人的爱的本能释放转变为符合逻辑的过程，转变为社会行为，从而也就是理性行为。这种理性就是道德理性。但是，道德的"合理性"并不能取代或等于"合德性"。在一定社会条件下，"合理性"与"合德性"可能是冲突的，但"合德性"与"合理性"又是互为条件的。如道德不符合理性则很难在社会上确立，反过来说，"合理性"的行为也要具有"合德性"。

第二，道德必须被遵守。

要确立道德的权威，从而道德必须被遵守。这就必须确定道德的"合法性"。道德规范不同于法律规范，但既然"德"源于"道"，那就决定了道德的"自然法"属性。所谓道德的合法性，说的就是道德的"自然法"本质。中国古代实行礼制，并坚持德主刑辅，以德治国的政策，道德与法律共同构建了社会的行为规范体系。法律之外的行为由道德来规范，可见道德规范高于法律规范。在市场经济社会，私欲、利益、竞争等"合理性"的行为受到"合法性"的规范，而"合理性"的败德行为却不被法律约束。法治社会通过法律确定了人的合法行为的上限，却没有为败德行为规定底线。这种制度的不平衡必然导致社会整体的失衡。所以必须确立道德的"合法性"。而要确立道德的"合法性"，就是要建立"道德法庭"，重树道德的权威。对那些法律无法约束的行为必须使之接受"道德法庭"的审判。道德法庭的审判，就是"以事实为依据，以良心为准绳"，对那些败德行为进行公开谴责，让这些败德行为之人在社会上无立足之地。总之，人们的行为不仅要符合法律规范，还要符合道德规范，不仅要"合法"还要"合德"。而就人们的市场行为来讲，不仅要"合理""合法"，还要"合德"。

第三，道德必须被信仰。

确立道德的权威就要重建对于道德的信仰，也就是相信道德的"超验"力量。尽管我们不能要求道德规范与法律规范相同，但事实上，道德规范和法律规范仅仅是方式不同，对象不同，但应该同样具有力量。一个只相信法律而不相信道德的社会是不可能得到成功治理和发展的。更重要的是，法律规范也需要道德规范的支持。道德要被自愿地遵守，就必须建立对于道德的信仰。我们说道德源自"道"亦即上接"天理"，道德具有"自然法"性质，那么，对道德的遵守就必然源自人们对"天道"和"天理"的认识和畏惧。所以，道德既是源自"上天"的自然约束力量，也是一种源自"内心"的自我约束的力量。道德还源自人情事理即来自社会的普遍意识亦即"良知"或"良俗"。这些普遍意识也需要被遵守，因而也需要被信仰。这是道德的外部约束力的来源。如果一个人的行为违背了道德的一般性约束和普遍意识，就会遭到来自社会的普遍谴责，并诱发人们内心的良知和自责。然而，如果人们的行为从一开始就能够做一个良心的考量，违背道德的事就不会出现，社会发展就会进一步和谐。相信道德的力量也就是相信人们内心的力量，相信人们的向善的愿望与决心，因而也就是对于道德的信仰力量。

3. 重建道德传统

人与动物的区别有两个：一是低级的区别，指的是人类起点上的区别，即人能够制造工具，能够从事有目的的活动即劳动，因而成为一种"类存在"；这种区别的扩大和延伸就成为人的工具理性，包括科学技术的发展和制度组织的发展。二是高级的区别，即人有思想，而人类思想的发展就是文化，即所谓"关乎人文，化成天下"。而道德是文化的核心，道德水平构成不同社会文化的标准。所以道德是人类最根本的社会属性，人们的社会行为既要取得"合法性"与"合理性"，还要取得"合德性"。所以，正德就是要建立社会的"合德性"标准。

第一，道之以德，齐之以礼。

中国文化传统以人的道德为中心。《道德经》说："道生之，德畜之，物形之，势成之。是以万物莫不尊道而贵德。道之尊，德之贵，夫莫之命而常自然"。可见，德源于道合称道德。道与德的沟通是将社会一般的行为规范与最高的道相接，即赋予德以最高的社会价值。《庄子·天地篇》说："通于天地者，德也；行于万物者，道也"，"形非道不生，生非德不明。存形穷生，立德明道，非至德者邪？"另一方面，德也是可触可及的。管子说，"虚无无形谓之道，化育万物谓之德"（《管子·心术上》），"德"是"道"之于社会的具体化，即社会的行为规范。一般认为"德者，道之功也"（《韩非子·解老》），"德者，道之见也"（苏辙《老子解》）。这样，"德"就成为中国伦理的核心概念，成为中华民族文化的核心概念。孔子说："道之以德，齐之以礼，有耻且格。"（《论语·为政》）"德"包括忠、孝、仁、义、温良、恭敬、谦让等，"德"还涵盖了诚信、仁义等一切美好品行。这样德就进一步从"天道"进入到"人心"，成为人们自我约束的行为准则。

第二，为政以德，以民为本。

《诗·大雅·烝民》："天生烝民，有物有则，民之秉彝，好是懿德。"孔子说："为政以德，譬如北辰，居其所而众星共之。"《左传·宣公三年》，楚庄王问鼎，王孙满曰："在德不在鼎"。就是说，政权的合法性并不在于有鼎无鼎，而在于有没有崇高的德行，德行才是政权合法性的基础，所以要为政以德。为政以德的核心是以民为本。《论语·颜渊》篇："子贡问政。子曰：'足食，足兵，民信之矣'。子贡曰：'必不得已而去，于斯三者何先？'曰：'去兵。'子贡曰：'必不得已而去，于斯二者何先？'曰：'去食。自古皆有死，民无信不立。'"孔子将"民信"放在了"足食""足兵"之上。要做到"民信"，就必须照顾民的现实利益，所以孔子主张"因民之所利而利之"（《论语·尧曰》），具体说，就是要"使民以时"（《论语·学而》），即在征调民力考虑社会生产的季节性特点；"四方之民襁负其子而至"（《论语·子路》），就是将人民安置在稳定的聚居地上；"因民之所利而利之"（《论语·尧曰》），即在治民时要考虑到人民的相对利益，顺民之利而治。这就是为政以德，以民为本。

第三，同心同德，以和为贵。

中国文化具有很深的"尚和"传统。《庄子·外篇·马蹄》说："彼民有常性，织而衣，耕而食，是谓同德。"就是说，人类的共同需求和行为，是构成同德的基础。《礼记·儒行》说："礼之以和为贵，忠信之美，优游之法，举贤而容众，毁方而瓦合。其宽裕有如此者。"和是人类的本质特征。人是社会动物，人类社会历史上没有可以自行成长的个体，必须"群"才能生。韩非子说，人能群而禽兽不能群。"群"就必须"和"，否则如西方哲学家所讲的"每个人对每个人的战争"状态下，社会必然竞争惨烈何来和谐与发展。但"尚和"并不强求一统而是"和而不同"。在社会上每个个体的利益不同，诉求不同。但是这种不同正是合作的基础，不同才需要合作，合作才产生效益。所以，"和"才是现代市场经济的哲学基础，合作才是现代市场经济的本质。董仲舒说："中者，天地之所终始也；而和者，天地之所生成也。夫德莫大于和，而道莫正于中。中者，天地之美德达理也，圣人之所保守也。"就是说，要实现"和"就必须恪守中道。（《春秋繁露·循天之道篇》）

第四，修身修德，自律为本。

没有道德的生活是不值得过的。然而道德生活不仅需要制度规范更需要人的自律。只有自律的生活才是真正的道德生活。孔子曰："道之以德，齐之以礼，有耻且格。"（《论语·为政》）这就是要唤起人们对道德良知的认同和崇尚，自愿地服从制度规范，用羞耻感来检阅自我，从而能够以自律的方式约束各自的行为。这就需要人的自我修养。《左传·襄公七年》："恤民为德，正直为正，正曲为直，参和为仁。"就是说，德、正、直三者备乃为仁。人们内省其心而求其正即所谓修身修德。修身修德必以自律为本。而修身自律首先要"致良知"，就是发现自我的良心所在。其次要见微知著，从小事做起，从而形成尊德自律的习惯。再次要见贤思齐，即向贤者学习，向有德者学习，而不是简单地向"成功"者学习。最后要三省吾身，不断检讨自己的行为是否符合道德标准，不断提高自己的道德水平。

第五，厚德载物，生生不息。

中华文化没有上帝创世之说，却认为天地创造万物并德惠于万物。《易传》说："天地之大德曰生"。这里是说，天地最大的德性就是孕育万物，滋养众生，而我们的一切都要归于"天地之德"。这就是中华文化特有的生命价值观。我们感恩于"天地之大德"，也必须在天地之间做一个"德"者，使万物得以和谐生长，而不对其做破坏性开发。这里的"生"不仅指人类的生命，而且包括所有的生物乃至全部有机界和无机界。天地是自然界的象征，而在天地之间的人类，世世代代皆仰给于天地。我们受天地之德，绝不能受之以德惠而报之以破坏。这就是生态价值观。这里，生命是本，生态是用，保持生态是为了人类生命的延续和发展，即所谓"生生不息"。《周易·系辞上》说："生生之谓易"。周敦颐《太极图说》："二气交感，化生万物，万物生生而变化无穷焉"。要做到"生生不息"或可持续发展，还必须处理好人类的代际关系。以市场为制度基础的工业化的最大矛盾，是对自然资源的高度依赖和无限制开发，不仅将个人和企业的收益内部化而将其成本外部化给社会，更是将成本外部化自己的后辈。要实现"生生不息"的持续发展，就必须处理好代际关系，即不做杀鸡取卵式的开发，保持自然和社会的持续发展能力，实现人与自然、与社会和与历史的三重和谐。

4. 确立价值理想

大道之行，天下为公，这是中国传统社会的最高理想。尽管这种社会模式仅仅是作为一种理想而出现，或者说是一种"乌托邦"，但的确代表了各代广大人民的美好愿景，所以一直被作为中国社会长久追求的价值理想。中国传统社会缺乏本土宗教，但社会信仰仍然普遍存在并且根深蒂固，而"天下为公"可以视为最高的社会信仰。近代以来，康有为的《大同书》提出以"天下大同"作为理想社会，孙中山也接着提出以"天下为公"作为最高宗旨，共产党接受马克思主义以共产主义为理想目标。可见，中国人民尽管历经磨难，但仍不放弃对理想社会的追求。尽管这些社会理想并不都具有实践价值，但却大大提高了社会目标，也赋予相关的社会行动以价值和意义。

中国共产党提出以共产主义为最高理想。共产主义作为一种政治信仰和思想体系，主张消灭生产资料私有制，把全人类从循环往复式的阶级斗争周期中解放出来，建立一个没有阶级差别、没有剥削和压迫的理想社会。这与中国传统文化主张的"天下为公"是基本一致的。但是，一个社会既要有"极高明"的社会理想，也要有"道中庸"的实现之途。儒家讲"极高明而道中庸"，就是说再高的价值理想也要付诸于现实的目标和行动。

至德之世，天下为公。这是我们社会共同的价值理想，同时也需要我们的具体实践，这就是确定"德"为核心价值，确定道德为共同遵守的行为准则，以公共的具有最大公约数的价值为标准，建立一个现实可行的理想社会。作为支配几千年中国传统社会的主流意识形态的儒家思想，其基本主张是"重义轻利""见利思义""以义制利"，当义利发生矛盾时，坚持"先公后私""先义后利""公者重，私者轻""不以天下私一人"的原则。这些价值理想和道德准则，与共产党的宏大目标和最高原则存在很大的共同性。从大禹治水"三过家门而不入"到孙中山的"天下为公"，到毛泽东的"全心全意为人民服务"，事实上也构成一个贯穿中国历史的价值统绪。这里是将"天下为公"的理想社会从空想变成科学，再从科学变成现实的实践。这里的实践就是人人讲道德，尚道德，道德被尊崇并被信仰，人人以道德为自律，从而实现一个"至德"社会。在这种情况下，尽管说天下为公仍不能成为现实，但普遍的道德规范和价值追求仍能使我们进入一个更为美好的社会。尽管不能真正地实现天下为公的至德之世，但仍可以作为理想目标来实践。有这样一个目标，人们就会始终怀有希望，即始终保持"至德"的目标，始终怀有向善的追求，每个人的行为都保持自律，并遵循一定的道德标准，从而使我们的行为变得高尚起来。

二、利用

正德作为价值导向，但必须有实际的"利用"作为工具或手段来支持。各代思想家对"利用"都做过阐释。如孔颖达将"利用"释为"在上节俭，不为靡费，以利而用，使财物殷阜，利民之用，为民兴利除害，使不匮乏"（《尚书正义·大禹谟》）。蔡沈则释为"工作什器，商通货财之类，所以利民之用也"（《书经集传·大禹谟》）。总的来看，"利用"就是使财用充实、器用便利，具有经济和技术的意义，用马克思主义的话语来阐释就是发展生产力。

1. 自然之用

《尚书·大禹谟》曰："水火金木土谷惟修，言养民之本在先修六府"。孔颖达疏："府者，藏财之处；六者，货财所聚，故称六府。"所谓"利用"就是将水火金木土谷等天地所生之各类资源加以组合从而产生效益并惠及生民，这就是利物之用。中国是一个传统农业国，所以古代的"利用"也主要源于农业思维。"利"字从刀从禾，表示以刀断禾、收获谷物的意思。《管子·宙合》说："山陵岑岩，渊泉闶流，泉逾瀵而不尽，薄承瀵不满。高下肥硗，物有所宜，故曰地不一利。"可见，最初的"利"主要是源于土地之利。这种土地之利即"地利"，也可以称为"地财""地材""地生"或"地用"。《左传·成公二年》："先王疆理天下，物土之宜而布其利。"讲"土宜"正是为了尽"地利"，因为只有用其宜，才能得其利。尽管现代技术条件已经使这些观念看起来过于简朴，但对于纠正"过度现代"的社会倾向仍有重要价值。

第一，重建天地人和谐关系。

中国传统社会最为典型的农业思维模式就是天、地、人三才理论。《管子·形势解》说："天覆万物而制之，地载万物而养之"。"天"和"地"共同构成农业生产中的环境条件，而"人"是农业生产中的主体。三才理论的核心就是把天、地、人看成是决定生产发展的三大要素，具体说就是天时、地利、人和，而其中"人和"是核心所在。所谓"人和"就是人对于天地资源的整合利用，即顺应天时，开发地利，为人所用。《荀子·天论》："天有其时，地有其材，人有其治，夫是之谓能参。"董仲舒在《春秋繁露·立元神》中说："天地人，万物之本也，天生之，地养之，人成之。"人，"下长万物，上参天地""最为天下贵"（《春秋繁露·天地阴阳》）。《黄帝四书》说："人之本在地，地之本在宜，宜之生在时，时之用在民，民之用在力，力之用在节。""知地宜，须时而动，节民以使，则财生"（《经法·君正》）。总之是天地人的和谐共处。

第二，天地人的核心是以人为本。

《易传》以天地人并立为"三才"，且以人为中位。孔子说："天地之性人为贵"。《老子》说："道大、天大、地大、人亦大，城中有四大，而人居其一焉。"《韩非子·八经》提出了"四徵"，即"揆之以地，谋之以天，验之以物，参之以人"。《韩非子·难二》："举事慎阴阳之和，种树顺四时之适，无早晚之失、寒温之灾，则入多；不以小功妨大务，不以私欲害人事，丈夫尽于耕农，妇人力于织纴，则入多；务于畜养之理，察于土地之宜，六畜遂，五谷殖，则入多；明于权计，审于地形、舟车机械之利，用力少，致功大，则入多；利商市关梁之行，能以所有致所无，客商归之，外货留之，俭于财用，节于衣食，宫室器械，周于资用，不事玩好，则入多。入多皆人为也。若天事，风雨时，寒温适，土地不加大，而有丰年之功，则入多。"这段文字谈到了天时、地利、物宜和人事，尽管要依靠"人事天功"，但立足点是"人为"，包括人的劳动、工具、技能和对自然规律的认识。

第三，转向天地人相生相养的有机生命再生产。

中国传统的以农为主的生产模式，本质上是一种有机生产模式。古人把农作物的生长看作是在天、地、人共同作用下完成的过程；把农业生产看作稼、天、地、人诸因素组成的整体。古人认识到，农业生物的生长离不开自然环境，更离不开作为农业生产主导者的人。故《管子·八观》说："谷非地不生，地非民不动，民非作力，毋以致财。天下之所生，生于用力。"在这种有机生产中，天地万物都是和谐统一的，"各得其和以生，各得其养以成"。《吕氏春秋·审时》说："夫稼，为之者人也，生之者地也，养之者天也。"正是在这个基础上，中国很早就出现了保护和合理利用自然资源的思想。人们从正反两方面的经验中认识到"苟得其养，无物不长；苟失其养，无物不消"（《孟子·告子上》）的道理。《荀子·天论》说："财非其类以养其类，夫是之谓天养。"这种农业领域有机生产原则也推广至其他生产领域。《考工记·总叙》说："天有时，地有气，材有美，工有巧，合此四者然后可以为良工。材美工巧，然而不良，则不时，不得地气也。桔踰淮而北为枳，鹳鹆不踰济，貉踰汶则死，此地气然也。郑之刀，鲁之削，吴粤之剑，迁乎其地而弗能为良，地气然也。燕之角，荆之幹，妢胡之笴，吴粤之金锡，此材之美者也。天有时以生，有时以杀，草木有时以生，有时以死，石有时以泐，水有时以凝，有时以泽，此天时也。"总的来看，就是需要做到天地人的相生相养，自然和谐。

2. 科技之用

中国传统的科技观源于器的论述。"利用"之"利"就是工具和手段，也就是器。利用就是制器以善事。西周时祭公谋父规劝周穆王说："先王之于民也，懋正其德而厚其性，阜其财求而利其器用。"（《国语·周语上》）春秋战国时对于利用的说法更多。如孔子说："工欲善其事，必先利其器。"（《论语·卫灵公》）荀子说："假舆马者，非利足也，而致千里，假舟楫者，非能水也，而绝江河。"（《荀子·劝学篇》）韩非子说："机械之利，用力少致功大，则入多"。（《韩非子·难二》）王充说："桥梁之设也，足不能越沟也；车马之用也，走不能追远也。足能越沟，走能追远，则桥梁不设、车马不用矣。"（《论衡·程材篇》）人们"观象制器""使民宜之""利用出入""万民以济"，总之是"备物致用，立成器以为天下利"。（《易传·系辞》）可见，尽管中国传统思想更加重道，但并不轻器，认为只要是制器以利民，器则与道合，所以，器"虽小道，必有可观焉"（《论语·子张》）。对此朱熹阐释说："小道不是异端。小道亦是道理，只是小。如农圃、医卜、百工之类，却有道理在。"（朱熹：《朱子语类》卷四九）所以他强调格物致知，探究物理。

但是中国古代文化缺乏形而上学，尽管宋代理学主张格物致知，探究物理，但总是与天理、事理、情理等混淆，所以不能走上真正的科学道路。如朱熹特别强调格物致知的重要性，强调对物理的探究，但是到了王阳明就转向"心即理"了。中国的科学是近代从西方引进的。经过数百年的冲突与融合，中国接受了西方的科学文化，并且快速地实现了工业化和现代化。这表明，中国传统文化并非天然地排斥科学文化，而是能够很好地实现兼容并且在某些领域可以做得更好。

第一，天人合一，以人为本。

中国传统文化主张天人合一，以人为本。在这里，无论科技如何发展，人仍然是"本"，并且一定是在与自然和谐前提下的"本"，而不是与自然对抗的"本"。西方科学观念与中国传统文化的最大差异是：西方科学以物理学为主要特征，在此基础上产生了机械主义，具体体现为工业生产方式；而中国的文化传统是天人合一，是人与自然的合一，所以是一种自然生命主义，在此基础上产生的是有机生产主义，具体体现为农业生产方式。机械主义和工业生产方式尽管比农业生产方式有效率，但必然以破坏自然和生命为代价。所以，在工业生产方式基础上，还是要回复到有机主义和生命再生产的传统。这种生产的特点是利用生命科学，最小的资源耗费，并且能够进入自然的循环，形成循环经济。

第二，器完不饰，质真素朴。

中国传统重视科技利用，但反对奇技淫巧。这是因为科技之用必须以人为本，以人为本就是以人的本质需要为本。《淮南子·齐俗训》说："治国之道，上无苛令，官无烦治，士无伪行，工无淫巧，其事经而不扰，其器完而不饰。"《淮南子·本经训》说："太清之始也，和顺以寂漠，质真而素朴，闲静而不躁，推移而无故，在内而合乎道，出外而调于义。"总之，中国传统追求科技发展的质朴归真，而反对科技利用的异化。"器完而不饰"就是不作多余无谓的修饰、不虚饰无用之物，目的是提倡朴素平实的民风；"质真而素朴"提倡平实无华、闲静不躁的社会风尚，反对奇技淫巧。这也是科技以人为本，以民为本原则的体现。

第三，科技利用，道德规范。

西方的科学文化源于工具理性，主张科技发展与道德无涉，从而造成科技进步与社会发展的矛盾。中国的文化传统主张科技发展要受到道德之规范。孔子提出"志于道，据于德，依于仁，游于艺"。在这里，"道""德""仁""艺"四者有先后之序和缓急轻重之分，其中"艺"是社会在志道、据德、依仁之后优游的对象。孟子说"术不可不慎"，要为仁而择："矢人岂不仁于函人哉？矢人惟恐不伤人，函人惟恐伤人。巫匠亦然。故术不可不慎也。"(《孟子·公孙丑上》）孟子曾批评白圭以邻为壑的治水之术："禹之治水，水之道也；是故禹以四海为壑。今吾子以邻国为壑。水逆行谓之洚水。洚水者，洪水也，仁人之所恶。吾子过矣。"(《孟子·告子下》）可见，即便是在古代也有技术的"合德性"问题。马克思指出："我们的一切发现和进步，似乎结果是使物质力量具有理智生命，而人的生命则化为愚钝的物质力量。现代工业、科学与现代贫困、衰颓之间的这种对抗，我们时代的生产力与社会关系之间的这种对抗，是显而易见的、不可避免的和无庸争辩的事实。"①

3. 市场之用

市场也是"利用"的重要内容。现代经济也是市场经济，所以现代社会不可能离开市场。市场交易活动古已有之，但是市场经济却是源于西方的现代社会的制度内容。在现代市场经济制度下，人们都是理性的经济人，市场是竞争的场所，市场通过自利和竞争机制激励市场主体，在提高效率和扩大财富生产的同时，也产生与竞争原则相悖的垄断并导致社会分配的严重不公。这些制度既是市场经济发展的结果，也是市场经济异化的结果。而社会主义市场经济的发展需要回归市场的本质。

第一，市场的本质是工具而不是价值：义以为本，以义取利。

从市场的起源来看，市场产生于交易。通过交易人们互通有无，并且通过交换获利。所以，市场是实现价值的工具。中国传统文化并不否认人的逐利本性，也认为人是理性人。管子说："凡人之情，见利莫能勿就，见害莫能勿避"，"利之所在，虽千仞之山，无所不上；深源之下，无所不入焉"（《管子·禁藏》），主张"得人之道，莫如利之"（《管子·五辅》）。韩非子也说："好利恶害"、"喜利畏罪"（《韩非子·难二》）；"利之所在民归之"（《韩非子·外储说左上》）。这是市场交易的内在动因。但人的获利的行为应当符合道义。"义，利之本也。"（《左传·昭公十年》）"德义，利之本也。"（《左传·僖公二十七年》）"夫义，所以生利也；……不义，则利不阜。"（《国语·周语中》）所以孔子主张"见利思义"（《论语·宪问》），或"居利思义"（《左传·昭公二十八年》），"见

---

① 《马克思恩格斯全集》第12卷，人民出版社1962版，第4页。

利不亏其义"（《礼记·儒行》），"以义取利"。市场本身不是价值本体而是实现价值的工具。就是说，利必须通过市场来实现，但市场的本质是义。所谓的义，就是符合广大群众的利益，符合市场各个主体的共同利益。总之，利是市场使用的工具，义才是市场追求的价值。

第二，市场的作用是合作而不是竞争：利者，义之和也。

《易》开篇言："乾，元亨利贞。""利"被说成："利者，义之和也。……利物足以和义。"（《易·乾·文言》）唐孔颖达疏曰："言天能利益庶物，使物各得其宜而和同也。"又说："'利物足以和义'者，言君子利益万物，使物各得其宜，足以和合于义，法天之利也。"程颐《易传》："利者，万物之遂"，"和于义乃能利物，岂有不得其宜而能利物者乎？"这里的"利"，是指顺和物性，各宜其利。这就是说，市场是实现"利"的场所，但是"利"的实现必须通过"和"，"和"就是市场主体相互之间的和谐，也就是通过合作实现的和谐。西方市场经济强调的是竞争，通过竞争促进效率和实现利益最大化。但是，这种观念误解了市场的本质，也忽视了市场竞争导致的成本。事实上，市场的基本功能是合作，合作是市场之本，而竞争和获利只是市场之用而已，只有合作才能实现市场各个主体的效益。

第三，市场的目标是双赢而不是零和：兼相爱，交相利。

市场源于交易，交换提高交易者的共同利益。孔子说："因民之所利而利之，斯不亦惠而不费乎？"（《论语·尧曰》）对此宋代邢昺疏曰："民居五土，所利不同。山者利其禽兽，渚者利其鱼盐，中原利其五谷。人君因其所利，使各居其所安不易其利，则是惠爱利民在政，且不费于财也。"市场交易的目的不是个人获利而是共赢。墨子说："上利乎天，中利乎鬼，下利乎人。三利无所不利，是谓天德。"但是在交易过程中，所交易的不仅仅是物品和利益，还有人的情感和关系。墨子认为，"爱人利人，顺天之意"（《墨子·天志中》），所以主张"兼相爱，交相利"（《墨子·兼爱中》）。《庄子·天地》也说："爱人利物之谓仁。"可见，市场的本质是合作，而合作的基础是双方共赢，只有共赢才符合"义"。而在个人利益与他人利益之间，首先要满足他人利益，即利人在先。利人在先就是义。墨子说："义可以利人，故曰：义，天下之良宝也。"（《墨子·耕柱》）"利人乎即为,不利人乎即止。"(《墨子·非乐上》）只有利人在先才能保证合作的成功,这就是孔子说的"非义不合"。

第四,市场的最普遍原则是公平交易,诚信为本。

现代市场经济的利益基础是交易双方片面的价值判断,而获利者所利用的是信息不对称。这既是市场的效益所在也是市场的弊端。这是因为市场交易双方总是在博弈,而博弈的结果往往是影响市场总体效益。回归市场的本质就是回归诚信交易原则。孔子强调诚信,强调"富而有德"。他说:"唯天下至诚,为能尽其性;能尽其性,则能尽人之性,能尽人之性,则能尽物之性;能尽物之性,则可以赞天地之化育?"（《大学·中庸》）"信载义而行之为利。"（《左传·宣公十五年》）班固反对奸商,"掘冢博掩,犯奸成富",认为这类商人是"伤风败俗,大乱之首"（《汉书·食货志》）。所以说,社会主义市场经济要继承和发扬这些优秀传统,牢固地确立公平交易,诚信为本的原则。

三、厚生

1. 为生民立命

厚生就是就是将民生放在首位。"生"指的是生命亦即生民。《尚书》说:"道洽政治,泽润生民。"（《尚书·周书·毕命》）民生就是人民的生活、生计,如《左传》说:"事以厚生,生民之道。"（《左传·文公六年》）这就是中国传统"生民"政治的思想基础。生民政治以生民的生命价值为核心,即首先考虑的是生民的生存和发展即"生民之道"。所以,生民政治的首要目标就是"为生民立命"。

为生民立命,就是确立政府的目标责任。《左传·文公十三年》:"天生民而树之君,以利之也。"《荀子·大略》:"天之生民,非为君也;天之立君,以为民也。故古者,列地建国,非以贵诸侯而已;列官职,差爵禄,非以尊大夫而已。"董仲舒说:"且天之生民,非为王也;而天立王,以为民也。故其德足以安乐民者,天予之,其恶足以贼害民者,天夺之。诗云:'殷士肤敏,裸将于京,侯服于周,天命靡常'。"（《春秋繁露》卷七,《尧舜不擅移汤武不专杀》）这都是说,政府的产生是为了利民,政府是因为人民需要而建立的,其根本责任就是为人民服务。

政府的目标责任首先是养民。

中国传统社会的治理方式是"自治"为主，底层民众所受到的政府干预很少，而经济社会发展主要靠人民的自主创新。但政府却要对人民的社会经济生活给以指导，传统上讲就是鼓励农桑。《尚书·大禹谟》记载，禹曰："德惟善政，政在养民。"《左传·文公六年》："闰以正时，时以作事，事以厚生。生民之道於是乎在矣。"孔颖达疏："厚生，谓薄征徭，轻赋税，不夺农时，令民生计温厚，衣食丰足，故所以养民也。"《左传·宣公十二年》："民生在勤，勤则不匮"。《管子·形势解》指出："明主配天地者也，教民以时，劝之以耕织，以厚民养。"这里说的都是重在养民。

其次是恤民。

恤民就是建立各种救济制度。汉刘向《说苑·君道》："尧存心于天下，加志于穷民，痛万姓之罹罪，忧众生之不遂也。"说的是尧念念不忘天下百姓，对穷苦的百姓更加体恤，对于百姓的苦难、罪过都感到哀痛，对众生不能顺利地生长也感到忧虑。他仁德昭著，德行广博，教化广泛，人民自然得到治理。《六韬》："故善为国者，御民如父母之爱子，如兄之慈弟也。见之饥寒，则为之哀；见之劳苦，则为之悲。"《左传·襄公二十六年》："古之治民者，劝赏而畏刑，恤民不倦。"中国传统社会有着比较健全的救济制度，包括养老、济贫、救荒等。当然，限于生产力水平，这些制度还处于十分低的水平，基本制度也是传统的。随着生产力的发展和经济水平的提高，社会保障水平也应不断提高，使广大人民群众无后顾之忧，祥和安乐。

厚生还在于富民。

《逸周书·本典》："生民知常利之道，则国彊。"《管子·治国第四十八》："凡治国之道，必先富民。民富则易治也，民贫则难治也。奚以知其然也？民富则安乡重家，安乡重家则敬上畏罪，敬上畏罪则易治也。民贫则危乡轻家，危乡轻家则敢凌上犯禁，凌上犯禁则难治也。故治国常富，而乱国常贫。是以善为国者，必先富民，然后治之。"《荀子·王制》："故王者富民，霸者富士，仅存之国富大夫，亡国富筐箧，实府库。"富民就要轻徭薄赋，而要轻徭薄赋政府就必须节用。然而，富民政策还有两类，一种是少数人先富，一种是共同富裕。中国传统文化反对人们的暴富和过度富裕，如《荀子·正论篇》："圣王之生民也，皆使富厚优犹知足，而不得以有余过度"。另一方面，中国传统文化主张均平和平等，不使少数人暴富。这些思想对于抑制"土豪"现象和实现社会公平具有重要价值。

2. 先富后教，人文化成

厚生不仅仅是要百姓富裕，国家强盛，还要对人民实行教育。《论语·子路》记载："子适卫，冉有仆。子曰：'庶矣哉！'冉有曰：'既庶矣，又何加焉？'曰：'富之。'曰：'既富矣，又何加焉？'曰：'教之。'"汉刘向《说苑·君道》："先恕而后教，是尧道也"。可见，厚生之意并不仅仅是给人民以富裕的生活，还要人民过上有道德、有秩序、有理想的生活。

教民首先是要提高全社会的道德水平。

孟子曰："后稷教民稼穑，树艺五谷，五谷熟而民人育。人之有道也，饱食、暖衣、逸居而无教，则近于禽兽。圣人有忧之，使契为司徒，教以人伦：父子有亲，君臣有义，夫妇有别，长幼有叙，朋友有信。"（《孟子·滕文公上》）可见，人民教化要从基本伦理规范开始。子曰："教民亲爱，莫善于孝。教民礼顺，莫善于悌。移风易俗，莫善于乐。安上治民，莫善于礼。礼者，敬而已矣。故敬其父则子悦；敬其兄则弟悦；敬其君则臣悦；敬一人而千万人悦。所敬者寡，悦者众。此之谓要道也。"（《孝经·广要道章第十二》）从这些基本的人伦教育开始，也就是从人的最基本人性开始，从"爱人"开始，即爱自己、爱父母、爱他人，进而达到"泛爱众"，逐步实现社会道德水平的提高。

其次是提高全社会的诚信水平。

《管子·君臣下》："名物处，违非分，则赏罚行矣。上下设，民生体，而国都立矣。是故国之所以为国者，民体以为国；君之所以为君者，赏罚以为君。""昔者圣王本厚民生，审知祸福之所生，是故慎小事微，违非索辩以根之。然则躁作、奸邪、伪诈之人不敢试也。此礼正民之道也。"这就是说，国家和社会必须以诚信为本。现代市场经济也是信用经济。信用是基于契约精神的制度规范，是强制性规范。但诚信不同于信用，是建立在德性基础上的人们自觉遵守的自我行为规范。但是社会诚信的提高会有助于社会契约的遵守，可以大大减少违约行为，降低社会成本。所以，强调诚信为本，可以降低社会运行的成本，提高社会整体效率，即所谓"正民之道"。

最后，要领导垂范，以身作则。

教化人民是政府的责任。但是教化人民首先要使教育明确，法令也明确，而政府官员更要以身作则，宽以待人，严以律己，率先垂范。晏子说："明其教令，而先之以行义；养民不苛，而防之以刑辟；所求于下者，不务于上；所禁于民者，不行于身。"（《晏子春秋》，内篇问上）还说："称事以任民，中听以禁邪，不穷之以劳，不害之以罚，上以爱民为法，下以相亲为义，是以天下不相违。"（《晏子春秋》，内篇问上）就是说，衡量事情的轻重来任用民众，司法很公正，这样才能够禁止邪恶，不让民众非常的劳苦，也不能够用刑罚来残害百姓，上面的人以爱民为原则，下面的人就会以相亲相爱为道义。这样才能实现社会的和谐发展。

总的来看，教民的终极目标就是"人文化成"。人文化成是一个历史过程，也是永无止境的进步过程。这是因为人类社会总是要进步，而人类进步的方向最终是走向文明。文明不仅仅是物质文明，更包括精神文明。人类社会的进步自始至终伴随着精神文明的进步。一个民族可以没有宗教信仰，但必须有价值理想。价值理想标志着社会发展的水平和人类道德的境界。

3. 以人为本，以民为本，为人民服务

厚生思想的现代诠释就是以人为本，以民为本，为人民服务。而从传统的厚生思想到现代诠释要经过一个逻辑过程。这就是从生到性，从人到仁，从民生到民本，从民本到民主，直到为人民服务这一最高宗旨。

第一，从"生"到"性"：人性价值的确立。

厚生的最基本精神就是对生命的尊重。生命是一切价值的根源，也是一切价值的归结点。所以，生命价值是具有终极意义的价值。一切政治、经济、社会的活动，都最终要归结为生命的考虑。所以《周易》说"天地之大德曰生"。"性"与命不同。尽管说"天命之谓性"，但源天之性只是性的一部分，性还源于后天，即"率性之谓道，修道之谓教"（《中庸》）。只有生命还不能作为人，有了各种性，包括先天之性和后天之性才能成为

人。所以，人的生命与其他生物的生命不同，人的生命则具有社会意义和社会价值。这是人的生命与其他生命的区别。"天地之大德曰生"是说人的生命高于一切。这应成为所有社会的最基本原则和终极的目标。

第二，从"人"到"仁"：人性价值的升华。

从对人的生命的尊重，将生命作为终极的考虑，这是"形而上"的生命观。孔子提出"仁"，将"人性"升华为"仁性"，实现了生命观从"形而上"到"形而下"的转变，同时也使生命学问转变为社会观念。这是因为，"仁"并不限于对个体生命的关怀和个体的仁爱，而是对全体生命的关怀和社会大众的仁爱，也就是对人民群众的生活实际的关怀。中国传统文化把最高的价值标准定义为"仁"。这种"仁"上接天理道理，下抵人情日用，对于广大人民群众来说是可触可及的，既是生命之道也是生活之道，也就是"仁道"。"仁道"也是"爱人"之道，既基于对生命的敬畏精神又体现"民胞物与"的道德理想。随着"人"到"仁"的观念转变，抽象的"人道主义"也就转变为可实践的"仁道主义"。

第三，从"民生"到"民本"：政治理念的基础。

"天地之大德曰生"，是对人的生命的尊重和珍爱。"仁"是生命观从"形而上"到"形而下"的转变。这种转变就是从对人的生命的尊重和珍爱转向具体的民生关怀。具体说就是从对人的生命关怀到对人民生活和生产的关注，就是最大限度满足人们日益增长的物质和文化需要。民生首先强调的是人民的生存权和发展权。而在人民生活和生产的基础上，还要提升为对民权和民意的尊重。这就是以民为本。民本所强调的是人民群众在生存权和发展权基础上的意志表达和实现的权利。在这里，民生是价值基础，而民本则是价值核心。不论就个体生命来说，还是就群体生命即民众来说，民生都是根本的也是终极的。而民本则体现为国家和政府对于最广大人民群众集体意志的实现。就是说，国家和政府必须一切从人民利益出发，关注民生、确立民权，尊重民意，从而实现"民本政治"。

第四，从"民本"到"民主"：治理工具的选择。

民本作为价值必须通过一定的具体工具来实现。这就是政府的产生方式和政府政策的产生方式，也就是民本主义的实现途径。谭嗣同在《仁学》中指出："生民之初，本无所谓君臣，则皆民也。民不能相治，亦不暇治，于是共举一民为君。夫曰共举之，则非君择民，而民择君也。……
夫曰共举之，则且必可共废之。"在这里，谭嗣同根据西方选举制度，将
先秦典籍中的"天生民而树之君"的"树"诠释为"选举"，并进一步推
论出可以共举之"必可共废之"的思想。但民本与西式民主不同：民本是
价值，而民主只具有工具价值的意义。就民主来说，我们追求的是一种目
的和程序相统一的民主，即有实质价值的民主，或以民为本的民主，而不
是简单的多数民主。在现代制度体制下，要实现民生目标，实现公平和平
等，必须通过民主的政治形式。只有民主才能确立符合最广大人民群众根
本利益的政策，才能实现公平和平等，才能建立"天下归仁"的社会。同
时，实行民主也是价值多元社会不同主体的价值诉求和价值实现的方式。

可见，中国价值传统经一系列的衍生与演变，从以人为本到以民为
本、从民本到民生以及现代民主政治的获得，从"形而下"到"形而上"，
再从"形而上"到"形而下"，从经济基础到上层建筑，再从上层建筑到
经济基础，经历了一个漫长的反复形构的过程。正德、利用、厚生从三个
方面阐释了民本政治的理念，也提出了民本主义的具体实践方法。如果将
三个方面统合起来，可以用"为人民服务"作为最高的概括。为人民服务
是融合民本和民主的理念。任何政府和国家领袖都必须将为人民服务作为
最高宗旨。

四、惟和

1. 三事统合：正德、利用、厚生

中国价值传统的终极点在于对生命的关怀。这里自然导出了中国价值
传统对另一个方面的关注，即人的和谐发展。《尚书》将正德、利用、厚
生并为三事，但还提出三事"惟和"。就是说，正德、利用、厚生三件大
事的协调运行，才是平治天下的根本大计。马克思主义将未来社会的关注
确定为人的自由全面的发展。然而，自由全面发展作为终极的价值，还必
须有可行的现实关注。所以结合中国传统文化将人的自由全面发展进一步
落实为和谐发展，既具有终极理想意义更结合了现实考量。人的全面发展
需要和谐，没有和谐发展不可能实现全面发展，人的和谐发展是人的全面
发展的根本途径。

"正德、利用、厚生"统称"三事"，三者是一个缺一不可的整体，相互依存，相互促进，相辅相成。南宋蔡沈的《书经集传》对"三事"的解释是："六府三事，即养民之政也。水、火、金、木、土、谷惟修者，水克火，火克金，金克木，木克土而生五谷，或相制以泄其过，或相助以补其不足，而六者无不修矣。正德者，父慈，子孝，兄友，弟恭，夫义，妇听，所以正民之德也。利用者，工作什器、商通货财之类，所以利民之用也。厚生者，衣帛食肉不饥不寒之类，所以厚民之生也。六者既修，民生始遂，不可以逸居而无教，故为之惇典敷教以正其德，通功易事以利其用，制节谨度以厚其生，使皆当其理而无所乖，则无不和矣。"可见，"三事"既包括工具理性，也体现价值理性，即强调道德教化，也追求流通财货，即体现个人价值，也关注大众民生。

清代学者颜元曾解释"三事"的关联说："正德，正利用厚生之德也；利用，利正德厚生之用也；厚生，厚正德利用之生也。"（李恕谷：《廖忘编》）首先，"正德，正利用厚生之德也"。就是说，在"三事"中，正德是道德价值，是第一位的，既正人德又正物德，所以是"利用"和"厚生"的前提，只有正德才能保证自然资源的"利用"符合最广大人民的利益，即实现"厚生"的目的。所以《大学》讲："是故君子先慎乎德。有德此有人，有人此有土，有土此有财，有财此有用。"其次，"利用，利正德厚生之用也"。《周易·系辞下》说："利用、安身，以崇德也。"利用是工具价值，是实现厚生的工具和手段，是在正德的基本原则之下利用以实现厚生的目的。"民生厚而德正，用利而事节。"（《左传》）就是说，在正德之后还必须注重"厚生"的目的，而要实现厚生的目的还必须重视"利用"的工具和手段。再次，"厚生，厚正德利用之生也"。厚生是目的价值，利用如果不能实现厚生目标，就是违背了"正德"这一基本原则。"民生厚而利用，于是乎正德以幅之，使无黜嫚。"（《左传·襄公二十八年》）所以，三事统合才能体现中国的这一价值传统。

2. 三维和谐：社会、自然、历史

中国古人提出正德、利用、厚生三个方面的和谐统一即"惟和"。但是这种和谐是一种"平面和谐"。中国传统文化以宗法传统为基础，以家国天下为核心，正德、利用、厚生主要讲的还是家国天下之事，还是传统士人"自上而下"的考虑，与现代社会发展的实际相比还有欠缺和不足，即缺少自然之维和历史之维。所以，我们还需要从多维角度来考虑和谐问题，即人与人的社会和谐、人与自然的天人和谐，以及人与历史的和谐。

第一，人与社会的和谐。

马克思指出："个人的全面性不是想像的或设想的全面性，而是他的现实关系和社会关系的全面性。"① 中国传统文化重视人与人的关系，所以伦理学发展较早。这种伦理以儒家的"仁"为核心，讲的就是人与人的社会关系。中国传统文化重视"人和"，认为"人和"的重要性大于天时和地利。而实现"人和"需要个人和社会的共同"合力"。从个人角度看主张人通过修身，实现理想的人格和完美的精神境界，而在实现人自身和谐的基础上，进一步实现人际关系的和谐。从社会角度看，需要情感与理性相结合的制度规范，这需要通过传统的"礼制"来实现。然而现代社会是高度发达的市场社会，市场关系成为人与人关系的形式。所以现代社会人与人的和谐必须处理好人们的市场关系。现代思想认为市场是交换的平台，其本质特征是竞争。但是，现代竞争市场带来许多矛盾，特别是在竞争压力下，人们采取了各种竞争手段，导致市场如战场，同行如敌手的状况。事实上，市场是合作的平台，竞争不过是促进效率的工具，即合作为体，竞争为用。只有这样认识市场才能从根本上解决市场竞争的矛盾。

第二，人与自然的和谐。

马克思指出："人靠自然界生活……所谓人的肉体生活和精神生活同自然界相联系，也就等于说自然界同自身相联系，因为人是自然界的一部分。"② 庄子说："天地与我并生，而万物与我为一。"（《庄子·齐物论》）这就是把天、地、人看成是一个统一的整体，认为天、地、人在本源上是相同的，而人是自然的一部分，自然与人类也是平等的关系。尽管人类可以通过科学技术而实现发展，但永远不可能摆脱自然，永远只能在自然规律下生存和发展，人再强大也不可能战胜自然，科学技术再发达也不可能打破自然规律。这也就是道德经所说："人法地，地法天，天法道，道法

---

① 《马克思恩格斯全集》第46卷下，人民出版社1979年版，第36页。
② 《马克思恩格斯全集》第42卷，人民出版社1979年版，第95页。

自然"。人类永远都要记住这一点，永远不要希望凌驾于自然之上。因此，不能过分地膨胀欲望而无止境地追求物质财富，以致毁灭性地利用自然资源。中国传统文化主张，人道源于天道，天人和谐必须以人自身和谐为基础，才能实现人与自然的和谐。在这样的认识前提下，人类的一切行为都要符合自然，与天地万物为一体，"以和天人"（《三国志·魏书·文帝纪》，裴松之注引《献帝传》），"统和天人"（柳宗元：《为王京兆皋帝即位礼毕贺表》），实现天地一体之仁，即人与自然的和谐。

第三，人与历史的和谐。

人的存在，既包括人的自然存在，也包括人的社会存在，还包括人的历史存在。所以，在"以人为本"的价值体系中，除体现人与自然和人与社会的两维关系外，还有人与历史的第三维关系。人与历史的关系，本质上就是人的生命延续和人在历史过程中的位置。易经说"生生之谓易"。"易"就是历史，就是一个民族在生命延续的同时，自强不息、革故鼎新、不断创造、不断进化、不断发展的过程。所谓的人与历史的关系也就是人的代际关系。现代人必然承继前代人，包括物质的、精神文化的，以及身体和心理的。而现代人也必然对后代人有直接的和深远的影响。人与历史的和谐，本质上就是处理好现代人承前启后的关系。中华民族根据自身的生命体验和历史过程，形成了以"人事为本"的人本史观，"观乎天文以察时变，观乎人文以化成天下"，"彰往察来"，以"理"、"仁"、中庸、中道，处理人与自然和人与社会的关系，处理当下与过去和未来的关系，在实现"三维和谐"的状态下不断延续和发展。

3. 三元一体：物质、身体、心灵

人的自由全面发展的过程，就是在物质生活全面发展的基础上，人的精神属性愈益彰显、精神生活愈益丰富的过程。马克思主义认为，人们除了满足吃、喝、住这些自然需要外，还必须有时间满足精神的需要，包括求真、向善、爱美的需要。从历史来看，人类还有各种信仰的需要。而人类的幸福不仅需要人与自然和人与社会的和谐，不仅需要人与历史的和谐，还需要人的内心世界即精神世界的和谐。

正德、利用、厚生这三事和谐是一种平面和谐，自然、社会、历史的三维和谐是一种立体和谐。这两类和谐都是人与外部事物或外部世界的和

谐。但是人的生活和幸福还需要内心世界的和谐。这类和谐是在外部世界影响之下，人的内心世界包括理性、感性和仁性三个方面的和谐。三维人性之和就是人的三种内在本性的内在和谐也就是内心的精神世界的和谐。从另一个方面来看，和谐社会所倡导的人与自然、人与社会的和谐，最终都需要通过人自身的和谐来实现，也就是说，人的和谐发展最终还要归结为人的自身和谐发展。所谓人自身的和谐发展，就是心物一元，身心一如，率性自由。

首先，心物一元。

这是人的快乐幸福的基础。物由心知。心之所以名为心，一方面是因为心具有分辨、认知、思维的能力；另一方面心也是人的欲望的根源，有爱、有情、有义。就前一方面而言，外界一切事物都通过人的感官内化于人心，就后一方面而言，人的欲望就是对于外界事物的追求。心与物是不可以分裂为二元或多元的，如果分裂，那么心与物则不相关，心不应该能了知物，物也不应对心产生作用；另一方面，人对于物质资料的需要得不到满足，欲望与欲望的实现可能差距过大难以统一，这就成为人的不快乐的根源。心物一元不仅要通过各种努力来实现物质世界的发展以满足自身需要，还要根据外界条件来调节自心的欲求使之主动地与外部世界相一致。所以，人要幸福快乐就必须保持心物一元，也就是说，不断调整内心世界与外部世界的和谐，不断调节欲望与欲望实现的协调。事实上，如果说人的需要是无穷无尽的，那么这种无穷无尽的需要只能在精神王国中实现。人类所追求的超越应该表现在精神需要上，越是高级的需要越代表人的本质，人性的升华应该是逐步摆脱"物性"，越来越远离动物本能而实现超越，进入一种精神的"自由王国"。

其次，身心一如。

心物一元强调的是内心与外部事物的关系，这是人的快乐的基础条件。但这还不够，还需要合理地调节人的身心关系，实现身心一如。王夫之认为，"心之神明"不是孤悬于身体之中或之外，而是遍在于每一个身体器官之中的，心的作用要靠全身器官的动作、行为才能体现出来。他说："一人之身，居要者心也。而心之神明，散寄于五藏，待感于五官。肝、脾、肺、肾，魂魄志思之藏也，一藏失理而心之灵已损矣。无目而心不辨色，无耳而心不知声，无手足而心无能指使，一官失用而心之灵已废矣。其能孤扼一心以绌群用，而可效其灵乎？"（《尚书引义》卷六，《毕命》）所谓身心一如就是身心互为体用，不断交互作用，不断趋合为一的一种圆融过程，从而趋向于"一如"的境界。具体说，身心一如就是保持精神与形体的协调一致，即"形与神俱"。如果不一致、不和谐，就会导致人的身心不健康和不快乐。如孔子说："益者三乐，损者三乐。乐节礼乐·乐道人之善，乐多贤友，益矣。乐骄乐，乐佚游，乐晏乐，损矣。"（《论语·季氏》）荀子认为："凡用血气、志意、知虑，由礼则治通，不由礼则勃乱提僈；食饮、衣服、居处、动静，由礼则和节，不由礼则触陷生疾；容貌、态度、进退、趋行，由礼则雅，不由礼则夷固僻违，庸众而野。"（《荀子·修身》）而要实现身心一如，就必须"尽性践形"，提高个人的身心修养。如孟子所说："形色，天性也；惟圣人，然后可以践形。"（《孟子·尽心上》）通过"尽性践行"实现身心和谐，身心健康，身心一如，即"平易恬淡则忧患不能入，邪气不能袭，故其德全而神不亏"。（《庄子·刻意》）

第三，率性自由。

"尚自由"是中国文化的重要传统。这种自由传统源于中国人的本能之"率性"。就是说，率性本于自然，是人的自然本性。"性也者，所受于天也，非择取而为之也。"（《吕氏春秋·季冬纪》）"性者，万物之本也，不可长，不可短，因其固然而然之，此天地之数也。"（《吕氏春秋·不苟论》）"率性而行谓之道。"（《淮南子·齐俗训》）率性自由是一种生活状态也是一种生命状态。作为生活状态，人没有约束，根据自己的性情来生活，这种状态就是快乐。快乐也是一种生命状态，即本着生命的本来状态而生活。而生命的本来状态就是快乐的。但是社会的发展和异化使人们脱离了快乐状态，为了财富、荣耀等不休止地竞争，而在竞争中总是有成功和失败。在这个过程中，失败者自然不快乐，而成功者也不快乐，因为他们对得到的成功并不满足。所以，人们要回复到本来的快乐状态，就要摆脱各种欲望所带来的烦恼。这种状态首先要摆脱财富给我们带来的约束，包括匮乏的约束和丰富的约束。所以生产力是这种生活的基础条件。再具体说就是马克思所讲的财富像泉水一样涌流，劳动不再是生存的手段。但是仅仅是生产力的发展是不够的，还需要人们自心的解放。就是说从给自身的解放提升到自心的解放，即身的解放和心的解放。后一种解放依赖于前一种解放，但是前一种解放并不能代替后者的解放。所以，心物一元和身心一如才是解放的状态，才能实现率性而自由的生活。

4. 天人合一，总体和谐

正德、利用、厚生的"三事"和谐，人与社会、自然、历史的"三维"和谐，以及人的"自性"和谐，是人的自由和全面发展的条件。所有这些方面的和谐，事实上可以总归为"天人合一"的总体和谐。

天人合一是中国儒家为主的传统世界观的最高概括，是人作为宇宙中心或天地之灵以观世界的方式。这种世界观认为，人的生命体正是宇宙运动变化的过程表现，可以说是一个小宇宙。因而身心关系和心物关系实际上喻示着天人之间的关系。所以，天人关系与人的身心关系和心物关系本质上是同一的。这也就是说，解决人的身心矛盾和心物矛盾，是解决天人矛盾的出发点。反过来，对于"天人合一"理念的认知，也是解决人的身心矛盾和心物矛盾的关键。实际上，人类从一开始就始终处于天理人欲的纠结之中：人要获得更多更好的生活，必然要向大自然索取。而大自然有着自身的规律和轨道也就是天道，人类只有通过天理认识天道，因而只有通过天理而对人欲进行自我限制、自我约束。这样才能使自己的欲望和行为符合天道，而不至于违背天道。这样，人的欲望才能得以实现，并且与自然相和谐。

不仅如此，社会发展包括政治和经济也需要符合天道自然，这就是正德、利用、厚生。宋儒说"为天地立心，为生民立命"。这就是说天地本身是蕴含着价值的，亦即有"德"的，即所谓"天地之大德曰生"或"生生之德"。而"生"的具体体现，既为天下之众生，亦为大众之民生。这就是"天地之心"和"生民之命"。人是在天道"生生"的自然大化过程中，不断生成与发展的人的伦理性存在，决定人的天职和使命，就是体现天地之心，持守天地的"生生之德"。同样，也只有体现天地之心，持守天地的"生生之德"，人类自身才能得以生存和发展。所以，人类在发展过程中，不能只顾自身利益而无限制地利用和索取，而必须怀着感恩之心，尊重天地万物，尊重生命生灵，"民吾同胞，物吾与也"（张载《西铭》），实现天地一体之仁。

如果我们能够真正地认同天人合一的宇宙观、世界观，人与自然的矛盾也就在解决之中了。然而，解决天人矛盾，实现天人合一，实际上要从人类自身做起，从解决人的身心矛盾和心物矛盾开始。具体说，就是要从点点滴滴的小事做起。从一蔬一饭，一瓢一饮开始，总之是从"尽性践形"做起。孟子说："形色天性也。惟圣人然后可以践形。"（《孟子·尽心上》）这就要求人们通过主动的修养心性，使人内在的天赋不足的大性变成内在的自足的德性，从而使"形色"充分体现德性。这样，人们从自身和自心处解决了天理人欲问题，一箪食，一瓢饮，在陋巷，人不堪其忧，却也不改其乐，饭疏食饮水曲肱而枕，乐亦在其中矣。由于有了这种心境，"君子所性仁义礼智根于心，其生色也睟然见于面盎于背施于四体，四体不言而喻"（《孟子·尽心上》），自然身心健康。由此，身心一如，心物一元，天人一体，生生不息，万物和谐。

第五节　社会价值的多元转向

一、价值多元的哲学基础

中国价值的多元统一特点既是历史形成的，也是由中国传统思想本身的哲学基础决定的。在漫长的历史过程中，中国人民形成了独特的思维模式，反过来这种思维模式影响着中国人民的社会生活和价值观念。

总的来看，这种思维模式的哲学基础可以分为三个维度来考察：

第一，和实生物。

中国古人从最普通的生活实践中发现和实生物的道理。《国语·郑语》："夫和实生物，同则不继。以他平他谓之和，故能丰长而物归之；若以同裨同，尽乃弃矣"；"以土与金木水火杂，以成百物"；"以和五味以调口，刚四支以卫体，和六律以聪耳，正七体以役心"；"声——无听，色——无文，味——无果，物——不讲"。这里是说，多种因素相互配合、协调来组成新的事物或达到理想的效果。相反，只有一种声音谈不上动听的音乐，只有一种颜色构不成五彩缤纷的景象，只有一种味道称不上美味。也就是说，只有允许不同的事物存在，才能形成五彩缤纷、繁荣向上的局面，否则便陷入单调、乏味乃至死亡的境地。社会也是同理。任何社会都不可能是均质的，由于人不可能是均质的。每个人出身不同，成长环境不同，决定他们价值观不同。正式由于人们不同的特质，才产生了形形色色的人和人群，才形成了丰富的社会现象。所以，不同和多元才是真实的社会，也才是社会现象丰富多彩的根源。

第二，理一分殊。

张载在《西铭》中说，"天地之塞吾其体，天地之帅吾其性"，认为"万物"同属"一气"。程颐在此基础上首次提出"理一分殊"命题。朱熹则作了进一步的阐释，指出："万物皆有此理，理皆同出一原，但所居之位不同，则其理之用不一。"（《朱子语录》卷十八）这就是说，总合天地万物的理，只是一个理，分开来，每个事物都各自有一个理。然千差万殊的事物都是那个"理一"的体现。他进一步将理一分殊的道理用之于社会关系，说："天地之间，人物之众，其理本一，而分未尝不殊也。"知其理一，所以为仁，便可以推己及人；知其分殊，所以为义，故爱必从亲人开始。现代社会强调"理一"有过之，而对"分殊"认识浅薄。但事实上，社会到任何时代都是多样的。创建一个新型社会的关键，就在于理解理一分殊的道理，"理一"的归"一"，"分殊"的归"殊"，在社会发展的不同阶段、不同层面和不同人群，分别确立统一价值与多元价值。

第三，和而不同。

孔子曰："君子和而不同，小人同而不和。"何晏释曰："君子心和然其所见各异，故曰不同；小人所嗜好者同，然各争利，故曰不和。"（《论语集解》）欧阳修说："君子与君子以同道为朋，小人与小人以同利为朋。"（《朋党论》）清人有曰："君子论是非，小人计利害。"（清·申居郧：《西岩赘语》）这些论述都包含着深刻的道理：一方面，君子和而不同。在一个多元化的社会里，在基本价值统一的前提下，人们各有各的目标和追求，各尽所能，各得其所，各得其乐，合作而不争，和谐而美善。另一方面，小人同而不和。这里的同，表示一种标准化的社会，可能有一个统一的价值尺度。但是，越是在这种统一的标准的社会里，竞争越是激烈，社会越是不和。因为社会有一个统一的价值尺度，人们都要按照这个标准来实现自己的追求，而社会某种特定的资源一定有限，人们的追求就难以实现。这就是竞争的根源。现代社会是"小人"社会，这是现代性的重要特点，即价值标准相同，人们以同一个标准衡量成就，共同追求一个目标，必然导致社会激烈的竞争。这是社会竞争的根本原因。要消除社会的竞争，实现社会和谐，就必须转向一个价值多元的社会，使人们和而不同，共同发展。

从以上三个方面来看，和实生物是人们在日常生活中得到的直观的生活体验，理一分殊则上升到形而上的层面，而和而不同又回到了现实的社会实践层面。

二、价值多元的经济社会基础

价值的多元性并不是凭空而来的，而是经济社会发展到一定程度的结果。从历史上看，在不同的社会发展阶段上，社会价值有时呈统一趋势而有时呈多元趋势。社会发展处在较低层次时，社会目标以满足生理需要为主，社会价值以物质为优先，可以通过统一的利益述求来表达，所以是统一的。而当社会发展超越基本物质需要的满足阶段以后，社会需求必然呈现多元化倾向，社会价值也必然趋向于多元。

第一，基本的需求层次。

马斯洛理论把需求分成生理需求、安全需求、爱和归属感（亦称为社交需求）、尊重和自我实现五类，依次由较低层次到较高层次排列。这种需求层次是社会价值的自然基础。从马斯洛的需求层次理论看，需求层次理论有两个基本出发点：一是人人都有需要，某层需要获得满足后，另一层需要才出现；二是在多种需要未获满足前，首先满足迫切需要，该需要满足后，后面需要的激励作用才会发生。一般来说，某一层次的需要相对满足了，就会向高一层次发展，追求更高层次需要就成为人们行为的动力。相应的，获得基本满足的需要就不再具有激励作用。就人们的价值追求来说，人们的需求状况决定人们的价值追求，越是迫切需求就越是决定人们产生较高的价值判断，而随着需求层次的变化，人们的价值追求也发生相应的变化，价值判断也相应递减或递升。

第二，发展阶段与需求层次。

人的需求层次变化受到社会发展阶段的影响。最简单地说，农业社会的需求层次与工业社会的需求层次会呈现出不同的特征。而在工业社会中，不同的发展阶段也具有不同的需求层次。这种需求层次变化既是生产力发展的结果，也是经济发展基础上社会心理变化的结果。人的发展和人的需要的发展存在着正相关关系，与社会的价值演变也呈正相关关系。人类发展史就是一部人的需要即人的目标追求不断改变和发展的历史，也是社会价值演变的历史。历史经验表明，在人的最基本的生存需要得到满足后，人们很快就会在此基础上产生各种"新的需要"，相应地社会也会产生新的不同的价值形式。马克思说："已经得到满足的第一个需要本身、满足需要的活动和已经获得的为满足需要而用的工具又引起新的需要"。[1]随着生产和交往活动的不断发展，人的需要也相应地不断发展，无论是个体的发展和享受需要，还是群体经济、政治活动的需要，科学、教育、艺术、宗教信仰等等各种精神文化生活的需要，都是由简单到复杂，由低级到高级，逐步向上提升。这就是社会价值层次变化或提高的基础。

第三，社会层次与需求层次。

在一定历史阶段的生产力水平下，不同阶层也体现出不同的需求层次。这种社会层次既是收入水平决定的，也是文化水平决定的，还包括其他因素。从收入水平看，低收入阶层的需求主要是由基本的物质需求构成，而精神文化需求所占的比重要小得多。相反，高收入阶层物质资料需求已经在很大程度上得到了满足，其需求强度处于递减阶段。这样，不同收入阶层的需求也就决定了他们不同的价值追求。决定社会价值层次的另一个方面因素是文化水平。在经济水平相同的情况下，不同的文化水平的人们也会有不同的价值判断和价值追求。而在一定的经济水平下，也就是在物质需求得到基本满足的情况下，不同文化水平对人们价值观念的影响呈递增趋势，较高文化层次的人群有更高的价值追求。就全社会来讲，经

---

① 《马克思恩格斯选集》第一卷，人民出版社 2012 年版，第 159 页。

济水平的提高和文化水平的提高，也是社会价值层次提高的必要条件。一般情况下两方面处于相互协调一致的状态，但在社会迅速变革和结构迅速变化的情况下会出现较大的反差。这就是"土豪"现象的根本原因。

第四，不同社群的不同价值追求。

不同社群可能具有特殊的习俗，特殊的信仰，甚至特殊的价值，决定人们具有不同的需求。特别是这些不同的需求并不一定依赖于固有的需求层次，所以呈现出区别于历史阶段和社会层次所决定的需求层次来。例如僧侣作为特殊的社群，与俗人有不同的需求层次，他们更追求彼岸的理想，所以，尽管衣食可能不足，但他们仍然要追求信仰；中国传统的士人，尽管无恒产却能够有恒心；政府官员收入并不高，但他们的社会责任心可能更强；等等。这些情况都导致正常的需求层次出现不同特征，也决定社会价值层次和特征有所不同。

三、现代社会的多元价值转向

现代社会基本上是一个趋同社会。现代社会的核心价值是理性，而理性具有一种独特的同化功能，可以将一切传统的、多元的价值统一为单一的、标准的价值。经济方面，货币作为现代社会最强大的同化工具，成了衡量一切的价值标准。不仅所有的商品，包括商品以外的一切事物都可以变现为货币。人们获得和掌握的货币量的多少，成了人们能力和成功的唯一标志。文化方面，是否"流行"成了主流文化的标准，如收视率成为传媒业的金科玉律；统编教材、标准化考试和高考升学率成了成功教育的标准；政治方面，投票民主即多数民主整合了社会的各种价值取向，主流社会的价值成了全社会的价值，而少数人的意见被忽视或忽略不计，从而进入所谓的"被"时代。总之，共同的价值标准统治了所有人，也消除了各种价值倾向，"己所不欲，勿施于人"成了"己之所欲，强施于人"或"己所不欲，被施于人"。人—理性人—经济人—单向度的人，这种历史和逻辑的演进，同时意味着社会的单向度发展，更重要的是，人们也由此丧失了自由。

现代社会的价值单一倾向还导致社会竞争的加剧，并导致社会整体效益的降低和社会整体福利的消减。一方面，在现代社会里，人们追求的同一个目标，使用同一个价值标准，从而使个人发展的通道越来越狭窄，所谓千军万马挤一个独木桥，从而使社会上个人成功的概率大大降低。由于更多的人会在社会竞争中失败，所以必然降低社会的整体幸福感，并进而导致社会发展的不和谐。另一方面，长期的单一价值或统一价值降低了社会交往的意义，导致社会的整体效益的下降。不同价值是社会交往的基础，正是由于人们具有不同的价值标准和不同的价值判断，才构成社会交往的意义和价值，也构成市场交换的意义和价值。而现代社会日益趋同的价值标准，导致了社会的同化也导致社会价值的同一，这样就是社会交往和市场交换的价值达到降低了，整体的社会效益也就降低了。

随着社会发展会分化出多个阶层，还会出现较为特殊的社群，这就必然导致社会价值重新转向多元化，而随着社会发展越过基本物质资料满足阶段以后，人们的社会目标和价值也必然趋向多元化。历史经验也可以证明，当人们积累了足够的财富，价值观念会发生转变，从追求物质生活中的"效率"，转变为追求精神世界的极大丰富和文化生活的深入发展。也就是说，当人们的物质生活得到比较充分的满足后，就去以放弃"效率"为代价追求各种各样的生活目标，特别是从物质财富的积累转向精神生活的富足。约翰·格雷指出："价值观念的竞争已然成为我们共同的状态。"他认为："有许多种善的生活，其中的一些无法进行价值上的比较。在各种善的生活之间没有谁更好也没有谁更坏，它们并不具备同样的价值，而是不可通约的；它们各有其价值。"① 阿玛蒂亚·森指出："主流价值也会随时间变化，每个社会都经历过这种价值的变迁"，"人们实际上有理由拥有更广泛的目标以及更具社会倾向的价值。"② 事实上，人们的社会需求既是不同方面的也是不同层面的，人们生活的目标也是多元的，因而社会价值目标也是多元的。这种多元价值转向，使人们各自追求各自的目标，平行而不交叉，合作而不竞争，有利于社会的和谐发展。

社会价值的多元性并不排斥社会价值的统一性。在某一历史发展阶段

---

① ［英］约翰·格雷：《自由主义的两张面孔》，顾爱彬、李瑞华译，江苏人民出版社 2005 年，第 45—46 页。

② ［印］阿马蒂亚·森：《理性与自由》，李风华译，中国人民大学出版社 2006 年，第 18 页。

上可能是价值趋同占主导，而在另一个历史发展阶段上可能是价值多元占主导。人类社会历史上曾经历了数次多元价值与统一价值的相互之间的转变，趋同有趋同的历史意义，多元也有多元的历史价值。总的来说，在以物质资料发展为主的历史阶段，价值往往是趋向于同一的，而社会发展越是超越基本物质资料需求阶段，人们的价值就越是向多元发展。这是因为物质资料的需求本身是有限的，有限的物质资料可以用统一的价值标准衡量，而超越物质资料以后的精神文化需求却是无限丰富的，也更难以用同一标准衡量。这就是随着社会发展和进步，价值日益多元的道理。不过，价值多元与价值统一的变迁，或从多元到统一，从同一到多元，往往是一个反复出现的过程。但现代社会的价值演变趋势是统一时代渐渐走到尽头，从而开始了从统一转向多元的过程。

价值的多元发展也是人类社会从必然王国向自由王国转变的必然结果。马克思曾畅想了一个人的全面自由发展的历史阶段，在这个社会里，由于生产力已经高度发展，人们不为物质资料需求的满足而发愁，所以不必将大部分生命活动耗费在这个基本的方面，而是将更多的时间用在个性化方面的追求，所以才能够获得自由和全面的发展。自由全面的发展，一方面是不为分工所束缚，另一方面是全面的个性解放。这种解放和自由的结果必然是社会价值的多元化。马克思认为，人类的历史就是一个不断地从必然王国向自由王国发展的历史。所谓自由王国，是指非手段性生产和活动的领域，在这个领域中，人们生存活动的目的就在于自身，人的发展成了目的，劳动和其他一切人类活动都是为了实现主体自身的内在需要。人既是目的，又是手段，活动本身就体现了目的与手段、人的价值实现和创造过程的统一。实质内容就是人类主体本身能力的发展成为目的。"自由王国"按照事物的本性来说，它存在于真正的物质生产领域的彼岸。只有彼岸的自由王国里，人们才能实现自由和全面的发展。而在这个过程中，社会价值可能是统一的，而发展的结果则必然是多元的。

第五章　中国社会的转型

第一节　现代化：异化与回归

一、现代化之道

1. 传统之道："常道"与"非常道"之转换

中国传统文化重道并以道为核心概念。尽管各家对道有不同的理解，但都体现出对道的崇尚。最为重道的是道家。他们认为道是世间万物的本源，是一个终极的东西亦即宇宙本体。儒家同样重道，将道理解为人类社会的终极真理，也就是社会政治的理想模式。所以孔子说"朝闻道夕死可矣"。道家之道与儒家之道都是恒常之道，如老子说"道可道非常道"，孔子说"吾道一以贯之"，后来的董仲舒甚至主张"天不变道亦不变"。但在不同的价值层面和不同的历史阶段，人们对道的变与不变有不同的认识和理解。如《易经·系辞》说："为道也屡迁，变动不居，周流六虚，上下无常，刚柔相易，不可为典要，唯变所适。"可见，在这里变才是"常道"。从历史上看，在重大社会变革或改朝换代之前，社会变革力量主张道可变，而在社会变革完成，正常秩序建立并且运行起来以后，人们的变革思想就让位于保守思想，道就是不可变的了。不过，历史保守主义并不是错误的思想，而是一种理性判断，既是社会利益结构的稳定性要求，也是变革收益与成本之间的平衡。此时，人们心中的道往往成为固定不变的"常道"，具体到现行制度就成了不可变的"祖宗之法"。而每到王朝后期，制度效益递减至无，社会危机日益加剧，变革呼声日高，固守常法的思想遭到批判，道往往被说成是可变之道。如北宋改革家王安石在《洪范传》用五行说阐明道的变化："道立于两，成于三，变于五。"明初大臣章溢说：天道无常，惟德是辅。这里说的就是"非常道"亦即可变之道。但是总的来看，宋代以后中国传统社会基本上未出现重大的变革，所以基本上保持着道不可变的认识。

到了近代，面对中国社会危机和西方的挑战，中国社会思想就道的变与不变问题展开了争论。保守派坚持认为道不可变，中华道统不可变，祖宗之法不可变。而改革派则提出可变之道。如薛福成说："大抵天道数百年小变，数千年大变，自尧舜至今，世益远，变益甚。"（《筹洋刍议》）王韬说："天道与时消息，人事与时变通。盖天道变于上，则人事不得不变于下。《易》曰：穷则变，变则通，此君子所以自强不息也。"（《弢园文录外编·答〈强弱论〉》）用郑观应的话来说是：当时已"一变而为华夷联属之天下矣。是知物极则变，变久则通。虽以圣继圣而兴，亦有不能不变、不得不变者，实天道、世运、人事有以限之也"（《易一言·自序》）。事实上当时的这种争论是中国要不要变革的问题。如果道是常道，是不变之道，那中国就不能改变祖宗之法；如果道非常道，那么中国就必须变法以图存。具体来看，就是中国要不要向西方学习，放弃自己的传统模式进行现代化的问题。尽管中国传统势力十分强大，但是来自西方的挑战则更加严峻，甚至关系到民族存亡问题。所以，最终的结果是"非常道"思想战胜了"常道"思想，并且接受了现代化，即接受了现代化之道。在变革者看来，道非常道，变才是常道。当祖宗之法丧失了信仰以后，自然要将传统之道变为现代之道。所以，近代以来的道发生了根本转变，现代之道成为人间正道。

2. 现代之道："为学"与"为道"的统一

老子说：为学日益，为道日损，最早提出"为学"与"为道"的命题。后来的儒家也提出"尊德性"与"道问学"两种修身治学方法。中国传统士人长期纠结于两者之间，但总的来看，由于长期受儒家思想影响，他们大多笃信于"为道"和"尊德性"，忽视"为学"或"道问学"。也就是说，他们重价值理性而轻工具理性。这也是中国科学技术发展落后的原因之一。但是到了近代，中国传统文化受到严重冲击，尽管历经艰难但观念的转变还是发生了。始于对道器关系的转变，即从道器合一转为道器分离。既然道器可以分离，那么就可以在不改变传统之道的前提下采用西方之器。所以，中国利用西方的科学技术开始了自己的现代化。但是在现代化过程中仍摆脱不了道器矛盾，"为学"的问题解决了，但"为道"的问题仍在。就是说，学习西方先进技术所"为"之道仍是传统之道。但中国现代化所面对的现实问题是，实现现代化必须破除传统价值的束缚或阻碍。所以，观念转变不得不转入和深化到对"道"的重新认识。有人认为，西方的"道"本源于中国，但由于中国自身的问题，道载器而行到了西方。所以，西方的现代化本来就源于中国的传统之道。尽管这种说法有悖历史和逻辑，但仍不失为一种解决之道。总之，近代以来，中国人对道的认识发生了根本的转变，即从传统之道转变到现代之道。也就是说，中国人认识到了传统之道并不是根本之道，现代化才是可以实现富强之道。所以逐渐放弃了对传统之道的遵守，转而追求现代之道。

在这种转道过程中，中庸之道具有极为重要的意义和价值。极高明而道中庸，中国人民始终抱有终极理想，但应对现实矛盾的挑战还需要实事求是。所以，中庸是中国传统向现代转变的关键点，是转变的枢纽。一方面，通过中庸将传统的"为道"观念转为现代的"为学"观念。中国传统文化重道轻器，因而也就必然重道轻学。在近代西方列强用炮舰轰击中国大门的时候，保守派仍钟情于传统的道德文章而将科学技术视为奇技淫巧。不过这种道德理想很快被西方坚船利炮所打破，面对西方现代化的挑战，中国不能不思变，并改变对西方科学技术的认识，开始学习西方先进科学技术。这就是"为学日益"。近代以来，中国逐渐认同了科学主义，并在科学技术发展方面取得巨大的进步，不仅如此，人们更将科学奉为圭臬，从而确立了科学主义信仰。另一方面，通过中庸实现了"为道"之"道"的转变。中国传统的道是天道和人道，是处于器物之上的"形而上"之道。作为最普遍的理解，道是恒常之道，即不变之道，所谓天不变道亦不变。这种道的观念导致中国传统价值观的顽固不化。但是到了近代，这种观念开始转变，传统的天道、仁道转变为现代之道。在这里，"为学"是为了追求现代化，"为道"也是追求现代化，从而实现了"为学"与

"为道"的目标统一。在这里，"为学日益"与"为道日损"也不再矛盾："为学"之学是现代化科学技术和广泛的知识，所以"为学"必然是"日益"；而"为道"之道是现代化之道，实现现代化必须抛弃传统价值观念，即为了"现代之道"必然要使传统"日损"。周易说："损益，盛衰之始也。"（《易·杂卦》）从近代开始，中国就经历了"为学日益，为道日损"的历史进程："为学"者，就是现代科学技术和市场经济制度，所益者，相应的器物和文物，日有所益，多多益善；"为道"者，现代化之康庄大道，所损者，传统旧物，日有所损，以至于无。

3. 现代化的本质："物之道"与"人之道"

中国传统文化认为"惟人道为可道也"（《性自命出》），始终把"人之道"放在首位。进一步讲，对于"人之道"与"物之"道的关系，则主张用"人之道"来弘扬"物之道"。这种价值观在相当长的历史时期起着主导作用，导致中国的道德文明超前发展，物质文明相对滞后，特别是到明清时期，中国的物质文明开始显著地落后于西方了。近代以来，传统之道转变成现代化之道，而现代化之道主张用"物之道"改善"人之道"。"人之道"的核心是"仁"，是公平；"物之道"的核心是"用"，是效率，两方面具有不同的价值取向。对于贫穷落后并遭受外国侵略的中国来说，最重要的是发展经济，富国强兵，自立于世界民族之林。所以，必然以"物之道"为先。通过物质生产的发展，人的状况也会相应地得到改善。就是说，在物质资料发展的基础上，人的生存发展权得到尊重，人性得到发展、个性得以张扬。没有生产力的发展，没有"物之道"的发展，就没有"人之道"的发展。所以，中国人民在现代化过程中，极为重视的是生产力发展，重视生产力发展所创造的人的发展的物质基础。所以，生存权、发展权以及相应的经济目标受到高度重视。这事实上都是我们运用马克思主义唯物史观所取得的成就。

然而，从中国现代化历史过程来看，物的现代化无疑是取得了巨大的成就，包括工业化生产方式，科学技术的应用，城市化和生活福利的提高等。物的现代化为人的现代化提供了物质基础，在此基础上人的现代化也得到发展。但人的现代化却远远落后于物的现代化，并与物的现代化形成巨大的反差。实际上，这不过是西式现代化本身的矛盾在中国所结的果实而已。就是说，西方现代化的异化现象，也同样发生在中国的现代化过程中。这就是，人们在追求物质资料发展的同时，却将物质资料的发展当作了唯一的或最高的目的，从而导致反客为主现象，即手段成了目标，而目标本身却被忘记了。发展生产力是为了最大限度地满足人们物质文化需求，而为了发展生产力人们采取了一系列变革和创新，这样，技术和制度变革成了手段，发展生产力成了目标，而满足人的需要和人的发展，则被忘记了。所以，"人之道"与"物之道"发生了颠倒，同时人的价值也发生了颠倒，人们"丧己于物，失性于俗"，成了"倒置之民"。

实际上，现代化所追求的"物之道"本是为了弘扬"人之道"。从西方现代化历史上看，正是将人道主义作为现代化的核心价值。但是在现代化过程中，"物之道"偏离了"人之道"，将"物之道"作为目标而将"人之道"作为手段了，这就导致了本末倒置。这种情况在西方已经成了大势所趋难以纠正，而在中国，由于传统泯灭的时间还不够长，还有可能起死回生，就是说，可以用中国的人文传统纠正现代化出现的"偏锋"，使之重新回到"人之道"上来。孔子说"人能弘道"。王夫之说："'立人之道，曰仁与义，在人之天道也。'由仁义行'，以人道率天道也。"（《思问录·内篇》）只有人道才是正道，只有人道才符合永恒的天道。现代化为了追求"物之道"在根本领域超越了"人之道"，例如，科学技术创造了能够毁灭人类的武器，市场理性超越了伦理道德规范，使人类的生态环境和人伦环境都遭到了破坏，进入了现代的蛮荒之地。所以，现代化必须重新提倡以"人之道"规范"物之道"，重建人类的人伦环境和生态环境，以适合于人类的持续发展和美好生活。

二、现代性的异化：背道而驰

1. 现代化：从"为道日损"到"背道而驰"

现代化成为人间正道，这在西方是16世纪以来的历史。相对于日益趋于腐朽没落的传统社会而言，现代化是符合"道"的，因而是"正道"，是"大道"。就是说，现代化在发展现代科技和工业化以及市场经济过程中，极大地解放和发展了生产力，极大地丰富了人们的物质生活，使人类在很大程度上摆脱了自然的约束，摆脱了物质资料匮乏的限制，发展到了一个新的历史阶段。但是，现代化重在物质领域的发展，而在精神文化领域的发展存在严重的短板，更严重的是，在物质生产力达到一定水平后，现代化转向了"背道而驰"。

现代化的"背道而驰"现象是现代化的异化造成的。事实上早在工业化初期，马克思就深刻地揭示了西方资本主义的异化现象。马克思指出：在资本主义制度下，"工厂创造的商品越多，他就愈变成廉价的商品。物的世界的增值与人的世界的贬值成正比"①。这一事实充分表明："对于通过劳动而占有自然界的工人来说，占有表现为异化，自主活动表现为替他人活动和表现为他人的活动，生命活跃表现为生命的牺牲，对象的生产表现为对象的丧失，转变为异己力量、异己的人所有"。② 马克思还指出："在资本主义体系内部，一切提高社会生产力的方法都是靠牺牲工人个人来实现的；一切发展生产的手段都变成统治和剥削生产者的手段，都使工人畸形发展，成为局部的人，把工人贬低为机器的附属品，使工人受劳动的折磨，从而使劳动失去内容，并且随着科学作为独立的力量被并入劳动过程而使劳动过程的智力与工人相异化；这些手段使工人的劳动条件变得恶劣，使工人在劳动过程中屈服于最卑鄙的可恶的专制，把工人的生活时间变成劳动时间，并且把工人的妻子儿女都抛到资本的扎格纳特车轮下。"③ 这就是说，资本主义按其本质而言具有一种力量，能把人所创造的一切有价值的东西都变成它自己的反面。

第一，"物之道"与"人之道"相冲突。

"人之道"的核心是"仁"，标志人的发展的核心指标是道德水准的提高。现代化带来了丰富的物质供给，但物品的极大丰裕并不能代表人自身的发展，相反却带来人的异化和畸形化；物质水平提高使人们身体舒适，快感和愉悦，却不能满足心灵上的需求。总的来说是导致人与物关系的颠倒。这种颠倒进一步导致社会生活和社会生产的矛盾，即生活的目的是为了生产而不是生活本身，而生产的目的不是人而是物，人成了物质生产的

---

① 马克思：《1844 年经济学哲学手稿》，人民出版社 2000 年版，第 51 页。
② 《马克思恩格斯选集》第一卷，人民出版社 2012 年版，第 62 页。
③ 马克思：《资本论》第一卷，人民出版社 1975 年版，第 708 页。

工具。事实上，技术进步和异化是伴随人类社会发展的。任何人都不会怀疑，从原始社会、狩猎与采集社会到农业社会、工业社会再到所谓后工业社会，每个历史时代与以前相比都是一个巨大的进步。但是，人类在物质方面的进步与道德方面的进步并不能同步而语。历史学家汤因比指出："我们通常称之为文明的'进步'，始终不过是技术和科学的提高，还有使用非人格的力量的提高。这跟道德上（伦理上）的提高，不能相提并论"。他认为，"人类道德行为的平均水平，至今仍没有提高"，甚至"跟过去旧石器时代前期的社会相比，跟至今仍完全保持着旧石器时代的社会相比，也没有任何提高"。① 当然，并不是说物质科技文明与精神道德是个此消彼长的过程，但我们仍可以看到在一定历史阶段上，现代化导致的异化问题日益严重，甚至出现背道而驰的现象。

第二，现代化的"人之道"破坏了社会公平。

文艺复兴以来，人类的社会理性日益异化着人的本质理性或人的本性。人的理性出发点实际上是个人利益的最大化。而在经济利益决定一切的资本主义生产方式中，人与人之间的关系完全丧失了那种坦率的符合人性的特征，到处渗透着互相利用、互相操纵的精神；人与人之间的关系完全成了两个抽象物、两个活机器之间相互斗争和相互利用的关系。在这种个人主义方法论指导下的经济学认为，只要每个个体都实现了效益最大化，整个社会也就自然实现了最大的效益和最大的发展。但这种理论没有考虑到个体经济活动的社会成本，每个个体都是以个人为中心来核算成本与收益，却将社会成本排除在外，因而不可能实现社会效益的最大化。相反，个体成本的外化，往往造成社会整体利益的严重损害。这种以个人主义为核心价值的市场经济，通过竞争机制激励市场主体，在提高效率和扩大财富生产的同时，也产生与竞争原则相悖的垄断和导致社会分配的严重不公平。

第三，现代化的"物之道"违背了自然规律。

异化体现为人与自然的异化。人类自产生之日起就开始开发自然和利

---

① ［英］汤因比：《展望二十一世纪——汤因比与池田大作对话录》，国际文化出版公司1985年版，第388页。

用自然，随着人类所掌握的工具和手段的提高，开发和利用自然的能力也逐步提高。然而，在功利目的和物质利益的驱使下，人类在开发和利用自然的过程中，却不顾自然的承受力进行掠夺性开发。但自然资源是有限的，人类的贪婪索取已经使自然遭到破坏并威胁到人类自身的生存和发展。特别是近代以来，由科学技术造就的工业生产方式，在资本主义利益动机驱使下，不可避免地对人类生存的自然环境造成严重的破坏。正如弗洛姆所说：“人创造了一个新的世界：人开设了工厂，建造了高楼大厦，发明了汽车，缝制了衣服，生产出粮食和水果。但是，……这一人创造的世界却成了人的主宰者。”[1] 就是说，人类创造了这一切，而这一切又反过来颠覆了人类生存的自然基础。

中国的现代化是引自西方的“舶来品”。一方面，中国人民对于这种“舶来品”有一个艰难的认知和认同过程；另一方面，在中国的现代化过程中，传统与现代之间有一个此消彼长的损益过程。这种损益主要体现为“为学日益”，都是进步的，有益的。但是在工业化趋于完成后，就发生“为道日损”的逆转性变化。现代化过程中，“为道日损”是必要的，因为要迅速实现现代化就必须扫除传统的羁绊。所以在一定时期里，“为道日损”之所损，与“为学日益”之所益共同促进了现代化进程，损益关系总体上看是益大于损。但是，随着现代化的发展，所“益”者进入递减阶段，而所“损”者进入本质深度，这就导致现代化的负面效应日益显现，导致人、社会乃至自然的异化，损益失衡并进而倾斜，现代化不仅脱离“正道”甚至背“道”而驰。

2. 大道既隐，天下为私：异化的本质与根源

马克思不仅发现了资本主义异化现象，更揭示了异化的根源。根据马克思的观点，资本主义的异化源于分工和私有制。马克思指出：“分工是关于异化范围内的劳动社会性的国民经济学用语。换言之，因为劳动不过是人的活动在外化范围内的表现，不过是作为生命外化的表现，所以分工也无非是人的活动作为真正类活动——和作为类存在物的人的活动——的

---

① ［德］艾瑞克·弗洛姆：《逃避自由》，陈学明译，工人出版社1987年版，第159页。

异化的、外化的设定。"① 但是分工作为社会劳动发展的必然阶段，并不直接导致劳动的异化。所以马克思进一步揭示异化的根本原因是私有制。马克思指出："分工和私有制是相等的表达方式，对同一件事情，一个是就活动而言，另一个是就活动的产品而言。"② "关于分工的本质——劳动一旦被承认为私有财产的本质，分工就自然不得不被理解为财产生产的一个主要动力——也就是关于作为类活动的人的活动这种异化的和外化的形式。"③ 他进一步指出："分工立即给我们提供了第一个例证，说明只要人们还处在自然形成的社会中，就是说，只要特殊利益和共同利益之间还有分裂，也就是说，只要分工还不是出于自愿，而是自然形成的，那么人本身的活动对人说来就成为一种异己的、同他对立的力量，这种力量压迫着人，而不是人驾驭着这种力量。"④ 总之，私有制通过分工导致了劳动的异化。

中国传统社会是一个以血亲家族为社会单元的血缘社会，即以"家"为基本单位。这就是所谓的"大道既隐，天下为家"。"家"既是利益共同体单位，又是彼此认同接纳的界域。这个家，以每个个体为核心，从家庭到家族不断外延，一直扩大到社会和国家，但总是一种观念或意识的共同体，同时也离不开血缘纽带。然而，中国传统社会的单元或细胞从来不是个体之"私"而是"家"，个体总是包含在"家"内。所以在中国的传统观念中，个体或"私"的概念从来都不够清晰。正是由于这个特点，一方面，"家"总是有缩小的趋势，而另一方面作为互补的"国"总是有强化的趋势，而两方面结合形成中国特有的"家国天下"结构。

但是这种"家国天下"模式在近代遭遇到西方"天下为私"模式的挑战。从历史上看，西方也经历过个体社会模式与集体社会模式两方面的调整。古代希腊和罗马时期，个体性得到充分的发展，而到了中世纪则出现集体主导的社会模式。文艺复兴以后，希腊罗马文化复兴，个体意识也随之复兴，个体社会模式重现并由此进入现代化。所以，西方率先进入"天下为私"社会并率先实现现代化。这种榜样效应深刻地影响了中国。人们

---

① 《马克思恩格斯全集》第 42 卷，人民出版社 1979 年版，第 144 页。
② 《马克思恩格斯选集》第一卷，人民出版社 2012 年版，第 163 页。
③ 《马克思恩格斯全集》第 42 卷，人民出版社 1979 年版，第 144—145 页。
④ 《马克思恩格斯选集》第一卷，人民出版社 2012 年版，第 165 页。

将这种成功归因于个体性社会模式的成功，引导中国从"天下为家"模式转向"天下为私"模式。这就是中国早期的现代化尝试。

中华民族现代化进程中个体自我的发现，个人从"家"的束缚下获得独立与解放，既是现代化的制度条件，也是现代化的重要内容之一。由于特殊的历史国情和现实国情，中国的现代化一度实行"天下为公"的理想模式，即通过私有制改造建立社会主义公有制并实行计划经济，试图通过集体主义的资源动员方式来实施现代化。尽管这种"极高明"的理想模式在一定时期内取得显著的成功，但最终证明不能持续。所以，中国在20世纪80年代开始实行改革开放，建立社会主义市场经济。社会主义市场经济是一种"道中庸"的经济现代化模式，既有"天下为公"的一面，又有"天下为私"的一面，但从趋势上看倾向于"天下为私"模式。事实上，这正是源于西方的现代化模式所具有的基本特征。尽管鉴于西方现代化的种种矛盾，中国试图避免这些矛盾，但事实上，只要沿着这个"天下为私"的路径实行现代化，这些问题就不可能完全避免，现代化进程越是加速，这些矛盾就越是突出。所以，到20世纪初，在现代化趋于完成的同时"背道而驰"现象也日益凸显。

背道而驰的现代化破坏了中国人民传统的"家"。从现代化历史来看，现代化从根本上瓦解了中国传统的宗法血缘关系结构。人们从"家"的束缚下独立出来之时，曾一度获得解放的快感，但是随着现代化的进展和深入，这种快感逐渐消失，最后陷入一种无"家"可归的境地：不仅传统的精神家园没有了，作为"家"的人际关系纽带也被割断了，甚至那个世代生存繁衍的自然家园也遭到破坏。总之，为了现代化我们付出了沉重的代价，其中一个重要的方面就是"家"和"家园"的破坏。由于"家"的缺失，原先依托血缘情感与内在信仰所维系的承认接纳信任关系，为现时依托外在契约合同与强制约束所取代。[①] 人们的关系不再是以血缘为纽带的自然关系，而是一种外在的强制规范下的制度关系，人们之间的物理间隔很近，但心理距离却很远。所以，对于每个个人来说，除了自己之外每个人都是他者，都是不熟知的"外人"。这种人际间的孤独、离散状态，

---

① 高兆明：《信任危机的现代性解释》，《学术研究》2002年第4期。

正是萨特所说的"存在的孤独"。所以，人与人之间除了制度规范之下的关系外，都是不确定的，不可信赖的，因而是不安全的。舍勒曾尖锐揭示现代道德的全部根基是人对人的原则上的不信任态度，也正是针对人的这种状况而言。[①] 这种状况，在制度稳定的前提下，通过社会契约可以保证人与人之间的和谐，而在制度变革或社会变动时期，由于不确定性增大，很容易导致社会进入"每个人对每个人的战争"状态。

3. 价值世界的分裂：人与物的分裂，身与心的分裂

人类社会的发展遵循着"道"的本来轨迹，不论是人与自然的关系还是人的心物关系或身心关系，都存在着一个普遍的平衡机制，在历史的进程中，或"得"或"失"，或"损"或"益"，总是处在一种动态的平衡之中。从整个人类历史经验来看，人类文明的任何进步都以相应的"退步"作为代价。由于异化的作用，现代化给人们物质方面的所得，可能并不足以弥补精神方面的所失。这就是价值世界的分裂和失衡。

价值世界的分裂以各种各样的形式表现出来，但归纳起来主要是两大类：一类是人与物的分裂，即物的价值与人的价值之间的分裂；另一类是身与心的分裂，即道德与行为的分裂。

首先，人与物的分裂。

对这种状况，中国先秦思想家将其概括为"丧己于物，失性于俗，成为倒置之民"，而马克思将其概括为"物的世界的增值与人的世界的贬值成正比"[②]。现代化使得人类物质生活水平大大提高，相对于农业社会有了根本改变。但是在现代化过程中，人们追求物质财富却忘记了追求物质财富以改善生活和提高幸福存在的目的，相反将物质财富作为目的。物质财富反过来成为一种支配人、奴役人的非人格力量。在这种情况下，人已不再是自由自觉的主体，不再是自己命运的主人，其生命活动不是取决于自己的兴趣、意愿或意志，而是被某种外在的目的所规定了，即人的目的被物的价值所规定了，人成了倒置之民。另一方面，人们所有的提高物质生

---

① ［德］马克斯·舍勒：《价值的颠覆》，罗悌伦等译，生活·读书·新知三联书店1997年版，第126页。

② 《马克思恩格斯全集》第42卷，人民出版社1979年版，第90页。

产和占有物质财富的手段都成了目的，并反过来加大了人的片面性，如分工的发展，科技的发展，工厂生产的发展，使人丧失了丰富的主体规定性，成为片面的人和单向度的人。

其次是身与心的分裂。

身与心的分裂源于人与物的分裂。物质生产力的发展，日益满足了人们"身"的需要，但人们的幸福感并没有同比例提高。这是因为人的欲望似乎是无限的，总是得不到完全的满足，所谓欲壑难填。在这种情况下，人们往往不知道自己在追求什么，不知道自己究竟要什么，对于财富的追求不是以某种"满足"为限而是多多益善。而在占有财富的基础上，人们往往是片面地追求感官享受而不是自我价值的实现，不惜"娱乐至死"，而从不想"我是谁""从哪里来""到哪里去"。对于这些人来说，生活仿佛只是一种对于物质财富的占有和享受，而物质上的富有又往往掩盖着精神上的贫困，人的内心世界变得褊狭、自私、冷漠或麻木不仁，甚至缺乏起码的道德修养、信念和爱心。更严重的是，有的人为了追求更多的财富，完全没有道德约束，从而导致人类道德与行为的分裂。这种分裂从表象上看是现代市场经济发展导致的，而从根本上说是理性异化所导致的。尽管趋利避害是人类的本性，但在市场经济中理性人异化为经济人，高度的经济理性突破了道德防线，更谈不上道德修养。人们肆无忌惮地追求财富，不仅财富的"合德性"完全不顾，甚至"合法性"也可以忽略不计。所以，享有高度现代文明的人类，一点都不缺少物质条件，但的确缺少一种信仰即对道德的信仰。

20世纪，随着科技革命浪潮不断涌现，科技理性日益占据统治地位，而人的情感和意志日益遭到挤压。在这种不健全的社会中，人发生了全面的异化，包括人与自然界、人与社会、身体与心灵之间的异化。特别是在现代资本主义社会，人成了一种商品、一种自动机器、一个自己创造的巨大机器上的零件。"人并没有把自己当作是自身行动的主体，当作是一个能思索、有感情、有爱情的人，人成了客体，这个客体正是人自身力量外化的体现。"① 对此，马尔库赛指出："我们又一次面对发达工业文明的一

---

① ［法］米歇尔·博德：《资本主义史》，东方出版社1986年版，第45页。

个最令人烦恼的方面，即它的不合理中的合理性。它的生产效率和效能，它的增长和扩大舒适生活品的潜力，它的把浪费变为需要、把破坏变为建设的能力，这都表明现代文明使客观世界转变为人的精神和肉体达到了什么样的程度。异化概念本身因而成了问题。人们似乎是为商品而生活。小轿车、高清晰度的传真装置、错层式家庭住宅以及厨房设备成了人们生活的灵魂。把个人束缚于社会的机制已经改变，而社会控制就是在它所产生新的需要中得以稳定的。"①

4. 人的第二次解放

现代化是解放普罗米修斯。这种解放从根本上说是人的解放，是人的欲望的解放，是人的本能和本性的解放，也是人的创造力的解放。在中世纪宗教思想统治下，人的这种欲望或本性是被压抑、被束缚的。文艺复兴以来，西方的人性解放经历了数百年历程。1819年雪莱创作诗剧《解放了的普罗米修斯》，歌颂了人类对人的理性解放和科技生产力的解放的渴望。然而，这种解放也包括了人类最原始的本性的冲动，各种原始的源自动物的欲望，从而也带来邪恶的影响。就是说，现代化在解放普罗米修斯的同时也解放了魔鬼，高度发展的物质生产力反而束缚了人类的精神，包括宗教信仰的泯灭、价值理想消失、道德伦理的忤逆等等。所以，普罗米修斯解放之后，人类又面临着第二次解放。马克思在《〈黑格尔法哲学批判〉导言》中指出："实际可能的解放是以宣布人是人的最高本质这个理论为立足点的解放。"② 马克思还指出："任何一种解放都是把人的世界和人的关系还给人自己。"③ 人类的第二次解放，用哲学话语来说明，就是人类从异化状态的回归，即回归于人，回归人的本位。第二次解放与第一次解放不同。第一次解放是从宗教异化状态下的解放，而第二次解放则是主体从客体的笼罩或蒙蔽下的解放，是人类从现代性异化状态下的解放，也就是

---

① ［德］马尔库赛：《单向度的人：发达工业社会意识形态研究》，刘继译，上海译文出版社2006年版，第10页。
② 马克思：《〈黑格尔法哲学批判〉导言》，《马克思恩格斯选集》第一卷，人民出版社2012年版，第16页。
③ 马克思：《论犹太人问题》，《马克思恩格斯全集》第1卷，人民出版社1956年版，第443页。

人类从物欲和理性束缚之下的解放。

中国的文化历史与西方不同。在中国远古历史上，没有发达的神话系统，也没有发达的宗教意识，因而较早实现了从"神本主义"向"人本主义"的转变，并确立了人的主体地位。所以，中国的现代化并不需要经历宗教改革和从宗教神学束缚下的解放。但中国传统礼教对于人性的束缚同样是严重的。所以从五四开始，中国也开始了自己的现代性启蒙。但是，这场历经一个世纪的解放运动，既存在历史局限也存在逻辑缺陷。这种历史局限和逻辑缺陷集中体现为在"德先生"与"赛先生"的不同命运上。在中国，对于"德先生"即民主，尽管在总体上得到普遍了认同，但往往是作为一种标榜或招牌，即成为人们供桌上的偶像，供而不用。但是"赛先生"即科学不仅获得普遍的认同，成了"普适真理"，甚至成了可以衡量一切是非善恶的价值标准。正如胡适所说，"我们也许不轻易信仰上帝的万能了，我们却信仰科学的方法是万能的"[①]。于是中国社会一旦进入现代，科学就确定了不可动摇的地位，甚至成了新的信仰。这种信仰进一步促进了对现代化的片面追求，因而西方现代化的缺陷及其所带来的灾难我们完全未能幸免，现代性对人性的蒙蔽，对人性的偏离，在中国无不产生更极端的形式。在中国现代化历史上，人的解放从来就没有真正完成，而现代化过程中人的异化却并未耽搁。特别是在市场经济的发育过程中，人的物欲被充分地调动起来，人们不仅相信科学是万能的，更相信金钱才是万能的。所以，当代中国，人既需要继续完成第一次解放，也要进行第二次解放，就是说面临着两次解放的任务：既要完成从信仰之蔽下的解放，也要完成现代性异化之下的解放。

三、从异化到复归

1. 复归于道：本来之道

异化并不是反历史和反进步的现象，恰恰相反，异化也是社会进步的一种方式。但异化是一个矛盾体，或者说是一把双刃剑，它一方面推进社会进步和历史发展，但在一定条件下就会转变为对历史和进步的否定。所

---

① 胡适：《胡适文集》第 4 集，北京大学出版社 1998 年版，第 9 页。

以，在人类历史发展过程中，异化是一个必须的过程，而从异化到回归也是一个必经的过程。事实上，人类历史正是在异化与复归两个反复发生的过程中实现进步和发展。16 世纪开始的现代化过程，经数百年已经取得巨大成就，生产力获得空前的发展，使人类社会在很大程度上摆脱了长期的物质匮乏，从自然的束缚下获得相当程度的解放。但是，现代化从一开始就面临着异化所预设的陷阱，人被异化了，物被异化了，自然天地被异化了，而到 21 世纪这些问题积累到无以复加的程度。所以，现阶段人类社会面临着从异化回归，即回归于道，回归于本来之道的历史任务。

首先，回归于道就是复归于"常道"。

道分为"常道"与"非常道"。"常道"就是"原道"，即"本来之道"，"非常道"就是从道偏离，对道的违背，也就是异化之道。异化本质上就是对"道"的否定即背"道"而驰。道的转变，即由"常道"转向"非常道"，既是社会进步的形式，也是社会异化的结果。要消除异化就要回归常道，也就是从异化状态回归原道，回归本来之道。这种从异化到回归，从常道到非常道的转换，正是社会发展和进步的形式。

其次，回归于道就是复归于朴。

老子说："常德乃足，复归于朴。"（《老子》二十八章）回归本来之道就是"复归于朴"。复归于朴，并不是从物质资料方面入手，回归到生产力的低水平阶段去，而是从现代的异化状态回归，回归于事物的本来轨道，从"背道而驰"的现代化回归常道。这里最为迫切的需要就是从消费主义回归，即是少私寡欲，从欲望上减少对"多余"的物质资料的追求。

再次，回归于道就是回归于婴儿状态。

老子说："物壮则老，是谓不道。"（《老子》三十章）这就是说，事物的发展从婴儿阶段到壮年阶段会面对一个转折点，就是走向衰老。要避免衰老就要从壮年回归，即回归到婴儿状态，即"知其雄，守其雌，为天下溪。为天下溪，常德不离，复归于婴儿"（《老子》二十八章）。只有回归于婴儿状态，才能够"含德之厚，比于赤子。毒虫不螫，猛兽不据，攫鸟不搏。骨弱筋柔而握固。未知牝牡之合而作，精之至也。终日号而不嗄，和之至也"（《老子》五十五章）。

中国从 19 世纪开始进入现代化，经过一个半世纪的发展，现代化趋于完成，而在目前的阶段，与现代化进程始终相伴的异化也日益凸显，其负面效应更是日益加重。所以，现代化的主题应该是从异化到回归，回归于原道。当然，回归于原道并不是回归于现代化之前的状态，而是在新的阶段上重建发展起点。但不回归到"原道"上，就不会有发展的起点，新的发展就不可能实现。

2. 回归人道：人本之道

道分为"天之道"与"人之道"，但天道与人道是有机相连的。一方面是"道不远人"。中国文化传统的核心是"天人合一"，人道要符合天道，而天道要落实于人道。较之于人道，天道更具有形而上学价值，但人道则代表具体的生活世界。所以回归于道最终还是要回归于人，即人道，人之道。另一方面是"人能弘道"。天道是自然的，而人道是能动的。所以，回归于道还是要回归到"以人为本"的初衷。现代化的目的是要解决人类所受到的自然的束缚和物质匮乏的束缚，从根本上讲是要提高人类的福祉，所以必须是以人为本。但是现代化的异化走向反面，即不是以人为本而是以物为本。在生产力低下和物质资料匮乏的情况下，现代化出现了突破，解决了这些问题。但是，这种现代化的惯性或趋势难以改变，仍是以物为本，并且导致了一系列紧张和矛盾。这样，现代化就脱离了"人之道"亦即脱离了人的本来之道。

现代化的异化导致了人的价值的颠倒。早在两千多年前，庄子就指出了人的价值颠倒问题。这种本末倒置在现代化过程中就是人与物的关系，是本性与世俗的关系。回归于人道，就是要将颠倒的价值再颠倒过来，把倒置的人颠倒过来，也就是说，人要回归于自己的本性。事实上，中国传统时代就出现过摆脱异化的思想，如范仲淹说过"不以物喜，不为己悲"。但是在物质生产力非常低下的社会里，这种设想是难以实现的。经过现代化过程，物质生产力已经达到一个较高水平，人完全可以实现从物的束缚下的解放，因而也完全可能回归于人的本来之道。

回归于人的本来之道也就是以人为本。以人为本有两个方面的含义：第一个方面："人是本质"。马克思在《〈黑格尔法哲学批判〉导言》中明确提出，"人的根本就是人本身"和"人是人的最高本质"这样的命题，并对"使人成为受屈辱、被奴役、被遗弃和被蔑视的东西的一切关系"进行了深刻的批判。① 马克思指出：人的"任何一种解放都是把人的世界和人的关系还给人自己"②。这里，马克思给我们指出了人的解放的本质，即使人从资本主义生产关系下解放出来，回归于人的本来世界和本来关系，总之就是回归于人。第二个方面：以人为本位。现代化从异化到回归，就是要回归现代化本来的目的，也就是重新确定以人为本的发展目标，即回归以人为本位。西方现代化的人，一方面是将人从对神的崇拜中解放，另一方面是将人从自然的束缚下解放。前一方面说的是从相信神到相信自己。这就是启蒙。后一方面是说利用自然力和科学技术，实现生产力的提高和物质资料的丰富，这样使人能够摆脱自然的束缚。但是人们在实现现代化的过程中，往往将手段作为目的，转变成为了生产力而发展生产力了。所以，从人类的异化状态下解放，就是要回归于人的本位，就是说一切发展都是为了人本身。

3. 追求仁道：仁爱之道

现代化的前提是人道主义，是从神本到人本的改变，是人的本性的启蒙和彰显。但现代化的异化却导致现代化"背道而驰"。为解决现代化的异化问题，就要从异化回归，回归于道，回归于人，回归于人的本来之道。但这仅仅是回归，也就是将被颠倒的价值再颠倒过来，而要实现人类的"极高明"的理想，还必须在人道的基础上进一步提升，从一般的人道升华到"仁道"。

中国文化传统与西方不同。西方现代文化将人放在首位，但这里的人一方面是个体的人，另一方面是抽象的人，总是离不开人道层面。中国文化中的人，既不是个体的人也不是抽象的人，而是社会的人，是人与人关系中的人。孔子说，"立人之道曰仁与义"，就是说，人经过价值赋予即所谓"立人之道"，从"人"上升为"仁"，人道也就上升为仁道。在这个"仁道"世界里，仁爱是核心的价值。这种仁爱源于自然伦理关系，并推己及人，从个体推及家庭，从家庭推及社会。人们"不独亲其亲，不独子

---

① 《马克思恩格斯选集》第一卷，人民出版社2012年版，第9—10页。
② 《马克思恩格斯全集》第1卷，人民出版社1956年版，第443页。

其子"（《礼记·礼运篇》），"泛爱众，而亲仁"（《论语·学而》）。西方文化以理性为核心，个体利益是价值核心，行为效率是根本原则，而仁爱等伦理价值只能是第二层面的价值，所以只能产生人道主义，却不能将人道主义上升为仁道主义。

仁道主义是人道主义的高级形态，事实上源于中国文化的深层结构。中国文化并不将世界明确分为客观世界和主观世界。所以，中国文化中的人既不是个体的人也不是抽象的人，而是相互关系中的人。正如马克思所说的"人的本质是人的真正的社会联系"①。所以，中国文化的"人道"是能够通向"仁道"之道。而中国的"仁道"世界，既是终极的理想世界，也是现实的生活世界；既是理性的世界，也是感性的世界；既是物质的世界，也是精神的世界。因而，我们面对的往往是鲜活的生活世界。在西方现代化过程中，"泛市场化"使达尔文主义主导了人们的社会联系，竞争成为一切行为的典型特征，社会成了"每个人对每个人的战争"的战场。只有在中国文化传统中，这种社会联系更重视仁爱、互助和合作，即体现为"和"。只有消除异化，用马克思主义的人道主义与中国传统的"仁爱"观结合起来，才能使"人道主义"上升为"仁道主义"。

4. 践履中道：全面小康之道

从现代化的异化回归，就是要回归于道，回归于人，亦即回归于人道，也就是从"物之道"回归于"人之道"。尽管我们将人道作为通向高级的"仁道"目标的途径，但作为现实的选择首先要回归于"中道"。

西方现代化的重要基础，就是生产资料私有制和在此基础上建立的资本主义市场经济制度。这是一种典型的"天下为私"模式。亚当·斯密以"理性人"假说对这种制度做了经典的理论阐释，即人人都具有自利理性，人们根据这种自利理性考虑自己的行为，而通过市场这种"看不见的手"调节，事实上实现了个人利益和社会利益的协调。这种制度模式对于激发人的积极性、创造性和主动性，会产生极大的作用，所以是符合效率的。从历史上看，现代化导致社会发展进入"快车道"，其特征是高度理性，高度功利，高度物化。但是这种社会模式导致严重的贫富分化，导致私人

---

① 马克思：《1844 年经济学哲学手稿》，人民出版社 2000 年版，第 170 页。

利益与社会利益的冲突，人的利益与自然的冲突，而最终的结果是与人类福祉的背离，也就是与"道"的背离，即出现"背道而驰"的现代化。

鉴于"天下为私"的资本主义市场经济模式的弊端，马克思提出共产主义社会的理想，设想建立一种"天下为公"社会模式。但是这种模式属于"极高明"的理想社会，尽管在实践中采取的是较为现实的社会主义计划经济模式，但在调动人们的利益机制方面十分欠缺，不能解决道路与目标的矛盾。所以，中国经过多年实验最终选择了社会主义市场经济模式，加速了中国现代化的进程。但是，作为现代化的一种模式，社会主义市场经济仍存在不足，特别是近些年来造成社会收入差距扩大，生态环境恶化，人际关系和人与自然关系紧张等问题。这就要求我们在"天下为公"模式和"天下为私"模式之间进行重新选择，用以避免现代性的普遍矛盾。这就是"天下为家"的"小康"模式，也就是在"天下为公"和"天下为私"两个极端模式之间选择"中道"。

马克思提出的共产主义与中国传统的大同理想有很多的契合之处。这是中国能够接受马克思主义的原因之一。但是，中国历史上从没有那个施政者将大同思想作为实践目标来实施。中国传统思维是"极高明而道中庸"，即将终极理想与现实目标结合起来，其结果就是"天下为家"的"小康"模式。"家"既不同于"公"也不同于"私"。家代表一个团体或族群，有共同利益和共同意识。从生产资料所有制来看，小康社会即"天下为家"模式既不是私有制也不是公有制，而是是一种共有制。这种共有制具有混合所有制的特点，其中既包括私有成分，也包括公有成分，实际上是一种共有。这种共有制度可以避免"私有"与"公有"两方面的弊端，成为最具现实可行性的模式。另外，"家"不是科学化的组织，并不完全靠理性支配，而是以人性为基础，充满了人情、亲情，充满感性和仁爱。总之，家是个以伦理为本位的仁爱世界。这个仁爱世界首先是个生活世界，然后才是一个生产世界，所以不以效益为第一目标，而是以人的快乐和幸福为核心。所以，从异化到回归，就是从私有社会和公有社会回归到"天下为家"的"小康"社会。

第二节 回归生活世界

一、生活世界的意义

1. 生活世界的殖民化

中国从现代化异化回归的途径，必然是回归于道，回归于人，回归于人道。这种人道模式的核心是"仁"，所以人道也就是"仁道"。然而现实的社会模式选择，首先要从"天下为私"的西方式现代化回归，即回归于"中道"，即"天下为家"模式。而"家"不是一个理性世界而是一个生活世界。本来的生活世界，是个以"家"为核心的仁爱世界，也是一个充满温情的世界。然而，现代化却将这个生活世界"理性化"和"殖民化"了。

1936 年，胡塞尔在《欧洲科学的危机和先验的现象学》中首先提出"生活世界"的概念，并提出"生活世界"的四个基本特征，包括非课题性、奠基性、主观相对性和直观性，其基本含义是指人生活于其中的具体而现实的周围感性世界。1968 年，哈贝马斯在《认识与人的旨趣》一书中进一步揭示了生活世界的殖民化现象。在哈贝马斯看来，整个社会是由系统和生活世界两个部分构成的。生活世界是人们在日常生活交往中达成相互理解所必须的共同的背景知识，它内在地指导日常生活，代表着同一文化群体的生活方式。系统是指同一文化群体从事物质再生产以维持日常生活与生存的能力机制，是"通过目的活动的媒体进行"①。他认为，随着现代化进程，系统入侵到生活世界，导致生活世界被肢解而破碎，丧失自身的整体性和协调功能，并且越来越依附于系统命令。同时，日常生活陷入了普遍的货币化、机械化、标准化，使人丧失了自主性、独立性和能动

---

① ［德］哈贝马斯：《交往行动理论》（第 1 卷），重庆出版社 1994 年版，第 189 页。

性。这就是生活世界的殖民化。其他一些西方马克思主义者们进一步研究了生活世界殖民化问题。他们认为，生活世界殖民化问题的实质，表现为日常生活的全面异化，导致人类生活方向的迷失，导致社会分裂、生态危机，从而动摇了人类赖以生存的基础。

中国的现代化同样导致中国人民生活世界的殖民化。近代以后，中国接受了西方文化，哲学形而上学取得真正的突破。这种突破给中国带来的是科学水平的提高和市场理性的提高，并加速进入了现代化进程。从本来意义上讲，现代化本身也属于生活世界。这是因为现代化首先要解决的就是人们穿衣吃饭问题。中国现代化首先提出民生主义，就是要解决人们物质生活资料的匮乏问题，并大大提高人们的生活水平。新民主主义和社会主义也都是为了解决人民群众的物质生活问题。但是要解决民生问题就必须解决生产力，而为了发展生产力，就必须解决落后的生产关系。从中国现代化历史来看，革命和改革都是要改变生产关系和解放生产力。所以，革命和改革成了一个半世纪以来的最大主题，而本来的民生目标却往往被淡化甚至被忘记了。这就导致现代化的异化，完整的生活世界也转变成了完全的生产世界。而生产世界完全是理性世界，也就是科技和效率的世界。这样，生活世界被殖民化了。随着中国的现代化进程和异化程度的加深，中国人民生活世界的殖民化也日益加深。回归生活世界就是要解决生活世界的殖民化问题。

2. 生活世界的思想资源

不论在西方还是在中国，生活世界的殖民化都酿成了严重的危机。在这个时代背景下，"生活世界"概念经过海德格尔、维特根斯坦、舍勒、哈贝马斯等人的辗转阐释与变革，成为 20 世纪哲学的核心概念之一。为此，西方哲学家提出了一系列挽救危机的理论。他们将生活世界的殖民化根源归咎于现代理性。因此，他们所提出的解决方案的关键，就是试图在人的生活基础上重塑理性。事实上，西方哲学家包括尼采、杜威、怀特海、胡塞尔、维特根斯坦等，都以不同的方式强调，哲学应当从脱离了人的永恒、抽象和自在的世界，回到活生生的、具体的人的现实生活世界。他们认为，这种向生活世界的回归又往往意味着人与世界的关系是一种能动与被动、作用与被作用、创造与更新的关系，其中蕴含着对人的现实生活、实践及其历史性的强调。① 哈贝马斯更是一针见血地指出，生活世界殖民化的社会根源就在于工具理性的扩张。他认为，要消除生活世界的殖民化，就必须抑制工具理性扩张并构建"交往理性"。为了摆脱生活世界的殖民化困境，霍克海默提出哲学应"对生活的一切成分进行特殊的监督"；列斐伏尔提出要"在整个社会生活的迷宫中和在资产阶级社会的丛林中找到方向"②，以彻底改变日常生活的设计。总之，他们对于现代生活世界殖民化的批判，主要是诉诸于哲学的批判而非诉诸武器的批判。这也正是他们思想中的缺陷之处。

马克思没有直接使用过"生活世界"概念。但他在批判资本主义异化的研究中，有大量关于生活、实践、感性世界的论述。马克思从资本主义现实生活的矛盾出发，从时代主题与历史境遇出发，从现实生活的理论和实践困境出发，把生活提升到哲学高度来研究和反思，寻求解决现实矛盾的可能途径，并试图回到生活本身中去。这就是马克思主义哲学的实践性亦即现实生活性特征。以往的哲学仅仅局限于对现实的逻辑批判，不能付诸于实践，因而看不到逻辑的革命力量。但马克思主义认为，哲学不仅要解释世界，更重要的是改造世界。马克思一方面为资本主义所创造的巨大生产力而欢呼，另一方面则批判资本主义所导致的异化现象，要求通过消灭私有制来解决资本主义异化问题，目的是将劳动者从资本的奴役下解放出来，建立"自由人的联合体"，以保障每一个人都能够获得自由和全面的发展。在他看来，人是生活世界的主体，价值观念是生活世界的灵魂，生活实践则是创造生活世界的历史活动。我们所面对的生活世界，实质就是人们通过自己的生活实践，了解自己的本质，以自己的价值观衡量和调整一切生活关系而创造出的感性世界。生活世界本身是现实的人通过自己特殊的生命活动方式而创造出来的真正属于自己的天地，即通过自己的自由自觉的生活实践，尤其是物质生产实践，根据自己的审美情趣、价值观念、现实能力等等属于自身的尺度，所建造成的真正属于自己的生存空间。③

---

① 刘放桐：《马克思主义与西方哲学的现当代走向》，人民出版社 2002 年版，第 146 页。
② 俞吾金、陈学明：《当代国外马克思主义哲学流派新编》，复旦大学出版社 2002 年版，第 400 页。
③ 鹿林：《论人的生活世界》，《哲学研究》2007 年 9 期。

因而，马克思的哲学是实践的哲学，因而也是生活的哲学，能够为我们展开一个现实的和感性的生活世界。

中国哲学特别是儒学，一方面源于人们对日常生活世界的观察、感觉、体会和理解，另一方面源于人们对美好生活的渴望和追求，所以是本源于生活的学问。人们的日常生活世界，一方面是世俗生活的层面，即饮食男女、衣食住行、生老病死，这是一些现实生活的具体形式；另一方面是超越于日常生活世界的道理，即从日常生活世界中抽象出来的道理，也就是人们的价值追求。由此可见，价值是高于生活的，是"形而上"的，但是这些"形而上"的价值，并不脱离"形而下"的生活。从中国儒学的发展来看，从孔子到孟子，是"形而上"的第一个飞跃，其标志就是孟子心性之学的发展。由于受佛教思想影响，中国儒学出现第二个"形而上"飞跃，这就是宋代理学的发展。尽管中国文化传统不断地出现"形而上"趋势，但也存在相反的现象，即不断地出现"回归"倾向。例如孔孟时代的儒学"形而上"地转向程朱时代的理学，但到了明代中期以后则出现回归生活的呼声。如李贽提出，"穿衣吃饭，即是人伦物理"（《焚书·答邓石阳》），认为伦理表现在日常生活之中，而不在日常生活之外。中国古老的礼乐文明下自"饮食男女"上至"大道之行"，都是源于人们的生活实际的道理和规范。所以中国儒学是生活的学问，是以"事情"为核心的，既是生活琐事，也是人情世故。中国哲学始终没有完成西方哲学那种"形而上"飞跃，并不是中国哲人对"形而上"之道缺乏领悟，而是由于他们对生活世界的始终关注。所以，中国的生活儒学给我们留下了一条回归生活世界的路径。

3. 回归生活世界的意义

鉴于生活世界的殖民化以及这种殖民化对人们生活所造成的危害，胡塞尔率先提出"回归生活世界"的口号。胡塞尔认为，我们所面对的世界是两个世界，一个是"生活世界"，另一个是"科学世界"。生活世界是一个前科学的世界，是生活直接呈现给我们的世界，是一个鲜活的、充满情感的、本真存在的世界，因而是一个"直观的世界"。同时，这个世界也是为一切科学抽象与哲学反思做奠基的世界。而"科学世界"则是对生活世界的抽象，是人们依据经验、规范、条例而形成的一个理性世界，因而是一个充满因果关系、数学公式和物理定义的世界。生活世界是一个多样的、充满价值判断的世界，而科学世界则放弃了所有的价值判断以求一个无比精确的世界，把世界的本质抽空，使世界物质化、科学化、理性化。总之，科学世界是生活世界的异化。胡塞尔认为："生活世界"本是"一切客观知识的基础"，它是"科学世界"的"原初的"、"前科学的"基础。① 因而他提出"回归生活世界"的口号。

对于 21 世纪的人们来说，回归生活世界具有重要的转折性意义。这是因为，在现代化过程中，人们既享受了现代化所带来的丰富物质成果，也遭受到现代性所伴随的理性的"暴政"以及人们情感上所遭受的损伤。所以人们越来越认识到，生活才是目的，生活才是存在本身。这实际上也正是马克思唯物史观的本来之意。马克思指出："我们首先应当确定一切人类生存的第一个前提，也就是一切历史的第一个前提，这个前提是：人们为了能够'创造历史'，必须能够生活。但是为了生活，首先就需要吃喝住穿以及其他一些东西。因此第一个历史活动就是生产满足这些需要的资料"。② 这里描述了生活世界的本质，即生活才是本身，才是目的，生产是为了生活而进行的活动，一切科学和理性的行为实际上都是手段而不是目的。所以，回归生活世界也就是回到目的本身。

现代化使我们进入一个科学和理性的世界，抽象的思辨使我们忘却了现实的鲜活世界。但这个世界实际上是一个经验的世界。马克思指出，"我们的出发点是从事实际活动的人"，是"他们的活动"和"他们的物质生活条件"，③ 亦即"现实的人"的"现实生活过程"④。回到生活世界就是回到这个现实的经验世界来。马克思指出："在思辨终止的地方，在现实生活面前，正是描述人们实践活动和实际发展过程的真正的实证科学开始的地方。关于意识的空话将终止，它们一定会被真正的知识所代

---

① ［德］埃德蒙德·胡塞尔：《欧洲科学危机和超验现象学》，张庆熊译，上海译文出版社 1988 年版，第 64 页。
② 《马克思恩格斯选集》第一卷，人民出版社 2012 年版，第 158 页。
③ 《马克思恩格斯选集》第一卷，人民出版社 2012 年版，第 152 页。
④ 《马克思恩格斯选集》第一卷，人民出版社 2012 年版，第 152 页。

替。"① 所以，回归生活世界就是回到生活本身。

回归生活世界实际上是回到生活本身，也就是回到人本身。在复杂的现代性活动之中，我们既要看到现代化的合理性和进步性，又要看到现代的"物"的世界对"人"的生活世界的遮蔽。我们发现，生产不是目的，生活才是目的，身外之物不是目的，目的是人的自身。就是说，"人只须认识自身，使自己成为衡量一切生活关系的尺度，按照自己的本质去评价这些关系，根据人的本性的要求，真正依照人的方式来安排世界"②。马克思指出："真理的彼岸世界消失以后，历史的任务就是确立此岸世界的真理。"③ 所谓"确立此岸世界的真理"，就是要彻底贯彻尊重人、体现人、表达人、关切人的主旨，摒弃"物本主义"，重建"人本主义"。

回到生活世界的意义，还在于确定生活方式对于生产方式的导向性。前现代社会的人们，不论是西方人还是中国人，都经历过严重的物质匮乏，包括严重的饥荒和贫困。这些问题经过现代化得到了基本解决，这就导致人们对现代物质生产力的高度崇拜和迷信。所以，物质成了第一性的，生产成了第一性的，随之，科技成了第一性的，金钱也成了第一性的等等。在这种价值体系之下，生产主导着消费，生产主导着供给，因而生产主导着生活。生产的目的不是为了生活，恰恰相反，生活的目的是为了生产，整个本末倒置了。回到生活世界，就是回到生活本身，回到人本身。这种转变就决定着一个根本的转向，即生活方式决定生产方式。

二、回归感性生活

1. 感性意识与感性需要

现代社会人的最具典型意义的活动就是理性活动。这种理性活动导致人的科学认知和逐利行为。这种理性活动既推进了现代化的发展也导致了现代化的异化。而从异化回归就需要人们从理性活动回归于感性活动。

人的感性活动包括感性意识与感性需要两种形式。马克思指出："感

① 《马克思恩格斯选集》第一卷，人民出版社 2012 年版，第 153 页。
② 《马克思恩格斯全集》第 3 卷，人民出版社 2002 年版，第 512 页。
③ 《马克思恩格斯选集》第一卷，人民出版社 2012 年版，第 2 页。

性意识不是抽象的感性意识，而是人的感性意识。"① 马克思指出："人作为对象性的、感性的存在物，是一个受动的存在物；因为他感到自己是受动的，所以是一个有激情的存在物。激情、热情是人强烈追求自己的对象的本质力量。"② 马克思认为："人的感觉、激情等等不仅是本来意义上的人本学规定，而且是对本质（自然）的真正本体论的肯定。"③ 这就是说，感觉、激情等感性是人本身具有的，是人的本质性规定。"我的本质活动的感性爆发，是激情，从而激情在这里就成了我的本质活动。"④ 这就与理性主义对人的理性本体论规定形成鲜明对照。人们在感性活动中追求自己对象的过程，就是实现感性需要的过程，这个过程就是劳动和实践。感性需要是人的感性意识的外化，即表象化、对象化，即将人的感性意识外化或对象化为感性需要。这种感性需要就是人们的现实生活需要。这种需要之所以是感性的，是因为这种需要是具体的、经验的、可感觉的。感性意识之所以是感性的，是因为这种意识的对象性的存在，而不是纯粹的抽象的意识及单纯的思维和想象；感性需要之所以是感性的，是因为这种需要必须通过感性活动来实现，即通过劳动才能实现。

感性活动是感性意识与感性需要的统一。人的感性意识作为人的本质规定，取得外在的对象，即对象化或外化为感性需要。而这种对象化过程就是劳动和生产。只有通过劳动和生产，人的感性需要才能得到实现和满足。而人的感性意识，即人得以确证自己为人的本质规定，激励着人们通过功能性活动来实现这种感性需要。正是人的感性活动以及人的感性需要的满足过程，才是人的确证过程。而在货币为媒介的经济中，要实现感性意识到感性需要的转化，必须通过货币。只有通过货币，才能"把我的那些愿望从观念的东西，把那些愿望从它们的想象的、表象的、期望的存在改变成和转化成它们的感性的、现实的存在，从观念转化成生活，从想象的存在转化成现实的存在"⑤。而在现代社会中，感性活动以工业生产的形

---

① 马克思：《1844 年经济学哲学手稿》，人民出版社 2000 年版，第 100 页。
② 马克思：《1844 年经济学哲学手稿》，人民出版社 2000 年版，第 107 页。
③ 马克思：《1844 年经济学哲学手稿》，人民出版社 2000 年版，第 140 页。
④ 马克思：《1844 年经济学哲学手稿》，人民出版社 2000 年版，第 90 页。
⑤ 马克思：《1844 年经济学哲学手稿》，人民出版社 2000 年版，第 144 页。

式出现，正如马克思指出的，"工业的历史和工业的已经生成的对象性的存在，是一本打开了的关于人的本质力量的书"①。总之，"感性必须是一切科学的基础。科学只有从感性意识和感性需要这两种形式的感性出发，因而，科学只有从自然界出发，才是现实的科学"②。

2. 感性活动与经济生活

马克思不仅解决了人的感性本体论问题，而且将人的感性意识和感性需求定义为感性活动。这种感性活动既是人的本质确证过程也是创造价值的经济行为。但是这种经济行为并不单纯是理性主导的经济行为。马克思指出："人以一种全面的方式"去"占有自己的全面的本质"，因为"人与世界的任何一种人的关系——视觉、听觉、嗅觉、味觉、触觉、思维、直观、情感、愿望、活动、爱，——总之，他的个体的一切器官，正像在形式上直接是社会的器官的那些器官一样，是通过自己的对象性关系，即通过自己同对象的关系而对对象的占有，对人的现实的占有；这些器官同对象的关系，是人的现实的实现"。③ 所以说，这种经济行为是以感性为主导的全面的经济生活。

现代经济活动长期以理性经济学来阐释。这种经济学仅仅从人的理性出发，而将人的感性基本排除在外，这种单方面的人性假设，必然导致经济学的严重缺陷。要使经济学研究真正深入人的本质，不仅要改变这种单方面的人性假设，将经济学建立在全面的人性基础之上，还要优先考虑人的感性存在，而在此基础上关注人的感性意识和感性需要。就是说，一方面，人们的物质需要必须首先得到满足，所以首先要从事物质生产；另一方面，在经济社会发展过程中，人们的需要会逐渐从理性的物质满足转向感性的快乐满足。

马克思把人的感性存在推向感性对象性和感性活动的高度。人们的感性活动，就是在感性意识，包括各种欲望、激情以及其他目的的驱动下，通过有意识的活动即劳动，作用于自然和物质，以实现人们的感性需要。

---

① 马克思：《1844 年经济学哲学手稿》，人民出版社 2000 年版，第 88 页。
② 马克思：《1844 年经济学哲学手稿》，人民出版社 2000 年版，第 90 页。
③ 马克思：《1844 年经济学哲学手稿》，人民出版社 2000 年版，第 85 页。

马克思指出："劳动是劳动者的直接的生活来源，但同时也是他的个人存在的积极实现。"① 在这里，劳动作为感性活动，不仅是人们的生产活动更成为人们生命活动的组成部分，更"是自由的生命表现，因此是生活的乐趣"②。所以，人们的劳动也就成为创造性的劳动。

感性的特点是直观性、直觉性和真实性。感性的直觉具有认识论上的意义，即通过直觉把握事物的本质。而在经济学中，这种感性直觉进一步休现为选择方式。现代经济学只是从人的理性出发，特别是边际革命以后，新古典经济学的理性计算工具进一步向精确性发展，但同时也导致决策成本的提高甚至高到不可承受和完全不可操作的程度。经济学关注成本，从生产成本到交易成本，却没有注意到思维成本或心智成本。而感性主义所强调的直观的观察和直觉的判断等感性工具，在一定领域以感性选择代替理性的边际选择，也就是对思维成本或心智成本的考虑。这就是感性对于经济学的工具价值。

关于人的理性存在与感性存在的区别，导致经济学的利己主义和利他主义的区别。建立在理性基础上的现代经济学，逐渐丧失了伦理价值，通过"无情的逻辑"推演，进入片面的效率误区，从根本上偏离了真实、全面的人性基础。事实上，人们不仅要在市场上"以物易物"或以劳动交换劳动，还要在社会上"用爱来交换爱"，"用信任来交换信任"③。作为研究人的本质存在的经济学，不可能只关注人们的自利的理性存在，还要端视人们以爱为主要形式的感性存在。所以，经济学感性基础的重建，就是要恢复与道德哲学或伦理学的天然联系。

3. 感性生活的重建

20 世纪晚期，理性主义生活受到了挑战。这种挑战首先来自科技革命特别是信息技术的革命。以网络技术为主的信息技术革命，导致社会生产和生活模式发生了巨大的变化。制造业尽管仍然是工业生产的主要部分，但其中信息网络的作用更加重要，生产中要素成本逐渐以包括信息在内的

---

① 《马克思恩格斯全集》第 42 卷，人民出版社 1979 年版，第 28 页。
② 《马克思恩格斯全集》第 42 卷，人民出版社 1979 年版，第 37—38 页。
③ 马克思：《1844 年经济学哲学手稿》，人民出版社 2000 年版，第 108 页。

流通要素为主，更值得注意的是创意成分的重要性越来越突出。所以，感性意识的作用越来越成为推进社会生产的要素。在这里，人的激情、欲望、创意等越来越突破生产技术的瓶颈制约而得到发挥，而人的主观的、能动的、感性的因素，越来越构成社会生产的重要要素内涵和价值含量。

科技革命导致社会结构的变化特别是中产群体的扩大。科技革命使科技作为生产要素的意义大大提高了，而掌握科技要素的科技工作者以及与此相关的其他社会阶层，不仅从人数上大大地扩大了，而且其作用也越来越突出，甚至在一定程度上取代了资本要素以及资本主体的作用。以科技工作者为主体的中产者群体的生活方式和工作方式有很大的不同。他们的工作方式更加灵活，对资本要素的依赖程度比制造工人要轻得多，而个人创意活动成为生产的新要素。与此同时，他们的生活方式也有很大的不同。物质生活资料对于他们来说已基本得到满足，他们所追求的更多的是精神层面的，文化生活成了他们的主要生活方式。所以，他们的需求更多的是感性需求。

这种感性需求一方面体现为日常生活的审美化方向，另一方面体现为社会消费的体验式特点。这两种倾向导致劳动性质的改变。马克思指出："我在我的生产中物化了我的个性和我的个性的特点，因此我既在活动时享受了个人的生命表现，又在对产品的直观中由于认识到我的个性是物质的、可以直观地感知的因而是毫无疑问的权力而感受到个人的乐趣。""我在劳动中肯定了自己的个人生命，从而也就肯定了我的个性的特点。"[1] 在这种情况下，人们的劳动是创造性的劳动，劳动就是生活，劳动就是创作，因而劳动既创造价值也创造快乐，还创造美。[2]

经过一百多年的发展和现代化，中国人民在享受着高度物质文明的同时，同时也感到莫名的缺憾，幸福感并没有随着收入提高和物质生活的改善而同步提高。相反，随着物质水平的不断提高，人越来越脱离自然的和本然的状态。就是说，现代化使人大大地异化了，人们脱离了感性世界，进入完全的理性世界，人们十分理性地生活，完全被利益所主导，时刻被

---

① 《马克思恩格斯全集》第42卷，人民出版社1979年版，第37—38页。
② 马克思：《1844年经济学哲学手稿》，人民出版社2000年版，第54页。

效率的皮鞭驱赶着；为了获得更多的物质利益，勤劳的人们忘我地劳作，放弃了闲暇与享受，更谈不上艺术和修养；而在一个资源稀缺的世界上，为了获得更多的物质利益，人们疯狂地竞争，无视亲情、更无同情，甚至爱情也可以放弃。身心环境的恶化进一步导致人们的身心异化。随着现代化的进展，人们的身心异化越来越成为一种常态。因此，人们呼唤身心环境的改善，呼唤人的本性的复归。这种生产方式和生活方式的改变，特别是劳动性质的改变，必然导致劳动价值论的真正复兴，以及建立在感性基础上的幸福经济学的产生。

三、回归和谐生活

人首先是感性的存在，然后才是理性的存在，人的生活首先是感性的生活，然后才是理性的生活。现代化颠倒了感性与理性的位置，导致理性的僭越和感性的缺失。西方哲学家提出一系列感性解放的方案，但是并不能从根本上解决问题。就是说，用西方之道来治西方之蔽难以奏效。这使我们不得不回到中国传统的儒家，从古代思想汲取资源。

1. 仁爱与和谐

中国儒家思想直接源于人们的社会生活，是对当时社会生活的直接体悟，并未发生"形而上学"的转化。在以后的思想发展过程中，尽管出现数次"形而上学"趋势，但并没有达到西方的"逻各斯"高度。这既可以说是中国传统思想的不足，也可以说是中国传统思想为我们留下的优质资源。这是因为，中国传统思想自始至终所关心的都是人们的现实生活。在中国古代思想家那里，生活先行于任何物，先行于任何存在者，包括人、即主体性的存在者。所以，生活就是存在，生活之外别无存在。[①] 可见，我们所要回归的生活世界，正是传统儒家为我们提供的生活世界。而儒家的思想世界，就是没有经过形而上学转化的思想世界，在这种思想下的生活世界，也就是一个鲜活的、直观的、感性的世界，是一个真善美的世界。

---

① 黄玉顺：《儒学与生活：民族性与现代性问题——作为儒学复兴的一种探索的生活儒学》，《人文杂志》2007 年第 4 期。

儒家所提供的"天下为家"社会模式，是一个以情为本的社会，主要是通过血缘来维系的，所以形成一种牢固的"血缘"结构。但是，随着社会的发展和人际交往的扩大，血缘关系必然成为社会发展的制约因素。所以，血缘关系必然被地缘关系所取代。但是，这种血缘关系与"天下为家"的社会模式相辅相成，相互维系，以至于中国始终保持着宗法关系并构成牢固的宗法传统。在一个以"家"为基本单位的社会结构里，以血缘为基础形成人与人的情感关系，即血亲关系基础上的仁爱关系。在儒家的生活世界里，爱有等差，即以自己为中心，爱及父母子女，亲戚邻里，乃至整个社会。如果爱不仅限于亲人而是广泛于社会，爱就必然上升为仁。所以，儒家理想中的生活世界也是一个仁爱世界。

现代化之前，中国人一直生活在一个世俗的和真实的传统世界中。然而，这个生活世界被现代化所打破，人被西方现代性所异化。回归生活世界，就是要重建以人为本的社会结构。以人为本的社会结构就是讲求"人缘关系"。这种"人缘关系"是在血缘和地缘基础上经漫长的历史演变而形成的。这种"人缘关系"进一步发展成为人类种群，而种群的融合进一步发展为民族。民族大大地突破了血缘和地缘，主要依靠文化来维系和融合。但是在现实生活中，"人缘关系"仍是基本的人际关系或社会关系，仍是社会结构的基础。而维系这种"人缘关系"的文化核心就是"仁爱"。所以，"以人为本"也就是"以仁为本"。

儒家生活世界的现实模式就是小康社会。儒家的最高理想是"天下为公"的大同世界。但是，这种理想只有在"大道之行"的条件下才能实现，而现实的状况却是"大道既隐"，所以儒家不得不将理想调整为"天下为家"的小康模式。儒家的家包括家庭和家族，所以儒家传统以孝为先，就是基于这种"天下为家"的社会模式。"孝弟（悌）也者，其为仁之本与"（《论语·学而》），孝不仅是对父母的孝，还要从对父母之孝延展至对妻子儿女兄弟姐妹之爱。在此基础上，儒家提出了"父慈子孝，兄友弟恭，夫妇和顺；一家雍睦"的和谐模式。孝是家庭的基本伦理，以孝为基础才能保证家庭关系的和睦。所以，在这里孝是核心价值。中国传统的家不仅仅包括血亲成员，还包括周围的共同生活的人群。中国人对邻里关系非常重视，所谓远亲不如近邻，并且有好客的传统习俗，所谓"有客自远方来不亦乐乎"。这种意识源自古代人民生活的环境特点，也源于古老村社生活的习俗。这种习俗渐渐成为社会惯例和人们共同遵守的规范。长期以来，人们无需任何组织的规定，自觉地遵循着这种规范。如果有人违背了这些规范，也并不会有官方实行惩戒，而是通过人们的语言和心内的道德来谴责。当事人不会受到有形的惩戒，但其心内的纠结和自我的反省，同样起到了规范和纠正作用。

"天下为家"的"家"不仅包括"家人"还包括"家园"。"人者仁也"。（《礼记·中庸》）这里的仁爱既包括家族伦理意义上的亲情之爱，也包括对社会对人类的"泛爱众"之爱。此外，还包括对自然界万物的同情与热爱，也就是儒家所说的"天地万物一体之仁"。就是说，家的仁爱不仅要扩展到周围的人，还要扩展至周围的自然界。人们不仅要相互友爱，还要保护好共同生存的家园；不仅要爱同类及他人，也要爱及异类和他物。因为物，包括动物和植物，也是有情有知的，人与万物是生命相通、息息相关的。这就是宋儒所说的"民胞物与"，即人民是我的同胞兄弟，而万物是我的朋友伴侣。

2. 质朴与本然

从现代化的异化回归，就是要回归于道。回归于道首先是回归于生活世界。但是回归于生活世界是不够的，回归于生活世界仅仅是回归于道的转折点。老子讲：人法地，地法天，天法道，道法自然。所以，回归于道就是从生活世界继续回归，就是回归于"原道"亦即自然之道。回归于自然之道才是回归到根本。

回归于自然之道就是要回归于朴，即见素抱朴。朴就是原始状态，是道之本，人之性，物之情。《老子》说："朴虽小，天不敢臣；侯王若能守之，万物将自宾。"（《老子》三十二章）上古之世人们自然古朴，生存状态和生活世界都自然古朴。然而由于情欲之弊，世人离道愈来愈远。这就是异化，即"朴散为器"。器的发展代表技术进步和社会发展。原初之道不经过异化就不能发展，所以"朴散为器"是进步的形式。但发展进步也伴随着异化，而异化致使发展走向反面。所以在一定历史条件下必须回归于朴。老子说："常德乃足，复归于朴。"（《老子》二十八章）庄子说："明白入素，无为复朴。"（《庄子·天地》）列子则说："雕琢复朴，块然独以其形立。"（《庄子·应帝王》）总之，"朴"才符合大道之法，复归于朴才能去除后天之伪，复归于"婴儿"状态，复归于素朴之道。

回归于朴就是回归于简，即"大道至简"。老子所描述的"道"是"窈兮冥兮，其中有精；其精甚真，其中有信"（《老子》二十一章）；"我独泊兮其未兆，如婴儿之未孩"，"常德不离，复归于婴儿"，"合德之厚，比于赤子"（《老子》二十章、二十八章、五十五章）。从人类历史来看，社会总是朝着复杂化方向发展，而现代化更是一个复杂化的过程。由于科学技术的应用，管理手段的发达，社会越来越成为一个复杂的系统。这种复杂性体现在人们的生活中导致生活世界的复杂化，而生活世界的复杂化不仅给我们带来许多不便，还大大增加了社会成本或负担。一旦社会难以继续承受这种负担，社会系统就会走向崩溃。所以，当复杂社会发展到一定程度，就必须回归于朴，回归于简。

回归于朴就是回归于真，即"返朴归真"。庄子说："谨守而勿失，是谓反其真。"（《庄子·秋水》）"真者，所以受于天也，自然不可易也。故圣人法天贵真，不拘于俗。"（《庄子·渔父》）返朴归真就是摒弃伪性，返归纯朴天真的本性，如同赤子，而与道同一。更深入地看，"真者，精诚之至也。不精不诚，不能动人……真在内也，神动于外，是所以贵真也……礼者，世俗之所为也"（《庄子·渔父》）。真也就是善、是美，所以说"素朴而天下莫能与之争美"（《庄子·天道》）。而最终是要达到"原天地之美而达万物之理"（《庄子·知北游》），即效法天地自然法则达于"天地无言"的"大美"至境。

回归于自然之道就是要回归于生命本然。马克思说："全部人类历史的第一个前提无疑是有生命的个人的存在。"① 这里，马克思追溯至人类社会的本源即人类的生命存在，可以说是直达了根本。这与中国古代关注生命的思想是完全一致的。中国哲学不仅是生活哲学和自然哲学更是生命哲学，它的源头活水就是人的生命本身。正因为中国文化的这种特点，才能够以此作为批判西方现代性的武器，并由此重归生活世界和自然世界。中国哲学以生命为对象，强调在"天人合一"的基础上去调节、运转和安顿

① 《马克思恩格斯选集》第一卷，人民出版社2012年版，第146页。

生命。① 所以，回归于生活世界还必须从生命本身去考虑，回归于生命的本然状态。正如老子所说："夫物芸芸，各复归其根。归根曰静，静曰复命。"（《老子》十六章）生命的本然状态就是老子讲的回归于婴儿状态，这种状态就是无私无欲的状态，也就是人类开始时的状态。有道之士，处于万物之中，与天地浑然一体，保持人的天性，不违自然所好，进而达到天人合一之境。

3. 天人合一，一体之仁

现代化的异化过程，使我们刚刚进入"得乐园"又陷入"失乐园"，即陷于海德格尔所说的"无家可归"状态。海德格尔说："无家可归的状态实际上基于存在者之离弃存在。无家可归状态是忘在的标志"。② 在他看来，现代技术的本质威胁着人的本质，使人警醒，从而去寻求得救的力量，即"拯救地球的可靠的东西"，也就是拯救地球所具有的人类的基本生存条件，使人回到大地、回到自然，实现真正的"还乡"。然而，"拯救不仅是使某物摆脱危险；拯救的真正意义是把某物释放到它的本己的本质中，拯救大地远非利用大地，甚或耗尽大地。对大地的拯救并不控制大地，并不征服大地"③。总之，就是要使人回到本源，从而"诗意地栖居"于天地之间，而从中国哲学意义上讲就是回归于"天人合一"之境。

第一，天与人不相胜也。

《易·系辞传》说："天地之大德曰生。"又说："继之者善也，成之者性也。"而孔子则说："天何言哉，四时行焉，万物生焉，天何言哉！"（《论语·阳货篇》）说明天地万物孕育生命，反过来，生命的价值也正是在天地万物的运行之中体现。也就是说，人实现自然界的"生道"，而不是相反，更不是为了人类自身的利益而去任意破坏自然界。人类要充分认识自然界的"生生之德"，要有感恩之心，要维护自然界的秩序，将自然的价值与人类的价值合而为一。《中庸》说："能尽其性，则能尽人之性；能尽人之性，则能尽物之性；能尽物之性，则可以赞天地之化育；可以赞

---

① 参见牟宗三：《中国哲学十九讲》，上海古籍出版社 1997 年版，第 14 页。
② ［德］《海德格尔选集》（上），孙周兴编译，上海三联书店 1996 年版，第 382 页。
③ ［德］《海德格尔选集》，孙周兴编译，上海三联书店 1996 年版，1193 页。

天地之化育，则可以与天地参矣。"（《中庸》二十二章）自人类诞生以后，人就将人自己的"心"即灵魂赋予了自然界，所以万物皆有灵性。物不仅有性，而且有与人相通之处。对于人类来说，只有尽物之性，才可以"赞"天地之化育。现代化过程中，人们提出"人定胜天"的口号，导致人与天的矛盾冲突。事实上，天与人本无矛盾，而是合为一体，一方面，人生于天然，本于天然。天养人，人仰天，天人本来合一。所以庄子说"天与人不相胜也"（《庄子·大宗师》）。

第二，"天地万物一体之仁"。

现代化过程中，人们提出"为自然立法"。但中国古人却提出"为天地立心"。两者的立意完全不同。前者是人类认识自然规律并利用自然力的立意，而后者的立意在于将人类置于天地之间并赋予自然以道德价值，进一步讲也就是儒家提出的"天地万物一体之仁"。（王阳明：《传习录·答顾东桥书》）一方面，儒家认为，人与自然界的万物是相依相存的，是同属宇宙生命的整体，是一体相通的。另一方面，儒家认为，人与万物不仅是平等的，而且是一个生命整体。因此，人作为与天地万物一体之人，必须做"天地万物一体之仁"之事。仁是人的最高德性，是从天地"生生之德"或"天地生物之心"而来，人之所以尊贵，就在于有"仁"，而且能自觉其为"仁"。"仁"作为道德情感就是同情和爱，由于"仁"的根本来源是天地"生生之德"或"生生之理"，而生之德或生之理对人和万物都是一样的。因此，"仁"者不仅要爱人类，而且要爱万物。这就是孟子的"仁民爱物"和张载的"民胞物与"。

第三，天理人心的合一。

"为天地立心"就是将道德情感赋予自然万物。程颢说："天地之常，以其心普万物而无心。"（《答张横渠书》，《明道文集》卷二）这就是说，天地本来是无心的，只有人才有心，但天地无心却以人心为其心，人虽有心却以天地之心为其心。但人与万物还是有区别的，这种区别就是人能"推"而物不能"推"。所谓"推"就是由己及物的推理，也就是"思"。"思"的功能正在于打通内外、物我的界限，而不是将人与万物隔绝起来，然后为万物"立法"。所以，"思"的作用就是"通"，所以又叫"思通"。

只有"通"了之后，才能实现万物一体之仁。① 这就说是，天地育化了人类，而人类将自己的心灵赋予自然天地，使天理与人心结合在一起。天理是理，人心也是理，天理人心本是一个理，即所谓"心外无理"。这样，就将天理与人心"通"了起来。不仅人与天地万物融合在一起，而且天地之心与人类之心也合为一体，即"万物一体之仁"。

第三节　生活方式变革

一、生活方式的文化价值

1. 生活方式的内涵

生活的内容包括衣食住行和精神文化，包括物质生活和文化生活。衣食住行是最基本的物质生活，因为人们不论什么样的文化生活都离不开这些物质基础或物质条件。但衣食住行作为人类基本生活方式，并不能代表人类的本质，能够代表人类本质的生活只能是文化生活，既包括休闲娱乐，更包括文化和意识形态，如学习知识、学术追求、道德修养、价值理想、宗教信仰等。这里，物质生活和文化生活的方式和两方面的比重，是人类社会发展和进步的标志。

生活方式与生产方式不同。生产方式是创造物质生活的基础或条件，但并不构成生活全部或本身。强调这一区别是为了说明生活方式在人类社会中的"本体性"或"本位性"。就是说，生活是根本的，而生产不过是满足生活需要的工具或手段而已，生活才是人类社会之本身。生活方式还包括人们的思维方式和行为方式。思维方式基于我们对事物的认知方式，而行为方式取决于我们的思维方式。生活方式就是在不同的社会和时代中生活的人们，在一定的社会条件制约下和在一定的价值观念指导下，所形

---

① 蒙培元：《中国的天人合一哲学与可持续发展》，《中国哲学史》1998 年第 3 期。

成的满足自身需要的生活活动形式和行为特征的总和。生活方式的主要内容是人们的日常生活。但日常生活并不仅仅是衣食住行，正是在日常生活这些简单的衣食住行中，体现了人们的情趣和价值。所以，日常生活还包含着丰富的文化内涵。生活方式还包括非日常生活，主要指的是有组织的政治、经济及各种公共事物组成的社会性活动和科学、艺术、哲学、宗教等自觉的精神性活动。

生活方式关涉到每个人的存在意义，以及如何展现"人之为人"的本质，而对于一个民族而言，它是文明的基本方向问题。正如丹尼尔·贝尔所说："生活方式通常有一套价值观为之辩护。"[1] 生活方式往往渗透在人们的视听言动中，弥漫在人体的气血筋脉里，贯通着意识与无意识，它提供对人性及其所居世界的根本性理解。这种理解规定着我们感受并消化身与心、性与梦、衣食住行、自我与他人、义务与责任、工作与劳动、婚姻与家庭等等。而感受并消化上述事物的方式，也反过来构筑生活方式本身。一个坚实、深刻、丰裕、厚重的文明，会将自己的精神贯彻到可见世界的每一个角落与细节里，即"极高明而道中庸，致广大而尽精微"，小大精粗，无所不运。正是在这些不起眼的细节中，一个伟大的文明完成对人性与生活方式的从自然到文明的转化与提升。[2]

2. 生活方式与文化传统

不同民族具有不同的生活方式。这是因为，每个民族都是在不同的自然环境和历史环境中发展过来的，所以形成各个民族的不同的生活方式。这种不同的生活方式进一步构成了各个民族的不同文化内容，即不同的认知方式和不同的思维逻辑，以及不同的宗教信仰等等。尽管各民族之间的交流可以实现文化的相互融通，生活方式在一定程度上可能出现同一化倾向，但其中的差别却始终不会消失，就如同遗传基因一样时隐时现。

中国人民在数千年的历史过程中，形成了自己独特的生活方式。中国人民生活方式的特点是：第一，家庭本位。自从"大道既隐，天下为家"以后，中国人民的生活就以家庭为中心，注重血缘关系，注重代际关系，

---

① ［美］丹尼尔·贝尔：《资本主义文化矛盾》，商务印书馆 1989 年版，第 46 页。
② 陈赟：《"中国道路"的核心是生活方式问题》，《天涯》2012 年第 1 期。

是中国人民重要的心理和思维特征。第二，注重情感。中国文化以情为本体。尽管中国人民也注重理性，但总是把理与情结合起来，即所谓的"情理"，即便是"天理"也要与人情结合，即天理人情。第三，崇俭禁奢。传统社会生产力有限，以自然经济为基础，是一种生存型生产方式。在这种生产方式之下，人们养成了节俭的传统，并成为人们所崇尚的美德。所以说，现代的中国人民储蓄率高，不仅是体制原因，还有传统习惯因素。第四，尚德崇礼。这就是以深厚的德泽育人利物，从做人做事到治理国家，都遵循厚德礼让的原则，崇尚君子之风。这要求人们不断提高自身的道德修养，既要具备崇高的道德修养也要有博大精深的学识，践行仁、义、礼、智、信等道德规范。第五，文化修养。中国人民注重文化修养。读书是最值得崇尚的行为，知识分子是最受尊敬的人群，温良恭俭让是标准的君子行为。总的来看，中国人民的生活方式特点，一方面源于民族起源时的自然地理环境和独特的历史机遇，另一方面源于多民族交往过程中的文明汇流和文化融合，并呈现出多元统一的特点。

生活方式不仅具有民族性还具有时代性，就是说，生活方式是由不同时代的生产力水平决定的，并且与不同时代的生产力性质相适应。我们可以将生活方式分为前现代、现代和后现代。前现代的生活方式是建立在农业革命基础上的，社会生产主要以生命的再生产方式进行，这就决定人们的生活方式是自然的、有机的、伦理的。由于人们的生产基础主要是土地和其他自然资源，所以居住是分散的聚落方式。现代生活方式源于西方的理性文化，是建立在科技发展和工业化所建立的高度物质文明基础之上的。所以，现代生活方式的特点是科学的、机械的、效率的。由于工业生产的集聚效应，决定人们需要集中生活，这就导致城市的发展和乡居生活向城市生活转变。与工业生产相一致，城市的集中生活在一定限度内可以节省生活成本，所以是"有效率"的生活。但是，工业化和现代化导致了人的异化，也导致人们对现代生活的厌恶，试图逃离现代社会生活，回归传统生活方式。但事实上，人们不可能真正地回到传统生活，所以人们对新生活的期望实际上是一种后现代愿景。尽管后现代是一种新的生活方式，但有不少方面与前现代生活方式有共同之处。例如，自然性、有机性、个性化，等等。后现代生活方式之所以可能，还要依赖于现代化所提供的生产力，还依赖于科技所创造的效率和便利。不过，生产力一旦取得相应的突破，现代化所依赖的原有基础就必然发生改变，原有的生活方式也必然发生改变。

生活方式的民族性和时代性，构成生活方式的传统性。1871 年英国文化学家泰勒在《原始文化》一书中指出："文化或文明就其广泛的民族学意义上来说，乃是包括知识、信仰、艺术、道德、法律、习俗和任何人作为一名社会成员而获得的能力和习惯在内的复杂整体。"① 不同民族在不同时代的生活方式有所不同，每个民族在自己的历史过程中，都形成了自己的独特的生活方式，这种生活方式能够长期保持，所以构成传统。在一定时期内，现代化以其理性的同化功能，导致了各民族生活方式的同一趋势。但是，这种同一趋势并不是始终的，在一定条件下会出现相反的趋势，即不同民族在不同阶段对现代性的逆反。这就可能出现相反的多元趋势。在这里，传统的作用会逐渐凸显，人们的生活方式会出现回归传统的趋向，不同民族的文化基因作用会重新显现。从各民族历史来看，文化与生活方式密切不可分，文化影响着甚至主导着我们的生活方式，同样，我们的生活方式也涵养着我们的文化。另一方面，文化是一种传统，文化所决定的生活方式也成为一种传统。既然是传统就必然影响并决定着我们生活方式的延续。

源于西方的现代化是最具有同化能力的历史过程，特别是 20 世纪末的全球化，使全世界各个民族都认同了科学技术、市场经济和民主政治，同时也使各个民族的生活方式更加接近。但是，这种同化过程仅仅是一个方面，在一定程度上和条件下，同化会转化为反面即异化和分化，即朝着反方面或不同方向转化，从而出现新的民族化倾向。这是因为，不同民族在现代化过程中，一方面学习其他民族先进的东西，另一方面也要剔除那些与民族文化不能相融的东西。在这一过程中，一些陈腐无用的东西消失了，一些优秀的东西留下来并融入自己的文化传统。从最终的结果看，文化和传统的影响始终都会存在并发挥作用，并在现代生活中一直体现着各

---

① ［英］泰勒：《文化之定义》，参见庄锡昌等编：《多维视野中的文化理论》，浙江人民出版社 1987 年出版，第 99—100 页。

自的民族性。

3. 现代生活方式的变革

现代生活方式源于西方，是西方世界在 16 世纪以后逐渐形成的。在工业革命前，这种生活方式仅仅以"思潮"方式影响着社会生活，但是在工业革命后，随着工业化的深入进行，社会生活方式也全面现代化了。这就是说，现代生活方式是建立在工业文明基础之上的。尽管说工业文明离不开农业文明的传统，但工业文明与农业文明有着截然不同的特点。工业文明不是建立在以土地为主的资源基础之上，而是建立在以资本和制造为主的生产方式之上的，其最基本的特征就是高效率。但是，现代工业文明带来高效率生活的同时也带来一系列矛盾，而这些矛盾是过去人们从来没有遇到过的。

首先，机械方式的生产破坏了自然生命的再生产过程。

现代化的基础是工业化。工业生产与农业生产存在根本不同，即工业是无机的机器生产方式而农业是有机的生命生产方式。工业革命以来，大机器生产曾经以其低成本优势摧毁了古老民族的生命生产方式，同时也为他们带来了高效率的生活方式。所以在工业化时期，人们一度产生了对工业化的恐惧和崇拜，即没有现代工业就不能生存。但是这种无机的生产方式带来的是环境污染和生态破坏，正如马克思指出的：资本主义生产"一方面聚集着社会的历史动力，另一方面又破坏着人和土地之间的物质交换，也就是使人以衣食形式消费掉的土地的组成部分不能回到土地，从而破坏土地持久肥力的永恒的自然条件"①。可见，大机器工业的无机生产方式是工业社会矛盾的根源。

其次，现代市场经济的生产方式导致消费主义泛滥。

现代市场经济体制下的生产具有无限扩大趋势，从而产生对消费的依赖，导致消费主义泛滥。一般认为，消费主义是由于社会经济进入买方市场时代，所谓的"需求约束"成为经济发展的瓶颈，所以不能不通过刺激消费来维持和扩大再生产。这是一种大大的误区，实际上需求从来不应成为发展的约束，相反，需求永远是发展的根本动因。历史事实是，市场经

---

① 《马克思恩格斯全集》第 23 卷，人民出版社 1972 年版，第 552 页。

济和工业化带来了生产力的高度发展，市场经济给工业发展以制度激励，而工业发展大大提高生产力水平，而两者的结合导致了生产相对过剩问题。另一方面，由于分配不平等，收入差距过大，社会出现了过度消费和炫耀式消费，加剧了消费主义的盛行。为了使经济继续运行和发展，不得不鼓励人们的消费。不消费就灭亡，消费甚至成了一种畸形的意识形态。而这种普遍的过度消费给资源和环境带来越来越大的压力，进一步导致社会生产和资源环境的极度不平衡。

再次，大工业生产的集聚效应导致日益严重的城市病。

城市生活是现代化的重要标志之一。城市的兴起和城市生活的普及是工业化的结果。但是，城市化导致一系列社会矛盾和危机。由于现代交通工具的发达，导致了城市的进一步扩张，越来越多的人们奔波在工作和居住之间。交通越是发达，城市就越是扩张，城市越是扩张，交通就越是拥挤。与此同时，城市生活还带来人文主义危机：城市用钢筋水泥将人们隔离开来，人们的交往方式发生了根本的变化，人们完全没有了邻居概念，人们的居住关系越来越紧密，而人们的人文关系却越来越疏远。

工业化、市场化和城市化本身作为现代社会的三大核心特征，大大推进了人类进步。但是，当这"三化"完成以后，现代化所形成的发展惯性却不能得到改变，从而导致过度的工业化、过度的市场化和过度的城市化。这些现代性的过度发展，必然导致经济社会矛盾的突出和激化。中国现代化起步较晚但速度较快，很多矛盾没来得及应对准备就到来了。这既是现代化的后发优势所致也是现代化的后发劣势所致。所以，我们面临着双重的历史任务，既要进一步完成现代化，也要对现代化过快所带来的矛盾加快治理。这就是中国现代化面临的双重问题。

对于中国来说，现代化的后发优势不仅在于有外来技术和经验可以借鉴，还在于"前现代"的观念意识记忆犹存。对于相当一部分中国人来说，经历过前现代的贫困，有过简朴生活的经历，还能知道生活的本质究竟是什么。所以，回归的路并不遥远。生活方式的重建，关键问题是我们必须弄清楚我们到底需要什么，我们的真实需要是什么。

生活方式改变从根本上讲是人类需要的改变。需要源于欲求，是人类本来就有的，是与生俱来的本能的要求。中国古人讲"食、色，性也"，说明这些都是人所固有的需要。马克思也认为，人为了生活"首先就需要吃喝住穿以及其他一些东西"，把人的生理需要称为"一切历史的第一个前提"①。人类生产首先是要满足这些基本需要。随着社会经济的发展，人们的需求层次不断提高，从生理需要发展到心理需要，从物质资料需要发展到精神文化需要。这种跨越是社会进步的结果，但同时也带来异化的效果。这种异化有两个方面。一方面是在基本需要满足以后，还衍生出炫耀需求，满足其心理上的需要，而这种需要往往是无止境的，从而激起人类的贪婪本性。人类的贪婪决定人们对于财富的疯狂追求，而对于财富的追求导致人类需要偏离其本质。这就产生了另一方面的问题，即人类在追求需要满足的过程中迷失了目标，将满足需要的手段即物质资料生产当成了目的本身，于是本来属于人类行为的消费反而支配了人类行为。这样，目的和手段发生了完全的颠倒：生产和经济的增长不再是为了满足需要，而成为惟一的目的，而消费成了保证过剩性生产和无限度的经济增长的手段。正如丹尼尔·贝尔指出的："资产阶级社会与众不同的特征是，它所要满足的不是需要，而是欲求，欲求超过了生理本能，进入心理层次，因而它是无限的要求。"② 在这个一切受欲望所驱使的社会中，社会规范松弛，人的主体性必然发生动摇。

所以，要改变现行的不合理的生活方式，就必须解决需要问题，弄清楚我们究竟需要什么。马斯洛提出人类需求层次理论。他把人类需要分为几个层次，包括，生理上的需要、安全上的需要、情感和归属的需要（社交需要）、尊重的需要、自我实现的需要。五种需要可以分为两级，其中生理上的需要、安全上的需要和感情上的需要都属于低一级的需要，这些需要通过外部条件就可以满足；而尊重的需要和自我实现的需要是高级需要，这些是通过内部因素才能满足的，而且一个人对尊重和自我实现的需要是无止境的。同一时期，一个人可能有几种需要，但每一时期总有一种需要占支配地位，对行为起决定作用。任何一种需要都不会因为更高层次

①《马克思恩格斯选集》第一卷，人民出版社 2012 年版，第 158 页。
② ［美］丹尼尔·贝尔：《资本主义文化矛盾》，生活·读书·新知三联书店 1989 年版，第 68 页。

需要的发展而消失。各层次的需要相互依赖和重叠，高层次的需要发展后，低层次的需要仍然存在，只是对行为影响的程度大大减弱了。

马斯洛的需求层次理论是基本符合人类共性的，但对于需求变化与社会生活方式变革来说，还必须考虑历史与民族以及某些特殊条件。从人类社会发展的历史上看，物质资料的发展作为社会发展的基础，不同时代有不同的水平和标准。所以，每个历史阶段或时代都有不同的需求层次。另一方面，不同民族的需求层次是不同的。民族性的本质是文化传统，特殊的文化对于需求层次影响很大，可以在很大程度上改变甚至颠覆马斯洛的需求层次。此外，还要考虑某些特殊的社会条件变化对需求的影响。如宗教信仰变化可能改变人们的需求层次，战争与革命也可能改变人们的需求层次，价值观变化也可能改变人们的需求层次等等。还必须指出的是，马斯洛的需求层次理论是一种线性的进化理论。这种理论符合某一特定历史阶段的经验事实。但是一旦用超历史的和非线性的方法来考察，就会发现其悖逆之处。所以，生活方式重建，要逆马斯洛需求理论方向思考。根据马斯洛的需求理论，人们的需要会无止境地提高，正好满足人类的贪婪本性，而逆向思考则导向见素抱朴，回归简单。所以，现代生活方式的重构必须从人的本质需要出发。

二、消费方式变革

西方马克思主义者通过对消费异化的批判，提出未来社会革命的理论。他们认为，未来的社会革命，将不是发生在生产领域，而是发生在消费领域。[①] 西方现代化的主要进步源于生产领域，即生产变革导致社会其他各个方面的变革。但是，当现代化进入成熟阶段以后，生产力发展所能提供的变革力量便开始递减，这个领域必然出现制度固化从而成为阻碍社会变革的力量。所以，社会变革的力量必然出现在其他领域。这就是消费变革。

1. 消费的本质：需要与需要的满足

生活方式主要是消费方式消费就是需要和需要的满足。所以，生活方

---

① 李琴：《当代西方消费主义文化的唯物史观思考—消费问题研究的新视角》，《学术界》2006 年 2 期。

式变革首先要解决需要和需要的满足问题。现代消费异化就是消费脱离了人类的本质需要，而这种消费异化导致的结果则是社会的自然环境和人文环境的危机。

从消费异化回归消费的本质，首先要解决需要的本质问题。

需要分为人类的本质需要和非本质需要。本质需要是在特定的社会发展水平之上和在一定的社会习俗约束之下，人们的社会生活所"必要"的需求。除此之外的需要就是非本质需要，而非本质需要产生的消费行为主要是"炫耀性消费"。凡勃仑在《有闲阶级论》一书中提出，"炫耀性消费"的动机不在于或不主要在于追求生活质量的提升，而在于显示消费者的身份、地位和财富。"炫耀性消费"不仅存在于有闲阶级中，而且也存在于一些收入并不高的家庭中。他们在家庭内部可以生活节俭，而在大庭广众面前的消费中则要显示"阔绰"，实际上是一种"面子"需要。事实上，炫耀性消费是社会上普遍存在的现象。

其次要解决需要满足的程度问题。

需要满足问题也就是消费的限度问题。在一定生产力发展阶段，人们的需要总是有限的。庄子说："鹪鹩巢于深林，不过一枝；偃鼠饮河，不过满腹。"（《庄子·逍遥游》）中国古人认为消费的满足就是"够"，即以"足用"为限。孟子说："五亩之宅，树之以桑，五十者可以衣帛矣。鸡豚狗彘之畜，无失其时，七十者可以食肉矣。百亩之田，勿夺其时，数口之家可以无饥矣"，"仰足以事父母，俯足以畜妻子。"（《孟子·梁惠王上》）这就是一种丰衣足食和知足常乐的社会状况。但现代社会的特点是不仅要满足基本需要，而且还要满足炫耀需要，不仅要满足消费需要，而且还要实现更多地占有。而以占有为目的的需要则是无限制的，永远得不到满足。现代社会人们的这种需要特征决定社会生产的无限制扩大趋势，但与此同时的社会却不能保证消费也具有相同的无限扩大趋势，因为消费是受消费习惯和收入制约的。这就导致生产与消费的矛盾。

最后，要解决消费的目的问题。

需要与消费并不完全是一回事。在工业社会和市场经济体制下，为解决需求不足问题，人们主张刺激消费以满足生产扩大趋势。然而，经过刺激而产生的消费，完全可能是一种过度消费甚至是浪费。因为这种消费并不是由人们自然需要产生的，而是为了社会再生产的延续而人为地创造的。刺激消费作为政府经济政策实际上源于大危机时代。根据现代经济学理论，经济危机的根源在于有效需求不足，而要消除危机就必须扩大有效需求，以满足供给，实现市场出清。可见，这里不是供给满足需求，而是需求满足供给，不是生产满足消费需要，而是消费满足生产需要。这也是现代社会的一种本末倒置现象。

总之，消费本质的回归，首先是使消费回归到满足人的本质需要方面来，避免炫耀式消费的扩大；其次要回归到以人类本质需要的满足为限，避免过度消费和不必要的浪费；最后是要明确消费的目的是满足人的本质需要，而绝不是为了创造供给以满足生产需要。这实际上是一种根本性的观念变革，事实上是从现代异化的回归。

2. 消费方式变革：节俭、自然、审美

消费变革可以分为两个不同的层面，一个层面是与消费观念和消费方式有关的，如节俭、自然和审美；另一个层面是与消费的社会效应有关的，如伦理、公平与和谐。

第一，节俭。

崇俭黜奢是中国文化的不变传统。无论是儒家、道家、墨家都主张崇俭黜奢，总是将节俭归之于善，将奢侈归之于恶。《左传》说："俭，德之共也；侈，恶之大也。"（《左传·庄公二十四年》）不过，中国古人对节俭并不做绝对的理解，而是采取适度原则。《周易》曰："节，亨，苦节，不可贞。"（《易·节》）王夫之说："俭者，节其耳目口体之欲，节己不节人"。（《张子正蒙注·太和》）不过到了近代，受西方现代观念影响，中国学者也提出鼓励消费的观点。如谭嗣同认为，由于崇俭，人们"持筹握算，铢积寸累，力遏生民之大命而不使之流通"。他还说："今日节一食，天下必有受其饥者；明日缩一衣，天下必有受其寒者。家累巨万，无异穷人。坐视赢瘠盈沟壑，饿殍蔽道路，一无所动于中，而独室家子孙之为计。"（《仁学》二十，《李耳之术之乱中国》）可见，谭嗣同的这些观点已经比较"现代"了。当中国真正进入现代化进程以后，特别是进入市场经济体制以后，消费观念发生了质的变化，特别是在某些需求疲软阶段，鼓励消费成为撬动市场的政策手段。所以，中国逐渐将节俭传统抛弃了。更为严重的是，现代消费往往成为一种被动的强迫性消费。就是说，这种消费并不是源于人们真正的需要，而是在厂商的广告刺激下或其他某种力量鼓动下进行的消费。这种消费需求是创造出来的，是外生的而不是内生的，在这种情况下，不仅生产出现了"为生产而生产"的情况，还出现了"为消费而消费"的情况，到最后则进一步发展到"为生产而消费"的情况。所以，要实现消费变革，从消费异化回归，就要重新提倡节俭和崇俭禁奢。

第二，自然。

中国文化传统中，人不是自然之主而是自然的一部分，即所谓天人合一。西方文化传统以人为中心，实际是天人两分。但现代社会的生产力发展，在很大程度上已经与自然发生了冲突，在某种意义上说，这种冲突的原因并不在于生产方式而在于消费方式。在现代经济中，消费成为社会发展的逻辑起点，社会发展的动因也要落实到消费力的提高方面，这就导致消费主导了生产。这就是说，"大量消费"导致"大量生产"，而"大量生产"推动着人类去无限度地开发自然资源，使环境、能源和生态承受巨大的压力。波德里亚认为，消费不是单一的经济行为或生活方式，而是与生态文化、生态文明相统一的社会生态系统的一个重要环节，因而经济社会发展对自然生态环境具有特殊的路径依赖。圭亚那学者施里达斯·拉夫尔也认为："消费问题是环境危机问题的核心，人类对生物圈的影响正在产生着对于环境的压力并威胁着地球支持生命的能力。从本质上说，这种影响是通过人们使用或浪费能源和原材料所产生的……对自然资源的透支和对自然生态的污染，正在日益造成家园的失落，成为我们生存的巨大危险和缺憾。"① 为了解决现代化与资源环境的关系，就必须从消费变革入手。这就是改变人们的消费习惯，倡导一种有机的生活方式，使人的消费活动符合自然规律，即顺自然而为。如果人们的消费是理性的，欲望是有限的，社会需求受到约束，那么人们就不会盲目地扩大再生产，人类就能够从生产和消费以及自然的恶性循环中解脱出来。

---

① 〔圭亚那〕施里达斯·拉夫尔：《我们的家园——地球》，夏堃堡等译，中国环境科学出版社 1993 年版，第 13 页。

第三，审美。

墨子说："食必常饱，然后求美；衣必常暖，然后求丽；居必常安，然后求乐。"（刘向：《说苑》，引《墨子》佚文）这番论述与马斯洛需求层次理论有异曲同工之意。随着生产能力的发展，人类需要不断变化，因而人类消费的重心也不断变化。到现代社会，人类消费已从生存性消费向享受性消费和发展性消费转变，而伴随着这种转变，消费的审美化趋势也越来越突出地显现出来。美国经济学家加尔布雷斯认为，当消费发展到某一限度时，凌驾一切的兴趣也许是在于美感。托夫勒也提出，我们正从满足物质需求为主的经济过渡到一种与满足心理需求相联系的经济，所以"会有更多的经济力量转向满足消费者对美和气派、个人爱好和感官享受等方面变化无常、五花八门和因人而异的需要。制造部门将投入更大的财力、物力有意识地设计心理优势和心理满足"①。事实上，这种消费趋势存在两个方面：一方面是炫耀式消费，这代表了消费的异化；另一方面是审美式消费，这代表了消费层次提高和人类消费发展的健康方向。这种审美化方向的消费，还有更高层次的标准，即对人生意义、人生价值、宇宙真谛的追求。这事实上是人与动物的根本区别，正如费尔巴哈所说："动物只为生命所必须的光线所激动，人却更为最遥远的星辰的无关紧要的光线所激动，只有人，才有纯粹的、理智的、大公无私的快乐和热情。"②

3. 消费价值变革：伦理、公正、和谐

消费变革的另外一个层面问题涉及到伦理、公正与和谐。消费作为人类社会生活的基本内容之一，不仅是经济现象，而且是伦理现象。从消费的伦理性质出发，必然引出消费的公正问题，包括人的基本消费权利的保证和消费公平目标的实现。此外，还包括在消费行为中人与社会和人与自然的和谐。

第一，伦理。

一定的消费伦理观念是社会物质生活的"反映"，而人们在消费活动中总是受一定的消费伦理观念的"引领"。尽管现代生产是社会化大生产，

---

① ［美］托夫勒：《未来的冲击》，新华出版社 199 年版，第 189 页。
② 北京大学哲学系：《西方美学家论美和美感》，商务印书馆 1982 年版，第 210 页。

但现代消费则非常的个体化，人们消费什么，怎样消费，完全由个人决定。所以，现代社会的消费看起来纯粹是个人的事，这也就是所谓消费者主权论的根源。现代社会的消费异化导致消费主义盛行，而消费主义更强调以个体为中心，特别鼓励人们到消费中去寻找人生的意义。在他们看来，"我消费我存在"，消费就是人们精神满足和自我满足的根本途径。这样，人们占有和消费的越多，消费形式越是高档奢侈，人生就越有价值。这样，以"个体"为中心的消费就进一步转变为以"自我"为中心的消费。在这种社会生活方式之下，消费主义把个人的满足感建立在自己是否比身边的人或比自己的过去消费得更多的基础上。但事实上，消费并不完全是个人的事情，任何个体的消费都具有公共性。个人消费不仅关乎社会经济发展，而且影响社会生活、自然环境，以及道德伦理。而消费的伦理性是说个体消费不能违背社会一般意识之下的公共利益。所以，我们必须建立科学消费伦理，积极倡导健康文明的消费方式，避免因人类扭曲的物欲所导致的消费异化和消费主义，避免自然生态和人文生态的进一步失衡。

第二，公正。

既然消费不是个人的事，那么就存在是否公正的问题。在现代社会，由于人们的个人收入不同，个性爱好、文化背景及受教育程度不同，消费观念和消费方式存在各种差异。这种消费差异是社会存在和发展的必然现象，因而具有一定的合理性。但是如果这种差异过大就成为"消费不公"，并且与人类基本生存和发展的公平原则相悖。消费应该是人的一种基本权利，而消费公平则是作为一种基本人权的价值和目标。这是因为消费是人的基本生存和幸福快乐的基础条件，随着社会的发展和进步，消费水平和方式也不断变化和提高，任何社会都必须保证人们的基本生存权利，保证人们与社会发展水平和道德标准相适应的基本消费。总之要避免"过饥"或"过饱"。另外，消费公正还包括代际公正。中国传统社会具有浓重的宗法性和伦理性。所以极其重视代际关系。特别是儒家思想，特别重视尊老爱幼，孝道成为社会的基本伦理之道，家族延续是家庭的基本目标。在中国人的心目中，宁肯自己节省也要子女过得更好。所以，消费的代际公正观是根深蒂固的。对于一个社会来讲，消费的代际公正要求致力于解决全球环境恶化和资源枯竭等问题，并保证经济社会的可持续发展。

第三，和谐。

现代消费社会是一个异化社会，充满了消费冲突。现代消费主义是与生产无限扩大趋势联系在一起的。现代生产者为了生产的持续，不断地刺激人们的消费欲望，不断创造"需求"。但事实上，这种需求是虚假的，非理性的，更是浪费的，不仅不能给社会带来益处，反而会增加人们的经济负担。进一步讲，这种"虚假需求"会进一步刺激生产的无限制扩大，还会增加资源环境压力，导致生态危机。此外，消费异化和消费主义还导致社会的文化观念的矛盾和冲突。波德里亚指出：消费逻辑不仅支配着物质产品，而且支配着整个文化、性欲、人际关系以至个体的幻象和冲动。这种不断复制传播的、内爆出的一种无差别的仿像流使得当今世界的政治、经济、文化消失了界限，社会万象处于目眩神迷的变幻流动之中，哲学话语、社会理论、大众传播理论以及政治理论的边缘正在侵蚀消融，甚至不同社会形态和意识形态结构都不再壁垒森严。在这个生产过剩的消费社会中，当代人的活法是白色的，没有感情介入，没有形而上冲动，也不可能有理想热忱。① 只有当消费回归于俭，亦即当人们放弃炫耀消费模式后，人们就不必追求更多地占有，对物质资料的贪欲会减弱，节俭成为人们的自然习惯。如果消费欲望缩小了，占有欲望也会随之减少，至少消费不再成为刺激占有欲的因素。只有当消费回归于俭，人们放弃"多多益善"的消费模式后，生产的无限扩张趋势才会得到缓解，生产对自然的压力自然会减轻，人与自然的关系也会逐渐和谐。当人们放弃"多多益善"的消费模式后，"以我为中心"的经济伦理也会得到改善，人与人的关系，特别是人的代际关系都会得到相应的改善，自然会减轻环境压力，促进人与生态的和谐。

4. 消费导向：消费方式决定生产方式

马克思指出，"人从出现在地球舞台上的那一天起，每天都要消费，

---

① ［法］让·波德里亚：《消费社会》，刘成福、全志钢译，南京大学出版社2000年版，第231页。

不管在他开始生产以前和在生产期间都是一样。"① "生产为消费创造作为外在对象的材料；而消费为生产创造作为内在对象、作为目的的需要。" "消费在观念上提出生产的对象，把它作为内心的图像、作为需要、作为动力和目的提出来。"② 这就是说，消费总是为生产创造出新的需要，引导生产的方向和方式。

西方古典经济学认为，现代资本主义经济发展的动力是生产，是持续改善和更新生产条件和基础设施，并且培育兢兢业业和具有一定生产技能的劳动者。所以他们主张节欲和积累，并鼓励人们踏实工作，为社会创造财富。但是当西方进入消费社会以后，新古典主义和凯恩斯主义经济学主张消费第一，即通过各种方式扩大人们的消费需求以满足生产的需要，即维持社会不断扩大的再生产。在这种经济模式下，如果没有更大的物质欲求和消费动机，物质生产和财富创造将失去动力，再生产就不能持续，现代社会经济运行就要停滞甚至停止。这样，消费转向了主导方面，也就颠倒了生产与消费的关系。马尔库赛认为，在当代资本主义社会，统治者把操纵消费作为社会控制的手段，通过制造各种"虚假需求"，人与商品的关系完全颠倒了，不是商品为满足人的需要而存在，而是人为了使商品得到消费而存在。这是一种根本的颠倒。正是这一颠倒导致了现代社会的矛盾和危机。所以，社会变革也就必须从消费变革开始。

消费方式变革的根本方面就是在物质资料消费方面回归于"俭"。回归于"俭"并不是"禁欲"，而是消除消费异化，重新认识消费的本质，重新定位消费的意义。马克思指出："真正的经济——节约——是劳动时间的节约。而这种节约就等于发展生产力。"③ 实际上，消费主义导致的过度消费是浪费了人们的本来可以不用于生产的时间，这些时间完全可以用来进行文化创作、休闲生活、艺术欣赏等。就是说，这些时间应该是用来提高生活质量和生命价值的，而在现代经济模式下只能是为了生产的无限制扩大而用于生产。但这些生产活动并不是真正有意义的，纯粹是为生产

---

① 《马克思恩格斯全集》第 23 卷，人民出版社 1972 年版，第 191 页。
② 《马克思恩格斯选集》第二卷，人民出版社 2012 年版，第 691 页。
③ 《马克思恩格斯全集》第 46 卷下，人民出版社 1979 年版，第 225—226 页。

而生产。相反，如果我们回归于俭，也就是将这些过度的消费"节约"下来，即不再为了生产的无限制扩大而进行没有意义的消费，那么，我们也就没有必要为了这些没有意义的生产活动耗费我们的时间和生命。这样，我们就可以大大提高生活质量、生活品味、智商和情商。正如马克思所说的，这类节约"决不是禁欲，而是发展生产力，发展生产的能力，因而既是发展消费的能力，又是发展消费的资料。消费的能力是消费的条件，因而是消费的首要手段，而这种能力是一种个人才能的发展，一种生产力的发展"①。通过马克思的这一逻辑，我们可以将传统意义上的节俭赋予现代意义，从而使生产主导的现代经济转向消费主导。这个视角的转变可以决定现代经济生活的根本变革。

但消费回归于俭绝不是禁欲，而是将消费的物质主义转向精神文化方面。马斯洛曾百思不得其解："为什么富裕使一些人发展而使另一些人停留在'物质主义'的水平上。"② 事实上，这个"马斯洛难题"根源就在于现代经济社会的生产决定或生产导向模式。这种经济模式使人们无限制的扩大消费成为无限制的扩大生产的前提条件，进一步讲，人们的无限贪欲是这种生产模式延续的条件。然而，当我们将消费需求作为经济导向的话，方向就会得到转变。当人们超越消费的"物质主义"之后，文化精神消费将成为消费的重心。也就是说，当人们从无限制的物质资料消费转向精神文化消费后，对物质世界的压力会得到减轻，生产也必然从物质生产转向文化生产。反过来看，精神的东西增加了，人们对物质财富的追求自然会减弱，本性的贪婪会因为精神提高而改变。所以马斯洛说："我们有必要在自我实现者的定义上再加上一条，即他不仅身体健康，基本需要得到满足，能积极地发挥能力，而且忠实于一些他正在为之奋斗或摸索着的价值。"③ 这里，马斯洛不仅将其需求层次增加了自我实现，而且将自我实现需求增加了精神和价值追求。所以，消费回归于俭，决不是回归于简单的"自然主义"，更不是"禁欲"，而是超越"物质主义"消费转向精神

---

① 《马克思恩格斯全集》第 46 卷下，人民出版社 1979 年版，第 225—226 页。
② 〔英〕柯林·威尔森：《心理学的新道路》，杜新宇译，华文出版社 2001 年版，第 180 页。
③ 〔英〕柯林·威尔森：《心理学的新道路》，杜新宇译，华文出版社 2001 年版，第 180 页。

文化消费，使人类消费生活跨上一个新的台阶。这正是"消费决定生产"的真正含义。

三、居住方式变革

1. 现代城市的理性危机

城市化是工业文明最辉煌的果实。城市化的进程同样遵循工业化的原理和逻辑：一方面，现代城市的出现和发展遵循理性原则，它既包括生产组织方面的积聚效应，也包括社会交往方面的利益取向；另一方面，现代城市的生活也是理性的，包括消费行为的一致性和精神生活的超感性。城市发展为生产者提供了更有效益的空间，因而各种资源都向城市聚集。由于这种集聚会产生效益，因此进一步导致更多的资源聚集，这就造就了大城市和特大城市。然而，集聚导致严重的城市病。比如拥挤，美国城市史学家刘易斯·芒福德指出："机械和公用事业在注重生命的制度下原可以利用来疏散，这里却用作加剧拥挤的一种手段或是提供某种程度的缓减——但要付出代价。"① "拥挤使大都市地区的重要经济活动受到妨碍，这是高昂的代价。由于纯粹用机械的方法去克服拥挤，还要付出更高昂的代价。"②因而，尽管城市规划师们设计了各种方法来克服拥挤，但结果却是越来越拥挤。大都市像一块磁石，仍旧吸引着各个方面的资源向这里聚集，结果使问题越来越严重。

大城市的生产或经济方面的理性紧张，源于现代性的生产方式或经济增长方式。刘易斯·芒福德指出："一个以营利为目的的而不是以满足人民生活需要为目的的扩张中的经济必定创造出一个新的城市形象。就是：一个永无止境日益扩大的无底洞的形象，它消费掉扩大的工业和农业的产品，以响应连续不断的宣传和广告的号召。"两个世纪以前，这样的一种经济是无可非议的，"但是，在西方国家，特别是在美国，温饱问题早已解决，除了分配和有关生活需要外，反而产生了一连串的令人头疼的麻烦

---

① ［美］刘易斯·芒福德：《城市发展史——起源、演变和前景》，宋俊岭、倪文彦译，中国建筑工业出版社 2005 年版，第 556 页。

② ［美］刘易斯·芒福德：《城市发展史——起源、演变和前景》，宋俊岭、倪文彦译，中国建筑工业出版社 2005 年版，第 551 页。

问题，即过多和过饱的问题。于是，今天扩张本身就成了目的，为了达到这一目的，这个社会的统治者们求助于制造金字塔的各种可能方法，以便节节升高，步步扩大"①。一旦经济走上了这种扩张轨道，这个手段就会迅速转变成为目的，使"运转成了目标"。而"在这种扩张中走了红运的工业，为了维持它们的产量，必须专心致力于生产出容易消费掉的商品（不论是由于商品的性质或是由于制造质量差而使商品容易消费掉）。机器生产的经济效益很快被规模更大的强制性消费所抵消，因为它不去生产闲暇和耐用财富而是生产流行式样或是有内在的陈旧性的商品，这些商品必须很快消费掉"②。

不仅大城市的生产或经济出现理性的紧张，大城市的生活包括精神方面也出现理性的紧张。齐美尔指出：大城市是超越于一切个性的文明的舞台。大城市人的个性特点所赖以建立的心理基础，是表面和内心印象的接连不断地迅速变化而引起的精神生活的紧张。当外界环境的潮流和矛盾使大城市人感到有失去依靠的威胁时，他们——当然是许许多多个性不同的人——就会建立防卫机构来对付这种威胁，他们不是用情感来对这些外界环境的潮流和矛盾作出反应，主要的是理智，意识的加强使其获得精神特权的理智。通过那种可以称之为客观精神的东西对主观精神的优势，现代文明的发展形成了自己的特点，即在诸如语言和法律、生产技术和艺术、科学和家庭环境问题上体现出了一种总体精神，这种总体精神日渐发展，结果是主观的精神发展很不完善，距离越拉越大。"在大城市里，雄伟舒适的公寓建筑、学校的集体生活方式和明确的校服制度，都说明大城市充满着具体的无个性特点的思想。可以说，这种情况不能使个人保持自己的特点。一方面，个人的生活变得极为简单，个人的行动、兴趣、时间的度过以及意识都要由各方面来决定，他们似乎被放到河面上托着，几乎不需要自己游泳。可是另一方面，生活却越来越由无个性特点的内容和现象组成，而这些无个性特点的内容和现象要排斥本来有个性的色彩和特点，这

---

① ［美］刘易斯·芒福德：《城市发展史——起源、演变和前景》，宋俊岭、倪文彦译，中国建筑工业出版社 2005 年版，第 557 页。

② ［美］刘易斯·芒福德：《城市发展史——起源、演变和前景》，宋俊岭、倪文彦译，中国建筑工业出版社 2005 年版，第 557 页。

就刚好使得这种必定能产生最大特点的个性丧失了。"① 当这种情况发展到极点时，人就被贬低到微不足道的地步。

总之，现代城市是一个极端的矛盾体。刘易斯·芒福德指出："城市文化从一开始就出现了释放与奴役，自由与强制。""大都市和它附属地区的许多内部问题是整个文明的一种反映，这个文明是由于严密的有理性的科学手段来扩大发展的，为的是一些日渐变得更加空虚无聊的目的，更加初期和原始的、更加野蛮和极无理性的目的。"② 大都市的文明包含着尖锐的矛盾，"这种矛盾在城市刚一创立之时就埋入它的生命进程之中，并且将一直伴随到它的终结"③。

2. 新乡居时代：从城市化折返

现代城市的发展基本上是理性方面的发展，主要表现为科技进步、工业制造、交通通讯等硬件方面的发展。但是，人的另外一方面的本质需求，即人与自然之间的感性联系、人与人之间的情感交流、人与历史之间的智识交换等，这一切似乎都被忽视和掩盖了。所以，现代城市人在享受物质生活便利的同时，却没有获得幸福感的同步提升；科技发展的日益专门化使得大众更多地受到传媒的隐性控制，甚至陷入蒙昧状态而不知；对于自然的直接经验的丧失，使得人们的脑海中充满了舆论所导致的刻板偏见；以至于城市人的情感也不可避免地被模式化或格式化。总之，伴随着城市"水泥森林"的扩张，各种高层建筑，以及盘旋于城市中的高架桥、高速公路、地铁轻轨等，在给人们带来便捷的同时，也使得现代城市人不可避免地感受着拥挤、喧嚣、紧张与激动。确实，在当今都市社会的遍布钢筋和混凝土的物化世界里，人文精神的失落已是不争的事实。④ 这也就是说，现代城市文明并不创造社会的和谐而是导致人的内外焦虑。

与现代城市相比较，传统的乡村生活往往显示出感性的一面，包括亲

---

① ［德］齐美尔：《大城市与精神生活》，《桥与门——齐美尔随笔集》，涯鸣、宇声等译，上海三联书店 1991 年版。

② ［美］刘易斯·芒福德：《城市发展史——起源、演变和前景》，宋俊岭、倪文彦译，中国建筑工业出版社 2005 年版，第 566 页。

③ ［美］刘易斯·芒福德：《城市发展史——起源、演变和前景》，宋俊岭、倪文彦译，中国建筑工业出版社 2005 年版，第 570 页。

④ 施旭升：《城市意象与诗意栖居》，《文化艺术研究》2010 年第 5 期。

近自然、亲近邻人、家人常聚等。几千年来，传统农业文明的生产方式建立起了一整套相对稳定的制度，形成了丰富而悠长的文化和习俗。一方面，人类与自然相互依存，人对自然的依赖感甚至内化为人类生存意识的核心；另一方面，人与人之间相互依存，人对社会的依赖感同样成为人类生存意识的核心。所以说，与城市理性生活相反，乡居生活是一种感性生活。面对令人厌倦的极其理性的城市生活，人们开始做逃离城市的尝试，在周末与家人和朋友到远近郊的乡村小住，也有一些自由职业者干脆到乡村去过起自己的乡居生活。而现代化的通讯手段和物流系统，又使他们的这种生活并不脱离现代社会。事实上，他们的尝试正是未来新乡居生活的端倪。

我们可以畅想未来的新的乡居模式，并从中获得某种启示：

第一，回归感性——家园意识的重建。

现代城市生活是高度理性但缺少情感的生活。斯宾格勒曾经指出："只有作为整体，作为一种人类的住处，城市才有意义。"[①] 但事实上这是现代城市所做不到的。人们每天忙碌着，早上匆匆集中到写字楼，傍晚再匆匆分散到各自的居所，人们没有时间也没有途径进行自由的沟通，因而也就难以有充分的感情交流。人们大多数都是居住在小区的公寓内，没有邻里概念，即使是一墙之隔的邻居也可能从未谋面，更不用说作感情的沟通了。家庭成员不可能在相同的单位工作，只有晚上和周末的短时间相聚。所以，人们的情感生活极其缺乏。而新的乡居时代人们的工作地点和居住地点是合一的，人们不需要早起赶车，不需要按时上下班，他们工作就是生活，生活就是工作，家庭成员再不用聚少离多，而是耳鬓厮磨，相亲相爱，在生活的同时完成了工作。所以，新乡居时代是回归感性的尝试，也是社会伦理的归宿。

第二，回归自然——与自然的零距离接触。

现代城市是钢筋水泥构建而成的，不论是道路还是住宅，而人们自己则被钢筋水泥包围着。人们很少能够与真正的自然界作零距离的接触，因

---

① ［德］奥斯瓦尔德·斯宾格勒：《西方的没落》，齐世荣等译，商务印书馆1995年版，第213页。

为他们的工作地和居住地都远离大自然。尽管不少厌倦了城市生活的人们开始寻找郊外的居所，但是在现代经济模式下，这种郊外的生活成了一种奢侈的享受，对于广大人民来说是可望而不可即的。所以，现代人们将回归自然作为一个美好的愿景。当今的世界，由后工业化潮流推动而出现的新的一轮城市化进程，在企图消弭城市与乡村对立方面已尽了最大努力。新的城市化并不仅仅意味着都市化，不是以取消乡村为代价，相反，还要努力追求或营造出某种乡村的风味与情调。这足以说明，现代城居生活已经衰落并走向末路，人们已经在寻找新的居住模式。同时，人们也可以从中看到新的城市化所包含着以回归自然为指向的新乡居模式的端倪。

第三，回归传统——包含亲邻亲情的自然聚落。

人类本来是源于大自然的，即人是自然之子。中国历史上是典型的农业社会，乡居传统更是中国最重要的传统之一。这种乡居传统的特点是在自然基础上的亲情和亲邻。而现代城市生活是高度理性的生活，即由于集聚而产生的效率，由效率推进的集中，导致城市规模越来越大越来越集中。这种超大的城市不仅造成效率的逆向变化，更重要的是这种理性化的城市毁掉了由亲人和近邻所构成的"家园"。而新的乡居模式正是应对现代都市化的各种弊端而走进人们的理想。在这里，类似传统的村落既不算集中也不够分散，是根据人与自然的关系随意分布的。这里给人们提供的愿景，是自然而居，随缘而居，率性而居，向往着一种"天人合一"之境。

新乡居模式是从现代化和都市化的折返，是城市化发展到极端阶段的一个结果。但是，从城市生活到乡村生活的运动，与现代化过程的城市化运动是问题的正反面，仍然属于现代化的过程，并不能真正回归自然，只能是一种愿景的示现。

3. 马克思模式：城乡融合

现代化导致城乡分离和对立，后现代主义的新乡居理想仍不能解决问题。这是由于我们仍没有摆脱现代化的思维逻辑。我们需要一种新思维。刘易斯·芒福德指出：人类"需要构想一种新的秩序，这种秩序须能包括社会组织的和个人的，最后包括人类的全部功能和任务。只有构想出这样一种新秩序，我们才能为城市找到一种新的形式"①。这种新思维必须真正以人为本，超越传统的城乡二元对立，既不是将农村变为城市，更不是将城市变为农村，既不是进一步的城市化，也不是逆城市化的乡村化，而是采取融合的方法，消灭城乡对立，实现城乡融合。

马克思认为，城乡对立是一个历史范畴，必然随着生产力发展而被消灭并走向城乡融合。马克思指出："消灭城乡对立并不是空想，正如消除资本家与雇佣工人间的对立不是空想一样。消灭这种对立日益成为工业生产和农业生产的实际要求。"马克思认为："乡村农业人口的分散和大城市工业人口的集中，仅仅适应于工农业发展水平还不够高的阶段，这种状况是一切进步发展的障碍。"②"只有使人口尽可能的平均分布于全国，才能使农村人口从孤立和愚昧的状态中挣扎出来"。要"消灭城乡之间的对立，是社会统一的首要条件之一，这个条件又取决于许多物质前提"③，其中"大工业在全国的尽可能均衡的分布是消灭城市和乡村的分离的条件"④。但是从根本上来说，彻底消灭城乡对立；实现城乡融合必须"彻底消灭阶级和阶级对立；通过消除旧的分工，通过产业教育、变换工种、所有人共同享受大家创造出来的福利，通过城乡的融合，使社会全体成员的才能得到全面发展"⑤。马克思设想，随着社会主义迈向共产主义，人类必然逐步消灭城乡差别，从而使城乡成为"结合城市和乡村生活方式的优点而避免两者的偏颇和缺点"⑥ 的新的社会统一体。

城乡融合的根本基础是实现生产与生活的统一。在这种模式下人们无需在居住地和工作地之间奔波，人类居住是分散的，大量的地理空间留给了自然。这样，人与自然可以亲密地接触，并与自然融合在一起。马克思认为，"大工业在全国的尽可能均衡的分布是消灭城市和乡村的分离的条件"，为了使大工业生产摆脱地方性的局限，协调城乡的统筹发展，必须

---

① ［美］刘易斯·芒福德：《城市发展史——起源、演变和前景》，宋俊岭、倪文彦译，中国建筑工业出版社 2005 年版，第 2 页。

② 《马克思恩格斯选集》第一卷，人民出版社 2012 年版，第 308 页。

③ 《马克思恩格斯选集》第一卷，人民出版社 2012 年版，第 308 页。

④ 《马克思恩格斯选集》第三卷，人民出版社 2012 年版，第 684 页。

⑤ 《马克思恩格斯选集》第一卷，人民出版社 2012 年版，第 308 页。

⑥ 《马克思恩格斯全集》第 4 卷，人民出版社 1958 年版，第 368 页。

"由社会全体成员组成的共同联合体来共同而有计划地尽量利用生产力"，"只有按照一个统一的大的计划协调地配置自己的生产力的社会，才能使工业在全国分布得最适合于它自身的发展和其他生产要素的保持或发展"。① 只有农业人口和非农业人口在文化和生活条件上日益接近，才能"把城市和农村生活方式的优点结合起来，避免二者的片面性和缺点，才能使人类创造的文明成果成为全体人民都能享受的财富"②。

实现城乡融合的基本原则必须是以人为本。城乡分离造成社会分工和人自身的异化、分裂与对立。事实上，这也是现代化所造成的最大的矛盾结果。现代化城市的产生是现代理性的产物，即集中和集聚所产生效率，而效率进一步增强集中与集聚过程。同时，效率要求分工，分工则造成人的异化和分裂。所以，新的城乡融合模式必须从人本身的需要出发而不是从效率需要出发，从人的自由和全面发展的目的出发，而不是从分工与效率的目的出发。而人的自由全面发展目标就是要消除城乡分离造成的"劳动活动本身的畸形发展"③。只有消除城乡对立，实现城乡融合，才会使劳动者的劳动方式、生活方式和文明程度发生改变和提高，才会使"生产劳动给每个人提供全面发展和表现自己全部的即体力的和脑力的能力的机会，这样，生产劳动就不再是奴役人的手段，而成了解放人的手段"。④

4. 海德格尔模式：诗意栖居

现代社会城市迅速发展和扩张，所带来的一个最直接的矛盾就是住宅紧缺。由于住宅紧缺城市不得不更有效地利用土地，这就加剧了城市的拥挤，也进一步加剧了居住状况的恶化。恩格斯在《论住宅问题》中提出，解决住宅问题的核心"就是消灭城乡对立的问题"。他指出："资产阶级解决住宅问题的办法由于碰到了城乡对立而显然遭到了失败。这里我们也达到了问题的中心。住宅问题，只有当社会已经得到充分改造，以致可能着手消灭城乡对立，消灭这个在现代资本主义社会里已弄到极端地步的对立时，才能获得解决。"他说："想解决住宅问题又想把现代的大城市保留下

---

① 《马克思恩格斯选集》第三卷，人民出版社 2012 年版，第 683 页。
② 《马克思恩格斯选集》第一卷，人民出版社 2012 年版，第 305 页。
③ 《马克思恩格斯选集》第三卷，人民出版社 2012 年版，第 680 页。
④ 《马克思恩格斯选集》第一卷，人民出版社 2012 年版，第 681 页。

来，那是很荒谬的。"①

马恩以后的思想家们进一步提出了解决问题的思路，有的充满了浪漫主义想象，其中最以海德格尔"诗意栖居"模式最令人向往。海德格尔写道："不管住房短缺多么艰难恶劣，多么棘手逼人，栖居的真正困境都并不在于住房匮乏。真正的栖居困境比世界战争和毁灭事件更古老，也比地球上的人口增长和工人状况更古老。真正的栖居困境乃在于：终有一死者总是重新去寻求栖居的本质，他们首先必须学习栖居。"②

200 年前德国诗人荷尔德林浪漫地憧憬："充满劳绩，人诗意地栖居在大地上"。在海德格尔看来，诗意的安居是在"这块大地上"的安居，"诗意"并不是凌空飞跃大地，而是"裸呈于大地之上"。人诗意地栖居，并不意味着诗意只是栖居的装饰品和附加物，栖居的诗意也不仅仅意味着诗意以某种方式出现在所有的栖居中，而倒是说，"作诗才首先让一种栖居成为栖居"③。这也就是说，栖居以诗意为根基的。在他看来，人生存在天地之间，固然要为生存而劳碌奔波，但也要仰视苍穹，按照神明的尺规来度测自己。因为人之所以为人，是因为人的根基尽管在大地，但思想精神却可以到达天宇。只有在这个基础上，人才可能实现诗意栖居。这里，"诗"就是一种对神明的赞颂和对自我的度测，所以，诗是安居的本源，只有诗人方可到达本真的安居。

如果从中国文化传统的角度来看，诗意意味着和谐，是天地人神的统一，也就是"天人合一"。老子说："道大，天大，地大，人亦大，域中有四大，而人居其一焉。"（《老子》二十五章），遂将人的地位提高到和道、天、地并列。庄子更将人的精神生命提升到天地的境界，说："天地与我并生"（《庄子·齐物论》）、"独与天地精神往来"（《庄子·天下》）。而海德格尔为了探索人的"此在"存在，建构了以"世界"和"大地"为核心概念的"生存空间"。他认为，过去把人的生存空间理解为人与神的

---

① 《马克思恩格斯选集》第二卷，人民出版社 2012 年版，第 223 页。
② ［德］海德格尔：《海德格尔选集》，孙周兴选编，生活·读书·新知上海三联书店 1996 年版，第 1194 页。
③ ［德］海德格尔：《海德格尔选集》，孙国兴选编，生活·读书·新知上海三联书店 1996 年版，第 465 页。

二元结构是错误的，正确的理解应该是天、地、神、人共存共在的空间，人类通过天地神人四方游戏，从而建造自己美好的物质家园和精神家园。海德格尔说：如果我们把这多重之间称作世界，那么世界就是人居住的家。作为人居于世界之家这一尺度而言，人应该响应这种感召：为神建造一个家，为了自己建造一个栖居之所。"如果人作为筑居者仅耕耘建屋，由此而羁旅在天穹下大地上，那末人并非栖居着。仅当人是在诗化地承纳尺规之意义上筑居之时，他方可使筑居为筑居。而仅当诗人出现，为人之栖居的构建、为栖居之结构而承纳尺规之时，这种本原意义的筑居才能产生。"① 这里，海德格尔反复强调的是"筑居"与"栖居"的不同。"筑居"只不过是人为了生存于世而碌碌奔忙操劳，"栖居"是以神性的尺度规范自身，以神性的光芒映射精神的永恒。

海德格尔把自然看作是人类生存的根基，人类栖居的家。"人类的生存必须从属于大地、依赖于大地情感。人类要接受大地的恩典，保护大地处处固有的秘密，这就是人类生存的诗意所在，也是人类未来命运的诗意所在"。② 人类的根基不只是与动物的根基具有同样的方式，而且二者的根基本来就是同一个东西，这就是作为"完整自然"的自然。人应该返回自然，倾听自然的声音，因为"自然之自然的东西在人栖居时才把世界的神秘性托付给人，向人说话"③。人只有保持自己的本真生命才能聆听到自然万物的本真言说，只有聆听到自然万物的本真言说的生命才是本真的生命。

诗意栖居是我们生活和居住的浪漫理想。但事实上，经过高度工业化和现代化，这个生产力水平是基本具备的。所以，新的生活模式并不是可望而不可即的愿景，关键问题是我们的思维模式还停留在工业化和城市化时代。尽管大多数人都厌倦了拥挤、喧闹、污染的城市，却没有去想象理

---

① ［德］海德格尔：《……人诗意地栖居》，参见海德格尔：《讲演与论文集》，孙周兴译，生活·读书·新知三联书店 2011 年版，第 145 页。

② ［德］海德格尔：《海德格尔选集》，孙周兴选编，生活·读书·新知上海三联书店 1996 年版，第 29 页。

③ Heidegger, *Hebel-der Hausfreund*, Pfullingen, 1958，第 28 页。转引自刘敬鲁：《自然为人立法与人为自然立法——海德格尔与康德的一个对比》，《社会科学战线》1996 年第 4 期。

想的生活。另一方面，我们还要看到，真正的问题并不在于物质技术条件，而在于人们的心态。对于人类居住来说，"诗意的"标准，最重要的并不是城市的经济品质，而是一个和谐、自由的生活空间。这种审美化的城市空间的营构，一方面固然离不开经济及技术品质的保证，另一方面更主要的还是要真正做到"以人为中心"，在人与自然、个人与社会的亲近与和谐之中追求每个人的自由与自适。[①]

四、自由与休闲

1. 休闲的异化

人生而自由，而自由劳动则是人类自在的生存状况。劳动作为人的类本质，是人与自然界进行能量互换的媒介，既是人的根本属性，也是人的生命状态。所以，自由劳动时间与自由的休闲时间是浑然一体的。但是，当劳动成为人的谋生手段以后，劳动与自由分离，其生命的时间也分为两个部分，即工作时间和休闲时间。总之，文明进步的结果就是劳动与自由分离，工作与休闲分离。自此以后，在工作之外的自由休闲就成为人们所追求的生存状态。

古希腊哲学家赫西俄德在《工作与时日》中也为人们提出过劳动后的时间安排，而在劳动时间之外的自由时间就是处于休闲状态。当劳动基于谋生手段作为被制约的行为以后，劳动就转变为工作。特别是当社会上出现私有财产制度以后，人们无不受到财产权的制约，时间无不隶属于某个私有主体。即便如此，劳动或工作仍是属于自己的生活部分，休闲也同样属于自己的生活部分。因此，人们认为休闲与工作同样是美德：我们需要崇高的美德去工作，同样需要崇高的美德去休闲。可见，工作与休闲是人们生活中不能缺少的两种状态。而休闲的重要意义，就是通过对时间的自由支配，一方面从劳动或工作状态下获得自由和解放，另一方面获得自身的提高和全面发展。

在封建的人身依附时代，人身不属于自己，人们没有自由时间。在现代资本主义社会，劳动者个人从封建的人身依附关系下解放，成为自己的

---

① 施旭升：《城市意象与诗意栖居》，《文化艺术研究》2010 年第 5 期。

劳动和时间的主人。但他们没有劳动资料，不得不为资本家从事创造剩余价值的劳动，劳动作为生产性劳动亦即工作与自由和休闲相对立。而在现代消费主义盛行的时代，休闲进一步从属于工作，甚至成为现代经济系统的一个重要环节。

休闲的本质是自由，是人的自由享受。波德里亚说："休闲，就是对自由的支配"。① 但是现代社会将休闲作为消费来理解，即休闲是作为一种消费方式而存在。现代休闲离不开物质，不能摆脱对物的依赖，休闲也是对物的消费。波德里亚认为，从消费的角度来评价休闲，休闲无法不成为符号消费的对象。休闲就是大众文化之符号消费的一种。这就是被消费的休闲。② 这样，在休闲中人的主体性消失了，被掩盖了，被物化了。休闲丧失了自由的本质，被规定、被制度化，甚至被强制，结果与自由的本质背道而驰。休闲需要时间，从本质上说，休闲就是对自由时间的占有和享受。但是在现代社会，时间是一种服从于交换价值的珍贵的稀缺东西，不仅劳动时间，而且自由时间本身也变得越来越需要直接或间接地被购买才能被消费。这样，休闲就被纳入现代消费的过程中，成为功能化的了。波德里亚指出，"每当我们'有'时间，它便已不再自由"。"我们变成了时间的粪土"。所以，"休闲的异化更加深刻：它并不直接隶属于劳动时间，而是与消磨时间之不可能性本身相联系"。"时间真正的使用价值，即休闲无望地试图恢复的那种价值，就是被消磨掉。"③ 这就是时间的异化和休闲的异化。

在现代社会生活中，一方面，人们对休闲作消费主义的理解，在这里，休闲是对非生产性时间的一种消费。由于这种理解，"没有人需要休闲，但是大家都被要求证明他们不受生产性劳动的约束"④。一方面，休闲成了工作的附属品，工作决定了人们的休闲方式。正如法国马克思主义批

---

① ［法］让·鲍德里亚：《消费社会》，刘成福、全志钢译，南京大学出版社 2006 年版，第120 页。

② 何兰萍：《波德里亚论被消费的休闲》，《自然辩证法研究》2002 年第 18 卷第 9 期。

③ ［法］让·波德里亚：《消费社会》，刘成福、全志钢译，南京大学出版社 2006 年版，第120—122 页。

④ ［法］让·波德里亚：《消费社会》，刘成福、全志钢译，南京大学出版社 2006 年版，第125 页。

判哲学家亨利·列斐伏尔（Henri Lefebvre）所说的："我们工作为了赚取我们的休闲，而休闲只剩下一种意义：逃离工作。"[①] 另一方面，休闲成为消费客体，成了人们工作和成就的回报，休闲反映了人们的社会地位，所以就有了"有闲阶级"。可见，休闲与工作的分离，一方面是异化的社会现实的反映，另一方面体现了人性中对自由的追求和渴望，成为人自由发展的内在需求。事实上，这正是自由与休闲的悖论：人们为了自由就必须努力工作，而人们的工作就是为了逃离工作，而休闲成了消费的组成部分。

2. 从消费主义回归

人的自由全面发展，要求人们获得自由的时间，即从工作束缚下的解放，同时也要求人们将休闲从消费主义束缚下解放。这就是，还休闲以自由的本质，还休闲与劳动的合一，实现人的本性之回归。

为了解决这种异化的社会现实，昂利·列斐伏尔设想了一个工作与休闲的联合体。他说："我们必须想象出一个'工作—休闲'的联合体，正因为这种联合，人们才能够以自己的意愿，根据其工作的性质，来规划其时间。"[②] 但事实上，能够实现同一的不是休闲与工作，而是休闲与劳动。我们必须厘清工作与劳动两个不同的概念：工作是为了谋生而不得不从事的，是与工资收入联系在一起的，但劳动是人的本质，是人与动物脱离的标志，因而是人的类本质。所以，工作与休闲的同一实际上是劳动异化和休闲异化的结果。在这里，休闲是依附于工作的，只有工作之余才能够休闲，如果工作时间不存在，那么休闲时间也就不存在。所以，工作与休闲的关系完全不同于劳动与休闲的关系，工作与休闲是冲突的，而只有劳动与休闲才存在同一的基础。这就是，当劳动不再成为谋生手段时，劳动与休闲同一，劳动即休闲，休闲即劳动。在人的生活状态中，劳动与休闲的同一，能够真正体现人的类本质，真正实现劳动和休闲同样快乐。在这里，劳动不仅创造财富，还创造价值，不仅创造价值还创造美。

[①] Henri Lefebvre, *Critique of Everyday Life*, Volume I, p. 40；转引自潘海颖：《再论被消费的休闲——波德里亚休闲批判的反思》，《华东师范大学学报（哲学社会科学版）》2012 年第 2 期。

[②] Henri Lefebvre, *Critique of Everyday Life*, Volume I, p. 30；转引自潘海颖：《再论被消费的休闲——波德里亚休闲批判的反思》，《华东师范大学学报（哲学社会科学版）》2012 年第 2 期。

马克思早就设想了一个劳动与自由，劳动与休闲的理想状态。马克思的"自由时间"就是"不被生产劳动所吸收"的时间，是"娱乐和休息"，"发展智力，在精神上掌握自由"的时间，是摆脱了异化状态"自由运用体力和智力"的时间。马克思说："整个人类的发展，就其超出对人的自然存在直接需要的发展来说，无非是对这种自由时间的运用，并且整个人类发展的前提就是把这种自由时间的运用作为必要的基础。"[①] 马克思还指出："从整个社会来说，创造可以自由支配的时间，也就是创造产生科学、艺术等等的时间。"[②] 我们的目标是要使"个性得到自由发展，因此，并不是为了获得剩余劳动而缩减必要劳动时间，而是直接把社会必要劳动缩减到最低限度，那时，与此相适应，由于给所有的人腾出了时间和创造了手段，个人会在艺术、科学等等方面得到发展"[③]。在这种社会条件下，"生产劳动就从一种负担变成一种快乐"[④]。"任何人都没有特殊的活动范围，而是都可以在任何部门内发展，社会调节着整个生产，因而使我们有可能随自己的兴趣今天干这事，明天干那事，上午打猎，下午捕鱼，傍晚从事畜牧，晚饭后从事批判。"[⑤]

3. 从消费转向审美

休闲需要一定的物质条件。这就是工作效率的提高使社会必要劳动时间减少到一定程度，使人们进一步从工作中获得解放，获得更多的自由支配的时间。马克思指出，"事实上，自由王国只是在由必需和外在目的规定要做的劳动的终止的地方才开始；因而按照事物的本性来说，它存在于真正物质生产的彼岸"，物质生产领域"始终是一个必然王国。在这个必然王国的彼岸，作为目的本身的人的能力的发展，真正的自由王国，就开始了。但是，这个自由王国只有建立在必然王国的基础上才能繁荣起来。工作日的缩短是根本条件"[⑥]。

---

① 《马克思恩格斯全集》第 47 卷，人民出版社 1979 年版，第 216 页。
② 《马克思恩格斯全集》第 46 卷上，人民出版社 1979 年版，第 381 页。
③ 《马克思恩格斯全集》第 46 卷下，人民出版社 1980 年版，第 218—219 页。
④ 《马克思恩格斯选集》第三卷，人民出版社 2012 年版，第 681 页。
⑤ 《马克思恩格斯选集》第一卷，人民出版社 2012 年版，第 165 页。
⑥ 《马克思恩格斯全集》第 25 卷，人民出版社 1974 年版，第 926—927 页。

但自由和休闲绝不仅仅是物质化的，就是说，并不是人们获得自由时间就可以进入休闲状态，特别是这种休闲状态并不是无所事事的状态，而是一种有意义和有价值的活动，是生活方式的一部分。如果说休闲在一般层面上是对自由时间的支配，而在较高的层次上则是艺术和审美，是一种高雅的生活方式。所以，休闲以自由支配时间为前提，但是对于自由时间的支配却有完全不同的方式，既可以是消费主义的，也可以是审美主义的。

在传统社会里，审美主义的休闲只能限于少数贵族。如魏晋世族的玄化生活，唐宋士人的禅式生活，清代贵族的"八旗式"生活等等。而在工业化社会，对于休闲存在着两个极端的理解：一方面，休闲被认为是非生产的，因而也是非效率的。这种认识在工业化早期比较普遍，如清教主义的理解，特别是以富兰克林为代表的美国式理解。另一方面，随着工业化的发展，生产力的大幅度提高，社会必要劳动时间的缩短，休闲逐渐大众化，但现代消费主义导致对休闲的世俗化理解，"即便是平庸的日常现实，也都同时落入艺术符号的手中而成为美学"①。在这种情况下，休闲的高雅、品位和境界，全都消失殆尽了，休闲被消费主义俘虏，成了一种庸俗的生活方式。这种休闲，尽管也可以获得生理上的放松和解放，却成了现代经济增长和资本增值的必要环节。从现代消费主义解放的休闲，应该是审美主义的休闲，是一种高雅的生活方式，其中涵养着民族文化的精神，既包括崇高的道德情操，也包括高雅的生活情趣。在这里，休闲就是人的自在生命及其自由的体验状态，率性而自由，自由而率性，除了对物化对象和环境的审美式消费外，更注重内在的道德修养和精神追求。

审美式休闲离不开物质条件，但是物质条件不能决定休闲的审美价值。孔子积极"用世"却视富贵如浮云，提出"孔颜之乐"，即"一箪食，一瓢饮，在陋巷"，仍"不改其乐"（《论语·雍也》），"饭疏食饮水，曲肱而枕之，乐亦在其中矣"（《论语·述而》）。在这里，尽管物质条件十分简陋，但人们心中怀有价值理想，所以精神富足，绝不会因贫困而自

----

① ［法］让·波德里亚：《象征交换与死亡》，车槿山译，译林出版社 2006 年版，第 104、110 页。

惭形秽；物质财富并不是人们追求的主要目标，道德修养和道德文章才是衡量个人价值的标准。所以，他们的审美完全体现于人的内心。在"孔颜之乐"基础上，孔子还提出"曾点之乐"："暮春者，春服既成，冠者五六人，童子六七人，浴乎沂，风乎舞雩，咏而归。"（《论语·先进》）朱熹认为孔子之所以推崇"曾点之乐"，"盖有以见夫人欲尽处，天理流行，随处充满，无稍欠缺"。"故其动静之际，从容如此。而其言志，则又不过即其所居之位，乐其日用之常，初无舍己为人之意。而其胸次悠然，直与天地万物、上下同流，各得其所之妙，隐然自见于言外。"（《论语集注》）在这样的境界里，人能真正地"从心所欲"，自由、率性，并且充满诗意。这就使人生的休闲完全超越功利进入到审美境界。

休闲从消费主义转向审美主义，必须彻底摆脱物质利益的束缚，从物欲下自我解放。马克思说过："一个民族为了在精神上更自由地发展起见，就不应该停留在肉体的需求这一奴隶状态中，不应当是肉体之奴隶，所以首先必须留出时间来，以便能够在精神上创造和享受。"[1] 马克思指出，有产阶级"把人的本质力量的实现，仅仅看作自己放纵的欲望、古怪的癖好和离奇的念头的实现"[2]，"把丑恶的物质享受提到了至高无上的地位，毁掉了一切精神内容——把丑恶的物质享受提高到至高无上的地步，毁掉一切精神内容"。实际上这只是一种"心甘情愿地丢掉人的本性"的生活方式。[3] 马克思说过，"忧心忡忡"的穷人和"满眼都是利害计较"的珠宝商都无法欣赏珠宝的美，因为他们或是被生活的压力逼迫，或是被利害的计较束缚，都无法自由自在地对待生活、对待产品、对待世界。"因此，对私有财产的扬弃，是人的一切感觉和特性的彻底解放。"[4]

从审美的角度看休闲，其最大特点就是可以自由地愉悦人的身心。建立于审美境界的休闲情趣，或是休息、娱乐，或是学习、交往，都有一个共同的特点，即获得一种畅快的、愉悦的心理体验，产生自由感和美好感。但要做到这一点，需要坚持两个前提：一是休闲消费者的主体性，二

---

① 《马克思恩格斯全集》第 42 卷，人民出版社 1979 年版，第 94 页。
② 《马克思恩格斯全集》第 42 卷，人民出版社 1979 年版，第 141—142 页。
③ 《马克思恩格斯全集》第 1 卷，人民出版社 1956 年版，第 636 页。
④ 《马克思恩格斯全集》第 3 卷，人民出版社 2002 年版，第 303 页。

是休闲消费者的选择为真。最深层的悲哀和批判在于否定人之需要的真实性。如果需要沦为对商品的占有，那么这种需要就是物化的需要。而休闲的需要应该是人的本真需要，是超越了商品功能的需要。需要的主体既是被决定的，同时还是能动的，而休闲消费行为本身就是当代社会中人们最重要的日常生活实践。[①]

4. 无为而无不为：休闲的意境

休闲作为自由时间的支配方式，看起来是一种"无为"状态。在这里，"无为"意味着"自由"支配自己的身体和心灵而无功利性的活动，因而也就是无"效用"的活动。昂利·列斐伏尔指出："只有休闲的王国可以逃离技术环境，逃离必须，换句话说，能够逃离对个性的剥夺。通过休闲活动，我能够远离技术。我们获得了从'必须'通往'自由'的跳跃，从'对个性的奴役'通往'自我发展的可能'。"[②] 但"无为而无不为"，人们就是在这种"无为"的休闲活动中实现真正的价值。在"无为"之中，人们处在的状态是自然、自在、自由和自得，但在这种休闲之中所获得的绝不是一片空白和虚无，而是进入更高的境界，获得更高的满足。休闲作为对自由时间的支配，一方面是解除体力上的疲劳，获得生理的"放松"以及心理的"放空"。这就是"无为"。另一方面是获得精神上的自由，营造心灵的高度，到达一个崭新的精神境界，使人性得到进一步的升华。这就是"无不为"。正如庄子所言："无江海而闲"，"无不忘也，无不有也，澹然无极而众美从之。此天地之道，圣人之德也。"（《庄子·刻意》）

"无不为"的境界是精神的和审美的。从现代意义上看，就是马斯洛需求层次中最高级的"自我实现"，也就是在精神世界中充分释放人的创造力和鉴赏力，从而对人生意义和价值进行充分自由的思索与体验，进入到一个自我、自在、自为的境界，促进人的全面发展和个性的成熟，实现真正的自由。所以，休闲所要实现的"无不为"境界首先是精神的，其价

---

① 潘海颖：《再论被消费的休闲——波德里亚休闲批判的反思》，《华东师范大学学报（哲学社会科学版）》2012 年第 2 期。

② Henri Lefebvre, *Critique of Everyday Life*, Volume I, p. 37；转引自潘海颖：《再论被消费的休闲——波德里亚休闲批判的反思》，《华东师范大学学报（哲学社会科学版）》2012 年第 2 期。

值就在于为人类构建意义的世界和精神的家园。在这里，人类的心灵可以暂时不为世俗的政治、经济、科技或物质的力量所牵引，在自我的天空里随心所欲地逍遥，彻底摆脱现实世界异化所导致的一切扭曲，真正地为自在生命而生存，使心真实地由"本心"自由地体验，还原一个真实的自我。另一方面，"无不为"的境界是审美的。自在自为的境界并不是完全的"空无"世界，自我真我也不是晶莹剔透的"真无"个体，而是价值的重新构建，构建一个"真我"的文化。就是庄子所说的"乘道德以浮游"。"夫恬淡寂漠虚无无为，此天地之平而道德之质也。故圣人休焉，休则平易矣，平易则恬淡矣。平易恬淡，则忧患不能入，邪气不能袭，故其德全而神不亏。"（《庄子·刻意》）具体说，就是在这个"无为"的生命时间里，进行一次文化欣赏、文化创造、文化建构的价值实践，使人在无欲、无羁、自由率性的状态下，与天地自然为一，体验到真我的生命和存在。

第四节　生产方式变革

一、财富观的转变

1. 重归感性世界

从一般意义上讲，我们存在于两个世界，一个是物质世界，一个是精神世界。而在精神世界里，我们还分别存在于一个理性世界和一个感性世界。如果从人类的欲求和需要来说，还可以分为不同的层次。迄今为止，马斯洛的需求层次理论仍能够给我们很大的启发。马斯洛认为，人们的最基本需求当然是生存和安全等实性需求，但是在一定程度的发展以后，随着需求层次的提高，实性需求就会转向虚性需求，如成就感、荣誉感、超越感等。总的来看，需求层次的提高就是从理性的利益考虑转向感性的心理满足，如幸福和快乐等心理需求的满足等。随着社会经济发展和需求层次的提高，需求的物质部分逐渐退到次要地位，而精神文化需求则越来越重要。如果从满足需要的社会产品来看，则感性产品比例会越来越大，同时产品的感性含量也会越来越高。所以，以物质资料发展为主的现代化发展到一定程度，必然促使人们重归感性世界。

人类感性有两个层次，一个是初级的感性，即感官的直觉和一般性的心理体验等，需要通过人的感官来体会和感受，因而是一种基础性的感性，在很大程度上属于原始人类的基因遗存。尽管如此，这种感性仍然是人类主体性的标志。就是说人的本体首先是感性的。另一个是高层次的感性，即同情、仁爱、幸福感等，这是一种精神世界。这是人类区别于动物和其他类的主要标志，是人类文化和文明发展的标志。马斯洛的需求层次理论也设计了不同的感性阶段，即从最基本的需要开始，人们所经历的世界是一个感性世界，包括人的感官所能感受到的，如饥饿与温饱，而当人类逐步发展，文明水平逐步提高以后，这种感性就超越了感官感知的层次，深入到精神层面。这种感性还可以进一步上升为价值理想和各种信仰。

回归感性世界就是从理性化的计算、虚拟化的数字模型中解放出来。这里的第一步就是要重回感官可以感受到的感性世界。尽管这是回归到初级的、原始的感性，但是没有这第一步就不能从理性化世界中解放。当然，回归感性世界，还必须重新上升到更高级的精神世界，也就是审美世界、幸福世界和仁爱世界。现实地说，回归感性就是回归生活世界，即回归那个真实的人的世界。在这个世界里，不仅有理性，还有感性，还有仁性，是一个"有情世界"。生活世界是感性的世界，尽管离不开理性计算，但在物质资料达到一定水平以后，人们从生活世界所能够获得的幸福主要来自感性源泉。仁者爱人，爱是幸福的根本来源：爱自己，爱家人，爱朋友，爱同事，人们将从爱中获得更大的幸福。回到生活世界，就是要重建符合自己传统的理性生活，要从过于理性的生活回归感性生活，从无情的市场竞争回归充满人情味的小康社会，在此基础上，建立以人为本、以民为本的社会结构，并建立情理法统一的感性秩序。总之，要通过价值引导，创造一个良好的身心环境，以建立一个和谐社会。

2. 财富观的转变

人活着就要幸福。幸福与财富有直接关系，但财富绝不是幸福本身。

但是在现实生活中，人们往往把幸福与财富划等号，甚至将财富作为幸福的目标。这种本末倒置的情况被庄子概括为"丧己于物，失性于俗"，把这种人类称为"倒置之民"。这种本末倒置状况到现代已经发展到极致，即人与物的全面异化。而要消除这种异化，就要求我们反思反为，即让人重新矗立起来，恢复人的尊严，让物成为为人服务之物，让财富为人的幸福服务。

财富的最初形式就是物质资料，是人的劳动与大自然的结合而产生的产品，是劳动的结果，这种结果的最基本形式就是使用价值。私有制出现以后，财富被赋予"所有"观念，成为财产，并产生了财产权制度以保护这些财产的所有人权利。当作为私有的劳动产品进入市场，财富就转变为商品。这就是财富的商品化。商品交换导致货币的出现，货币成为通用的价值标准，成为财富的象征，这就使财富可以用货币符号来代替。随着货币的广泛使用，商品经济发展为货币经济，财富也随之演变为货币形式，出现财富的货币化。财富的货币化是财富异化的关键环节，即为财富的进一步符号化提供了条件。随着现代金融衍生工具的出现，财富由货币化进一步发展为符号化和虚拟化。财富的符号化和虚拟化，使财富完全可以用数字来表示，人们的财富再也不用看得见、摸得着的方式来证明，而完全通过数字来表现，财富价值的变化和转移也完全可以通过数字来实现。这样，财富就完全数字化了。

当财富一旦可以完全通过数字表现以后，财富的实际价值就彻底异化了。财富的异化使财富完全脱离了人们的感性，人们消费或享有财富并不需要通过人的实际感受，而只要掌握数字就可以了。不仅财富物品的使用价值没用了，而且交换价值也看不见了，完全成了数字的变化。这也就导致社会生活的"毕达哥拉斯"化，即高度的数字化亦即高度的理性化。人的生命存在转变成为数字化生存和数字化生活。这就使社会生活的殖民化进一步加深。但是人们却根本感受不到"被殖民"的状况，尽管不断地被数字割裂和肢解，却日益沉湎于温吞水之中而毫不自觉。现代人把财富的占有作为表现自我或体现自我价值的手段，而人自身的发展却变成了获取财富的工具或手段。这样，从整个社会的生产方式来看，高速增长的 GDP自然就占据了主导地位，而人自身却失去了价值。

要解决现代社会生产的异化状况，就需要从财富的异化回归，回归于财富的本质和本来面目，并使财富从本质重新升华。

第一，财富本质的回归：回归使用价值。

在商品经济中，社会财富主要以商品形式出现。随着商品经济的发展，商品交换价值和价值成为反映商品本质的表象，而商品的有用性即商品的使用价值却被掩盖了，在很多场合人们甚至忘记了商品本身的使用价值。如商品的符号化、数字化甚至虚拟化等等，完全与其本来的使用价值相脱离。返璞归真就是要使商品回复其本来面目，回复商品本来的价值即使用价值。在商品经济社会里，财富异化为商品和货币，从根本上讲是异化为交换价值、价值和价值符号。人们追求财富并不是追求使用价值，因为人们对于使用价值的追求总是有限的，而对于价值及其代表的财富符号的追求却可以无限大。这就诱发了人们的无限贪欲。而在资本主义市场经济社会，人们对财富的追求更进一步转化为对资本的占有以及利用资本获得更大规模的占有。所以，要避免财富的异化，使财富观发生根本的转变，一个重要的节点就是商品回归使用价值，使使用价值的生产和创造成为社会生产的核心。这才能避免人们贪得无厌的欲望，也能使社会生产不再盲目地扩大，也会使人们从疲于奔命的无限竞争中解放出来。

第二，财富本源的回归：回归劳动价值论。

劳动创造财富，这是人类历史的不变真理。马克思写道："劳动作为使用价值的创造者，是不以一切社会形式为转移的人类生存条件。"[①] 但是社会产品一旦作为商品被生产出来，劳动就开始异化，劳动创造使用价值就成了劳动创造价值。而在资本主义社会，劳动不仅要创造使用价值，还要创造交换价值，不仅要创造交换价值，还要创造剩余价值。这里，劳动与财富的本质联系被掩盖了，而只与剩余价值相关联。另一方面，现代化过程中科技的作用大大提高，这种状况使人们对劳动价值论产生怀疑，劳动与财富的本质联系从另一个方面被掩盖了。这是人与物关系倒置和人与物全面异化的结果。但是，无论社会经济如何发展变化，都不能改变劳动是商品价值的源泉这一根本原理。马克思指出："商品作为价值只是人类

---

① 《资本论》第一卷，人民出版社 1975 年版，第 56 页。

劳动的凝结。"① "当我们把商品看作价值时，我们是只把它们看作体现了的、凝固了的或所谓结晶了的社会劳动。"② 总之，在商品价值的创造中，价值是凝结着商品中无差别的人类劳动即抽象劳动。它是形成价值的唯一源泉，离开了人的劳动，价值增长就不可能实现，价值的增长最终都是通过劳动而实现的。要实现财富本质的回归，就要重建马克思主义劳动价值论，重新建立劳动与财富的本质联系。进一步讲，劳动价值论的重建，促使社会由以物为本向以人为本回归，即人回归丁人的类本质。

第三，让自由时间成为重要的财富形式。

时间既是属人的也是对象化的，因而也可以作为财富的一种形式。马克思说："自由时间，可以支配的时间，就是财富本身：一部分用于消费产品，一部分用于从事自由活动，这种自由活动不像劳动那样是在必然实现的外在目的的压力下决定的，而这种外在目的的实现是自然的必然性，或者说社会义务"。③ 但是在现代社会，时间被物化了，甚至被商品化了。这样，时间就同其他的"物"或"商品"一样，不能不受整个物化体制控制，受价值规律支配。所以，时间失去了自由，自由时间只是一个被填充物。"因为'自由'时间的深刻要求就在于：为时间恢复其使用价值，将其解放成空闲范畴，并用个体的自由将其填满。"④ 而时间要真正地成为财富，即人的时间的自由解放，一方面依赖于生产力的发展，就是说，只有当人拥有通过劳动生产率的提高所带来的自由时间时，这些社会的财富才能转变为个人的内容，总之是要时间解除"物化"状态。另一方面，人只有能够自由支配自己的时间，才能自主地安排属于自己的发展时间，通过科学、艺术和交往活动全面地发展自己，使人不断超越自我、实现自己的价值观和理想追求。相反，如果时间仍旧处于"物化"形态，时间仍然作为可用于交换的商品，那么时间就还不能成为真正的个人的财富。正如马克思指出的，"一方面，社会的个人的需要将成为必要劳动时间的尺度；

---

① 《马克思恩格斯全集》第 23 卷，人民出版社 1972 年版，第 64 页。
② 《马克思恩格斯全集》第 16 卷，人民出版社 1964 年版，第 136 页。
③ 《马克思恩格斯全集》第 26 卷第 3 册，人民出版社 1974 年版，第 282 页。
④ ［法］让·波德里亚：《消费社会》，刘成福、全志钢译，南京大学出版社 2006 年版，第120 页。

另一方面，社会生产力的发展将如此迅速，以致尽管生产将以所有的人富裕为目的，所有的人的可以自由支配的时间还是会增加，因为真正的财富就是所有个人的发达的生产力。那时，财富的尺度决不再是劳动时间，而是可以自由支配的时间。"①

第四，精神财富是更高意义上的财富。

在任何社会发展阶段上，都存在物质财富和精神财富的区别。不同的是，在一个生产力水平较低的历史阶段上，人们更多地追求物质财富，而在生产力水平较高的历史发展阶段上，人们更多地追求精神财富。但两方面绝非是完全地正相关。例如，生产力水平较低的"古代人"所创造出的"自由时间"在数量上是较少的，但"古代人"仍然能够把较少的"自由时间"从物质生产中游离出来用于精神文化方面的活动。而在现代资本社会，当剩余产品被当作剩余资本重新用来增殖价值，重新进入生产过程和价值自行增殖过程时，资本主义生产实际上就剥夺了存在于自由时间中的自由的精神生产发展。特别是在现代消费社会里，资本大规模向精神生产领域扩张，精神生产完全纳入资本增殖运动。所以，财富观的转变，前提条件是社会摆脱资本的束缚，这样才能使精神文化成为更高级的财富形式。而财富观的这种变化，决定人们追求的社会目标发生变化，即从物质财富的追求转向精神文化财富的追求。在物质生产进一步发达的基础上，人们对精神文化财富的占有和消费成为更重要的占有和消费，并且可以在越来越大的程度上摆脱对物质生产的依赖。相应地，社会生产也会发生变化，即向感性化发展，即越来越大的社会劳动比例向感性产品部分倾斜。

3. 发展观的转变

财富观的转变决定经济增长和发展观的转变。第二次世界大战后，不论是发达国家还是发展中国家，一直把经济增长作为首要目标：没有一定的经济增长率，就没有相应的就业率，就没有收入的提高和生活水平的提高。所以，大多数国家都将经济增长当作他们解决社会问题的根本途径，摆脱贫困和实现富裕几乎成为一个普世价值和普世追求。但经济增长也带

---

① 《马克思恩格斯全集》第46卷下，人民出版社1980年版，第221—222页。

来一系列负面效果，而对于经济增长的崇拜，更引发了无数经济和社会问题。所以到 20 世纪晚期，出现了一系列新的关于经济增长和发展的观念和理论，并对流行的经济观形成挑战。这实际上反映了一个经济发展阶段的结束和对原有经济发展理论进行一次根本检讨和清算的要求。

将经济增长视同于经济社会发展的意识，源于近代以来的工业化思维。近些年来，尽管人们对此已经多有诟病但仍没有发生根本改变。从发展方式上来看，这种将增长作为发展中心的状况仍然是顽固的。但我们必须清楚地认识到，无论如何，经济发展都不能置于目的性地位。法国社会学家莫兰指出："不是把发展附属于增长，而是要把增长附属于发展。不是要把人的社会发展附属于技术、科学的发展，而是把技术、科学的发展附属于人的发展。"① 这是一种重要的观念转变和思维转向，引导我们从多元、伦理、价值和文化等方向思考发展问题。

首先，发展的核心和目的是人而不是物。

法国经济学家弗朗索瓦·佩鲁于 1983 年出版了《新发展观》一书，提出了以人为中心、以文化价值为尺度的新发展观。佩鲁认为，人类社会必须将"人的全面发展"作为最高理念，作为发展的根本目标与核心价值，而将所有的经济物化过程仅仅作为人的发展的手段。他指出："市场是为人而设的，而不是相反；工业属于世界，而不是世界属于工业；如果资源的分配和劳动的产品要有一个合法的基础的话，即便是在经济学方面，它也应依据人为中心的战略。"② 佩鲁强调，"以人为本"的新发展观要求人类必须在价值观念方式上作出相应变动，将社会与国家发展的标尺集中到"个人的发展，个人的自由，是所有发展形式的主要动力之一"这一宗旨上来。他坚持认为，只有把人的尊重与自身的价值发展作为社会发展的根本目标，社会各方面的发展才具有意义，而且只有使社会各方面获得协调发展，作为社会主体的人才能得到发展。

---

① ［法］艾德加·莫兰：《社会学思考》，阎素伟译，上海人民出版社 2001 年版，第 459—460 页。

② ［法］佛朗索瓦·佩鲁：《新发展观》，张宁、丰子义译，华夏出版社 1991 年版，第 92 页。

其次，发展是扩展人们自由的过程。

阿马蒂亚·森在《以自由看待发展》一书中指出："发展可以看做是扩展人们享有的真实自由和一个过程。"他认为，"聚集于人类自由的发展观与更狭隘的发展观形成了鲜明的对照。狭隘的发展观包括发展就是国民生产总值（GNP）增长、或个人的收入提高、或工业化、或技术进步、或社会现代化等等观点。"①森指出，这些在发展过程中很重要，但最终来说，它们只属于工具性的范畴，是为人的发展、人的福利服务的。人才是发展的中心。发展是涉及经济、政治、社会、价值观念等众多方面的一个综合过程，它意味着消除贫困、人身束缚、各种歧视压迫、缺乏法治权利和社会保障的状况，从而提高人们按照自己的意愿来生活的能力。因此，以人为中心的最高价值标准就是自由，发展的极终标准应该是个人自由的实现。

再次，发展还包括人道主义的伦理性内涵。

1981年，佩西在其代表作《未来的一百页——罗马俱乐部总裁的报告》中提出将人和人的存在及生活方式放在一切中心的发展观，他将这种发展观称为"新人道主义"。这种发展观把发展的中心从人们想要什么和怎样得到它转到人是什么和人能变成什么的问题上。可见，这样的发展观能给众多的人乃至所有的人提供参与人类事务管理的可能性，并有助于人类实现共同的美好需要和愿望。这样，这种发展观就既能提高人的素质，同时还能保持世界系统的平衡。佩西指出："这种新人道主义必须鼓励新的价值体系的兴起，以补偿我们内在的不平衡，创造精神的、伦理的、哲学的、社会的、政治的、美学的和艺术的推动力，来填补我们的空虚"，"这个新的人道主义本身必须是革命的在人类意识中有其伦理的和道德基础"。②佩西写道："我们必须赶快从需要适应发展的概念转到以人为基础发展的概念之上，它的首要目标是人类的独立完成"。③"如果人类本身不

---

① [印度] 阿马蒂亚·森：《以自由看待发展》，中国人民大学出版社2002年版，第1页。
② [意] 奥雷利奥·佩西：《未来的一百页——罗马俱乐部总裁的报告》，汪帼君译，中国展望出版社1984年版，第189—190页。
③ [意] 奥雷利奥·佩西：《人类的素质》，薛荣久译，中国展望出版社1988年版，第162页。

改变其价值观念，不树立更高的道德和行为准则，那么人类将不可拯救。"①

最后，发展还包括人类社会在精神文化方面的进步。

以佩鲁为代表的新发展观也强调文化对发展的重要作用。经济增长作为实现人的生存与发展的手段，其价值取决于人与文化的意义，文化本身在经济与社会发展中具有重要作用，现实人和单位都是历史地形成的文化环境的产物，文化价值直接参与经济价值的创造。在他看来，真正"以人为本"的新发展观，已无法从西方历史与传统，尤其是西方经典社会思想和新旧古典经济教义中找到方向。因此佩鲁认为，新的发展必须同时是与"新型国家"共同建立的过程，同时规避掉传统经济学与社会道德伦理学中所有对不公平现象的批判和怀疑，从而找到一个人类和谐互信并获得人的价值发展模型，可以说，新发展观对于人类传统发展观而言有着飞跃性的科学人本的非凡意义。

4. 有机增长与生命发展

1974 年，美国学者梅萨罗维克和德国学者彼斯特尔在他们撰写的研究报告《人类处于转折点》中提出了"有机增长"概念。他们认为，增长存在着两种不同的类型：第一种类型是无差异的或指数式的增长。在人类社会的发展过程中，这类增长只是数量的增长，忽略了事物的多样性和差异性，结果是为增长而增长。如果按照这种方式持续下去，那么一切增长将不得不停止。他们认为，这种无差异的增长是全球性危机的根本原因。第二种类型是有差异的或有机的增长，是注重质量的增长，是一个产生差异性和多样性的过程。在这个有机的增长系统中，各个部分都有自己的特殊功能，这些特殊功能是相互依赖的，没有一个可以单独存在。

有机增长承认世界的多样性，承认在决定世界发展进程中物理、生态、技术、经济、社会等诸多因素的作用，从而立足于地区的相互依存来描述世界体系，立足于多方面因素的相互作用以求摆脱人类所面临的困境。他们认为，有机增长并不是要从"外部"强行指导系统的发展，而是要使系统处于"正常"的状态，也就是要重建世界系统，即在横向上重建

---

① ［意］奥雷利奥·佩西：《人类的素质》，薛荣久译，中国展望出版社 1988 年版，序。

世界系统，改变国家和地区之间的关系，使全球联合行动；在纵向上重建世界系统，在规范层次即价值系统和人类的目标上进行改革，以解决粮食、能源和其他危机。他们认为，人类面临的各种选择正是有机增长的根源，在这个意义上，人类正处于转折点上。可见，他们在一定程度上改变了原来的思维，开始从环境和发展相协调的角度来思考发展的前景。

有机增长观强调增长的持续性和代际文明。市场经济主导下的现代经济增长模式中，企业作为经济主体不仅不可能考虑社会成本及外部不经济问题，更不会考虑经济和社会的未来发展问题。这正是自然资源遭到掠夺性开发和生态环境日益遭到破坏的根本原因。为了解决这类问题，在生态学派的启发下，联合国环境与发展委员会在1987年发表了《我们共同的未来》报告，提出了"可持续发展"概念：既满足当代人的需要，又不对后代人满足其需要的能力构成危害的发展。可持续发展观的最大贡献是兼顾了代内公平和代际公平。这种观点认为，可持续发展是一个不断变化的过程，在这个过程中，资源的开发、技术发展的方向、机构的变化都是相互联系的，它会增强人类目前和将来满足需要和愿望的潜力。

有机增长的核心在于生命的发展。首先是人的生命。惟人万物之灵，所以一切的发展都要以人为中心。以人为中心包括两个方面，一是以人的自然生命为中心，二是以人的精神发展为中心。人的自然生命发展就是生命的健康、知识的丰富、智慧的提高，而人的精神的发展就是人的一切精神活动的发展，包括道德观念、价值理想、社会信仰，以及对于彼岸的追求。但是，人的生命的发展与自然界一切生命体的和非生命体的活动都息息相关，就是说，人离不开自然界，更离不开其他生命体。所以，生命发展也包括其他生命体的共同发展，以及与其他非生命体的和谐共处。这就是人与天地之间的生命关照。

张载在《西铭》中写到："乾称父，坤称母；予兹藐焉，乃混然中处。故天地之塞，吾其体；天地之帅，吾其性。民，吾同胞；物，吾与也。"就是说，天地好比父母，一切人、一切物都是天地所生，一切人都是同胞兄弟，一切物都是同伴，应该爱一切人、爱一切物。这才能实现真正的天人合一，实现人与社会，人与自然，以及人与历史的全面和谐。

二、生产目的转变

1. 康德：人是目的

对于社会生产来说，生产目的具有至关重要的意义。现代生产重在物质资料的增加，通过科学技术对自然资源和自然力高效率的利用，使社会产出呈几何级数的增加。这就必然导致生产目的的异化，即生产从满足人们物质文化需要转变为最大化利润和高速度增长，并进一步异化为 GDP 指标。

事实上，生产目的的异化源于现代社会人的异化。我们可以从现代社会人的价值观念的变化观察到这种异化的产生和不断深化的过程。人可以通过劳动改变自然物使之符合人自身的需要，还可以通过劳动创造快乐、幸福和美感。所以，劳动是人的本质属性。但是，在现代社会，劳动异化了。人的劳动能力成了劳动力，劳动力成为商品进入市场；当劳动力进入生产过程以后，劳动力进一步成为可变资本，而劳动过程也就转变为生产剩余价值的过程。通过这一系列转变，人成了一种资源，即劳动资源，现代生产过程产生了对劳动资源的管理，现代经济学也相应地产生了劳动资源管理学。而在新古典经济学中，人进一步转变成为可以创造利润的人力资本，表面上看是使人力获得"最高的评价"，但事实上却将人的异化推向了极点。总之，人成了工具，即生产物质产品的工具、创造剩余价值的工具、创造利润的工具、创造 GDP 的工具。可见，在现代社会中，目的成了手段，本质成了工具，人成了"倒置之民"。

价值革命必须重新确定人的位置，即重建"人是目的"的观念。"人是目的"这个命题是康德提出的。康德明确指出，"一个最终目的就是这样一个目的，它的成为可能是不需要任何其他目的作为条件的"①，而这个最终目的就是人。康德通过对美学和有机自然界的目的性联系的考察，力图说明自然的必然与自由的统一以及自由意志在自然中的实现。在康德看来，人本来不过就是自然目的链环中的一环而已。同任何其他动物一样，人类不可避免的遭受瘟疫、饥荒、洪水等灾祸。但人与其他动物不同，因

---

① ［德］康德：《判断力批判》上册，宗白华译，商务印书馆1964年版，第35页。

为人是世上唯一拥有理性，并且能做出目的选择的存在者。人不仅可以对自然进行理性思维，而且可以按照自己的自由目的的各个原则去利用自然，把自然作为实现自身目的的手段，并最终在自然中实现自由。因而，人作为能为自然立法的存在者，人就是一切活动的最终目的，没有人，一系列相互从属的目的就丧失依据。所以，"假使我们把自然看作为一个目的性的体系，人就是自然趋向的最终目的"①。

康德强调，人是目的而不是手段或工具。康德指出："你的行动，要把你自己人身中的人性，和其他人身中的人性，在任何时候都同样看作是目的，永远不能只看作是手段。"② 这是因为只有人才有理性，只有人才是理性的存在。没有理性的自然存在物，以及由人的行动得到的对象，都只是具有相对价值的外物。反之，我们把有理性者称为人，因为它的本性就证明它是目的，而不能只当作工具。人作为理性存在者，是自在地作为目的而实存着的，他不单纯是这个或那个意志所随意使用的工具。康德指出："假如真有个最高的实践原则，或是支配人的意志的无命令式，那末它一定是意志的客观原则，一定能作为普遍的实践规律。为的是：这么个原则一定是由'原因其自身是目的就当然是人人的目的之对象'这个概念引出来。这个原则的根基在于：有理性之物是以自己为目的而存在，……因此实践的令式如下：你须要这样行为，做到无论是你自己或别的什么人，你始终把人当目的，总不把他只当作工具。"③

2. 马克思：人始终表现为生产的目的

在资本主义社会，生产的目的不是满足需要，而是为了获得利润。这是资本主义生产与以前任何社会生产的根本区别。正如马克思指出的，"资本主义生产不仅是商品的生产，它实质上是剩余价值的生产。工人不是为自己生产，而是为资本生产。因此，工人单是进行生产已经不够了。他必须生产剩余价值。只有为资本家生产剩余价值或者为资本的自行增殖服务的工人，才是生产工人。""生产工人的概念决不只包含活动和效果之

---

① ［德］康德：《判断力批判》下册，韦卓民译，商务印书馆1964年版，第144页。

② ［德］康德：《道德形而上学原理》，苗力田译，上海人民出版社2005年版，第43、48、60页。

③ ［德］康德：《道德形而上学探本》，商务印书馆1957年版，第43页。

间的关系，工人和劳动产品之间的关系，而且还包含一种特殊社会的、历史地产生的生产关系。这种生产关系把工人变成资本增值的直接手段。"① "不管生产方式本身由于劳动隶属于资本而产生了怎样的变化，生产剩余价值或榨取剩余劳动，是资本主义生产的特定内容和目的。"② "资本主义生产过程的动机和决定目的，是资本尽可能多地自行增殖，也就是尽可能多地生产剩余价值，因而也就是资本家尽可能多地剥削劳动力。"③

资本主义生产的目的不是为了生产产品，不是为了创造使用价值，也不是为了生产一般的商品和价值，而是为了生产剩余价值。这就是资本主义生产的异化过程。但是，这种异化并没有到此为止。由于目的的异化，进一步导致了手段与目的的颠倒。资本家为了获得更多的剩余价值，就必须不断地扩大再生产，而扩大再生产的最根本手段，就是通过资本积累来扩大资本的规模。所以，资本主义为了扩大剩余价值的剥削，就不得不扩大积累。这样，资本家以剩余价值为目的生产，就进一步转为以积累为目的生产了。所以，积累和节欲，就成了资本主义典型的表象特征。对此，丹尼尔·贝尔也指出："资本主义社会在其强调积累的过程中，已经把积累活动变成了自身目的。"④

人的异化是现代资本主义社会的特殊现象。马克思揭示了资本主义生产的本质特征就是剩余价值最大化。马克思认为，资本家对于剩余价值的疯狂追求，决定资本主义生产方式的基本特征和基本矛盾运动。这就是说："资本及其自行增值，表现为生产的起点和终点，表现为生产的动机和目的；生产只是为资本而生产，而不是相反：生产资料只是不断扩大生产者社会的生活过程的手段。以广大生产者群众的被剥削和贫困化为基础的资本价值的保存和增殖，只能在一定的限制以内运动，这些限制不断与资本为它自身的目的而必须使用的并旨在无限制地增加生产，为生产而生产，无条件地发展劳动社会生产力的生产方法相矛盾。手段——社会生产

---

① 马克思：《资本论》第一卷，人民出版社 1975 年版，第 556 页。
② 马克思：《资本论》第一卷，人民出版社 1975 年版，第 330 页。
③ 马克思：《资本论》第一卷，人民出版社 1975 年版，第 368 页。
④ 丹尼尔·贝尔：《资本主义文化矛盾》，赵一凡、蒲隆、任晓晋译，生活·读书·新知三联书店 1989 年，第 21 页。

力的无条件的发展——不断地和现有资本的增殖这个有限的目的发生冲突。因此，如果说资本主义生产方式是发展物质生产力并且创造同这种生产力相适应的世界市场的历史手段，那末，它同时也是它的这个历史任务和同它相适应的社会生产关系之间的经常的矛盾。"①

资本主义生产规律及其矛盾，表明资本主义生产方式的深刻异化。在这里，"资本越来越表现为社会权力，这种权力的执行者是资本家，它和单个人的劳动所能创造的东西根本没有任何关系；但是资本表现为异化的、独立化了的社会权力，与社会相对立。由资本形成的一般社会权力和资本家个人对这些社会生产条件拥有的私人权力之间的矛盾，发展得越来越尖锐，并且包含着这种关系的解体，因为它同时包含着生产条件向一般的、共同的、社会的生产条件的转化。这种转化是由生产力在资本主义生产条件下的发展和实现这种发展的方式所决定的"②。

马克思在《1857—1858年经济学手稿》中，比较了古代社会与现代社会的生产，指出："在古代人那里，财富不表现为生产的目的。人们研究的问题总是，哪一种所有制形式会造就最好的国家公民。财富表现为目的本身，这只是少数商业民族——转运贸易的垄断者——中才有的情形，这些商业民族生活在古代世界的缝隙中。问题在于，一方面，财富是物，它体现在人作为主体与之相对立的那种物即物质产品中。而另一方面，财富作为价值，是对他人劳动的单纯支配权，不过不是以统治为目的、而是以私人享受等等为目的。在所有这一切形式中，财富都以物的形式出现，不管它是物也好，还是以存在于个人之外并偶然地同他并存的物为媒介的关系也好。"③ 马克思认为，"古代的观点和现代世界相比，就显得崇高得多，根据古代的观点，人，不管是处在怎样狭隘的民族的、宗教的、政治的规定上，毕竟始终表现为生产的目的，在现代世界，生产表现为人的目的，而财富则表现为生产的目的。事实上，如果抛掉狭隘的资产阶级形式，那么，财富岂不正是在普遍交换中造成的个人的需要、才能、享用、生产力

① 马克思：《资本论》第三卷，人民出版社1975年版，第278—279页。
② 马克思：《资本论》第三卷，人民出版社1975年版，第294页。
③ 《马克思恩格斯全集》第46卷上，人民出版社1979年版，第485页。

等等的普遍性吗？财富岂不正是人对自然力——既是通常所谓的'自然'力，又是人本身的自然力——统治的充分发展吗？财富岂不正是人的创造天赋的绝对发挥吗？这种发挥，除了先前的历史发展之外没有任何其他前提，而先前的历史发展使这种全面发展，即不以旧有的尺度来衡量的人类全部力量的全面发展成为目的本身。在这里，人不是在某一种规定性上再生产自己，而是生产出他的全面性；不是力求停留在某种已经变成的东西上，而是处在变易的绝对运动之中。"① 可见，异化、从异化到回归，生产目的的转变在整个生产方式变革中具有枢纽性意义。

3. 生产目的的回归：需要和消费

桑巴特在《现代资本主义》中，根据生产目的将社会经济分为需要型经济和获利型经济："人类或是努力去取得一种在容量和种类上确定的应用品的蓄积，这就是说：他们力求满足自己天然的需要；或是努力去取得利润，这就是说：他们借自己经济的活动，力求取得一种尽可能大的金额。在第一个场所，我们说他们的行为是站在满足需要原则的拘束之下，在第二个场所，是站在营利原则的拘束之下。"② 韦伯十分肯定桑巴特的观点，指出：在需要型经济中，"支配经济活动的形式和方向的目的，始终是获得满足个人需要的必需商品"；而在获利型经济中则是"努力获取不受需要限制的利润"。他认为，资本主义经济是典型的以获得最大利润为目的的经济。③

生产是为了最大限度地满足人们物质文化需要。这是生产的真正目的。而具体化在经济体系中，生产则是为了满足消费。所以，消费是目的。但是在现代资本主义社会，消费不是目的而只有利润才是目的。如果没有利润，资本主义生产必然就停止了，因为没有人仅仅为了满足社会的消费需要而从事生产。马克思指出：在资本主义社会，工业资本家作为"工业的宦官投合消费者的最下流的意念，充当他和他的需要之间的牵线人，激起他的病态的欲望，窥伺他的每一个弱点，然后要求对这种殷勤的

---

① 《马克思恩格斯全集》第46卷上，人民出版社1979年版，第486页。
② ［德］伟·桑巴特：《现代资本主义》第一卷，商务印书馆1958年版，第10页。
③ ［德］马克斯·韦伯：《新教伦理与资本主义精神》，于晓、陈维纲等译，陕西师范大学出版社2006年版，第22页。

服务付报酬"①。所以,一切生产方式的设计,生产过程的组织,都围绕着利润这个中心。这就是生产的异化。马尔库塞认为,现代资本主义生产方式深刻地改变着人类的需要方式和行为,消费变成了满足生产的手段,人不是消费的主人,而是消费的奴隶。人的需要中的精神因素正丧失殆尽,精神文化需要正在蜕变为物质需要的形式,它的一切内涵都可以也必须用金钱这个"一般等价物"加以衡量。英国学者西莉亚·卢瑞(Celia Lury)指出:这种社会是一种"生产者主导理论"的社会经济体系,它生产的商品是因为有用才有意义,而不是因为有意义才有用。如果是后者,就是"消费者主导理论"的社会经济体系。②

要解决这个矛盾,就必须重新建立以消费为目的的生产,即以满足人们需要亦即为满足消费为目的的生产。一切生产的最终目的都是为了满足消费。马克思指出:"没有消费,也就没有生产,因为如果没有消费,生产就没有目的。"③ 消费从两个方面生产着生产:一方面,"产品只是在消费中才成为现实的产品"。这是因为,"产品不同于单纯的自然对象,它在消费中才证实自己是产品,才成为产品。消费是在把产品消灭的时候才使产品最后完成"。另一方面,"消费创造出新的生产的需要,也就是创造出生产的观念上的动机",同时也"创造出在生产中作为决定目的的东西而发生作用的对象"。这就是说,"消费在观念上提出生产的对象,把它作为内心的图像、作为需要、作为动力和目的提出来"。总之,"没有需要,就没有生产"④。而在消费的后面起作用的是需要。"消费生产出生产者的素质,因为它在生产者身上引起追求一定目的的需要。""消费为生产创造作为内在对象,作为目的的需要。"⑤ 随着人民生活水平的不断提高和新生人口的不断增加,消费者对产品的需求量总是不断增加,对产品的质量要求也总是不断提升,而且日复一日地产生着层出不穷的新需求。正是广大消费者不断增长的消费需求,才推动着生产的不断发展,所以,消费是生产

---

① 《马克思恩格斯全集》第42卷,人民出版社1979年版,第133页。
② [英]西莉亚·卢瑞:《消费文化》,南京大学出版社2003年版,第310页。
③ 《马克思恩格斯选集》第二卷,人民出版社2012年版,第691页。
④ 《马克思恩格斯选集》第二卷,人民出版社2012年版,第691页。
⑤ 《马克思恩格斯选集》第二卷,人民出版社2012年版,第692、693页。

不断发展从而经济不断增长的决定性因素，也就是说，"消费的需要决定着生产"①。

4. 再生产模式的转变

资本主义生产的异化，核心就是生产目的的异化。所以要消除这种异化，就必须转变生产目的。随着生产目的的转向，社会再生产模式将发生转变，社会生产将出现一系列根本性变化。

第一，从交换价值向使用价值回归。

事实上，现代生产方式反映了商品社会财富形式变化所带来的商品拜物教观念。在自然经济中，社会财富的形式主要是物质产品，随着商品货币经济的发展，特别是当货币成为主要的财富形式以后，人们对财富的追求表现为对商品货币的追求，也就是对于交换价值的追求。马尔库塞指出：人们在把物质需求作为自己的基本需求以后，实际上他们已是"为了商品而生活"，把商品作为自己"生活的灵魂"。② 这样，人同商品的关系完全被颠倒了，不是商品为了满足人的需要而被生产，而是人为了使商品价值得以实现而消费。这种"强迫性消费"导致人与物之间关系的颠倒，亦即人的本质的异化。要改变这种状况，就必须改变社会生产方式，从以交换价值为目的的生产转回到以使用价值为目的的生产。这样，人们对财富的占有从货币形式转回到实物形式，对财富的追求从无限转回到有限，从而消解了人的无限占有欲望，使人从异化的人回到本来的人。

第二，从利润最大化转向效用最大化。

生产第一和效率至上是现代经济生活的基本原则。美国管理学家泰罗提出，工业实践及其管理的根本目的是生产率，科学管理就是"发挥每个人最高的效率，实现最大的富裕"，所以，他提出的口号就是："更多，更多，更多"。而"更多"的目的并不是为了增加更多的使用价值，而是为了提高生产者的收益也就是利润。如果没有利润，即便是增加使用价值的生产也是不能进行的。可见，现代社会生产的根本特征，就是最大限度地

---

① 《马克思恩格斯选集》第二卷，人民出版社 2012 年版，第 699 页。

② ［德］赫伯特·马尔库塞：《单向度的人：发达工业社会意识形态研究》，上海译文出版社 2006 年版，第 10 页。

提高效率，最大限度地增加产量，从而最大限度地提高利润和利润率，而生产的真正的效用却被大大忽视了。尽管利润指标可能是最具有激励效应的指标，但却是最丧失人性的指标，即生产背离了"人是目的"的基本原则。而要改变这种现代社会生产的弊端，就必须转变社会生产的效率标准，从利润最大化转回到效用最大化。

第三，物质资料生产为中心转向生命生产为中心。

社会生产包括两个方面，即物质资料生产和生命生产。马克思指出："全部人类历史的第一个前提无疑是有生命的个人的存在。"① 这就是说，社会生产首先是人的生命的生产，所以一切社会生产都应该以人的生命生产为中心。但是在现代资本主义制度下，人的生命生产反倒依附于物资资料的生产，生产目的不是为了人而是为了物。所以，生产方式的变革就是要使物质资料生产为中心转向生命生产为中心。然而，"生命的生产，无论是通过劳动而生产自己的生命，还是通过生育而生产他人的生命，就立即表现为双重关系：一方面是自然关系，另一方面是社会关系"②。要改变社会以物质资料生产为中心的现状，就必须首先改变现有的生产关系，也就是改变现代市场经济制度。

第四，从无限扩大再生产转向平衡循环再生产。

从生产主体方面考察，生产决定论的典型代表就是"富兰克林式"的资本家。这种类型的资本家具有强烈的生产积累和财富积累意识，勤劳、节俭，其一切活动的最高目的就是"以钱生钱"。而要实现这种再生产的延续性，就必须不断地扩大消费。正如马克思所指出的："每个人都千方百计地在别人身上唤起某种新的需要，以便迫使他作出新的牺牲，使他处于一种新的依赖地位，诱使他追求新的享受方式，从而陷入经济上的破产"。③ 这就导致社会再生产陷入无限扩大趋势，对自然界和人类社会自身都造成严重的压力，特别是随着科技的发展，使得这种矛盾和紧张日益加剧。生产模式转变就是要摆脱竞争和利润压力，转向平衡的循环再生产，

---

① 《马克思恩格斯全集》第 1 卷，人民出版社 1956 年版，第 67 页。
② 《马克思恩格斯选集》第一卷，人民出版社 2012 年版，第 160 页。
③ 《马克思恩格斯全集》第 42 卷，人民出版社 1975 年版，第 32 页。

实现人与自然的平衡交换以及人与社会的平衡交换。

三、生产方式转变

1. 新工业革命的启示

美国未来学家里夫金（Jeremy Rifkin）提出，每次重大的经济革命都是在新的通讯技术和新的能源系统结合之际发生的。他在《第三次工业革命》中指出，正在发生的新的工业革命中，每座大楼都将变成能源生产的来源，因此需要一个通信网络来分配这些能源。他预言，数亿计的人们将在自己家里、办公室里、工厂里生产出自己的绿色能源，并在"能源互联网"上与大家分享，这就好像现在我们在网上发布、分享消息一样。相应的变化是，在接下来的半个世纪里，第一次和第二次工业革命传统的集中经营活动将被第三次工业革命的分散经营方式取代，标志着合作、社会网络和行业专家、技术劳动力为特征的新时代开始。《第三次工业革命》发表后，引起产业界、经济学界以及政界的高度重视，也进一步引起有关新工业革命的探索。

彼得·马什（Peter Marsh）将人类的制造业分为五个阶段：第一个阶段是少量定制；第二阶段是少量标准化阶段；第三个阶段是大批量标准化生产；第四阶段是大批量定制化；第五个阶段是个性化量产。他认为，当下是大批量定制模式向个性化量产转变的阶段，他预言，当3D打印技术日益成熟并成为生产的日常部分之时，大批量个性化时代就真正来临了。在这种生产体制下，3D打印技术为很多产品生产零件将成为主流，定制特定的相关产品以满足个人需求或生理需求非常重要。随着新工业革命步伐加快，在成本控制的范围内和允许客户施加更大影响的情况下，提供多样化产品将成为越来越明显的特征。在"新工业革命"影响下，智能制造、互联制造、定制制造和绿色制造将成为主流的生产方式。彼得·马什预言，现有工业集群经转型升级后将以相对更小的规模存在，发挥出更强的辐射带动作用。他还提出"微型跨国公司"的概念，认为无论在高成本国家，还是在低成本国家，制造流程将逐渐呈现出混合制造的特点。因此，模仿大公司从全球角度运营工厂、技术伙伴关系和营销的小公司会越来越多。

回顾人类工业的发展史，科学和技术的每一次革新，都首先体现在制造业上，促进着人类生产方式的改变和创新。近年来，随着网络信息技术、大数据、云计算运用威力初显，互联网技术正在参与到生产过程中去，信息化和工业化的交织，人类工业正向 4.0 时代发展。"工业 4.0"时代是利用基于信息物理融合系统的智能化来促进产业变革的时代。这种以智能制造为主导的新型工业形式，首先以德国人在 2011 年汉诺威工业展览上所提出的以实现资源、信息、物品和人相互关联的"虚拟网络—实体物理系统（Cyber-Physical System，CPS）"为标志。2013 年，德国政府将其上升为国家战略。根据德国版"工业 4.0"描绘的美好前景，在现代智能机器人、传感器、数据存储和计算能力成熟后，现有工厂将能够通过工业互联网把供应链、生产过程和仓储物流智能连接起来，真正使生产过程全自动化，产品个性化，前端供应链管理、生产计划、后端仓储物流管理智能化，人类从此进入智能制造时代。"工业 4.0"的概念描述了由集中式控制向分散式增强型控制的基本模式转变，目标是建立一个高度灵活的个性化和数字化产品与服务的生产模式。它意味着在产品生命周期内对整个价值创造链的组织和控制迈上新台阶，意味着从创意、订单，到研发、生产、产品交付和服务，再到废物循环利用，在各阶段都能更好地满足日益个性化的顾客需求。在这种模式中，传统的行业界限将消失，并会产生各种新的活动领域和合作形式。对于整个制造业产业体系来说，诸如全生命周期管理、总集成总承包、互联网金融、电子商务等产业新价值链也将会出现，由此产生的生产力是极为巨大的。而更为深远的影响是，制造业的这种革命将会渗透到整个人类社会，所有人和人、人和物以及物和物之间通过互联网实现"万物互联"，这将重构整个社会的生产工具、生产方式和生活场景。

2. 机器生产向手工艺回归

工业革命的结果是大机器生产代替了手工艺生产，生产不是以人为中心而是以机器为中心。这种生产模式大大提高了生产率，提高了产品的社会供给，使更大多数消费者的需求得到了满足。但是大机器产品与人手和人心产生了距离，缺少美，缺少人气，难以体现人的心灵。所以，机器大生产并不一定是人类最适当的生产方式。机器大生产的优势在于标准化和规模化，本质上在于效率的提高。不过这仅仅是生产力发展的一个阶段而已，并不能成为唯一的或永恒的生产方式。这种生产方式仅仅是解决人们基本的物质需要，而当生产力发展到较高的阶段时，即超出一般性物质资料需要时，这种生产方式事实上就开始过时了。

我们可以观察得到，在大工业高度发展的基础上，手工艺开始复兴了。第一，个性化需求的发展是手工艺复归的社会基础。事实上，个性化是在大工业高度发展的生产力基础上得以凸显的。工业化之前，人们的需求没有得到完全满足，必须通过大规模生产标准化产品来提高供给水平。而在这些基本需求得到满之后，人们的需求开始多样化起来。而这种多样的个性化需求，需要新的生产方式来满足。这是手工艺复兴的生产力基础和社会需求基础。第二，社会需求日益感性化。社会需求的个性化与人的感性发展相关。一方面，物质资料需求得到满足以后，人们转向精神文化需求；另一方面，人们对于物质资料产品的要求也发生了变化，希望这些产品能够满足人们的感性需求。而机器制造品企业难以满足人们的这种需求的变化，所以产生了对手工艺的需要。手工艺产品直接就是人们汗水和心血的结晶，从这些产品中，我们甚至可以直接感受得到作者的心境、爱欲、情操。第三，现代科学技术提供了手工艺复兴的条件。手工艺复兴仍不能脱离机器生产。一方面，大机器生产为手工艺生产提供最基础的材料和新的手工工具；另一方面，现代科技的发展使大机器生产也越来越"柔性化"了。更重要的是，大机器生产创造的生产率能够使更多的"小生产"摆脱基本物质资料的依赖，从而能够对这些"小生产"构成支持。

手工艺复兴对价值本质和决定会产生重要影响：第一，价值不是一般劳动构成的而是特殊劳动构成的。资本主义生产的劳动是异化劳动，劳动本身包含的劳动创造，即劳动创造所产生的快乐和幸福感完全不存在了，劳动仅剩下资本家生产剩余价值的作用。劳动的这种特点在机器大生产过程中得到极端的体现，机器生产缺乏情感因素的注入。而手工艺生产不仅是生产有用物品，生产使用价值，更重要的是生产情感和人际关系。所以，手工产品是一种感性产品。在手工艺产品中，不仅包含着一般性的劳动，更包含了个性化的劳动，创造性的劳动。劳动从一般劳动重新转化为具体的特殊劳动，劳动的特殊性在这里重新得到体现。第二，决定价值的因素不是成本而是创造性或者说是创意。手工艺与大机器生产不同之处在于，机器生产的产品价值是由生产成本决定的，是生产出来的，而手工艺生产的价值是创意决定的，所以价值是创造出来的。在这里，价值的大小不是由一般劳动的量决定的，而是由个别的创意价值决定的，是供需双方个别交换的行为，在很大程度上取决于双方个人的主观偏好。第三，产品文化含量成为产品价值的重要内容。大机器工业也产生了相应的文化，但这种文化的特点是理性的、机械的、唯物的。但是手工艺产品却是感性的、人性的和心智的。所以，构成手工艺品价值的主要不是科技含量而是文化含量。第四，市场价值变化趋势不同。机器产品的市场价值是呈下降趋势的，而手工制品的价值是上升趋势的。这是因为机器制品是由成本决定的，科技和规模总是带来成本的下降，但是手工制品是由创意决定的，其特点是差异化和个性化，即各有各的价值。所以，手工艺制品的市场价值趋势往往是上升的。

3. 生产从工厂向家庭回归

工业革命之前，家庭生产是普遍的生产方式。工业革命使生产场所从家庭转向集中的工厂，从而产生了工厂制度。工厂生产是一种集中的规模化生产方式，就工厂本身来讲，其直接动因和直接结果是大大提高了生产效率，本质上是一种技术变革。但是这种生产方式打破了传统的家庭结构，原来的男耕女织的自然分工被彻底瓦解，分工从家庭成员间的分工转变为根据机器需要的分工。离开家庭的生产，生产者走向工厂却脱离了家庭，导致传统的家庭制度动摇，也冲击了传统的家庭伦理关系。

在个性化越来越强的现代社会，大规模的工厂化生产的局限性越来越突出，不能满足日益发展的个性化生活需要。与此同时，现代科学技术的发展为社会生产的转型提供了条件，大规模定制成为工业社会向后工业化时代转变时出现的生产形式。这种生产方式是通过大规模生产方式来满足市场的个性化需求。但是，随着个性化的进一步发展，这种生产方式也必然要退出历史舞台，而以家庭为单位的生产方式将会大规模复兴。也就是说，随着技术的发展和生产方式演变，"大规模"逐渐缩小，而"定制"将逐渐扩大，最终的结果必然是工厂生产被"家庭生产"所取代。另一方面，工厂生产是应集中和集聚效应而出现的，而随着互联网技术和"云制造"的发展，使家庭生产模式越来越成为可能，从而促进了家庭生产方式对工厂生产方式的替代。21世纪初出现并流行的"创客"，实际上是新的家庭生产方式的雏形。人们在家庭中开设作坊，通过网络将自己的生产活动与整个市场联系起来，完全根据市场上的个性化需求进行生产，人们不仅可以实现足不出户的消费，也可以实现足不出户的生产。现代家庭生产并不是大工业的附属而是独立地直接与市场联系在一起的。工业革命期间也曾一度出现过家庭生产兴起的情况。但是此时的家庭生产是大机器生产的附属环节，是机器生产的补充，这种家庭生产随着大机器生产的发展最后消失。但是新的家庭生产是直接与市场连接的，是通过网络和"云计算"实现的供需关系。在这里，需要是个性化的，而需要的满足也是个性化地满足，亦即通过家庭这种小规模的生产组织来实现的。当然，家庭生产与大规模制造业的发展并不矛盾，现代家庭生产也离不开大规模生产，也要以大规模生产为基础。但不同的是，这种大规模生产的重要性已经不比从前，已经不是社会生产的中心而只是基础了，真正的制造活动已经大部分转入家庭了。

家庭生产方式将改变社会价值基础。新的家庭式生产方式将劳动与创造联系起来，从而将劳动与快乐联系起来。现代化大工业生产方式导致人的劳动的异化，劳动仅仅作为谋生手段存在，特别是大机器生产的分工细化，影响人的劳动兴趣，劳动过程与创造过程渐行渐远，最终成为一对矛盾体。现代家庭生产是一种小范围的分工，分工不是固定的，人们可以根据兴趣进行选择和转换，为此并不需要付出更大的成本，最终产品与人们的构思和想象是一致的，所以更能发挥人们的想象力和创造力。另一方面，现代的工厂化生产方式是以机器为中心的分工、以市场为中心的生产，社会价值完全"去伦理化"了。而新的家庭生产方式将重建价值的伦理基础。工厂式生产将人们分为生产者和消费者，分为雇主和雇员，使社会关系全面地市场化，导致社会关系的伦理覆灭。而家庭生产方式是以家庭成员为主的生产，在这种生产组织内部，伦理关系就自然代替了市场关系。就是说，家庭式生产将引起社会伦理的变化，并进而导致传统伦理观念的复兴。

4. 市场从竞争向合作回归

19 世纪西方自然科学的重大发现之一，就是达尔文的进化论。而达尔文进化论源于斯宾塞的社会进化论。自从达尔文主义和斯宾塞主义流行以来，"物竞天择，适者生存"就被认为是自然和社会的不变法则。事实上，进化论所提出的自然竞争法则也就是丛林法则。但是，人类社会毕竟不同于自然界，人更不同于动物。第一，人有灵而物无灵，人有情而动物无情。笛卡尔说"我思故我在"，费尔巴哈说"我欲故我在"，马尔库塞说"我爱故我在"，说的就是人与物、人与动物的区别。总之，人不同于动物之处在于人有情有理，即有感情有理性。第二，人能群而动物不能群，就是说人能够有目的和有意识的合作而动物不能。"由于他们的需要即他们的本性，以及他们求得满足的方式，把他们联系起来（两性关系、交换、分工），所以他们必然要发生相互关系"。① 人类必须通过合作才能生存，才能战胜其他"类"的挑战。第三，人类的"群"即合作导致人的另一方面行为即分工。分工与合作是同一块硬币的正反面。人类的理性决定人们要分工，分工产生效率，而一旦有了分工就必须合作。分工基础上的合作就是市场，即通过市场来实现分工下的合作。第四，人作为有情动物，必然产生情缘关系。情缘关系首先源于血缘关系，作为人缘关系的分工与合作进一步加强了这种情缘关系。情缘关系反过来又促进了人缘关系。所以人类的社会关系是血缘和情缘决定的人缘关系。马克思指出："人的本质并不是单个人所固有的抽象物，实际上，它是一切社会关系的综合。"② 不论物质资料的生产还是人口的生产，都"表现为双重关系：一方面是自然关系，另一方面是社会关系"。人的自然关系决定了人与动物的共同性，人的社会关系决定了人不同于动物的特殊性，即人之为人的本质，而"社会关系的含义是指许多个人的合作"③。从根本上讲，市场竞争源于人的动物本性的残存，而合作才是人的类本质。

人类社会的本质在于劳动和创造。在人类社会发展过程中，人们不断

① 《马克思恩格斯全集》第 3 卷，人民出版社 1979 年版，第 514 页。
② 《马克思恩格斯选集》第一卷，人民出版社 2012 年版，第 135 页。
③ 《马克思恩格斯全集》第 3 卷，人民出版社 1979 年版，第 33 页。

创造着属于自己的"类本质"的东西即文化，这个过程就是人文化成。中国人民在进化和发展过程中，观乎天文以察时变，关乎人文以化成天下，通过劳动合作生产产品，通过市场实现交换，并在这一过程中创造了独特的合作文明。但是在西方列强进入中国时，所遵循的是弱肉强食的丛林法则，他们在征服和毁灭了一系列文明以后，试图以同样的方式征服和毁灭中国和中国的古老文明。在亡国灭种的危机下，中国人民普遍接受了达尔文的进化论，试图用其人之道还治其人之身。所以，中国现代的竞争文化是在西方文化影响之下形成的。这种竞争文化加速了中国的经济发展和现代化进程，但另一方面却是中国传统文明遭到消解，从而带来了一系列经济和社会矛盾。而要缓解或解决这些社会竞争所导致的社会矛盾，有必要阐扬中国传统的合作文化。

马克思认为，"把自由竞争看成是人类自由的终极发展，认为否定自由竞争就等于否定个人自由，等于否定以个人自由为基础的社会生产"，这是一种"荒谬的看法"。[①] 当下社会变革的一项重要目标，就是要改变现代市场经济以丛林法则为特征的竞争法则和竞争观念，实现市场向合作的本质回归。一方面，我们必须重新认识竞争的意义和价值。合作并不排斥竞争。但竞争不能成为市场的本体，而只能作为"用"来理解。在中国文化中，竞争从属于合作。合作是根本的，而竞争则是提高合作效率的手段。所以是合作为本，竞争为用。事实上，企业或个人的市场行为，不能以打败对手为目标，不能采取以邻为壑的方式竞争。这就是竞争伦理或市场伦理，也是市场竞争行为的底线。另一方面，我们必须重新认识市场的意义和价值。马克思说过：人们不仅要在市场上"以物易物"或以劳动交换劳动，还要在社会上"用爱来交换爱"，"用信任来交换信任"。[②] 可见，市场并不仅仅是产品交换的场所，也是情感交流的平台。这就使市场不仅具有经济价值而且具有伦理价值。市场不再是简单的交易场所，或是竞争与合作的平台，而是具有伦理价值的道德平台，这样就可以给市场行为规划道德标准。

---

① 《马克思恩格斯全集》第46卷下，人民出版社1980年版，第160—161页。
② 马克思：《1844年经济学哲学手稿》，人民出版社2000年版，第108页。

18世纪西方理性主义霸权建立后，一切行为正当性都必须放在理性的审判台上评判。但是，在理性霸权建立后，道德逐渐失去了权威，人们考虑行为的"合理性"，但是却很少考虑行为的"合德性"。中国在现代化过程中，文化受到西方文化的浸染，丛林法则逐渐成了社会的普遍信仰。越来愈多的人认为，市场经济就是优胜劣汰，弱肉强食就是最合理的自然选择机制。但实际上，在自然主义的也就是达尔文主义的市场经济中，充斥着寡头垄断、恶性竞争，败德行为等，这些都是与市场自由理念格格不入的。社会行为不能没有底线，市场行为也不能没有底线。这个底线除了法律外还有道德。所以，新的市场经济要规划两个底线，一个是法律底线，一个是道德底线。法律底线由政府实施，而道德底线由社会舆论和良知实施。这也是保证市场从竞争转向合作的基本制度安排。

四、劳动异化的消除

1. 生产向生活回归

古典经济学认为，在生产与消费关系上，生产是占主导地位的方面。他们把生产、交换、分配和消费区分开来，特别是把生产和消费截然分开，把生产界定为对有用的物质产品的创造和再创造，将消费限定为商品交换完成后的对商品的使用活动。在这种现代社会体制下，生产就是就业，生产就是GDP，人们为了生产而生产，完全忘记了生产的目的是为了人们更好的生活。反过来，人们的生活也是为了生产的目的，因为人们的生活消费是为了劳动力的再生产，人们消费商品的过程还是产品价值实现的必经过程，总之是为了再生产的继续进行。这就是生产和生活的双重异化。要消除现代社会的异化现象，回归生活世界，就必须实现生产向生活的回归。

首先，生产是为了生活而进行的。人们生产的目的并不是为了更多地生产，而是为了更好地生活。生产的目的是人，是要满足人的各种需要。所以，生产不是目的，生活才是目的。因而，社会的中心要从生产向生活回归，回到生活世界的本质。其次，生活能体现社会的多元价值。生产活动以单一理性为原则，而生活却充满了丰富的感性。现代社会的生产受理性主义支配，效率成为第一原则。而效率有一套衡量指标，这些指标都可以归结为货币，即一切生产活动都可以还原为通用的价值尺度即货币。现代生产的这种特点进一步影响到生活领域，一切生活包括消费都归结为货币尺度。这样即便是多种多样的生产活动也被归纳为千篇一律的标准。只有生产中心回归于生活中心，才能从单一的理性世界回归丰富的感性世界，从单一的价值标准回归多元的价值标准。再次，生产向生活回归也是历史的必然。为生产而生产的社会只出现在现代社会，具体说就是以利润为目的的资本主义市场经济制度。在这个制度下，利润的停滞就是生产的停滞，没有利润生产就不能进行。另一方面，为生产而生产也是生产力水平较低的社会特点，因为在这种情况下，没有利润的刺激生产者就没有内在的动力。当生产力发展到一定水平，社会生产不再需要利润刺激的时候，生产必然向生活回归。

生产向生活的回归，并不是简单地从以生产为中心转向以生活为中心，而是要实现生产与生活的一体融合，本质上是要回归到生产与生活的一体性。生产与生活的一体性，就是要回到物质资料再生产与生命再生产合一的本来状态去。在这里，生产生活作为人的类生活，本来就是"产生生命的生活"，劳动作为人的"自由的有意识的活动"与人的生命活动是一致的，生产生活与人的生命生活也是一致的。正如马克思所指出的，"劳动这种生命活动、这种生产生活本身对人来说不过是满足他的需要即维持肉体生存的需要的手段。而生产生活就是类生活。这是产生生命的生活。一个种的全部特征、种的类特性就在于生命活动的性质，而自由的有意识的活动恰恰就是人的类特性。生活本身仅仅成为生活的手段。"[1]

2. 工作向劳动回归

古希腊诗人赫西俄德在《工作与时日》中，描述了人类生活的五个时代，即黄金时代、白银时代、青铜时代、英雄时代和黑铁时代。自从走出黄金时代开始，人类就必须无休止地劳动和工作。马克思指出，在资本主义社会，工人阶级直接堕入到了"黑铁时代"。人们从自由劳动者转变成了雇佣劳动者，成了机器上的一个部件，成了流水线上的一个工序，他们的劳动成了固定时间、固定地点、固定收入，并且是完全为谋生的劳动。

---

① 《马克思恩格斯选集》第一卷，人民出版社 2012 年版，第 56 页。

　　事实上，这种状况是工业社会的普遍现象，实际上是现代社会的标志性特征：人们为了生活不得不工作，实际上不过是将个人的生命时间与收入进行了交换，将个人的劳动过程交换给了某个生产组织。劳动本应该作为人的本质的体现，而劳动产品则是劳动价值的体现。但是在现代社会，整个生产劳动的过程转而表现为两个不同的方面：一方面是不断追逐和获取产品价值和利润的过程，另一方面是劳动者获得和使用工资的过程；一方面劳动只是作为生产过程的要素之一，另一方面劳动只是获取工资的手段。这就使"劳动"完全异化为"工作"。

　　劳动是人的类本质。人与动物不同，动物和自己的生命活动是直接同一的，动物不把自己同自己的生命活动区别开来，它就是自己的生命活动。"人是唯一能够由于劳动而摆脱纯粹的动物状态的动物——他的正常状态是和他的意识相适应的而且是要由他自己创造出来的。"① 人能使自己的生命活动本身变成自己意志的和自己意识的对象。所以，人的生命活动是有意识的生命活动。"正是由于这一点，人才是类存在物。或者说，正因为人是类存在物，他才是有意识的存在物，就是说，他自己的生活对他来说是对象。仅仅由于这一点，他的活动才是自由的活动。异化劳动把这种关系颠倒过来，以致人正因为是有意识的存在物，才把自己的生命活动，自己的本质变成仅仅维持自己生存的手段。"总之，"异化劳动把自主活动、自由活动贬低为手段，也就把人的类生活变成维持人的肉体生存的手段"。②

　　马克思认为，整个人类的劳动史就是"人的自由自觉的劳动——异化劳动——劳动复归"的历史。现代社会的工作首先是生产劳动。马克思定义的生产劳动是生产剩余价值的劳动，也就是创造利润的劳动。要实现工作向劳动回归，最重要的制度条件就是劳动不再采取雇佣形式，劳动成为自由的劳动。传统的农业社会，人们的劳动方式是自由的，没有限制，是"日出而作，日落而息"，与自然时间一致。在中国传统的小康社会，各个家庭男耕女织，自给自足，享受天伦之乐。而在现代资本主义社会，劳动

---

　　① 《马克思恩格斯全集》第20卷，人民出版社1966年版，第535—536页。

　　② 马克思：《1844年经济学哲学手稿》，人民出版社2000年版，第57、58页。

者丧失了劳动资料，要劳动，要获得生活资料，就必须到资本家的工厂中劳动。这种劳动是雇佣形式的，是在别人监督下进行的，劳动产品也不属于自己。要实现工作向劳动的回归，就必须改变现有的生产体制，使劳动者使用自己的生产资料进行生产，使劳动真正成为为自己生活而从事的劳动。

要实现工作向劳动回归，最根本的条件是劳动不再作为谋生手段，不再受到物质条件的制约。马克思认为，当人们的劳动还受到物质生产发展程度的制约，还没有"成为吸引人的劳动，成为个人的自我实现"① 时，劳动就还不能说是真正自由的活动，还只能是谋生的手段。因为"劳动始终是令人厌恶的事情，始终是外在的强制劳动，而与此相反，不劳动却是'自由和幸福'"②。只有当人不再把劳动当作外在生存的需要，而是作为主体的内在价值和自我目的的积极实现时，也就是不再作为谋生的必要手段时，劳动才成为自由快乐的劳动。马克思指出：人类的"自由王国只是在必要和外在目的规定要做的劳动终止的地方才开始；因而按照事物的本性来说，它存在于真正物质生产领域的彼岸。"③ 这就是说，人从物质生产领域中解放出来，由外在目的和需要规定的劳动的结束，才是自由自觉的劳动活动的开始。但这里的重要前提仍是生产力的高度发展。只有生产力得到高度发展，在劳动对个体来说失去了谋生的实用性后，劳动也才会失去它"消极的规定"④，才会有完全积极的真正自由的劳动。尽管任何时候的劳动都可能是紧张的，需要付出的，但人在其中不再仅仅感到艰辛乏味，而是创造的乐趣和精神的愉悦，"因而个性的劳动也不再表现为劳动，而是表现为活动的充分发展"⑤。

3. 劳动向快乐回归

劳动是人的类本质。劳动的本质是创造，创造的本质是快乐。但是在劳动成为谋生手段以后，劳动就转变成工作。而现代社会，特别是资本主

---

① 《马克思恩格斯全集》第 46 卷下，人民出版社 1980 年版，第 113 页。
② 《马克思恩格斯全集》第 46 卷下，人民出版社 1980 年版，第 112—113 页。
③ 《马克思恩格斯全集》第 25 卷，人民出版社 1974 年版，第 926 页。
④ 《马克思恩格斯全集》第 46 卷下，人民出版社 1980 年版，第 113 页。
⑤ 《马克思恩格斯全集》第 46 卷上，人民出版社 1979 年版，第 287 页。

义市场经济条件下，劳动异化达到极致，劳动成了创造剩余价值的活动，与资本利润结合在一起了。劳动变得唯利是图，成为被雇佣、被约束的行为，劳动力沦为一件庸俗的商品。在这里，"劳动对工人来说是外在的东西，也就是说，不属于他的本质；因此，他在自己的劳动中不是肯定自己，而是否定自己，不是感到幸福，而是感到不幸，不是自由地发挥自己的体力和智力，而是使自己的肉体受折磨、精神遭摧残"①。在这里，"他的劳动不是自愿的劳动，而是被迫的强制劳动。因此，它不是满足劳动需要，而只是满足劳动需要以外的那些需要的一种手段。劳动的异己性完全表现在：只要肉体的强制或其他强制一停止，人们会像逃避瘟疫那样逃避劳动"②。"最后，对工人来说，劳动的外在性表现在：这种劳动不是他自己的，而是别人的；劳动不属于他；他在劳动中也不属于他自己，而是属于别人。""这种活动是他自身的丧失。"③ 所以，马克思提出重新将劳动解放出来，令它回归本质，而这个本质就是快乐。

第一，劳动就是生存，是人的本质需要。

马克思认为，人首先是作为一种自然有机体而存在，自然无机界是人赖以生存的条件，人的实践活动是人和自然界相联系的直接形式。这就是劳动。劳动使人摆脱动物界，然后劳动使人的能力不断提升。恩格斯指出，人不仅要"在物种关系方面把人从其余的动物中提升出来"，实现第一次进化，而且还必须"在社会关系方面把人从其余的动物中提升出来"，实现第二次进化。④ 随着社会的发展和进步，物质资料的丰富程度能够完全满足人们的基本需要，人们追求物质财富的欲望发生递减，人们之间为争夺控制和支配生活资源而展开的激烈竞争也将成为过去，人们把目标转向人本身的发展，最后达到对劳动本身的需要。此时，劳动成为人们生活的第一需要，人只有在劳动中才能充分享受自由自觉的乐趣，只有在劳动产品的创造上人才能体现自我的价值，劳动使人的价值得到实现和提升。这时的劳动就成为人的本质需要。

---

① 马克思：《1844 年经济学哲学手稿》，人民出版社 2000 年版，第 54 页。
② 马克思：《1844 年经济学哲学手稿》，人民出版社 2000 年版，第 55 页。
③ 马克思：《1844 年经济学哲学手稿》，人民出版社 2000 年版，第 55 页。
④ 《马克思恩格斯选集》第三卷，人民出版社 2012 版，第 860 页。

第二，劳动就是创造，是利己和利他的统一。

在资本主义生产方式下，一方面，劳动者的劳动不仅是为了自我生存的需要进行的，也是为了资本所有者的利润需要进行的，劳动过程附属于资本过程，因而是被动的而不是自主的；另一方面，劳动者的劳动不是自主的，而是在流水线上进行的，劳动者变成了机器的附属品，成了机器运转的一个环节。在这种生产方式下，劳动者的劳动也是十分机械的，枯燥的，很难有快乐的感觉。如果劳动是劳动者的自由创造过程，劳动的性质就会发生根本的转变，从而成为快乐的源泉。在这种创造性的劳动过程中，劳动是劳动者的享受，完全是他所乐意的活动。马克思说："假定我们作为人进行生产。在这种情况下，我们每个人在自己的生产过程中就双重地肯定了自己和另一个人：（1）我在我的生产中使我的个性和我的个性的特点对象化，因此我既在活动时享受了个人的生命表现，又在对产品的直观中由于认识到我的个性是对象性的、可以感性地直观的因而是毫无疑问的权力而感受到个人的乐趣。（2）在你享受或使用我的产品时，我直接享受到的是：既意识到我的劳动满足了人的需要，从而使人的本质对象化，又创造了与另一个人的本质的需要相符合的物品。（3）对你来说，我是你与类之间的中介，你自己认识到和感觉到我是你自己的本质的补充，是你自己不可分割的一部分，从而我认识到我自己被你的思想和你的爱所证实。（4）在我个人的生命表现中，我直接创造了你的生命表现，因而在我个人的活动中，我直接证实和实现了我的真正的本质，即我的人的本质，我的社会的本质。"①

第三，劳动就是快乐，是自由的生命体现。

劳动作为人的本质属性，可以包括两个方面的含义，一方面，劳动是人的本能的属性；另一方面，劳动是人的创造性属性。劳动的这两方面属性，决定人的劳动的快乐属性。但是在私有制的前提下，劳动是一种被迫的活动，是加在劳动者身上的外在的的需要，而不是由于内在的必然的需要。因而劳动是一种痛苦。要使人的劳动回归快乐，就必须消除劳动的异化。马克思认为，真正的属于人的本质的劳动应该是一种自愿的劳动，即

---

① 《马克思恩格斯全集》第42卷，人民出版社1979年版，第37页。

"我在劳动中肯定了自己的个人生命，从而也就肯定了我的个性的特点"①。在劳动中，人不仅把自己与客观外界物区分开来，把外界物作为自己的对象，同时还把人与自己的生命活动作为对象。这样，人在劳动和其他生命活动中所感到的自己的力量及成功的快乐，所获得的生命活动的自由，在人类的主体意识的发生与发展中，会逐渐成为人的一种特殊的生命需要。在这种情况下，"我的劳动是自由的生命表现，因此是生活的乐趣"②。

4. 率性自由的生活

马克思早就指出：在未来社会，"人以一种全面的方式，也就是说，作为一个完整的人，占有自己全面的本质"③。随着社会劳动生产率提高，工作时间减少，闲暇时间相应增加。人们通过闲暇消费，追求自己的爱好、发展自己的个性，保证自己的体力和智力获得充分自由的发展和应用。这是人的自由全面发展的前提条件。然而，就人的本质来讲，人所追求的并不单纯是物质生活和物质享受，还需要有精神生活和精神享受，还包括个性和自由。所以，发展的目的不仅仅是物质生活的全面提高，不仅仅是人的生命质量和生活质量的全面提高，还要求生活内容的多种多样，包括快乐劳动，率性自由，身心一如。

但是现代化和经济发展的现实，与人的自由全面发展的目标并不一致，如此现代的生活并不快乐幸福。就是说，在现代化过程中，尽管人们的幸福感与物质资料增长呈正相关关系，但两方面不可能实现同比例提高。在一定条件下，物质资料增长对人们幸福感的边际贡献率可能从提高转为下降。这就是所谓的"幸福拐点"。而要改变这个"幸福拐点"，就必须创建一种"率性自由"的生活模式。马克思曾描述过未来社会人的自由全面发展的状况："任何人都没有特殊的活动范围，而且都可以在任何部门内发展，社会调节着这个生产，因而使我有可能随自己的兴趣今天干这事，明天干那事，上午打猎，下午捕鱼，傍晚从事畜牧，晚饭后从事批判，这样就不会使我老是一个猎人、渔夫、牧人或批判者。"④ 在这里，劳

---

① 《马克思恩格斯全集》第42卷，人民出版社1979年版，第38页。
② 《马克思恩格斯全集》第42卷，人民出版社1979年版，第38页。
③ 《马克思恩格斯全集》第46卷，人民出版社1979年版，第123页。
④ 《马克思恩格斯选集》第一卷，人民出版社2012年版，第165页。

动性质完全改变了，劳动异化完全消除了，"劳动是劳动者的直接的生活来源，但同时也是他的个人存在的积极实现"①。在这种情况下，人们的劳动是创造性的劳动。劳动就是生活，劳动就是创作，因而劳动既创造价值也创造快乐，还生产美。② 这种生产模式和劳动方式，必然导致现代定制化生产的发展和手工艺技术的复兴。这就是率性自由的生活，率性而自由，自由而率性。这种生产模式和劳动方式，必然导致劳动价值论的真正复兴，以及建立在感性主义基础上的幸福经济学的产生。这无异于经济学的"哥白尼式革命"。

五、走向自由王国

马克思说："人的类特性恰恰就是自由和自觉的活动。"③ "自由是全部精神存在的类本质。"④ 马克思在《资本论》中还明确规定：共产主义是以"每个人的全面自由的发展为基本原则的社会形式"。⑤ 这就是说，自由是人类的永恒的目标追求，人类的一切努力，最终都是为了人的自由本性得到充分而全面的发展。所以，人的历史就是不断追求自由并且获得自由的历史。但是，由于现代化本身的局限，使这个过程充满了矛盾。由于理性的约束、制度的约束、纪律的约束等，人类距离自由还有相当大的距离。马克思继承了西方现代性自由的论述，但是却批判了资产阶级自由观，提出实现完全的自由并由必然王国向自由王国的飞跃。这里，不仅现代化和生产力发展是重要的前提条件，更重要的是必须消灭私有制度和剥削并扬弃劳动异化。

马克思对人的自由状态作出了关键性描述。他认为，在未来的理想社会，在物质生产的劳动时间内，人的劳动不再是谋生的手段，而是生活的第一需要，在自由时间内，个人可以根据自己的爱好和特长进行各种精神性的自由活动，如科学活动、艺术活动、社交活动、娱乐活动、工艺活

---

① 《马克思恩格斯全集》第 42 卷，人民出版社 1979 年版，第 28 页。
② 马克思：《1844 年经济学哲学手稿》，人民出版社 2000 年版，第 54 页。
③ 《马克思恩格斯全集》第 42 卷，人民出版社 1979 年版，第 96 页。
④ 《马克思恩格斯全集》第 1 卷，人民出版社 1956 年版，第 67 页。
⑤ 《马克思恩格斯全集》第 23 卷，人民出版社 1972 年版，第 649 页。

动。马克思说："个性得到自由发展，因此，并不是为了获得剩余劳动而缩减必要劳动时间，而是直接把社会必要劳动减到最低限度，那时，与此相适应，由于给所有的人腾出了时间和创造手段，个人会在艺术、科学等方面得到发展。""那时，财富的尺度决不再是劳动时间，而是可以自由支配的时间"，"所有自由时间都是供自由发展的时间"，或"使个人得到充分发展的时间"。① 只有这样，人才能充分发展自己的自由个性和创造能力，才能获得自由全面的发展。

马克思指出："自由王国只是在由必需和外在目的规定要做的劳动终止的地方才开始；因而按照事物的本性来说，它存在于真正的物质生产领域的彼岸。象野蛮人为了满足自己的需要，为了维持和再生产自己的生命，必须与自然进行斗争一样，文明人也必须这样做；而且在一切社会形态中，在一切可能的生产方式中，他却必须这样做。这个自然必然性的王国随着人的发展而扩大，因为需要会扩大，但是，满足这种需要的生产力同时也会扩大。这个领域内的自由只能是：社会化的人，联合起来的生产者，将合理地调节他们同自然之间的物质交换，把它们置于他们的共同控制之下，而不让它们作为盲目的力量来统治自己；靠消耗最小的力量，在最无愧于和最适合于他们的人类本性的条件下进行这种物质交换。但不管怎样，这个领域始终是一个必然王国。在这个必然王国的彼岸，作为目的本身的人类能力的发展、真正的自由王国，就开始了。但是，这个自由王国只有建立在必然王国的基础上，才能繁荣起来。"② 在这个理想社会中，异化劳动废除了，直接的物质生产过程摆脱了"贫困和对抗的形式"；虽然物质生产活动仍然受自然必然性制约，但生产力的高度发展，使人们的自由时间增加，社会必要劳动缩减到"最低限度"，这就"给所有的人腾出了时间和创造手段，个人会在艺术、科学等方面得到发展"。③ 这里的自由，是使外在目的"丢掉了单纯外在必然性的外观"，达到人的"自我实现"和"主体的物化"的"见之于劳动"的"实在的自由"。④

---

① 《马克思恩格斯全集》第46卷下，人民出版社1980年版，第139、218、222、225页。
② 《马克思恩格斯全集》第25卷，人民出版社1974年版，第926—927页。
③ 《马克思恩格斯全集》第23卷，人民出版社1972年版，第208—209页。
④ 《马克思恩格斯全集》第46卷下，人民出版社1980年版，第112页。

第六章 中国价值与世界

第一节 中国与世界

一、"中国"观的历史演变

1. "宅兹中国"

夏商时期并没有出现"中国"一词。甲骨卜辞中有"五方"之说，其中有"中商"，可视为"中国"之源头。从现有考古资料上看，最早的"中国"一词见于1963年陕西宝鸡出土的"何尊"，其铭文记载周武王克商，廷告上天曰："唯王初迁宅于成周，复稟武王礼，福自天，在四月丙戌，王诰宗小子于京室，曰：昔在尔考公氏，克达文王，肆文王受兹因（命），唯武王既克大邑商，则廷告于天，曰：余其宅兹中国，自之牧民。"此外，《尚书·周书·梓材》有"皇天既付中国民越厥疆土于先王"的记载；《诗·大雅·民劳》说，"惠此中国，以绥四方……惠此京师，以绥四国"；《诗经·大雅·桑柔》有"哀恫中国，具赘卒荒"的说法。这里的"中国"应指关中至河洛一带的中原地区，也就是当时的京师。所以西汉贾谊说："古者天子地方千里，中之而为都"。（《新书》卷三，《属远》）

秦通过兼并战争统一中国，不但将原秦国统辖的地区包括进来，更将春秋战国时期一直被视为"夷"的楚、越、吴以及其他地区也都包括进来。西晋江统《徙戎论》说："始皇之并天下也，南兼百越，北走匈奴，五岭长城，戎卒亿计。虽师役烦殷，寇贼横暴，然一世之功，戎虏奔却，当时中国，无复四夷也。"这是因为经过春秋战国时期的文化扩展与融合，这些地区都已经"中国化"了，而随着政治上的统一，自然纳入中国范围。此时，经济政治文化都实现了统一，"中国化"大大加速了。

自汉代以后，"汉"成了"中国"的代称。如胡三省为《资治通鉴》作注时说："鲜卑谓中国人为汉"，称"汉家威加四夷，故夷人率谓中国人为汉人，犹汉时匈奴谓汉人为秦人也"（《资治通鉴》卷二零二，调露元年七月己卯条胡三省注）；又说："汉时匈奴谓中国人为秦人，至唐及国朝则谓中国为汉，如汉儿、汉人之类，皆习故而言"（《资治通鉴》卷二十二，征和四年六月丁巳条胡三省注）；他还在为契丹"朝廷制度，并用汉礼"作注时说："北方谓中国为汉"（《资治通鉴》卷二八五，开运三年十二月己卯条）。均说明汉代以后多谓"中国"为"汉"。清代满族人入主中原后自称"中国"①，如康熙二十八年（公元 1689 年）同沙俄签订《中俄尼布楚议界条约》时，清政府用"中国"代替"大清"。此后"中国"一词正式成为大清国名。②

2. "夷夏"中国

夷夏之别始于春秋战国时期。周以外地处中原地区的卫、齐、鲁、晋（韩、赵、魏）、宋、郑等诸侯国都被称为"中国"，而秦、楚、吴、越等则被视为"夷狄"。这是由于"中国"地区经济政治和文化制度先行发达起来，特别是周代礼乐制度的施行，导致文明程度大大提高并与周边地区形成较大距离。很多古代经典都将"中国"解释为最高的文化场域，是道德教化之地，是道德生活之所。如《战国策》说："中国者，聪明睿智之所居也，万物财用之所聚也，贤圣之所教也，仁义之所施也，诗书礼乐之所用也，异敏技艺之所试也，远方之所观赴也，蛮夷之所义行也。"（《战国策》卷十九，赵策二）

夷夏之别首先源于不同的文化习俗，而根本标志则是礼乐制度："中华者，中国也，亲被王教，自属中国，衣冠威仪，习俗孝悌，居身礼仪，

---

① 参见郭成康：《清朝皇帝的中国观》，《清史研究》2005 年第 4 期；黄兴涛：《清代满人的"中国认同"》，《清史研究》2011 年第 1 期。

② 赵永春：《从复数"中国"到单数"中国"——试论统一多民族中国及其疆域的形成》，《中国边疆史地研究》2011 年第 3 期。

故谓之中华。非同远夷狄之俗：被发左衽，雕体文身之俗也。"（《唐律疏议》，《唐律释文·名例》）这种夷夏观认为，"夷狄譬如禽兽"（《汉书·匈奴传》），"夫戎、狄，冒没轻儳，贪而不让。其血气不治，若禽兽焉"（《国语·周语中》）。孔子甚至认为"夷狄之有君，不如诸夏之亡也"（《论语·八佾》）。《公羊传》说吴"无君无大夫"（《公羊传·襄公二十九年》），因而是夷狄。另一方面，夷夏之别也是一种等级秩序，"中国属内以制夷狄，夷狄属外以奉中国"①。《春秋》对同一个吴，用称子与不称子表明两种不同的褒贬态度，如楚侵蔡，吴师救蔡，被认为是"夷狄也而忧中国"，故称为吴子；但是吴入楚，则被认为是夷狄之行为，则不称为吴子。（《公羊传·定公四年》）可见，这种等级秩序和价值判断完全是以礼制为依据的。

中国视夷狄为夷狄，但并不否认他们也是中国体系的组成部分，并且依据礼乐文化或接纳或拒斥，而并不追究其种族与血缘。孟子曾说："舜生于诸冯，迁于负夏，卒于鸣条，东夷之人也。文王生于岐周，卒于毕郢，西夷之人也。地之相去也，千有余里，世之相后也，千有余岁，得志行乎中国，若合符节。先圣后圣，其揆一也。"（《孟子·离娄下》）这就是说，孟子认为舜和周文王分别是"东夷"和"西夷"之人，但他们所创建的夏和西周两代都属于"中国"。所以《左传·闵公元年》说："戎狄豺狼，不可厌也；诸夏亲昵，不可弃也。"夷夏之别并不是绝对的，随着社会文化发展，夷狄也可以上升为华夏。如楚国早时被视为夷狄，楚武王曾表示，"我蛮夷也，不与中国之号谥"（《史记·楚世家》）。但随着楚国经济文化的发展，到楚成王时得到周王朝的承认与封赐，并被授予"镇尔南方夷越之乱"（《史记·楚世家》）的权力。秦国由于护送周平王迁都有功，"平王封襄公为诸侯"（《史记·秦本纪》），也就成为诸夏的一部分。相反，也有由"夏"变"夷"的例子。杞国原本是夏朝皇族的后裔，周武王"封大禹之后于杞"（《史记·周本纪》）。然而，"杞人春秋称侯，庄二十七年绌称伯，至此用夷礼，贬称子"，至春秋时期，杞国已经被称认为

① 《皇明通纪·明太祖元年谕》，[明]陈建撰、江旭奇补：《皇明通纪集要》第一册，台北文海出版社有限公司1988年版，第124页。

是夷狄之国。中国甚至以礼为依据反过来检视自身的行为是"夷"还是"夏"。如《公羊传·昭公二十三年》说："中国亦新夷狄也"。对此何休解释说："中国所以异乎夷狄者，以其能尊尊也。王室乱，莫肯救，君臣上下败坏，亦新有夷狄之行。"（何休：《春秋公羊传注疏·昭公二十三年》）。

　　夷夏观念在中国历史上的影响可谓深远，直到清末仍有夷夏之辩。这种"夷夏"观念一方面反映了中华民族长期以来的文化自信，另一方面也反映了某一历史时期的文化封闭状况。近代以前，中国所能接触到的"域外文化"，除佛教文化外基本上都是中国主体文化的衍生，很少能对中国文化产生重大的冲击，从而导致中国文化的盲目自信以致自我封闭状况。到了近代，西方文化先进超越了中国的传统文化，使中西文化格局发生了根本转变。但是在近代初期人们对此并没有足够的认识，所以仍将西方称为"西夷"。随着人们对中西文化的认识加深，特别是经过中西文化的比较，"夷夏"之辩也就转变成了"中西"之辩。这种转变具有极为深远的意义。就夷夏之辩而言，中国并不将"夷"看作一个"他者"，所看重的不过是文明程度和文化发展的差异，所以存在以夏变夷和以夷变夏的可能。但在中西之辩中，中国完全将西方视为"他者"，并不认为有两者相互转变的可能。这也是近代中西文化冲突的重要原因之一。

3. "天下"中国

　　中国古人一直认为中国处于"天下"之中。当然，在世界观尚未形成，人们地理知识有限的情况下，世界上各个民族都可能认为自己处于世界之中位置。事实上这也是人类以自我为中心观察世界所导致的一种十分自然的结果。但是中国古人的这种认识，除了地理观念之外，还包含着深刻的价值观念。

　　首先，从"天地之中"到"天下之中"。

　　中国处于天地之中的认识，从一些上古神话中可以看到。三国时吴人徐整的《三五历纪》记载：天地浑沌如鸡子，盘古生其中。万八千岁，天地开辟，阳清为天，阴浊为地。（（唐）《艺文类聚》引；（宋）《太平御览》引）东晋葛洪《枕中书》说：昔二仪未分，溟涬鸿蒙，未有成形。天地日月未具，状如鸡子，混沌玄黄。已有盘古真人，天地之精，自号元始天王，游乎其中。可见，传说中的盘古作为中国先民，认为自己处于天地之中。随着对客观世界的认识，人们的"天地之中"观念进一步具体化为"天下之中"。最早的"天下之中"指的是黄河中下游的中原河洛地带。夏商时代的中国是事实上的"天下之中"，也就是历史上的"中原"。中国处在"天下之中"，而中国以外即为四夷。在中国古人心目中，中国直接统治地区是为中国本土，其周围四夷均为臣属之地，所谓"天子有道，守在四夷"（（西晋）江统：《徙戎论》），中国是居天地之中者曰中国，而四夷则是居天地之偏者。

其次，从"化成天下"到"协和万邦"。

"天下"是"中国"所能认识到的地理范围。尽管中国分为夷夏，但并不将夷夏关系固定化，所以并不将各个"方国"或"夷"排斥在"天下"之外，而是包含在内，并怀柔之、文化之，最终是要将天下中国化也就是文明化，亦即"化成天下"。可见，"天下"并不是一个国家民族概念，而是一个文化影响力概念。中国各代秉持天下观的目的并不是实现以民族国家为单位的统一，而是以"中国"为中心"协和万邦"。由于没有形成国家民族概念，所以国家疆界也不明确，实际上只是形成了以"中国"为核心的中心区域、外围区域以及边缘区域。"中国"采取"怀柔远人"乃至怀柔天下的政策，希望通过自己的影响力"协和万邦""化成天下"。这是"极高明"的目标即天下大同之理想。但是在实现天下大同之前则选择"道中庸"之法，具体说就是采取"协和万邦"的对外政策。这就是中国历代所怀之"天下主义"。可见，中国的天下主义分为两个层次，一是"极高明"的"化成天下"目标，二是"道中庸"的"协和万邦"政策。但是不论是哪一个层次的天下主义，都与传统的夷夏观紧密联系着。"化成天下"就是要以夷变夏，要天下万邦走向文明之道；而在不能实现这一目标之时则通过"怀柔远人"以"协和万邦"。

再次，从"夷夏"观念到"天下"观念。

夷夏观念与天下观念还是存在一定矛盾的。一般地说，"中国"强大到建立"天下"帝国的历史时期，一般流行天下观念，而当"中国"受到外来势力威胁的历史时期，夷夏之别就被强调。相应地，盛行天下观念时，华夷观念就比较淡化；盛行华夷观念时，天下观念就被削弱。[①] 从中国历史上看，宋代是夷夏观和天下观总体转折的时代。当时，中国受到来自北方各个少数民族政权的压力，不仅没有能力将这些地区"中国化"，甚至受到他们严重的军事威胁。在这种背景下，夷夏之辨受到进一步的强调，成为一种意识形态。北宋石介的《中国论》说："天处乎上，地处乎下，居天地之中者曰中国，居天地之偏者曰四夷，四夷之外也，中国内也。天地为之平内外，所以限也。夫中国者君臣所自立也，礼乐所自作也，衣冠所自出也，冠昏祭祀所自用也……曰各人其人，各俗其俗，各教其教，各礼其礼，各衣服其衣服，各居庐其居庐。四夷处四夷，中国处中国，各不相乱，如斯而已矣，则中国中国也，四夷四夷也。"但是，中国的天下情节仍始终不渝。朱熹指出："《春秋》大旨，其可见者，诛乱臣，讨贼子，内中国，外夷狄，贵王贱伯而已。"（《朱子语类》卷八十三）他坚持以文化来区分"中国"和"夷狄"，并认为应用先进的文化来感化"夷狄"，最终达到"天下为一，诸侯朝觐，狱讼皆归"（《朱子语类》卷一零五）的正统标准。

清代实现了一统天下，天下观重新得到强调。雍正说："我朝肇基东海之滨，统一诸国，君临天下。所承之统，尧舜以来中外一家之统也；所用之人，大小文武，中外一家之人也；所行之政，礼乐征伐，中外一家之政也。内而直隶各省臣民，外而蒙古极边诸部落，以及海滢山陬，梯航纳贡，异域遐方，莫不尊亲，奉以为主。"（《清世宗实录》卷一三零，雍正十一年四月己卯）可见，清代的中国自信又大大加强了，不仅重新整合了夷夏之辩，更强调了天下归一的理念。不过，此时的"中外"仍是中国与周边区域的关系。他们没有看到，在遥远的西方有一群被基督文化整合在一起的民族，开始认识到地球是圆的，并以这种新的世界观观察世界遥望东方。相比之下，大清的"天下"视野就相形见绌了。

清代中期，由于西风东渐，文化和贸易均有扩大，使中国人的视野大大扩大了，并且提升了对于西方和世界的认识。林则徐的《四州志》划出了一个大致的世界轮廓，而魏源的《海国图志》与大体同时出现的徐继畬

---

① 赵汀阳：《天下体系的一个简要表述》，《世界经济与政治》2008 年第 10 期。

所著《瀛环志略》，则从地理出发，述及各国历史沿革、行政区域、民情风俗、人口土地、物产矿藏、政治制度等等。这使中国人开始认识到，远离华夏万里以外的各国并非均是古时的蛮夷戎狄，而是具有自己独特历史的文明体，从而对这些外"夷"有了新的认识，在一定程度上改变了以中国为世界中心的传统观念。张之洞说《海国图志》"为中国知西欧之始"（《劝学篇·广译》）。梁启超说："中国士大夫之稍有世界地理知识，实自此始。"①

4. 价值中国

中国人不仅认为自己在地理上处于天下之中，更认为自己是处在各夷狄的环围之中，具有地理环境和文化制度上的优越感。这两种优越感导致心理上对"中"的崇拜，从而使"中"成为一种价值或意识形态。所以，"中国"也是价值中国。

中华民族是个尚"中"的民族。从《尚书》的"允执厥中"，到《论语》的"允执其中"和老子的"守中"，再到孟子的"执中"以及《中庸》的"用中"等，表明中华民族尚中传统的基本形成。此后，中庸作为整个民族的核心价值，对民族和国家的政治生活和经济生活乃至百姓日用发挥着重要影响。除"居中"之意外，按照《说文》的理解，"中"意味着上下通达，这种"上下通达"包含着不同层面的意义，包括天人或天地之间的通达，社会的上层与下层之间的通达，上一世代与下一世代之间的世代沟通等等。② 而要实现"上下通达"就必须"守中"。可见，中作为价值最初源于古人对于地理和空间的认识，以后逐渐成为民族的价值传承。

但另一方面，中华民族的尚中传统并不妨碍中华文化与其他文化的区别性，这就是中华民族较早形成的礼乐制度。《论语·学而》说，"礼之用，和为贵，先王之道斯为美，小大由之"；《中庸》说，"喜怒哀乐之未发谓之中，发而皆中节谓之和"；《礼记·乐论》说，"乐由中出，礼自外

---

① 梁启超：《中国近三百年学术史》，朱维铮校注：《梁启超论清学史二种》，复旦大学出版社1985年版，第467页。

② 陈赟：《从"民族—国家"到"天下"："天下"思想的未来遗产》，http://wen.org.cn/modules/article/view.article.php/c12/1386。

作。乐由中出，故静；礼自外作，故文。大乐必易，大礼必简。乐至则无怨，礼至则不争"，礼乐相辅相成就是要达到这种"和"的境界。礼，虽以等级为特质，但却以贵和为价值追求。就是说，人与人之间，事与事之间彼此有差别，而礼就是通过"中"调整这些差别而使之有序从而实现"和"。这就是说，礼乐制度充分体现了"中"的价值。这也使"中"成为中华民族的文化标识。

"居中"或"守中"作为民族价值传承，也表明民族意识的开放性。这也是"中"的"上下通达"之意。这里，既没有地理空间的局限，也没有价值观念的自我局限，所以才能使中华民族始终处于开放状态，包括对其他民族的融合，对外来事物的接纳，特别是对外来文化的兼容。礼乐制度既可以作为区别于其他民族即夷狄的文化特征，也可以作为兼容其他民族文化的法宝。在中华民族历史上，作为地理空间以及特定文化承载的中国虽然相对固定，但上下贯通意义上的文化中国则是可以变化的，这就是所谓的"夷狄可以进而为中国，中国可以退而为夷狄"。这是中华民族数千年保持领先地位的重要原因，也是中华民族数千年来能够一直存续，中华文明未曾中断的原因。

二、"天下主义"到"世界主义"

1. 天下主义的形成与演变

中国人的"居中"观念衍生出"天下之中"的意识，这种"天下之中"的意识进一步导致传统的"天下主义"。从中国"天下主义"形成和演变的历史来看，天下主义既有"协和万邦"的具体政策，也有"化成天下"的价值理想，体现了中国传统的"极高明而道中庸"的方法论。从历朝历代"天下主义"的具体实践来看，尽管一直秉持"化成天下"的价值理想，但更多的是"协和万邦"的政策实践。

从"天下主义"产生的历史背景看，当时的"中国"并不是一个统一的帝国，"天下"之"中国"以及"万邦"之间都没有十分明确的疆界和范围。因此"天下"就是个"泛中国"。在这种情况下，"中国"是以"天下主义"的情怀和"协和万邦"的气度来处理与方国的关系的。《大禹谟》称当时"野无遗贤，万邦咸宁"；《吕氏春秋·用民》说"当禹之时，天下万国"；唐徐坚《初学记·黄帝赞》称，"黄帝在位"，"垂衣而治"，"万国义安"（《初学记》卷九，《黄帝赞》）。所以，天下主义是一种"协和"模式而不是一种统治模式。就是说，在中国人的心中，并不是要对天下实行统治，而是要实现"协和"。到秦汉时期，中国实现了统一，中华帝国在观念上虽沿袭天下概念，仍把中原以外的其他地域看作是天下的一部分，但已经重新理解了天下的内外远近关系，从而削弱和修改了过去的天下概念。"大一统帝国这一新身份使原来的文化边界变成了政治边界，原来文化性的华夷之别变成了政治性的华夷之别"。①

秦汉以降，中国基本上保持着统一帝国，虽域内统一，但边缘模糊，"中国"与"天下"并行不悖但有所区别也时有变化。总的来看，在中国统一和强盛之时，天下主义比较流行，而当中原受到外夷威胁之时，天下主义则趋于衰微。这是由于，天下主义需要实力支撑，包括硬实力和软实力，既需要强大的向心力也需要强大的控制力。汉唐时中国实力和影响所及达到了已知的地理边界，所以，中国就是天下，天下就是中国。到了宋代，中国的周边已经崛起了一系列少数民族政权，中国只是天下的部分，天下主义则成为一种理想情怀。朱熹编撰《四书》，将《大学》放在首篇，其所含意蕴就是将"治国平天下"之学作为"大学"，作为士人的价值理想。他进一步阐释说："是以声名洋溢乎中国，施及蛮貊。舟车所至，人力所通，天之所覆，地之所载，日月所照，霜露所队，凡有血气者莫不尊亲，故曰配天。"（《中庸》）到了明代，中国士人的天下意识又恢复和增强了。王阳明说："大人者，以天地万物为一体者也，其视天下犹一家，中国犹一人焉。"（《大学问》）明亡时顾炎武说：有亡国，有亡天下，"易姓改号，谓之亡国；仁义充塞而至于率兽食人，人将相食，谓之亡天下。"（《日知录》卷十三，《正始》）由此可见中国传统的天下观已经转变为天下人民了。总之，直到近代之前，中国的天下主义从未消亡，总是以不同的形式存在着，即便是在民族危机之时，仍保存着一定的天下情怀。这也是中华民族衰而不亡的原因之一。

到了清代中期以后，西风东渐，西方文化逐渐开始影响中国，东西方

---

① 赵汀阳：《坏世界研究》，中国人民大学出版社 2009 年版，第 161—183 页。

冲突日渐加剧，但构成最大压迫的还是西方的经济政治入侵。特别是鸦片战争失败后，中国人的"天下主义"不仅不能作为价值理想，甚至作为外交实践也行不通了。所以，天下主义转变为民族国家主义。不过，这种转变对于中国人来说是一个痛苦的过程，一个可以君临天下的大国，不得不屈尊于外邦小国，本来可以恩惠于天下的，却不得不屈求外邦留情。此后，天下主义渐渐成为历史的记忆了。

2. 从天下主义到世界主义

西方的世界主义观念出现于希腊化时代。当时，亚历山大征服了波斯，希腊人的世界从地中海扩大到了西亚和南亚。尽管这个地域范围仍是有限的，但在当时看来则是极大地扩大了。在这种历史背景下，希腊的斯多葛学派提出世界主义思想。芝诺最早提出"四海之内皆兄弟"的口号，而塞涅卡则提出"世界公民"概念。美国哲学家梯利将这种思想称为"胸怀全球的人道主义"①。这种世界主义思想在罗马时代得到进一步发扬，无论是普罗提诺的"太一说"还是奥古斯丁的"光照说"，都充分地体现了用"整体"视角看世界的世界观。

中世纪欧洲处于邦国林立的分裂状态，但基督教却是统一的，所以，世界主义以宗教形式出现。到中世纪晚期，随着欧洲的逐渐兴起，古典文明的复兴，政治上的世界主义也开始重现。但丁在他的《论世界帝国》一书中全面阐述了自己的世界主义思想。但丁认为，要实现人类所需要的统一与和平，就必须创立一元化的政体。只有创立一元化的政体，人类才能拥有统一的文明，才能实现世界和平与普天下的幸福，才能从整体的角度统一治理这个世界，才能服从理性、实现自由，最终以"天国"和"天父"为榜样，使人类到达最佳状态。为了获得良好的世界秩序，但丁主张建立世界政体，即世界帝国。② 他认为，人的理性和神的威力都表明，没有公理就没有罗马帝国，罗马帝国就是公理的象征。所以，应该由罗马人建立世界帝国，并以公理一统天下。可见，但丁的世界主义，是暗含着一种极端民族主义的世界主义，或者说是一种帝国主义的世界主义。

---

① ［美］弗兰克·梯利：《西方哲学史》，葛力译，商务印书馆1975年版，第132页。
② 参见［意］但丁：《论世界帝国》，朱虹译，商务印书馆1985年版，第13页。

西方 18 世纪的启蒙运动，以"理性"的名义推进"世界主义"。启蒙学者们试图建立超验永恒、普世皆准的真善美标准，认为普遍性的"理性"必将战胜民族性（地方性）的历史、习俗和偏见。他们否定不同民族的不同历史和特性，转而在超历史、超民族的个人基础上，建构世界主义理想。① 康德认为，所谓的世界主义，实际上就是把世界历史按照一个以人类物种的完美的公民结合状态为其宗旨的大自然计划来加以处理的哲学尝试，必须把它看作可能的，并且还是这一大自然所需要的。② 国家之间要想结束野蛮的自然状态，就应该建立一个逐渐消除战争的永久和平的国际同盟。康德还为这个国际同盟拟订了三个条款：每个国家的公民体制都应该是共和制；在世界事务中国际权利应该以自由国家的联盟制度为基础；世界公民权利将限于以普遍的友好为其条件。③

16 世纪到 19 世纪是西方迅速扩张的世纪。他们以其世界主义向世界各地扩张，实际上是向世界各地殖民。西方的殖民主义以欧洲为中心，向东西两个方向扩展：西向到达美洲再到太平洋，东向到达中东、印度，最后到达中国。这样，西方殖民者新兴的世界主义与中国传统的天下主义遭遇并发生严重的冲突。随着西方入侵对中国的不断冲击，"天下主义"观念也经历了一个逐步瓦解的过程，最终为民族主义、世界主义和国际主义所取代。

鸦片战争以后，中国士人开始反思传统的"天下观"和"夷夏观"，逐渐接受了西方的民族国家观念和国际秩序观念。这种转变意味着承认中国只是"天下"的一部分，既不是"天朝"也不可能"君临天下"，而只是国际社会的一员。但另一方面，中国作为独立的民族国家，也应享有独立的国家主权和平等的国际地位。因而，中国士人开始对中国的半殖民地的现实状况有了深刻的认识。于是，他们利用国际法规则为中国争取自身的国际地位和权益，"一方面对中国隔膜于公法之外提出批评，另一方面又对各国不以公法对待中国表示愤恨"④。这就是中国从"天下主义"到

---

① 河清：《民族主义与世界主义》，《读书》1996 年第 9 期。
② ［德］康德：《历史理性批判文集》，何兆武译，商务印书馆 1990 年版，第 18 页。
③ ［德］康德：《历史理性批判文集》，何兆武译，商务印书馆 1990 年版，第 105—118 页。
④ 金观涛、刘青峰：《从"天下"、"万国"到"世界"》，《二十一世纪》2006 年第 4 期。

"世界主义"转变的历史背景。

康有为在他的《大同书》中构想了一个"无邦国，无帝王，人人平等，天下为公"的"大同社会"。在康有为看来，人人平等还只是"小同"，"人物平等"才是"大同"；破国界、破政府还只是"小同"，破"人类中心论"才是"大同"；天下万民一体同看，还只是"小同"，只有天下万物（含人与人、人与物、物与物）一体同看，方为"大同"。康有为主张"破除九界"，其中"去国界"是破除国家中心论，"去种界"是破除民族中心论，"去类界"是破除人类中心论。可见，康有为所坚持的仍是传统的"天下主义"。

与康有为同时的梁启超却一度认同西方的世界主义。梁启超将中国历史划分为上世史、中世史和近世史三个时期，并相应地把中国的身份概括为"中国之中国"、"亚洲之中国"和"世界之中国"三个阶段。他认为，近代中国无疑是"世界之中国"，所以，"我们的爱国，一面不能知有国家不知有个人，一面不能知有国家不知有世界"[①]。他认为列国当以世界主义为依归，不再永远因守国家主义，不再局限于狭隘的国家主义之下。他主张在列国之上建立一个世界政府，使人人均得为"世界公民"。中国人民在"做中国国民"的同时，也"做世界公民"，在"爱国"的同时，也秉持"超国家的高尚理想"。[②] 他说："世界主义属于理想，国家主义属于事实；世界主义属于将来，国家主义属于现在。"[③]

然而，中国士人想象中的世界主义与西方世界主义仍有所不同。西方世界主义是在国家主义基础上提出的，意在以民族国家为基础向世界扩张，通过扩张的方式实现世界主义；而以梁启超为代表的中国世界主义则在西方压力下被动地转向国家主义，即重新认识自己，认识自己的民族，确定自己民族在世界上的位置，在这个新的前提下再放眼看世界，看天

----

① 梁启超：《欧游心影录节录》，《饮冰室合集》专集之二十三，中华书局1989年版，第21页。

② 梁启超：《欧游心影录节录》《饮冰室合集》专集之二十三，中华书局1989年版，第150页。

③ 梁启超：《自由书·答客难》《饮冰室合集》专集之二十三，中华书局1989年版，第39页。

下。至此，中国人民开始认识到，中国不是天下之中，万国也不是"天下"之万国，而是世界万国，各有疆界和人民。总之，中国传统的天下主义不得不认同西方的世界主义，同时中国的民族国家意识也开始形成了。

3. 从世界主义到民族主义

近代以前的历史上，中国基本上没有民族主义而只有天下主义思想。如梁启超说："'全人类大团体'的理想，我们中国是发达很早的，我们向来并不认国家为人类最高团体。"[①] 陈独秀也断言："中国古代的学者和现代心地忠厚坦白的老百姓，都只有'世界'或'天下'底观念，不懂得甚么国家不国家。"[②] 但是当西方列强来到中国以后，我们则不得不接受了世界主义。但世界主义与民族主义却是一体两面的观念。如梁启超早年追随康有为讲"大同"，后来放弃大同思想转而信仰国家主义。他认为讲世界主义是清谈误国，"今日世界之事，无有大于中国之强弱兴亡者"，所以中国人讲国家主义，即等于世界主义。[③] 所以，中国在接受世界主义的同时也逐渐转向并确立了自己的民族主义。

实现从世界主义向民族主义转向的是孙中山。1921 年后，孙中山在宣讲三民主义时，几度提及有人用世界主义反对其提倡的民族主义。他说：世界主义对中国实不适用。因中国积弱，主权丧失已久，宜先求富强，使世界各强国皆不敢轻视中国。中国欲倡世界主义，必先恢复主权与列强平等。[④] 他揭露世界主义的帝国主义本质，他说：强盛的国家和有力量的民族已经雄占全球，无论什么国家和什么民族的利益，都被他们垄断。他们想永远维持这种垄断的地位，再不准弱小民族复兴，所以天天鼓吹世界主义，谓民族主义的范围太狭隘。其实他们主张的世界主义，就是变相的帝国主义与变相的侵略主义。他主张中国提倡民族主义，如果民族主义不能存在，到了世界主义发达之后，我们就不能生存，就要被人淘汰。他说：

---

① 梁启超：《国际联盟评论》，《饮冰室合集》专集之二十三，中华书局 1985 年版，第 126 页。

② 陈独秀：《学生界应该排斥底日货》，《新青年》第 7 卷第 2 号。

③ 梁启超：《自由书·答客难》，《饮冰室合本》专集之二十三，中华书局 1985 年版，第 39 页。

④ 《孙中山全集》第 5 卷，中华书局 1985 年版，第 558—559 页。

我们今日要把中国失去了的民族主义恢复起来，用此四万万人的力量为世界上的人打不平，这才算是我们四万万人的天职。列强因为恐怕我们有了这种思想，所以便生出一种似是而非的道理，主张世界主义来煽惑我们。说世界的文明要进步，人类的眼光要远大，民族主义过于狭隘，太不适宜，所以应该提倡世界主义。近日中国的新青年，主张新文化，反对民族主义，就是被这种道理所诱惑。但是这种道理，不是受屈民族所应该讲的。我们受屈民族，必先要把我们民族自由平等的地位恢复起来之后，才配得来讲世界主义。①

孙中山主张民族主义但并不否认世界主义。他将世界主义视为人类社会发展的目标，而以民族主义为实现这一目标的工具。他接受民族自决和弱小民族联合起来实现独立自主的新观念，用民族主义实现内部的自我联合，再联合世界上的所有弱小民族，共同用公理打破强权，而只有当强权打破以后，世界上没有野心家，到了那个时候，我们便可以讲世界主义。不仅如此，孙中山还将民族主义视为实现世界主义的基础，"象俄国的一万万五千万人是欧洲世界主义的基础，中国四万万人是亚洲世界主义的基础，有了基础，然后才能扩充。所以我们以后要讲世界主义，一定要先讲民族主义，所谓欲平天下先治其国。把从前失去了的民族主义从新恢复起来，更要从而发扬光大之，然后再去谈世界主义，乃有实际"②。

4. 中国共产党：民族主义与国际主义

马克思主义本质上是国际主义的。马克思曾号召没有祖国的工人反对本国的资本家阶级统治，号召"全世界无产者，联合起来"。但是在国际工人运动中，马克思主义却不能不面对各个民族国家的具体现实问题。所以，国际主义与民族主义之间始终存在着结合与冲突。恩格斯说："国际联合只能存在于国家之间，因而这些国家的存在、它们在内部事务上的自主和独立也就包括在国际主义这一概念本身之中。"③ 恩格斯曾提出，在社会主义革命过程中，胜利了的无产阶级如何对待原有殖民地的问题。他认

---

① 《孙中山全集》第 9 卷，中华书局 1986 年版，第 216—217、223—226 页。
② 《孙中山全集》第 9 卷，中华书局 1986 年版，第 220、231 页。
③ 《马克思恩格斯全集》第 39 卷，人民出版社 1974 年版，第 84 页。

为，"胜利了的无产阶级不能强迫他国人民接受任何替他们造福的办法，否则就会断送自己的胜利"，就不是真正的无产阶级国际主义。① 关于国际主义，列宁有一个著名的界定："真正的国际主义只有一种，就是进行忘我的工作来发展本国的革命运动和革命斗争，支持（用宣传、声援和物质来支持）无一例外的所有国家的同样的斗争、同样的路线，而且只支持同这种斗争、这种路线。"② 可见，主张国际主义的马列主义并不排斥民族主义，而是将两者有机地结合起来。

早期的中国共产党人基本上都是民族主义者，但是在接受了马列主义的同时，他们也接受了国际主义。毛泽东认为，中国问题本来是世界的问题，中国改造不着眼及于世界改造，则所改造必为狭义，必妨碍世界。③ 周恩来说："我们虽是中国人，我们的眼光终须放到全世界上来。我们不必想取捷径，也不必畏难苟安，全世界无产阶级为创造新社会所共负的艰难责任，我们也应当分担起来。"他还说，"世界上只有一个共产主义能使这个责任无国界无种界地放在无产阶级肩上，也只有他能使中国民族得列于人类中间彼此一视同仁。"④ 在第一次大革命时期，中国共产党正式提出"中国革命是世界革命的一部分"。1940年，毛泽东在《新民主主义论》中系统阐述了中国革命与世界革命的关系。他认为，有两种世界革命，第一种是属于资产阶级和资本主义范畴的世界革命。第一次帝国主义世界大战和第一次胜利的社会主义十月革命，改变了整个世界历史的方向，从此以后，开始了第二种世界革命，即无产阶级的社会主义的世界革命。他认为，中国革命是无产阶级领导的革命，无产阶级的领导权，革命的社会主义前途，决定了这种革命是无产阶级世界革命的一部分。但是，无产阶级的领导权，在第一阶段上建立新民主主义的社会和建立各个革命阶级联合专政的国家的目的，恰是为社会主义的发展扫清更大的道路，它的前途只

① 《马克思恩格斯选集》第四卷，人民出版社2012年版，第548—549页。
② 《列宁全集》第29卷，人民出版社1985年版，第168页。
③ 毛泽东：《新民学会会务报告》（第一号），中国革命博物馆，湖南省博物馆：《新民学会资料》，人民出版社1980年版，第18页。
④ 《周恩来早期文集》下卷，中央文献出版社、南开大学出版社1998年版，第457—458页。

能是社会主义,是无产阶级社会主义世界革命的一部分。

在新中国建立前夕,毛泽东指出:"中国必须独立,中国必须解放,中国的事情必须由中国人民自己作主张,自己来处理,不容许任何帝国主义国家再有一丝一毫的干涉"。① "中国的领土主权,中国人民必须保卫,绝对不允许外国政府来侵犯。""人民政府愿意考虑同各外国建立外交关系,这种关系必须建立在平等、互利、互相尊重主权和领土完整的基础上"。② 这些声明和宣告,充分体现了中国共产党的民族主义立场。而在取得民族独立并建国以后,毛泽东多次阐述中国共产党的国际主义理念:"已经获得革命胜利的人民,应该援助正在争取解放的人民的斗争,这是我们的国际主义的义务。"③ 他还指出:"社会主义国家是完全新型的国家,是推翻了剥削阶级而由劳动人民掌握权力的国家。在这些国家间的相互关系中,实现着国际主义和爱国主义相统一的原则。共同的利益和共同的理想把我们紧紧地联结在一起。"④ 可见,中国共产党是将无产阶级国际主义与中华民族主义结合起来。

第二节 天下主义重建

中国历史上的"王霸之辨"在近代转变为世界主义与国家主义之辨。然而,到了 21 世纪,中国和世界的格局已经大大改变了,中国的国际地位已经今非昔比了。在这种背景下,要重新审视世界主义与国家主义,重新思考王霸主义。对于正在崛起的中国和走向复兴的中华民族来说,不仅要超越传统的王霸主义,而且要超越世界主义和国家主义。

---

① 《毛泽东选集》第四卷,人民出版社 1991 年版,第 1465 页。
② 《毛泽东选集》第四卷,人民出版社 1991 年版,第 1460—1461 页。
③ 一九六三年八月八日毛泽东接见非洲朋友时的谈话,参见 1963 年 8 月 9 日《人民日报》。
④ 《在苏联最高苏维埃庆祝伟大的十月社会主义革命四十周年会议上的讲话》(1957 年 11 月 6 日),《人民日报》1957 年 11 月 7 日。

一、王霸之道的现代转型

1. 王道与霸道

王道是传统中国的一种价值理想。这种价值理想源于人类本性的善，更源于中国人民为实现这一目标的价值实践，而经过历代儒家士人的精心塑造形成了蔚为大观的思想体系。王道亦称王政或王术，即以德礼仁义治国理民之道。《尚书·洪范》说："无偏无陂，遵王之义；无有作好，遵王之道；无有作恶，遵王之路；无偏无党，王道荡荡；无党无偏，王道平平；无反无侧，王道正直。"这段话全面地揭示了王道的三个基本特征："王道荡荡"是说执政者必须优容宽大；"王道平平"是说执政者必须无党、无私、无偏、无陂，人人平等；"王道正直"是说执政者必须坚持公平原则、维护正义、以身作则。《尚书·大禹谟》也揭示了王道的精义："人心惟危，道心惟微，惟精惟一，允执厥中。"据传，尧舜禅让帝位，所托付的是天下与百姓的重任，而谆谆嘱咐、代代相传的就是这十六个字。后来禹又传给汤，汤传给文武周公，文武周公又传给孔子，孔子传给孟轲。这个传承过程是以心印心，以心传心，因此称为"十六字心传"。王道政治的核心是为政以德，德政合一。《论语·为政》说："为政以德，譬如北辰，居其所而众星共之。"这里，孔子以北极星比喻"德"对于为政者治理天下的重要性，认为为政者有德，就有了感召力、凝聚力，就会如同北极星一样，自在其所，而群星都拱卫于四周。"德"主要是对执政者的要求，即国君应以自己的道德表率和示范作用来教育和感化百姓，即"化成天下"。

将王道用之于"天下"就是"天下主义"。老子认为，在处理诸侯国之间的关系时必须遵循"道"的基本要求。只有这样，才能获得道义力量从而成就王道。他说："江海之所以能为百谷王者，以其善下之，故能为百谷王。是以圣人欲上民，必以言下之；欲先民，必以身后之。是以圣人处上而民不重，处前而民不害。是以天下乐推而不厌。以其不争，故天下莫能与之争"。（《老子》六十六章）墨子说："古者明王圣人，所以王天下、正诸侯者，彼其爱民谨忠，利民谨厚，忠信相连，又示之以利，是以终身不餍，殁世而不卷。古者明王圣人，其所以王天下、正诸侯者，此也。"（《墨子·节用中》）荀子认为，实力与道义都是获得国际权威的必要条件，即"仁眇天下，义眇天下，威眇天下"（《荀子·王制》）。就是说，必须既能行仁德、讲道义，又有威慑性的实力，既能引得天下人的向往，又能维持国际正义。荀子推崇和赞扬王权，认为王权是国际体系中最高层次的国家权力，王权国家是天下归心、诸侯臣服的国际体系的领导国。他说："王夺之人，霸夺之与，强夺之地。夺之人者臣诸侯，夺之与者友诸侯，夺之地者敌诸侯。臣诸侯者王，友诸侯者霸，敌诸侯者危。"（《荀子·王制》）由此，在处理国家间关系时既要重视现实利益的争夺，更要重视道义的力量，必要时还应该牺牲部分实际利益，以国家间道义为先，这才是重在人心归服的王道。此所谓"故用国者，义立而王"（《荀子·王霸》）。

王道与霸道是古代政治模式的两端，但事实上，王道与霸道从来就没有分开过，正如汉宣帝所说的总是"霸王道杂之"。这种政治模式推广到国际领域，也成为两种对外政策的基本方针。如鲁迅说："在中国的王道，看去虽然好像是和霸道对立的东西，其实却是兄弟。这之前和之后，一定要有霸道跑来的。"①

"霸"通"伯"，最早指的是"古代诸侯之长"。西周时期，"五国以为属，属有长。十国以为连，连有帅。三十国以为卒，卒有正。二百一十国以为州，州有伯"（《礼记·王制》）。尽管伯国作为"诸侯之长"须有实力作为基础，但通常需要周王的封赐，并且是一种荣誉的象征。《左传·成公二年》记载："五伯之霸也，勤而抚之，以役王命"。郑玄注云："天子衰，诸侯兴，故曰霸。霸，把也，言把持王者之政教，故其字或作伯，或作霸也。"就是说，依靠强大实力获得霸权地位的国家，往往代周王主持"政教"并维护周王的象征地位，所谓"尊王攘夷"，故用"霸"代替"伯"。

在中国古代的政治理想中，王道是占主导地位的政治模式，也是历代所追求的理想模式。但事实上，王道并不能真正地实施，所以王道往往成了一种口号或旗帜，是一种道德正义的象征。相反，尽管霸道是一种实际

---

① 鲁迅：《且介亭杂文·关于中国的两三件事》，《鲁迅全集》第6卷，人民文学出版社2005年版，第9—10页。

采用的模式，但并不占据道德制高点。《管子》说："明一者皇，察道者帝，通德者王。谋得兵胜者霸，故夫兵虽非备道至德也，然而所以辅王成霸。"（《管子·兵法》）这里是把大国之道从高到低依次分为四个层次：皇、帝、王和霸。商鞅说秦孝公时提出帝道、王道与霸道三种模式，最终以霸道获得秦孝公认同。到荀子时则明确地区分了王道和霸道，即"义立而王，信立而霸"（《荀子·王霸》），或"上可以王，下可以霸"（《荀子·君道》）。此后，中国古代典籍一般都将大国之道分为王道和霸道两种。

霸道的基础是实力，包括经济实力、军事实力和政治实力。如"晋所以霸，师武、臣力也"（《左传·宣公十二年》）。孟子说："以力假仁者霸，霸必有大国"。（《孟子·公孙丑上》）可见，硬实力与软实力是互为基础和互为前提的。软实力就是"为政以德""施仁政"，而硬实力就是强大的经济和军事实力，这都是大国的特征。《管子·重令》说："地大国富，人众兵疆，此霸王之本也"。但仅仅靠实力称王是不可行的，"无德而欲王者危"（《管子·霸言》）。这就是说，要想称王天下，还必须在诸侯中广布恩德，获得天下大多数人民的支持，从而获得广泛的影响力和国际权威，即所谓"得天下之众者王"（《管子·霸言》）。实际上管仲所遵循的是"行王道而谋霸业"的战略路线。

除了实力外，霸道的实行还取决于道义。就是说，要成为霸权国必须主持道义，"大国制义，以为盟主"，"无德，何以主盟"（《左传·成公八年》），也就是孟子所说的"得道多助，失道寡助"。而道义的影响力来源于君主及其主要大臣的品德和修养以及所实施的政策。齐桓公成就了齐国的霸业，是因为他能够"以赡贫穷，禄贤能"（《史记·齐太公世家》），"审吾疆场，反其侵地，正其封界，毋受其货财"（《管子·小匡》）。晋文公成就晋国的霸业，是因为他"修政，施惠百姓"（《史记·晋世家》）。相反，秦国国富兵强，但由于秦穆公品德低下，秦国"法令至行""刻深寡恩，特以强服之耳"（《战国策·秦策一·卫鞅亡魏入秦》），因此，"秦穆之不为盟主也，宜哉"（《史记·秦本纪》）。诚信是道义的重要组成部分，"信以行义，义以成命"（《左传·成公八年》），实现霸业还必须注重诚信，即"信立而霸"。荀子说："齐桓、晋文、楚庄、吴阖闾、越勾践，是皆僻陋之国也，威动天下，疆殆中国，无它故也，略信也。是所谓信立

而霸也"。(《荀子·王霸》)

2. 王霸之道与丛林法则

在中国历史上，王道主义作为理想模式从来没有真正地实践过，真正付诸实施的政策都是"霸王道杂之"。但是就历史上中国所坚持的一贯政策来看，还是秉持着王道主义理想。所以，在具体的外交实践中，"远人不服，则修文德以来之"(《论语·季氏》)，即通过提高自身吸引力的方式，把他国纳入相应的国际秩序安排。正如孔子所说的："近者悦，远者来"，"譬如北辰，居其所而众星共之"。(《论语·为政》) 所以，对待周边民族并没有一种强制性的约束，主要靠自由自愿，即"王者不治夷狄，来者不拒，去者不追"(《王者不治夷狄论》，《苏轼集》第四十卷)。但事实上，中国的这种王道主义还是建立在强大的实力基础上的，即高踞于先进文明和先进文化的制高点上，尽管采取"来者不拒，去者不追"的态度，但还是有大量藩国来服。班固说："外而不内，疏而不戚，政教不及其人，正朔不加其国；来则惩而御之，去则备而守之。其慕义而贡献，则接之以礼让，羁縻不绝，使曲在彼，盖圣王制御蛮夷之常道也。"(《汉书》卷九四下，《匈奴传》) 由于长期以来中国与周边国都是这种状况，这种政策也基本上得以延续下来。

到了近代，面对西方列强的入侵，中国陷入软硬实力都不够的双重困境。一方面，西方列强拥有先进技术支持下的坚船利炮，实行弱肉强食的丛林法则；另一方面，文化上的差异使我们与西方不能进行道德层面上平等对话。这就是说，外部世界的变化使我们进入一个大争之世，一个竞力时代，在西方列强的坚船利炮打击下，传统中国的王道主义必然土崩瓦解。马克思在《鸦片贸易史》提到："半野蛮人坚持道德原则，而文明人却以自私自利的原则与之对抗。一个人口几乎占人类三分之一的大帝国，不顾时势，安于现状，人为地隔绝于世并因此竭力以天朝尽善尽美的幻想自欺。这样一个帝国注定最后要在一场殊死的决斗中被打垮：在这场决斗中，陈腐世界的代表是激于道义，而最现代的社会的代表却是为了获得贱买贵卖的特权。——这真是任何诗人想也不敢想的一种奇异的对联式悲歌。"[①] 在

---

① 《马克思恩格斯选集》第一卷，人民出版社 2012 年版，第 716 页。

这种历史背景下，中国不得不放弃自己的王道主义，并以民族国家的身份参与国际秩序。这个认识过程是十分漫长和艰难的，也是十分痛苦的，中国人民为此付出了血的代价。然而，当中国试图以与西方同样的民族国家身份参与国际秩序时，却遭到西方的抵制，并迫使中国承认他们强权之下的国际秩序。事实上，西方国家的这种"列强"态度一直延续到今天，直到今天西方也不甘心中国在国际事务的舞台上与他们平起平坐。这就是西方的霸权主义。

霸权主义一词源于古希腊，本意指个别大城邦对其他城邦的支配和控制。这种状况与中国春秋时期的"霸道"十分接近。不同的是，中国古代的霸道还是要以道义为原则，而希腊时期的霸权主义则主要靠实力为后盾。随着西方希腊世界被罗马世界取代，希腊霸权主义则转变为罗马帝国主义。但总的来看，西方的霸权主义就是指一国凭借其政治、军事和经济的极大优势，在全世界或个别地区控制他国主权、主导国际事务或谋求统治地位的政策和意识形态。近代霸权主义是西方国家在对外殖民过程中所形成的，其本质在于恃强凌弱、弱肉强食，无视国际关系中基本的国家平等原则，粗暴干涉别国内政，将自己的价值观和意识形态强加于别国。近现代史上，实施殖民霸权主义的国家有葡萄牙、西班牙、荷兰、比利时、英国、法国、意大利、德国、沙俄以及亚洲的日本、北美洲的美国。在20世纪，许多国家都有争夺霸权的意图，包括纳粹德国、前苏联和美国等。

首先从文化上讲，霸权主义源于西方的理性主义。理性具有极强的同化功能，其本能地要求其他客体服从于自己。人类理性作为思想启蒙的工具，不仅能使人摆脱原始神话和宗教神学的束缚，从而最终成为其自身的主人，而且通过人类自身的能动性，转变为主体征服客观世界的武器。从历史上看，自从启蒙运动确立了理性的权威以来，理性就以其自身所具有的强大同化功能，逐渐侵入和统治了科学技术、社会文化、经济和政治等各个领域，成为资本主义主流意识的核心，并主导着资本主义的发展和演进。其次，从本质上看，霸权主义就是西方的丛林法则。丛林法则就是自然界里生物学方面的物竞天择、优胜劣汰、弱肉强食的规律。达尔文主义认为，在不同的生物种群中，更能适应环境的种群将保存下来，而不适应环境的种群将被自然淘汰。在他们看来，人类社会要遵守的生存法则，也就是遵守丛林法则。大到国家间、政权间的竞争，小到企业间、人与人之间的竞争，都要遵循丛林法则。至于竞争结果，那就看各自的实力、智慧、手段和改造世界的能力了。最后，在国际政治舞台上霸权主义就是帝国主义。帝国主义就是一个国家夺取其他国家的领土和奴役被占领土国家的人民，建立经济及政治霸权，并凌驾于别国之上。帝国主义可能衍生殖民主义、军国主义、法西斯主义。帝国主义的本质在于强者对弱者的赤裸裸的剥削而非其采用的手段。

"新干涉主义"也是霸权主义的形式之一。冷战结束后，随着世界格局的变化，以科索沃危机为契机，"新干涉主义"逐渐抬头。"新干涉主义"就是以人道主义和捍卫西方共同的价值观为借口，以武力干涉别国内政为手段，以推行霸权主义和构筑有利于西方的国际关系新秩序为目的的政策思想。在美国及其盟国的推动下，"新干涉主义"在理论上日渐完备，在行动上日渐机制化、制度化、模式化。"新干涉主义"主张"人权高于主权论"，提出要"捍卫人类普遍的价值观"。如英国前首相布莱尔声称"我们不是为土地而战，而是为价值观而战"。"新干涉主义"的出现是国际社会所面临的新的挑战。

3. 王道理想与历史选择

近代以来，源于西方的民族国家兴起后，特别是在西方列强用世界主义推行霸权的时代，中国传统的王道主义已然瓦解。在这种历史背景下，中国不得不以民族国家身份出现在世界上，从王道主义转向追求实力，以强大的实力来对抗西方的霸权主义。经过一个半世纪的奋斗，中国人民不仅取得民族独立还取得现代化的基本成功。到21世纪初，中国已经成为世界第二的经济大国，进入前所未有的"盛世"。但是另一方面，现代世界仍是个"大争之世"，我们所面对的仍是近代以来西方霸权主义建立起来的世界体系。在这种背景下，我们不得不重新考量传统的王霸关系，并进行新的选择。

孙中山认为近代以来西方文化就是霸道主义。他说："就最近几百年的文化讲，欧洲的物质文明极发达，我们东洋的这种文明不进步。从表面的观瞻比较起来，欧洲自然好于亚洲。但是从根本上解剖起来，欧洲近百年是什么文化呢？是科学的文化。是注重功利的文化。这种文化应用到人类社会，只见物质文明，只有飞机炸弹，只有洋枪大炮，专是一种武力的文化。欧洲人近有专用这种武力的文化来压迫我们亚洲，所以我们亚洲便不能进步。这种专用武力压迫人的文化，用我们中国的古话说就是'行霸道'，所以欧洲的文化是霸道的文化。"他认为，东方或中国的文化则是王道文化。"这种文化的本质，是仁义道德。用这种仁义道德的文化，是感化人，不是压迫人。是要人怀德，不是要人畏威。这种要人怀德的文化，我们中国的古话就说是'行王道'。所以亚洲的文化，就是王道的文化。"① 孙中山认为中国不能模仿西方的霸道主义。"现在世界列强所走的路是灭人国家的；如果中国强盛起来，也要灭人国家，也去学列强的帝国主义，走相同的路，便是蹈他们的覆辙。所以我们要先决定一个政策，要济弱扶倾，才是尽我们民族的天职。我们对于弱小民族要扶持他，对于世界列强要抵抗他，如果全国人民都立定这个志愿，这个民族才可以发达。"② 他说："用固有的道德和平作基础，去统一世界，成一个大同之治，这便是我们四万万人的大责任。"③

中国共产党接受了马克思主义的国际主义，自然在很大程度上也继承了中国传统的王道主义。这是因为，尽管这两个主义有本质的不同，但从方向上讲是一致的。国际主义是对全世界无产阶级解放承担责任，而天下王道主义是向天下人民推行王道理想。但是无产阶级的国际主义包含着阶级斗争的内容，即通过阶级斗争实现全世界无产阶级的解放。这种无产阶级世界革命理论，主导了新中国在建国后一个时期里的对外政策。20 世纪60 年代，亚非拉广大地区兴起的民族解放运动，与中国革命的性质有很多共同之处，唤起中国人民的情感共鸣。毛泽东认为：亚洲、非洲、拉丁美洲的广大地区是当代世界各种矛盾集中的地区，是帝国主义统治最薄弱地区，是目前直接打击帝国主义的世界革命风暴地区。这些地区民族民主革

---

① 孙中山：《对神户商业会议所等团体的演说》（1924 年 11 月 28 日），《孙中山全集》第 11卷，中华书局 1986 年版，第 407 页。

② 《孙中山全集》第 9 卷，中华书局 1986 年版，第 253 页。

③ 孙中山：《三民主义·民族主义》，《孙中山全集》第 9 卷，中华书局 1986 年版，第253 页。

命运动同国际社会主义革命运动是当代两大历史潮流。① 所以在 20 世纪五六十年代，毛泽东将无产阶级"世界革命"的目标与第三世界民族解放运动结合起来。这一政策目标的具体体现，就是中国在 1955 年万隆会议上所发挥的主导作用。到 1974 年，毛泽东进一步提出第三世界理论，并强调中国永远站在第三世界一边，主张国际正义，反对霸权主义。

无产阶级"世界革命"目标与第三世界民族解放运动的结合，必然导致反对帝国主义和世界霸权的理论和政策。毛泽东在反对帝国主义霸权的同时，始终强调中国永远不称霸。1964 年 7 月毛泽东在会见第二次亚洲经济讨论会亚洲、非洲、大洋洲等国家代表时强调："中国人民能压迫你们吗？能剥削你们吗？如果中国政府这么干，那末中国政府就是帝国主义，而不是社会主义了。"② 改革开放后中国经济取得举世瞩目的发展，但仍坚持不称霸和反对霸权主义的一贯方针。邓小平指出："中国革命胜利后，一直奉行反对霸权主义、维护世界和平、支持一切被压迫民族独立和解放斗争的政策。这个任务还没有结束，可能至少还要进行一个世纪的斗争。③中国的对外政策是一贯的，有三句话，第一句话是反对霸权主义，第二句话是维护世界和平，第三句话是加强同第三世界的团结和合作，或者叫联合和合作。为什么现在我特别强调第三世界这一点，因为反对霸权主义、维护世界和平对第三世界有特殊的意义。④ 作为一个社会主义国家，中国永远属于第三世界，永远不能称霸。⑤

到 20 世纪初，中国已经发展成为世界第二位的经济大国，各方面实力有了很大的提高。中国的发展导致世界格局的变化，也引起其他国家一定程度的疑虑。在这种情况下，需要中国向全世界表明自己的价值观和政策

---

① 《人民日报》编辑部、《红旗》杂志编辑部：《新殖民主义的辩护士——四评苏共中央的公开信》1963 年 10 月 22 日。

② 《毛泽东文集》第八卷，人民出版社 1999 年版，第 386 页。

③ 《保持艰苦奋斗的传统》（1989 年 3 月 23 日），《邓小平文选》第三卷，人民出版社 1993 年版，第 289 页。

④ 《中国的对外政策》（1982 年 8 月 21 日），《邓小平文选》第二卷，人民出版社 1994 年版，第 415 页。

⑤ 《实现四化，永不称霸》（1978 年 5 月 7 日），《邓小平文选》第二卷，人民出版社 1994 年版，第 112 页。

理念。2012 年 12 月，习近平指出：我们的事业是同世界各国合作共赢的事业。国际社会日益成为一个你中有我、我中有你的命运共同体。面对世界经济的复杂形势和全球性问题，任何国家都不可能独善其身、一枝独秀，这就要求各国同舟共济、和衷共济，在追求本国利益时兼顾他国合理关切，在谋求本国发展中促进各国共同发展，建立更加平等均衡的新型全球发展伙伴关系，增进人类共同利益，共同建设一个更加美好的地球家园。中国走的是和平发展道路，中国的发展不是自私自利、损人利己、我赢你输的发展，对他国、对世界决不是挑战和威胁。中国决不会称霸，决不搞扩张。中国越发展，对世界和平与发展就越有利。中国不仅是合作共赢的积极倡导者，更是合作共赢的切实践行者。中国扎实推进同各国的务实合作，坚持向发展中国家提供力所能及的帮助。

2014 年 6 月，和平共处五项原则发表 60 周年纪念大会在人民大会堂隆重举行。国家主席习近平出席大会并发表题为《弘扬和平共处五项原则建设合作共赢美好世界》的主旨讲话。他说：中华民族历来崇尚"和为贵""和而不同""协和万邦""兼爱非攻"等理念。和平共处五项原则生动反映了联合国宪章宗旨和原则，并赋予这些宗旨和原则以可见、可行、可依循的内涵。和平共处五项原则中包含 4 个"互"字、1 个"共"字，既代表了亚洲国家对国际关系的新期待，也体现了各国权利、义务、责任相统一的国际法治精神。他指出：中国将坚定不移走和平发展道路。走和平发展道路是中国根据时代发展潮流和自身根本利益作出的战略抉择。中国人民崇尚"己所不欲，勿施于人"。中国不认同"国强必霸论"，中国人的血脉中没有称王称霸、穷兵黩武的基因。中国坚定维护自身的主权、安全、发展利益，也支持其他国家特别是广大发展中国家维护自身的主权、安全、发展利益。中国坚持不干涉别国内政原则，不会把自己的意志强加于人，即使再强大也永远不称霸。

4. 全球化与民族主义思潮

早在 19 世纪中期世界市场刚刚兴起的时候，马克思和恩格斯就指出："资产阶级，由于开拓了世界市场，使一切国家的生产与消费都成为世界性的了。……过去那种地方的和各民族的自给自足和闭关自守状态，被各民族的各方面的互相往来和各方面的互相依赖所代替了。物质的生产是如此，精神的生产也是如此。各民族的精神产品成了公共的财产。民族的片面性和局限性日益成为不可能，于是由许多种民族的和地方的文学形成了一种世界的文学。"① 在这一过程中，"使未开化和半开化的国家从属于文明国家，使农民的民族从属于资产阶级的民族，使东方从属于西方"②。20世纪晚期的全球化浪潮，实质上是马克思所描述的上述过程的历史延续。全球化的始作俑者主要是西方，其主要形式也是西方的制度的扩张，他们为了将这一现代模式向全球扩展，预言"民族国家时代已经过去"，鼓吹"全球思维"，主张全球"共同繁荣""全人类的利益高于一切"，如此等等。而许多非西方国家在"全球化"意识形态攻势下，实行全面"西化"，从而在文化上丧失了个性。可见，全球化"像它的一个对应概念'自由贸易'一样，也是一种意识形态，它的作用是通过它那种看上去非常有益的和不可阻挡的优势来减少这个过程的阻力"③。

在大部分人对全球化高唱赞歌的同时，中国一些学者却对全球化及其影响提出质疑。有的学者认为，在经济全球化的同时还存在着经济"民族化"趋势。世界经济的全球化，并不意味着各国的民族经济失去了独立意义。恰恰相反，在世界经济日益全球化的大背景下，各国都力图加强自己的经济实力，以便在与他国的经济往来和市场竞争中取得有利地位，并从经济全球化的进程中获得更大的利益。对于各个国家来说，只有本国和本民族的利益才是最根本的利益。各国参与国际市场，从事国际贸易的目的，从根本上讲是加快本国经济发展，增强本国的经济实力，以便在未来的国际竞争中立于不败之地。就是说，世界经济越是全球化，经济中的民族利益差别就越是突出，这种差别不是日益缩小而是日益扩大。④ 较为激进的学者认为，所谓经济全球化仅仅意味着资本运动的全球化，而决非经济福音的全球化，全球化不会带来全人类的利益。从长期看，全球化不利于发展中国家，发展中国家追逐全球化，只能落入"发展的陷阱"甚至沦为西方的附庸。他们认为，"中国人必须避免从一种教条蹈入另一种教条，

① 《马克思恩格斯选集》第一卷，人民出版社 2012 年版，第 404 页。
② 《马克思恩格斯选集》第一卷，人民出版社 2012 年版，第 405 页。
③ ［美］爱德华·S. 赫尔曼：《全球化的威胁》，《马克思主义与现实》1999 年第 5 期。
④ 高德步：《全球化还是民族化》，《中国党政干部论坛》1997 年第 5 期。

富裕之邦并非真理之地，20 世纪形成的国际格局带来的后殖民主义的危险，必须以我们的民族利益和国家安全作为逻辑起点加以认真应对"①。这些学者提醒人们：全球化是西方的经济、政治、文化向全球渗透、蔓延的整体过程。全球化有不同的层面：经济全球化、政治全球化和文化全球化。我们不仅要对经济全球化、政治全球化有清醒的认识，有正确的对策，更要警惕西方的文化全球化，对西方的文化霸权、话语霸权进行全面的清理和抵制。一个面对即将来临的后殖民时代的外围民族，必须进行认真的文化反思，才能在民族意识上保存民族生存的空间，保持民族生存的权利。

当然，这些学者并不反对对外开放，并不是主张重走闭关锁国的老路。他们充分认识到中国根本承受不起关闭经济大门的代价。对全球化的反思只是提醒国人在融入全球化的过程中，必须牢牢把握着自己的命运，"惟有政治命运掌握在自己手里的全球化才是有利的"②。一个崛起的民族必须具有高昂的民族精神，强大的民族凝聚力。而"在一个意识形态对峙不再主宰世界的时代，民族主义所具有的政治整合和凝聚功能是其他任何意识形态所难以取代的"③。总之，以实现中华民族利益最大化为原则，在保持激情的同时进一步向务实理性回归，这是当代中国民族主义的未来之路。

二、中国价值与协和世界

1. 东西方的大同思想

中国很早就有一个大同理想。《礼记》说："大道之行也，天下为公，选贤与能，讲信修睦，故人不独亲其亲，不独子其子，使老有所终，壮有所用，幼有所长，鳏寡孤独废疾者皆有所养；男有分，女有归，货恶其弃于地也不必藏于己，力恶其不出于身也不必为己，是故谋闭而不兴，盗窃乱贼而不作，故外户而不闭，是谓大同。"这个大同社会并没有设定范围，

---

① 房宁、王小东：《全球化阴暗下的中国之路》，中国社会科学文献出版社 1999 年版，第 3 页。

② 张文木：《全球化进程中的中国国家利益》，《战略与管理》2002 年第 1 期。

③ 萧功秦：《民族主义与中国转型时期的意识形态》，《战略与管理》1994 年第 4 期。

而是对着当时人们所能认识到的"天下"而言的。对于中国人的传统世界观来看，中国就是天下，天下就是世界。所以，这个大同理想直接就是世界的理想，大同也直接就是世界大同。

尽管这个"大同"之世仅仅存在于传说中的上古时代，却成为后世人们的理想。老子说："执古之道以御今之有。能知古始，是谓道纪。"（《老子》十四章）孔子曰："大道之行也，与三代之英，丘未之逮也，而有志焉。"（《礼记·礼运》）而到了近代，中国所知的"天下"已经完全不同。这个"天下"不仅是中国视域内的天下，而是全球视域的天下。在这个天下，除中国之外还有众多的"他者"，并且某些"他者"还一度对中国进行侵略和欺侮。尽管如此，中国人的大同理想仍未泯灭。康有为在《大同书》中描述了人类历史的三个阶段，即由"据乱"进为"升平"（小康），由"升平"进为"太平"（大同）的必然规律，并设想了大同社会的理想状况。他说："吾为天游，想象诸极乐之世界，想象诸极苦之世界，乐者吾乐之，苦者吾救亡，吾为诸天之物，吾宁舍世界天界绝类逃伦而独乐哉！"[①] 在他的理想社会里，已经没有国家，"大同无邦国，故无军法之重律；无君主，则无有犯上作乱之悖事；无夫妇，则无有色欲之争，奸淫之防，禁制、责望、怨怼、离异、刑杀之祸；无宗亲兄弟，则无有望养、责善、争分之狱；无爵位，则无有恃威、怙力、强霸、利夺、钻营、佞谄之事；无私产，则无有田宅、工商、产业之讼；无尸葬，则无有墓地之讼；无税役、关津，则无有逃匿、侵吞之罪；无名分，则无欺凌、压制、干犯、反攻之事"[②]。"人人相亲，人人平等，天下为公"，正如礼记所描述的一样。他认为，"大同"是"仁"的最终归途。

西方也有一个"大同"理想，这就是希腊斯多葛学派提出的世界主义（Cosmopolitanism）。他们认为希腊城邦就是"整个宇宙或整个世界"，宣称自己就是"世界公民"。尽管他们的思想已经大大突破了当时流行的"希腊中心论"，但仍是"以希腊观天下"而不是"以天下观天下"。但是到18世纪，这种世界观成了西方殖民主义的借口。他们认为，西方文明就是

---

① ［清］康有为：《大同书》，陈得媛、李传印评注，华夏出版社2002年版，第8页。
② ［清］康有为：《大同书》，陈得媛、李传印评注，华夏出版社2002年版，第332页。

切合所有人的普世文明,其他文明都应在"扫荡"之列。同时,西方殖民者还进一步将进化论接入社会理论,衍生出"物竞天择,适者生存"的丛林法则。在这种世界主义驱使下,西方的民族国家成了列强,以丛林法则到处弱肉强食,进行征服战争。到19世纪末,帝国主义将世界领土瓜分完毕。此时,世界分为两类国家,一是殖民地宗主国,二是各宗主国的殖民地。在这个过程中,西方列强用来福枪和炮舰毁灭了大量非西方文明,世界基本上实现"大同"了。可见,西方的大同是同质化的大同,是以消灭文化"多样性"为代价的大同。

到20世纪后期,世界又掀起新的一波"全球化"浪潮。这实际上是这种西方"大同"理想的延续,其实质就是进一步的欧化和美化。尽管这一轮的"大同"浪潮与几个世纪前的血与火有所不同,但结果却是一样的,即现代化所过之处种种"多样性"丧失殆尽,只剩下一个"单一的"世界或"单向度"的世界。西方著名政治家前联邦德国总理施密特曾经坦承他们"几乎不了解儒家思想及其影响力,对印度教和佛教同样知之甚少,对伊斯兰教也几乎不甚了解"。尽管如此,他们要强迫自许多世纪、乃至数千年来就信奉各自的宗教的几十亿人接受他们的"宪法、民主、个人基本权利的观念",实际上是"强迫别人接受西方目前的价值标准"。他们认为,西方文明是一种"普世文明",西方价值是一种"普世价值",他们的价值标准就是全人类的"共同标准"。① 1997年9月1日,近30位卸任的政府首脑和国家元首,向当时的联合国秘书长科菲·安南提交了一份《世界人类义务宣言》草案,目标是"构成一种全球共识,一种最基本的全球伦理共识",是"达成一种世界公认的最低限度的道德基本准则",是实现"任何个人和社会机构能够始终铭念"的,"作为所有人民和国家努力实现"的"共同标准",是"教诲和推动全世界人承认并遵行"这些"共同标准"。② 但事实上,这仍是西方"大同"主义的延续和深化,真正的"共识"是不可能通过"同"的方式实现的,而必须是"和而不同"。

---

① 〔德〕赫·施密特:《全球化与道德重建》,柴方国译,社会科学文献出版社2001年版,第66—67页。

② 〔德〕赫·施密特:《全球化与道德重建》,柴方国译,社会科学文献出版社2001年版,第264页。

所以，全球理念应从"同"转移到"和"方面来。

2. 西方普世主义危机

早在希腊化时代的斯多葛学派就提出过普世主义或世界主义思想，认为人类可以在共同理性的支配下顺着共同本性生活。中世纪的基督教神学认为基督教是普世的，因而产生了走遍世界的传教士。中世纪晚期，但丁在《论世界帝国》中进一步阐述了世界主义思想。18 世纪的启蒙运动以"理性"的名义进一步扩展了西方的"世界主义"。黑格尔说："理性向来统治着世界、现在仍然统治着世界，因此也就统治着世界历史。"① 这就是西方普世主义的基本源流。

现代西方资本主义将自己的价值作为普世价值向全球推广。西方的这种普世价值观可以从两方面来认识。一方面，世界历史是存在"趋同"阶段的，如西方的希腊化时代和东方的"汉化"时代，从近代以来的历史看，也可以说是西方化时代或现代化时代。在这样的趋同时代，普世价值观流行也是有道理的。但是，在世界历史上更多的是"趋异"时代即多元化时代，即使是"趋同"时代也不可能实现真正的世界大同。所以，西方的普世价值观在一定历史时期是有效的，但绝不可能作为人类社会的终极目标。亨廷顿指出："普世文明的概念是西方文明的独特产物。19 世纪，'白人的责任'的思想有助于为西方扩大对非西方社会的政治经济统治作辩护。20 世纪末，普世文明的概念有助于为西方对其他社会的文化统治和那些社会模仿西方的实践和体制的需要作辩护。普世主义是西方对付非西方的意识形态。"② 20 世纪晚期，西方的这种世界主义进一步转变为新自由主义的意识形态，他们在实行新自由主义政策的同时，也将这一意识形态强行向非西方国家输出。他们认为："非西方国家的人民应当认同西方的民主、自由市场、权利有限的政府、人权、个人主义和法制的价值观念，并将这些价值观念纳入他们的体制。然而，在其他文明中，赞同和提倡这些价值的人只是少数，大部分非西方国家的人民对于它们的占主导地

---

① ［德］黑格尔：《历史哲学》，王造时译，上海书店出版社 1999 年，第 10—11 页。

② ［美］塞缪尔·亨廷顿：《文明的冲突与世界秩序的重建》，周琪等译，新华出版社 2002 年版，第 55—56 页。

位的态度或是普遍怀疑，或是强烈反对。西方人眼中的普世主义，对非西方来说就是帝国主义。"①

但是另一方面，反对西方普世价值的思潮也一直存在和发展着。事实上，真正对西方普世价值挑战的不是理论本身，而是经济发展所导致的世界经济格局改变的历史事实。20 世纪，世界经济在地理空间上发生了重大的变化。当西方资本主义扩张到达世界最后一个角落时，也标志着西方世界发展盛极而衰的到来。第二次世界大战以后，世界殖民体系最终瓦解了。此时，代表现代文明的工业生产已不限于西方国家，非西方国家大多走上工业化道路。在亚洲，不仅日本经济出现高速发展成为世界重要的工业大国，而且随后出现了韩国、新加坡等新兴工业化国家和地区，然后是中国、印度、巴西、俄罗斯等金砖国家的出现。特别是中国，通过改革开放实现了经济腾飞，到 21 世纪初一举成为世界第二位的经济大国。可以肯定地预言，中国经济的发展，将进一步改变世界历史的空间结构。这都表明，不以西方价值为指导的国家和民族，同样能够在保持自己文化特点的同时实现经济起飞和发展，并自立于世界民族之林。

冷战结束后，美国学者亨廷顿提出"文明冲突论"（Clash of Civilization），认为：未来世界的国际冲突的根源将主要是文化的而不是意识形态的和经济的，全球政治的主要冲突将在不同文明的国家和集团之间进行，文明的冲突将主宰全球政治，文明间的（在地缘上的）断裂带将成为未来的战线；国际政治的核心部分将是西方文明和非西方文明及非西方文明之间的相互作用。亨廷顿认为，全球政治格局正在以文化和文明为界限重新形成，并呈现出多种复杂趋势：在历史上第一次出现了多极的和多文明的全球政治；不同文明间的相对力量及其领导或核心国家正在发生重大转变，文明间力量的对比会受到重大影响；一般来说，具有不同文化的国家间最可能的是相互疏远和冷淡，也可能是高度敌对的关系，而文明之间更可能是竞争性共处（Competitive Coexistence），即冷战和冷和平；种族冲突会普遍存在，在文化和文明将人们分开的同时，文化的相似之处将人们带

---

① ［美］塞缪尔·亨廷顿：《文明的冲突与世界秩序的重建》，周琪等译，新华出版社 2002 年版，第 200 页。

到了一起，并促进了相互间的信任和合作，这有助于削弱或消除隔阂。亨廷顿提出的"文明冲突论"表明，西方最终必须放弃他们的普世价值观念，必须放弃普世主义。

3. 王霸主义新释：王不待大，强不必霸

中国传统思想主张"大同"，但中国文化的"大同"是理想目标而不是现实目标，现实目标是"小康"。小康目标与天下为公的大同理想不同，是一种"中庸"的亦即现实的"天下为家"的社会模式。但是，中国传统文化并不在此停留，而是在"小康"的基础上，"以身观身，以家观家，以乡观乡，以邦观邦，以天下观天下"，从而建立一种"天下观"。而在"天下观"的基础上，再反观自身，从"物格致知"开始，诚意正心，修身齐家，治国平天下"，最后"明明德于天下"。

中国文化之所以能够建立这种"天下观"，并以实现"明明德于天下"为终极目标，是因为中国文化以"和"为核心。所谓的"和"就是在"不同"的前提下求得的"同"，即"和而不同"之同。"小康"是在"和而不同"的世界模式下，能够保持个性和多样性的社会模式。大道既隐，天下为家，人类进入小康社会。但是小康也可以成为"王道之始"（《孟子·梁惠王上》），即从个小康开始，实行王道，并推而广之，"明明德于天下"，最终实现"天下一体之仁"。孔子认为，君主应有高尚的道德品格，不仅要以德治国，还要以德对待他国。只要本国坚持为政以德，占有国家间道义的高地，必能"譬如北辰，居其所，而众星共之"（《论语·为政》）。孟子说："以德行仁者王，王不待大。"（《孟子·公孙丑上》）就是说，君王应对本国人民"施仁政"，从而形成巨大的道义力量，只要拥有这种道义的力量，就可以成就王道，即获得国际体系中的王者地位。

中国传统文化主张"恕道"，即己所不欲，勿施于人。在此基础上还可以推己及人，即"己欲立而立人，己欲达而达人"（《论语》）。朱熹说："近取诸身，以己所欲譬之他人，知其所欲亦犹是也。然后推其所欲以及于人，则恕之事而仁之术也。"（《四书章句集注·论语集注》）恕就是强调在处理人与人、民族与民族、国家与国家之间的关系时，应反观自身，换位思考，尊重别人的文化特性和历史背景，平等看待别人的优缺点，绝不将自己的意志强加于人，即强不必霸。

在全球化的进程中，我们共同居住的星球变得越来越"小"，人们称其为"地球村"。然而人们的"眼界"却远未提升到相应的高度。由于人的本能和不恰当的教育结果，人们习惯于将任何不同于自己同族的思想与行为视为"异类"，从而使得不同文明之间的冲突频频发生。"国家利益至上主义"和极端的"民族主义"思潮甚嚣尘上，并成为打压其他文化，干涉别国内政，掠夺国际资源的思想基础。事实上，当世界只有一种文明和文化存在时，这种非多元文化的世界将是人类的末日。因此我们主张，各种义明应该"各美其美，美人之美，美美与共，天下大同"（费孝通）。只有这样，才能构建一种不同文明和文化和谐共存的世界格局。

第一，亲仁善邻，协和万邦。

中华民族历来崇尚"和为贵""和而不同""协和万邦""兼爱非攻"等理念。在处理国家关系上，儒家主张"亲仁善邻"（《左传·隐公六年》），使"近者悦，远者来"（《论语·子路》）。天空足够大，地球足够大，世界足够大，容得下各国共同发展繁荣。在现代化过程中，一些国家越来越富裕，另一些国家长期贫穷落后，这样的局面是不可持续的。各国在谋求自身发展时，应该积极促进其他国家共同发展，让发展成果更多更好惠及各国人民。所以，我们要共同维护和发展开放型世界经济，共同促进世界经济强劲、可持续平衡增长，推动贸易和投资自由化便利化，坚持开放的区域合作，反对各种形式的保护主义，反对任何以邻为壑、转嫁危机的意图和做法。

第二，和而不同，包容互鉴。

中国传统文化主张和而不同，就是承认文明的多样性和共存共荣。文明多样性是人类社会的基本特征。不同民族、国家之间要彼此善待，相互友爱，和谐而又不千篇一律，不同而又不相互冲突。和谐以共生共长，不同以相辅相成，不能把自己的意愿强加于人，不能按照自己的文化、模式和制度去评判其他国家的行为的对错与好坏。不同民族、不同文明多彩多姿、各有千秋，没有优劣之分，只有特色之别，"万物并育而不相害，道并行而不相悖"（《礼记·中庸》）。人类历史告诉我们，企图建立单一文明的一统天下，只是一种不切实际的幻想。我们要尊重文明多样性，推动不同文明交流对话、和平共处、和谐共生，不能唯我独尊、贬低其他文明和民族。我们要倡导交流互鉴，注重汲取不同国家、不同民族创造的优秀文明成果，取长补短，兼收并蓄，共同绘就人类文明美好画卷。

第四，尊重平等，反对霸权。

中国传统文化主张王道。王道就是平等共和之道。孟子说："以德行仁者王，王不待大。汤以七十里，文王以百里。以力服人者，非心服也，力不赡也；以德服人者，中心悦而诚服也"（《孟子·公孙丑上》）；"惟仁者为能以大事小"，"惟智者为能以小事大"（《孟子·梁惠王下》）。国家不分大小、强弱、贫富，都是国际社会平等成员，都有平等参与国际事务的权利。各国的事务应该由各国人民自己来管。我们要尊重各国自主选择的社会制度和发展道路，反对出于一己之利和一己之见，采取非法手段颠覆别国合法政权。中国不认同"国强必霸论"，中国人的血脉中没有称王称霸、穷兵黩武的基因。中国坚持不干涉别国内政原则，不会把自己的意志强加于人，即使再强大也永远不称霸。

第五，平等互利，合作共赢。

当今世界正在发生深刻复杂的变化，和平、发展、合作、共赢的时代潮流更加强劲，国际社会日益成为你中有我、我中有你的命运共同体。"合则强，孤则弱。"（《管子·霸言》）合作共赢应该成为各国处理国际事务的基本政策取向。合作共赢是普遍适用的原则，不仅适用于经济领域，而且适用于政治、安全、文化等其他领域。应该把本国利益同各国共同利益结合起来，努力扩大各方共同利益的汇合点，不能这边搭台、那边拆台，要相互补台、好戏连台。要积极树立双赢、多赢、共赢的新理念，摒弃你输我赢、赢者通吃的旧思维，而应采取平等互利，合作共赢的政策。

总之，儒家从最简单、最基本的家庭伦理出发，以"仁"为核心，以"和"为根本，推己及人，层层扩展，演绎出一整套"国际"政治理想。这种理想同样符合当下世界治理的需要，为政以德、交国以礼、以和为贵、协和万邦，正是使天下由"无道"走向"有道"、从混乱走向安定和谐的有效途径。

三、王道理想与天下主义重建

1. 天下主义的逻辑进路

中国传统士人具有天下主义情怀。这种天下主义情怀体现在各家的思想及其他们的著述之中。如道家提出"以天下观天下""以无事治天下""抱一为天下式"（《老子》）；墨子讲"天兼天下而爱之"（《墨子·天志篇》），"视人之国若其国"（《墨子·兼爱篇》）；法家讲"为天下治天下"（《商君书·修权篇》）；而儒家一方面讲总体的价值理想，即"以天下为一家，中国为一人"（《礼记·大学》），另一方面讲个体的政治抱负，即"修身、齐家、治国、平天下"（《礼记·礼运》）等。尽管观点有所不同，但都是从"天下"出发，而将自己也放在"天下"之中。在他们的意识中，尽管自己身在一"家"一"国"，但并不专属于某家某国，而是"天下"一分子，并是为"天下"服务的。所以中国传统士人的基本精神是以天下为己任。

在中国历史上，国源于家，所以称"家国"或"国家"。这意味着家国不分，家即国，国亦家。所以，中国传统的政治思想中，从家到国，再从国到天下，始终贯穿着"家"的一般原则，亦即从血缘为基础的"家"扩大至"国家"，再扩大至"天下"即"家国天下"，反过来说则是"天下一家"。按照这个逻辑，既然家是生活中利益计较趋于最小化的一种生态环境，人与人之间一方面相亲相爱，另一方面爱有等差，由己及人，从个人到家庭再到社会、到国家、到天下。就儒家思想传统而言，一方面追求"极高明"，即天下为公的大道理想，另一方面实践着"道中庸"，即"天下为家"的小康目标，所谓"上治祖祢尊尊也，下治子孙亲亲也，旁治昆弟，合族以食，序以昭穆，别之以礼义，人道竭矣"（《礼记·大传》）。

及至近代，随着"天下主义"的瓦解，孙中山一方面继承了儒家传统的民族观，另一方面结合国际国内的历史环境，创造性地提出"国族"概念。国族主义也就是孙中山的民族主义。孙中山强调，顺乎自然的王道形成的共同体便是民族，依靠人为力的霸道结合成的团体便是国家。从中华民族的形成与发展历史看，国是家的延续和扩大，也是家族和宗族的延续和扩大，随着中华民族发展，自然形成"家国天下"。《诗经·北山》曰："溥天之下，莫非王土；率土之滨，莫非王臣。"《礼记·礼运》也如是说："圣人乃以天下为一家，以中国为一人也。"所以，在中国历史上始终没有形成现代意义上的"民族"和"国家"概念，有的只是"家国天下"。梁启超在《新民说》中也认为中国人"历来只知有天下而不知有国家"。可见，根据家国天下的逻辑进路，天下主义是必然结果，而家国天下与马克思主义所说的必然王国也有异曲同工之处。

不过，近代以来，西方霸道主义盛行，在世界上推行弱肉强食的丛林法则，用短短的数百年时间就毁灭了几大文明体。在这种霸道主义之下，中国的王道主义遭遇困境，天下主义也随之走向衰落。在这种历史背景下，中国发生由天下主义到世界主义的转变，并进而转为民族主义和国家主义。这是因为，不经过这种转变，中国就不能抵抗西方的殖民主义和霸权主义，就不能实现国家强大和民族复兴。经过一个半世纪的艰难奋斗，中国终于基本上实现了现代化，并且自立于世界民族之林。

2. 天下主义的价值重建

从近代以来的历史和思潮演变来看，不论是世界主义还是民族主义，都具有显著的现代性亦即西方性色彩。也就是说，世界主义和民族主义都是近代西方殖民扩张的思想根源或历史结果。而当中西方文化相遇后，中国传统的天下主义很难抵抗西方的世界主义，所以不得不接受世界主义并从天下主义向民族主义的转变。然而，从天下主义向民族主义的转变，是一种进化的历史行为但不是进步的历史行为。传统的天下观具有一种普世主义的价值理想，而民族国家观则将人分成了不同的群体，并赋予其不同的符号，实质上既是一种封闭的观念，也是矛盾和冲突的根源。

在世界主义与民族主义的格局之下，天下已经不是天下之天下，而是以某一群体即民族为中心的天下。一方面，个人不是在天下之下，而是在族群之内并服务于某个政治框架即国家；另一方面，人类也不是在天下之下，而是分裂成各个族群而成为国家公民。在这种格局之下，每个个人不再是以自然的个体来观察"天下"，而是作为某个族群或国家的一个分子来观察"天下"，他们不可避免地带着其所在族群或国家的观念。在这里，天下不再可能，个人的生存境域由民族与国家来规定。因而，在民族—国家认同中，个人的生存境域反而从整个"天下"收缩到单一的"个人—国家"，"天下"或"天地之间"及其所意味着的那个伦理的、文化的视野正在不断地后撤。与此相应，不是在天地之间如何做人的问题，而是在全球化时代如何做民族—国家的成员的问题，成为了人们所关注的中心，这就是民族—国家认同或同一性确认的核心。[①] 总之，"天下"已不复存在。

由于天下观的丧失，人们不再能够"以天下观天下"，而只能以个人观个人，以族观族，以国观国，或如老子所说，"以身观身，以家观家，以乡观乡，以邦观邦"，其德有余而不足以普之天下。而在世界主义和民族主义的竞争格局之下，人们进而不断从"国"退回到"族"，从"族"进一步退回到"个人"。这样，世界上国家与国家的竞争、民族与民族的竞争，人与人的竞争必然空前激化，从而必然进入"每个人对每个人的战争"状态。所以，现代世界的格局并不是一种最佳的状态，尽管在竞争刺激下人们可以不断地更新竞争手段和工具，可以享受这种竞争文明带来的现代化生活方式，但是人们却不得不面对世界的持续的不确定性和永远的不安状态。特别是在全球化进程加速的世纪之交，如果没有一种新的世界观，这种不确定性和不安状态不仅不会消失而且会不断加剧。所以，世界观的转变成为世界各族人民的共同希望，而人类世界的未来需要天下主义价值的重建。

3. 王道理想的实现：天下一体之仁

王道是一种理想的天下主义模式，霸道是现实的帝国主义模式。国强必霸实际上是帝国主义的逻辑。中国历史证明不以王道为基的霸道一概不能持久，而世界历史证明霸权主义必招致失败。尽管今日之天下仍是个大争之世，竞力时代，但我们仍要坚持天下主义的王道理想。从历史上看，中国人没有"世界"观而只有"天下"观，没有民族观而只有"家国天下观"。所以说，天下既是中国人的空间世界也是中国人的观念世界。这种观念的范围，以经验和知识的范围为限，并随着经验和知识的范围的扩

---

① 陈赟：《从"民族—国家"到"天下"："天下"思想的未来遗产》，http://wen. org. cn/modules/article/view. article. php/1386。

大而不断外延。老子说："修之于身其德乃真，修之于家其德乃余，修之于乡其德乃长，修之于邦其德乃丰，修之于天下其德乃普。故以身观身，以家观家，以乡观乡，以邦观邦，以天下观天下。"（《老子》五十四章）《礼记·大学》说："古之欲明明德于天下者，先治其国；欲治其国者，先齐其家；欲齐其家者，先修其身；欲修其身者，先正其心；欲正其心者，先诚其意；欲诚其意者，先致其知，致知在格物。物格而后知至，知至而后意诚，意诚而后心正，心正而后身修，身修而后家齐，家齐而后国治，国治而后天下平。"这是中国传统天下主义和王道理想的经典诠释。古之中国，怀着天下主义精神和王道政治理想，一方面从自身开始以内修、以外观，将本民族的道德理想昭之天下，并以协和万邦，从而成就了数千年的历史辉煌。近代以来，随着西方世界的扩展，中国人对于天下的认识也不断扩大并形成与世界同样的"世界观"。实际上，中国人的世界观是传统天下观的现代性转变。随着这种转变，一方面，中国将传统的天下观扩展到世界，同时也将传统的"协和万邦"思想扩展到世界。这样，中国从传统的天下主义经历了一个半世纪的转型，最终又朝着天下主义的王道理想回归。

　　天下主义的王道，从外延上讲就是王者无外。"王者无外"是公羊学家提出的理念。《春秋公羊传·成公十五年》说："《春秋》内其国而外诸夏，内诸夏而外夷狄。王者欲一乎天下，曷为以外内之辞言之？言自近者始也。"这里是说，王者的最终目标是实现天下一体之仁，因而并不严格区分内外，而是基于地理上的远近，先近而后远。这是因为，王道之运行有一个由中心向周边扩展的过程，即以仁为核心，由近及远，由内而外，使王道之仁不断向外扩展，达到"近者悦，远者来"的效果。① 另一方面，要实现"近者悦，远者来"的效果，还必须采取"和而不同""协和万邦"的理念和政策。《吕氏春秋》说："天下非一人之天下也，天下之天下也。阴阳之和，不长一类；甘露时雨，不私一物；万民之主，不阿一人"（《吕氏春秋》卷一，《贵公》）；《六韬》说："同天下之利者则得天下，擅

---

　　① 干春松：《"王者无外"与"夷夏之防"——公羊三世说与夷夏观念的冲突与协调》，《中国哲学史》2011 年第 1 期。

天下之利者则失天下"。(《六韬·武韬·顺启》) 这就是说,天下主义的王道,是一种包容性文化的产物,其特点是"顺我者昌"。但西方文化不同,其特点是"逆我者亡"。西方强调其价值观的普世性,但实质上是将丛林法则推向全世界,让世界各民族都接受他们的思想统治。在这个过程中,其他各种文化和价值不是被毁灭就是被削弱。这种文化的政策就是殖民主义和霸权主义。从中国价值传统本身的特点而言,中国不会拒绝吸收有益的西方价值观,所以,必然是综合中西价值观而完成一次价值观创新,而这正体现了天下观念的兼容性。所以,这是一个能够创造世界共同利益和共同幸福的新天下。①

天下主义的王道,从内核上讲就是仁,即天下一体之仁。新天下主义以仁为本,即以人在天地之间来观察天地宇宙,并以"以己推人"的态度将"仁"推向世界。《国语·晋语二》说:"利国之谓仁"。《左传·隐公六年》说:"亲仁善邻,国之宝也。"宋代儒家张载提出"民胞物与",程颢提出"仁者以天地万物为一体"(《河南程氏遗书》卷二)。王阳明在《大学问》一书中说:"亲吾之兄,以及人之兄,以及天下人之兄,而后吾之仁,实与吾之兄,人之兄与天下之兄,而为一体矣。实与之为一体,而后悌之明德始明矣。君臣也,夫妇也,朋友也,以至於山川鬼神鸟兽草木也,莫不实有以亲之,以达吾一体之仁也,然后吾之明德始无不明,而真能以天地万物为一体矣。夫是之谓明明德於天下,是之谓家齐国治而天下平,是之谓尽性。"事实上,王阳明提出了一个天下伦理。近代学者谭嗣同兼容孔子之仁,墨子之兼爱,佛之慈悲以及基督之博爱,提出自己的《仁学》。谭嗣同认为世界是由物质的原质所构成,其本体是"仁","仁"是万物之源,世界的存在和发展都是由于"仁"的作用。而现代国际社会直至1993年9月的世界宗教议会第二届大会才提出类似的理念。大会在《走向全球伦理宣言》中,提出了人类"相互依存"之理以及"我们希望别人怎样对待我们,我们就必须怎样对待别人"之理。这个全球伦理观强调:人皆应得人道之待遇;非暴力与尊重生命和团结之文化;公正的经济秩序、宽容的文化与诚信的生活之坚持以及男女之间权利平等与伙伴关系

---

① 赵汀阳:《天下体系的一个简要表述》,《世界经济与政治》2008年第10期。

的文化之坚持。①

　　然而，在西方以理性主义为核心的价值观作用下，当今世界和当今社会仍以个人私利、团体私利、民族私利和国家私利为核心运行，"每个人对每个人的战争"必然扩大至每个团体对每个团体、每个民族对每个民族、每个国家对每个国家之间的战争。要改变世界的这种"战争"状态，就必须从根本上改变人们的价值观，从霸权主义退回到世界主义，再从世界主义退回到天下主义，从霸道转回到王道，从王道转向仁道。要实现这种回归和转变，必须"以天下观天下"，从"天下观"的重建开始，重建天下主义，重回王道。这就是"创制天下"（《管子·霸言》），即"居天下之广居，立天下之正位，行天下之大道"（《孟子·滕文公下》），最终实现天下一体之仁。

---

　　①　张耀南：《中华文明的世界主义对于构建全球伦理可有之贡献》，《北京行政学院学报》2003 年第 5 期。

参考文献

一、经典著作和领袖传记

1. 《马克思恩格斯选集》，人民出版社 1995 年、2012 年版。

2. 《马克思恩格斯全集》，人民出版社。

3. 马克思：《资本论》，人民出版社 1975 年版。

4. 《马克思恩格斯文集》，人民出版社 2009 年版。

5. 马克思：《1844 年经济学哲学手稿》，人民出版社 2000 年版。

6. 《列宁选集》，人民出版社 2012 年版。

7. 《孙中山全集》，中华书局 1981—1986 年版。

8. 中共中央文献研究室编：《毛泽东早期文稿》，湖南人民出版社 1990 年版。

9. 《毛泽东选集》（1—4 卷），人民出版社 1991 年版。

10. 《毛泽东文集》（1—8 卷），人民出版社 1993—1999 年版。

11. 《建国以来毛泽东文稿》，中央文献出版社 1987—1998 年版。

12. 《邓小平文选》（1—3 卷），人民出版社 1993 年、1994 年版。

13. 逄先知、金冲及主编：《毛泽东传（1949—1976）》，中央文献出版社 2003 年版。

14. 中共中央文献研究室：《毛泽东年谱》（1893—1949）》（上中下卷），中央文献出版社 2013 年版。

15. 中共中央文献研究室：《毛泽东年谱》（1949—1976）》（1—6 卷），中央文献出版社 2013 年版。

二、古代经典和中文著作

16. 《十三经注疏》，中华书局1980年版。

17. 《孔子家语》，中华书局2011年版。

18. 《老子》，中华书局2006年版。

19. 《庄子》，中华书局2007年版。

20. 《商君书》，中华书局2011年版。

21. 《韩非子》，中华书局2010年版。

22. 《吕氏春秋》，上海古籍出版社1989年版。

23. （汉）刘安：《淮南子》，中华书局2009年版。

24. （汉）司马迁：《史记》，中华书局1982年版。

25. （汉）班固：《汉书》，中华书局1962年版。

26. （汉）班固：《白虎通疏证》，中华书局1994年版。

27. （南朝宋）范晔：《后汉书》，中华书局2000年版。

28. （隋）王通：《中说》，中国文史出版社2012年版。

29. （唐）韩愈：《韩昌黎文集》，马其昶校注，上海古籍出版社2014年版。

30. （唐）柳宗元：《柳河东集》，上海古籍出版社，1973年版。

31. （后晋）刘昫：《旧唐书》，中华书局1975年版。

32. （宋）范仲淹：《范仲淹全集》，（清）范能濬编集，薛正舆校点，凤凰出版社2004年版。

33. （宋）王溥撰：《唐会要》中华书局1955年版。

34. （宋）石介：《徂徕集》，中华书局1985年版。

35. （宋）欧阳修：《新唐书》，中华书局2014年版。

36. （宋）欧阳修：《新五代史》，中华书局1974年版。

37. （宋）张载：《张载集》，章锡琛校，中华书局2012年版。

38. （宋）王安石：《临川文集》，吉林出版社2005年版。

39. （宋）司马光：《资治通鉴》，中华书局1976年版。

40. （宋）《二程集》，中华书局1981版。

41. （宋）《陆九渊集》，锺哲校，中华书局1980年版。

42.（宋）朱熹：《朱子语类》，中华书局 1986 年版。

43.（宋）朱熹：《四书章句集注》，上海古籍出版社 2006 年出版。

44.（宋）朱熹、吕祖谦：《近思录》，中国古籍出版社 2008 年版。

45.（宋）黄干：《黄勉斋先生文集》（卷五），文渊阁《四库全书》影印本。

46.（宋）郑樵：《通志》，中华书局 1987 年版。

47.（宋）黄震：《黄震全集》（全十册），何忠礼、张伟点校，浙江大学出版社 2013 年。

48.（宋）王应麟：《困学纪闻》，上海古籍出版社 2008 年版。

49.（元）郝经：《陵川集》，上海古籍出版社影印《四库全书》本，1987 年版。

50.（元）马端临撰：《文献通考》，中华书局 2011 年版。

51.（明）王阳明：《传习录》蓝天出版社 2007 年版。

52.（明）李贽：《李贽文集》，北京燕山出版社 1998 年版。

53.（明）王艮：《王心斋先生全集》，上海古籍出版社 2008 年版。

54.（清）顾炎武：《日知录集释》，上海古籍出版社 2006 年版。

55.（清）顾炎武：《顾亭林诗文集》，中华书局 1983 年版。

56.（清）黄宗羲：《明儒学案》，中华书局 1985 年版。

57.（清）黄宗羲、全祖望、王梓材：《宋元学案》，中华书局 1986 年版。

58.（清）黄宗羲：《明夷待访录》中华书局 1981 年版。

59.（清）黄宗羲：《黄梨洲文集》，中华书局，1959 年版。

60.（清）王夫之：《船山全书》第 2 册，岳麓书社 1996 年版。

61.（清）王夫之：《读通鉴论》，中华书局 2013 年版。

62.（清）朱之瑜：《朱舜水全集》，中国书店 1991 年版。

63.（清）张履祥：《杨园先生文集》，中华书局 2003 年版。

64.（清）颜元：《颜元集》，中华书局 1987 年版。

65.（清）惠栋：《松崖文钞》，台北艺文印书馆 1970 年版。

66.（清）戴震：《戴震文集》，中华书局 1980 年版。

67.（清）章学诚：《章氏遗书》，文物出版社 1982 年版。

68. （清）章学诚：《文史通义》，中州古籍出版社 2012 年版。

69. （清）段玉裁注：《说文解字注》，中华书局 2013 年版。

70. （清）阮元：《揅经室集》，中华书局 1993 年版。

71. （清）江藩：《国朝汉学师承记》，中华书局 1983 年版。

72. （清）蒋良骐：《东华录》，中华书局 1980 年版。

73. （清）龚自珍：《龚自珍全集》，上海古籍出版社 1999 年版。

74. （清）《魏源集》，中华书局 1983 年版。

75. （清）魏源：《圣武记》，中华书局 1984 年版。

76. （清）王韬：《弢园文录外编》，上海书店出版社 2002 年版。

77. （清）陈炽：《续国富论》，清光绪 24 年（1898）。

78. （清）薛福成：《薛福成选集》，上海人民出版社 1987 年版。

79. （清）郑观应：《盛世危言》，上海古籍出版社 2008 年版。

80. （清）郑观应：《郑观应集》，上海人民出版社 1988 年版。

81. （清）曾国藩：《曾国藩全集》，岳麓书社 1994 年版。

82. （清）郭嵩焘：《郭嵩焘诗文集》，岳麓书社 1984 年版。

83. （清）张之洞：《劝学篇》，吉林出版集团有限责任公司 2010 年版。

84. （清）皮锡瑞：《经学概论》，中华书局 1954 年版。

85. （清）皮锡瑞：《经学历史》，中华书局 2008 年版。

86. （清）王栻主编：《严复集》，中华书局 1986 年版。

87. 康有为：《大同书》，中州古籍出版社 1998 年版。

88. 康有为：《康有为政论集》（上、下册），中华书局 1981 年版。

89. 康有为：《新学伪经考》，中华书局 1956 年版。

90. 康有为：《孔子改制考》，中华书局 1958 年版。

91. 谭嗣同：《谭嗣同全集》（上、下册），蔡尚思、方行编，中华书局 1981 年版。

92. 谭嗣同：《仁学》，华夏出版社 2002 年版。

93. 梁启超：《饮冰室合集》，中华书局 1989 年版。

94. 梁启超：《论中国学术思想变迁之大势》，上海古籍出版社 2001 年版。

95. 梁启超：《清代学术概论》，上海古籍出版社1998年版。

96. 梁启超：《中国近三百年学术史》，东方出版社1996年版。

97. 梁启超：《先秦政治思想史》，吉林人民出版社2013年版。

98. 王国维：《观堂集林》，中华书局2010年版。

99. 章太炎：《章太炎全集》第3卷，朱维铮编校，上海人民出版社1984年版。

100. 章太炎：《章太炎学术史论集》，傅杰编校，中国社会科学出版社1997年版。

101. 赵尔巽等撰：《清史稿》，中华书局1977年版。

102. 李大钊：《李大钊选集》，人民出版社1959年版。

103. 吴虞：《吴虞集》，四川人民出版社1985年版。

104. 胡适：《胡适文存》第一集，黄山书社1996年版。

105. 胡适：《胡适精品集》第二册，光明日报出版社1998年版。

106. 胡适：《胡适全集》第一卷，安徽教育出版社2003年版。

107. 胡适：《胡适文集》，北京大学出版社1998年版。

108. 胡适：《胡适日记全编》，曹伯言整理，安徽教育出版社2001年版。

109. 陈独秀：《陈独秀著作选》卷一，上海人民出版社1993年版。

110. 陈独秀：《独秀文存》，安徽人民出版社1987年版。

111. 钱玄同：《钱玄同文集》，中国人民大学出版社1999—2000年版。

112. 鲁迅：《鲁迅全集》，人民文学出版社2005年版。

113. 吕思勉：《吕思勉读史札记》，上海古籍出版社1982年版。

114. 傅斯年：《傅斯年选集》，岳玉玺、李泉等编选，天津人民出版社1996年版。

115. 梁漱溟：《中国文化要义》，上海世纪出版集团，上海人民出版社2005年版。

116. 梁漱溟：《东西文化及其哲学》，商务印书馆1987年影印版。

117. 郭沫若：《中国古代社会研究（外二种）》，河北教育出版社2000年版。

118. 郭沫若：《十批判书》，东方出版社1996年版。

119. 冯友兰：《中国哲学史》（上、下），华东师范大学出版社 2000 年版。

120. 冯友兰：《中国哲学之精神》，中国青年出版社 2005 年版.

121. 张岱年：《中国哲学大纲》，中国社会科学出版社 1982 年版。

122. 侯外庐等：《中国思想通史》（1—5 卷），人民出版社 2011 年版。

123. 何干之：《中国启蒙运动史》，生活书店 1947 年版。

124. 白寿彝：《中国史学史》，上海人民出版社 2006 年版。

125. 钱穆：《国史大纲》，商务印书馆 2010 年版。

126. 钱穆：《国史新论》，生活·读书·新知三联书店 2012 年版。

127. 钱穆：《国学概论》，商务印书馆 1997 年版。

128. 钱穆：《中国历代政治得失》，生活·读书·新知三联书店 2012 年版。

129. 钱穆：《宋明理学概述》，九州出版社 2010 年版。

130. 钱穆：《中国近三百年学术史》，九州出版社 2011 年版。

131. 钱穆：《中国学术思想史论丛》（一），台北东大图书有限公司 1976 年版。

132. 牟宗三：《中国哲学十九讲》，上海世纪出版集团、上海古籍出版社 2005 年版。

133. 牟宗三：《历史哲学》，广西师范大学出版社 2007 年版。

134. 牟宗三：《道德的理想主义》，吉林出版集团有限责任公司 2010 年版。

135. 牟宗三：《政道与治道》，吉林出版集团有限责任公司 2010 年版。

136. 牟宗三：《生命的学问》，三民文库，台北 1997 年版。

137. 李泽厚：《说巫史传统》，《己卯五说》，中国电影出版社 1999 年版。

138. 李泽厚：《中国现代思想史论》，东方出版社 1987 年版。

139. 李泽厚：《由巫到礼　释礼归仁》，生活·读书·新知三联书店 2015 年版。

140. 李泽厚：《哲学纲要》，北京大学出版社 2011 年版。

141. 李学勤：《走出疑古时代》（修订本），辽宁教育出版社 1997

年版。

142. 李学勤主编：《中国古代文明与国家形成研究》，云南人民出版社1997年版。

143. 蒙培元：《理学范畴系统》，人民出版社1989年版。

144. 蒙培元：《中国哲学主体思维》，人民出版社1993年版。

145. 蒙培元：《情感与理性》，中国人民大学出版社2009年版。

146. 李德顺：《价值论》，中国人民大学出版社2007年版。

147. 李幼蒸：《儒学解释学：重构中国伦理思想史》，中国人民大学出版社2009年版。

148. 李幼蒸：《历史和伦理》，中国人民大学出版社2008年版。

149. 余英时：《士与中国文化》，上海人民出版社1987年版。

150. 余英时：《中国思想传统的现代诠释》，江苏人民出版社2003年。

151. 余英时：《中国文化史通释》，生活·读书·新知三联书店2012年版。

152. 余英时：《朱熹的历史世界》，生活·读书·新知三联书店2011年版。

153. 陈来：《仁学本体论》，生活·读书·新知三联书店2014年版。

154. 陈来：《中华文明的核心价值》，生活·读书·新知三联书店2015年版。

155. 张晋藩：《中国法制文明的演进》，法律出版社2010年版。

156. 晁福林：《夏商西周的社会变迁》，北京师范大学出版社1996年版。

157. 姜广辉主编：《中国经学思想史》（1—4），中国社会科学出版社2003年版。

158. 赵靖主编：《中国经济思想通史》（1—4），北京大学出版社2002年版。

159. 葛剑雄：《统一与分裂：中国历史的启示》，商务印书馆2013年版。

160. 葛兆光：《中国思想史》，复旦大学出版社2009年版。

161. 赵馥洁：《中国传统哲学价值论》，人民出版社2009年版。

162. 江林昌：《夏商周文明新探》，浙江人民出版社 2001 年版。

163. 许纪霖：《当代中国的启蒙与反启蒙》，社会科学文献出版社 2011 年版。

164. 杨国荣：《善的历程—儒家价值体系研究》，华东师范大学出版社 2009 年版。

165. 杨国荣：《道论》，北京大学出版社 2011 年版。

166. 冯天瑜：《中华元典精神》，上海人民出版社 2014 年版。

167. 冯天瑜：《中国文化生成史》，武汉大学出版社 2013 年版。

168. 周山：《中国学术思潮史》（1—8），上海社会科学院出版社 2006 年版。

169. 陈祖武：《清代学术源流》，北京师范大学出版社 2012 年版。

170. 周昌忠：《中国传统文化的现代性转型》，上海三联书店 2002 年版。

171. 过常宝：《制礼作乐与西周文献的生成》，中国社会科学出版社 2015 年版。

172. 丁守和主编：《中国近代启蒙思潮》上、下卷，社会科学文献出版社 1996 年版。

173. 肖东波：《中国共产党理论建设史 1949—1956》，中共党史出版社 2006 年版。

174. 刘放桐：《马克思主义与西方哲学的现当代走向》，人民出版社 2002 年版。

175. 吴雁南：《中国近代社会思潮（1840—1949）》，湖南教育出版社 1998 年版。

176. 吴雁南等主编：《中国经学史》，福建人民出版社、人民出版社 2010 年版。

177. 吾淳：《中国哲学的起源》，上海人民出版社 2010 年版。

178. 刘翔：《中国传统价值观诠释学》，华东师范大学出版社 2010 年版。

179. 陈壁生：《经学的瓦解：从以经为纲到以史为本》，华东师范大学出版社 2014 年版。

180. 黄玉顺：《面向生活本身的儒学》，四川大学出版社 2006 年版。

181. 黄玉顺：《生活儒学讲录》，安徽人民出版社 2012 年版。

182. 赵汀阳：《坏世界研究》，中国人民大学出版社 2009 年版。

183. 赵汀阳：《天下体系：世界制度哲学导论》，中国人民大学出版社 2011 年版。

184. 干春松：《重回王道：儒家与世界秩序》，华东师范大学出版社 2012 年版。

185. 房宁、王小东：《全球化阴暗下的中国之路》，中国社会科学文献出版社 1999 年版。

186. 陈赟：《天下或天地之间》，上海书店出版社 2007 年。

187. 刘兴章：《感性存在与感性解放》，湖南师范大学出版社 2009 年版。

188. 王晓毅：《中国文化的清流》，中国社会科学出版社 1991 年版。

189. 吴根友：《中国现代价值观的初生历程》，武汉大学出版社 2004 年版。

190. 庄锡昌等编：《多维视野中的文化理论》，浙江人民出版社 1987 年出版。

191. 北京大学哲学系：《西方美学家论美和美感》，商务印书馆 1982 年版。

192. 中国史学会主编：《洋务运动》，上海人民出版社 1961 年版。

193. 中国史学会主编：《太平天国》，上海人民出版社 1957 年版。

194. 中国社会科学院近代史研究所编：《五四运动回忆录》（上），中国社会科学出版社 1979 年版。

三、译著

195. ［意］但丁：《论世界帝国》，朱虹译，商务印书馆 1985 年版。

196. ［德］黑格尔：《历史哲学》，王造时译，上海书店出版社 1999 年版。

197. ［德］费尔巴哈：《费尔巴哈哲学著作选集》（上、下卷），商务印书馆 1984 年版。

198. ［德］康德：《历史理性批判文集》，何兆武译，商务印书馆1990年版。

199. ［德］康德：《判断力批判》下册，韦卓民译，商务印书馆1964年版。

200. ［德］康德：《道德形而上学原理》，苗力田译，上海人民出版社2005年版。

201. ［德］尼采：《道德的系谱》，中国政法大学出版社2003年版。

202. ［瑞士］布克哈特：《意大利文艺复兴时期的文化》，何新中译，商务印书馆1986年版。

203. ［德］伟·桑巴特：《现代资本主义》第一卷，商务印书馆1958年版。

204. ［德］马克斯·韦伯：《新教伦理与资本主义精神》，于晓、陈维纲等译，陕西师范大学出版社2006年版。

205. ［德］马克斯·韦伯：《经济通史》，姚曾译，上海三联书店2006年版。

206. ［德］奥斯瓦尔德·斯宾格勒：《西方的没落》，齐世荣等译，商务印书馆1963年版。

207. ［德］海德格尔：《海德格尔选集》，孙周兴编译，上海三联书店1996年版。

208. ［德］海德格尔：《讲演与论文集》，孙周兴译，生活·读书·新知三联书店2011年版。

209. ［德］海德格尔：《海德格尔谈诗意地栖居》，丹明子主编，中国工人出版社2011年版。

210. ［德］埃德蒙德·胡塞尔：《欧洲科学危机和超验现象学》，张庆熊译，上海译文出版社1988年版。

211. ［德］齐美尔：《大城市与精神生活》，《桥与门——齐美尔随笔集》，涯鸣、宇声等译，上海三联书店1991年版。

212. ［美］丹尼尔·贝尔：《资本主义文化矛盾》，赵一凡、蒲隆、任晓晋译，生活·读书·新知三联书店1989年版。

213. ［英］汤因比：《展望二十一世纪——汤因比与池田大作对话

录》，国际文化出版公司 1985 年版。

214. ［英］约翰·格雷：《自由主义的两张面孔》，顾爱彬、李瑞华译，江苏人民出版社 2005 年版。

215. ［德］赫伯特·马尔库赛：《单向度的人》，刘继译，上海译文出版社，2006 年版。

216. ［德］赫伯特·马尔库塞：《审美之维》，李小兵译，生活·读书·新知三联书店 1989 年版。

217. ［德］赫伯特·马尔库塞：《爱欲与文明》，黄勇、薛民译，上海译文出版社 2012 年版。

218. ［德］赫伯特·哈贝马斯：《交往行动理论》（第 1 卷），重庆出版社 1994 年版。

219. ［德］E. 卡西勒：《启蒙哲学》，顾伟铭等译，山东人民出版社 1996 年。

220. ［法］雅克·德里达：《马克思的幽录》，中国人民大学出版社，1999 年版。

221. ［德］艾瑞克·弗洛姆：《逃避自由》，陈学明译，工人出版社 1987 年版。

222. ［印］阿马蒂亚·森：《理性与自由》，李风华译，中国人民大学出版社 2006 年版。

223. ［德］马克斯·舍勒：《价值的颠覆》，罗悌伦等译，生活·读书·新知三联书店 1997 年版。

224. ［美］托夫勒：《未来的冲击》，新华出版社 199 年版。

225. ［法］米歇尔·博德：《资本主义史》，东方出版社 1986 年版。

226. ［圭亚那］施里达斯·拉夫尔：《我们的家园——地球》，夏堃堡等译，中国环境科学出版社 1993 年版。

227. ［法］让·波德里亚：《消费社会》，刘成福、全志钢译，南京大学出版社 2000 年版。

228. ［法］让·波德里亚：《象征交换与死亡》，车槿山译，译林出版社 2006 年版。

229. ［英］柯林·威尔森：《心理学的新道路》，杜新宇译，华文出版社 2001 年版。

230. ［美］刘易斯·芒福德：《城市发展史——起源、演变和前景》，宋俊岭、倪文彦译，中国建筑工业出版社 2005 年版。

231. ［法］艾德加·莫兰：《社会学思考》，阎素伟译，上海人民出版社 2001 年版。

232. ［法］佛朗索瓦·佩鲁：《新发展观》，张宁、丰子义译，华夏出版社 1991 年版。

233. ［印度］阿马蒂亚·森：《以自由看待发展》，中国人民大学出版社 2002 年版。

234. ［意］奥雷利奥·佩西：《未来的一百页——罗马俱乐部总裁的报告》，汪帼君译，中国展望出版社 1984 年版。

235. ［意］奥雷利奥·佩西：《人类的素质》，薛荣久译，中国展望出版社 1988 年版。

236. ［英］西莉亚·卢瑞：《消费文化》，南京大学出版社 2003 年版。

237. ［英］舒马赫：《小的是美好的》商务印书馆 1984 年版。

238. ［美］梯利著、葛力译：《西方哲学史》，商务印书馆 1975 年版。

239. ［法］布罗代尔：《15 至 18 世纪的物质文明、经济和资本主义》第二卷，顾良译，生活·读书·新知三联书店 1993 年。

240. ［美］塞缪尔·亨廷顿：《文明的冲突与世界秩序的重建》，周琪等译，新华出版社 2002 年版。

241. ［美］杰里米·里夫金：《工作的终结——后市场时代的来临》，王寅通等译，上海译文出版社 1998 年版。

242. ［美］杰里米·里夫金：《第三次工业革命》，赛迪研究院专家组译，中信出版社 2012 年版。

243. ［美］杰里米·里夫金：《零边际成本社会》，赛迪研究院专家组译，中信出版社 2014 年版。

244. ［英］彼得·马什：《新工业革命》，中信出版社 2013 年版。

245. ［美］里亚·格林菲尔德：《资本主义精神——民族主义与经济增长》，张金生、刘新义译，上海人民出版社 2004 年版。

246. ［美］爱德华·希尔斯：《论传统》，上海人民出版社 2009 年版。

247. ［印度］吉杜·克里希那穆提:《重新认识你》,深圳报业集团出版社 2010 年版。

248. ［美］罗纳德·英格尔哈特:《发达工业社会的文化转型》,社会科学文献出版社 2013 年版。

249. ［美］罗纳德·英格尔哈特:《现代化与后现代化:43 个国家的文化、经济与政治变迁》,社会科学文献出版社 2013 年版。

后　记

本书的构思是从 2009 年初开始的。当时刚刚完成《西方世界的衰落》，希望接着这个思路继续研究。在我看来，西方世界的兴起是理性主义的兴起，而西方世界的衰落也正是理性主义的衰落。中国近代以来的现代化基本上是沿着西方理性主义的方向发展的，但由于自己的历史和民族性，中国的现代化并不"标准"，而是带有很重的"中国特色"。而我要探究的正是这种"中国特色"现代化的历史根源和未来走向。

中华民族在历史实践过程中，观乎天文，观乎人文，彰往察来，微显阐幽，从而体悟到了"道"。这个"道"是纯粹的"国道"，沿着这个"道"，中华民族形成了自己的历史和民族精神，而这种民族精神又经历史的提炼而成为了价值传统。这个价值传统的轴心就是中华道统。本书所要研究的就是这个道统的形成和演变，并探究其经久不衰的价值内核，以及这个道统对于中国当下和未来的决定性影响。

本书的研究已大大超出了自己的专业范围，写作过程十分艰辛。七八年来，我基本上以办公室为家，每天都要在这里消磨十个小时以上的时光。作为当代中国的读书人，必须继承传统的士人精神，尽管气力有限仍要以天下为己任。但必须说明的是，本书的研究不过是一孔之见而已，甚至可能是戴盆望天，各种疏漏在所难免，敬请方家指正。

本书的想法提出后，首先得到中国人民大学科研部门的关心和支持，而在写作过程中还得到中国特色社会主义经济建设协同创新中心的关心和支持。另外，非常感谢人民出版社的陈登同志。他发现我的研究并真诚地约稿，还为我安排本书和其他作品的出版计划。这可说是一种缘分。也感谢其他为我作出牺牲和帮助的亲人、同事和朋友们。写书不易，出书不易，但作为学者惟乐此不疲。

作　者

2015 年 6 月于中国人民大学明德楼

责任编辑:陈　登

图书在版编目(CIP)数据

中国价值的革命/高德步 著. -北京:人民出版社,2016.3
ISBN 978－7－01－015996－6

Ⅰ.①中…　Ⅱ.①高…　Ⅲ.①社会主义建设-价值论-研究-中国
　Ⅳ.①D616

中国版本图书馆 CIP 数据核字(2016)第 049330 号

中国价值的革命
ZHONGGUO JIAZHI DE GEMING

高德步　著

人民出版社 出版发行
(100706　北京市东城区隆福寺街 99 号)

北京汇林印务有限公司印刷　新华书店经销

2016 年 3 月第 1 版　2016 年 3 月北京第 1 次印刷
开本:710 毫米×1000 毫米 1/16　印张:40
字数:590 千字

ISBN 978－7－01－015996－6　定价:96.00 元

邮购地址 100706　北京市东城区隆福寺街 99 号
人民东方图书销售中心　电话 (010)65250042　65289539